一流本科专业一流本科课程建设系列教材

管理会计 第3版

主编 郑爱华 郭振宇
参编 谢 梅 张亮亮

机械工业出版社

本书主要讲述了现代管理会计的基本理论、基本方法及其应用，内容包括管理会计概述、多维成本分析、变动成本计算、本量利分析、预测与决策、短期经营决策、长期投资决策、预算管理、标准成本控制、责任会计、业绩评价与管理层激励、战略管理会计、价值链成本管理、环境管理会计、大数据与管理会计决策。通过对本书的学习，读者可以掌握管理会计的基本理论、基本方法和基本技能，掌握运用现代信息技术分析问题、解决问题的能力。

本书可作为会计学专业本科生和研究生的专业教材，其中基础篇（1~10章）适合会计学专业本科生学习，拓展篇（11~15章）适合会计专业硕士（MPAcc）学习，同时本书也可作为从事管理工作的实际工作者和自学者系统学习管理会计理论与方法的参考用书。

图书在版编目（CIP）数据

管理会计 / 郑爱华，郭振宇主编. -- 3 版.
北京：机械工业出版社，2024.8. -- （一流本科专业一流本科课程建设系列教材）. -- ISBN 978-7-111-76178-5

Ⅰ. F234.3
中国国家版本馆 CIP 数据核字第 2024QM3346 号

机械工业出版社（北京市百万庄大街22号　邮政编码100037）
策划编辑：刘　畅　　　　　责任编辑：刘　畅　赵晓峰
责任校对：曹若菲　王　延　　封面设计：鞠　杨
责任印制：邓　博
北京盛通数码印刷有限公司印刷
2024年8月第3版第1次印刷
184mm×260mm·28印张·605千字
标准书号：ISBN 978-7-111-76178-5
定价：88.00元

电话服务　　　　　　　　　网络服务
客服电话：010-88361066　　机　工　官　网：www.cmpbook.com
　　　　　010-88379833　　机　工　官　博：weibo.com/cmp1952
　　　　　010-68326294　　金　书　网：www.golden-book.com
封底无防伪标均为盗版　　机工教育服务网：www.cmpedu.com

序

中国矿业大学会计学专业1983年开始招收本科生，2003年成为江苏省首批"高等学校品牌专业建设点"，2006年被正式授予省级"品牌专业"称号，2010年被教育部、财政部遴选为"高等学校特色专业建设点"，2012年成为江苏省高等学校本科"工商管理类重点专业"的核心专业，2019年被教育部遴选为"国家一流本科专业建设点"，2020年入选江苏省品牌专业建设二期项目。会计学学科1993年获"会计学"（学术型）硕士学位授予权，2010年获"会计"专业硕士（MPAcc）学位授予权，2013年在管理科学与工程一级学科下自主增设"财务管理系统工程"二级学科博士点，已经形成了本科、专业型硕士、学术型硕士和博士研究生多层次人才培养格局。为进一步提升中国矿业大学会计学专业本科人才培养质量，彰显中国矿业大学会计学专业"立信创行"人才培养特色，扩大中国矿业大学会计学专业办学示范效应和社会声誉，建设国家级一流本科会计学专业，我们组织编写和修订了这套国家级一流本科会计学专业系列教材。

本系列教材包括《基础会计学》《中级财务会计》《成本会计学》《高级会计学》《财务管理学》《管理会计》《审计学》七本主教材及其配套的学习指导，编写和修订的指导思想是：紧密结合中国会计改革与发展实践，适应经济全球化与人工智能时代对会计教育提出的挑战，遵循会计学专业本科教育规律，满足中国特色社会主义市场经济对会计人才的需求。各教材编写和修订力求做到"全、准、新、中、顺"，服务中国矿业大学会计学国家级一流本科专业培养目标。编写和修订的具体思路如下：

（1）基础性与前瞻性并重 本系列教材编写和修订既注重对各课程基础知识、基本理论和基本技能的全面介绍与准确表述，又关注各课程最新的发展动态，确保系列教材的时效性与理论高度，以教材内容的全面性、准确性和前瞻性保证教材的稳定性。

（2）本土性与时代性并重 本系列教材编写和修订既立足于中国会计改革实践，遵循会计实际工作经验与规律，又兼顾国际会计趋同需要，实现会计国家特色与国际化的协调。同时，依照中国特色社会主义市场经济建设对高质量会计专业人才的培养需求，结合各教材特点，尽可能增加各教材的素质教育元素，确保系列教材的本土性与时代性特色。

（3）系统性、综合性与研究性并重 本系列教材编写和修订既突出各课程理论体系的完整性和系统性，又考虑会计学专业各主干课程之间的内在逻辑联系，强调各教材内容的衔接性、互补性和综合性。各教材章节编排力求按问题提出、理论介绍、模型推演、案例分析的研究型教学范式进行编写与修订，实现系统性、综合性和研究性"三性"统一，提升系列教材的高阶性、创新性和挑战度。

由于编者水平和经验有限，在系列教材的编写过程中对一些问题的认识还不够深刻，可能存在不成熟或谬误之处，恳请读者批评指正。

中国矿业大学国家级一流本科会计学专业系列教材编审委员会

前言

管理会计是一门将现代化管理与会计融为一体的综合性交叉学科，它向各类组织提供满足其管理决策所需的、具有高度相关性和充分可靠性的信息。

我们正处于大数据、智能化、云计算、区块链等高新技术迅速发展的新时代，技术创新运用于产业活动，既导致生产技术体系的变化，也引起生产组织与管理的变化，从而对会计信息提出新的要求。

财政部于 2014 年发布了《关于全面推进管理会计体系建设的指导意见》（财会〔2014〕27 号），2016 年发布了《管理会计基本指引》（财会〔2016〕10 号）、《管理会计案例索引》，2017 年 9 月开始陆续发布《管理会计应用指引》系列公告，在 2022 年—2023 年推出《管理会计行业调研报告及案例》。按照财政部的路线图，管理会计的制度建设沿着"基本指引—应用指引—案例指南—咨询服务"的路径全面推进。2021 年财政部又发布了《会计改革与发展"十四五"规划纲要》，在财政部的不断推动下，我国管理会计进入了一个新的战略发展时期。

面对国内外经济形势的变化、技术的突破，这就需要学者、未来的管理会计从业人员不断提高战略思维、历史思维、辩证思维、系统思维、创新思维、法治思维、底线思维能力，在管理会计的发展中贡献中国智慧、中国方案、中国力量。

为此，我们适时推出《管理会计》（第 3 版），以迎接新时代的挑战，抓住机遇，让学生更好地适应未来发展的需要。本书也是中国矿业大学"十四五"规划教材。

本次修订延续了之前教材的编写思想，力求使各章在保持原有内容的基础上有所创新与发展。与上一版相比，本次修订主要的变化在于：

（1）注重前沿性　为了适应数字化时代的需要，本书增加了大数据内容，体现在第 15 章大数据与管理会计决策；为了实现绿色发展和双碳目标，修改了第 14 章环境管理会计，在编写中力求对该学科所含知识的最新发展动态做出概括反映和科学预测，以保证教材的超前性、稳定性。

（2）注重实践性　本书每章都采用导入案例的方式，引出并阐述该章的基本原理。通过案例教学，培养学生利用基本原理分析问题、解决问题的能力，增强案例及应用与章节的关联性。

（3）注重思想引领　本书每章章前均设计素质教育模块，编写中处处体现课程思政的内涵，将社会责任、社会主义核心价值观等元素贯穿教材，将管理会计专业知识点与课程思政点有机融合。

（4）注重战略思维培养　将战略思维、创新思维穿插于业绩评价与管理层激励、价值链成本管理、环境管理会计等章节，挖掘其中中国企业的具体实践案例，在案例分析中解析中国管理会计的智慧和中国力量。

  本书由郑爱华拟定编写提纲，郑爱华、郭振宇担任主编。本书编写分工如下：第1~3章、第13章、第14章由郑爱华编写；第4~7章、第12章由郭振宇编写；第8~11章由谢梅编写；第15章由张亮亮编写。全书由郑爱华统稿。

  尽管编者非常重视本书的修订工作，也确实投入了大量的时间和精力，但由于水平有限，书中难免存在不足之处，恳请广大读者批评指正。

编 者

目 录

序
前言

第 1 章　管理会计概述

导入案例　　　　　　　　　　　　　/002
1.1　管理会计的演进及其含义　　　　/002
1.2　管理会计的基本特点　　　　　　/007
1.3　管理会计的对象和职能　　　　　/010
1.4　管理会计的基本内容　　　　　　/013
1.5　管理会计组织与管理会计师职业
　　　道德　　　　　　　　　　　　/014
思考题　　　　　　　　　　　　　　/017
参考文献　　　　　　　　　　　　　/018
视频课程　　　　　　　　　　　　　/018

第 2 章　多维成本分析

导入案例　　　　　　　　　　　　　/020
2.1　多维成本及其分类　　　　　　　/020
2.2　混合成本及其分解　　　　　　　/034
2.3　成本性态分析的意义及基本假设　/042
思考题　　　　　　　　　　　　　　/044
参考文献　　　　　　　　　　　　　/044
视频课程　　　　　　　　　　　　　/044

第 3 章　变动成本计算

导入案例　　　　　　　　　　　　　/046

3.1　变动成本法概述　　　　　　　　/046
3.2　变动成本法与完全成本法的比较　/048
3.3　变动成本法的评价　　　　　　　/056
3.4　变动成本法与完全成本法的整合　/059
思考题　　　　　　　　　　　　　　/064
参考文献　　　　　　　　　　　　　/064
视频课程　　　　　　　　　　　　　/064

第 4 章　本量利分析

导入案例　　　　　　　　　　　　　/066
4.1　本量利分析概述　　　　　　　　/066
4.2　盈亏平衡分析　　　　　　　　　/069
4.3　目标利润规划　　　　　　　　　/081
4.4　本量利分析的拓展　　　　　　　/090
思考题　　　　　　　　　　　　　　/094
参考文献　　　　　　　　　　　　　/094
视频课程　　　　　　　　　　　　　/094

第 5 章　预测与决策

导入案例　　　　　　　　　　　　　/096
5.1　预测概述　　　　　　　　　　　/096
5.2　预测的基本方法　　　　　　　　/099
5.3　决策概述　　　　　　　　　　　/108
思考题　　　　　　　　　　　　　　/112
参考文献　　　　　　　　　　　　　/112
视频课程　　　　　　　　　　　　　/112

第 6 章　短期经营决策

导入案例　　　　　　　　　　　　　/114
6.1　生产决策　　　　　　　　　　　/115
6.2　定价决策　　　　　　　　　　　/130
思考题　　　　　　　　　　　　　　/147
参考文献　　　　　　　　　　　　　/147
视频课程　　　　　　　　　　　　　/147

第7章 长期投资决策

导入案例	/150
7.1 现金流贴现分析	/151
7.2 所得税对长期投资决策的影响	/160
7.3 长期投资决策的其他方法	/170
思考题	/176
参考文献	/176
视频课程	/176

第8章 预算管理

导入案例	/178
8.1 预算的概念	/178
8.2 预算的编制方法	/182
8.3 预算的编制内容	/190
8.4 预算执行分析考评与编制的行为影响	/200
思考题	/205
参考文献	/205
视频课程	/205

第9章 标准成本控制

导入案例	/208
9.1 成本控制概述	/209
9.2 标准成本控制系统概述	/213
9.3 标准成本的制定	/217
9.4 标准成本差异的计算和分析	/221
9.5 标准成本控制系统中的成本核算与成本业绩报告	/227
9.6 现实制造环境对标准成本控制系统的影响	/233
思考题	/235
参考文献	/235
视频课程	/236

第10章 责任会计

导入案例	/238
10.1 分权管理与责任会计制度	/238
10.2 责任中心的分类及评价指标	/244
10.3 责任预算与业绩报告	/253
10.4 内部转移价格	/259
思考题	/277
参考文献	/277
视频课程	/278

第11章 业绩评价与管理层激励

导入案例	/280
11.1 业绩评价概述	/280
11.2 业绩评价体系的演进	/290
11.3 经济增加值法	/294
11.4 关键绩效指标法	/298
11.5 平衡计分卡	/304
11.6 绩效棱柱模型	/312
11.7 管理层激励	/317
思考题	/323
参考文献	/323

第12章 战略管理会计

导入案例	/326
12.1 战略管理会计与战略成本管理	/327
12.2 战略定位分析	/334
12.3 战略管理会计主要方法	/343
思考题	/354
参考文献	/354

第13章 价值链成本管理

导入案例	/356
13.1 价值链成本管理概述	/356
13.2 价值链成本管理方法——产品生命周期成本	/362
13.3 价值链成本管理方法——目标成本法与改善成本法	/371

13.4 价值链成本管理延伸——精益会计 /384
思考题 /403
参考文献 /403

第14章 环境管理会计
导入案例 /406
14.1 环境管理会计概述 /407
14.2 环境成本管理 /415
14.3 环境管理会计信息披露及业绩评价 /422
思考题 /428
参考文献 /428

第15章 大数据与管理会计决策
导入案例 /430
15.1 大数据概述 /430
15.2 大数据对企业管理会计决策的影响及挑战 /437
思考题 /440
参考文献 /440

第1章 管理会计概述

课程思政

> **导入案例**
>
> **财务机器人上市　传统财会人如何转型**
>
> 继 2016 年的阿尔法狗问世之后，2017 年的"德勤财务机器人"再次引起舆论热议。大量重复、可标准化、流程化的核算、记账等工作将完全由更精准、快速的人工智能来完成。
>
> 面对德勤财务机器人，财务人员还有未来吗？当然有！机器人所做的还是一些机械化、重复性的工作，真正的战略性决策类工作依然需要财务人员来解决。因此，传统财务人员向管理型人才的转型已刻不容缓。
>
> 2023 年年初，一款名为 ChatGPT 的聊天机器人（自然语言处理工具）在国内业界引起了不小的轰动。从财务角度上看，ChatGPT 能轻松地把财务人员从银行对账、月末入款提醒、进销项差额提醒、增值税验证等枯燥重复、简单却烦琐的工作中解放出来。
>
> ChatGPT 虽难以完全替代会计，但不可否认的是，它将使会计领域产生较大变革。未来会计的主要职能将会逐渐向决策型靠拢，此时人工智能将会是财务人员的助手，辅助财务工作的完成。

国际四个著名的会计师事务所（普华永道、德勤、毕马威、安永，简称四大）相继推出财务机器人，国内的金蝶、用友等软件公司及浪潮集团也相继发布了云服务财务机器人。财务机器人及 ChatGPT 的普及应用会让更多财务人员向管理会计转型。在这样的情形下，了解管理会计的基础知识越发重要。那么，什么是管理会计？管理会计与财务会计的关系如何？管理会计的内容有哪些？管理会计师应具备怎样的职业道德？

1.1　管理会计的演进及其含义

1.1.1　管理会计的演进

1. 管理会计形成发展的动因

会计的发展同社会经济条件有着密切的联系。20 世纪初，企业经营日益扩张和复杂，会计学成为企业内部执行科学管理、提高生产效率的有力手段。第二次世界大战后，科技、生产力突飞猛进，企业规模扩大，竞争激烈，市场多变，于是会计学便发展为企业信息分析、正确决策必不可少的重要工具，这就是现代管理会计。管理会计从传统的财务会计体系中分离出来，成为与财务会计并列的一门学科，经历了一个逐步发展的过程，它的形成和发展是为满足科学技术的进步、社会经济的发展和管理的需要所致。

2. 管理会计的产生与发展

管理会计的产生与发展基本可以分为两个部分、三个阶段：基础性管理会计部分，包括两大阶段，即执行性管理会计阶段和决策性管理会计阶段；现代管理会计部分，即管理会计新发展阶段。

成本会计是管理会计的前身。20世纪初，为配合泰罗制的广泛实施而形成的标准成本会计，可视为由成本会计向管理会计过渡的一个中间环节。以标准成本会计为起点形成的管理会计，可称之为基础性管理会计，它的形成与发展大致可区分为两个大的阶段，即执行性管理会计阶段和决策性管理会计阶段。经过较长期的理论探索和实践经验的积累，到20世纪70年代，以决策性管理会计为主体的基础性管理会计已趋于成熟并定型。

1）执行性管理会计阶段（20世纪初至20世纪50年代）。19世纪末20世纪初，随着社会生产力水平的提高和商品经济的迅速发展，传统的运行管理方式所无法克服的粗放经营、资源浪费严重、企业基层生产效率低下等弊端同大机器工业的矛盾越来越尖锐。科学管理应运而生。在以泰罗和法国的法约尔为代表人物的"古典管理理论"的指导下，企业管理实践中先后应用了以确定定额为目的的时间与动作研究技术，差别工资制和以计划职能与执行职能相分离为主要特征的预算管理和差异分析，以及日常成本控制等一系列标准化、制度化的新技术、新方法。为适应科学管理的要求，成本会计向深处发展，从单纯的成本计算发展到成本计算与成本控制（管理）相结合，使之深入生产过程，为挖掘降低成本的潜力服务，"标准成本""差异分析""预算控制"等同泰罗的科学管理方法直接相联系的技术方法，开始被引入、应用到会计体系中来，形成了独特的标准成本系统，通过严密的事先计算与事后分析，使企业能够用较少的材料生产出较多的产品，材料利用率提高；用较少的工时生产出较多的产品，表现为劳动生产率的提高；用一定的生产设备生产出较多的产品，表现为设备利用率的提高。材料利用率、劳动生产率、设备利用率的提高，综合表现为生产成本的降低；而成本的降低，意味着生产经济效果的提高。这使得会计在计算和监督方面取得重大进展，为会计直接服务于企业管理开创了一条新路。该历史阶段的特点是：世界经历了第一次和第二次世界大战的创伤，整个社会的物质都非常短缺，卖方市场占据主导地位，商品供不应求；企业间的竞争并不激烈，企业对外部客观经济环境的关注也不十分迫切。故该阶段的管理会计表现出的基本点是在企业经营方针、基本决策等重大问题已经确定的前提下，协助企业在执行中提高生产效率和生产经济效果；但对于企业管理的全局、企业与外界关系的有关问题并没有在会计体系中得到应有的反映。

总体来说，本阶段的管理会计还只是一种局部的、执行性的管理会计，这标志着管理会计发展雏形的形成。

2）决策性管理会计阶段（20世纪50年代—20世纪90年代）。20世纪50年代起，世界经济步入高速发展时期。随着科学技术的突飞猛进，大量高科技成果被应用于生产，从而使生产力水平迅速提高，企业经营规模日益扩大，生产经营活动日趋复杂，企业外部市场环境瞬息万变，企业之间的竞争愈发激烈，市场已经从卖方市场转变为买方市场。在这个阶段，企业管理者需要着眼全局、适时根据外部市场的需求来调整企业的经营策略，即"经营的重心在管理，管理的重心在决策"。泰罗的科学管理学说只重视生产过程，忽视了企业管理的全局以及企业同外部环境的关系，因此，科学管理学说已经无法适应当时经济形势下企业管理的客观需要，逐渐被以运筹学和行为科学为理论基础的现代科学管理理论所取代。随着信息经济学、交易成本理论和不确定性理论被广泛引入管理会计领域，加上新技术（如计算机等）大量应用于企业流程管理，管理会计向着精密的数量化技术方法方向发展，形成了决策性管理会计。

决策性管理会计着重从服务于管理的控制职能向服务于管理的决策职能转变，以及从服务于成本的最低化向服务于利润的最大化转变，强调企业的经济效益。而经济效益并不仅在企业内部体现，还要通过企业与外部的联系才能完整体现。一般说来，企业提高生产效率和生产经济效果是提高经济效益的基础，但企业要全面提高经济效益，不仅要尽可能在提高生产效率和生产效果上下功夫，更为重要的是要尽量提高企业高层领导所做决策的科学性及其主观判断同外界客观经济情况的适应程度，否则，企业内部的生产效率再高、效果再好，也是无济于事，还会在激烈的市场竞争中被淘汰。也就是这些新的条件和环境，迫切要求实现企业管理科学化。管理科学化一方面强烈要求企业的内部管理更加合理、科学；另一方面，还要求企业具有灵活的反应力和高度的适应力。

在广泛推行现代管理科学理论的基础上，一批计划决策模型得到发展，流程分析、战略成本管理等理论与方法体系纷纷建立，管理者逐步将数量管理的方法和技术引入企业管理中，极大地推动了管理会计在企业的有效应用，管理会计职能转为向内部管理人员提供企业计划和控制信息，以便能对生产经营活动进行事前的规划和日常的控制。

故该阶段的管理会计表现出的基本特点是：以现代管理科学理论为基础形成的决策性管理会计，着重解决如何提高企业整体经济效益问题，即：以经营决策经济效益分析评价为其核心，而计划（预算）则是经营决策所选定的有关方案的数量表现和加工、汇总，是为企业管理中的预测前景、参与决策和规划未来服务的。

总之，决策性管理会计是一种全局性的、以服务于企业提高经济效益为核心的管理会计。决策性管理会计的广泛应用标志着这门学科日趋成熟。

3）管理会计新发展阶段（20世纪后期至今）。进入20世纪后期，高新技术在企业中广泛应用，企业自动化程度越来越高，互联网技术在生产要素配置中发挥了优化和集成作用，以云计算、物联网、大数据为代表的新一代信息技术与现代制造业、生产性服务业等融合创新，形成更广泛的以互联网为基础设施和实现工具的经济发展新形态。随着经济全球化和数字经济的发展，生产要素跨国跨地区流动不断加快，世界各国经济联系和依赖程度日益增强，技术进步导致产品寿命缩短，企业之间分工合作日趋频繁，准确把握市场定位、客户需求等变得尤为重要。

在此背景下，管理会计越来越容易受到外部信息以及非财务信息对决策相关性的冲击，企业内部组织结构的变化也迫使管理会计在管理控制方面要有新的突破，且数字经济时代改变了企业的商业环境，业财融合成为管理会计发展的必由之路，这就需要从战略、经营决策、商业运营等各个层面掌握并有效利用所需要的管理信息，为此管理会计以强调价值创造、价值增值以及智能化为核心，发展出一系列新的决策工具和管理工具。一些国家也尝试将管理会计引入公共部门管理之中，并随着新公共管理运动的兴起在全世界推广。

故该阶段的管理会计表现出的基本特点是强调价值创造和智能化。

管理会计进入一个大变革、大发展的历史时期，形成了许多新的领域，使管理会计在广度、深度和高度上提升到一个新的水平，其发展进入了一个多样化的新阶段。管理会计结合数字技术场景、新的经营模式或业态创新，创新开发可行的管理会计工具与方法；同时，借助于管理会计制度优化与工具创新，寻找管理会计未来发展的方向，提高管理会计理论与方法的针对性与有效性，不断拓展会计的职能范围。

从理论上看，现代管理科学理论的引进和推动，使管理会计的作用得以进一步发挥。

从方法和技术手段上看，高等数学、运筹学和数理统计中许多方法被广泛引进、应用到管理会计中来，成为管理会计的一个重要组成部分。同时，云计算、大数据处理、5G等智能化设施在管理会计业务中得到广泛应用，从而使管理会计的分析更具科学性，使管理会计分析方法的普及更具可行性。

从实践上看，由于管理会计充分发挥了会计的管理职能，并在改变企业内部经营管理、提高经济效益和社会效益方面做出了杰出贡献，它的各种专门方法与技术不仅被制造业企业采用，也被逐步推广到所有类型的经济组织中，包括服务业企业及非营利性组织，成为现代化管理的重要组成部分。

现实社会的变化、现代管理科学理论的发展及其在会计中的应用，催生出相应的管理新理念和方法，形成新的研究领域。包括：

①综合业绩评价与管理（参见本书第11章）；
②与现代市场经济相适应的战略管理会计（参见本书第12章）；
③考虑时空观，从微观扩展到中观、宏观的三维立体价值链成本管理（参见本书第13章）；
④与可持续发展战略相联系的环境管理会计（参见本书第14章）；
⑤与大数据时代相连的管理会计（参见本书第15章）。

但是，管理会计发展形成的新领域不是对基础性管理会计的否定或取代，而是基础性管理会计为适应社会经济环境条件的变化对其自身的丰富和发展。基础性管理会计在与其相适应的技术经济条件下，仍具有广泛的适用性；与此同时，在实际工作中，根据企业生产经营条件的具体情况，选择管理会计新领域的某些方面与基础性管理会计相互结合起来进行综合运行，还可增添新的活力，发挥更大的作用。因此，我们可以把基础性管理会计视为整个管理会计体系的基石。

实践证明，管理会计既是实现管理现代化的重要手段，又是现代化管理的重要组成部分。今后，随着管理科学的发展，管理会计也会逐步发展，理论不断深化，内容更为丰富，应用更为广泛。

总之，管理会计的形成和发展，大大丰富了会计科学的内涵，扩充了会计的传统职能，从而使会计的作用不再局限于对生产过程做如实反映，即单纯地提供信息，而是进一步利用这些信息来预测前景、参与决策、规划未来，并对日常经济活动进行有效的控制、评价和考核，保证以较少的劳动消耗和资金占用，取得最佳的经济效益和社会效益。这标志着现代会计科学由于管理会计的出台，进入了一个充满活力的、完全崭新的阶段，在国际上已被公认为是会计发展史上的另一个划时代的里程碑。

1.1.2 管理会计的含义

在1952年伦敦举行的国际会计师联合会（IFAC）代表大会上，正式通过了"管理会计"（Management Accounting）这一专业术语，会计也因此被细分为财务会计和管理会计两大领域。

1980年，美国管理会计师协会（IMA）下属的管理会计实务委员会对管理会计的定义是：管理会计为管理人员提供用于企业内部计划、评价、控制，以及为确保企业资源的合理使用和经营责任的履行所需的财务信息，是一个确认、计量、归集、分析、编报、解释和传递的过程。管理会计还包括编制非管理当局如股东、债权人、管理机构及税务机关等使用的财务报告。

1988年，国际会计师联合会（IFAC）将管理会计定义：管理会计是在一个组织中，对管理当局用于规划、评价和控制的信息（包括财务信息和非财务信息）进行确认、计量、积累、分析、处理、解释和传输的过程，以确保资源的合理利用并承担相应的责任。

1997年，美国管理会计师协会（IMA）定义管理会计：管理会计是提供价值增值，为企业规划设计、计量和管理财务与非财务信息系统的持续改进过程，通过此过程指导管理行动、激励管理行为，支持和创造达到组织战略、战术和经营目标所必需的文化价值。

2008年，美国管理会计师协会（IMA）在《管理会计公告》中对管理会计的定义：管理会计是一种深度参与管理决策、制订计划与绩效管理系统、提供财务报告与控制方面的专业知识，以及帮助管理者制定并实施组织战略的职业。

2014年，我国财政部发布的《关于全面推进管理会计体系建设的指导意见》中认为：管理会计是会计的重要分支，主要服务于单位（包括企业和行政事业单位，下同）内部管理需要，是通过利用相关信息，有机融合财务与业务活动，在单位规划、决策、控制和评价等方面发挥重要作用的管理活动。

2014年10月，英国特许管理会计师公会（CIMA）与美国注册会计师协会（AICPA）联合发布了《全球管理会计原则》，其中对管理会计的定义：管理会计是通过综合分析，向组织机构提供信息，帮助和支持组织机构进行战略规划、组织实施和管理控制，促使其做出合理决策，从而为组织机构的可持续发展创造价值。

从上述定义可以看出，管理会计的概念在不断演化，管理会计是将现代管理与会计融为一体，它是企业管理信息系统的一个子系统，是决策支持系统的重要组成部分。管理会计计量和报告财务与非财务信息，在信息价值链中，参与管理团队，通过战略制定、执行，帮助组织更具行业竞争力，实现组织目标。管理人员既使用管理会计信息选择、传达和实施战略，也用管理会计信息调整产品设计、生产和营销决策。

1.2 管理会计的基本特点

管理会计的基本特征是相对于财务会计而言的，两者之间是有区别和联系的。

1.2.1 管理会计与财务会计的区别

管理会计与财务会计的区别见表1－1。

表1－1 管理会计与财务会计的区别

区别	管理会计	财务会计
服务对象	主要为企业内部各级管理人员服务，也称"内部会计"或"对内报告会计"	主要为企业外界有经济利害关系的团体或个人服务，也称"外部会计"或"对外报告会计"
职能定位	是解析过去、控制现在与筹划未来的有机结合，侧重在"创造价值"，增加价值	面向过去。通过记账、算账、报账，提供反映企业财务状况和经营成果的信息并进行解释，侧重于记录、反映价值
约束依据	不受公认会计原则或统一会计准则的约束，只服从管理人员的需要以及系统理论和"成本效益分析"原理的指导	严格遵守公认会计原则和会计准则体系
会计主体	主要以企业内部各级责任单位为会计主体，同时也从整个企业的全局出发，考虑决策与预算的协调配合和平衡	主要以整个企业为会计主体
会计期间	编制内部报告的会计期间有较大的弹性，完全根据管理者的需要	对外编报财务报表的会计期间很少有弹性，通常是定期编报
会计程序	具体业务的处理程序一般不固定，有较大的选择自由，根据管理者的需要自行设计	具体业务的处理程序比较固定，并具有强制性；凭证、账簿和报表有固定格式，报表必须定期编制
会计方法	采用的方法可灵活多样，如：成本性态分析法、量本利法、边际分析法、成本效益分析法、现金流量法等，以便提出不同的备选方案供领导决策，并大量应用现代数学方法和计算机技术	在一定期间只能采用一种计算方法，以便进行纵向和横向比较；一般只应用简单的算术方法和原始的计算工具

(续)

区别	管理会计	财务会计
行为影响	吸收行为科学以人为本的思想，关心内部报告中的计量结果将如何影响职工的日常行为，并想方设法调动他们的主观能动性和生产积极性	最关心如何计量和传输财务成本信息，一般不重视职工行为的影响
准确程度	由于工作重点着眼未来，不确定性因素较多，故提供的信息一般不要求绝对准确	由于工作重点是反映过去，通常都是已发生的经济业务，故对它所提供的数据力求准确
信息特征	主要强调相关性和及时性，包括财务信息和非财务信息	主要强调客观性、可验证性，仅以货币形式表现的财务信息

1. 管理会计侧重于为企业内部的经营管理服务

侧重于为企业内部的经营管理服务，是现代管理会计的一个主要特点，也是管理会计区别于财务会计的一个重要标志。其实确切来说，无论管理会计或财务会计，都同时为企业内部、外部的有关人员服务，只是侧重面不同。

从完整意义上来说，财务会计服务于企业管理，将整个企业作为一个整体，提供关于企业财务状况与经营成果的综合性指标，为企业的高层服务。而管理会计也仅服务于企业内部的各级管理人员。企业外部的投资人、债权人所关心的反映企业财务状况和经营成果的综合性指标的改善和提高，归根到底是以企业内部生产经营各个方面工作质量和效果的改善和提高为基础和条件的，而企业内部生产经营各个方面工作质量和效果的改善和提高，又依赖于管理会计为他们正确地进行经营决策和有效地改善生产经营，及时提供有用的信息，否则，各有关方面的工作将难以顺利、卓有成效地进行。从这个意义上来说，管理会计虽侧重于直接为企业内部的各级管理人员服务，实际上它也同时为企业外部的投资人、债权人等服务。所以，管理会计和财务会计的服务对象并非截然不同，只是有不同的侧重面而已。

2. 管理会计方式方法更为灵活多样

财务会计统一以货币形式反映企业的经营活动，严格遵循社会公认的指导性会计原则，从凭证、账簿到报表，对有关资料逐步进行综合，严格按照既定的会计程序进行，具有比较严密而稳定的基本结构。这是使财务会计资料能取信于企业外部的投资人、债权人和政府机构等所必需的。而管理会计主要是为企业内部改善经营管理提供有用信息，它在许多方面可以不受社会公认会计原则的制约，结构比较松散，领域更加广阔，方式方法也更加灵活。

3. 管理会计可以同时兼顾企业生产经营的全局与局部两个方面

这也是管理会计区别于财务会计的一个重要标志。财务会计主要是以企业作为一个整体，提供概括性的资料，来综合评价、考核企业的财务状况和经营成果。管理会计则不然，它为了更好地服务于企业的经营管理，要同时兼顾企业生产经营的全局与局部两个方面。例如，管理会计中的"决策与计划会计"首先要面向整体，从全局着眼，认真考虑各项决策和计划之间的协调配合、综合平衡，不能由各个部分各行其是，否则就会顾此失彼。但仅仅做到这一点还不够，因为企业全面的计划还需要进一步落实和具体化。这就需要将企业生产经营的全面预算进一步按照各个责任中心进行指标分解，使各个责任中心在完成企业总目标的过程中，明确各自的目标和任务，借以实现整体和局部的统一。以责任会计为核心的执行会计，侧重于日常工作进程和效果的评价与控制，是从局部出发，直接按照各个责任中心来组织的，但也要同时兼顾局部与整体两个方面。也就是说，正确组织和实施责任会计，各个责任中心工作成果的评价和考核，应做到既能充分调动各个方面职工群众的积极性，又能保证各个部分生产、工作的协调配合，共同为实现企业最终的目标而努力。

4. 管理会计面向未来

财务会计一般只反映实际已完成的经济事项，侧重于对企业的生产经营活动做历史性的描述。而管理会计为了有效地服务于企业内部的经营管理，必须面向未来。"决策与计划会计"是现代管理会计的一个重要组成部分，而决策和计划，都必须有预见性，应以未来尚未发生的事项作为处理的对象。虽然现代管理会计为决策和计划服务，面向未来，但并不意味着可以忽视过去。历史记录可以作为预测未来的起点，管理会计既使用历史数据，也使用各种估计数据，经过科学的加工、估值来协助管理人员对未来业务进行筹划，把工作做在前头。这样，就能提高预见性，减少盲目性，使它更好地为企业改善经营管理服务。从描述过去扩展到筹划未来，这是会计着重点的重大变化，也是现代管理会计的一个重要特点。

5. 管理会计数学方法的广泛应用

财务会计也要应用一些数学方法，但范围比较小，一般只涉及初等数学。而管理会计为了在现代化的管理中能更好地发挥其积极作用，越来越广泛地应用许多数学方法。管理会计主要是把运筹学和数理统计学中许多科学的数量方法吸收、结合到会计中来，使它有可能把复杂的经济活动用尽可能简明而精确的数学模型表述出来，并利用数学方法对所掌握的有关数据进行科学的加工处理，以揭示有关对象之间的内在联系和最优数量关系，具体掌握有关变量联系、变化的客观规律，以便为管理人员能够正确地进行经营决策，选择最优方案和有效地改善生产经营提供客观依据。

从以上管理会计的特点可以看出，管理会计不同于财务会计，在于它主要不是适应企业外部有关方面的需要，而是侧重于为企业内部的经营管理服务。它丰富、发展了传统的会计职能，采用灵活而多样化的方法和手段，为企业管理部门正确地进行最优管理决策和有效经营提供有用的资料，在现代化的企业管理工作中发挥着越来越重要的作用。

1.2.2 管理会计与财务会计的联系

尽管管理会计与财务会计确实存在着区别，但应注意的是，它们之间也经常相互渗透，相互补充，有着密切的联系。

1）由于它们属于现代企业会计系统的两个重要领域，同属于会计信息系统，因此两者相互依存、相互制约、相互补充。

2）它们在最终目标方面是一致的。管理会计与财务会计都服务于现代经济条件下的企业；两者都以企业经营活动及其价值表现为对象，皆服从于现代企业会计的总体要求，共同为实现企业目标服务。因此，管理会计与财务会计的最终目标是一致的。

3）它们使用的原始资料大多相同，都以经济信息和财务数据为主要信息源，有许多方面可以互补。例如：管理会计经常直接应用财务会计的"证""账""表"资料进行分析研究，有时还需要对它们进行必要的加工、调整、估值或延伸；财务会计有时也会把一些原属于管理会计的内部报告资料（如财务状况变动表、现金流量表等）列入对外公开发表的范围，有时还会把企业内部管理需要的主要产品的实际成本与标准成本、实际利润与目标利润的对比数作为对外报表的补充资料。

两大会计信息系统的会计信息流动途径如图1-1所示。

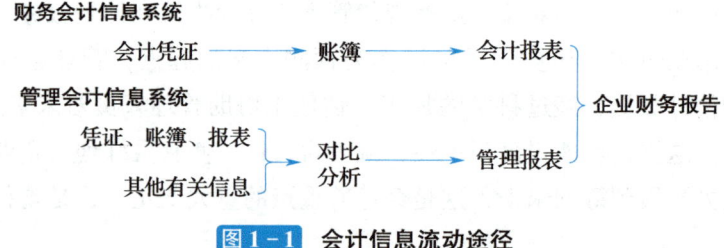

图1-1 会计信息流动途径

另外，从前述不同机构对管理会计的定义看，两者也是相通的。

1.3 管理会计的对象和职能

1.3.1 管理会计的对象

管理会计作为一门独立的科学或学科，有它特定的工作对象和研究对象。而目前，在我国国内理论界，关于管理会计对象的讨论，主要有以下三种观点：

（1）现金流动论　余绪缨教授认为：现金流动是现代管理会计这一特定领域有关内容的集中和概括，贯穿这一专门领域的始终，构成现代管理会计的对象。这种理论的主要理由是现金流动贯穿管理会计的始终，在预测、决策、预算、控制、考核和评价等各个环节发挥着积极能动的作用，同时现金流动具有较强的综合性和较大的敏感性，通过现金流动的动态分析，可以将企业生产经营的主要方面和主要过程全面、系统且及时地反映出来，为企业改善生产经营、提高经济效益提供重要的、综合的信息。

现金流动的综合性表现在其流入与流出既有数量上的差别，也有时间上的差别。通过不同时点现金流动的动态，可以对企业生产经营中的资金、成本、盈利这几个方面综合起来进行统一评价，如企业生产经营中现金流出与流入数量上的差别，制约着企业的盈利水平。盈利是通过收入与成本的对比来衡量的，而生产经营成本的高低，由现金流出来体现，相应的经营收入则表现为现金流入。从生产经营的各个期间看，虽然由于某些跨期因素的存在，我们不能直接通过当期现金流入与流出之差来确定盈利，但企业的成本、盈利水平，归根到底，是受企业生产经营中现金流入与流出的数量制约的。现金流出与流入时间上的差别，则制约着企业资金占用的水平。一项支出表现为现金流出，它流出后能很快地回收（从流出到流入间隔的时间短），经营过程中资金的占用量就少。从流出到收回，间隔的时间越长，经营过程中资金的占用量就越大。而且，现金流出与流入时间上的差别，可通过"货币时间价值"进行换算，转化为在同一时点上的资金，使时间上的差别也通过数量上的差别来表现。这样，就可以对企业生产经营中成本的耗费水平、资金的占用水平和经营的盈利水平进行综合反映和统一评价，从而使我们对企业生产经营效益的分析评价建立在更加综合和可比的基础上，以更好地适应现代化管理的需要。

现金流动的敏感性表现在通过现金流动的动态，可以把企业生产经营的主要方面和主要过程全面、系统而及时地反映出来。这样，现金流动的有关信息就自然而然地成为企业生产经营活动的神经中枢，能更好地发挥信息的反馈作用。例如，全面地分析不同的经营方案对现金流动的影响，能有效地帮助有关人员做出合理的判断和选择，进行科学的预测和决策。在日常控制中，还可依据现金流动所提供的信息，灵活地进行反应，针对出现的情况和问题，及时采取相应的措施，调节有关的活动，来有效地改善生产经营，提高经济效益。因此，掌握了现金流动，就可以让它在企业预测、决策、计划和控制的各个环节，更好地发挥积极能动作用。

由此可见，同现代化管理的要求相适应，现代管理会计以现金流动为对象，反映了现代会计科学最新的发展水平。

（2）价值差量论　价值差量论认为管理会计的对象是价值差量。这种理论认为：价值差量作为一种基本的研究方法，深入管理会计的每一项研究内容，如成本习性分析与变动成本计算、盈亏平衡点与本量利分析、经营决策的分析与评价、资本支出决策的分析与评价、标准成本系统、责任会计等。由于广义上的"价值差量"具有很强的综合性，因此管理会计研究的"差量"不仅包括狭义的价值差量，还包括实物差量和劳动差量。这种观点认为现金流动仅在经营决策和资本支出决策中才会有所涉及，因此不能将其作为管理会计的研究对象。

（3）资金总运动论　资金总运动论认为管理会计的对象是企业及其所属机构过去、现在和未来的资金总运动。这种理论的主要观点是：由于管理会计和财务会计同属于会计范畴，因此它们的研究对象应是相同的，即都是资金运动。有所不同的是，管理会计的研究对象涵盖了资金运动的所有时空，而财务会计仅以过去的资金运动作为研究对象。把资金运动作为管理会计的对象，与管理会计的实践和历史发展趋势相符合。

本书更赞同现金流动论的观点。

1.3.2 管理会计的职能

概括起来，管理会计的职能主要包括以下几个方面：

（1）预测职能　预测职能是指企业管理者根据过去的资料和现有的条件，按照事物发展的相关规律，采用一定的方法来预测和推断未来的职能。它着重于提供一定条件下生产经营各个方面未来一定时期内可能实现的数据。

（2）决策职能　决策职能是指企业管理者以预测资料为基础，对若干可实现经营目标的备选方案进行比较、分析和选优的职能。

（3）规划职能　规划职能主要是指利用财务会计提供的历史资料和其他有关信息，对企业计划期间的各项主要经济指标进行科学的预测分析，并帮助管理当局对未来的生产经营和长期投资项目中的一次性重大经济问题做出专门的决策分析，然后在此基础上编制整个企业的全面预算和各个责任单位的责任预算，用来指导和监督未来的经济活动。这是企业管理者以预测、决策资料为基础，将选定的经营目标和最优方案的具体化、数量化的职能。

（4）组织职能　组织职能是指企业管理者运用系统原理和行为科学理论，结合本企业的实际情况，制定合理、有效的责任成本制度及处理程序，以便对整个企业的人、财、物等有限资源进行优化配置和使用的职能。

（5）控制职能　控制职能主要是企业管理者根据规划职能所确定的各项目标，以及合理组织所制定的规章制度，对预期可能发生的和实际已经发生的各种有关信息进行收集、比较和分析，找出实际执行情况与预定目标的差异，以便在事前和日常工作中对各项经济活动进行调节、控制，保证既定目标的实现。

（6）评价职能　评价职能主要是企业管理者对企业内部各责任中心的经济活动及其工作成果进行记录，在事后根据各级责任单位所编制的业绩报告，将实际数与预算数进行对比、分析，用来评价和考核各个责任单位及有关工作人员履行经济责任的情况，以便奖勤罚懒、奖优罚劣，正确处理分配关系，保证经济责任制的贯彻执行。

企业为实现一定的经营目标，要先通过决策程序确定最优方案。然后，再对所选定的最优方案进行加工、汇总，形成企业生产经营在一定期间的全面预算，它集中反映整个企业在该时期内要完成的总的目标和任务；为促使总的目标和任务的实现，还需进一步落实和具体化，为此，就要进行指标分解，形成各个"责任中心"的责任预算，使它们明确各自的目标、任务，并以责任预算所规定的指标作为开展日常经营活动的准绳；各个责任中心在日常经营过程中，对预算的执行情况进行系统的记录和计量，将实际完成情况与预定目标进行对比，评价和考核各个责任中心及其有关人员的工作成果，并通过信息反馈，及时对企业生产经营的各个方面充分发挥制约和促进作用。这样，才能有效地保证决策所定目标的完满实现。

总之，现代管理会计以上几个方面的职能并不是孤立存在的，它们结合在一起，综合地发挥作用，形成一种综合性的职能。职能作用上的综合化，是现代管理会计的一个重要特征，也是当代会计科学的一个重要发展。

1.4 管理会计的基本内容

一般认为，现代管理会计的基本内容大致可区分为"决策与计划会计"和"执行会计"两个组成部分。前者以经营决策经济效益的分析评价为核心，而计划（预算）则是对经营决策所选定的有关方案的数量表现和加工、汇总；后者以责任会计为其核心，着重于对经营活动的进程和效果进行评价与控制。

"决策与计划会计"是为企业管理中的预测前景、参与决策和规划未来服务的。它首先利用财务会计提供的资料和其他有关信息，在调查研究和判断情况的基础上，对企业在计划期间的各项重要经济指标（包括保本点、利润、销售、成本和资金等）进行科学的预测分析，并对经营、投资等一次性的重要经济问题进行决策分析；然后把通过预测和决策所确定的目标和任务，用数量和表格的形式加以协调、汇总，编成企业在一定期间的全面预算，再按照经济责任制的要求，把全面预算的综合指标层层分解，形成各个责任单位的责任预算，用来规划和把握未来的经济活动。总之，"决策与计划会计"可以保证企业的各项有限资源能得到最合理、最优化的配置和使用，以便获得最佳经济效益和社会效益。

"执行会计"是管理会计为企业管理中的分析过去和对现在与未来的经济活动进行控制与评价服务的。它首先是通过制定控制制度和开展价值工程活动，以及按照预算规定的指标，对即将发生和已经发生的经济活动进行调节和控制；其次是利用标准成本制度结合变动成本法，对日常发生的各项经济活动进行追踪、收集和计算；然后根据经济责任制的要求，由各责任单位编制一定期间的业绩报告，再对业绩报告中的实际数与预算数的差异进行分析和研究，评价和考核各个责任单位的实绩和成果；并根据行为科学的激励理论分别确定它们应承担的经济责任和应接受的奖惩；最后把发现的重要问题立即反馈给有关部门，迅速采取有效措施，及时解决。总之，"执行会计"可以保证企业的各项经济活动按预定的目标进行，合理分配利润，并充分调动全体职工的积极性和创造性，为实现企业的总目标而奋斗。

管理会计的两项基本内容并非各自孤立，而是紧密联系的。例如，"决策与计划会计"的最后阶段是编制全面预算和责任预算，但编制预算本身并非目的，而是控制企业经济活动的依据，同时又是对各个责任单位的业绩进行考评的标准。而"责任会计"，则是两大部分的"结合部"或"桥梁"。因为根据管理上的需要把企业内部划分为若干责任单位，并分别编制责任预算，这属于"决策与计划会计"的内容；而各责任单位在实际执行预算过程中建立日常记录，定期编制业绩报告，并通过差异的计算和分析，实施反馈控制和业绩评价，则属于"执行会计"的内容。

其基本内容示意如图 1-2 所示。

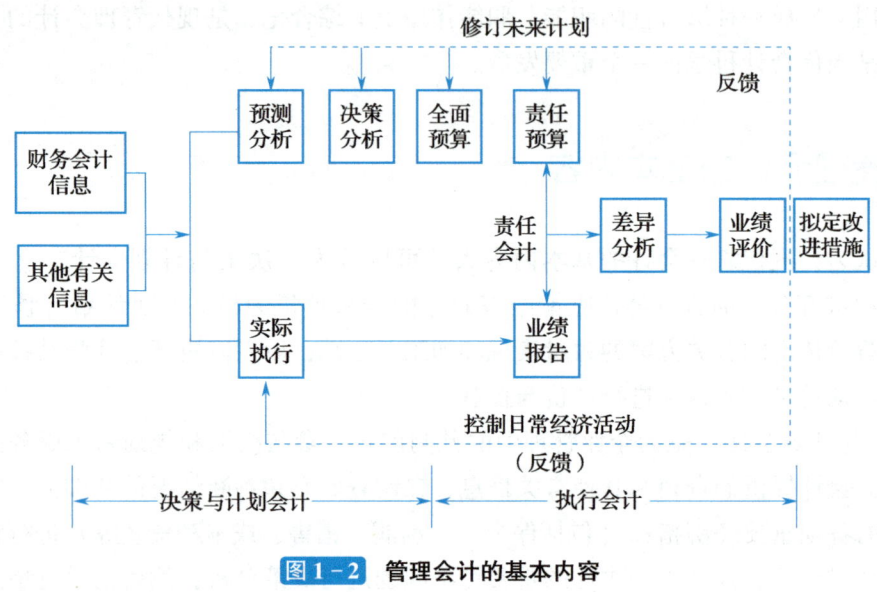

图 1-2 管理会计的基本内容

1.5 管理会计组织与管理会计师职业道德

1.5.1 管理会计组织

为了适应企业管理对管理会计人员的需求，在西方许多国家，管理会计师已成为一种专门的职业，并有自己的职业化组织。世界上最大的管理会计师职业组织是美国的管理会计师协会（IMA），它的前身是 1919 年成立的全国会计师协会，1991 年 7 月更名为管理会计师协会。管理会计师协会主办《战略财务》和《管理会计季刊》两个有影响力的学术刊物。1986 年起，管理会计师协会开始颁布一系列的管理会计公告，以促进管理会计的职业化和提高会计学的教学水平，并提供有关管理会计理论和实务的指导。管理会计师协会负责美国注册管理会计师（CMA）和财务管理师（CFM）认证考试并授予证书。注册管理会计师及注册财务管理师考试的内容反映管理会计人员和财务管理人员在实际商业环境中所需要的能力。

英国在 1919 年成立了成本会计师协会。1972 年该协会更名为成本和管理会计协会，专门侧重于成本和管理会计的研究与实践，其目的主要是为企业内部管理服务。当时管理会计的工作重心放在协助企业管理人员进行规划和决策上,由于该协会的显著影响,后来被英国皇家特许机构批准而成为其正式成员,该协会于1986年11月再次更名为特许管理会计协会(CIMA)。该协会有两类会员:一类是正式会员,另一类是非正式会员。加入非正式会员,除需要通过规定的考试外,还需要三年的本专业工作经验。加入正式会员,除了需要满足非正式会员的条件外,还需诸如财务经理等高层次的本专业工作经验。由此可见,英国对管理会计师的要求是很高的。因此,特许管理会计师比其他专业人员具有较多的机会成为企业的中层和高层管理者。在英国,特许管理会计师的资格考试内容包括管理会计、财务会计、成本会计、财务管理、管理学、公司发展战略及市场学、法律、税收、经济学、定量分析技术与信息处理技术等,考试时间达48小时。特许管理会计师协会除了组织资格考试外,还出版《管理会计》(月刊)和《管理会计研究》(季刊),并负责发布《管理会计正式术语》。

其他的职业组织包括加拿大管理会计师协会(SMA)、日本工业管理与会计协会(JIMAI)等。

1.5.2 管理会计师职业道德

1. 我国会计人员职业道德规范

为贯彻落实党中央、国务院关于加强社会信用体系建设的决策部署,推进会计诚信体系建设,提高会计人员职业道德水平,根据《中华人民共和国会计法》《会计基础工作规范》,财政部研究制定了《会计人员职业道德规范》。

(1)坚持诚信,守法奉公 牢固树立诚信理念,以诚立身、以信立业,严于律己、心存敬畏。学法知法守法,公私分明、克己奉公,树立良好职业形象,维护会计行业声誉。

(2)坚持准则,守责敬业 严格执行准则制度,保证会计信息真实完整。勤勉尽责、爱岗敬业,忠于职守、敢于斗争,自觉抵制会计造假行为,维护国家财经纪律和经济秩序。

(3)坚持学习,守正创新 始终秉持专业精神,勤于学习、锐意进取,持续提升会计专业能力。不断适应新形势新要求,与时俱进、开拓创新,努力推动会计事业高质量发展。

2. IMA对管理会计师的职业道德规范要求

(1)道德行为准则 管理会计师在为企业管理者提供经营决策信息实现企业价值最大化的同时,必须遵守法律和职业道德规范。美国管理会计师协会(IMA)关于管理会计师的道德行为准则的具体内容为:管理会计师对他们所服务的组织,他们的职业、公众及他们自己,有义务维护最高道德行为标准。为确认这些义务,管理会计师协会已经采纳了如下管理会计师道德行为规范。遵守这些准则是实现管理会计目标必不可少的要素。管理会计师不应执行与这些准则相冲突的条例,他们也不应允许组织中的其他人员违反这些准则。管理会计师有责任在以下四个方面遵守职业道德规范，并同时监督他人遵守。

(1) 能力
①通过不断加强自身知识和技能，使专业能力保持在一定水平上。
②依据相关的法律、法规和技术规范履行自己的职责。
③在对相关的和可靠的信息进行分析后，编制完整、清晰的报告与建议书。

(2) 保密
①除法律规定外，未经批准，不得披露工作过程中所获取的机密信息。
②告诫下属应重视工作中所获取信息的机密性，并且监督下属的活动以保证机密不被泄露。
③禁止利用或变相利用在工作中所获取的机密信息为个人或通过第三方牟取不道德或非法利益。

(3) 正直
① 避免实际的或形式上的利益冲突，并对任何潜在冲突的各方提出忠告。
②不得从事道德上有损于履行职责的活动。
③拒绝收受影响其行动的任何馈赠、赠品或宴请。
④禁止主动或被动地破坏组织合法和道德目标的实现。
⑤找出妨碍业务活动的可靠判断或顺利完成工作的限制与约束条件，并与有关方面进行沟通。
⑥发表赞成或不赞成的职业鉴定意见。
⑦禁止从事或支持有损于职业声誉的任何活动。

(4) 客观
①公正和客观地传达信息。
②充分披露相关信息，帮助使用者对各项报告、评论和建议获得正确的理解。

(2) 道德行为冲突　在应用道德行为标准时，管理会计师可能会遇到识别非道德行为或解决道德行为冲突等问题。

【例1-1】一位管理会计师正在考虑一套软件的商业潜能。在内部报告上，该软件的研发费用已被资本化而不是作为一项费用。该管理会计师知道，如果不允许资本化，会导致软件部门内部报告出现亏损，并导致进一步裁员。虽然软件部经理一直想证明研究开发的新产品会在市场上取得成功，但是却拿不出可靠的证据支持自己的观点，而且过去该部门两种旧产品的市场销售情况并不好。该管理会计师有很多朋友在软件部工作，他想避免与软件部经理发生个人冲突。

【例1-2】一位包装供应商正在投标一份新合同。他邀请购买方的管理会计师去免费周末度假。在邀请的时候供应商对新合同只字未提。该管理会计师不是供应商的私人朋友。他知道成本问题是该合同的关键，他担心供应商会向他询问投标竞争对手的报价细节。

在上面两个例子中管理会计师都面临某种道德困境。例1-1涉及能力、客观和正直。管理会计师应该要求该部门经理提供可靠证据来证明新产品的商业潜力。如果经理拿不出这样的证据,那么应在当期计提研发费用。例1-2涉及保密和正直。道德问题不总是明摆着的。例1-2中的供应商可能没有打算提出有关投标的问题。但对许多企业来说,若例1-2中利益冲突的迹象足够明显,他们会禁止员工接受这种来自供应商的"好处"。例1-2中的管理会计师应该与其直接上司讨论这个邀请。如果同意邀请,那么应该通知供应商,邀请是在管理会计师所在企业的有关政策(包括信息保密政策)允许范围内获准的。

IMA给出的"解决道德冲突"的指导原则内容如下:

> 在执行道德行为标准时,管理会计师可能会遇到识别非道德行为与解决某个道德行为之间冲突等问题。对于重大的道德行为问题争端,管理会计师应按照组织制定的有关政策来解决。如果按照这些政策仍解决不了问题,管理会计师应考虑采取以下行动:
>
> 1) 与直接上级讨论这些问题,但当直接上级与出现的冲突相关时,应在矛盾发生时,直接报告给更高一级主管。
>
> 如果还不能令人满意地解决,管理会计师可将这些争论问题向更高一层的主管反映。一般来讲,解决道德行为冲突的权威性机构为审计委员会、董事会、理事会或大股东等。
>
> 2) 与一位客观公正的顾问进行秘密讨论,澄清有关概念,并获得一个能够接受的解决方案。
>
> 3) 涉及的冲突中有法律义务与权利问题,咨询律师。
>
> 4) 如果经过各种尝试后,道德行为冲突依旧未能解决,且道德冲突发生在很关键的事项上,管理会计师只能提出辞职,并为企业内部一个合适的代表提供一份备忘录。除非法律另有规定,否则把这些问题告知无关的上级机关或非服务于组织的个人,一般是不合适的。

思考题

1. 什么是现代管理会计?管理会计的目标、内容是什么?
2. 管理会计在不同发展阶段有何不同特征?
3. 管理会计与财务会计有什么区别与联系?
4. IMA对管理会计师的职业道德规范要求是什么?
5. 在数字化时代,管理会计人才应具备怎样的素质?

参考文献

[1] 冯巧根. 管理会计学 [M]. 4版. 北京：中国人民大学出版社，2020.
[2] 温素彬. 管理会计：理论、模型、案例 [M]. 3版. 北京：机械工业出版社，2019.
[3] 冯巧根. 改革开放40年的中国管理会计：导入、变迁与发展 [J]. 会计研究，2018（8）：12–20.
[4] 冯巧根. 管理会计的职能拓展与发展情境 [J]. 财会通讯，2023（5）：3–11.
[5] 傅元略. 产业链供应链融合及其价值管理数智化研究 [J]. 财务研究，2021（3）：3–10.
[6] 中华人民共和国财政部. 会计人员职业道德规范 [Z]. 2023.
[7] 刘凤委. 物联网促进管理会计发展应用展望 [J]. 中国管理会计，2021（4）：68–74.

视频课程

1.1　管理会计的演进及其含义

1.2　管理会计的基本特点

1.3　管理会计的对象和职能

第2章　多维成本分析

课程思政

> **导入案例**
>
> 案例1. 一公司的主营业务是铺设管道，其业务主要来自于中标，该行业竞争激烈，为此，提出具有竞争力的投标价格至关重要。
>
> 投标是以铺设管线的成本为基础的。该公司的管理者了解到，现行会计系统提供的铺设管线成本，不便于决策。他认识到理解成本性态极为重要。如果他能了解公司成本中哪些是变动性的，哪些是固定性的，公司将能够提出更有竞争力的标价。因为该公司经常存在闲置设备，以备随时投标更大的工程项目，如果能够以高于其变动成本的价格并用闲置设备投标的话，极有可能中标，且公司利润将同步增长，因为随着作业的增加，固定成本仍保持不变。
>
> 摘自：郑爱华. 管理会计 [M]. 2版. 北京：机械工业出版社, 2020.
>
> 案例2. 史玉柱说，在营销活动中，我们付出成本最高的并不是电视、报纸广告的费用，而是策划的成本，也就是做决策时，对决策论证、研究所花费的成本。史玉柱把决策的重要性排在了第一位，"一个企业付出最大的成本、最大的浪费并不在于他的实际操作，实际上决策失误所付出的代价是最高的"。
>
> 史玉柱说："我过去下海到现在已十好几年了，总结下来，给员工高工资的时候，实际上成本是最低的。"
>
> 如果用高工资，在你和员工的关系上面，你是主动的。如果你比前面两个竞争对手工资高一截，我坚信，一年后你回头看，你的利润是最高的，你的成本是最低的。
>
> 摘自：史玉柱. 史玉柱自述：我的营销心得 [M]. 北京：同心出版社, 2013.

就像案例中所描述的，管理人员应理解成本。成本是衡量企业经济效益的一个重要指标，是影响决策的关键因素。管理会计是为企业内部所有管理职能服务的，其方法主要满足于企业预测、决策、规划和控制的需要。成本按照多种不同的分类标识进行分类，以适应管理上不同的需要。

2.1 多维成本及其分类

管理会计中的"成本"有着广泛的含义，主要是为了满足决策的需求而产生的。针对不同的决策问题，常常需要使用不同的成本概念。

2.1.1 管理会计中"成本"的特点

管理会计中的成本概念与财务会计中的成本概念既有联系又有区别。其联系体现在管理会计中的成本概念是以财务会计中的会计信息为基础提炼出来的，在一定程度上与其成本概念有相似之处。但管理会计突破了传统财务会计的成本界限，在时间上由过去、现在向未来延伸,在更广阔的范围上满足不同决策类型的需求。这些成本概念有些与企业财务会计系统中的成本概念密切相连,另一些则与企业财务会计系统中的成本概念存在着根本的差别,它们是根据管理和决策的需要,在传统成本概念的基础上形成和发展起来的。

具体而言,管理会计中的"成本"具有以下特点:

1)管理会计中成本的概念是面对未来的。其成本数据不仅源自记录历史信息的凭证和报表,而且源自对企业未来各方面信息的预测。

2)管理会计中成本的概念是用于决策的。其成本概念旨在为经营者的决策服务,从决策有用的角度界定成本概念的外延。因此,与财务会计相比,管理会计中成本的概念拥有更广阔的空间。

3)管理会计的成本概念含义较广。其不仅包括已经真实发生的成本,还包括一些并没有发生的成本,比如机会成本、假计成本等。

总之,管理会计中成本的概念突出了管理会计本身的特殊性。会计是一个信息系统,管理会计是其中一大分支,提供的信息主要为企业内部管理服务,其成本概念有助于企业经营者做出决策。

2.1.2 多维成本分类

1. 按经济用途分类

财务会计的成本分类,按照经济用途可将成本分为:生产成本和非生产成本。生产成本也称产品成本或制造成本,包括直接材料、直接人工和制造费用三大项目。非生产成本也称期间成本或期间费用,包括销售费用、管理费用、财务费用等。

成本按经济用途分类如图 2-1 所示。

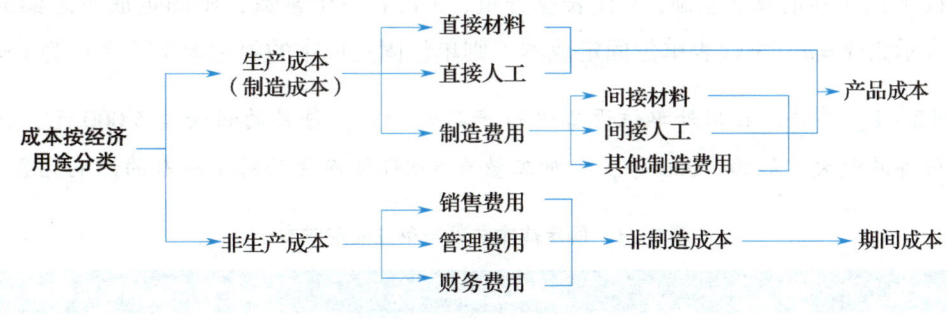

图 2-1 成本按经济用途分类

此分类的主要目的是满足企业管理中对资产的估价和损益的计量。

2. 按成本性态分类

(1)成本性态概念 所谓成本性态(Cost Behavior),是指成本总额与业务活动水平之间的数量依存关系。影响成本的业务活动也称为成本动因(Cost Drivers)。引起成本发生的动因有很多,常见的是与数量有关的成本动因,一般表现为业务量。这里的业务量

(Volume) 是指企业在一定的生产经营期内投入或完成的经营工作量的统称,可以根据具体的业务性质有所不同,其表现形式可以为实物量、价值量和时间量,如产品的生产量或销售量、产品的销售额、工人工作小时或机器工作小时、维修部门的维修小时、行驶里程、处理订单个数等。但当企业的业务活动水平变化时,企业的一些成本可能随之变化,或提高,或降低或不变。这就是不同的成本所表现出的不同的成本性态。成本与业务量之间的关联是客观存在的,是成本的固有性质,研究两者之间的规律性联系,有助于企业充分挖掘内部潜力,有效地控制成本,取得最好的经济效益。

成本按其性态进行分类,是变动成本计算的基础,也是研究管理会计方法的起点。成本性态分析可以使管理者掌握成本与产(销)量变动的规律性,进而分析计算有关指标,为企业正确的经营决策和控制活动提供有价值的数据。如导入案例中,根据成本性态分析的结果,提出具有竞争力的投标价格。

成本按其性态可分为固定成本、变动成本和混合成本三大类。

1)固定成本。

①固定成本的概念。固定成本(Fixed Cost)是指在相关范围内,当业务量(或成本动因)发生变动时,其成本总额保持不变的成本。例如:按直线法计提的折旧额、广告费用、职工培训费等均为固定成本。

②固定成本的特点。固定成本的特点如下:

a. 在相关范围内,成本总额保持不变;

b. 单位产品负担的固定成本(即单位固定成本)随着业务量的增减变动呈反比例变动。

假设 Y 代表固定成本总额,x 代表业务量,a 代表一个常数,则固定成本总额的习性模型可表示为 $Y=a$。y 代表单位固定成本,则单位固定成本的习性模型可表示为 $y=a/x$。

【例 2-1】某企业租用外单位设备进行产品的加工,每月的租金是 5 000 元,租用两年。该设备的最大产能为 5 000 件,则加工量在 5 000 件内变动对于成本的影响见表 2-1。

表 2-1 固定成本总额与单位固定成本

加工量(件)	总租金成本(元)	单位产品的租金成本(元)
1 000	5 000	5.00
2 000	5 000	2.50
3 000	5 000	1.67
4 000	5 000	1.25
5 000	5 000	1.00

将表 2-1 中的数据反映在坐标图中,便可以在图 2-2、图 2-3 中反映出固定成本的特性。

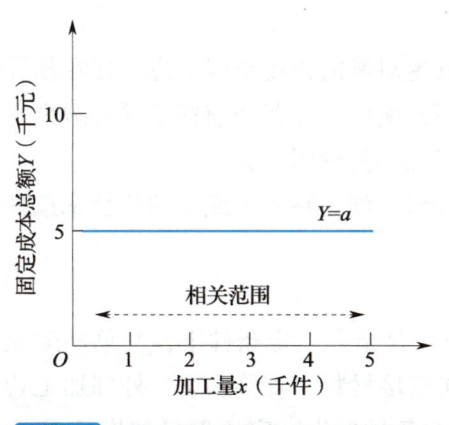

图2-2 固定成本总额与加工量的关系

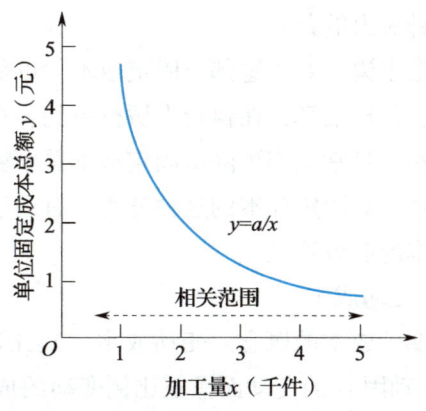

图2-3 单位固定成本与加工量的关系

③相关范围。固定成本的相关范围是指成本总额与业务量总数呈线性联系的特定时期或特定的业务量范围。

根据相关范围，固定成本可细分为约束性固定成本和酌量性固定成本。

a. 约束性固定成本。约束性固定成本是指通过企业管理人员的当前决策行为不能改变其支出数额的成本项目。如企业固定资产折旧费、保险费、租赁费、取暖费、照明费、不动产税金及管理人员的薪金等。这类成本反映的是形成和维持企业生产经营能力的成本，而不是产品成本，也是企业经营业务必须负担的最低成本，因此又称经营能力成本。由于企业的经营能力一旦形成，在短期内难以改变，任何短期内降低这类成本的企图都必须以缩减企业的生产能力为代价，意味着企业经营能力的破坏，可能影响企业长远目标的实现，降低盈利能力，因此这种成本具有很大的约束性。这类成本属于相关范围中的特定业务量内的成本。

其特点是：成本支出额的大小取决于生产经营能力的规模和质量；一旦形成，长期存在，预算期长。

在实务中采取降低这部分成本的措施，只能合理利用经营能力、增加生产规模、进而降低单位固定成本。

b. 酌量性固定成本。酌量性固定成本是指通过企业管理人员的短期决策行为可以改变其支出数额的成本项目。如企业的广告费、新产品研究开发费、职工培训费、科研试验费等。这类费用的支出与管理人员的短期决策密切相关，即管理人员可以根据企业当时的具体情况和财务负担能力，来决定这类费用是否继续支出以及支出数额的增加或减少。

酌量性固定成本关系到企业的竞争能力，也是一种提供生产经营能力的成本，而不是生产产品的成本。只是因为其经济效用难以准确计量，不易计算其最佳的合理支出额，所以，要由经理人员进行综合判断，以决定其预算数额。这类成本仅在一定的预算执行期内是固定的。由于酌量性固定成本通常按预算来支出，而预算是按计划期编制的，因此预算一经确定，这类成本的支出额便与时间相联系，而与产量无关，故也应视为期间成本。

其特点：预算期较短，通常为一年；成本支出数额的大小取决于高层管理者根据企业经营方针做出的判断。

一般来说，对于这部分固定成本，可从降低其绝对额的角度予以考虑，即在预算时认真决策、精打细算，在执行中厉行节约，在保证不影响生产经营的前提下尽量减少它们的支出总额。日常我们讲降低固定成本总额就是指降低酌量性固定成本。

显然，对固定成本的这种分类，有助于我们针对不同类别固定成本的特性来选择降低固定成本的有效途径。

2）变动成本。

①变动成本的概念。变动成本（Variable Cost）是指在一定条件下，其总额随业务量（或成本动因）的变动而呈正比例变动的成本。如直接材料、直接人工、外部加工费等都是和单位产品的生产直接相联系的。即当企业的业务量发生一定比例（如增长20%）的变动时，相应的变动成本也会随之发生相同比例的变动（同样也增长20%）。

②变动成本的特点。变动成本的特点如下：

a. 在一定时期和一定业务量范围内，成本总额随业务量的增减变动呈正比例变动；

b. 单位产品中的变动成本（即单位变动成本）不受业务量增减变动的影响，保持不变。

假设 Y 代表变动成本总额，x 代表业务量，单位变动成本为 y，b 代表一个常数，则变动成本总额的习性模型可表示为 $Y=bx$，单位变动成本的习性模型可表示为 $y=b$。

【例 2-2】承上例，加工产品需外购零件 A 以满足生产需要，零件 A 的外购单价为 10 元/件，则加工量在一定范围内变动对成本的影响见表 2-2。

表 2-2 变动成本总额与单位变动成本

加工量（件）	总外购成本（元）	单位外购成本（元）
1 000	10 000	10
2 000	20 000	10
3 000	30 000	10
4 000	40 000	10
5 000	50 000	10

将表 2-2 中的数据反映在坐标图中，便可以在图 2-4、图 2-5 中反映出变动成本的特性。

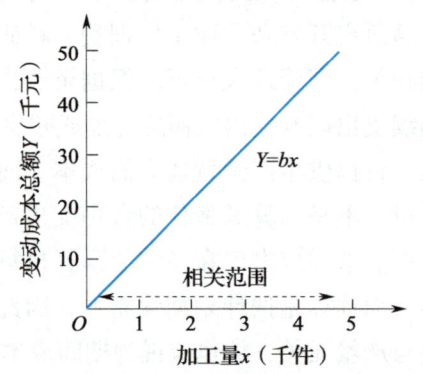

图 2-4 变动成本总额与加工量的关系

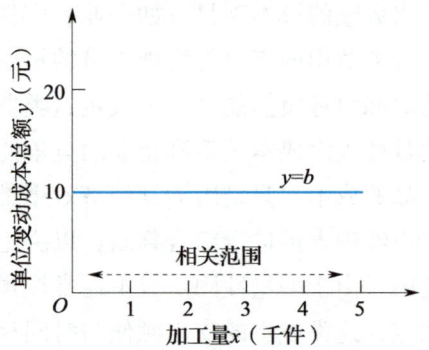

图 2-5 单位变动成本与加工量的关系

③变动成本分类。变动成本可按照其发生的原因进一步分为技术性变动成本和酌量性变动成本。

a. 技术性变动成本，又称设计变动成本，是指在其单位成本受客观因素决定、消耗量由技术因素决定的那部分变动成本，即与产量有明确的生产技术或产品结构设计关系的变动成本，例如：某热电厂的锅炉必须使用燃烧值在一定千焦耳以上的精煤，只要工艺技术及产品设计不改变，燃烧成本就属于随发电量呈正比变动的技术性变动成本。

这类成本是利用生产能力所必须发生的成本，要想降低此类成本，应当通过改进设计、改革工艺技术、实现技术创新，提高材料的综合利用率、劳动生产率，以及避免浪费、降低单耗来实现。

b. 酌量性变动成本。酌量性变动成本是指其单耗受客观因素决定，其单位成本主要受企业管理部门决策影响的那部分变动成本。例如：在不影响质量和单耗不变的前提下，企业可以在不同地区或不同供货单位采购到不同价格的某种原材料，其成本消耗就属于酌量性变动成本。这类成本可以通过管理层决策行为改变大小，其成本的效用主要是提高竞争能力或改善企业形象。

要想降低这类成本，应当通过合理决策，降低材料采购成本，优化劳动组合，严格控制制造费用开支，改善成本——效益关系来实现。

与固定成本相似，某些成本项目只是对某一特定业务量来说属于变动成本，而对其他业务量来说则不属于变动成本。因此，在研究变动成本时，必须了解有关业务量的具体形式。再者，变动成本的基本特征也是有条件的。业务量一旦超出相关范围，成本总额与业务量之间的正比例关系就不一定存在。

3）混合成本。在实际工作中，许多成本往往介于固定成本和变动成本之间，它们既非完全固定不变，也不随业务量呈正比例变动，因而称为混合成本（Mixed Cost）。

混合成本的情况比较复杂，需要进一步分类和分解，故单独一节讲解。

（2）相关范围对成本性态的影响　前面在解释固定成本和变动成本的含义时，总要加上"在一定条件下"这句话，这就意味着固定成本和变动成本的区分不是绝对的，而是有条件的。这个条件在管理会计中称为相关范围（Relevant Range）。

由于固定成本和变动成本相关范围的存在，使得各项成本的性态具有相对性、暂时性和可转化性的特点。因此不应该对成本性态做绝对的理解。

成本性态的相对性是指在同一时期内，同一成本项目在不同企业之间可能具有不同的性态。因而不能盲目照抄别人现成的成本性态分析结论。

成本性态的暂时性是指就同一企业而言，同一成本项目在不同时期可能有不同的性态。因此，企业必须根据情况变化，经常进行成本性态分析，不能机械地把过去的分析结论看作一成不变的。

成本性态的可转化性是指在同一时空条件下，某些成本项目可以在固定成本和变动成本之间实现互相转化。如空运公司支付的空运租金，在长期包租飞机时便是固定成本，而临时租用货位时则是变动成本。了解这一特性有助于企业灵活地分析成本性态。

3. 按决策相关性分类

成本按与决策的相关性分类可分为相关成本与无关成本。

（1）相关成本　相关成本是指与决策有关的各类未来成本。在管理会计的决策分析中，因决策的目的不同，往往会采用不同的成本概念，如导入案例中史玉柱所说的成本。

常见的相关成本有：差别成本、边际成本、机会成本、假计成本、现金支出成本、重置成本、可避免成本、可延缓成本、不可延续成本、专属成本。

1）差别成本。差别成本（Differential Cost），又称差量成本或差额成本，有广义和狭义之分。广义的差别成本是指可供选择的不同备选方案之间预计成本的差额。如何在几种方案中选取一种最满意的方案，必须对它们的预计成本进行比较，计量差别成本，作为决策分析的依据。例如，生产所需零部件是自制还是外购决策问题，这里"自制"是一个方案，"外购"又是一个方案，自制 100 个零部件的成本为 10 000 元，外购 100 个零部件的成本为 14 000 元。则自制与外购 100 个零部件这两个方案的差别成本为 4 000 元。

狭义的差别成本又称增量成本。在制造业企业，由于实施某项决策方案会引起产量的变动，因而增量成本是指由于企业生产能力利用程度的不同，即由于产量不同而形成的成本差异。例如，上述零部件经分析，拟采取自制方案，但自制多少呢？是自制 500 件，还是自制 550 件呢？这里"500 件"是一个方案，"550 件"又是一个方案。事实上，自制方案可按其产量细分为多个方案，任意两个方案之间的成本差额部分，可视为这两个方案的差别成本。

应该注意，差别成本和变动成本是两个不同的概念，且两者在量上也不一定相同。在相关范围内，差别成本表现为该方案的相关变动成本，即等于该方案的单位变动成本与相关业务量的乘积。具体讲，对于具有相同内容但生产能力利用程度不同的两个方案，差别成本等于变动成本的增减额；当生产能力发生变动时，差别成本可能包括固定成本，若产量超出固定成本的相关范围，则此时的差别成本等于变动成本增减额与固定成本增减额之和。

【例 2-3】某企业拟购入一批零部件，若购入量在 1 500～2 500 件的相关范围内，需要发生固定性采购费用（不含零部件购价）4 000 元，此时零部件售价为 30 元/件；若购入量超过 2 500 件，在 2 501～3 500 件的相关范围内，固定性采购费用增到 8 000 元，此时，销售商愿意以 25 元/件的价格出售零部件。试计算购入量每增加 500 件（视为一个行动方案）的差别成本。

据上述资料，按照差别成本的定义，可列表计算，差别成本计算分析见表 2-3。

表 2-3　差别成本计算分析表　　　　　　　　　　　（单位：元）

购入量（件）	固定成本	变动成本	总成本	固定成本增量	变动成本增减额	差别成本	单件差别成本
1 500	4 000	45 000	49 000	—	—	—	—
2 000	4 000	60 000	64 000	—	15 000	15 000	30
2 500	4 000	75 000	79 000	—	15 000	15 000	30
3 000	8 000	75 000	83 000	4 000	0	4 000	8
3 500	8 000	87 500	95 500	—	12 500	12 500	25

由表 2-3 可以看出，当购入量在 1 500～2 500 件的相关范围内时，差别成本与变动成本增减额相等，单件差别成本也表现为单位变动成本；当购入量在 2 501～3 000 件的相关范围内时，差别成本与变动成本增减额不相等，而是表现为固定成本增减额与变动成本增减额之和；当购入量在 3 001～3 500 件时，差别成本又与变动成本增减额趋于一致，但此时的单件差别成本已不再是 30 元，而是等于新的单位变动成本 25 元。

2）边际成本。从经济学的观点来看，边际成本（marginal cost）是指产品成本对产品产量无限小变化的变动部分，从数学上讲，它是总成本函数的导数。若假定成本函数为 $f(x)$，x 为业务量，MC 为边际成本，则有

$$MC = f'(x)$$

亦即

$$MC = \lim_{\Delta x \to 0} \frac{f(x + \Delta x) - f(x)}{\Delta x}$$

但在实践中，产量无限小地变化，最小只能小到一个单位，产量的变化小到一个单位以下，就没有什么实际意义了。所以，边际成本的实际计量，就是产量增加或减少一个单位所引起的成本变动，即

$$MC = \lim_{\Delta x \to 0} \frac{f(x + \Delta x) - f(x)}{\Delta x} = f(x + 1) - f(x)$$

显然，管理会计中的边际成本不仅是离散型的，而且还是增量成本的特殊形式：当业务量的增量为一个单位时，边际成本等于狭义的差别成本（增量成本）。

边际成本在经营决策中有如下作用：

①当某产品的平均成本与边际成本相等时，平均成本最低。

掌握了边际成本与平均成本之间的这一关系，可以进一步计算产量达到多大，才能使平均成本达到最低。这一规定性的关系，对于促进企业提高生产经营的经济效益具有重要指导意义。

【例 2-4】假设以 TC(X) 代表产量为 X 时的总成本，AC(X) 代表产量为 X 时的平均成本；并假定根据有关数据得到其总成本与产量的关系可用一元二次函数来表述

$$TC(X) = 100 + 6X + 0.01X^2$$

边际成本从数学上看，就是求 TC(X) 的一阶导数。

边际成本：TC′(X) = 6 + 0.02X，

平均成本：AC(X) = $\dfrac{TC(X)}{X}$ = $\dfrac{100 + 6X + 0.01X^2}{X}$ = $\dfrac{100}{X}$ + 6 + 0.01X，

当边际成本 = 平均成本时，即：6 + 0.02X = $\dfrac{100}{X}$ + 6 + 0.01X，X = 100（件），

平均成本：AC(100) = $\dfrac{100}{100}$ + 6 + 0.01 × 100 = 8（元）。

可见，当产量为 100 时，平均成本达到最低，为 8 元。

②当某产品的边际收入与边际成本相等时，企业能实现最多的利润。

【例 2 – 5】 假设以 TS(X) 代表销售产品为 X 件时的销售收入，TP(X) 代表销售产品 X 件时能实现的利润，单位产品售价为 12 元。沿用前例总成本的表达即：

$$TC(X) = 100 + 6X + 0.01X^2$$

总收入：TS(X) = 12X，

边际收入：TS′(X) = 12，

总成本：TC(X) = 100 + 6X + 0.01X^2，

边际成本：TC′(X) = 6 + 0.02X，

当边际收入 = 边际成本时，利润最大，即 12 = 6 + 0.02X

X = 300（件）。

上述计算表明，当销售量为 300 件时，边际成本与边际收入相等，可计算出总利润的最大值

$$\begin{aligned}TP(300) &= 300 × 12 - [100 + 6 × 300 + 0.01 × (300)^2]\\&= 3\,600 - 2\,800\\&= 800（元）\end{aligned}$$

3）机会成本。机会成本（Opportunity Cost）原是经济学术语。它以经济资源的稀缺性和多种选择机会的存在为前提，又叫机会损失（Opportunity Loss），是指在经济决策中由于选择最优方案而放弃次优方案所丧失的潜在收益。

企业的每项经济资源都可能会有许多不同用途，即有许多被使用的机会。在一定时空条件下，资源又总是相对有限的，资源用于某一方面就不能同时用于另一方面。也就是说，资源在某一方面使用的所得，正是由于放弃其他方面使用的机会所带来的。这就要求在进行经营决策时，除了要考虑选定方案所能带来的收益，还要考虑因丧失掉其他方案而失去的收益。一般而言，这部分失去的收益应当由被选定方案的收益来补偿，如果被选定方案的收益不能补偿机会成本，就说明被选定方案不是最优方案。由于机会成本并不是企业的实际支出或资产耗费，因而在财务会计实务中，机会成本并不在任何会计账户中予以登记，但在决策时应作为一个现实的因素加以考虑。

4）假计成本。假计成本（Imputed Cost），又叫估算成本（Estimated Cost），是指使用某种经济资源的代价。这种代价不是企业的实际支出，也不用记账，但在进行方案选择时要认真考虑，是机会成本的特殊形式。在决策分析过程中，有些机会成本较易计量，但有时机会成本可能并非一目了然，而需要进行估算。凡是与某项经济活动相关联需要经过假定推断才能确定的机会成本就是假计成本。

例如，企业将一笔资金用于购建一项新的固定资产，不论这笔资金是债务资金还是主权资金，均存在资本成本。在进行正确决策分析时，企业都必须把利息因素考虑进去，视同机会成本进行估算。

假计成本的典型形式就是利息。这种假设存在的利息就属于假计成本，自有资金的应计利息就是假计成本的一种形式。

5）现金支出成本。现金支出成本（Out-of-Pocket Cost）又叫付现成本，是指由于某项决策而引起的需要在未来用现金支付的成本，是一种未来成本。

任何经济决策都需要现金资源。如果没有现金支持，再好的决策方案也不能实现。特别是当企业处于现金严重不足，支付能力受到限制的情况下，决策者不得不选择付现成本较低而总成本较高、收益相对较少的方案。

【例2-6】某企业现接受一批特定订货，为满足客户对这批订货的要求，急需购置一种专用设备，但近期企业的资金十分紧张，预计短期内亦无账款可以收回，而且银行贷款利率高达10%以上。在这种情况下，该企业购买专用设备有以下两个方案可供选择：

第一个方案：甲公司可提供这种专用设备，要价140 000元，货款必须马上支付。

第二个方案：乙公司也可提供这种设备，要价150 000元，但货款只需先付10 000元，其余分10个月付清，每月归还14 000元。

根据上述资料，企业管理人员认为第二个方案可行，因为该方案所需支付的总成本虽然比第一个方案多10 000元，但近期的现金支出成本较低，是企业现有支付能力所能承受的；而专项设备购入并投入使用所带来的效益，可弥补总成本较高而形成的损失。上述决策分析表明，当企业资金紧张时，要把现金支出成本作为考虑的重点。

6）重置成本。重置成本（Replacement Cost）是指按照现行的市场价格重新购置目前所持有的某项资产所要花费的全部支出。如以闲置固定资产进行投资，就必须要对其重新估价，考虑重新购置或建造和安装同样生产能力的固定资产所需的代价，以确定投资额的多少。

重置成本一般应用于产品定价、投资、资产重组或资产清查等决策。如在定价决策时，一存货历史单位成本为60元，售价68元；现因原料市场价格的变化，该类货物的单位市场价格为75元。在确定存货售价时，从历史成本的角度考虑，每单位按68元售出，可获得8元的利润；但若出售后再重新购置此类货物，每单位要花费75元，不仅不能获利，反而每单位亏损7元，所以，应按照重置成本估价。

7）可避免成本。可避免成本（Avoidable Cost）是指通过某项决策行动可以改变其数额的成本。也就是说，如果某一特定方案被采用了，与其相联系的某项支出就必然发生；反之，如果某项方案没有被采用，则某项支出就不会发生。酌量性成本属于可避免成本。例如，某企业现还有一定剩余的生产能力，拟接受某项特定订货，对方对这批订货有一些特殊要求，为满足这些要求，需要购买一项价值5000元的专用设备，这5000元专用设备款最终是否发生，完全取决于企业是否接受这批订单，如果不接受，这5000元的专用设备款就不发生，所以它是可避免成本。由于可避免成本构成了不同方案的差别成本，因此是相关成本。一般而言，变动成本都是可避免成本；某些酌量性固定成本，如广告费、培训费、员工的固定工资等也是可避免成本。因为一旦停止某项经营业务，这些费用就会削减。

【例2-7】某企业的零件生产成本见表2-4。一家企业愿以8元1件的价格供应此种零件，企业应选择自制还是外购？

表2-4 自制或外购决策　　　　　　　　　　　　　　　（单位：元）

总成本	每件	每1 000件
直接材料、直接人工、变动性制造费用	2	2 000
直接的固定性制造费用	4	4 000
间接的、经分配的固定性制造费用	5	5 000
合计	11	11 000
外购单价	8	—

乍一看，由于报价低于每单位制造成本11元，似乎外购比自制更为有利。但通过进一步的分析可以看到，企业如采取外购方案，可避免成本包括直接的固定性制造费用4 000元和直接材料、直接人工、变动性制造费用2 000元，可避免成本总额为6000元（2 000+4 000），每单位可避免成本为6元，低于外购单价8元。这一计算表明：企业继续生产这种零件，可以获得较好的效益。

8）可延缓成本。可延缓成本（Deferrable Cost）是指某一方案已经决定要采用，但如推迟执行，对企业全局影响不大，因此，同这一方案相关联的成本就称为可延缓成本。

可避免成本与可延缓成本的不同之处在于，是否发生可避免成本，完全取决于决策者；而可延缓成本只是在发生的时间上可以推迟，将来方案执行成本注定要发生。

由于可延缓成本具有一定弹性，在决策中应当充分予以考虑。例如，某企业已决定购买四台计算机，以便在财务部推广电算化。但因企业目前资金比较紧张，决定推迟购买。该方案即使不立即实施，也不会对企业目前生产经营活动的正常进行产生重大影响。因此，同购买计算机有关的成本就是可延缓成本。

9）不可延缓成本。对已选定的某一决策方案应立即实施，否则，将会对企业生产经营活动的正常运行产生重大的不良影响，那么与这一类方案有关的成本称为不可延缓成本

(Undeferrable Cost)。由于不可延缓成本具有较强的刚性，马上就要发生，所以必须保证对它的支付，没有什么选择的余地。例如，某企业的一项关键性设备出现故障，如不立即修复投入运行，企业将无法按期完成交货任务，使企业遭受重大的有形与无形损失。因此，同修复设备决策方案相联系的成本，就属于不可延缓成本。

10) 专属成本。专属成本（Dedicated Cost）是指明确可归属于某种、某批或某个部门的成本，也称特定成本，与决策方案相关联。

(2) 无关成本　无关成本（Irrelevant Cost）也称非相关成本，是指过去已发生，与某一特定决策方案无直接联系，或在决策中不需要考虑的成本。

常见的无关成本有：沉没成本、不可避免成本、共同成本。

1) 沉没成本。沉没成本（Sunk Cost）是指过去决策所发生，无法由现在或将来的任何决策所能改变的成本。如购置设备或其他生产资料所产生的支出，实质上是一种沉没成本，与目前的决策无关。

企业中厂房设备的账面价值就是一个沉没成本的例子。当对设备进行"以旧换新"时，企业不能改变旧设备的账面价值，此账面价值与计算所得税有关，而与"以旧换新"方案无关。作为相关因素考虑的只能是旧设备的变现价值，而旧设备的账面折余价值则属于沉没成本。企业要决定继续或中止某一经营方案时，设备的账面价值并不作为列入考虑的因素。

沉没成本和现金支出成本是从不同时间（过去，未来）发生的成本对决策产生不同影响的角度来说明。

2) 不可避免成本。不可避免成本（Unavoidable Cost）是指某项决策行动不能改变其数额的成本。也就是同某一特定决策方案没有直接联系的成本。其发生与否，并不取决于有关方案的取舍。

在例 2-7 中，间接的、经分配的固定性制造费用 5 000 元是不可避免的，单位不可避免成本为 5 元。

必须指出，将成本区分为可避免成本与不可避免成本、可延缓成本与不可延缓成本具有较大的现实意义。因为可避免成本是对方案进行分析对比、决定取舍的重要依据。如果多种决策方案已经决定要采用，但受企业现有财力的局限而不可能同时全部付诸实施，则需区分轻重缓急，确定哪些是可延缓的，哪些是不可延缓的，然后依次付诸实施。这样，才有利于最经济有效地利用现有资源，取得最大的经济效益。

3) 共同成本。共同成本（Common Cost）是指那些需由几种、几批或几个部门共同分担的成本。

(3) 区分相关成本和无关成本的意义

1) 在难以得到足够资料的情况下，能有效地进行决策分析。例如，是否经营某一商品的决策，事先编制一份完全的损益表是不大可能的，因为这涉及共同成本的分摊。即使勉强编出损益表，也很难作为决策的依据；此种情况下，就要明确区分哪些是相关成本，哪些是无关成本，舍弃后者，才能作为决策依据。

2）简化分析，集中注意力，保证决策结果的正确性。有时，尽管能得到决策分析所需的全部资料，但将相关成本与无关成本混合，容易使整个情况趋于混乱，分散分析者的注意力。因此，有必要区分相关成本与无关成本。

还应注意，相关成本与无关成本是相对的。由于决策的对象不同，决策的期间不同，决策的范围不同，同一成本有时属于相关成本，有时却属于无关成本。例如，固定成本有约束性固定成本和酌量性固定成本之分，很难笼统地说它是属于相关成本还是属于无关成本。

【例 2-8】某品牌帆布鞋的成本类型见表 2-5[①]。

表 2-5 某品牌帆布鞋的成本类型

成本项目	比例（%）	成本类型
零售	25.0	固定成本 部分可以直接归集 部分不好跟踪分配
原材料	16.7	变动成本 可以直接归集
广告	11.0	固定成本 部分可以直接归集 部分不好跟踪分配
税收	8.0	可以跟踪 部分可以直接归集 所得税不好跟踪分配
物流	7.4	变动成本 可以直接归集
设计和研发	5.7	固定成本 部分可以直接归集 部分不好跟踪分配
运营成本	4.1	共同成本
工厂利润	1.8	共同成本
工人工资	0.3	可分摊+共同成本

[①] 来自：一双匡威帆布鞋的成本构成 [EB/OL]. (2013-06-04) [2023-08-08]. http://www.199it.com/archives/120618.html.

4. 按管理可控性分类

成本按照可控性可以区分为可控成本和不可控成本。成本的可控与否是有条件的。成本按其可控性分类，是以一个特定的单位和一个特定的时期作为出发点的。

（1）可控成本和不可控成本的概念

1）可控成本是指在特定时期内，从一个单位或部门看，属于这个单位或部门权责范围内，能直接控制其发生的成本。

2）不可控成本是指成本的发生，不属于某一单位或部门的权责范围内，不能为这个单位（部门）所控制的。

（2）可控成本的判定条件　可控成本总是针对特定单位或部门而言的，判断一项成本是否为可控成本，可通过以下三项条件：

1）假如某单位或部门通过其自主行为能够有效地影响一项成本的数额，那么该单位或部门就要对这项成本负责。

2）假如某单位或部门有权决定是否使用某种资产或劳务，它就应对使用这些资产或劳务的成本负责。

3）某管理人员虽然不直接决定某项成本，但是其上级要求他参与有关事项，从而对该项成本的支出施加了重要影响，则他对该成本也要承担责任。

凡不能同时符合上述三个条件的，即为不可控成本。

（3）可控成本和不可控成本的相对性　可控成本与不可控成本是相对而言的。

1）某项成本对某一个单位或部门而言是不可控成本，而对另一个单位或部门而言则可能是可控成本，如存货的采购成本，对于生产部门而言是不可控成本，但对供应部门来说，则是可控成本。

2）某项成本对低层的单位或部门而言是不可控成本，但在较高层的单位或部门则可能为可控成本，例如制造费用中的固定部分对生产班组虽属于不可控成本，但对制造车间来说则是可控的。

3）某些成本在短时期内是不可控的，但在较长时期内又成为可控的了，如固定资产折旧费和摊销的长期租赁费，从已开始计提折旧和已开始摊销的会计期间看，是企业不可控的费用，但从购置和租入资产时的较长时期看，则又是可控的。

4）某些成本是否可控，要视其分配方法而定，例如维修、供水、供电、供汽、内部运输等企业内部产品和劳务提供部门的成本，如果按规定的固定比例分配给受益部门，就属于各受益部门的不可控成本；如果按各受益部门的耗用数量（如维修工时、用水量、用电量、用气量、运输量等）分摊，则属于受益部门的可控成本。

由此可见，成本的可控性总是与一定的条件相联系而确定的，不能脱离有关的具体条件抽象地谈论哪项成本是可控的或哪项成本是不可控的。

成本按照可控性分类可以分清各部门职责，确定其相应的责任成本，考核其工作业绩。

2.2 混合成本及其分解

2.2.1 混合成本的种类

常见的混合成本包括阶梯式成本、半变动成本、延伸变动成本和曲线成本。

1. 阶梯式成本

阶梯式成本（Step Cost）是指成本总额会随业务量呈阶梯式变动的成本。其特点是：成本总额在一定的业务量范围内是固定的，当业务量超过这一范围时，其发生额就会跳跃上升到一个新的水平，并在新的业务量范围内固定不变，直到出现另一个新的跳跃为止，如此重复下去，其成本总额随业务量的增长呈现出阶梯状增长趋势。这类成本也称之为半固定成本，如企业的运货员、质检员、保养工等人员的工资，以及受一定业务量影响的固定资产租赁费等。

【例 2-9】如例 2-1 中，企业租用的设备产能最大为 5 000 件，若加工量超过 5 000 件，则需租用另一设备，租金每月增加 3 000 元，产量可增至 8 000 件；若加工量超过 8 000 件，则还需租用设备，租金每月增加 2 000 元，产量可增至 10 000 件。阶梯式成本性态模型如图 2-6 所示。

对于阶梯式成本，可依其变动的相关范围大小，确定为固定成本或变动成本。成本的金额很大且适用于特定的活动范围时，该成本就被认为在那个活动范围内是固定成本。如该企业租赁设备，加工量在 5 000 件以内，成本就是固定的。

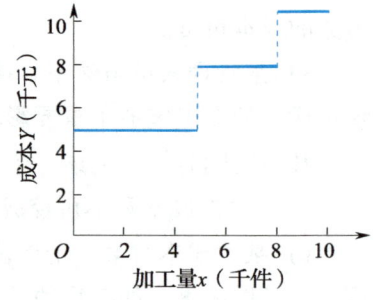

图 2-6 阶梯式成本性态模型

阶梯式成本的数学模型可写成如下分段函数的形式：

$$Y=f(x)=\begin{cases} a_1, & (0<x\leqslant x_1) \\ a_2, & (x_1<x\leqslant x_2) \\ a_3, & (x_2<x\leqslant \infty) \end{cases}$$

2. 半变动成本

半变动成本（Semi-variable Cost）是由固定成本和变动成本两部分组成的成本。这种成本通常有一个基数，不受业务量的影响，相当于固定成本；但在此基数之上，随着业务量的增长，成本也呈正比例增加，这部分成本相当于变动成本。如属于公用事业费的水电费、煤气费、电话费，以及机器设备的维修保养费等都属于这类成本。这些成本一般是由供应单位每月提供固定的收费基数，企业使用量再小也必须支付，属于固定成本性质。在此基础上，超过固定基数的部分再根据耗用量的大小乘以单价计算，属于变动成本性质。

例如，某公司每月发生的电话费用就是按固定的月租费和按照通话时间及计价标准计算的通话费用两部分之和。该电话费的半变动成本性态模型如图2-7所示。

半变动成本函数可直接写成 $Y = a + bx$。

3. 延伸变动成本

延伸变动成本（Delayed-variable Cost）是指在一定业务量范围内成本总额不随业务量而变动，但当业务量超出这一范围后，成本总额将随业务量的变动而发生相应的增减变动的成本项目。如在有加班费存在的情况下，企业的人工总成本就属于延伸变动成本，因为企业在正常工作时间之内，对员工支付的薪金是固定不变的；但当工作时间超过规定水准，则需按加班时间的长短成比例地支付加班费。延伸变动成本性态模型如图2-8所示。

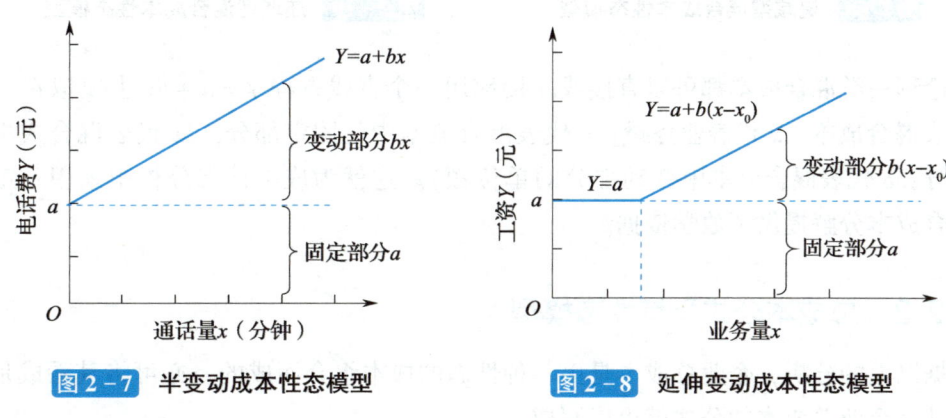

图2-7 半变动成本性态模型　　图2-8 延伸变动成本性态模型

延伸变动成本函数为：

$$Y = f(x) = \begin{cases} a, & (0 < x \leqslant x_0) \\ a + b(x - x_0), & (x_0 < x \leqslant \infty) \end{cases}$$

4. 曲线成本

曲线成本（Progressively Curve Cost）为混合成本，这类混合成本通常有一个初始量，一般不变，相当于固定成本；在这个初始量的基础上，成本随着业务量变动但并不存在线性关系，在坐标图上表现为一条抛物线。按照曲线斜率的不同变动趋势，这类混合成本可进一步分为两种类型：递减型混合成本和递增型混合成本。其中，递减型混合成本的特点是：成本的增长幅度小于业务量的增长幅度，成本的斜率随业务量递减，反映在坐标图上呈一凸型曲线，如热处理使用的电炉设备，每班都需要预热，因预热而耗用的成本（初始量）属于固定成本性质，而预热后进行热处理的耗电单位成本，随着业务量的增加逐步下降，总成本呈一上凸抛物线上升，如图2-9所示。而递增型混合成本的特点是：成本的增长幅度随业务量的增长而呈更大幅度变化，成本的斜率呈递增趋势，在右边图上表现为一凹形曲线，如各种违约金、罚款等都属于这类成本，如图2-10所示。

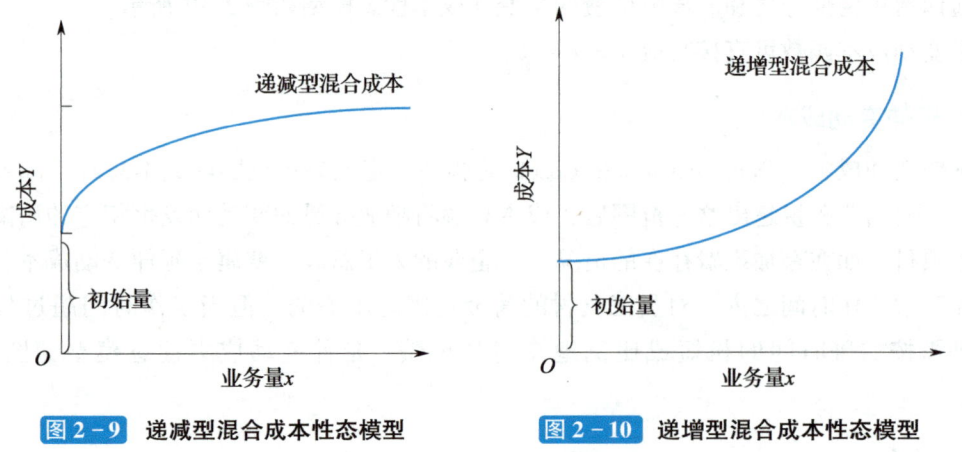

图 2-9 递减型混合成本性态模型　　图 2-10 递增型混合成本性态模型

无论哪一类混合成本都可以直接或间接地用一个直线方程 $Y = a + bx$ 去模拟它（这里的 Y 代表混合成本，x 代表业务量，a 代表混合成本中的固定部分，bx 代表混合成本中的变动部分；b 代表混合成本中变动部分的单位额）。这就为成本性态分析中采用一定方法进行混合成本分解提供了数学依据。

2.2.2　总成本公式及其性态模型

根据以上的分析，企业总成本是由各种性态的成本组合而成的，亦可将其看成是混合成本。那么企业总成本的公式就可以写成：

企业总成本 = 固定成本总额 + 变动成本总额
　　　　　 = 固定成本总额 + 单位变动成本 × 业务量

现设总成本为 Y，固定成本总额为 a，单位变动成本为 b，业务量为 x。那么，总成本公式就可以写成：

$$Y = a + bx$$

从数学的观点来看，这是一个直线方程。式中，x 是自变量；a 是常数，为截距；b 是直线的斜率；Y 是因变量；即函数。总成本性态模型如图 2-11 所示。

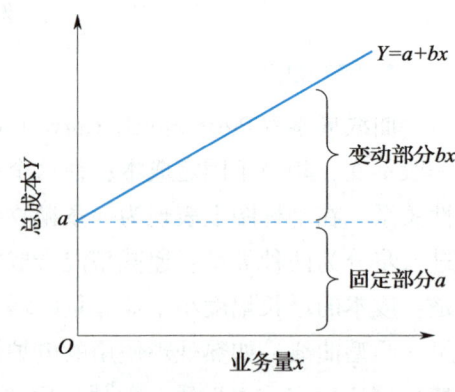

图 2-11　总成本性态模型

2.2.3　混合成本的分解

混合成本既包含了变动的因素，也包含了固定的因素，因而它的性质与总成本的性质相似。但为了让管理分析较为方便，对于这种混合成本，应采用适当的方法将其中的变动因素与固定因素分解出来，并分别划入变动成本和固定成本。

混合成本的分解方法通常有账户分析法、合同确认法、工程分析法和历史成本分析法。

1. 账户分析法

账户分析法（Account Classification Method）又称会计分析法，是指根据各有关成本明细账的发生额，结合其与业务量的依存关系，对每项成本的具体内容进行直接分析，分别将其归入固定成本或变动成本的一种方法。此法在很大程度上属于定性分析，即根据各个成本项目及明细账户的成本性态，通过经验判断，把那些与固定成本较为接近的成本归入固定成本；把与变动成本较为接近的成本归入变动成本。不能简单地归入固定成本或变动成本的项目，可通过一定比例将它们分解为固定和变动两部分。例如，产品耗用的原材料和生产工人工资基本上与产量成正比例关系，可列入变动成本。燃料与动力成本项目虽然不与产量呈严格的正比例关系，但其变动与产量关系较大，故可视作变动成本。至于制造费用和管理费用中的固定资产折旧费、管理人员工资、保险费、设备租金、不动产税等，与产量关系不大，均可视作固定成本。

下面举例说明账户分析法的应用。

【例 2–10】 某企业车间的某月月末成本见表 2–6。

表 2–6　某企业车间某月月末成本　　　　　（单位：元）

产量为 1 000 件时的成本	
账户	总成本
原材料	10 000
直接人工	20 000
燃料、动力费	5 000
维修费	4 000
间接人工	2 000
折旧	10 000
管理费用	2 000
合计	53 000

在表 2–6 中，原材料和直接人工通常为变动成本；燃料、动力费，维修费，间接人工等根据以往经验，其中有 70% 属于变动成本；折旧和管理费用又具体包括许多杂项支出，其中大部分与产量没有明显的关系，但也可能会有变动的因素，可将其视为固定成本。

该车间成本的分解情况见表 2–7。

表 2-7　某车间成本的分解情况　　　　　　　　　　　　　　　（单位：元）

账户	产量：1 000 件		
	总成本	固定成本	变动成本
原材料	10 000	—	10 000
直接人工	20 000	—	20 000
燃料、动力费	5 000	1 500	3 500
维修费	4 000	1 200	2 800
间接人工	2 000	600	1 400
折旧	10 000	10 000	—
管理费用	2 000	2 000	—
合计	53 000	15 300	37 700

根据表 2-7，可将该车间的总成本分解为"固定"和"变动"两部分，在直线方程 $Y = a + bx$ 中：

$$a = 15\ 300$$

$$b = \frac{37\ 700}{1\ 000} = 37.7$$

即：$Y = 15\ 300 + 37.7x$

由此可以看出，账户分析法具有简便易行的优点，且计算结果直观，适用于会计基础工作较好的企业。但由于此法要求分析人员根据自己的主观判断来决定每项成本是固定成本还是变动成本，因而对会计人员的职业素养要求较高。

2. 工程分析法

工程分析法（Engineering Analysis Method）又称技术测定法，它是由工程技术人员通过某种技术方法测定正常生产流程中投入—产出之间的规律性的联系，以便逐项研究决定成本高低的每个因素，并在此基础上直接估算出固定成本和单位变动成本的一种方法。

采用该方法的关键之处在于：准确测定反映在一定生产技术和管理水平条件下，投入的成本与产出的数量之间有规律性联系的各种消耗量标准。如生产一定数量产品所需耗用的各种原材料、燃料的数量，机器小时数，特定技术等级的人工工时等。将这些数量标准乘上相应的单位价格，便可得到各项标准成本。如企业详细的工程设计说明书，一般都包括制造某种产品所需的各种原材料及标准耗用量，只要将其乘上原材料价格，即可高度准确地测定原材料成本是多少。根据工程设计说明书与时间动作研究，就可以准确地测定生产流程中逐一步骤所耗费的时间（即人工小时），再将其乘上小时工资率，便可得到单位产品的标准的人工成本。

工程分析法适用于投入成本和产出数量之间有规律性联系的成本分解。对于已发生较大技术改造或生产能力有重大变动的老企业无指导意义。企业投产初期可参照可行性分析报告。

该方法既是在缺乏历史成本数据条件下可用的、最有效的方法，也是用于检验历史成本分析结论的最佳方法。但应用起来较复杂，工作量很大，而且对不能直接归属于特定的投入产出关系的成本，是不能使用该方法的。

3. 合同确认法

合同确认法（Contract Confirm Method）是根据企业与供应单位所订立的合同（或契约）中关于支付费用的规定，来确认并估算哪些属于变动成本，哪些属于固定成本的方法。这种方法特别适用于有明确计算方法的各种初始量变动成本，如电费、水费、煤气费、电话费等各项公用事业费。其账单上的基数即为固定成本，而按耗用量多少计价部分则属于变动成本。

该方法也是在没有历史成本数据下可应用的一种，一般要配合账户分析法使用。

4. 历史成本分析法

历史成本分析法（Historical Cost Analysis Method）是根据混合成本在过去一定期间内的成本与业务量的历史资料，采用适当的数学方法对其进行数据处理，从而分解出固定成本总额和单位变动成本，并以此来确定所估算的未来成本的一种定量分析法。该法要求企业历史资料齐全，成本数据与业务量的资料要同期配套，具备相关性。因此，此法适用于生产条件比较稳定、成本水平波动不大以及有关历史资料比较完备的企业。

在用历史成本分析法分解混合成本时应注意：①所收集的数据是否因为会计政策的变化而产生较大的偏差，因为会计期间的成本性态是与该期的会计方针密切相关的；②选择恰当的期间，以便能消除期限较长带来的不稳定状态的影响，又能使所选择的期间可保证获得较为精确可靠的成本数据；③要选择适宜的业务量计量单位。

历史成本分析法具体可分为高低点法、散布图法和回归直线法三种：

（1）高低点法　高低点法（High-low Method）是从过去一定时期相关范围内的资料中，选出最高业务量和最低业务量及相应的成本这两组数据，来推算出固定成本和单位变动成本的一种方法。

高低点法的基本原理：任何一个项目的混合成本都是由固定成本和变动成本两种因素构成，因而它的成本函数模型与总成本函数模型类似，也可用 $Y = a + bx$ 来表示。根据成本性态可知，a 在相关范围内是不变的，所以当业务量增加而引起的总成本的增加就是由变动成本引起的。

具体做法：以一定期间相关范围内最高点业务量的混合成本 Y_H 与最低点业务量的混合成本 Y_L 之差，除以最高点业务量 x_H 与最低点业务量 x_L 之差，求出混合成本中的单位变动成本 b 的值；然后再以 b 的值代入最高点或最低点的混合成本中求出固定成本 a 的值。其计算公式为

$$b = \frac{Y_H - Y_L}{x_H - x_L}$$

$$a = Y_i - bx_i$$

【例 2-11】设企业 2023 年全年产量与混合成本的资料见表 2-8,要求用高低点法进行成本性态分析。

表 2-8 2023 年全年产量与混合成本资料

月份	产量 x（件）	混合成本 Y（万元）	月份	产量 x（件）	混合成本 Y（万元）
1	120	900	7	70*	720*
2	130	910	8	85	780
3	105	840	9	95	750
4	100	850	10	110	890
5	90	820	11	125	935
6	80	730	12	140*	930*

从表 2-8 有关数据可知:高点坐标为(140,930);低点坐标为(70,720)。

$$b = \frac{930 - 720}{140 - 70} = 3$$

$$a = 930 - 3 \times 140 = 510$$

则:$Y = 510 + 3x$

该方程式只适用于全年产量为 70~140 件的相关范围。

值得注意的是,选择高低点坐标应按自变量(产量)的高低为标准,而不是按因变量(混合成本)的高低来选择。因此,本例中 11 月份的成本虽然最高,但该数据不能作为最高点坐标。

高低点法的优点在于简便易行,便于理解。其缺点是由于它只选择了诸多历史资料中的两组数据作为计算依据,使得建立起来的成本性态模型很可能不具有代表性,导致较大的计算误差。这种方法只适于成本变化趋势比较稳定的企业使用。

(2) 散布图法 散布图法(Scatter Diagram Method)是指将若干期业务量和成本的历史数据标注在坐标纸上,通过目测画一条尽可能接近所有坐标点的直线,并据此来推算固定成本(或混合成本中的固定部分) a 和单位变动成本(或混合成本中变动部分的单位额) b 的一种成本性态分析方法。此法又称目测画线法。由于该法考虑所有相关历史数据,因此,其计算结果比只要两头不要中间的高低点法更为精确。

【例 2-12】根据表 2-8 的数据,绘制散点图如图 2-12 所示。

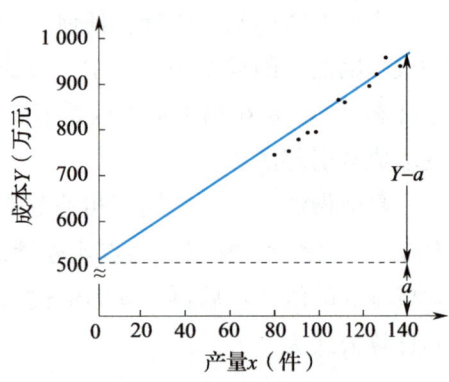

图 2-12 散点图

根据图 2-12，目测画一直线与纵轴的交点为 (0, 500)。为求出 b，任取产量为 120 件，图中对应的总成本为 890 万元，据此，可求出单位变动成本：

$$b = \frac{890 - 500}{120} = 3.25$$

据此可得：$Y = 500 + 3.25x$。

散布图法考虑了所获得的全部历史数据，因而比高低点法更为可靠，并且该法形象直观，易于理解。但由于直线位置主要靠目测确定，往往因人而异，且固定成本和变动成本的计量仍是主观的，从而影响了计算的客观性。

(3) 回归直线法　回归直线法（Regression Line Method）是一种数理统计法，它根据过去若干期业务量与成本的资料，应用数学上的最小平方法原理，精确地计算出混合成本中的固定成本和单位变动成本。其原理是从散布图中找到一条直线，该直线与由全部历史数据形成的散布点之间的误差平方和最小，这条直线在数理统计中称为回归直线，因而这种方法又称最小平方法（least-squares method）。

采用回归直线法，首先应假设反映成本与业务量关系的直线方程 $Y = a + bx$ 成立，然后求出方程式中参数 a 和 b 的数值。a 和 b 的数值可通过建立决定回归直线的联立方程组求得，方法如下：

首先加总 n 组历史数据，即以总和的形式表示直线方程中的每一项，可得

$$\sum Y = na + b \sum x$$

然后用 x 乘 $Y = a + bx$ 各项，再加总 n 组历史数据，可得

$$\sum xY = a \sum x + b \sum x^2$$

联立以上两式，即可求出 a 和 b

$$b = \frac{n \sum xY - \sum x \sum Y}{n \sum x^2 - (\sum x)^2}$$

$$a = \frac{\sum x^2 \sum Y - \sum x \sum xY}{n \sum x^2 - (\sum x)^2}$$

此外，在运用回归直线法时，通常还需要计算相关系数 r 的数值来测试成本 Y 与产量 x 的线性相关程度。r 的数值可按以下公式计算

$$r = \frac{n \sum xY - \sum x \sum Y}{\sqrt{[n \sum x^2 - (\sum x)^2][n \sum Y^2 - (\sum Y^2)]}}$$

相关系数的值 $-1 \leq r \leq 1$。它可说明 x 与 Y 之间的相关程度，即当 $r = -1$ 时，说明 x 与 Y 之间为完全负相关；当 $r = 0$ 时，说明 x 与 Y 之间不存在任何联系；当 r 接近 1 时，说明 x 与 Y 之间有较大的正相关性，可近似地用 $Y = a + bx$ 来表达；当 $r = 1$ 时，说明 x 与 Y

为完全正相关，即 $Y = a + bx$。

【例 2 – 13】仍以例 2 – 11 的资料为例，采用回归直线法，有关计算见表 2 – 9。

表 2 – 9 有关数据计算

月份	产量 x（件）	混合成本 Y（万元）	x^2	xY	Y^2
1	120	900	14 400	108 000	810 000
2	130	910	16 900	118 300	828 100
3	105	840	11 025	88 200	705 600
4	100	850	10 000	85 000	722 500
5	90	820	8 100	73 800	672 400
6	80	730	6 400	58 400	532 900
7	70	720	4 900	50 400	518 400
8	85	780	7 225	66 300	608 400
9	95	750	9 025	71 250	562 500
10	110	890	12 100	97 900	792 100
11	125	935	15 625	116 875	874 225
12	140	930	19 600	130 200	864 900
总计	1 250	10 055	135 300	1 064 625	8 492 025

将上述数据带入前面的公式，计算 r、a、b：

$r = 0.9344$，接近于 1，说明 x 与 Y 之间具有线性相关关系。求 a、b，得

$$b = \frac{12 \times 1\,064\,625 - 1\,250 \times 10\,055}{12 \times 135\,300 - 1\,250^2}$$

$$= 3.38$$

$$a = 485.44$$

于是得到：$Y = 485.44 + 3.38x$。

从以上的分析可以看出，若混合成本中的变动部分与业务量基本上保持比例关系则采用高低点法进行分解最简便，但由于该方法只使用了高点与低点两组数据，所以其代表性较差；散布图法使用方便，易于理解，但由于需要通过目测画线，所以其结果往往因人而异，一般很难准确；而回归直线法使用了误差平方和最小的原理，相对而言，结果最为精确，适用于计算机操作。

2.3 成本性态分析的意义及基本假设

2.3.1 成本性态分析的意义

成本性态分析是指在明确各种成本性态的基础上，按照一定的程序和方法，最终将全

部成本区分为固定成本和变动成本两大类,并建立相应成本函数模型的过程。它是管理会计的一项最基本的工作。通过成本性态分析,可以从定性和定量两方面把握成本的各个组成部分与业务量之间的依存关系和变动规律,从而为应用变动成本法,开展本量利分析,进行短期决策、预测分析、全面预算、标准成本法的操作、落实责任会计和正确评价各部门工作业绩奠定基础。因而进行成本性态分析,在企业经营管理中具有十分广泛和重要的意义。

一项针对美国公司的调查显示公司区分固定成本和变动成本是有目的性的,见表2-10。⊖

表2-10 成本性态分析的目的排名(美国公司)

排名	目的	本书对该目的作深入讨论的章节
1(并列)	定价	6,7,10,11,12,13,15
1(并列)	预算	8,9,10,11,15
3	盈利性分析——现有产品	4,6,7,10
4	盈利性分析——新产品	12,13,14
5	量本利分析	4,15
6	差异分析	9,10,11

在澳大利亚、日本、英国进行的调查补充提供了有关管理人员区分固定成本和变动成本的目的排名(1=最重要的目的),见表2-11。

表2-11 其他部分国家成本性态分析的目的排名(非美国公司)

目的	澳大利亚公司排名	日本公司排名	英国公司排名
定价决策	1	5	1
预算	2	2	3
制订盈利计划	3	1	2
成本降低	6	3	5(并列)
本量利分析	4(并列)	4	4
成本效益分析	4(并列)	6	5(并列)

上述调查显示管理人员在许多地方认为成本性态分析具有重要意义。

2.3.2 成本性态分析的基本假设

进行成本性态分析是以下列基本假设为前提条件的。

1. 相关范围假设

由于相关范围的存在,使得成本性态具有暂时性,因此在研究成本性态分析时,必须

⊖ 摘自:亨格瑞,等. 成本与管理会计[M]. 王立彦,等译. 11版. 北京:中国人民大学出版社,2004:36-37.

假定固定成本和变动成本总是处在相关范围之中,即假定时间和业务量因素总是在不改变成本性态的范围内变动。

2. 一元线性假设

如何建立反映成本与业务量之间关系的数学函数是进行成本性态分析的关键。成本可能受到多个业务量的影响,如果按实际情况分析,要花费很多时间和精力,从成本—效益分析的角度来看不合算;另外所建立的模型也会因过分复杂而失去其实用价值。一个简便易行的办法是假定总成本只是一种业务量的函数。同时,为简化分析,假定总成本可以近似地用一元线性方程 $Y = a + bx$ 来描述。

思考题

1. 制造成本与非制造成本有什么区别?
2. 什么叫成本性态?成本按其性态如何分类?
3. 如何理解相关成本与不相关成本的含义及其表现形式?
4. 变动成本、固定成本的含义是什么?请举例说明。
5. 混合成本的分解方法有哪些?各自的适用条件是什么?

参考文献

[1] 刘运国. 管理会计学 [M]. 4版. 北京:中国人民大学出版社,2021.

[2] 刘运国. 管理会计学学习指导 [M]. 3版. 北京:中国人民大学出版社,2018.

[3] 汉森,莫温. 管理会计 [M]. 陈良华,杨敏,译. 北京:北京大学出版社,2010.

[4] HORNGREN,等. 成本与管理会计 [M]. 王立彦,等译. 北京:中国人民大学出版社,2016.

[5] 孙茂竹,支晓强,戴璐. 管理会计学 [M]. 8版. 北京:中国人民大学出版社,2018.

[6] 中国注册会计师协会. 财务成本管理:2018年注册会计师全国统一考试辅导教材 [M]. 北京:中国财政经济出版社,2018.

[7] 郑爱华,等. 管理会计 [M]. 2版. 北京:机械工业出版社,2020.

视频课程

2.1 多维成本概念及其分类

2.2 混合成本及其分解

2.3 成本性态分析的意义及基本假设

第3章　变动成本计算

课程思政

导入案例

凯思任药品供应部的经理已经三年了。第一年,部门净利润比上年大幅度增加;第二年,净利润增加更多。负责经营的副总经理十分高兴,并允诺如果今年还能保持同样的利润增长,将奖励她。凯思很高兴,销售合同已经超过去年的水平,她还了解到成本与去年持平,她完全有信心实现这一目标。

第三年年末,凯思收到了三年来的经营数据。读完这些数据,凯西更高兴了,销售额比去年增加了20%,而成本保持稳定。可是,当她看完年度损益表后,却十分沮丧和困惑。第三年的利润并没有大幅度增加,相反却降低了一些。她觉得一定是会计部门弄错了。

药品供应部的会计马丽,向凯思解释了出现异常结果的原因。

"凯思,这没有错。今年净利润确实比前两年低,这可以通过存货的变动来解释。"

"存货?它与利润有什么关系?今年我们进行了大量的工作来管理存货。在过去的两年里,存货是增加了,但今年我增加了销售量并降低了存货,这是好事,不是坏事!"

"是的,凯思,从经营角度来看确实是这样。但是,你要意识到存货中包含着成本。这些成本直到销售后才列示在损益表上,然后从收入中流出,减少了利润。"

"这不公平。这是否意味着即使我们出售所有存货,实现预定的成本和销售计划,我也会失去奖金。"

"是的,凯思。我很抱歉。但是,利润是确定的。我们使用完全成本法,这是会计原则所要求的。还有另外一种成本计算方法,变动成本计算法。看来你正不自觉地使用了这种方法。"

"有两种计算利润的方法吗?它们有区别吗?"

"是的,在变动成本计算法下,存货变动不影响利润。因此,如果用变动成本计算法,今年的利润就会较高,可是,过去两年的利润却会低一些。因而从长期看,利润总额相等。"

"嗯,我不知道副总经理是否会考虑采纳应用变动成本计算法。"

摘自:郑爱华,等. 管理会计 [M]. 2版. 北京:机械工业出版社,2020.

3.1 变动成本法概述

3.1.1 变动成本法的概念

根据《管理会计应用指引第303号——变动成本法》第一章总则第一条对变动成本法的定义,变动成本法是指企业以成本性态分析为前提条件,仅将生产过程中消耗的变动生产成本作为产品成本的构成内容，而将固定生产成本和非生产成本作为期间成本，直接由当期收益予以补偿的一种成本管理方法。

变动成本法的成本构成如图 3–1 所示。

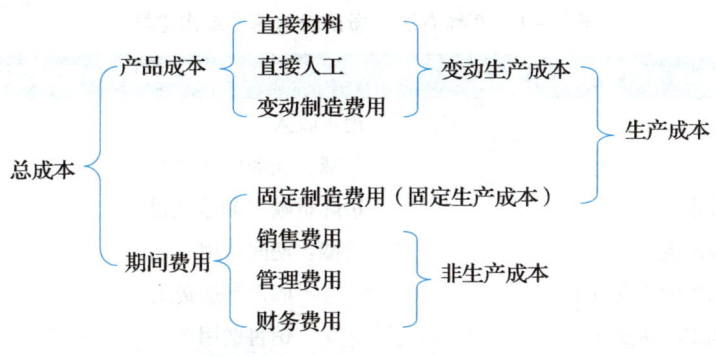

图 3–1　变动成本法的成本构成

变动成本法是与传统的成本计算法（完全成本法）相对应的概念，传统的成本计算法是在计算产品成本和存货成本时，把一定时期发生的直接材料、直接人工和全部制造费用（包括变动制造费用和固定制造费用）都包括在内的方法，称为"完全成本法"。正是因为完全成本法是将所有的制造成本，不论是固定的还是变动的，都"吸收"到了单位产品上去，因此也被称为"吸收成本法"或"吸收成本计算"。完全成本法的成本构成如图 3–2 所示。

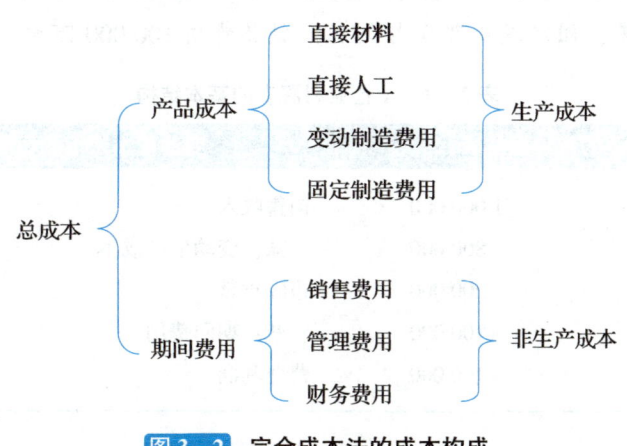

图 3–2　完全成本法的成本构成

3.1.2　变动成本法下利润表的编制

传统的完全成本法计算利润首先是产品销售收入总额扣除全部销售成本，得到销售毛利，再从销售毛利中扣除期间成本，得到营业利润。

变动成本法因将固定性制造费用作为期间成本，故需要引入边际贡献（又称边际利润）概念，与完全成本法相对应，先将产品销售收入总额扣除变动生产成本，即为边际利润；再从边际利润中扣除所有的期间成本，得出营业利润。因而，两种计算方法下损益表的基本结构存在差异，见表3-1。

表3-1 两种方法下损益表的基本结构差异

完全成本法下的传统利润表	变动成本法下的贡献式利润表
销售收入	销售收入
减：销售成本	减：变动生产成本
期初存货成本	边际贡献（制造过程）
加：本期生产成本	减：期间费用
可供销售的产品成本	固定制造费用
减：期末存货成本	销售费用
销售成本合计	管理费用
销售毛利	期间费用合计
减：期间费用	营业利润
销售费用	
管理费用	
营业利润	

【例3-1】A企业年销售收入总额为1 000 000万元，销售成本为800 000万元，其中变动成本部分占25%，固定成本部分占75%。销售费用100 000万元，见表3-2。

表3-2 A企业利润表的基本结构　　　　　　　　　　　　　　　（单位：万元）

完全成本法下的传统损益表		变动成本法下的贡献式损益表	
销售收入	1 000 000	销售收入	1 000 000
减：销售成本	800 000	减：变动生产成本	200 000
销售毛利	200 000	边际贡献	800 000
减：期间费用	100 000	减：期间费用	700 000
营业利润	100 000	营业利润	100 000

3.2 变动成本法与完全成本法的比较

由于变动成本法与完全成本法对固定制造费用的处理方法不同，导致两种方法存在一系列差异，主要体现在以下几个方面。

3.2.1 理论依据不同

变动成本法改变了完全成本法中把固定制造费用在本期销货与存货之间进行分配的老传统,而全部由当期负担。其理论依据是:固定制造费用主要是为企业提供一定的生产经营条件而发生的,这些生产经营条件一旦形成,不管其实际利用程度如何,有关费用照样发生,它们与产品的实际产量没有直接联系,既不会因产量的提高而增加,也不会因产量的下降而减少。它们实质上与特定会计期间相联系,和企业生产经营活动持续经营期的长短成比例,并随时间的推移而消逝。其效益不应递延到下一个会计期间,而应在其发生的当期,全额列入收益表,作为该期销售收入的一个扣减项目。

而完全成本法强调成本补偿的一致性。其理论依据是:只要与产品的生产有关的成本都应该作为产品成本。固定制造费用是在生产领域中发生的,与生产直接相关,从成本补偿的角度讲,其与直接材料、直接人工和变动制造费用的支出并无区别,所以应该作为产品成本,从产品销售收入中得到补偿。

3.2.2 应用前提与成本构成内容不同

变动成本法的应用前提是成本性态分析,并对变动成本与固定成本进行估计。而完全成本法是以成本按其用途分类为基础,将成本分为生产成本与非生产成本两大类。按变动成本法和完全成本法对成本进行分类后的具体的成本构成项目见表 3–3。

表 3–3 变动成本法和完全成本法的成本构成项目

项目		变动成本法		完全成本法
应用前提条件		以成本性态分析为基础		以成本按其用途分类为基础
成本划分的类别	变动成本	直接材料 直接人工 变动制造费用 变动销售费用 变动管理费用 变动财务费用	生产成本	直接材料 直接人工 制造费用
	固定成本	固定制造费用 固定销售费用 固定管理费用 固定财务费用	非生产成本	销售费用 管理费用 财务费用

3.2.3 产品成本构成内容不同

在变动成本法下,产品成本的内容只包括变动生产成本中的直接材料、直接人工和变动制造费用三个项目,固定制造费用和非制造成本作为期间成本处理;而完全成本法下产品成本的内容包括直接材料、直接人工和全部制造费用,同时将非制造成本作为期间成本处理。

两种方法在产品成本构成内容方面的不同可用表3-4反映。

表3-4 两种方法在产品成本构成内容方面的不同

成本项目	变动成本法	完全成本法
产品成本	直接材料 直接人工 变动制造费用	直接材料 直接人工 变动制造费用 固定制造费用
期间费用	固定制造费用 销售费用 管理费用	销售费用 管理费用

现举例说明两种成本法下产品成本计算的差异。

【例3-2】设某企业月初没有在产品和产成品存货。当月某种产品共生产240件,销售160件,月末结存80件。该种产品的制造成本资料和企业的非制造成本资料见表3-5。

表3-5 产品成本资料 (单位:万元)

成本项目	单位产品项目成本	项目总成本
直接材料	22	5 280
直接人工	5	1 200
变动性制造费用	3	720
固定性制造费用	—	960
管理费用	—	1 320
销售费用	—	1 600
合计		11 080

如果采用变动成本法,则单位产品成本为30(22+5+3)万元;如果采用完全成本法,则单位产品成本为34(22+5+3+960/240)万元。后者之所以比前者的单位产品成本多了4万元,是因为后者的每件产品都"吸收"了固定制造费用4万元。

因为变动成本法将固定制造费用处理为期间成本,所以变动成本法下的期间成本比完全成本法下高。变动成本法下的期间费用为3 880(960 + 1 320 + 1 600)万元；而完全成本法下则为2 920(1 320 + 1 600)万元。

3.2.4 存货的估价及成本流程不同

采用完全成本法，各期发生的固定性制造费用同其他生产成本一样在完工产品和在产品之间进行分配，完工产品在销售时，全部成本还需在已销产品和未销产品之间进行分配。这样，已销产品、库存产成品、在产品均"吸收"了一定份额的固定性制造费用，也即各期末的产成品和在产品都是按全部成本计价，既包括变动成本，也包括一部分固定性制造费用。

采用变动成本法，产品成本只包括变动成本，无论是在产品、库存产成品还是已销产品，其成本都只包含变动成本。因此，期末存货是按变动成本计价的，并不包括固定成本。由此可见，两种成本计算法对存货的估价不同，完全成本法的存货计价必然高于变动成本法的存货计价。

在例3-2中，月初无在产品，当按变动成本法计算时，期末存货的成本则为2 400(30×80)万元；而当按完全成本法计算时，期末存货的成本则为2 720(34×80)万元。

两种成本计算方法的成本流程如图3-3所示。

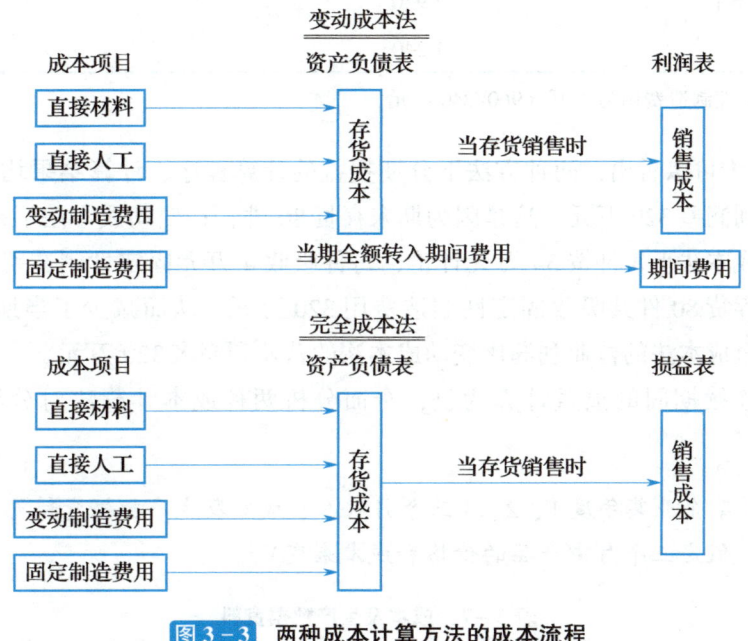

图3-3 两种成本计算方法的成本流程

3.2.5 分期损益不同

在采用变动成本法时，由于产品成本只包括变动成本，而将固定成本直接计入当期损益，因而在两种计算方法下得出的分期损益也不同。

【例 3–3】承接例 3–2 的资料，假设产品售价为 60 万元，分别按两种成本计算方法编制利润表，见表 3–6。

表 3–6　两种方法下的利润表　　　　　　　　　　　　　　　　　（单位：万元）

完全成本法下的利润表		变动成本法下的利润表	
销售收入（60×160）	9 600	销售收入（60×160）	9 600
减：销售成本		减：变动生产成本（30×160）	4 800
期初存货成本	0	边际贡献（制造过程）	4 800
加：本期生产成本（34[①]×240）	8 160	减：期间费用	
可供销售的产品成本	8 160	固定制造费用	960
减：期末存货成本（34×80）	2 720	管理费用	1 320
销售成本合计	5 440	销售费用	1 600
销售毛利	4 160	期间费用合计	3 880
减：期间费用		营业利润	920
管理费用	1 320		
销售费用	1 600		
期间费用合计	2 920		
营业利润	1 240		

① 单位固定性制造费用为 4 万（960/240）元。

从表 3–6 中可以看出，两种方法下分期损益的计算程序、计算结果均存在差异，两种方法下营业利润差 320 万元。这是因为期末存货 80 件，在变动成本法下每件按 30 万元计价，而完全成本法下每件按 34 万元计价，每件吸收 4 万元固定性制造费用，这样完全成本法下期末存货 80 件共吸收固定性制造费用 320 万元，从而减少了当期销售成本 320 万元，使得完全成本法的营业利润比变动成本法的营业利润多 320 万元。

下面再以连续期间的损益计算为例，全面分析两种成本计算法对分期损益计算的影响。

【例 3–4】某企业某年度 1、2、3 三个月收入、成本及生产数据资料见表 3–7（为了便于说明问题，假定三个月中产品的价格和成本未变）。

表 3–7　成本及生产数据资料

项　　目	1 月	2 月	3 月
期初存货（件）	0	0	2 000
本期生产（件）	10 000	10 000	10 000
本期销售（件）	10 000	8 000	12 000

(续)

项目	1月	2月	3月
期末存货（件）	0	2 000	0
销售单价（万元）	15	15	15
单位变动成本（万元）	10	10	10
单位变动性管理费用（万元）	1	1	1
固定性制造费用（万元）	6 000	6 000	6 000
固定销售和管理费用（万元）	8 000	8 000	8 000

由表3-7可知，该企业连续三个月的生产量均为10 000件，而销售量不同。

为了计算分期损益，需要先计算两种方法下的单位生产成本。在变动成本法下的单位生产成本就等于单位变动成本为10万元，而完全成本法下的单位生产成本应在单位变动成本的基础上，再加上所分摊的固定性制造费用即为10.6（10+6 000/10 000）万元，单位固定性制造费用为0.6万元。

依给定的资料，分别编制两种方法下的利润表见表3-8和表3-9。

表3-8 利润表（变动成本法） （单位：万元）

项目	1月	2月	3月
销售收入（售价×销售量）	150 000	120 000	180 000
减：变动成本	110 000	88 000	132 000
其中：变动生产成本（单位变动成本×销售量）	100 000	80 000	120 000
变动性销售和管理费用（1×销售量）	10 000	8 000	12 000
边际贡献（最终过程）	40 000	32 000	48 000
减：固定成本	14 000	14 000	14 000
其中：固定性制造费用	6 000	6 000	6 000
固定性销售和管理费用	8 000	8 000	8 000
营业利润	26 000	18 000	34 000

表3-9 利润表（完全成本法） （单位：万元）

项目	1月	2月	3月
销售收入（售价×销售量）	150 000	120 000	180 000
减：销售成本	106 000	84 800	127 200
其中：期初存货成本	0	0	21 200
加：本期生产成本（单位产品成本×本期生产量）	106 000	106 000	106 000
减：期末存货成本	0	21 200	0
销售毛利	44 000	35 200	52 800
减：销售和管理费用	18 000	16 000	20 000
其中：变动性销售和管理费用	10 000	8 000	12 000
固定性销售和管理费用	8 000	8 000	8 000
营业利润	26 000	19 200	32 800

由表 3-8、表 3-9 两张利润表可以看出，两种方法对分期损益的计算是不同的，营业利润的计算结果可能相同，也可能不同。

$$\text{两种成本法下某期营业利润的差额} = \text{该期完全成本法下的营业利润} - \text{该期变动成本法下的营业利润}$$

显然，不同期间两种成本法下的营业利润差额可能等于零，也可能大于或者小于零。根本原因在于两种成本法计入当期损益表的固定性制造费用水平出现差异。变动成本法下固定性制造费用全额从当期损益中扣除，而完全成本法下固定性制造费用要在销售产品和存货中分配，在其他条件不变的前提下，会出现两种成本法下的营业利润差额。

上述关系通过以下公式推导证明：

$$\text{完全成本法下计入当期利润表的固定成本} = \text{期初存货释放的固定成本} + \text{本期发生的固定成本} - \text{期末存货吸收的固定成本}$$

$$\text{变动成本法下计入当期利润表的固定成本} = \text{本期发生的固定成本}$$

$$\text{两种成本法下计入利润表的固定成本差额} = \text{完全成本法下期初存货释放的固定成本} - \text{完全成本法下期末存货吸收的固定成本}$$

在其他因素相同的情况下，有下式成立：

$$\text{两种成本法下某期营业利润的差额} = \text{完全成本法下期末存货吸收的固定成本} - \text{完全成本法下期初存货释放的固定成本}$$

通过对上式进行分析，可以得出两种成本法下营业利润差额的变动规律：

1）若完全成本法期末存货吸收的固定生产成本等于完全成本法期初存货释放的固定生产成本，则营业利润差额为零。如：1 月的营业利润，因为销售量平衡，当期的固定成本和变动成本都会以不同的形式全部计入当期的损益。

2）若完全成本法期末存货吸收的固定生产成本大于完全成本法期初存货释放的固定生产成本，则营业利润差额必然大于零。如：2 月的营业利润，完全成本法下当期的期末存货所分摊的固定性制造费用随存货被记入了资产负债表而不是损益表；而变动成本法下的固定性制造费用却一次性地在损益表中被扣除。

3）若完全成本法期末存货吸收的固定生产成本小于完全成本法期初存货释放的固定生产成本，则营业利润差额必然小于零。如：3 月的营业利润，在完全成本法下，以前的存货在本期销售，意味着这部分存货所分摊的以前年度的固定性制造费用在本期被释放出来，从而增加了本期的成本总额，相应就降低了本期利润。

当然，从较长的时期看，如果销售量总体上是平衡的，两种方法算出的各期总利润是相等的。如例 3-4 所列三个月销售量的差额（2 月生产大于销售 2 000 件，期末库存增加 2 000 件，3 月销售大于生产 2 000 件，期末库存减少 2 000 件），互相抵消，两种方法计算出的三个月总利润都是 78 000 万元。

【例3–5】假设例3–4中的成本、价格资料不变，但企业1月、2月和3月的生产销售情况见表3–10。

表3–10 生产销售情况表　　　　　　　　　　　　　　　　　　（单位：件）

项目	1月	2月	3月
期初存货	0	0	2 000
本期生产	10 000	12 000	8 000
本期销售	10 000	10 000	10 000
期末存货	0	2 000	0

先计算两种方法下的单位生产成本。变动成本法下的单位生产成本仍为10万元，完全成本法下：

1月份：

$$单位固定性制造费用 = 6\,000/10\,000 = 0.6（万元）$$

$$单位生产成本 = 10.6（万元）$$

2月份：

$$单位固定性制造费用 = 6\,000/12\,000 = 0.5（万元）$$

$$单位生产成本 = 10.5（万元）$$

3月份：

$$单位固定性制造费用 = 6\,000/8\,000 = 0.75（万元）$$

$$单位生产成本 = 10.75（万元）$$

两种方法下的利润表分别见表3–11和表3–12。

表3–11 利润表（变动成本法）　　　　　　　　　　　　　　　（单位：万元）

项目	1月	2月	3月
销售收入（15×销售量）	150 000	150 000	150 000
减：变动成本	110 000	110 000	110 000
其中：变动生产成本（10×销售量）	100 000	100 000	100 000
变动性销售和管理费用（1×销售量）	10 000	10 000	10 000
边际贡献（最终过程）	40 000	40 000	40 000
减：固定成本	14 000	14 000	14 000
其中：固定性制造费用	6 000	6 000	6 000
固定性销售和管理费用	8 000	8 000	8 000
营业利润	26 000	26 000	26 000

表 3-12 利润表（完全成本法）　　　　　　　　　　（单位：万元）

项　　目	1月	2月	3月
销售收入（15×销售量）	150 000	150 000	150 000
减：销售成本	106 000	105 000	107 000
其中：期初存货成本	0	0	21 000
加：本期生产成本	106 000	126 000	86 000
减：期末存货成本	0	21 000	0
销售毛利	44 000	45 000	43 000
减：销售和管理费用	18 000	18 000	18 000
其中：变动性销售和管理费用	10 000	10 000	10 000
固定性销售和管理费用	8 000	8 000	8 000
营业利润	26 000	27 000	25 000

如表 3-11 所示，采用变动成本法，据以确定的各期营业利润是相同的，均为26 000万元。这是因为采用该方法，各期的固定性制造费用都被当作当期的期间费用从产品的销售收入中扣减，而销售量、单价、单位产品变动成本和固定性制造费用均不变，因此确定的各期营业利润是相同的。

如表 3-12 所示，采用完全成本法，据以确定的各期营业利润是不同的，2月份最多，3月份最少。这是因为，2月份产量（12 000件）>销量（10 000件），期末存货吸收了固定性制造费用1 000（0.5×2 000）万元，因而使得2月份的销售成本减少1 000万元，营业利润增加1 000万元。3月份刚好相反，产量（8 000件）<销量（10 000件），期初存货包括上期发生的固定性制造费用1 000万元转作3月份的销售成本，致使销售成本增加1 000万元，营业利润减少1 000万元。

3.3 变动成本法的评价

3.3.1 变动成本法的优点

变动成本法的诞生，突破了传统、狭隘的成本观点，为强化企业的内部经营管理、提高经济效益开创了新路。这种成本计算方法主要存在以下几个方面的优点。

1. 符合"收益与费用相配比"的会计原则

收入是管理者所取得的成就，成本、费用是为取得成就的耗费。"收益与费用相配比"的会计原则就是在确定收入的同时，就应该认定为取得收入而耗费的成本，把两者进行比较，在确定收入的期间把为此而消耗的成本、费用减去，用以衡量管理者的工作业绩。

变动成本法将制造成本中的变动制造费用计入产品成本，将其中已销售部分作为当期费用与当期收入直接配比，而把未销售的产品转作存货，以便与未来的收入配比。制造成本中的固定部分与产品生产没有直接联系，它是为保持企业生产经营能力而发生的成本，随时间的消逝而消逝，把这部分成本在发生的当期作为期间费用。这样做，完全符合"收益与费用相配比"的会计原则，因而用变动成本法计算出的营业利润较完全成本法更真实、准确。

2. 有利于企业正确进行短期决策

企业的短期决策通常最关心的是成本、产量、利润之间的依存和消长关系，而变动成本法正好能提供这些信息。例如：变动成本法下求得的单位变动成本与贡献毛益等信息能揭示业务量与成本变动的内在规律，能提供各种产品的盈利能力等重要信息，帮助管理当局预测前景、规划未来，并正确地进行短期经营决策。

3. 有利于进行成本控制和业绩评价

变动成本法的单位产品成本中只包含变动制造成本，不包含固定制造成本。因此，每种产品的成本高低可以客观地反映该产品的成本控制情况，而不受固定制造费用分配方式的影响。此外，由于变动成本法对变动成本和固定成本分别计算，管理人员可以根据这两种成本各自的特点，采用不同的成本控制方法。对于变动制造成本，应从直接材料成本、直接人工成本和变动制造费用三个方面分别控制单位成本的高低；对于固定制造费用，则应将酌量性成本和约束性成本分开，通过预算的方式控制酌量性成本总额。这样，既可以提高成本控制的效果，又便于考核各部门的可控成本，对各有关责任单位履行经管责任的工作业绩做出恰当的、实事求是的评价。

4. 促使管理当局重视销售，防止盲目生产

采用变动成本法，产量的高低与存货的增减对营业利润都没有影响，在销售单价、单位变动成本和销售组合不变的情况下，企业营业利润将随销售量同方向变动（见表3-11）；这样可促使管理当局重视销售环节，千方百计加强促销活动，并把主要精力集中在研究市场动态，了解消费者需求，搞好销售预测和以销定产方面。否则，采用完全成本法，就可能出现销量增加，净利反而减少；甚至销量下降，净利反而增加的反常现象（见表3-12），其结果必然是盲目生产、仓库积压。

同时，还应注意到：随着生产力水平的不断提高，资本有机构成不断上升，设备折旧费这项重要的固定性制造费用在两种成本法下的"杠杆作用"也就会越来越大。换句话说，它会使人们在完全成本法下更重视生产，而在变动成本法下更重视销售。

5. 简化产品成本的计算，提高了成本核算信息的客观性

在变动成本法下，固定制造费用列作期间费用，全额从当期的边际利润总额中扣除，因此省去了固定性制造费用的分摊工作，大大简化了产品成本的计算。同时，由于固定成本与产量无关，所以在把固定制造费用直接分配到产品成本中时，无论采取哪一种分配标

准（如产量、工时等）都是不恰当的，在实际工作中会是主观随意的。应用变动成本法就不再对固定制造费用进行分配，这又大大提高了成本核算信息的客观性。

3.3.2 变动成本法的缺点

变动成本法虽然有很多优点，但也不可避免地存在一定的局限性。

1. 不符合传统成本概念的要求

美国会计学会的成本概念和准则委员会认为："成本是为了达到一个特定的目的而已经发生或可能发生的以货币计量的牺牲"。按照这个传统观念，产品成本就应该包括变动成本和固定成本，而按变动成本法算出来的产品成本，显然不能满足这个要求。何况变动成本与固定成本的划分，在很大程度上是假设的结果，而不是一种非常精确的计算。

2. 不能满足企业长期预测、决策的需要

虽然变动成本法所提供的信息在短期经营决策中能作为确定最优方案的重要依据，但从较长的经营期考察，企业的生产能力、经营条件和生产工艺、技术水平等不可能一成不变，成本消耗水平（即单位变动成本和固定成本总额）也不可能始终保持稳定不变。这样，变动成本法提供的产品成本资料就不能满足企业长期预测、决策的需要。

3. 由传统的完全成本法改用变动成本法会影响有关方面的利益

由完全成本法改用变动成本法时，一般要降低期末的存货计价，相应地就会减少当期的营业利润，这样企业就会延迟支付当期的所得税和股利，从而暂时影响当期的征税机关的所得税收入和投资者的股利收益。

综上所述，变动成本法是侧重于"对内服务"的一种成本计算方法。其优缺点是相对于完全成本法而言的。比如变动成本法下的产品成本不符合传统的成本概念，那么完全成本法下的产品成本是符合传统的成本概念的。正因为如此，完全成本法得到了公认会计原则的认可和支持，从而企业只能以完全成本法为基础编制对外报表。所以，完全成本法是侧重于"对外服务"的一种成本计算方法。但变动成本法与完全成本法之间也并非是一种简单的"此是彼非"和"此非彼是"关系。例如使用变动成本法时人们会更加重视销售环节，当然是优点；而使用完全成本法时人们会重视生产环节，也不一定就是缺点。当产品供不应求时，生产就是第一位的；而当供大于求时，销售就是第一位的。总之，变动成本法与完全成本法各有其优缺点，又各有其职能。此外，两者还有共同的局限性：决策是面向未来的，而不论是完全成本法还是变动成本法，都是面向过去的，都是有关过去经济活动的反映，所以除非它们能协助决策，否则它们所提供的成本信息的价值就都仅限于"提供"本身。

3.3.3 变动成本法的适用范围

1. 适用特征

变动成本法通常用于分析各种产品的盈利能力，为正确制定经营决策，科学进行成本计划、成本控制和成本评价与考核等工作提供有用信息。

变动成本法一般适用于同时具备以下特征的企业：

1) 企业固定成本比重较大，当产品更新换代的速度较快时，分摊计入产品成本中的固定成本比重大，采用变动成本法可以正确反映产品盈利状况；

2) 企业规模大，产品或服务的种类多，固定成本分摊存在较大困难；

3) 企业作业保持相对稳定。

2. 适用的环境

企业应用变动成本法所处的外部环境，一般应具备以下特点：

1) 市场竞争环境激烈，需要频繁进行短期经营决策；

2) 市场相对稳定，产品差异化程度不大，以利于企业进行价格等短期决策。

企业应用变动成本法所处的内部环境，一般具备以下特点特征：

1) 企业应保证成本基础信息记录完整，财务会计核算基础工作完善；

2) 企业应建立较好的成本性态分析基础，具有划分固定成本与变动成本的科学标准，以及划分标准的使用流程与规范；

3) 企业能够及时、全面、准确地收集与提供有关产量、成本、利润以及成本性态等方面的信息。

3.4 变动成本法与完全成本法的整合

如前所述，变动成本法与完全成本法的优缺点是相对而言的。因此，从某种意义上讲，双方的不足之处可以通过对方来弥补。例如：变动成本法对企业内部的经营管理有很大帮助，有利于企业的短期决策，可以弥补完全成本法在内部经营管理方面的不足；变动成本法不适用于编制对外的财务报表，而完全成本法适用。这些都说明变动成本法与完全成本之间不会也不应该是排斥关系，而是相互结合、相互补充的关系。所以，在会计核算工作中，应考虑将两种成本计算方法有机地加以整合，以同时满足企业对内、对外两方面的需要。

3.4.1 变动成本法与完全成本法如何整合

如何使这两种成本计算方法整合起来应用于企业的成本核算呢？具体办法有两种：一是"双轨制"，即同时采用两种口径、两套账户来分别进行变动成本法计算和完全成本法计算，得到两套成本费用资料和利润资料，并以此为基础分别编制两个利润表。这种方法能够充分发挥两种成本计算法的优点，提供的会计信息内容丰富。但是，在一个企业里同时采用两种成本计算法会造成大量的重复计算。在大数据时代，"单轨制"可能是一种更好的选择，即以一种成本计算方法为基础的统一计算体系。以下主要介绍"单轨制"。

3.4.2　变动成本法与完全成本法整合的会计核算方法

在"单轨制"下，首先要确定以哪一种成本计算方法为基础。这就需要根据哪种方法的工作量最大和对管理的重要性来确定。基于业财融合的要求，企业内部的工作量是大量的、经常的，基于变动成本法提供的数据信息，便于管理者进行正确的决策和分析评价；而对外编制财务报表，通常要定期编报，因此，"单轨制"应以变动成本计算法为基础，同时对它做适当的调整和变通，以满足外部的需要。这样做还有一个好处，就是可以大大简化核算的手续和工作量，节约时间和精力，使会计人员能有更多的时间和精力投入更为重要的工作中。

以变动成本法为基础建立统一的成本计算系统，其具体做法如下：

1）日常核算以变动成本法为基础，"生产成本""库存商品"账户均登记变动成本。

2）设置"变动制造费用"账户，核算生产过程中发生的变动制造费用，发生时记入本账户的借方，然后再从贷方分配结转到"生产成本"账户。

3）设置"固定制造费用"账户，以归集本期日常发生的固定制造费用，期末全部结转到"本年利润"账户。这样，企业的成本、利润和产品存货资产都按变动成本法反映，这时也可以编制变动成本法下的利润表和资产负债表。

4）期末，为了满足按完全成本法编制财务报表的要求，要把固定制造费用中应由销货分摊的部分加到"主营业务成本"项目上，同时调整利润额。

5）根据有关账户的资料加以调整，便可分别编制完全成本法下的利润表和资产负债表，以对外报告。

【例3-6】某企业只产销一种商品，其有关资料如下：

期初存货	0
当期产量	5 500 件
当期销售	4 500 件
期末存货	1 000 件
单位变动成本	
直接材料	60 万元
直接人工	40 万元
变动性制造费用	20 万元
单位变动性管理费用	8 万元
固定性制造费用	88 000 万元

固定性管理费用　　　　　　　　　　　　　　180 000 万元
单位产品售价　　　　　　　　　　　　　　　200 万元

统一计算体系的核算过程如下：

1) 平时核算以变动成本法为基础，原材料费用、直接人工费用和变动制造费用都计入"生产成本"账户。变动成本计算如下：

$$直接材料 = 60 \times 5\,500 = 330\,000（万元）$$

$$直接人工 = 40 \times 5\,500 = 220\,000（万元）$$

$$变动制造费用 = 20 \times 5\,500 = 110\,000（万元）$$

编制会计分录如下（单位：万元）：

借：生产成本　　　　　　　　　　　　　　　660 000
　　贷：原材料　　　　　　　　　　　　　　330 000
　　　　应付职工薪酬　　　　　　　　　　　220 000
　　　　变动制造费用　　　　　　　　　　　110 000

2) 结转本月生产完工产品成本的会计分录如下：

借：库存商品　　　　　　　　　　　　　　　660 000
　　贷：生产成本　　　　　　　　　　　　　660 000

3) 产品销售时，通过"主营业务收入"账户核算，计算如下：

$$产品销售收入 = 200 \times 4\,500 = 900\,000（万元）$$

编制会计分录如下：

借：应收账款　　　　　　　　　　　　　　　900 000
　　贷：主营业务收入　　　　　　　　　　　900 000

4) 结转产品销售成本时，计算如下：

$$产品销售成本 = (60 + 40 + 20) \times 4\,500 = 540\,000（万元）$$

编制会计分录如下（单位：万元）：

借：主营业务成本　　　　　　　　　　　　　540 000
　　贷：库存商品　　　　　　　　　　　　　540 000

5) 期末，结转各项收支到"本年利润"账户，计算如下：

$$变动性管理费用 = 8 \times 4\,500 = 36\,000（万元）$$

$$本月发生管理费用 = 36\,000 + 180\,000 = 216\,000（万元）$$

编制会计分录如下（单位：万元）：

借：主营业务收入　　　　　　　　　　　　　900 000
　　贷：本年利润　　　　　　　　　　　　　900 000
借：本年利润　　　　　　　　　　　　　　　844 000
　　贷：主营业务成本　　　　　　　　　　　540 000

管理费用	216 000
固定制造费用	88 000

在变动成本法下,计算所得的营业利润为

$$本年利润 = 900\,000 - 844\,000 = 56\,000\,(万元)$$

6)期末,为了满足按完全成本法编制财务报表的要求,要把固定制造费用中应由存货分摊的部分加到"存货"项目上,应由销货分摊的部分加到"主营业务成本"项目上,同时调整利润额。

$$单位固定制造费用 = 88\,000/5\,500 = 16\,(万元)$$

①按完全成本法应计入产品销售成本固定性制造费用 $= 16 \times 4\,500 = 72\,000$(万元)

按完全成本法计算的产品销售成本 $= 540\,000 + 72\,000 = 612\,000$(万元)

②按完全成本法应计入期末产品存货成本的固定制造费用 $= 16 \times 1\,000 = 16\,000$(万元)

按完全成本法计算的期末产品存货成本 $= (60 + 40 + 20) \times 1\,000 + 16\,000$

$$= 136\,000\,(万元)$$

7)根据日常核算资料,可计算出变动成本法的利润,并直接编制变动成本法的利润表(见表3-13)。

表3-13 利润表(变动成本法)　　　　　　　　　　　　(单位:万元)

产品销售收入	900 000
减:变动成本	576 000
其中:产品销售成本	540 000
变动销售和管理费用	36 000
边际贡献	324 000
减:固定成本	268 000
其中:固定制造成本	88 000
固定销售费用和管理费用	180 000
营业利润	56 000

8)把变动成本法的利润表调整为完全成本法的利润表,并对外发布。在完全成本法下,本期的税前利润的计算公式为

$$\begin{matrix}完全成本法下\\的营业利润\end{matrix} = \begin{matrix}变动成本法下\\的营业利润\end{matrix} + \begin{matrix}期末存货中的\\固定制造费用\end{matrix} - \begin{matrix}期初存货中的\\固定制造费用\end{matrix}$$

$$= 56\,000 + 16\,000 - 0$$
$$= 72\,000\,(万元)$$

按完全成本法编制的利润表见表3-14。

表3-14　利润表（完全成本法）　　　　　　　　　　　　　　（单位：万元）

产品销售收入	900 000
减：产品销售成本	612 000
其中：变动成本	540 000
固定成本	72 000
销售毛利	288 000
减：销售和管理费用	216 000
营业利润	72 000

（9）用变动成本法和完全成本法编制资产负债表。

①用变动成本法编制的资产负债表见表3-15。

表3-15　资产负债表（变动成本法）　　　　　　　　　　　　（单位：万元）

资产	期末余额	上年年末余额	负债及所有者权益	期末余额	上年年末余额
…	…	…	…	…	…
存货			…	…	…
产成品	120 000	0	…	…	…
…	…	…	…	…	…

②用完全成本法编制的资产负债表见表3-16。

表3-16　资产负债表（完全成本法）　　　　　　　　　　　　（单位：万元）

资产	期末余额	上年年末余额	负债及所有者权益	期末余额	上年年末余额
…	…	…	…	…	…
存货			…	…	…
产成品	136 000	0	…	…	…
…	…	…	…	…	…

3.4.3　在新的技术、经济条件下，对两种成本计算法整合的新认识

在新的历史条件下，新技术、新工艺、新的管理理念和方法等大量应用于企业，企业的经济条件发生很大变化。例如：适时制的产生和应用，给存货管理带来很大变化。在新的技术、经济条件下，应怎样重新认识建立统一的成本计算体系这一问题？

建立统一的成本计算体系，是基于变动成本计算。其原因在于完全成本计算应用于企业内部管理存在某些缺陷。但在新的技术、经济条件下，基于完全成本计算的主要缺陷将不复存在。原因如下：

完全成本计算应用于企业内部管理的主要缺陷，在于利润的实现与产品销售的实现在一定程度上存在相互脱节的现象。究其原因，乃期初、期末产成品存货成本结转的影响所

致。而适时生产系统的采用，可使产成品逐步实现"零存货"，进而自然而然地消除利润的实现与产品销售的实现之间的不相关性。完全成本计算的优势凸现。

建立统一成本计算体系的另一原因，是变动成本计算的产品成本构成不符合公认的会计原则，而在新的历史条件下，这一矛盾愈加突出。主要原因在于：

1) 建立在高度自动化基础上的现代化生产，是一种高度技术密集型的生产。生产技术密集的程度越高，从成本构成上看，制造费用所占的比重越大，这是一种必然的发展趋势。

2) 一个实现自动化的"制造单元"必须由多技能的工人来进行操作。在此条件下，直接人工与间接人工的界限趋于消失，从而使人工成本也大部分转化为固定成本。

所以，在新的技术、经济条件下，以发展的眼光看，建立统一成本计算体系最终会实现变动成本计算和完全成本计算的融合。从而使得成本计算与新的技术、经济条件相适应。

思考题

1. 什么是变动成本法？其理论依据是什么？
2. 变动成本法与完全成本法的区别有哪些？
3. 变动成本法与完全成本法对分期损益差异的原因是什么？
4. 随着信息化的快速发展，变动成本法与完全成本法是否趋同？

参考文献

[1] 中华人民共和国财政部. 管理会计应用指引第303号 [Z]. 财会〔2017〕24号，2017.
[2] 郑爱华，等. 管理会计 [M]. 2版. 北京：机械工业出版社，2020.
[3] 中国注册会计师协会. 财务成本管理：2018年注册会计师全国统一考试辅导教材 [M]. 北京：中国财政经济出版社，2018.
[4] 梁倩，郑爱华. 基于FIFO的变动成本法与完全成本法分期损益差异成因分析 [J]. 会计师，2018 (11)：35–36.

视频课程

3.1 变动成本法概述

3.2 变动成本法与完全成本法的比较

3.3 变动成本法的评价

第4章 本量利分析

课程思政

> **导入案例**
>
> 上海有一家大剧院，是致力于高雅艺术发展的非营利性表演艺术集团。剧院坚持原创性、民族性和公益性，同时彰显经典性、国际性和艺术性，积极发挥上海核心剧场的区位优势，为上海及周边地区提供文化演艺服务。在运营的过程中，剧院的开销不仅包括剧场的租金和相关资产的折旧、剧院工作人员的薪酬，还包括其他演出成本。非营利性不等于不营利，因此上海大剧院需要通过获取门票收入去支付运营成本，从而达到收支平衡。虽然近年来，剧院已经尽力降低票价，但是市民仍然感觉价位偏高。为了维持好的经营状态，剧院的经营者使用本量利的技术去深入了解剧院的成本、门票销售量和收入之间的关系。
>
> 尽管与经营剧院的情况有所不同，浙江黄岩的一家农场同样用到了本量利分析方法。每年杨梅丰收的时候，这家农场都需要投入大量人力物力采摘，通常有两种采摘果实的方法，人工采摘与机器采摘。两种方法分别产生了不同的成本结构：在总成本中，人工采摘方法的变动成本占比较高，机器采摘方法的固定成本占比较高。因此农场的经营者不仅需要本量利分析为他揭示成本、销售额和利润之间的关系，还需要运用本量利分析进一步讨论农场的成本结构，也就是固定成本和变动成本的占比，会对经营结果造成怎样的影响。

4.1 本量利分析概述

本量利分析是现代管理会计学的重要组成部分，是进行决策、计划和控制的重要工具，在管理会计中有着广泛的应用。本量利分析可以为企业改善经营活动和正确进行经营决策提供简明而又十分有价值的信息。

4.1.1 本量利分析的基本假设

在本量利分析中，成本、业务量和利润之间的数量关系是建立在一系列假设之上的。这些假设有助于建立数学模型来反映成本、业务量和利润之间的关系。一般来说，本量利分析主要基于以下假设前提。

1. 相关范围假设

本量利的分析是在成本性态的基础上进行的。相关范围假设认为在一定期间和一定业务量范围内，成本性态保持稳定包含两层含义：一是企业的生产能力在整个会计期间保持不变；二是业务量保持在企业生产能力的有效范围内。基于这些假设，成本性态被视为在该期间内稳定,能够为成本的分析、控制和决策提供依据。

2. 模型线性假设

(1) 固定成本不变假设　本量利分析中模型线性假设的内容之一是固定成本不变。也就是说,在企业经营能力的相关范围内,固定成本保持不变,即在一定期间和业务量范围内固定成本总额的曲线为一条水平线。

(2) 单位变动成本不变假设　与固定成本的假设近似,变动成本的假设是在一定的相关范围内假设单位变动成本不变,或者说假设变动成本总额呈完全线性。基于完全线性假设,变动成本的曲线就表现为一条从原点出发的直线,该直线的斜率就是单位变动成本。

(3) 销售单价不变假设　在本量利分析中,通常假设销售单价为一个常数,销售量与销售收入成正比,两者存在一种完全线性关系,即销售收入 = 销售量 × 单价,销售收入表示在坐标图中是一条过原点的直线,其斜率就是销售单价。

3. 产销平衡假设

产销平衡假设是指一段时期内企业的生产量与销售量一致,不考虑存货水平变动对利润的影响。产销平衡假设一方面使得本量利分析中收入和成本的计算有了共同的业务量基础,另一方面消除了完全成本法与变动成本法期间损益的分期差异,使得本量利分析可以更加聚焦。

4. 品种结构不变假设

品种结构不变假设是指在一个多品种生产和销售的企业中,各种产品的销售收入占总收入的比重不会发生变化。由于各种产品的边际贡献水平存在差异,因此当品种结构变化时,即使销售收入保持不变,整体利润水平也会出现变化。如果没有品种结构不变假设,这种情况会造成信息使用者的困扰,并影响其决策效率。

【例4-1】对上海大剧院进行本量利分析,可以为剧院经营者提供决策信息支持。会计人员走出办公室来到现场,对大剧院的成本和票务情况进行了调研。

剧院的会计人员将剧院的费用根据其成本性态分成了固定成本和变动成本,并且预估剧院的票价也将维持在一个相对固定的水平。调研的具体情况见表4-1。

表4-1　上海某剧院的成本费用与收入　　　　　　　　　　　　　　　(单位:元)

项目	金额
固定成本(每月):	
剧场租金	100 000
职工薪酬	80 000

(续)

项目	金额
演员工资	150 000
其他人工工资	56 000
剧本版税	50 000
保险费	10 000
水电费（固定部分）	14 000
广告和营销费用	8 000
管理费用	12 000
每月固定成本小计	480 000
变动成本（每位顾客）：	
市政收费	80
其他开支（如印刷费、水电费的变动部分）	20
每位顾客变动成本小计	100
收入：	
票价（每位顾客）	160

以上这些数据形成了本量利分析的重要基础。

4.1.2 本量利分析的基本数学模型

在进行本量利分析时，应考虑的相关因素包括销售量、销售单价、销售收入、固定成本、单位变动成本、营业利润等。这些因素之间的关系可以用下列基本公式来反映

利润 = 销售收入 − 总成本

= 销售收入 − 变动成本 − 固定成本

= 销售单价 × 销售量 − 单位变动成本 × 销售量 − 固定成本

=（销售单价 − 单位变动成本）× 销售量 − 固定成本

设 P 代表利润；Q 代表销量；p 代表单价；vr 代表单位变动成本；FC 代表固定成本，利润计算公式可表述为：

$$P = Q \times p - Q \times \text{vr} - \text{FC}$$
$$= Q \times (p - \text{vr}) - \text{FC}$$

此方程式中包含五个相互联系的变量，给定其中四个，便可以求出另外一个变量的值。本量利分析的基本原理就是在假设单价、单位变动成本和固定成本为常量以及产销一致的基础上，将利润、销量作为因变量和自变量，给定销量便可以求出利润，或者给定目标利润求出销量。

4.2 盈亏平衡分析

4.2.1 单一品种条件下的盈亏平衡分析

1. 盈亏临界点分析

（1）盈亏临界点的含义　盈亏临界点（Break-Even Point，BE）又称保本点、损益两平点、盈亏平衡点等，是指企业经营达到不盈不亏的状态，此时产品提供的边际贡献正好抵偿固定成本，利润为零。盈亏临界点分析旨在研究成本、销售收入与业务量之间处于什么变化规律时，可以帮助企业实现盈亏平衡或保本，有助于企业合理地计划和控制经营过程。

盈亏临界点通常有两种表现形式：一是以实物单位来表示，称为盈亏临界点销量，即企业要达到不盈不亏的状态至少应销售多少单位的产品；二是以货币金额来表示，称为盈亏临界点销售额，即企业要达到不盈不亏的状态至少应销售多少金额的产品。

（2）盈亏临界点的基本模型　盈亏临界点就是企业利润等于零时的销售量，即

$$Q_{BE} \times (p - vr) - FC = 0$$

进而得到

$$Q_{BE} = \frac{FC}{p - vr}$$

这就是盈亏临界点的基本模型。

（3）基本指标

1）边际贡献总额。在上一章介绍使用变动成本法计算利润时，提到过边际贡献的概念，它又称贡献毛益、边际利润，是指销售收入减去变动成本以后的差额，它反映增加产品的销售量能为企业增加的收益。

边际贡献首先用来补偿固定费用，若有余额，才能为企业提供利润。否则，企业就无收益或亏损。

一般而言，边际贡献越高，企业创造利润和控制成本的能力越强。

2）单位产品边际贡献（用 m 表示）。根据边际贡献的含义，有

单位产品边际贡献 = 单位产品售价 – 单位变动成本

$$m = p - vr$$

3）边际贡献率。边际贡献率是企业一定期间的边际利润总额与该期间的销售收入的比率；或单位产品的边际利润与单位产品的价格之比。

$$边际贡献率 = \frac{边际贡献总额}{销售收入总额} = 1 - \frac{变动成本总额}{销售收入总额} = 1 - 变动成本率$$

$$cmr = \frac{M}{S} = 1 - \frac{VC}{S} = 1 - \frac{vr}{p}$$

式中，M 表示边际贡献总额；S 表示销售收入总额；VC 表示变动成本总额；cmr 表示边际贡献率。该指标越高越好，对于指导企业经营决策非常重要。

（4）盈亏临界点的计算

1）按实物单位计算（保本量）

$$盈亏临界点的销售量 = \frac{固定成本}{单位产品边际贡献}$$

$$Q_{BE} = \frac{FC}{m}$$

2）按金额综合计算

$$盈亏临界点的销售额 = \frac{固定成本}{边际贡献率} = \frac{固定成本}{1-变动成本率}$$

$$S_{BE} = \frac{FC}{cmr} = \frac{FC}{1-\frac{vr}{p}}$$

【例 4 – 2】上海大剧院票价为 160 元，单位变动成本为 100 元，固定成本为 480 000 元，共销售 10 000 张票，则：

1）盈亏临界点的销售量 $= \frac{480\,000}{160-100} = 8\,000$（张）

2）边际贡献总额 $= 160 \times 10\,000 - 100 \times 10\,000 = 600\,000$（元）

边际贡献率 $= \frac{(160-100) \times 10\,000}{160 \times 10\,000} \times 100\% = 37.5\%$

变动成本率 $= 1 - 37.5\% = 62.5\%$

盈亏临界点的销售额 $= \frac{480\,000}{37.5\%} = 8\,000 \times 160 = 1\,280\,000$（元）

上海大剧院每月需要销售 8 000 张票才能达到盈亏临界点，此时销售额为 1 280 000 元。

2. 盈亏临界点指标的应用

（1）盈亏临界点作业率　盈亏临界点作业率是指盈亏临界点销售量与企业正常销售量的比例或盈亏临界点销售占正常销售的百分比，即

$$盈亏临界点的作业率 = \frac{盈亏临界点销售量（额）}{正常销售量（额）} \times 100\%$$

上述比率表明，企业实现保本的业务量占实际或预计销量（或销售额）的比重。由于企业通常按照正常销售量来安排产品的生产，在库存合理的条件下，产品产量与正常的销售量大致相同。所以，盈亏临界点作业率还可以表明企业在保本状态下生产能力的利用程

度。在例 4-2 中上海大剧院共售票 10 000 张，则盈亏临界点的作业率为 80%（8 000/10 000×100%）。也就是说，该上海大剧院在这一个月中售票率要达到 80% 以上才能盈利，否则就会亏损。

在销售量总量不变的条件下，该指标越小，企业经营效益越好。

(2) 安全边际和安全边际率 盈亏临界点是企业处于不盈不亏的状态，此时边际贡献可以补偿全部的固定成本，但企业的最终目标是要获得利润。所以企业的销量必须超过盈亏临界点的销售量，其超出部分所提供的边际贡献才能形成企业的最终利润。显然，销量超过盈亏临界点越多，企业发生亏损的可能性就越小，企业的经营也就越安全，由此得到了与盈亏临界点紧密相关的另一个指标——安全边际。

安全边际是指企业实际或预计销量（或销售额）与盈亏临界点销量（或销售额）间的差额，这个差额标志着从现有销售量到盈亏临界点有多大的差距，或者说，销量下降多少企业仍不至于亏损。该指标主要用于企业分析其经营的安全程度。

安全边际可以用绝对数和相对数两种形式表示：前者称为安全边际销售量（或安全边际销售额），后者称为安全边际率。其计算公式为

$$安全边际销售量（额）= 现有销售量（额）- 盈亏临界点销售量（额）$$

$$安全边际率 = \frac{安全边际销售量}{现有销售量} = \frac{安全边际销售额}{现有销售额}$$

安全边际能粗略地衡量企业的风险程度。在实际工作中总是存在一些制订计划时未知的事件，这些事件有可能使销售量低于预计水平。如果企业的安全边际较大，则当实际销售量下降而使企业发生亏损的概率要低于安全边际较小的企业。如果企业的安全边际比较小，管理人员就应考虑采取措施以提高销售量或降低成本，这些措施将提高安全边际，降低发生亏损的风险，故该指标越大越好。

【例 4-3】假定上海大剧院预计销售量达到 10 000 张，则：

$$安全边际销售量 = 10\ 000 - 8\ 000 = 2\ 000（张）$$

或

$$安全边际销售额 = 10\ 000 \times 160 - 1\ 280\ 000 = 320\ 000（元）$$

$$安全边际率 = \frac{2\ 000}{10\ 000} = 20\%，或 = \frac{320\ 000}{1\ 600\ 000} = 20\%$$

计算结果表明，销售量减少超过 20%，上海大剧院将出现亏损。会计人员在团队中发挥的作用是分析商业决策的财务影响并提供建议，使管理人员知道实际情况距离盈亏临界点有多远。那么安全边际率为 20% 是否安全呢？

根据企业经验数据，人们设计了评价企业经营安全程度的一般标准。西方国家企业经常使用的经营安全程度评价标准见表 4-2。

表4-2　西方国家企业经营安全程度评价标准

安全边际率	40%以上	30%~40%	20%~30%	10%~20%	10%以下
经营安全程度	非常安全	安全	值得注意	危险	非常危险

由于当前上海大剧院的安全边际率为20%，因而从经营角度讲是值得注意的。

综上所述，只有盈亏临界点以上的销售量（或销售额），即安全边际部分才能为企业提供利润，所以销售利润又可以按下列公式计算

销售利润 = 安全边际销售量 × 单位边际贡献 = 安全边际销售额 × 边际贡献率

将公式两边同时除以销售收入，可得

销售利润率 = 安全边际率 × 边际贡献率

根据例4-2和例4-3，

销售利润 = 2 000 × (160 - 100) = 120 000（元）

或

销售利润 = 320 000 × 37.5% = 120 000（元）

销售利润率 = 20% × 37.5% = 7.5%

利用有关的数据代入销售利润率计算公式，也可得到同样的结果：

$$销售利润率 = \frac{销售收入 - 销售成本}{销售收入} = \frac{1\,600\,000 - [(10\,000 \times 100) + 480\,000]}{1\,600\,000}$$

$$= 7.5\%$$

从安全边际率和盈亏临界点作业率的定义可以看出它们是互补关系，即

安全边际率 + 盈亏临界点作业率 = 1

4.2.2　多品种条件下的盈亏平衡分析

通常情况下，大多数企业不可能只生产或销售一种产品，多品种条件下盈亏临界点的计算方法有以下几种。

1. 加权平均法

加权平均法，就是根据各种产品的单价、单位变动成本和销售数量计算出一个加权平均的边际贡献率，再根据计算出的加权平均边际贡献率和固定成本总额计算出盈亏临界点销售额。这种方法实际上是将全部产品的边际贡献作为补偿企业全部固定成本及利润的来源，是计算多种产品盈亏临界点最常用的一种方法。

如前所述，单一产品盈亏临界点的销售额 = 固定成本/边际贡献率，但由于企业生产的各种产品的边际贡献率有所差异，因此，在多品种条件下，公式中的边际贡献率应为各种产品的边际贡献率的加权平均数。其计算步骤如下：

第一步：计算全部产品的销售总额

$$销售收入 = \sum(各种产品的销售单价 \times 预计销售量)$$

第二步：计算各种产品销售额比重

$$某产品的销售额比重 = \frac{该产品的销售额}{销售总额}$$

第三步：计算各种产品的加权平均边际贡献率

$$加权平均边际贡献率 = \sum \frac{各种产品的边际贡献}{销售总额}$$

$$= \sum(各种产品的边际贡献率 \times 各种产品的销售比重)$$

第四步：计算整个企业综合的盈亏临界点销售额

$$综合盈亏临界点销售额 = \frac{固定成本总额}{加权平均边际贡献率}$$

第五步：计算各种产品的盈亏临界点的销售额和销售量

$$各种产品盈亏临界点的销售额 = 综合盈亏临界点销售额 \times 各种产品的销售比重$$

$$各种产品盈亏临界点的销售量 = \frac{各种产品盈亏临界点的销售额}{各种产品的单位售价}$$

【例4-4】假设上海大剧院同时推出 A、B、C 三种剧目，预计门票销售量分别为10 000张、5 000张、2 000张，三种剧目的售价分别为160元、320元、400元，单位变动成本分别为100元、160元、300元；固定成本总额为480 000元。要求按加权平均法进行多种产品本量利分析。

按照加权平均法的计算步骤见表4-3。

表4-3 A、B、C 三种剧目的数据资料

剧目	销售量（张）	销售单价（元）	单位变动成本（元）	销售收入（元）	各剧目销售比重	边际贡献（元）	边际贡献率
①	②	③	④	⑤=②×③	⑥=⑤/∑⑤	⑦=②×(③-④)	⑧=⑦/⑤
A	10 000	160	100	1 600 000	40%	600 000	37.5%
B	5 000	320	160	1 600 000	40%	800 000	50%
C	2 000	400	300	800 000	20%	200 000	25%
合计				4 000 000	100%	1 600 000	

按照表4-3中第⑧栏可知，A、B、C 三种剧目的边际贡献率分别为37.5%、50%和25%，根据第⑥栏可知，A、B、C 三种剧目的销售比重分别为

$$A 剧目的销售比重 = \frac{1\ 600\ 000}{4\ 000\ 000} = 40\%$$

$$B 剧目的销售比重 = \frac{1\ 600\ 000}{4\ 000\ 000} = 40\%$$

$$C\ 剧目的销售比重 = \frac{800\,000}{4\,000\,000} = 20\%$$

因此,可以计算上海大剧院同时推出 A、B、C 三种剧目时的加权平均边际贡献率

$$加权平均边际贡献率 = 40\% \times 37.5\% + 40\% \times 50\% + 20\% \times 25\% = 40\%$$

进而,有

$$综合盈亏临界点销售额 = \frac{480\,000}{40\%} = 1\,200\,000\ (元)$$

$$A\ 剧目销售额 = 1\,200\,000 \times 40\% = 480\,000\ (元)$$

$$B\ 剧目销售额 = 1\,200\,000 \times 40\% = 480\,000\ (元)$$

$$C\ 剧目销售额 = 1\,200\,000 \times 20\% = 240\,000\ (元)$$

用各剧目盈亏临界点的销售额除以该剧目的单价,就可以得出各剧目盈亏临界点销售量

$$A\ 剧目销售量 = 480\,000/160 = 3\,000\ (张)$$

$$B\ 剧目销售量 = 480\,000/320 = 1\,500\ (张)$$

$$C\ 剧目销售量 = 240\,000/400 = 600\ (张)$$

2. 分算法

分算法是指根据所采取的合理的分配标准,将共同固定成本预先分配给各种产品。各种产品所应分担的全部固定成本即为各种产品的专属固定成本加上分配给各种产品的共同固定成本。在这一基础上,就可以采用同单一产品条件下相同的方法,分别计算各种产品的盈亏临界点。这种方法主要适用于:产品品种不多,且各种产品的生产或运营都相对封闭,即其固定成本可按恰当的比例进行分配的企业。

【例 4-5】沿用例 4-4 的数据,按分算法计算多品种盈亏临界点。

假设固定成本按边际贡献比重进行分配

$$固定成本分配率 = \frac{480\,000}{1\,600\,000} = 0.30$$

$$分配给 A\ 剧目的固定成本 = 600\,000 \times 0.30 = 180\,000\ (元)$$

$$分配给 B\ 剧目的固定成本 = 800\,000 \times 0.30 = 240\,000\ (元)$$

$$分配给 C\ 剧目的固定成本 = 200\,000 \times 0.30 = 60\,000\ (元)$$

$$A\ 剧目盈亏临界点销售量 = \frac{180\,000}{160 - 100} = 3\,000\ (张)$$

$$A\ 剧目盈亏临界点销售额 = 3\,000 \times 160 = 480\,000\ (元)$$

同理,B 剧目和 C 剧目盈亏临界点销量分别为 1 500 张、600 张,盈亏临界点销售额分别为 480 000 元、240 000 元。

3. 联合单位法

如果企业产品结构保持不变,则多种产品条件下的盈亏临界点计算还可以采用联合单

位法。联合单位法实际上是将固定实物比例构成的一组产品的盈亏临界点的计算问题转换成单一产品盈亏临界点的计算问题，通过每一个联合单位的边际贡献取代单一产品盈亏临界点计算公式中的单位边际贡献，而得出盈亏临界点的销售量（以联合单位度量），以此为基础，再计算出各种产品在企业盈亏临界点时的销售额与销售量。

$$联合单位的盈亏临界点销售量 = \frac{固定成本总额}{联合单价 - 联合单位变动成本}$$

某产品的盈亏临界点销售量 = 联合单的盈亏临界点销售量 × 一个联合单位包含的该产品的数量

式中的联合单价为一个联合单位的全部单价的和，联合单位变动成本为一个联合单位的全部变动成本。

【例 4 – 6】 如例 4 – 4，A、B、C 三种剧目的销售量分别为 10 000、5 000、2 000，即销售量比率为 10:5:2。因此，假设一个联合单位相当于 10 张 A 剧目、5 张 B 剧目和 2 张 C 剧目的一个组合，计算一个联合单位的销售单价和变动成本

联合单价 = 160 × 10 + 320 × 5 + 400 × 2 = 4 000（元）

联合单位变动成本 = 100 × 10 + 160 × 5 + 300 × 2 = 2 400（元）

联合单位的盈亏临界点销售量和各产品的盈亏临界点销售量分别为

联合单位的盈亏临界点销售 = 480 000/(4 000 − 2 400) = 300（联合销售单位）

可得

A 剧目的盈亏临界点销售量 = 300 × 10 = 3 000（张）

B 剧目的盈亏临界点销售量 = 300 × 5 = 1 500（张）

C 剧目的盈亏临界点销售量 = 300 × 2 = 600（张）

根据各剧目的盈亏临界点销量和各自的销售单价就可以计算出各种产品的盈亏临界点销售额。

A 剧目的盈亏临界点销售额 = 3 000 × 160 = 480 000（元）

B 剧目的盈亏临界点销售额 = 1 500 × 320 = 480 000（元）

C 剧目的盈亏临界点销售额 = 600 × 400 = 240 000（元）

4.2.3 盈亏临界图

如果将成本、销售量和利润的关系用直角坐标系表示，就可以得到盈亏临界图。盈亏临界图是围绕盈亏临界点，将影响企业利润的有关因素及其相应关系，集中在一张图上，形象而具体地表现出来。利用它，可以形象地从动态角度揭示本量利的相互依存关系，从而帮助决策者在经营管理工作中提高预见性和主动性。盈亏临界图有多种图式，可根据资料和目的的不同进行选择。常用的方式有基本式、边际贡献式、量利式三种。

1. 基本式

盈亏临界图的基本式反映的是本量利的基本关系，其特点是能清楚地反映出固定成本

不随业务量的变化而变化，总成本线是在固定成本的基础上加上变动成本而得到的。

基本式盈亏临界图的绘制方法如下，具体如图4-1所示。

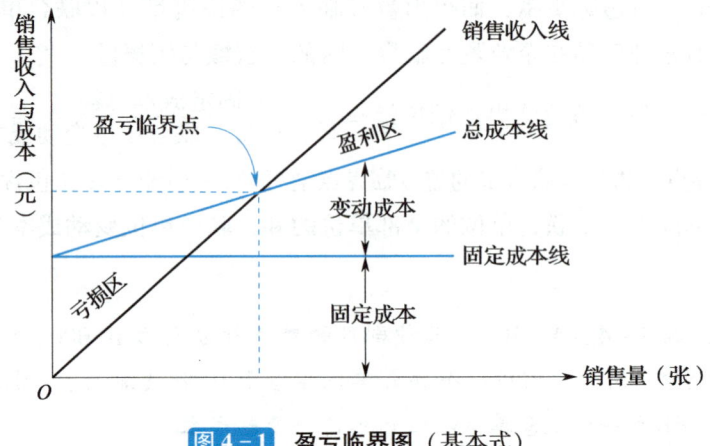

图4-1 盈亏临界图（基本式）

1）在直角坐标系中，以横轴表示销售量，以纵轴表示成本和销售收入。

2）绘制固定成本线。在纵轴上，根据固定成本数额，以（0，固定成本总额）为起点，绘制一条平行于横轴的直线，即为固定成本线。它与横轴的距离为固定值，不随产量的变化而变化。

3）绘制销售收入线。以坐标原点为起点，根据"销售收入 = 单价 × 数量"绘制一条源于原点的直线，即为销售收入线，单价为此直线的斜率。

4）绘制总成本线。以（0，固定成本总额）为起点，根据"总成本 = 固定成本 + 单位变动成本 × 销量"做出一条直线即为总成本线，单位变动成本即为此直线的斜率。总成本与固定成本线之间的距离为变动成本，它随产量变化而正比例变化。

5）销售收入线与总成本线的交点即为盈亏临界点，这一点所对应的横轴上的数量是保本点销售量，所对应的纵轴上的金额是保本点销售额。当销售量或销售额高于盈亏临界点时，企业处于盈利状态；低于盈亏临界点时，企业处于亏损状态。

基本盈亏临界图从动态上集中而又形象地反映了销售数量、成本和利润之间的相互关系，从中可以得出以下几条规律：

1）当盈亏临界点不变时，销售量超过盈亏临界点越多，能实现的利润越多，或亏损越少；销售量低于盈亏临界点越多，能实现的利润越少，或亏损越多。

2）当销售量固定时，盈亏临界点越低，能实现的利润越多，或亏损越少；反之，盈亏临界点越高，能实现的利润越少，或亏损越多。

3）在销售总成本既定的条件下，盈亏临界点受销售收入线斜率（即单位售价）变动而呈逆向。产品单价越高，表现为销售总收入线的斜率越大，盈亏临界点就越低；反之，盈亏临界点就越高。

4）在销售收入既定的条件下，盈亏临界点的高低取决于固定成本和单位变动成本的多少。固定成本或单位产品的变动成本越高,盈亏临界点就越高;反之,盈亏临界点就越低。

明确以上基本规律,对于企业根据主客观条件有预见性地采取相应措施,实施扭亏为盈,将有较大的帮助。

2. 边际贡献式

边际贡献式盈亏临界图可以使人直观地了解边际贡献的形成、构成以及与利润之间的关系。边际贡献式盈亏临界图如图 4 – 2 所示。

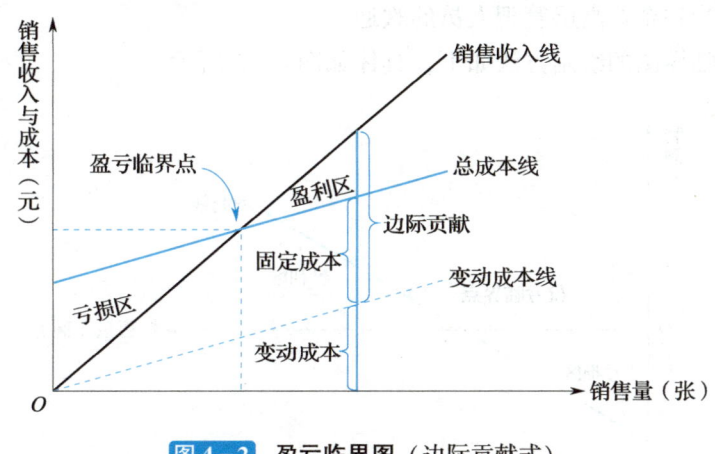

图 4 – 2　盈亏临界图(边际贡献式)

边际贡献式盈亏临界图的绘制方法如下:

1)在直角坐标系中,以横轴表示销售量,以纵轴表示成本和销售收入。

2)绘制变动成本线。以(0,0)为起点,根据"变动成本 = 单位变动成本 × 销量"绘制一条直线即为变动成本线,单位变动成本即为此直线的斜率。

3)绘制销售收入线。以坐标原点为起点,根据"销售收入 = 单价 × 数量"绘制一条源于原点的直线,即为销售收入线,单价为此直线的斜率。

4)绘制总成本线。以(0,固定成本总额)为起点,根据"总成本 = 固定成本 + 变动成本"绘制一条与变动成本线相平行的直线,即为总成本线,单位变动成本为此直线的斜率。总成本线与变动成本线之间的距离为固定成本,它不随产量变化而变化。

5)销售收入线与总成本线的交点即为盈亏临界点,这一点所对应的横轴上的数量是盈亏临界点的销售量,所对应的纵轴上的金额是盈亏临界点的销售额。当销售量或销售额高于盈亏临界点时,企业处于盈利状态;低于盈亏临界点时,企业处于亏损状态。

图 4 – 1 和 4 – 2 显示,边际贡献式与基本式盈亏临界图的区别在于:前者将固定成本线置于变动成本线之上,使总成本线成为一条平行于变动成本线的直线,以便形象地反映边际贡献的形成过程和构成,即产品销售收入减去变动成本以后就是边际贡献,边际贡献再减去固定成本就是利润。而后者则将固定成本置于变动成本之下,以便表明固定成本在相关范围内固定不变的特征。

两种图式画法相近，但意义有所不同：基本式与生产实际比较接近，因为无论哪种产品生产，固定成本总是要发生的，且一般都是先发生固定成本，再发生变动成本。边际贡献式的画法较易理解本量利分析中的边际贡献、固定成本以及盈亏临界点之间的关系，对边际贡献与固定成本之间的联系反映得很清楚。

3. 量利式

量利式盈亏临界图仅仅反映销售量与利润之间的依存关系，是一种简化的盈亏临界图，它以利润线代替了销售收入线和成本线，因此也常常被称为利润图。因为简明扼要，易于理解，所以受到企业高层管理人员的欢迎。

量利式盈亏临界图的绘制方法如下，具体如图 4-3 所示。

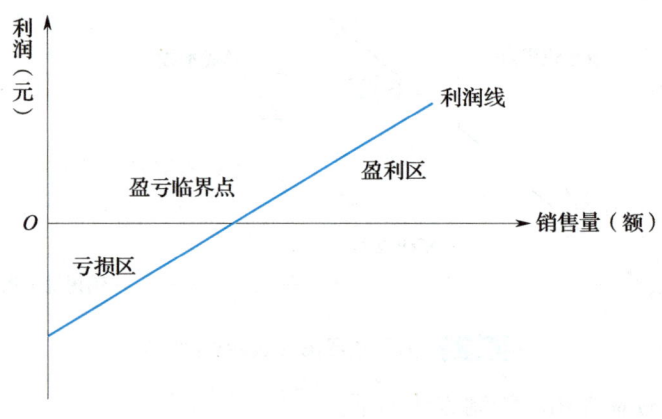

图 4-3 盈亏临界图（量利式）

1）在直角坐标系中，以横轴表示销售量（亦可用金额表示），纵轴表示利润和亏损。

2）在纵轴利润等于零的点上画一条水平线，表示盈亏平衡线。

3）在纵轴的负数区标上固定成本点，该点即销售量为零时的亏损数。

4）在横轴上取任一整数销售量，并计算在该销售量下的损益数，并依此在坐标图中再确定一点，连接该点与固定成本点，便可画出利润线。

5）利润线与盈亏平衡线的交点即为盈亏临界点。

从量利式盈亏临界图中可观察到以下规律：

1）当销售量为零时，企业的亏损额等于固定成本。

2）当产品的销售价格及成本水平不变时，销售量越大，利润就越多，或亏损越少；反之，销售量越小，利润就越少，或亏损越多。

这种量利式盈亏临界图的特点是能直观反映利润与销售量（额）之间的关系，便于对利润进行控制，但图 4-3 不能清楚反映本量利三者之间的关系。最后，请读者考虑一下，图 4-3 中利润线的斜率是多少呢？

4.2.4　盈亏临界点的影响因素分析

从盈亏临界点的计算公式可以看出，固定成本、销售单价、单位变动成本及品种结构等因素的变动都将对盈亏临界点产生影响。因此，若能事先了解有关因素对盈亏临界点的影响，就能及时采取措施使企业增加盈利或减少亏损。

1. 销售单价变动对盈亏临界点的影响分析

在盈亏临界图上，销售单价表现为销售收入线的斜率。在其他因素不变的情况下，单位产品的售价越高，盈亏临界点越低，同样销售量下实现的利润越高；反之，盈亏临界点越高，利润也就越低。假定例 4 – 2 中单价从 160 元提高到 180 元，则盈亏临界点的销售量由原来的 8 000 张变为

$$盈亏临界点的销售量 = \frac{480\,000}{180 - 100} = 6\,000（张）$$

销售单价变动对盈亏临界点的影响如图 4 – 4 所示。

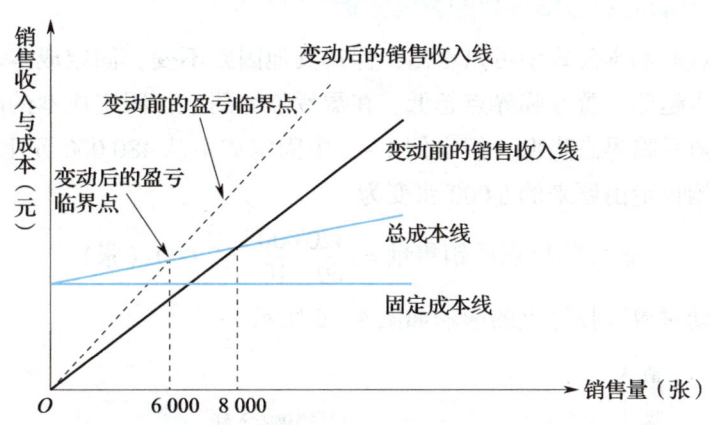

图 4 – 4　销售单价变动对盈亏临界点的影响

计算结果表明，在其他因素不变的条件下，盈亏临界点会随销售单价变动呈反方向变动。由于销售单价提高从而导致盈亏临界点左移，销售量由 8 000 张至 6 000 张这段也由原来的亏损区变成了盈利区。

2. 单位变动成本变动对盈亏临界点的影响分析

在其他因素不变的条件下，盈亏临界点会随单位变动成本变动而同方向变动。在盈亏临界图上，单位变动成本表现为总成本线的斜率，假设在其他条件不变的情况下，单位变动成本下降，会使总成本线的斜率降低，盈亏临界点下降。假定例 4 – 2 的单位变动成本从 100 元下降到 80 元，则盈亏临界点的销售量由原来的 8 000 张变为

$$盈亏临界点的销售量 = \frac{480\,000}{160 - 80} = 6\,000（张）$$

计算结果表明，由于单位变动成本下降，使盈亏临界点左移，盈利区增大，亏损区减少，如图 4-5 所示。

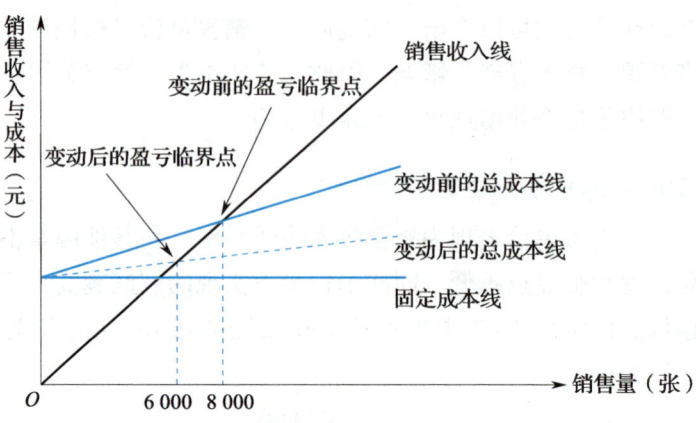

图 4-5　单位变动成本变动对盈亏临界点的影响

3. 固定成本变动对盈亏临界点的影响分析

从盈亏临界点的基本公式中可以看出，保持其他因素不变，固定成本越高，盈亏临界点越高；固定成本越低，盈亏临界点越低。在盈亏临界图上，固定成本的降低会使总成本线下移，从而使盈亏临界点降低。假定例 4-2 中固定成本从 480 000 元下降到 420 000 元，则盈亏临界点的销售量由原来的 8 000 张变为

$$盈亏临界点的销售量 = \frac{420\,000}{160-100} = 7\,000（张）$$

固定成本变动对盈亏临界点的影响如图 4-6 所示。

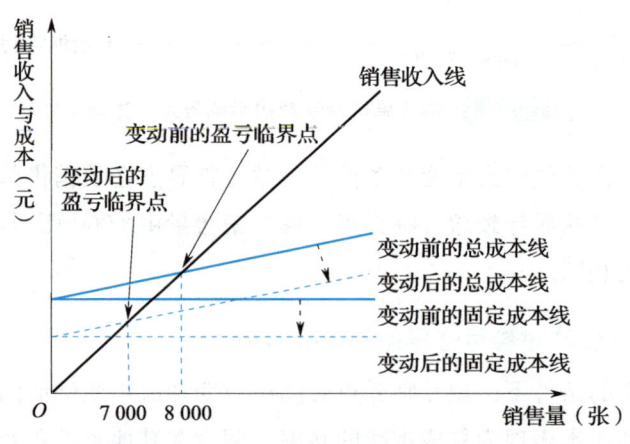

图 4-6　固定成本变动对盈亏临界点的影响

计算结果表明，由于固定成本下移使得总成本线下移，盈亏临界点左移，盈利区增多，亏损区减少。

4. 产品品种结构变动对盈亏临界点的影响

当企业同时产销多种产品时,不同产品盈利能力不同,边际贡献率也不相同。结合多种产品边际贡献率的计算可知,边际贡献率不同的产品在总销售收入中所占的比重发生变化时,加权平均边际贡献率也会发生变化。例如,当边际贡献率低的产品销售比重增加时,会使加权平均边际贡献率下降,从而使以加权平均边际贡献率为基础计算的盈亏临界点销售额上升;相反,当边际贡献率高的产品销售比重增加时,会使加权平均边际贡献率上升,从而使以加权平均边际贡献率为基础计算的盈亏临界点销售额下降。

【例 4–7】承接例 4–4,假定其他条件不变,只是上海大剧院剧目类别构成由原来的 10 000:5 000:2 000 改变为 10 000:10 000:500,则加权平均边际贡献率由原来的 40% 变成 45%(37.5%×32%+50%×64%+25%×4%),在该加权平均边际贡献率下的剧院全部剧目盈亏临界点的销售额为

$$综合的盈亏临界点的销售额 = \frac{480\ 000}{45\%} = 1\ 066\ 667\ (元)$$

可见,由于产品品种结构改变了,盈亏临界点也变了。在 A、B、C 三种剧目中,B 剧目的边际贡献最高(50%),A 剧目次之(37.5%),C 剧目最低(25%)。在上述剧目品种构成的变动中,边际贡献最低的 C 剧目的比重有所下降(由 20% 下降到 4%),边际贡献最高的 B 产品的比重有所上升(由 40% 上升到 64%),所以全部剧目的加权平均边际贡献率有所提高,盈亏临界点也就降低了。提高边际贡献率较高的产品的比重,从结果上看与提高产品的销售单价有相似之处。

4.3 目标利润规划

盈亏临界点的分析是假定企业盈亏平衡、利润为零的状态。虽然它有助于企业了解最低生产条件以及评价企业经营安全程度,并且为企业的经营决策提供有用的信息,但是企业经营的目的在于盈利而非保本。在市场竞争中,企业经营的目的是为了追求利润。因此我们有必要在盈亏临界点的基础上进一步扩展,分析企业实现目标利润需要达到的业务量水平,以及销售量、销售单价等。

4.3.1 实现目标利润的因素分析

目标利润即企业计划在未来期间要实现的利润。为了分析和规划目标利润,有必要了解一下实现目标利润的模型。

1. 实现目标利润的模型

管理人员非常关心要实现特定目标利润,企业的销量应该达到多少。由于利润与销售

量之间存在以下关系

$$利润 = 单位边际贡献率 \times 销售量 - 固定成本$$

设 P_t 为目标利润，Q_t 为实现目标利润的销售量，则有

$$P_t = Q_t(p - \text{vr}) - \text{FC}$$

$$Q_t = \frac{P_t + \text{FC}}{p - \text{vr}}$$

即

$$实现目标利润的销售量 = \frac{目标利润 + 固定成本}{单位边际贡献}$$

上式表明，企业产品的边际贡献在补偿了固定成本之后，销售量需要达到什么状态才能实现目标利润。与盈亏临界点相似，实现目标利润的销售量也可以用金额表示，即实现目标利润的销售额。其计算公式是

$$实现目标利润的销售额 = \frac{目标利润 + 固定成本}{边际贡献率}$$

【例 4-8】假定上海大剧院只推出一种剧目，设该剧目票价为 160 元，单位变动成本为 100 元，相关固定成本为 480 000 元，该企业在计划期的目标利润为 120 000 元。则有

$$实现目标利润的销售量 = \frac{120\,000 + 480\,000}{160 - 100} = 10\,000 （张）$$

$$边际贡献率 = \frac{160 - 100}{160} \times 100\% = 37.5\%$$

$$实现目标利润的销售额 = \frac{120\,000 + 480\,000}{37.5\%} = 1\,600\,000 （元）$$

2. 相关因素对目标利润的影响

如上述公式所示，其销售单价、单位变动成本与固定成本中任何一个因素变动，都会影响到目标利润的实现。如果企业在实际经营中规划了目标利润，那么为了保证利润的实现，需要对其他因素做出调整。通常情况下企业要实现目标利润，在其他因素不变时，应当提高销售量或销售单价，降低单位变动成本或固定成本。

(1) 单因素变动所产生的影响

【例 4-9】沿用上例资料，现假定上海大剧院将目标利润定为 200 000 元，从单个因素来看，影响目标利润的四个基本要素应当调整如下。

$$实现目标利润的固定成本 = 边际贡献 - 目标利润$$

$$= (160 - 100) \times 10\,000 - 200\,000 = 400\,000 （元）$$

$$实现目标利润的销售量 = \frac{固定成本 + 目标利润}{单位边际贡献}$$

$$= \frac{480\,000 + 200\,000}{160 - 100} = 11\,333 （张）$$

$$\text{实现目标利润的单位变动成本} = \text{销售单价} - \frac{\text{固定成本} + \text{目标利润}}{\text{销售量}}$$

$$= 160 - \frac{480\,000 + 200\,000}{10\,000} = 92 \text{（元）}$$

$$\text{实现目标利润的销售单价} = \text{单位变动成本} + \frac{\text{固定成本} + \text{目标利润}}{\text{销售量}}$$

$$= 100 + \frac{480\,000 + 200\,000}{10\,000} = 168 \text{（元）}$$

计算结果表明，该公司的目标利润增加 80 000 元，调整至 200 000 元。为确保目标利润的实现，从单个因素来看：固定成本应降低到 400 000 元，比原来降低了 80 000 元；或销售量要上升到 11 333 张，比原来的销售数量增加 1 333 张；或单位变动成本下降到 92 元/张，比原来的单位变动成本降低了 8 元/张；或者销售单价调整到 168 元/张，比原来增加了 8 元/张。

【例 4-10】 假定上海大剧院只推出一种剧目，设该剧目票价为 160 元，单位变动成本为 100 元，相关固定成本为 480 000 元，预计销售量 10 000 张，则有

$$\text{目标利润} = 10\,000 \times (160 - 100) - 480\,000 = 120\,000 \text{（元）}$$

或者先确定计划月度目标利润为 120 000 元，则有

$$\text{实现目标利润的销售量} = \frac{480\,000 + 120\,000}{160 - 100} = 10\,000 \text{（张）}$$

1) 销售单价变动对目标利润的影响分析。假定其他因素不变，而单价由 160 元提高到 180 元，则有

$$\text{实现目标利润的销售量} = \frac{480\,000 + 120\,000}{180 - 100} = 7\,500 \text{（张）}$$

单价提高后，实现目标利润的销售量降低到 7 500 张，比原来少 2 500 张。计算结果表明，由于价格提高，企业只需达到 7 500 张的销售量即可实现 120 000 元的目标利润。

2) 单位变动成本变动对目标利润的影响分析。若其他因素不变，而单位变动成本由原来的 100 元变为 85 元，则有

$$\text{实现目标利润的销售量} = \frac{480\,000 + 120\,000}{160 - 85} = 8\,000 \text{（张）}$$

单位变动成本降低后，实现目标利润的销售量减少了 2 000 张。

3) 固定成本变动对目标利润的影响分析。若其他因素不变，而固定成本由原来的 480 000 元降低到 420 000 元，则有

$$\text{实现目标利润的销售量} = \frac{420\,000 + 120\,000}{160 - 100} = 9\,000 \text{（张）}$$

固定成本降低后，实现目标利润的销量只需要达到 9 000 张。

（2）多种因素同时变动对目标利润的影响分析　在现实经济生活中，单价、单位变动成本、固定成本各个因素往往是相互联系、相互影响的。例如，为了增加销量，需要增加

广告费用，导致固定成本的上升。为如实反映客观实际情况，企业应就各种因素的变动进行综合计算分析。

【例 4-11】沿用例 4-10 的资料，上海大剧院目前销量为 10 000 张，其损益情况为

$$利润 = 销售收入 - 变动成本 - 固定成本$$
$$= 10\,000 \times 160 - 10\,000 \times 100 - 480\,000 = 120\,000（元）$$

分别计算遇到下列情况时，公司利润如何变化：

1）为了扩大剧院知名度，增加广告投入 100 000 元，同时销量增加 10%，则有

$$利润 = 10\,000 \times (1 + 10\%) \times (160 - 100) - (480\,000 + 100\,000)$$
$$= 11\,000 \times 60 - 580\,000 = 80\,000（元）$$

由于增加广告投入 100 000 元，使得剧目知名度上升导致销量增加 10%，企业盈利为 80 000 元，与增加广告投入之前相比，利润反而下降了 40 000 元。进一步分析可知，销量增加 10% 带来的边际贡献为 60 000 元，而固定成本却增加了 100 000 元，因此利润下降。在这种情景中，销量上升 10% 时，最多能够弥补 60 000 元的固定成本增量，这是此时能接受的广告投入增长的上限。

2）销售经理为了增加更多边际贡献决定售价提高 5%，但与此同时销量下降了 10%，此时

$$利润 = 10000 \times (1 - 10\%) \times [160 \times (1 + 5\%) - 100] - 480000$$
$$= 132000（元）$$

由于售价提高 5%，同时销量下降 10% 时，企业仍可盈利 132 000 元，说明该企业产品的价格需求弹性较小，通过涨价来获利在一定价格范围内是可行的。

4.3.2 利润的敏感性分析

利润的敏感性分析就是研究影响某一决策变量的因素发生变化时，对该决策变量的影响程度。它对于利润预测分析，有十分积极的指导作用。如前所述，业务量、单价、单位变动成本、固定成本等因素中的某个因素或某些因素变动时，都会对盈亏临界点和目标利润产生影响。但是由于各因素在计算盈亏临界点和目标利润的过程中作用不同，影响程度也不尽相同。

1. 确定影响利润的各变量的临界值

由于单价、单位变动成本、销售量和固定成本的变化都会导致利润发生相应变化，这种变化达到一定程度时，会使企业达到盈亏临界状态，超过这一点，企业就会由盈利转化为亏损。各因素变动而不使产品发生亏损的最大允许范围，称为盈亏临界值。

1）设销售量的最小允许值为 $Q_{\min}$，则有

$$Q_{\min} = \frac{固定成本}{销售单价 - 单位变动成本}$$

2) 设销售单价的最小允许值为 $p_{\min}$，则有

$$p_{\min} = 单位变动成本 + \frac{固定成本}{销售量}$$

3) 设单位变动成本的最大允许值为 $\text{vr}_{\max}$，则有

$$\text{vr}_{\max} = 销售单价 - \frac{固定成本}{销售量}$$

4) 设固定成本的最大允许值为 $\text{FC}_{\max}$，则有

$$\text{FC}_{\max} = 销售量 \times (销售单价 - 单位变动成本)$$

【例 4–12】沿用例 4–10，上海大剧院上演剧目的售票单价为 160 元，单位变动成本为 100 元，固定成本总额为 480 000 元，目标销量为 10 000 张，则有

$$目标利润 = 10\,000 \times (160 - 100) - 480\,000 = 120\,000 （元）$$

将数据代入上面各公式得

销售量的最小允许值

$$Q_{\min} = \frac{固定成本}{单价 - 单位变动成本} = \frac{480\,000}{160 - 100} = 8\,000 （张）$$

销售量下降幅度的下限为

$$\frac{10\,000 - 8\,000}{10\,000} \times 100\% = 20\%$$

即产品的销售量不得低于 8 000 张（8 000 张是销售量的最小允许值/盈亏临界点），或者说，下降幅度不能超过 20%，否则剧院就要发生亏损。

销售单价的最小允许值

$$p_{\min} = 100 + \frac{480\,000}{10\,000} = 148 （元）$$

销售单价下降幅度的下限为

$$\frac{160 - 148}{160} \times 100\% = 7.5\%$$

即销售单价不能低于 148 元，亦即下降幅度不能超过 7.5%，否则剧院就要发生亏损。

单位变动成本的最大允许值

$$\text{vr}_{\max} = 160 - \frac{480\,000}{10\,000} = 112 （元）$$

单位变动成本上升幅度的下限为

$$\frac{112 - 100}{100} \times 100\% = 12\%$$

即当单位变动成本由 100 元上升到 112 元，剧院处于不盈不亏状态。所以，单位变动成本的最大允许值为 112 元，亦即上升幅度不能超过 12%，否则剧院就要发生亏损。

固定成本的最大允许值

$$\text{FC}_{\max} = 10\,000 \times (160 - 100) = 600\,000 （元）$$

固定成本上升幅度的上限为

$$\frac{600\,000 - 480\,000}{480\,000} \times 100\% = 25\%$$

即固定成本不能高于 600 000 元, 亦即上升幅度不能超过 25%, 否则剧院就要发生亏损。

2. 敏感系数

以上分析可以得知, 销售单价、单位变动成本、销售量和固定成本中每个因素的变化对利润的影响程度不同。有的因素属于强敏感性因素; 而有的因素则为弱敏感性因素。用于度量某因素的敏感程度的指标称为敏感系数, 敏感系数为正时, 说明它和利润同向变动, 敏感系数为负时, 说明它和利润反向变动。确定敏感系数的目的, 是使经营管理人员根据各因素对利润影响程度的轻重, 及时采取必要的调整措施, 确保目标利润的完成。其计算公式为

$$敏感系数 = \frac{目标值变动百分比}{因素值变动百分比}$$

【例 4-13】沿用例 4-10 的资料, 假定销售单价、单位变动成本、销售量和固定成本分别增长 10%, 则有

$$目标利润 = 10\,000 \times (160 - 100) - 480\,000 = 120\,000 （元）$$

(1) 销售单价敏感系数的计算　当销售单价上升 10% 时,

$$销售单价 = 160 \times (1 + 10\%) = 176 （元）$$

按照此销售单价计算的利润为

$$利润 = 10\,000 \times (176 - 100) - 480\,000 = 280\,000 （元）$$

$$利润变动率 = \frac{280\,000 - 120\,000}{120\,000} \times 100\% = 133.33\%$$

$$销售单价敏感系数 = \frac{133.33\%}{10\%} = 13.33$$

(2) 单位变动成本的敏感系数的计算　当单位变动成本上升 10% 时,

$$单位变动成本 = 100 \times (1 + 10\%) = 110 （元）$$

按照此单位变动成本计算的利润为

$$利润 = 10\,000 \times (160 - 110) - 480\,000 = 20\,000 （元）$$

$$利润变动率 = \frac{20\,000 - 120\,000}{120\,000} \times 100\% = -83.33\%$$

$$单位变动成本的敏感系数 = \frac{-83.33\%}{10\%} = -8.33$$

(3) 销售量敏感系数的计算　当销售量增加 10% 时,

$$销售量 = 10\,000 \times (1 + 10\%) = 11\,000 （张）$$

按照此销售量计算的利润为

$$利润 = 11\,000 \times (160 - 100) - 480\,000 = 180\,000\ (元)$$

$$利润变动率 = \frac{180\,000 - 120\,000}{120\,000} \times 100\% = 50\%$$

$$销售量的敏感系数 = \frac{50\%}{10\%} = 5$$

(4) 固定成本敏感系数的计算　当固定成本增加10%时，

$$固定成本 = 480\,000 \times (1 + 10\%) = 528\,000\ (元)$$

按照此固定成本计算的利润为

$$利润 = 10\,000 \times (160 - 100) - 528\,000 = 72\,000\ (元)$$

$$利润变动率 = \frac{72\,000 - 120\,000}{120\,000} \times 100\% = -40\%$$

$$固定成本的敏感系数 = \frac{-40\%}{10\%} = -4$$

将各自敏感系数计算结果的绝对值按照从大到小的顺序排列分别是：销售单价(13.33)、单位变动成本(−8.33)、销售量(5)、固定成本(−4)，即影响利润程度最大的是销售单价，其次是单位变动成本，再次是销售量，最后是固定成本。但该顺序仅为本例题的结论，不适用所有情况。

4.3.3　经营杠杆分析

一个组织在其成本结构中使用固定成本的程度被称为经营杠杆。无论是单价的变化，还是销售量的变化，都会影响企业整体的销售水平，而经营杠杆可以用来衡量销售变动对净利润（息税前利润）变动的影响程度，因此经营杠杆可被视作敏感系数的特例。

1. 经营杠杆与成本结构

企业的成本结构是指其固定成本和可变成本的相对比例。成本结构在不同的行业或同行业不同的企业之间有较大的差异。一家使用计算机集成制造系统的企业在工厂和设备上进行了大量的投资，它的成本结构以固定成本为主。相反，在一个房屋建筑承包商的成本结构中，可变成本的比例要高得多。原因在于，高度自动化的制造企业是资本密集型的，而房屋建筑承包商是劳动密集型的。

【例4−14】浙江一家农场的贡献式利润表见表4−4。农场主在经营中发现，农场的利润对数量变化的敏感性在很大程度上受到成本结构的影响。为便于比较，表4−4展示了三种果实采摘方式下该农场的成本结构。

表4-4　浙江某农场三种生产方式下的成本结构

项目	生产方式 A 人工与机器共同采摘		生产方式 B 以人工采摘为主		生产方式 C 以机器采摘为主	
	金额（元）	百分比	金额（元）	百分比	金额（元）	百分比
销售收入	5 000 000	100%	5 000 000	100%	5 000 000	100%
变动成本	3 000 000	60%	4 000 000	80%	500 000	10%
边际贡献	2 000 000	40%	1 000 000	20%	4 500 000	90%
固定成本	1 500 000	30%	500 000	10%	4 000 000	80%
净利润	500 000	10%	500 000	10%	500 000	10%

虽然这三种生产方式下，农场有相同的销售收入（5 000 000元）和净利润（500 000元），但它们的成本结构却截然不同。生产方式B是以人工采摘为主，其成本结构中变动成本占比80%，边际贡献率只有20%。相比之下，生产方式C中采用了高度自动化的机器采摘生产方式，其成本结构以固定成本为主。该方式下的边际贡献率为90%。生产方式A处于两者之间，边际贡献率为40%。

假设各种生产方式下的销售收入分别增加10%，即500 000元。每种生产方式下的净利润因此而增加

$$净利润增幅 = (销售额增量 \times 边际贡献率)/原净利润金额$$

$$利润增幅_A = (500\,000 \times 40\%)/500\,000 = 40\%$$

$$利润增幅_B = (500\,000 \times 20\%)/500\,000 = 20\%$$

$$利润增幅_C = (500\,000 \times 90\%)/500\,000 = 90\%$$

这里需要注意，生产方式B中变动成本高，边际贡献率低，其利润增幅相对较低。与此相反，生产方式C中的高固定成本和较大的边际贡献率导致了相对较高的利润增幅。生产方式A处于两者之间。简而言之，固定成本在成本结构中的比例越大，销售收入的特定百分比变化对利润的影响程度就越大。

经营杠杆在固定成本比例大、可变成本比例低，以及由此产生的高贡献利润率的企业中最大。生产方式B的经营杠杆率低，生产方式C的经营杠杆率高，生产方式A则介于两者之间。对于物理学家来说，杠杆作用是指一个小的力量移动一个重物的能力。对管理会计师来说，经营杠杆是指当销售收入增加时，企业产生净收入增加的能力。

因此，管理会计师可以使用经营杠杆系数来衡量一个企业在特定销售量下的经营杠杆：

$$经营杠杆系数 = \frac{边际贡献}{净利润}$$

使用浙江某农场三种生产方式的数据，可以计算出各种生产方式下的经营杠杆系数：

$$经营杠杆_A = 2\,000\,000/500\,000 = 4$$

$$经营杠杆_B = 1\,000\,000/500\,000 = 2$$

$$经营杠杆_C = 4\,500\,000/500\,000 = 9$$

经营杠杆系数是指在一个特定的销售水平上，衡量销售收入的特定百分比变化对净利润的影响。将销售收入的百分比变化乘以经营杠杆系数，就可以得出净利润的百分比变化。

$$净利润变动幅度 = 销售增幅 \times 经营杠杆系数$$
$$净利润变动幅度_A = 10\% \times 4 = 40\%$$
$$净利润变动幅度_B = 10\% \times 2 = 20\%$$
$$净利润变动幅度_C = 10\% \times 9 = 90\%$$

通过对比，可以验证上述各生产方式下净利润的百分比变化。总之，企业成本结构中固定成本的比例越大，相应的经营杠杆系数越大，销售收入的特定百分比变化对利润的影响也就越大。

2. 经营杠杆与盈亏临界点

一个企业的经营杠杆也会影响其盈亏平衡点。由于一个具有相对较高的经营杠杆的企业，其固定费用也相应较高，因此该企业的盈亏平衡点也相对较高。

【例 4–15】 沿用例 4–14 的数据为浙江这家农场计算盈亏临界点。

$$盈亏临界点销售额_A = \frac{固定成本_A}{边际贡献率_A} = \frac{1\,500\,000}{40\%} = 3\,750\,000\,（元）$$

$$盈亏临界点销售额_B = \frac{固定成本_B}{边际贡献率_B} = \frac{500\,000}{20\%} = 2\,500\,000\,（元）$$

$$盈亏临界点销售额_C = \frac{固定成本_C}{边际贡献率_C} = \frac{4\,000\,000}{90\%} = 4\,444\,444\,（元）$$

安全边际也会受到企业经营杠杆的影响。假设这三种生产方式下的预算销售收入都是 5 000 000 元。那么，三种生产方式下安全边际的计算如下：

$$安全边际_A = 5\,000\,000 - 3\,750\,000 = 1\,250\,000\,（元）$$
$$安全边际_B = 5\,000\,000 - 2\,500\,000 = 2\,500\,000\,（元）$$
$$安全边际_C = 5\,000\,000 - 4\,444\,444 = 555\,556\,（元）$$

总而言之，采用生产方式 C 时，高固定成本导致了高盈亏平衡点和低安全边际。生产方式 B 显示出相反的特征，而生产方式 A 则介于两者之间。

在这个例子中，A、B、C 三种生产方式，展示和说明了劳动密集型（手工）生产方式与高度自动化的先进制造系统的不同影响。企业向先进的制造系统发展往往会导致更高的盈亏临界点，更低的安全系数和更高的经营杠杆。然而，高技术制造系统通常有更大的生产能力，从而使盈利潜力更大。伴随着盈利潜力的增加，风险也随之增加。例如，在经济衰退中，一个高度自动化、固定成本高的企业将比一个拥有更多劳动密集型生产方式的企业更难适应较低的消费需求。因此，在做最佳成本结构决策时，管理层应权衡高经营杠杆的好处与大量固定成本和相关的高盈亏临界点的风险。

4.4 本量利分析的拓展

4.1 中提出了本量利分析的一些基本假设，如相关范围假设、模型线性假设、产销平衡假设和品种结构不变假设。但这些假设不但有其严格的适用范围，而且由于种种因素的影响，往往与实际情况相脱节。为此，当基本的假设条件发生变化时，本量利分析该如何寻求新的解决方法，以便为决策者提供更接近实际、更为可靠的资料呢？

4.4.1 不完全线性关系对盈亏临界点的影响

本量利基本假设中的模型线性假设，表现为产品的销售收入额和变动成本额与产销量同比例变动，销售收入线与总成本线都表现为直线，两者的交点（即盈亏临界点）只有一个。然而，实际中这些因素的预计总带有不确定性。当成本和收入与产量之间存在着不完全的线性关系，销售收入线与总成本线就会表现为折线，那它们之间的交点（即盈亏临界点）就可能不止一个，而是多个。不完全线性关系的盈亏临界点如图 4-7 所示。

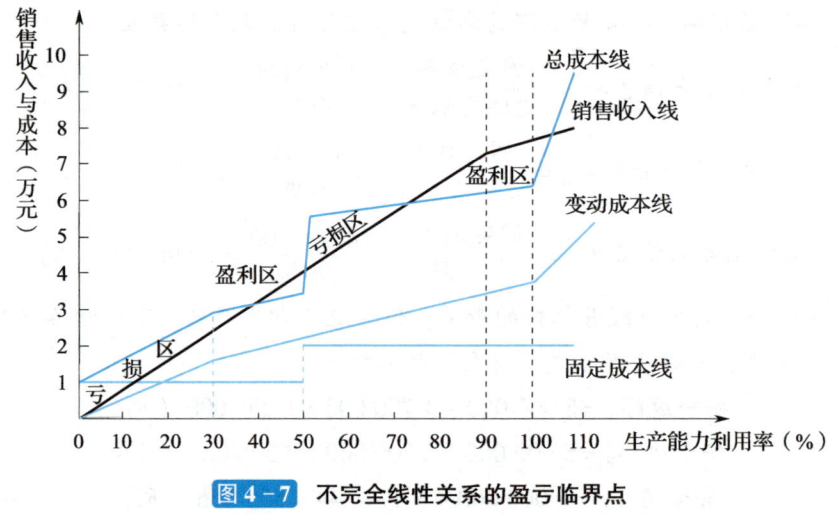

图 4-7 不完全线性关系的盈亏临界点

固定成本线、变动成本线、销售收入线以及由固定成本线和变动成本线所决定的总成本线都是折线，而且都不宜近似地看成直线。就固定成本线来说，在生产能力利用率达到 50% 前，是一条与横轴平行的直线，金额始终保持不变。但当生产能力利用率超过 50% 时，现存的生产能力不能保证生产的正常进行，需要在某些方面追加一定的固定支出。例如，上海大剧院在观众数量到达一定程度时，需要雇佣更多的演出人员、服务人员和安保人员，如果这些人员的工资是固定薪酬，就会导致固定成本在这一项突然增加，引起固定成本线在这一点突然中断，出现跳跃式上升。此时的固定成本线变成两条不连贯的平行于横轴的直线。

就变动成本而言，它的变动率在生产能力利用率达到 30% 和 100% 时发生了较大的转折。在生产能力利用率达到30%时,由于产量不断增加,批量效益开始显现并不断提高,单位产品的变动成本相应降低。而当生产能力利用率超过其正常限度时,又会出现一些不经济的因素,导致单位产品的变动成本相应提高。总成本=变动成本+固定成本,因此总成本线也是一条折线。

从销售收入线看,在生产能力利用率达到90%时,会出现一个转折,这是因为销售量超过这一点以后,为扩大销路,要给顾客较多的数量折扣。例如,上海大剧院为了提升满座率,可能会根据场次不同,为各级教育机构提供不同比率的学生优惠券。综合来看,表现为上海大剧院整体的平均售价降低了,因此销售收入线也表现为一条折线。

由于销售收入线和总成本线都是折线,图4-7中出现了三个交点,即三个盈亏临界点。到达第一个盈亏临界点时,总收入足以抵减总成本,生产开始有利可图,企业由亏损转为盈利,这种状况一直持续到生产能力的利用达到50%时。在这一点时,固定成本突然增加,导致企业由盈利转为亏损,直到第二个盈亏临界点,又重新转亏为盈,这种情况一直持续到第三个盈亏临界点。超过第三个盈亏临界点,由于单位产品售价的降低和单位变动成本的提高,使企业的生产经营又重新出现了转盈为亏的状况。了解企业的盈亏在不同生产水平的交替,对于正确进行经营决策和有效改善生产经营十分有利。

实际上,图4-7中的折线可以看作是由几条直线连接而成,因而在相关范围内,就可以用直线方程来描述有关变量之间的关系。这样的直线方程符合本量利假设中的线性假设,因此本量利分析的利用前提应该是保持在相关范围内。

4.4.2 非线性的本量利分析

本量利基本公式只是描述成本、收入和销售量之间依存关系的一种简化形式,单价、单位变动成本和固定成本等都是影响利润的不同变量。但这些变量又受其他诸多因素的影响,它们随各自影响因素的变化发生相应的变化。它们之间的这种变化,使得它们对利润的影响,以及相应的利润变化也是十分复杂多样的。本量利基本公式中线性关系的简单模型往往是难以准确地对其相互间的数量关系加以描述的。因而在现实经济生活中,用非线性方程取代线性方程来描述成本、收入和销售量间的依存关系,可能更符合客观实际情况。

以非线性方程描述成本、收入与销售量之间的依存关系,需要根据历史数据进行加工,取得能反映各有关因素之间依存关系的函数表达式。假定销售收入曲线和销售成本曲线都是一元二次方程表达式,则销售收入可以用 $TR(x) = a_1 + b_1 x + c_1 x^2$ 表述,销售成本曲线也可以用 $TC(x) = a_2 + b_2 x + c_2 x^2$ 表示,则利润 $P = TR(x) - TC(x)$。下面举例说明非线性的本量利分析。

【例4-16】某企业收入、成本与销售量之间的关系,可以用下列非线性函数式来表示

$$TR(x) = 5.6x - 0.02x^2, \quad TC(x) = 10 - 0.4x + 0.73x^2$$

从函数关系式可以看出，收入与成本都是销售量的函数，此时利润的函数为

$$P = TR(x) - TC(x) = -0.75x^2 + 6x - 10$$

根据盈亏临界点的性质，使利润等于零的销售量即为盈亏临界点销售量，即

$$0 = TR(x) - TC(x) = -0.75x^2 + 6x - 10$$

$$x_1 = 2.367 \text{（万件）} \quad x_2 = 5.633 \text{（万件）}$$

计算结果表明，销售总收入与销售总成本有两个交点，分别相交于销售量为 2.367 万件和 5.633 万件处。

在此基础上，还可以进一步求得利润最大时的产销量水平。方法是对上述利润公式求导，令导数 $P'^{(x)} = 0$，从中求出产销量的值。则本例中令 $P'^{(x)} = 0$，则有

$$P'^{(x)} = (0.75x^2 + 6x - 10)' = 0$$

可求得

$$x = 4 \text{（万件）}$$

也就是说，当产销量为 4 万件时，可使企业实现的利润达到最大。

$$TR(x) = 5.6 \times 4 - 0.02 \times 4^2 = 21.6 \text{（万元）}$$

与线性本量利分析相比较，非线性的本量利分析具有以下特点：

1）收入和成本各有其特殊的函数曲线，两者的交点（盈亏临界点）有两个或两个以上，根据盈亏临界点就界定了企业的盈利区域和亏损区域，为企业规划和控制生产规模提供指示性指标。

2）非线性本量利分析表明，由于存在多种影响因素的复杂因果关系，销售量与利润之间的数量关系并不是在任何情况下都是正相关的。只有满足使边际利润为零的销售量才是最佳销售量。

3）尽管非线性本量利分析更接近于企业实际，但准确地确定收入与成本函数却很难。

4.4.3　不确定性的本量利分析

在实际生活中，本量利基本公式中的各项自变量自身也受到外部多种因素的影响，因此对于它们的预期变动，往往难以在事前准确掌握，而只能做概率的估算，估计它们将在怎样的范围内变动，有关数值在这个范围内出现的概率是多少。在这种情况下，利润相应地增加或降低到多少，就有多种可能。因此，对于处理这种带有不确定性的本量利分析，应采用概率分析法，对其预期的变动进行规律分析，然后加以综合考虑，最终确定一个最可能达到的数值。其具体步骤如下：

1）对各种产品的销售单价、单位变动成本、固定成本总额等的概率分别做出分析确定。

2）对于各种可能的销售单价、单位变动成本、固定成本总额的组合，分别计算其盈亏临界点的销售量、盈亏临界点的销售额和联合概率。

3) 以联合概率为权数计算加权平均的盈亏临界点的销售量与盈亏临界点的销售额，即期望值。

【例 4-17】 A 公司生产某产品，其有关的价格、成本资料见表 4-5。

表 4-5 某产品成本价格资料

销售单价（元）	概率	单位变动成本（元）	概率	固定成本总额（元）	概率
120	0.3	70	0.7	10 000	0.6
90	0.7	80	0.3	20 000	0.4

根据表 4-5 中的资料，可以计算盈亏临界点销售额的期望值，计算结果见表 4-6。

表 4-6 盈亏临界点销售额期望值的计算

销售单价（元）	单位变动成本（元）	固定成本总额（元）	盈亏临界点销售额（元）	联合概率	期望值（元）（盈亏临界点销售额×联合概率）
$120(P=0.3)$	$70(P=0.7)$	$10\,000(P=0.6)$	24 000	0.126	3 024
$120(P=0.3)$	$70(P=0.7)$	$20\,000(P=0.4)$	48 000	0.084	4 032
$120(P=0.3)$	$80(P=0.3)$	$10\,000(P=0.6)$	30 000	0.054	1 620
$120(P=0.3)$	$80(P=0.3)$	$20\,000(P=0.4)$	60 000	0.036	2 160
$90(P=0.7)$	$70(P=0.7)$	$10\,000(P=0.6)$	45 000	0.294	13 230
$90(P=0.7)$	$70(P=0.7)$	$20\,000(P=0.4)$	90 000	0.196	17 640
$90(P=0.7)$	$80(P=0.3)$	$10\,000(P=0.6)$	90 000	0.126	11 340
$90(P=0.7)$	$80(P=0.3)$	$20\,000\ (P=0.4)$	180 000	0.084	15 120
合计				1.00	68 166

表 4-6 的计算表明，当产品售价是 120 元，单位变动成本为 70 元，固定成本为 10 000 元时，

$$盈亏临界点的销售量 = \frac{10\,000}{120-70} = 200（元）$$

$$盈亏临界点的销售额 = 200 \times 100 = 24\,000（元）$$

而这种情况可能出现的概率为

$$0.3 \times 0.7 \times 0.6 = 0.126$$

由此得到

$$期望值 = 0.126 \times 24\,000 = 3\,024（元）$$

这是其中的一种可能，用同样的方法对其他组合依次进行计算，最后汇总，最终可以得到预期的盈亏临界点的销售额为 68 166 元。由于在其形成过程中考虑了所有能预计到的情况，因而结果更接近于实际，但这种方法工作量较大。一般来讲，不确定条件下的盈亏

临界点计算，不计算盈亏临界销售量，而只计算盈亏临界销售额作为企业进行规划与控制的依据。

思考题

1. 本量利分析有哪些基本假设？这些假设分别有什么用途？
2. 边际贡献的含义是什么？这种贡献到底有什么用途？
3. 什么是盈亏临界点？盈亏临界点有几种表现形式？
4. 某企业在一次经营分析会议中，生产总监说："如果我们提高销售单价，公司的盈亏平衡点就会降低。"销售总监说："我们确实应该提高销售单价，因为这样的话公司发生亏损的可能性就会减少。"你同意他们的观点吗？为什么？
5. 为什么说安全边际中的边际贡献就是企业利润？
6. 盈亏临界图中除了盈亏临界点，还包括了哪些信息？
7. 多品种条件下应该如何绘制盈亏临界图？请结合量利式盈亏临界图进行说明。
8. 一家企业只生产和销售一种产品，如果该产品的销售单价和单位变动成本增加相同的金额，这家企业的盈亏临界点会如何变化？
9. 敏感性分析在企业利润规划时是如何发挥作用的？
10. 岭北快递公司使用全自动化的运输系统，业务流程均高度标准化，由机器人完成。江东快递公司使用半自动化的运输系统，并雇用了更多的员工。这两家快递公司的成本结构有何不同？哪家公司的经营杠杆更高？

参考文献

[1] 郑爱华，张亚杰，李文美. 管理会计 [M]. 2版. 北京：机械工业出版社，2020.
[2] 孙茂竹，支晓强，戴璐. 管理会计学 [M]. 8版. 北京：中国人民大学出版社，2018.
[3] 财政部会计资格评价中心. 财务管理 [M]. 北京：经济科学出版社，2018.
[4] 温素彬. 管理会计：理论、模型、案例 [M]. 3版. 北京：机械工业出版社，2019.

视频课程

4.1 本量利分析概述

4.2 线性本量利分析

4.3 多品种条件下的本量利分析

4.4 目标利润规划

第5章　预测与决策

课程思政

导入案例

2023年2月3日,巴菲特旗下的Berkshire Hathaway公司出售了423.5万股比亚迪H股股票,平均价格257.9港元/股,持股比例降至11.87%。这是2023年以来,港交所第三次披露Berkshire Hathaway减持比亚迪H股,也是2022年8月该公司首次减持以来的第九次披露。根据我们对价值投资的理解,一个可能的原因是巴菲特调低了对比亚迪公司价值的估计。

比亚迪的数据却呈现出相反的趋势。2023年1月,新能源汽车国家补贴正式退场,根据全国乘用车市场信息联席会公布的数据,2023年1月1日至1月27日,全国新能源乘用车市场零售30.4万辆,同比去年下降1%,环比下降43%。而比亚迪1月生产新能源汽车15.42万辆,同比增长63.85%;销售新能源汽车15.13万辆,同比增长58.60%。由此看出,在新能源汽车市场销量总体回落的背景下,比亚迪实现了逆势增长,并占据了1月市场总销量的"半壁江山"。结合市场环境看,尽管进入2022年以来特斯拉的降价越来越频繁,但是2022年全球新能源汽车销量冠军居然是比亚迪,而不是特斯拉。综上数据所述,比亚迪的前景还是比较乐观的。

其实,再专业的财报分析和财务模型,都无法准确得出一家企业的真实价值。因为财报中所有的数据,反映的都是公司过去的业绩,而估值体现的是对公司未来业绩的预期。同时,投资者的决策还受到各种因素的影响。比如,Berkshire Hathaway减持比亚迪既可能是对比亚迪未来全球战略布局实施的担忧,也可能是投资获益后的落袋为安;既可能是在长期投资策略中平衡投资组合过程中的仓位调整,也可能是在美国2023年年初紧缩货币政策的影响下回笼现金的需求。

管理人员的任何决策都是面对未来的,因此都需要基于局部的、过去的、有限的信息去分析、推理和判断,进而服务于管理决策过程。那么什么是预测?预测都有哪些方法?预测和决策的关系又是如何?本章将围绕这些问题,依次展开介绍。

5.1 预测概述

5.1.1 预测的概念

预测是指根据已知事件去推测未知事件,根据历史信息推测未来信息。具体地说,就是根据历史资料和现在的信息,运用一定的科学预测方法,对未来经济活动可能产生的经济效益和发展趋势做出科学预计和推测的过程。

5.1.2 预测的意义

一般来说,经济预测对企业来说有如下意义:

（1）经济预测是企业进行经营决策的基础和依据　在市场经济条件下，企业的生存发展与市场息息相关，企业的经营决策离不开科学的经营预测。企业的经营预测就是要在销售预测的基础上，通过成本、利润和资金需求量的预测等，为企业的经营决策提供基础和依据。

（2）经济预测有利于提高企业竞争力　企业依靠科学的预测，可以充分了解竞争的形势和竞争对手的情况，通过采取合理的策略，在竞争中争取主动，从而提高竞争能力。

（3）经济预测是企业进行科学管理的基础　现代企业管理中大量采用全面预算、目标成本管理、绩效考评等科学管理手段，而这些手段都需要建立在科学的经济预测基础之上，科学的经济预测为科学管理提供了依据。

5.1.3　预测的原则

1. 延续性原则

延续性原则是指过去和现在的某种发展规律将会延续下去，并假设决定过去和现在发展的条件同样适用于未来。经济预测根据这一原则，就可以把未来作为过去和现在的延伸进行推测。

2. 相关性原则

相关性原则是指企业经营活动过程中一些经济变量之间存在相互依存、相互制约的关系。经济预测根据这一原则，就可以利用这些经济变量之间存在的相互依存、相互制约的关系来推测经济活动发展的规律。

3. 统计规律性原则

统计规律性原则是指企业在经营活动过程中对于某个经济变量进行多次观测的结果会出现某种统计规律性的情况。经济预测根据这一原则，可以利用概率分析及数理统计的方法对企业未来经营状况进行推测。

4. 实事求是原则

实事求是原则要求我们依据真实可靠的数据信息进行预测，收集数据信息时，要从实际出发，既要收集有利于企业的信息，也要收集不利于企业的信息。

5. 成本效益原则

成本效益原则是指预测活动本身花费的成本不应该超出其带来的收益。

5.1.4　预测的程序

经济预测的程序随着预测目的和采用方法的不同而有所不同，没有固定不变的统一步骤，但对于不同的预测，尤其是定量预测，其预测过程有着相同之处。一般来说，经济预测大致包括以下几个程序：

（1）确定预测目的　企业进行一项预测，首先应确定预测的具体目的。确定预测目的，要从企业自身的决策和管理的需要出发，紧密地联系实际情况，确定预测要解决的问题。只有目的明确具体，才能根据预测目的去收集所需资料、选择预测方法，收到较好的效果。

（2）收集整理资料　根据预测目的和所选用的方法，收集所需要的资料。资料力求完整、准确、可靠和适用，并对所收集的大量资料进行分析整理，对有些资料还需要进行适当的调整，以供预测模型采用。收集资料时，一方面可以查阅现行的国内外统计资料；另一方面需要进行充分的调查和研究。

（3）选择预测模型和方法　通过对资料的分析和推理判断，揭示所要预测的经济现象的变化趋势及与之相关联的结构关系，根据经济理论选择建立描述预测对象与有关因素间数量关系的预测模型和方法。在资料不完备的情况下，可采用定性预测方法。

（4）利用模型进行预测　对于所建立的预测模型，如果模型中含有参数，则需要对参数进行估计，并进行经济检验和统计检验，经过检验或修正之后，如果模型是正确的，则可利用模型进行预测。

（5）分析预测误差　所谓误差分析就是利用选定的预测模型和方法对样本期计算出预测值，求出相应的预测误差，通过误差分析，可进一步修改模型，提高预测精度。同时也可以选用不同的方法或建立不同的模型进行预测，对每种方法进行评价，从而选用适当的方法和模型。

（6）提出预测报告　把通过以上各步骤所得的预测结果写成报告，向有关部门上报或以一定的形式向外公布发表，即提供和发布预测信息，供有关部门、企业决策时参考和应用。

5.1.5　经济预测的分类

为了便于对预测进行研究，可以根据不同的维度对经济预测进行分类。一般说来，大致有三种分类方法。

1. 按照预测结果的属性分类

（1）定性经济预测　是指预测者根据一定的经济理论，在对经济发展的历史和现状进行分析的基础上，对经济发展的未来趋向做出判断来进行预测的方法。它适用于数据资料较少、难于量化，以及一些无先例可循的经济问题，如新产品的销售问题等。定性预测的准确度主要取决于预测者的经验、理论、业务水平及分析判断能力。

（2）定量经济预测　是指从历史数据入手，利用经济统计方法对历史数据进行推算，或利用数学模型推导预测值的方法。其预测结果表现为一定的数量形式。随着经济的发展，定量经济预测已成为主要的经济预测方法。

定性经济预测和定量经济预测的分类不是绝对的，而是相互补充、互相渗透的，即定性经济预测中不排斥定量经济预测的判断，定量经济预测也不排斥对某个参数征求专家的意见。

2. 按照预测的范围分类

（1）宏观经济预测　是指对大系统总体的、综合性的预测，是对整个国民经济、一个地区、一个部门的经济发展前景的预测，是以社会经济总体发展作为对象，预测其总量指标之间的联系变化和发展趋向。如国民生产总值及其增长率的预测，国民经济各部门中工、农业的比例关系，积累和消费关系等的预测。

（2）微观经济预测　即对一个企业的经济发展或单个经济单位的经济活动的预测。如对一个企业产品的产量、销售量、市场占有率等的预测。

宏观经济预测与微观经济预测有着密切的关系。微观经济预测为宏观经济预测提供参考，宏观经济预测为微观经济预测提供指导，两者相辅相成。

3. 按照预测时间分类

一般而言，按照预测的时间长短，可将其分为以下几种类型：

（1）短期预测　预测时间在一年以下的预测一般被称为短期预测。

（2）中、长期预测　预测的目标距离当前时间较远的预测活动，中、长期预测的期限一般为一年以上。

由于预测是根据过去和现在推断未来，因此预测的时间越短，影响预测结果的因素的变化就越小，预测误差也就越小；反之预测时间越长，影响预测结果的因素的变化就越大，产生的预测误差也就会越大。

相比之下，在企业经营过程中，短期预测的种类较多、频率较高，且一般与较低层级的管理活动相关；而中、长期预测通常与较高层级的管理活动相关，需要处理更多的综合性信息，因此在预测方法、预测精度、预测频率与短期预测方面都存在较大的差别。

此外，由于预测内容的不同，还有各种具体的分类，这里就不一一叙述了。

5.2　预测的基本方法

5.2.1　定性预测法

定性预测又称定性分析法或非数量分析法，它主要依靠预测人员丰富的实践经验和知识，以及主观的分析判断能力，在考虑政治经济形势、市场变化、经济政策、消费倾向等各项因素对经营影响的前提下，对事物的性质和发展趋势进行预测和推测的分析方法。由于经济生活的复杂性，并非所有影响因素都可以进行定量分析，某些因素只有定性的特征，如政治经济形势的变动、消费倾向、市场前景、宏观环境的变化等。再者，定量分析本身也存在局限性，任何数学方法都不能概括所有复杂的经济变化情况。如果不结合预测期间的政治、经济、市场以及政策方面的变化情况，会导致预测结果脱离客观实际。所以，我们应根据具体情况，把定量分析与定性分析方法结合起来使用，这样才能得到良好的效果。

定性预测方法主要包括判断分析法和调查分析法两大类。

1. 判断分析法

判断分析法是指通过一些具有实践经验的经营管理人员或专家对企业未来某一特定时期的产品销售业务情况进行综合研究,并做出推测和判断的方法。如综合意见法、专家意见法等。

(1) 综合意见法 综合意见法是综合经营管理人员或相关专业人员的判断意见的一种经济预测方法。由于经营管理人员、相关专业人员处于生产经营的第一线,比较熟悉市场的需求情况及其动向,他们的判断比较能够反映市场需求的客观实际,因而是企业短期预测常用方法。

(2) 专家意见法

专家意见法也称专家判断预测法,就是向专家征求意见,并把专家意见集中起来,做出相应预测的一种方法。目前,最具有代表性、最完善的专家判断预测法是头脑风暴法和德尔菲法。

1) 头脑风暴法。头脑风暴法就是以专家的创造性思维来索取未来信息的一种直观预测方法。在国外,从20世纪50年代起就被广泛普及,在预测方法中所占的比重由20世纪60年代的6.2%上升到20世纪70年代的8.1%。我国于20世纪70年代末引入,很快就得到有关方面的重视并被采用。

头脑风暴法的优点在于:一方面,通过信息交流,产生思维共振,进而激发创造性思维,能在短期内得到创造性的成果;另一方面,通过头脑风暴会议,获取的信息量大,考虑的预测因素多且广泛。

头脑风暴法的局限性在于:专家会议易受权威的影响,不利于充分发表意见;易受表达能力的影响,有些专家的意见和主张十分高明而且具有创造性,但表达能力欠佳,影响表述效果;受心理因素的影响,有的专家易垄断会议或听不进不同意见,有的甚至明知自己有错,也不愿意公开修改自己的意见;容易出现羊群效应,导致与会者人云亦云。

2) 德尔菲法。德尔菲法(Delphi Method),又称专家调查法,它起源于20世纪40年代末期,最初由美国兰德公司(The Rand Corporation)首先使用,很快在世界上盛行起来。现在此法的应用已遍及经济、社会、工程技术等各个领域。

德尔菲法的预测过程是由主持预测的单位选定与预测课题有关的领域和专家,人数多少视具体问题而定,并与专家建立直接的联系,联系的主要方式是函询。通过函询收集专家的意见,加以综合、整理后匿名反馈给各位专家,再征求意见。这样反复经过四至五轮,逐步使专家的意见趋向一致,作为最后预测的依据。

德尔菲法的主要优点是简明直观,预测结果可供用户参考,受到用户的欢迎,同时还能避免专家会议的许多弊病。

德尔菲法仍然存在其固有的局限性:①受主观因素和认识上的限制较大。由于参加函询的各个专家的学识渊博程度不同，各有所持的标准，心理状态也存在差别，因此，有时即使是对同一事件进行决策，也会得到差别较大的结果。②理论上缺乏深刻的逻辑论证。由于德尔菲法的专家评价是建立在直观经验的基础上的，缺乏理论逻辑的严密论证，因而所得出的方案、结论常常是不稳定的。③影响重大问题的突破。由于德尔菲法是以人们的传统观念对决策对象的发展趋势进行推断，再加上专家们不能面对面地展开思想交锋，有些专家仍然无法摆脱"潮流效应"的影响，因而对于那些超前的新思想的产生和确立，往往难以做出准确的预测。

2. 调查分析法

调查分析法是指通过实地访谈、问卷调研等方式收集、了解事物详细资料数据，并加以分析的研究方法。以销售预测为例，顾客的消费意向是销售预测中最有价值的信息。如果通过调查，可以了解到顾客明年的购买量，顾客的财务状况和经营成果，顾客的爱好、习惯和购买力的变化，顾客购买本公司产品占其总需要量的比重和选择供应商的标准，这对销售预测将更有帮助。

在调查时应当注意：①选择的调查对象要具有普遍性和代表性，调查对象应能反映市场中不同阶层或行业的需要及购买需要；②调查的方法应简便易行，使调查对象乐于接受调查；③对调查所取得的数据与资料要进行科学的分析，特别要注意去伪存真、去粗取精。只有这样，所获得的资料才具有真实性、代表性，才能作为预测的依据。

凡是顾客数量有限，调查费用不高，每个顾客意向明确又不会轻易改变的，均可以采用调查分析法进行预测。

【例 5-1】中盛公司是一家新能源汽车公司，管理人员需要对全国若干城市购买新能源汽车的市场潜量，即市场需求的最高界限，进行估计。通常而言，在一定区域、一定时间内以及一定营销环境和一定的营销费用水平条件下，消费者可能购买的汽车总量是有迹可循的。使用调查分析法，可测算出市场潜量和该公司销售潜量。中盛公司新能源汽车销售预测信息见表 5-1。

表 5-1　中盛公司新能源汽车销售预测信息

全国 Top10 城市（按年收入 30 万（含）以上划分）	家庭户数（户）	占比	市场潜量[1]（万元）	本公司最高市场占有率	本公司销售潜量（万元）
北京	4 095 100	6.4%	8 190 200	20%	1 638 040
上海	4 013 750	6.3%	8 027 500	25%	2 006 875
香港	2 225 670	3.5%	4 451 340	9%	400 621
深圳	2 075 400	3.3%	4 150 800	30%	1 245 240
南京	2 031 000	3.2%	4 062 000	20%	812 400
杭州	2 027 660	3.2%	4 055 320	23%	932 724

（续）

全国 Top10 城市（按年收入 30 万（含）以上划分）	家庭户数（户）	占比	市场潜量[1]（万元）	本公司最高市场占有率	本公司销售潜量（万元）
佛山	2 018 400	3.2%	4 036 800	35%	1 412 880
宁波	1 985 440	3.1%	3 970 880	35%	1 389 808
武汉	1 965 300	3.1%	3 930 600	15%	589 590
长沙	1 858 100	2.9%	3 716 200	28%	1 040 536
合计			48 591 640		11 468 713

① 以每户年均购买额为 2 万计算。

5.2.2 定量预测法

定量预测法，又称数量预测法，主要根据已有的比较完备的资料，运用一定的数学方法对其进行科学的加工处理，借以充分揭示有关变量之间的规律性联系，以此作为预测的依据。数量方法可大致分为两类：趋势预测法和因果预测法。

1. 趋势预测法

趋势预测法以某项指标过去的变化趋势作为预测的依据，把未来作为"过去历史的延伸"。其假定以往对有关指标起影响作用的各种因素在现在和将来依然起作用。因而，我们就根据这种作用的延续作为预测未来的主要依据。

常用的趋势预测法包括：算术平均法、加权平均法、指数平滑法、趋势平均法等。这些预测方法共同的特点是，在数学模式中将时间设为自变量，而将需预测的因变量设为时间的函数。下面将对几种常见的趋势预测法进行简要介绍。

（1）算术平均法　采用算术平均法进行预测，就是把若干历史时期的数值作为观察值，求出其简单平均数，并将平均数作为下期销售的预测值。以销售预测为例，如果产品的销售额或者销售量在选定的历史时期中呈现出某种上升或下降趋势，就不能简单地采用这种方法。算术平均法应用的假设前提是，过去怎样，将来也会怎样，即将来的发展是过去的延续。当历史上各时期的数值呈现出增减趋势时，采用算术平均法进行预测就不妥当了，因为算术平均法认为每个观察值同等重要，不能体现出这种增减趋势。

（2）加权平均法　采用加权平均法进行预测，同样是将若干历史时期的数值作为观测值，将各个观察值与各自的权数相乘之积加总，然后除以权数之和，求出其加权平均数，并将加权平均数作为销售量的预测值。按照各个观察值与预测值不同的相关程度分别规定适当的权数，是运用加权平均法的关键。当各历史时期的销售量呈现增减趋势时，为了体现这种增减趋势，有必要将近期的观察值的权数规定得大一些，远期的观察值权数规定得小一些，使预测值更接近近期的观察值。

加权平均法的计算公式为

$$Y = \sum_{i=1}^{n} W_i X_i$$

式中，Y 为加权平均数；W_i 为第 i 个观察值的权数；X_i 为第 i 个观察值；n 为观察值的个数。

W_i 应该满足下列两个条件：

1) $\sum W_i = 1$；

2) $W_1 \leqslant W_2 \leqslant W_3 \leqslant \cdots \leqslant W_n$。

X_n 是预测期前一期的观察值。

【例 5-2】 中盛公司 1—6 月份在江苏地区新能源汽车的销售量信息见表 5-2。

表 5-2　中盛公司江苏地区新能源汽车销售量信息（加权平均法预测值）　（单位：辆）

月份	1	2	3	4	5	6
销售量	10 000	12 000	10 500	10 800	11 500	12 500

根据资料，用加权平均法预测 7 月份的新能源汽车销售量时，根据经验设定 $n=6$，$W_1=0.1$，$W_2=0.1$，$W_3=0.1$，$W_4=0.2$，$W_5=0.2$，$W_6=0.3$，则预测 7 月份新能源汽车销售量为

$$Y_7 = \sum_{i=1}^{n} W_i X_i$$
$$= 0.1 \times 10\,000 + 0.1 \times 12\,000 + 0.1 \times 10\,500 + 0.2 \times 10\,800 + 0.2 \times 11\,500 + 0.3 \times 12\,500$$
$$= 11\,460(\text{辆})$$

(3) 指数平滑法　指数平滑法由布朗（Robert G. Brown）所创，是移动平均法的一种变形。它是根据前期的实测数和预测数，以加权因子为权数，进行加权平均，计算指数平滑平均数，来预测未来时间趋势的方法。

指数平滑法计算公式为

$$y_{t+1} = a x_t + (1-a) y_t$$

式中，x_t 为时期 t 的实测值；y_t 为时期 t 的预测值；a 为平滑系数，又称加权因子，取值范围为 $0 \leqslant a \leqslant 1$。

a 的大小表明了修正的幅度。a 值愈大，修正的幅度愈大，a 值愈小，修正的幅度愈小。因此，a 值既代表了预测模型对时间序列数据变化的反应速度，又体现了预测模型修匀误差的能力。

将 y_t，y_{t-1}，$\cdots$，y_2 的表达式逐个代入 y_{t+1} 中，展开整理后，可得

$$y_{t+1} = a x_t + a(1-a) x_{t-1} + a(1-a)^2 x_{t-2} + \cdots + a(1-a)^{t-1} x_1 + (1-a)^t y_1$$

从上式中可以看出，指数平滑法实际上是以 $a(1-a)^k$ 为权数的加权移动平均法。由于 k 越大，$a(1-a)^k$ 越小，所以越是远期的实测值对未来时期平滑值的影响就越小。

在实际应用中，a 值是根据时间序列的变化特性来选取的。若时间序列的波动不大，比较平稳，则 a 应取小一些，如 $0.1 \sim 0.3$；若时间序列具有迅速且明显的变动倾向，则 a 应取大一些，如 $0.6 \sim 0.9$。

【例5-3】承前例,如果假设 a 为0.4,1月份的销售量预测是9 800辆,运用指数平滑法预测的7月份销售量为多少?

若取 $a=0.4$,运用指数平滑法计算后,各期预测值计算见表5-3。

表5-3 中盛公司江苏地区新能源汽车销售量信息(指数平滑法预测值)　　(单位:辆)

月份	实际销售量 x_t	0.4×上月实际值	0.6×上月预测	本月平滑预测
1	10 000	—	—	9 800
2	12 000	4 000	5 880	9 880
3	10 500	4 800	5 928	10 728
4	10 800	4 200	6 437	10 637
5	11 500	4 320	6 382	10 702
6	12 500	4 600	6 421	11 021

根据表中数据进行计算,预测7月份的销售量为11 021辆。

可见,如果指数平滑系数取值越大,则近期实际销售量对预测结果的影响越大;如果指数平滑系数越小,则近期实际销售量对预测结果的影响也越小。在本例中,由于销售量的实际趋势是持续增长,因此以历史数据为基础而得到的预测值比实际值偏小。

同时,与加权平均法相比,平滑指数的选择和设定比较灵活。而且,在不同程度上考虑了以往所有各期的实际值,在信息利用方面比较全面。

(4)趋势平均法　趋势平均法又称趋势移动平均法,它的主要优点是考虑了时间序列的发展趋势,使预测结果能够更好地符合实际。首先分别移动计算相邻数期的平均值,其次确定变动趋势和趋势平均值,最后以近期的平均值加趋势平均值与距离预测时间的期数的乘积,即得预测值。

【例5-4】中盛公司江苏地区2023年1—11月份实际市场销售额见表5-4。假定未来时期的销售趋势与之前相接近的时期基本保持一致,试运用趋势平均法预测该公司2023年12月份的销售额。

表5-4 产品实际销售额及移动平均值　　(单位:万元)

2023年月份	实际销售额	五期平均值	变动趋势	三期趋势平均值
1月	125 000	—	—	—
2月	150 000			
3月	131 250	137 000		—
4月	135 000	143 250	6 250	
5月	143 750	144 000	750	3 667
6月	156 250	148 000	4 000	3 375
7月	153 750	153 375	5 375	4 208

(续)

2023 年月份	实际销售额	五期平均值	变动趋势	三期趋势平均值
8 月	151 250	156 625	3 250	3 542
9 月	161 875	158 625	2 000	—
10 月	160 000	—	—	—
11 月	166 250	—	—	—
12 月	—	—	—	—

为了缩小偶然因素的影响，以五期平均值作为计算的依据，相关计算一并集中在上表。

$$12 月份销售额的预测值 = 156\,625 + 3\,542 \times 4 = 170\,793（万元）$$

式中，3 542 是最近的趋势平均数，156 625 是 3 542 对应的五期平均值。从 8 月至 12 月相距 4 个月，因此使用近期平均值加上 4 倍的趋势平均数。

2. 因果预测法

因果预测法是根据某项指标与其他有关指标之间的相互依存、相互制约的规律性的联系，建立相应的因果数学模型进行预测的方法。例如，电力成本因机器工作小时数的增加而增加，即机器工作小时数与电力成本之间存在某种因果的联系，从而可以根据这种联系建立相应的函数，据以进行预测分析。它的实质就是通过事物发展的因果关系来推测事物发展的趋势。

因果关系预测法最常用的方法，就是运用回归方程把各个相关因素联系起来，以一个或多个影响因素作为自变量，分析市场需求（因变量）和自变量之间相互依存关系的密切程度，预测市场需求的发展趋势。

（1）简单线性回归法　它是以简单线性回归方程为基础，建立一个预测函数式。实施市场预测时，若仅考虑一个影响预测目标的因素，且其与预测目标之间的因果关系为线性关系时，则可用简单线性回归模型进行预测。简单线性回归法的数学模型为

$$y_t = a + bx$$

式中，x 为影响因素，是自变量；y_t 为预测值，是因变量；a、b 是两个待定常数，b 又称为回归系数。a、b 的求解公式为

$$b = \frac{n \cdot \sum xy - \sum x \sum y}{n \cdot \sum x^2 - (\sum x)^2}$$

$$a = \bar{y} - b\bar{x}$$

相关系数 r 是用来检验两个变量之间是否有线性关系，即变量间的相关程度的要素。其计算公式为

$$r = \frac{\sum xy - n \cdot \overline{xy}}{\sqrt{(\sum x^2 - n \cdot (\bar{x})^2)(\sum y^2 - n \cdot (\bar{y})^2)}}$$

当$|r|=1$时,实测值完全落在直线段上,说明y与x有完全的线性关系;当$r=0$时,说明y与x不存在线性关系;当$|r|<1$时,说明y与x有一定的线性关系。

(2)多元线性回归法 多元线性回归法是以多元线性方程为基础,建立一个预测函数式进行预测的方法。比如当产品市场需求的变化同时受几个因素共同作用时,要预测其变化趋势,则要选择几个自变量来建立多元回归模型。以下举例说明:

设函数方程为

$$y = a + b_1 x_1 + b_2 x_2$$

式中,x_i代表自变量;b_i是系数。

可以用以下的"简捷法"来确定公式中的a、b_1和b_2。

①先以总和的形式表述上式中的每一项

$$\sum y = na + b_1 \sum x_1 + b_2 \sum x_2$$

②在①的式子两边同时乘以x_1,得到

$$\sum x_1 y = a \sum x_1 + b_1 \sum x_1^2 + b_2 \sum x_1 x_2$$

③在①的式子两边同时乘以x_2,得到

$$\sum x_2 y = a \sum x_2 + b_1 \sum x_1 x_2 + b_2 \sum x_2^2$$

联立①、②、③的方程,解方程组则可以求得a、b_1和b_2的值。

【例5-5】设中盛公司2023年3月—2024年2月制造费用、直接人工小时和机器工作小时见表5-5。

表5-5 中盛公司制造费用数据

年份	制造费用y (万元)	直接人工小时x_1 (小时)	机器工作小时x_2 (小时)
2024年2月	99 720	395 180	223 088
2024年1月	70 813	258 576	154 524
2023年12月	167 168	651 018	370 178
2023年11月	165 966	613 281	376 707
2023年10月	142 265	548 619	323 265
2023年9月	124 831	489 159	283 657
2023年8月	89 656	325 007	199 822
2023年7月	97 723	388 125	214 299
2023年6月	67 431	263 491	149 195
2023年5月	70 042	273 128	155 093
2023年4月	83 986	313 773	190 011
2023年3月	79 791	295 591	176 607

为便于计算,根据表 5-5 中的数据分析可得公式中的各项要素值,见表 5-6。

表 5-6 中盛公司制造费用多元线性回归计算表　　　　　　　　　（单位:万元）

月份	y	x_1	x_2	x_1^2	x_2^2	$x_1 x_2$	$x_1 y$	$x_2 y$
2024 年 2 月	99 720	395 179	223 088	156 166 442 041	49 768 255 744	88 159 692 752	39 407 249 880	22 246 335 360
2024 年 1 月	70 813	258 575	154 524	66 861 030 625	23 877 666 576	39 956 043 300	18 310 471 475	10 942 308 012
2023 年 12 月	167 167	651 018	370 177	423 824 436 324	137 031 011 329	240 991 890 186	108 828 726 006	61 881 378 559
2023 年 11 月	165 965	613 281	376 707	376 113 584 961	141 908 163 849	231 027 245 667	101 783 181 165	62 520 177 255
2023 年 10 月	142 264	548 619	323 264	300 982 807 161	104 499 613 696	177 348 772 416	78 048 733 416	45 988 829 696
2023 年 9 月	124 830	489 159	283 657	239 276 527 281	80 461 293 649	138 753 374 463	61 061 717 970	35 408 903 310
2023 年 8 月	89 656	325 006	199 821	105 628 900 036	39 928 432 041	64 943 023 926	29 138 737 936	17 915 151 576
2023 年 7 月	97 722	388 125	214 298	150 641 015 625	45 923 632 804	83 174 411 250	37 928 351 250	20 941 629 156
2023 年 6 月	67 430	263 491	149 194	69 427 507 081	22 258 849 636	39 311 276 254	17 767 198 130	10 060 151 420
2023 年 5 月	70 042	273 128	155 093	74 598 904 384	24 053 838 649	42 360 240 904	19 130 431 376	10 863 023 906
2023 年 4 月	83 985	313 772	190 011	98 452 867 984	36 104 180 121	59 620 131 492	26 352 141 420	15 958 073 835
2023 年 3 月	79 791	295 590	176 606	87 373 448 100	31 189 679 236	52 202 967 540	23 585 421 690	14 091 569 346
合计	1 259 385	4 814 943	2 816 440	2 149 347 471 603	737 004 617 330	1 257 849 070 150	561 342 361 714	328 817 531 431

即

$$\sum x_1 = 4\ 814\ 943,\ \sum x_2 = 2\ 816\ 440;$$

$$\sum x_1 y = 561\ 342\ 361\ 714,\ \sum x_2 y = 328\ 817\ 531\ 431;$$

$$\sum x_1^2 = 2\ 149\ 347\ 471\ 603,\ \sum x_2^2 = 737\ 004\ 617\ 330;$$

$$\sum x_1 x_2 = 1\ 257\ 849\ 070\ 150$$

将以上数据分别代入公式并求解,可得

$$y = 1941 + 0.051\ 445\ 346 x_1 + 0.350\ 934\ 499 x_2$$

利用上式,根据中盛公司的直接人工小时和绩效工作小时的数量,可以估算其制造费用金额。

（3）非线性回归法 以过去较长时期的历史资料为基础进行分析，可以发现，一个指标的变动同另一个指标有着密切的联系，但是和其有关数据的趋势线并不是一条直线。比如，如果某个指标的变化大致按照比率变化（上升或下降），可以采用指数曲线法进行预测。

使用该方法的时候，可以先将指数方程 $y_t = ab^{x_t}$ 通过两边同时取对数的方式，转化为对数直线方程 $\lg y_t = \lg a + x_t \lg b$，然后采用与回归直线相同的方法，求出常数 $\lg a$ 和 $\lg b$，从而确定对数直线方程。这里的 $\lg y_t$、$\lg a$、$\lg b$ 分别相当于回归直线方程中的 y，a，b。因此，计算 a，b 值的公式也可以演变成计算 $\lg a$、$\lg b$ 的公式。

这一方法的举例从略。

5.3 决策概述

5.3.1 决策的概念

决策（Decision Making），通常是指人们为了实现一定的目的，借助于科学的理论和方法，进行必要的计算、分析和判断，进而从可供选择的方案中择优的过程。决策是管理的一个基本部分。所有类型的组织中的管理者都面临着关于设备采购、产品结构、生产方法以及产品和服务定价的决策。

管理会计师作为跨职能管理团队的正式成员，发挥着重要作用。这些管理团队面临一系列广泛的决策，包括生产、营销、财务和其他决策。管理会计师在决策中的角色如图5-1所示。

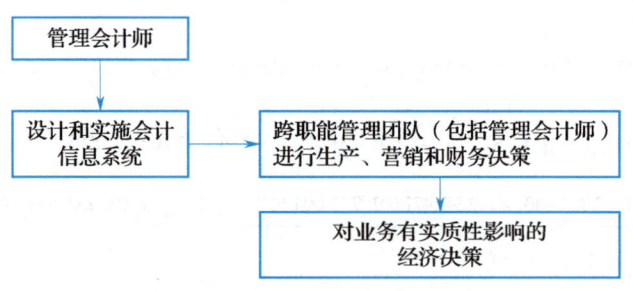

图5-1 管理会计师在决策中的角色

所有管理者和管理团队都需要与他们的决策相关的信息。在支持决策过程中，管理会计师在提供相关信息方面发挥着特殊作用。因此，管理会计师应对整个企业的管理人员所面临的决策有充分的了解。

5.3.2 决策的程序

一般而言，决策包括以下程序：

（1）阐明决策问题 有的时候，做出什么决策的问题应该是清晰和明确的。例如，如果一家公司收到一份价格远低于正常价格的特别订单，决策问题就是接受或拒绝该订单。

但是，实际中遇到的决策问题一般很少如此明确和清晰。比如说，如果一家公司最受欢迎的产品的需求正在下降，管理人员需要先搞清楚，究竟是什么原因造成了这个问题。是竞争加剧？质量控制下降？还是市场上出现了新的替代产品？在做出决定之前，需要对问题进行梳理以便明确，并以更具体的术语进行定义。美国通用汽车公司管理顾问查尔斯·吉德林（Charles Kettering）提出：把难题清清楚楚地写出来，便已经解决了一半。只有先认清问题，才能很好地解决问题。可见，清晰定义一个决策问题，需要相当的管理技巧。

（2）明确决策标准 一旦决策问题能够阐明，管理者就应该明确做出决策的标准。决策的目标是利润最大化？增加市场份额？成本最小化？还是改善公共服务？有时，这些目标会发生冲突，比如在一个决策问题中，生产成本要最小化，但产品质量必须保持。在这种情况下，一个目标被指定为决策标准（如成本最小化）；另一个目标被确定为约束条件（如 1 000 个产成品中最多只允许出现 1 个残次品）。

（3）确定备选方案 决策涉及在两个或更多的备选方案中进行选择。如果一台机器坏了，有哪些可供选择的行动方案？该机器可以被修理或更换，或者可以租赁一个替代品。但是，也许修理的费用会比更换的费用高。确定可能的替代方案是决策过程中的一个关键步骤。

（4）建立决策模型 决策模型是对选择问题的简化表述，在模型中，不必要的细节被剥离出去，而问题中最重要的因素被强调出来。因此，决策模型汇集了上面列出的要素：标准、约束和备选方案。

（5）收集相关数据 尽管管理会计师经常参与前面四个步骤，但他们主要负责步骤五。在介绍多维成本分析的章节中，我们已经详细了解了如何甄别与决策相关的信息。选择与决策有关的数据是管理会计师在一个企业中最重要的角色之一。

（6）选择最优方案 一旦制定了决策模型并收集了相关的数据，就可以把这两者结合起来，通盘研究，权衡利弊，最后筛选出最优方案，向管理当局建议。由于在决策支持过程中能够进行有效的分析，并提出有前瞻性的目标，管理会计师常常被视为商业顾问，而不仅仅是会计师。

（7）评估决策的有效性 决策实施后，对决策的结果进行评估，目的是为了形成闭环，改善未来的决策。当然在决策程序的前几个阶段上也应不断地反馈信息，为决策分析提供帮助。

5.3.3 决策的分类

基于企业生产经营活动的多样性和复杂性，决策可按照不同标准分类。

1. 定量决策与定性决策

定量决策又称数量化决策，是应用数学模型和公式来解决问题的决策方法，即运用数学工具、建立反映各种因素及其关系的数学模型，并通过对这种数学模型的计算和求解，选择出最佳的决策方案。涉及会计数据的决策问题通常是以定量的方式规定的。这些问题的标准通常包括诸如利润最大化或成本最小化等目标。然而，当管理者做出最终决定时，备选方案的定性特征可能与定量指标一样重要。

定性决策，是根据社会现象或事物所具有的属性和在运动中的矛盾变化，从事物的内在规定性来研究事物的一种方法或角度。定性特征是决策问题中无法用数字有效表达的部分。决策的程序如图 5-2 所示，它描述了定量决策和定性决策之间的关系。

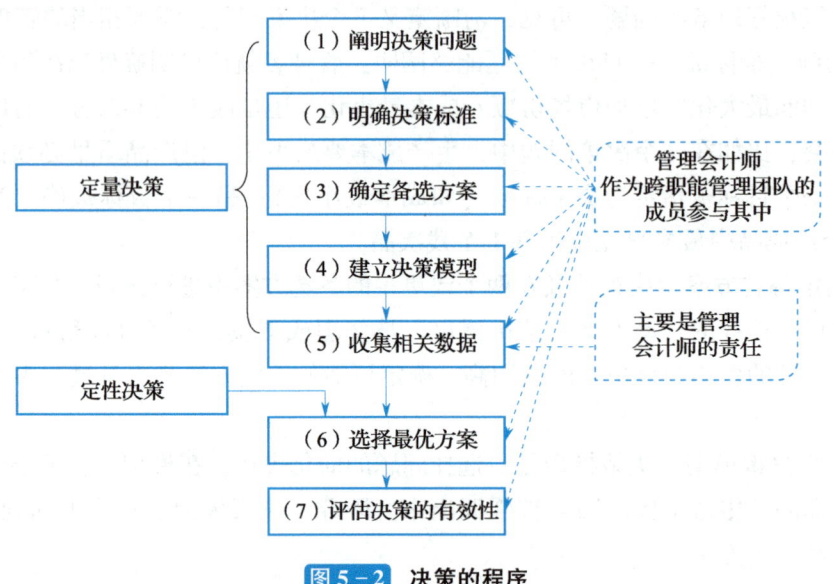

图 5-2 决策的程序

【例 5-6】假设中盛公司是一家正在深化全球战略的新能源汽车公司。在进行全球布局时，该公司的高层管理人员正在考虑，究竟在哪里建设其在欧洲的首个汽车工厂。

通过仔细的定量分析表明，在英国的工厂方案可以提升公司的利润水平。然而在做决定的时候，公司的管理层将考虑其他方面的问题。最终，欧洲首家工厂的十大候选厂址中，没有一个是来自英国，而是来自德国、法国、西班牙、波兰和匈牙利。该公司的总经理表示，作为投资者，他们希望拥有一个稳定的经营环境。开设一家新工厂，关乎公司几十年的生产运营与市场拓展。如果没有英国脱欧，也许会将工厂定在英国。但英国脱欧后，公司管理层为了规避风险，决定放弃在英国建厂。

为了阐明这种定性分析中的利害关系，定量分析可以让决策者对定性特征的总和进行"定价"。例如，假设中盛公司的管理会计师向高层管理人员提供了一份定量分析，表明在英国建设工厂将使年利润增加 500 万美元。然而，在英国选址的方案中存在其他方面的风险。这些考虑对高层管理者来说有多重要？如果他们决定在英国建厂，那么这些风险对他们可能带来的损失绝对不能超过 500 万美元。

在做决定时权衡数量和质量上的考虑是管理的本质。管理者的技能、经验、判断力和道德标准等都会在这种困难的选择中发挥作用。

2. 短期决策与长期决策

短期决策是指企业为有效地组织现有的生产经营活动，合理利用经济资源和人才资源，以期取得最佳的经济效益而进行的决策。包括生产决策、销售决策、定价决策等各个方面。其特点是：一般只涉及一年以内的有关经营活动，投资金额较少，时间短，一般不考虑货币的时间价值。本书第 6 章中所研究的经营决策就被视为短期决策。

长期决策是指为改变或扩大企业的生产能力或服务能力而进行的决策。例如，厂房设备的扩建、改建、更新、资源的开发利用，现有产品的改造和新产品的试制等。这些涉及企业的发展方向和规模重大的问题，都是属于长期决策，这时候就需要考虑一个相对较长的时间框架。其主要特点是：投资支出的金额大，决定方案一旦执行后，事后很难改变，并将在企业生产经营中起较长期的作用；同时，投资涉及的时间长，金额大，因而需要考虑货币的时间价值和风险价值。对长期决策的分析将在本书第 7 章中介绍。

3. 高层决策、中层决策与基层决策

高层决策是指企业的最高层次领导所做的决策。它所涉及的主要是有关企业全局性、长远性的大问题，例如，关系到企业的生产规模、发展方向和重点以及提高企业素质，增强竞争能力等方面的问题，都属于这一类。这一类的决策，属于战略性决策。

中层决策是指企业中层管理人员所做的决策。其基本内容是高层决策从更低的层次，从更短的时间和更小的范围内进行具体化，并制定最优利用资源，保证最高决策得以顺利实现的实施方案。这一类决策，可称为战术性决策。

基层决策是指由企业生产第一线的员工所做的决策。生产第一线的员工的基本职责，是对上一层次所做的决策付诸具体实施。因此这一类决策属于执行性决策，其目的是在执行上级既定决策的工作中，妥善解决所遇到的问题。

4. 确定型决策、风险型决策和非确定型决策

确定型决策是指与决策相关的那些客观条件或自然状态是肯定的、明确的，并且可用具体数字表示出来，决策者可直接根据完全确定的情况，从中选择最有力的方案。

风险型决策是指与决策相关的因素的未来状况不能完全肯定，只能预计大概情况，无论选择哪一种方案都带有一定的风险。所以这类决策称为风险型决策。这类决策的分析一般是以概率表示其可能性大小，尽可能做到符合实际情况。

非确定性决策是指影响这类决策的因素不仅不能肯定，而且连续出现这种可能结果的概率也无法确切地预计，这类问题的决策称为非确定型的决策。

5. 独立方案决策、互斥方案决策和最优组合决策

独立方案决策是指对各自独立存在，不受其他任何方案影响的不同方案的决策。对独立方案决策只需判断方案本身的可行性，不必择优，所以，亦称"接受与否定决策"。例如，在企业中亏损产品是否停产的决策，是否接受加工订货的决策等。

互斥方案决策是指在一定的决策条件下，存在几个相互排斥的被选方案，通过计算、分析对比，最终选出最优方案而排斥其他方案的决策。例如，零部件是自制还是外购的决策，联产品是否进一步加工的决策，开发哪种新产品的决策等。

最优组合决策是指有几个不同方案可以同时并举，但是在其资源总量受到一定限制的情况下，如何将这些方案进行优化组合，使其综合经济效益达到最优的决策。例如，在几种约束条件下生产不同产品的最优组合决策，或在资本总额定量的情况下不同投资项目的最优组合决策，等等。

6. 决策的其他分类

除了上述分类外，决策还有其他一些分类方法。比如，按决策的重要程度可分为战略决策和战术决策；按决策目标多少可分为单目标决策、多目标决策；根据相同决策出现的重复程度，可以分为程序性决策与非程序性决策等。

思考题

1. 如何理解管理会计的预测职能？它与经营决策和控制的关系是什么？
2. 应用平滑指数法时，应该怎样根据实际需要确定平滑指数的数值？
3. 趋势预测法适用于哪些场景？试分析这种方法的局限性。
4. 在浏览购物网站的时候，我们发现系统会给用户推送近期浏览或搜索过的产品或服务，这样做有何利弊？
5. 因果预测法适用于哪些场景？试分析这种方法的局限性。
6. 校园内教育超市的管理者，每周都需要拟订下一周的进货计划，如果你是他的财务业务伙伴，你有哪些改进的建议？
7. 本量利分析的方法在预测中能发挥什么作用？请举例说明。
8. 定性分析与定量分析的优缺点是什么？实际应用时应如何选择？
9. 长、短期决策需要考虑的因素有何不同？
10. 大数据和人工智能的出现，对企业预测和决策产生了哪些影响？请结合你的日常观察举例说明。

参考文献

[1] 郑爱华，张亚杰，李文美. 管理会计［M］. 北京：机械工业出版社，2007：91-105.
[2] 温素彬. 管理会计［M］. 3版. 北京：机械工业出版社，2019：60-85.
[3] 孙茂竹，文光伟，杨万贵. 管理会计学［M］. 7版. 北京：中国人民大学出版社，2016：105-134.

视频课程

5.1 预测概述

5.2 决策概述

第6章　短期经营决策

课程思政

导入案例

新冠疫情三年欠下的旅行，是时候兑现了。

截至2023年3月，国内已有多家航空公司发布了2023年"随心飞"产品。3月21日，南航2023版随心飞"畅游中国"上线，该产品中的热门系列"成都天府版"、4日款（周一到周四兑换出行）迅速告罄。3月24日上午10点，春秋航空"想飞就飞5.0版"开始发售，最低售价1 999元，点燃了市场消费热情，春秋航空系统很快因"过于繁忙"而崩溃。

"随心飞"实际上是一种"设计巧妙"的预售套票，始于2020年的"618年中大促"，是在一定限制条件下的"低价"飞行。2020年最后一天，首批"随心飞"兑换使用结束，很多人分享了自己的飞行经历。有人"飞行39次、打卡城市26个、省下机票钱41 090元"，也有人只飞一次就"赚回本"了。

作为典型的重资产、高负债、长回报周期的行业，稳定的现金流对民航至关重要。"三年的新冠疫情对民航发展造成前所未有的冲击。"民航局局长宋志勇公开透露，2022年有8家航空公司资不抵债，而对于已经到来的2023年，民航局则定下了力争实现盈亏平衡的目标。为此，航空公司的管理人员经常需要做出各种决策，包括：接受或拒绝对公司服务的特别提议，是否将一项服务外包，以及增加或取消一项服务或部门。在这一章中，我们会发现对于不同的决策类型，他们的相关成本信息是不同的。

与航空公司的运输服务环境不同，本章还将探讨在制造业环境中最常出现的一些决策类型。"可可狐"是国内新创的一家巧克力品牌，它在扬州食品产业园的工厂，拥有医药级臭氧循环系统和无尘生产车间，能胜任从可可豆加工到成品巧克力的全套操作。2020年，该公司慢慢把业务重心从外贸订单转为国内市场。除了生产常规的巧克力产品，该公司还将创意巧克力做成热销，每个系列产品的设计风格都天马行空，被网友称为"概念巧克力界国货扛把子"。我们将探讨巧克力公司管理层所面临的各种决策。

短期经营决策是指对企业一年以内或者维持当前的经营规模的条件下所进行的决策。短期经营决策的主要特点是在既定的规模条件下决定如何有效地进行资源的配置，以获得最大的经济效益。通常不涉及固定资产投资和经营规模的改变。因此，短期经营决策通常是在成本性态分析时提到的"相关范围"内所进行的决策。

短期经营决策的具体内容较多，本章将重点介绍生产决策和定价决策。

6.1 生产决策

生产决策是指企业在组织短期的生产经营活动时，对于生产什么、生产多少以及如何生产等问题所做的选择。生产决策的主要任务是在现有生产条件下，最有效地利用企业的各种人力、物力和财力资源，以取得最大的经济效益。

本节将结合航空公司和巧克力工厂的具体算例，依次讨论特殊订单是否接受、自制或外购、亏损产品（服务）或部门是否停产、联合产品是否深加工、资源约束条件下的生产以及不确定型决策等典型生产决策。

6.1.1 特殊订单是否接受的决策

在日常经营中企业常常会遇到特殊订单，有时这些订单要求的价格不仅低于正常销售价格，还可能低于产品的成本。特殊订单是否接受的问题，可采用差量分析法进行决策。

如企业有剩余的生产能力，又暂无转产或出租等有利的方案，可以考虑接受客户的特殊订单。这种情况下，由于固定资产所产生的折旧费用属于无关成本，只要产品的定价高于其变动成本，就能提供正的边际贡献，此时接受特殊订单对企业就是有利的。

【例6-1】淮海航空公司负责运营的副总经理与一家徐州旅游机构接洽，商讨从徐州到三亚的旅游包机事宜。该旅游机构向淮海航空公司报价用15万元包机往返飞行徐州和三亚。

考虑到航空公司通常的上座率和机票价格，徐州和三亚之间的大型飞机往返航班通常会带来25万元的收入。因此，该旅游机构的特殊订单报价需要进行特别分析。副总经理知道淮海航空公司刚刚取消了几条不赚钱的航线，腾出这些飞机用于其他用途，目前有两架没有投入使用的C920飞机。为了帮助他做出决定，副总经理向管理会计师询问成本数据。管理会计师提供了徐州和三亚之间往返飞行的具体成本数据，见表6-1。其中，航班飞行的变动成本包括飞机燃料和维修、机组人员费用、机上餐饮和服务以及着陆费；航班飞行的固定成本包括飞机折旧、设施维护和折旧以及固定行政费用。

表6-1 淮海航空"徐州—三亚"航线常规往返飞行资料　　　　（单位：元）

项目	金额
收入	
客运	250 000
货运	30 000
总收入	280 000
成本	
航班飞行的变动成本	90 000
航班飞行的固定成本	100 000
总成本	190 000
利润	90 000

如果负责运营的副总经理不了解管理会计，他可能会做出以下错误的分析：

包机损益 = 包机报价 - 航班飞行总成本
= 150 000 - 190 000
= -40 000（元）

上式表明，应该拒绝特殊订单的提议。可是，从短期经营的角度看，这个分析结论是错误的。原因在于将分配的固定成本也包含在航班的成本中。从管理会计的角度考虑，在飞行任务中增加了包机的特殊订单，航空公司的固定成本总额也不会增加。由于固定成本在接受和拒绝特殊订单的决策方案下都不会改变，所以固定成本是决策无关成本。

淮海航空公司的副总经理没有犯这个错误。他知道在这个问题中，只有特殊订单中的变动成本是相关的。此外，他确定包机的变动成本将低于常规航班的变动成本，因为淮海航空将不需要为此订单支付预订和售票的费用，这将为公司节约5 000元。因此，副总经理对包机报价的分析见表6-2。

表6-2 淮海航空"徐州—三亚"航线特殊订单计算分析表（假定有闲置航班）（单位：元）

项 目	金 额
收入	
特殊订单收入	150 000
成本	
航班飞行的变动成本	90 000
减：包机订单节约的预订和售票费用	5 000
特殊订单的变动成本	85 000
边际贡献	65 000

分析表明，特殊订单将为航空公司提供边际贡献65 000元，可用于抵补航空公司的固定成本或者形成航空公司的利润。由于淮海航空有闲置的飞机，有多余的飞行能力，最佳决策是接受旅游机构的特殊订单。

如企业没有剩余的生产能力，或者剩余生产能力有转产或出租等其他可选的方案，在进行特殊订单是否接受决策的时候，就需要考虑机会成本，从而在方案之间进行权衡。

【例6-2】假设淮海航空公司没有闲置的飞机，为了提供徐州和三亚之间的包机服务，淮海航空公司将不得不取消其利润最低的航线，即徐州和杭州之间的航线。该航线本可以为航空公司提供80 000元的边际贡献。淮海航空应该接受这个特殊订单吗？

如果接受特殊订单的提议，淮海航空将因放弃徐州—杭州航线的边际贡献而产生80 000元的机会成本，此时的包机损益分析见表6-3。

表6–3　淮海航空"徐州—三亚"航线特殊订单计算分析表（假定无闲置航班）（单位：元）

项　　目	金　　额
收入	
特殊订单收入	150 000
成本	
航班飞行的变动成本	90 000
减：包机订单节约的预订和售票费用	5 000
特殊订单的变动成本	85 000
加：机会成本（被取消航班的边际贡献）	80 000
特殊订单的总成本	165 000
包机损益	–15 000

分析表明，如果淮海航空没有闲置航班，副总经理将拒绝这一特殊订单。

无论是在服务行业还是在制造业，接受或拒绝特殊订单的决策都很常见。特殊订单决策分析的关键在于，如何识别决策的相关成本和相关收入。固定成本通常是不相关的，虽然可以将其分配到单个产品或服务单位上，但是当产能过剩时，无论特殊订单是否接受，都不会导致固定成本总额发生变化。当产能过剩时，唯一相关的成本通常是与特殊订单相关的变动成本。当没有过剩的产能时，将公司的设施用于特殊订单的机会成本也与决策有关。

6.1.2　自制或外购的决策

自制或外购的决策，是在内部制造产品（服务）或从外部供应商处购买产品（服务）之间进行选择的行为。需要指出的是，无论是自制还是外购，并不影响产品（服务）的销售收入，只需考虑两个方案的成本，哪一个方案的成本低则选择哪一个方案。对这类问题进行决策分析，可采用差量分析法进行决策，如果相关产品或服务的需用量尚不明确，也可采用量本利分析法进行讨论。

【例6–3】淮海航空餐饮部负责航空公司所有的食品和饮料业务，目前面临着一个在西宁枢纽如何准备飞机餐的决策。有一条徐州经停西宁飞往乌鲁木齐的航线，此航班为乘客免费提供飞机餐。过去，这条航线中所有的飞机餐都是由淮海航空餐饮部自行准备，然而现在淮海航空收到了来自西宁一家餐饮厂商的报价，要帮助淮海航空提供这一航线的飞机餐。因此，淮海航空面临的决策是，应否将这一航线的飞机餐业务外包出去，也就是，以后飞机餐由餐饮部自制还是从外部供应商购买。为了便于决策，餐饮部门经理收集了一些成本信息，见表6–4。

表6-4 淮海航空飞机餐成本信息 （单位：元）

项　　目	金　　额
变动成本	
直接材料	6
直接人工	4
变动制造费用	4
固定成本（已分摊至每份飞机餐）	
管理费用（餐饮部管理人员薪酬）	4
固定制造费用（餐饮部折旧）	7
合计（每份飞机餐）	25

西宁的餐饮厂商提出以21元/份的价格提供飞机餐。淮海航空餐饮部经理最初的倾向是接受餐饮厂商的提议，因为看起来航空公司可以为每份飞机餐节省4元成本。然而，管理会计师提醒餐饮部经理，在表6-4中列出的成本并非都与外包决策有关。管理会计师修改了餐饮部门经理的分析表，修改后的成本信息见表6-5。

表6-5 淮海航空外购飞机餐成本节约情况 （单位：元/份）

项　　目	自制飞机餐成本	外购飞机餐成本节约
变动成本		
直接材料	6	6
直接人工	4	4
变动制造费用	4	4
固定成本（已分摊至每份飞机餐）		
管理费用（餐饮部管理人员薪酬）	4	1
固定制造费用（餐饮部折旧）	7	0
合计（每份飞机餐）	25	15
外购飞机餐费用		21
外购方案下每份飞机餐成本节约额（15-21）		-6

如果淮海航空餐饮部停止为该航线制作飞机餐，它将节省所有的变动成本，但只节省1元钱的固定成本。由于淮海航空可以少雇佣1个餐饮部主管，所以分摊到每份飞机餐实际上可以省1元的主管工资。即使从西宁餐饮厂商处购买飞机餐，其余的固定成本也会产生。这些折旧导致的固定成本将不得不重新分配给餐饮部的其他产品。根据管理会计师的分析，餐饮部经理意识到，淮海航空公司应该继续自己制作飞机餐。外购飞机餐的方案中，每份飞机餐需要支出21元，但停止制作每份飞机餐只能节省15元。

餐饮部经理要求管理会计师准备一份关于每个月自制或外购飞机餐的总成本报表。管理会计师整理出的总成本报表见表6-6，该表显示了生产1万份飞机餐的总成本，这是该航线的月平均业务量。

表6-6 淮海航空外购飞机餐总成本报表　　　　　　　　　　　　（单位：元/月）

项　目	自制飞机餐成本	外购飞机餐成本节约
变动成本		
直接材料	60 000	60 000
直接人工	40 000	40 000
变动制造费用	40 000	40 000
固定成本		
管理费用（餐饮部管理人员薪酬）	40 000	10 000①
固定制造费用（餐饮部折旧）	70 000	0
合计	250 000	150 000
外购飞机餐费用		210 000
外购方案下每份飞机餐成本节约额		-60 000

① 因外购飞机餐，减少雇佣一名餐饮部主管的薪酬。

总成本分析证实了餐饮部经理的决定，即继续由淮海航空餐饮部自制飞机餐是更划算的选择。

在自制或外购的决策中，要尤其小心单位成本数据。为便于产品成本核算，固定成本经常被分配到单位产品或服务之中。然而，对于决策而言，单位化的固定成本可能会产生误导。正如表6-6中总成本分析所示，如果外购飞机餐，每月只能节省10 000元的固定成本。剩下100 000元的月固定成本（管理人员薪酬30 000元+70 000元折旧）将继续存在，无论飞机餐是自制还是外购。淮海航空餐饮部经理在表6-4中的成本分析意味着每份飞机餐的成本是25元，但这25元的成本包括11元的单位固定成本。无论自制或外购决策结果如何，这些成本中的大部分将保持不变。通过将固定成本分配给各个产品或服务，可以得到固定成本的单位值，它们看起来似乎会随着业务量变化而改变，但是总额始终是固定的。

自制或外购的决策与是否接受特殊订单的决策类似，短期内固定成本总额通常变化很小，在进行自制转外购决策的时候，通常只有变动成本在减少，而在进行接受特殊订单决策的时候，通常也只有变动成本在增加。因此外购和特殊订单的价格与单位变动成本的比较是两种决策的关键。

6.1.3　亏损的产品（服务）或部门停产的决策

企业在经营中如果发现亏损的服务、产品或部门，应考虑是否停止服务或者停产。在决策的过程中，需要综合考虑企业各种服务、产品或部门的经营状况、生产能力的利用及有关因素的影响，在变动成本法的基础上采用差量分析法进行计算后，做出停产、继续生产、出租或转产等决策。

【例6-4】 淮海航空公司为乘客提供了加入其常客俱乐部的机会。俱乐部会员资格使乘客有权使用淮海航空的俱乐部设施。在各大机场，俱乐部的设施包括一个私人休息室和餐厅，膳食和饮料的折扣，以及一个小型健康按摩中心。淮海航空公司的总经理注意到常客俱乐部利润表（见表6-7）的数据，在经营分析会上询问，表达了对常客俱乐部亏损的担心。财务部经理在回答时指出，即便常客俱乐部停业，俱乐部损益表上的成本也不会全部消失。销售部经理补充说，该俱乐部帮助淮海航空吸引了乘客，否则有一部分乘客可能会被竞争对手抢走。淮海航空应该关闭常客俱乐部吗？

表6-7 淮海航空常客俱乐部月度利润表 （单位：元）

项目	金额
销售收入	200 000
变动成本	
食物与饮料	70 000
直接人工	40 000
变动制造费用	25 000 135 000
边际贡献	65 000
固定成本	
折旧	30 000
管理费用（监督人员薪酬）	20 000
保险费	10 000
机场费用（房租、管理费）	5 000
共同固定成本（分摊）	10 000 75 000
经营利润	-10 000

当会议结束时，总经理要求财务部的管理会计师准备一份与常客俱乐部相关的成本和收益分析。管理会计师的相关成本与收益分析见表6-8。

表6-8 淮海航空常客俱乐部关闭决策的相关成本与收益 （单位：元）

项目	①俱乐部继续运营	②俱乐部被关闭	③差量分析
第一部分：			
销售收入	200 000	0	200 000
变动成本			
食物与饮料	-70 000	0	-70 000
直接人工	-40 000	0	-40 000
变动制造费用	-25 000	0	-25 000
变动成本总额	-135 000	0	-135 000

(续)

项　　目	①俱乐部继续运营	②俱乐部被关闭	③差量分析
边际贡献	65 000	0	65 000
固定成本			
折旧	–30 000	–30 000	0
管理费用（监督人员薪酬）	–20 000	0	–20 000
保险费	–10 000	–10 000	0
机场费用（房租、特许运营费）	–5 000	0	–5 000
共同固定成本（分摊总部管理费用）	–10 000	–10 000	0
固定成本总额	–75 000	–50 000	–25 000
经营利润	–10 000	–50 000	40 000
第二部分： 如果常客俱乐部被关闭流失的客源可能带来的边际贡献	60 000	0	60 000

　　在表6-8中，管理会计师的分析包含两部分。第一部分只关注常客俱乐部的相关成本和收益，而忽略了该俱乐部对淮海航空公司其他业务的任何影响。在①栏中，管理会计师列出了俱乐部的收入和支出，这些收入和支出来自于表6-7。表6-8的②栏列出了如果俱乐部被关停将继续存在的成本（50 000元），这些成本被称为不可避免成本。相比之下，出现在③栏而不是②栏的成本（135 000元+25 000元）是可避免成本。如果俱乐部被关闭，航空公司将不再产生这些费用。

　　请注意，俱乐部的所有变动成本都是可以避免的。在固定成本中，折旧费用（30 000元）是淮海航空公司大楼的折旧费用的分配部分。如果该俱乐部被关闭，航空公司将继续拥有和使用该建筑，折旧费用将继续存在。因此，这是一项不可避免成本。监督人员的固定薪酬是可以避免的，因为如果俱乐部被关闭，就不再需要这些员工了。保险费用（10 000元）是不可避免的。向机场支付的5 000元的房租和俱乐部特许运营费是可避免的。最后，俱乐部分摊承担的一般管理费用（10 000元），对于航空公司而言是不可避免的，无论淮海航空公司对常客俱乐部的决定如何，这些费用都会产生。

　　第一部分所显示的结论是，俱乐部不应该被关闭。如果俱乐部被关闭，航空公司将损失更多的边际贡献（65 000元），这个金额高于可避免的成本中节省的固定成本25 000元。由于这部分固定成本仅仅和俱乐部的存在相关，因此被称为俱乐部的专属固定成本。俱乐部65 000元的边际贡献足以支付25 000元的专属固定成本，超额部分40 000元被称为剩余边际贡献，可用于支付整个航空公司的固定费用或者形成利润。

　　表6-8底部最后一行是管理会计师分析的第二部分。正如销售经理所指出的，淮海常客俱乐部对许多旅行者来说是一个有吸引力的功能。

　　根据销售经理的估计，如果该俱乐部停办，航空公司将损失60 000元，即每月从淮海航空公司业务中减少的客户本应带来的边际贡献。这些乘客是被淮海航空的常客俱乐部所吸引而来,这些边际贡献的减少是由于目前的乘客流失到竞争对手的航空公司造成的。因此,这 60 000 元损失的边际贡献是关闭俱乐部决策选择的机会成本。综合考虑管理会计师分析的第一部分和第二部分,如果淮海航空公司的常客俱乐部继续营业,每月的利润将增加 100 000 元。

以下两个问题是这个决策的关键所在:

1) 亏损的服务、产品或部门关闭或停产时,只有可避免的费用有可能节省下来。
2) 关闭或停产亏损的服务、产品或部门,可能会对其他业务产生不利影响。

6.1.4 联合产品是否深加工的决策

一个联合生产过程会产生两种或多种产品,称为联合产品。如将可可豆加工成可可粉和可可脂。在联合生产过程中,投入的原料是可可豆,产出了可可粉和可可脂两种联合产品。联合产品可被识别为独立产品的那一点被称为分离点。联合生产过程的其他例子包括屠宰牲畜以获得各种肉片,以及将石油加工成各种产品,如煤油和汽油。有联合生产过程的制造商,需要决定联合产品是否应在分离点出售,或在出售前进一步加工。

【例 6-5】国枫巧克力公司采购可可豆并将其加工成可可粉和可可脂。国枫公司只用一部分可可粉来生产巧克力。其余的可可粉则卖给一家冰淇淋生产商。公司正在考虑将剩余的可可粉加工成礼品巧克力销售。该公司可可豆的联合生产过程如图 6-1 所示。

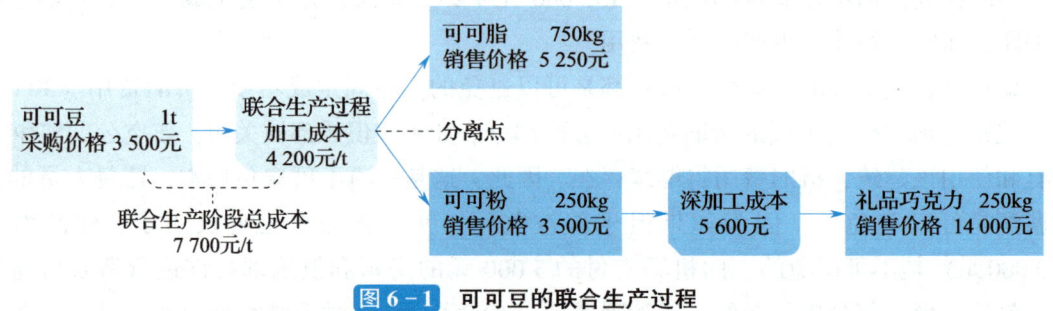

图 6-1 可可豆的联合生产过程

从图 6-1 中可知,每个生产批次可以加工 1t 可可豆,联合生产阶段的总成本是 7 700 元。联合加工的产出是 750kg 的可可脂和 250kg 的可可粉。国枫巧克力公司应该如何对待将可可粉加工成礼品巧克力的决策?相关的成本和收益是什么?

首先,让我们考虑一下 7 700 元的联合成本。这在当前的决策中是一个相关的成本吗?联合成本不是一个相关的成本,因为无论国枫公司做出什么样的决定,它都不会改变。

假设这 7 700 美元的联合成本按照在分离点的销售价值比例,分配给可可脂和可可粉用于产品成本计算。

$$可可脂分摊的联合成本 = 7\ 700 \times \left(\frac{5\ 250}{5\ 250 + 3\ 500}\right) = 4\ 620\ (元)$$

$$可可粉分摊的联合成本 = 7\ 700 \times \left(\frac{3\ 500}{5\ 250 + 3\ 500}\right) = 3\ 080\ (元)$$

7 700 元联合成本的这种分配方式是否与将可可粉加工成礼品巧克力的决定有关？答案是否定的。无论可可粉是否被进一步加工，7 700 元的联合成本在总量上仍然没有变化。联合成本与国枫巧克力公司此刻的决策无关。实际上，与决策相关的成本和收益，是指那些在两种方案之间不同的部分。国枫巧克力公司深加工联合产品决策的差量分析见表6-9。

表6-9 深加工联合产品决策的差量分析 （单位：元）

相关/无关	项目	①深加工为礼品巧克力	②在分离点出售可可粉	③差量分析 ①-②
	销售收入			
无关	可可脂	5 250	5 250	0
相关	可可粉		3 500	-3 500
相关	礼品巧克力	14 000		14 000
	减：			
无关	联合成本	-7 700	-7 700	0
相关	分离点后深加工成本	-5 600	0	-5 600
	合计	5 950	1 050	4 900

因此，对于联合产品是否深加工有一种更简洁的计算方法，见表6-10。

表6-10 深加工联合产品决策 （单位：元）

项目	①深加工为礼品巧克力
礼品巧克力的销售收入	14 000
可可粉的销售收入	3 500
深加工后的增量销售收入	10 500
减：分离点后的深加工成本	-5 600
深加工的净利润	4 900

上述两张表格中的分析都说明，国枫巧克力公司应该将可可粉深加工为礼品巧克力再销售。

6.1.5 资源约束条件下的生产决策

企业拥有的资源通常是有限的，如厂房空间、机器产能、劳动时间或原材料数量等方面存在限制是很常见的。在有限的资源下运作，企业往往需要在不同的销售订单中做出选择，决定哪些订单要完成，哪些订单要拒绝。在做出这样的决策时，管理者应确定哪种产品或服务是最有利可图的。

1. 单一资源约束条件下的生产决策

假设生产多种产品时，企业的某一种经济资源是有限的，比如机器的生产能力有限，每期只能提供有限的机器小时。生产哪种产品最有利可图,是单一资源约束条件下生产决策的典型类型。

【例 6-6】 假设国枫巧克力公司在扬州的工厂生产两种巧克力产品:草莓黑巧和芝士黑巧,扬州工厂的机器小时数量每月只有 700 小时可用。国枫巧克力公司每种产品的边际贡献的计算过程见表 6-11。

表 6-11　扬州工厂单位产品的边际贡献　　　　　　　　　　　　　(单位:元/盒)

项　　目	草莓黑巧	芝士黑巧
销售单价	70.00	98.00
减:变动成本		
直接材料	21.00	26.25
直接人工	14.00	17.50
变动性制造费用	21.00	26.25
变动销售及管理费用	7.00	14.00
变动成本合计	63.00	84.00
单位边际贡献	7.00	14.00

从单位边际贡献的大小来看,芝士黑巧的盈利能力比草莓黑巧要高。一盒芝士黑巧的生产和销售对于弥补公司的固定成本和创造利润而言贡献更大。然而,扬州工厂的产能受到其可用机器时间的限制。国枫巧克力公司的产品在市场上深受喜爱,在目前产能水平下供不应求。只可惜,该厂每个月只有 700 个机器小时可用。所以生产受到了机器时间的限制。

为了最大限度地提高工厂对固定成本和利润的贡献,扬州工厂的管理层应该努力尽可能有效地利用每个机器小时。这一认识改变了前面几种决策类型中的分析视角。扬州工厂管理层面临的决策问题,不再是"哪种产品的单位边际贡献最高",而转变为"生产哪种产品的时候,单位机器小时的边际贡献最高"。扬州工厂单位机器小时的边际贡献见表 6-12。

表 6-12　扬州工厂单位机器小时的边际贡献

项　　目	草莓黑巧	芝士黑巧
单位边际贡献(元)	7.00	14.00
生产单位产品所需机器小时(h)	0.02	0.05
单位机器小时边际贡献(元)	350.00	280.00

用于生产草莓黑巧的一个机器小时将产生边际贡献 350 元,而用于生产芝士黑巧的一个机器小时只能提供 280 元边际贡献。因此,如果考虑到工厂稀缺的机器小时资源,国枫巧克力扬州工厂最有利可图的产品是草莓黑巧。假设国枫巧克力扬州工厂的经理面临着两个销售订单之间的选择,这个月只剩下 100 空闲的机器小时可用,它可以用来生产草莓黑

巧或芝士黑巧，则有100机器小时的边际贡献见表6-13。

表6-13 扬州工厂100机器小时的边际贡献

项　目	草莓黑巧	芝士黑巧
单位边际贡献（元）	7.00	14.00
生产单位产品所需机器小时（h）	0.02	0.05
100机器小时产量（盒）	5 000	2 000
100机器小时的边际贡献（元）	35 000	28 000

表6-13中的分析表明，经理应该将这100小时的机器时间用于完成草莓黑巧的订单。

综上，单一有限资源的最佳使用，应该根据每单位稀缺资源的边际贡献水平来决定。

2. 多个资源约束条件下的生产决策

假设生产多种产品时，企业的机器小时和人工小时都是有限的，对产品盈利能力的分析就更加复杂了。实际上，选择哪种产品最有利可图，通常会涉及两种稀缺资源之间的权衡，这时就需要用到线性规划的相关知识。

当一个公司生产多种产品时，管理层应决定每种产品生产多少。在大多数情况下，由于机器时间、直接劳动力或原材料等资源的限制，公司能够生产的总量有限。在多个资源约束条件下的生产决策被称为产品最优组合的选择。

【例6-7】假设国枫巧克力公司在扬州的工厂生产两种巧克力产品：草莓黑巧和芝士黑巧，扬州工厂的机器小时数量每月只有700h可用，人工小时数量每月只有5 000h可用。其他相关数据见表6-14。

表6-14 扬州工厂产品最优组合问题相关数据

项　目	草莓黑巧	芝士黑巧
单位边际贡献（元）	7.00	14.00
生产单位产品所需机器小时（h）	0.02	0.05
生产单位产品所需人工小时（h）	0.20	0.25
资源约束（每月最高可用）	机器小时 700	人工小时 5 000

线性规划方法非常适合解决国枫巧克力公司扬州工厂的产品最优组合问题，构建线性规划问题的具体步骤如下：

（1）确定决策变量　国枫巧克力公司的决策变量如下：

X = 每个月要生产的草莓黑巧的盒数

Y = 每个月要生产的芝士黑巧的盒数

(2) 明确目标函数 国枫巧克力公司的目标是使其边际贡献总额最大化。由于草莓黑巧的边际贡献为每盒7元，芝士黑巧的边际贡献为每盒14元，因此该公司的目标函数为

$$\text{Maximize} Z = 7X + 14Y$$

(3) 列出约束条件 这是公司所面临的限制的代数表达，也就是限制其生产的资源约束条件。国枫巧克力公司面临机器时间和人工小时的限制。

机器小时约束

$$0.02X + 0.05Y \leqslant 700$$

人工小时约束

$$0.20X + 0.25Y \leqslant 5\,000$$

例如，假设管理层决定生产20 000盒草莓黑巧和6 000盒芝士黑巧。此时的总机器时间为

$$0.02 \times 20\,000 + 0.05 \times 6\,000 = 700 \text{ （h）}$$

因此，在这个产品组合的生产水平下，机器时间约束将刚好得到满足，此时没有剩余机器时间可用。

为了理解上述线性规划问题如何帮助国枫巧克力公司的管理层解决其产品最优组合问题，我们运用图形法解题，线性规划图形如图6-2所示。

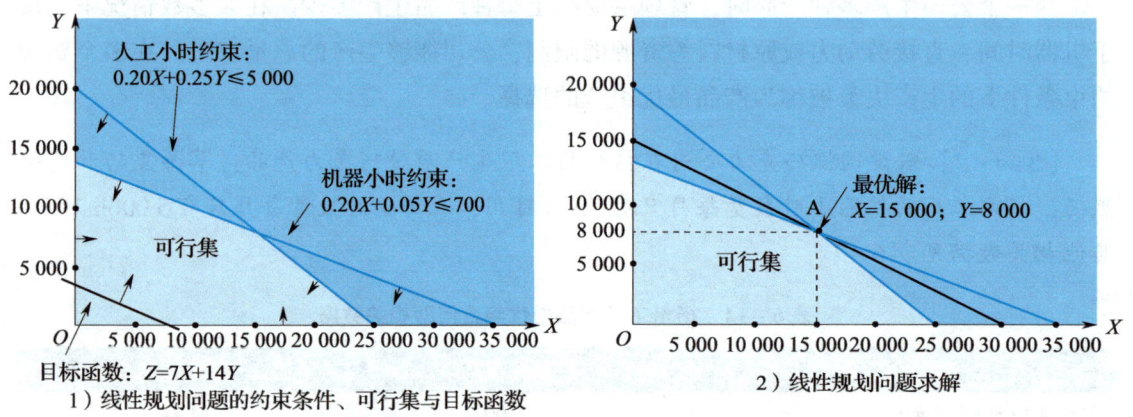

图6-2 产品最优组合问题的线性规划图形

图6-2中1）的两条绿线代表约束条件，箭头表示产量X和Y必须位于这些线的上方或下方。由于产量必须为正，红色箭头也出现在坐标轴上。轴线和约束条件共同构成了一个叫作可行集的区域，产品组合的解决方案必须位于该区域之内。

目标函数方程可变形为

$$Z = 7X + 14Y \rightarrow Y = \frac{Z}{14} - \frac{7}{14}X = -\frac{1}{2}X + \frac{Z}{14}$$

这种形式的目标函数表明，方程的斜率是$-\frac{1}{2}$，即图6-2中的目标函数线的斜率是

$-\frac{1}{2}$。管理层的目标是最大限度地提高总贡献率，用 Z 表示。为了达到最大限度，目标函数线应在可行集内尽可能地向外和向上移动，同时保持相同的斜率。这个目标在图 6-2 的 1) 中由指向目标函数线右上方的箭头表示。

求解时，将目标函数线尽可能向指定方向移动的结果显示在图 6-2 的 2) 中。目标函数线正好与可行区域相交于点 A，此时 X 等于 15 000，Y 等于 8 000。因此，国枫巧克力公司的最佳产品组合是每月生产 15 000 盒草莓黑巧和 8 000 盒芝士黑巧。总贡献率的计算方法为

$$边际贡献总额 = 15\,000 \times 7 + 8\,000 \times 14 = 217\,000\ (元)$$

虽然图形法很有指导意义，但它是一种解决线性规划的烦琐技术。幸运的是，数学家们已经开发出一种更有效的解决方法，称为单纯形法。只要给定线性规划的各种系数，计算机就可以将该算法应用于一个复杂的线性规划，并在几秒钟内确定解决方案。

管理者同样感兴趣的一个问题是当线性规划问题的各种系数发生变化之后，对于最优解到底有什么影响？我们可以把这种分析视同多个资源约束条件下生产决策的敏感性分析。

【例 6-8】是在【例 6-7】的基础上进行分析，当下列情况分别出现的时候，最优解会有什么变化？

情景 A：目标函数为 Maximize $Z = 7X + 14Y$，约束条件不变；

情景 B：目标函数变为 Maximize $Z = 6X + 14Y$；

情景 C：目标函数变为 Maximize $Z = 20X + 10Y$；

情景 D：目标函数为 Maximize $Z = 7X + 14Y$，约束条件变为，

  机器小时约束：$0.02X + 0.05Y \leqslant 800$

  人工小时约束：$0.20X + 0.25Y \leqslant 6\,000$。

在上述线性规划问题中各种条件变化下，为了帮助国枫巧克力公司的管理层解决其产品最优组合问题，我们运用图形法解题，绘制的图形如图 6-3 所示。

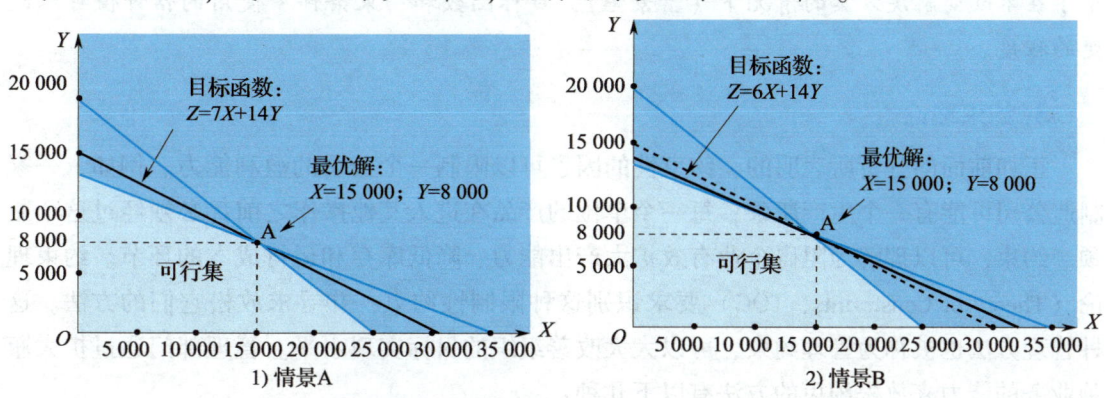

图 6-3 产品最优组合问题的敏感性分析

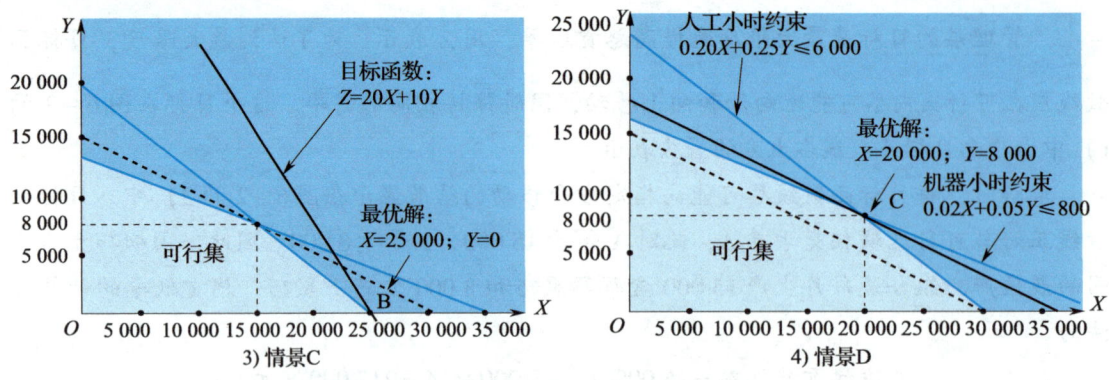

图6-3 产品最优组合问题的敏感性分析（续）

情景 A 为初始状态，目标函数为 Maximize $Z=7X+14Y$，约束条件不变，最优解在 A 点。

在情景 B 中，目标函数变为 Maximize $Z=6X+14Y$，草莓黑巧的边际贡献水平降低，目标函数逆时针旋转，斜率变平缓，但最优解仍在 A 点，此时情景 B 的目标函数值低于情景 A。

在情景 C 中，目标函数变为 Maximize $Z=20X+10Y$，可能是由于市场价格变动，草莓黑巧的边际贡献水平大幅度上升，芝士黑巧的边际贡献水平下滑，目标函数顺时针旋转，斜率变陡峭，最优解出现在 B 点。

在情景 D 中，目标函数为 Maximize $Z=7X+14Y$，约束条件变为

机器小时约束：

$$0.02X+0.05Y\leq800$$

人工小时约束：

$$0.20X+0.25Y\leq6\,000$$

和初始状态相比，目标函数没有发生改变，两种产品的边际贡献水平保持不变，但国枫巧克力公司的两种资源约束都被放松，从而拥有了更大范围的生产可行集，最优解由 A 点向右上方移动，出现在 C 点。

目前，大多数线性规划计算机软件包提供了敏感性分析的工具。这种分析向决策者显示了在不改变解决方案的情况下（情景 B），目标函数和约束条件中使用的估计值可以改变的程度。

3. 约束理论

正如前面的分析所表明的，约束性的因素可以限制一个公司的盈利能力。例如，一家制造公司可能有一个生产瓶颈，每一个单位的产品在进入其他操作之前都必须经过这个瓶颈。约束，可以理解为阻碍企业有效扩大产出能力、降低库存和运行成本的环节。约束理论（Theory of Constraints，TOC）要求识别这种限制性约束，并寻求放松它们的方法。这种管理方法也被称为管理约束，可以大大改善组织的目标实现水平。管理部门通过扩大瓶颈业务的能力来放松约束的方法有以下几种：

1) 外包（分包）全部或部分的瓶颈操作。

2）投资额外的生产设备，采用多个生产单元同时进行同一生产操作。

3）在瓶颈作业中加班加点。

4）对员工进行再培训，将他们转移到瓶颈工序。

5）消除瓶颈作业中的任何非增值活动。

管理会计师在国枫巧克力公司的多品种生产决策中发挥了重要作用，该公司扬州工厂的生产经理运用线性规划工具，在管理会计信息的帮助下进行了决策。目标函数中 X 和 Y 的系数是单位边际贡献，计算这些边际贡献需要对直接材料、直接人工、变动制造费用和变动销售及管理费用（简称销管费用）进行估算。以上这些估计值，以及生产一盒草莓黑巧或芝士黑巧所需的机器小时和人工小时的估计值，都可由管理会计师提供。因此，管理会计师通过提供相关的成本数据使多品种生产决策求最优解成为可能。线性规划在商业决策中被广泛使用。其中的应用包括石油和化学工业中的多品种产品生产，人员、铁路车辆和飞机的调度，以及食品产业中各种比例成分的混合。在所有这些应用中，管理会计师提供的信息对分析至关重要。

6.1.6 不确定型决策

前述内容对决策的分析是假设所有相关数据都是确定的。当然，在实践中，决策者们很少这样幸运。解决不确定性影响的一个常用技术是敏感性分析。

【例6-9】假设国枫巧克力公司扬州工厂有闲置的100h 机器时间。表6-12 中的计算结果显示，生产草莓黑巧时每机器小时边际贡献为350元，高于生产芝士黑巧时的单位机器小时边际贡献280元。假设销售部门对每盒草莓黑巧的边际贡献不确定，有可能会下降到5.60元/盒。国枫巧克力公司应该如何决策呢？

根据表6-15 中的数据，草莓黑巧的边际贡献可能下降到5.60元，此时用于生产草莓黑巧的单位机器小时可以获得280元的边际贡献，刚好与生产芝士黑巧的单位机器小时边际贡献相同。国枫巧克力公司此时生产哪一种产品都可以，从边际贡献弥补固定成本或提供利润的角度看，并不存在差异。

表6-15 扬州工厂不确定型决策分析

项 目	草莓黑巧	芝士黑巧
原决策问题		
单位边际贡献（元）	7.00	14.00
生产单位产品所需机器小时（h）	0.02	0.05
单位机器小时边际贡献（元）	350.00	280.00
敏感性分析		
不确定情况下的单位边际贡献（元）	5.60	
生产单位产品所需机器小时（h）	0.02	
单位机器小时边际贡献（元）	280.00	

只要每盒草莓黑巧的边际贡献超过 5.60 元，100h 的闲置机器时间就应该用于草莓黑巧。而当每盒草莓黑巧的边际贡献低于 5.60 元，100h 的闲置机器时间就应该用于芝士黑巧。敏感性分析帮助国枫巧克力公司分析了生产品种决策中这个不确定参数的变化范围及其影响。

敏感性分析可以帮助管理会计师决定分析中哪些参数是最需要准确估计的。在这个案例中，管理会计师知道每盒草莓黑巧的边际贡献可以比原来 7 元的预测低 20%，而不需要改变最优决策的结果。

明确处理不确定性的另一种方法是以期望值为基础进行决策，一个随机变量的期望值等于该变量的可能值的总和，每个值都按其概率加权计算。

【例 6–10】 假设在国枫巧克力公司中，草莓黑巧和芝士黑巧每盒的边际贡献是不确定的，见表 6–16。如果存在闲置机器小时，应如何进行决策？

表 6–16　扬州工厂单位产品边际贡献的期望值

草莓黑巧		芝士黑巧	
可能的边际贡献	概率	可能的边际贡献	概率
5.25（元）	0.5	10.5（元）	0.3
8.75（元）	0.5	14（元）	0.4
		17.5（元）	0.3
期望值（元）	7.00		14.00
生产单位产品所需机器小时（h）	0.02		0.05
单位机器小时边际贡献的期望值（元）	350	>	280

根据表 6–16 进行分析，选择用多余的机器时间生产哪种产品，可能是基于每台机器小时边际贡献的预期值。统计学家已经开发了许多其他的方法来处理决策中的不确定性。这些技术在统计和决策分析课程中都有涉及。

6.2　定价决策

为产品或服务制定价格是管理者面临的最重要的决定之一。本节将研究定价决策，重点是管理会计信息在定价决策中的作用。

6.2.1　影响定价的常见因素

由于需要考虑的因素很多，定价决策是企业最困难的决策之一。一般来讲，影响价格制定的基本因素包括客户需求、竞争者的行动、成本因素等方面。

1. 客户需求

客户的需求在商业运作的所有阶段都是最重要的，从产品设计到价格的制定。产品设计问题和价格的制定是相互关联的，所以应同时进行研究。例如，如果乘客想获得一次高质量的乘坐航班的飞行体验，就需要更舒适的乘坐环境和更昂贵的飞行餐饮服务。反映到价格方面就是更贵的机票。但与此同时，航空公司的管理层应注意不要把价格提高到客户无法接受的程度。判断客户需求是一个极其重要和持续的过程。航空公司经常从市场研究中获得信息，如客户调查和各种促销活动，以及通过旅行网站大数据的实时反馈。为了取得成功，各大航空公司需要以乘客认为合适的价格提供他们想要的飞行服务。

2. 竞争者的行动

仍以航空公司为例，尽管每一家航空公司的管理者都希望公司能够独占航空市场，至少是在某个航线或地区，但他们并不那么幸运。国内和国外的竞争者都在努力将他们的机票卖给同样的乘客。因此，航空公司的管理层在设计航线和制定价格时，应对公司的竞争对手保持警惕。

如果竞争对手降低了某一航线机票的价格，其他航空公司不得不效仿，以避免失去市场份额，但也不能盲目跟随竞争对手。预测竞争对手对其航线设计和定价策略的反应是航空公司管理层的一项困难但重要的任务。

在考虑客户和竞争对手的反应时，管理层需要小心翼翼地正确定义其产品或服务。例如，有些支线航空公司的管理层一直在纠结，应该将其服务狭义地定义为廉价航空，还是更广义地定义为综合性的航空服务？如果一家航空公司提高了某条航线的机票价格，这是否会鼓励潜在乘客转向其他航空公司，甚至转乘有轨交通或者长途客运？航空公司管理层回答这些问题的方式会深刻地影响其营销和定价策略。

3. 成本因素

成本在价格制定中的作用在不同的行业中差异很大。在一些行业，价格几乎完全由市场力量决定。例如，农业产业，谷物和肉类的价格是由市场驱动的，农民必须满足市场价格，为了赚取利润，他们必须以低于市场价格的成本进行生产，所以有的时候不可避免地会造成一些损失。在其他行业，管理者至少部分地根据生产成本来制定价格。例如，基于成本的定价被用于飞机、家用电器和汽油行业。价格是通过在生产成本的基础上加价来确定的。管理者在决定加价方面有一定的自由度，所以市场力量也会影响价格。在公共事业中，如电力、自来水和天然气公司，价格通常由政府的监管机构制定。生产成本是证明公用事业费率的首要因素。通常情况下，公用事业公司会根据其当前和预测的生产成本，向有关主管部门提出调整收费标准的申请。

在大多数行业中，市场力量和成本因素都对价格有很大影响。没有一个组织或行业可以将其产品的价格无限期地低于其生产成本，也没有哪个公司的管理层可以在不关注市场的情况下，盲目地将价格定在成本加目标利润的水平。在大多数情况下，定价可以从两个方面来考虑：①价格是由市场决定的，但是从长期看也必须能够覆盖成本；②价格以成本为基础，但必须注意客户和竞争对手的反应。

4. 其他方面

除了市场和成本对价格的重要影响之外，还有一系列的环境考虑。在法律方面，管理者必须遵守某些法律。在不同的国家，法律通常禁止公司在制定价格时对具有同等交易条件的其他经营者和消费者实行价格歧视。同样被禁止的还有其他不正当的价格行为，如相互串通、操纵市场价格、损害其他经营者或者消费者的合法权益等。

政治考虑也可能是相关的。例如，如果一个行业的公司被公众认为获得了不公平的高额利润，可能会对立法者产生政治压力，要求对这些利润征收不同的税，或以某种方式进行干预以规范价格；或者从事的行业被当地的相关政策所限制，不宜定价过高等。

公司在制定价格的过程中也会考虑到他们的公众形象。一个以高质量产品著称的公司可能会把新产品的价格定得较高，以符合其形象。可以发现，同样品牌的产品在折扣店的价格可能是高档商店的一半。

6.2.2 经济学定价模型

经济学定价模型的决策目标是利润最大化，运用经济学的相关原理讨论和分析公司的价格决策如何提升公司利润水平。有时候公司是价格接受者，这意味着他们的产品或服务价格完全由市场决定，一些农产品和贵金属就是这种情况；然而，在大多数情况下，公司在制定价格方面有一定的灵活性。一般来说，当一个产品或服务的价格提高时，其市场需求量会下降，反之亦然。

1. 收入、需求、边际收入曲线

更高的价格和更高的销售量之间的权衡可以通过公司的收入曲线显示出来，该曲线显示了销售收入和销售量之间的关系。

【例 6-11】淮海航空公司徐州飞往海拉尔区航班的总收入曲线如图 6-4 所示，其中 $b = 2a$。当销售量从 0 增加到 a 时，总收入的增加要大于销售量从 a 增加到 b 时总收入的增加。

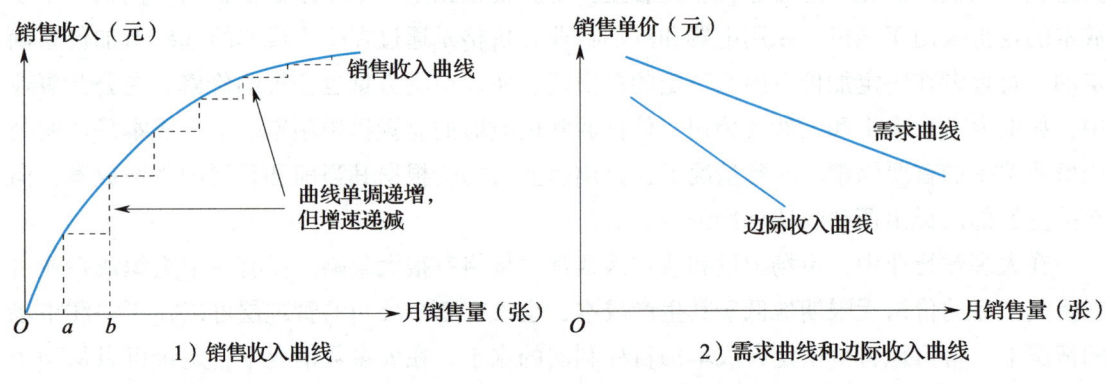

图 6-4 收入、需求、边际收入曲线

需求曲线和边际收入曲线与收入曲线密切相关。需求曲线显示了销售单价和销售量之间的关系。需求曲线在整个相关范围内都是单调递减的，因为销售单价的下降会引起销售量的增加，它显示了任何特定数量的销售的平均价格。边际收入曲线显示了伴随着销售量的变化而产生的总收入的变化。边际收入曲线在整个相关范围内都是单调递减的，这表明，随着每月销售量的增加，总收入的增长速度在下降。

淮海航空公司"徐州—海拉尔区"航班价格、月销售量和销售收入情况见表6–17。

表 6–17　淮海航空公司"徐州—海拉尔区"航班价格、月销售量和销售收入情况

月销售量（张）	机票单价（元）	销售收入（元）	边际收入（元）
100	3 000	300 000	
200	2 750	550 000	250 000
300	2 500	750 000	200 000
400	2 250	900 000	150 000
500	2 000	1 000 000	100 000
600	1 750	1 050 000	50 000

表格中的数据与图 6–4 中的经济学规律相互印证。无论管理者采取何种方式进行定价决策，对图 6–4 所示的关系的深入理解将有助于其更好地进行定价决策。

2. 总成本和边际成本曲线

理解成本性态在许多商业决策中都很重要，定价也不例外。那么在例 6–10 中，淮海航空这一航班的总成本是如何随着机票销量的变化而变化的呢？

图 6–5 中的 1）展示的是该航班的总成本曲线，显示出了总成本与每月机票销售量之间的关系。当销售量从 0 增加到 a 单位时，总成本的增长大于销售量从 a 单位增加到 b 单位时的总成本的增长。在销售量从 0 增加到 c 的过程中，总成本的增长率是持续下降的。当

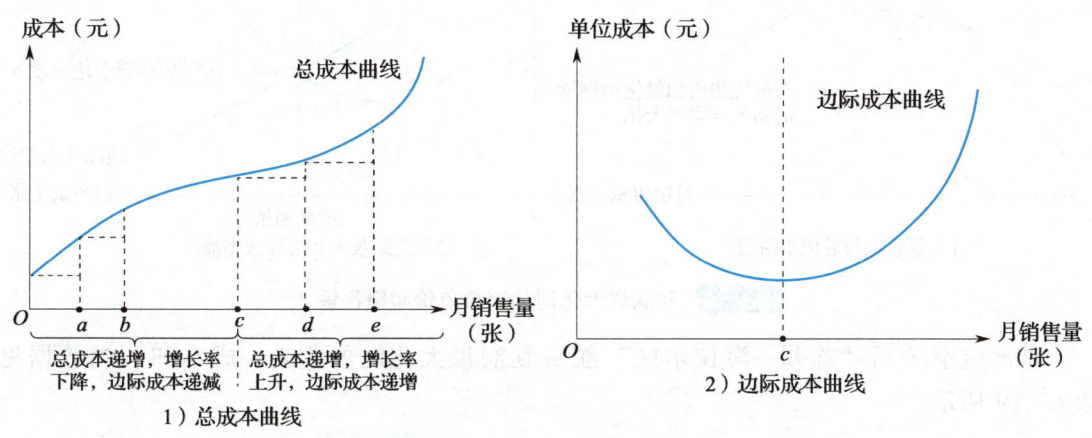

图 6–5　总成本和边际成本曲线

销售量从 c 单位向上增加时，总成本的增长率开始增加。例如，当销售量从 c 单位增加到 d 单位时，总成本的增加幅度小于销售量从 d 单位增加到 e 单位时总成本的增加幅度。

图 6–5 中的2）展示的是该航班的边际成本曲线，它显示了伴随着销售量的变化而产生的总成本的变化。边际成本随着销售量从 0 增加到 c 单位而下降，然后随着销售量增加到 c 单位以上而增加。

淮海航空公司"徐州—海拉尔区"航班成本和销售量的数据见表 6–18。表格中的数据与图 6–5 中的经济学规律相互印证。

表 6–18　淮海航空公司"徐州—海拉尔"航班成本和销售量数据

月销售量（张）	单位平均成本（元）	总成本（元）	边际成本（元）
100	3 000	300 000	
200	2 200	440 000	140 000
300	1 600	480 000	40 000
400	1 250	500 000	20 000
500	1 300	650 000	150 000
600	1 500	900 000	250 000

3. 利润最大化时的定价

通过对比图 6–4 和图 6–5 中的总收入与总成本、边际收入与边际成本等信息可以看出，在利润最大化的销售量（和销售单价）下，总收入与总成本曲线之间的垂直距离（等于总利润）是最大化的，如图 6–6 中的1）所示，此时边际收入与边际成本相等，如图 6–6 中的2）所示。

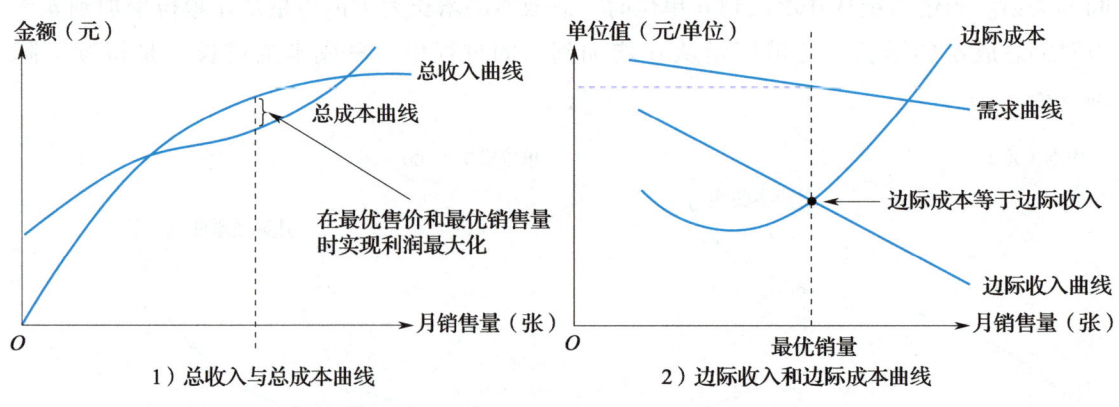

图 6–6　利润最大化时的销售单价和销售量

淮海航空公司"徐州—海拉尔区"航班利润最大化时的收入、成本和利润数据见表 6–19 所示。

表6–19 淮海航空公司"徐州—海拉尔区"航班利润最大化时的收入、成本和利润数据

月销售量（张）	机票单价（元）	销售收入（元）	总成本（元）	利润（元）
100	3 000	300 000	300 000	–
200	2 750	550 000	440 000	110 000
300	2 500	750 000	480 000	270 000
400	**2 250**	**900 000**	**500 000**	**400 000**
500	2 000	1 000 000	650 000	350 000
600	1 750	1 050 000	900 000	150 000

可见，淮海航空公司的"徐州—海拉尔区"航班的价格设定为2 250元时，每月将迎来400名乘客，月利润达到最大。

4. 价格弹性

价格变化对销售量的影响被称为价格弹性（Price Elasticity）。如果价格上涨对销售量有很大的负面影响，我们就说需求是富有弹性的。如果价格变化对销售量的影响很小或没有影响，那么需求就是缺乏弹性的。

交叉价格弹性（Cross-price Elasticity）是指某种商品的供需量对其他相关替代商品价格变动的反应灵敏程度。例如，如果淮海航空公司提高其某一航线机票的价格，可能会增加对替代交通的需求，如高铁交通、长途客车或自驾出行。测算价格弹性和交叉价格弹性是市场研究的一个重要内容，对这些经济概念的理解有助于管理者确定利润最大化的价格。

5. 经济学定价模型的评价

经济学定价模型是处理定价问题的一个有用框架，然而这个框架有以下几个局限性：

第一，产品或服务的需求函数和边际收入函数并不容易获得。尽管公司的市场部门收集了有关产品需求的相关数据，但依旧难以帮助管理者精确地预测市场需求和价格变化之间的关系。除了价格之外，产品的设计和质量、广告和促销，以及公司的品牌效应对消费者的需求都有着重要影响。

第二，边际收入等于边际成本时利润最大化的规律，并非对所有市场类型的公司都有效。在寡头垄断市场中，由少数卖方（寡头）主导市场，竞争者对公司定价的反应比较复杂，现有的经济学理论还不能完美地解读其中价格对需求的影响。

第三，衡量边际成本的困难同样阻碍了利润最大化定价模型的运用。成本会计系统并不是为了衡量边际成本而设计的。要想准确衡量边际成本，企业的信息系统运行成本可能会非常昂贵。多数管理者认为，这样的信息成本是不划算的。

定价决策信息支持中的成本—效益权衡如图6–7所示。

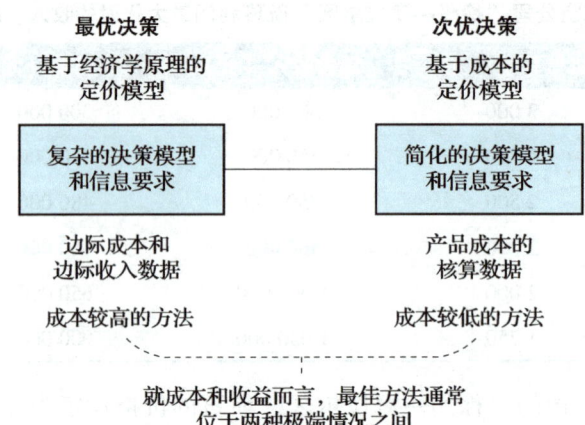

图 6-7 定价决策信息支持中的成本—效益权衡

管理会计师在为定价和其他决策准备成本信息时，总是面临着成本与效益的权衡。只有复杂和先进的信息系统才能收集边际成本数据。然而，这种信息的获取成本较高。其结果是，定价和其他决策的最佳方法可能位于图 6-7 所示的两种极端情况之间。因此，大多数经理人都是在经济学原理和产品成本核算数据相结合的基础上进行定价决策。

6.2.3 成本加成定价模型

管理者在进行定价决策时，或多或少都会以产品成本数据为基础，主要原因在于：首先，多数公司会同时销售很多种的产品或服务，没有足够的时间为每一种产品或服务做彻底的需求和边际成本分析，经理们需要依靠一种快速而直接的方法来确定价格，而基于成本的定价方法刚好满足了他们的需要；其次，即使来自市场的力量会决定产品的最终价格，但基于成本的定价方法给了管理者一个定价基础；再次，产品或服务的成本提供了一个底线，从长远来看，价格不能低于这个底线，虽然一个产品最初可能以低于成本的价格被"赠送"，但产品的价格最终必须覆盖其成本，以使公司能够保持持续经营。即使是一个非营利组织，除非有大量的补贴，也不可能永远把产品或服务的价格定在成本以下。

1. 成本加成定价法

成本加成定价法的价格计算公式为

$$价格 = 成本 + (成本 \times 成本加成率)$$

不同产品的成本加成率可能不同。

【例 6-12】国枫巧克力公司设计并推出了新产品：草莓夹心巧克力礼盒，每盒定价为 180 元。根据几种不同的成本定义，规定不同的成本加成率，可以使该礼盒的价格相同。常见的成本加成定价公式如图 6-8 所示。

价格与成本数据		成本加成定价公式
单位变动生产成本 ……………… 30元	① 180 = 30 + (500%×30)	= 单位变动生产成本 + (变动生产成本加成率 × 单位变动生产成本)
单位固定生产成本 ……………… 20元		
单位完全生产成本 ……………… 50元	② 180 = 50 + (260%×50)	= 单位完全生产成本 + (完全生产成本加成率 × 单位完全生产成本)
单位变动销管费用 ……………… 40元		
单位固定销管费用 ……………… 60元		
总成本 …………………………… 150元	③ 180 = 150 + (20%×150)	= 单位总成本 + (总成本加成率 × 单位总成本)
单位变动生产成本 ……………… 30元		
单位变动销管费用 ……………… 40元		
单位变动成本总额 ……………… 70元	④ 180 = 70 + (157.14%×70)	= 单位变动成本总额 + (变动成本加成率 × 单位变动成本总额)

图 6-8 常见的成本加成定价公式

图 6-8 展示了国枫巧克力公司的管理层使用几种不同的成本加成定价公式得出 180 元/盒草莓夹心巧克力礼盒的价格的过程。成本加成定价公式①是基于单位变动生产成本。公式②是基于单位完全生产成本，其中包括单位变动生产成本和单位固定生产成本部分。公式③是基于所有成本：生产成本、管理费用、销售费用的变动部分和固定部分。公式④是基于单位变动成本总额，包括单位变动生产成本和单位变动销管费用。请注意，所有四个成本加成的定价公式都是基于成本函数为线性的基本假设，其中所有成本都可以被归类为固定成本或变动成本。

当国枫巧克力公司在定价公式的成本基础中包含更多的成本项目时，所需的成本加成率就会下降。这反映了这样一个事实，即无论如何，价格必须覆盖所有成本以及正常的利润。如果在成本基础中只包括变动生产成本，如公式①，那么所有的其他成本（和公司的利润）都必须由加成部分来支付。然而，如果定价公式中使用的成本基础包括所有成本，如公式③，那么成本加成率可以低得多，因为它只需要覆盖公司的正常利润率。

2. 完全成本加成定价法的优缺点

多数使用成本加成定价法的公司会使用单位完全生产成本或总成本作为产品或服务的定价基础，如图 6-8 中的公式②和③。这种定价方法有以下四个优点：

1) 完全成本加成定价法可以确保价格覆盖所有的成本和正常的利润。如果成本加成定价公式仅建立在单位变动生产成本的基础上，可能会鼓励管理者为了提高销售额而将价格定得过低。如果管理者明白单位变动生产成本加成的定价公式需要更高的标价来支付固定生产成本和维持利润，这种情况就不会发生。尽管如此，许多管理者认为，人们倾向于将成本加成定价公式中的成本基础视为设定价格的底线。如果价格设定得过于接近单位变动生产成本，公司将无法支付其固定生产成本。最终，这种做法可能导致企业的失败。

2）完全生产成本或总成本加成定价公式提供了一个合理的价格，这个价格通常被认为是公平的。消费者一般都明白，一个公司必须从其产品或服务中获得利润，才能继续经营。将价格定为生产、销售和管理活动的总成本，再加上合理的利润率，对买家来说似乎是合理的。

3）当一个公司的竞争对手有类似的业务和成本结构时，基于完全生产成本的成本加成定价可能可以使管理层了解竞争对手的定价策略。

4）根据会计准则的要求，完全成本信息可以由公司的产品成本核算系统直接提供。由于完全成本信息已经存在，用它来定价是符合成本效益原则的；或者由专门为定价决策准备特殊的产品成本数据。在一个拥有数百种产品的公司里，准备这种数据的成本可能很高。

完全生产成本加成定价法的主要缺点是，它掩盖了公司成本的成本性态特征。由于完全生产成本和总成本的数据包括分配的固定生产成本，所以从这些数据中并不清楚公司的总成本将如何随着销量的变化而变化。换而言之，完全成本的数据与本量利分析的假设并不一致。本量利分析强调了固定成本和变动成本之间的区别。这种方法使管理者能够预测价格和销售量的变化对利润的影响。完全生产成本和总成本信息掩盖了变动成本和固定成本之间的区别。

3. 变动成本加成定价法的优缺点

为了更好地理解变动成本和固定成本对利润影响的不同，一些管理者喜欢使用以变动成本为基础的成本加成定价公式，如图6-8中的公式①和④。这种定价方法有三个优点：

1）变动成本数据更符合本量利分析的基本假设，便于管理者理解价格和数量变化对利润的影响。

2）基于变动成本加成定价，不需要将固定成本在产品中进行分配。例如，国枫巧克力公司的销售副总裁的年薪是一项必须由公司所有产品线承担的成本，但是如果在定价决策中，武断地将这部分薪资费用分配给新产品，理由是不够充分的。

3）变动成本数据在某些决策中是管理者需要的相关信息，如是否接受一个特殊订单。在上一节讨论过的特殊订单是否接受的决策中，管理者需要将固定成本和变动成本分开处理。

变动成本加成定价法的主要缺点在于，如果管理者认为产品或服务的变动成本是价格的底线，他们可能会倾向于把价格定得过低，使公司经营所得无法补偿其固定成本。从长期看，这种做法是不可持续的。因此，如果变动成本数据被用作成本加成定价的基础，管理者必须明白此时需要更高的成本加成率，以确保所有成本都能够被覆盖。

4. 成本加成率的计算

无论使用哪种成本加成定价公式，国枫巧克力公司都需要确定其对新产品的加价。如果管理层使用变动成本加成的定价公式，加成部分应涵盖所有固定成本和合理的利润。如果管理层使用的是完全成本加成定价公式,那么加成部分只需包括公司在新产品上的期望利润。什么构成了合理或正常的利润率呢?

在成本加成定价模式中,确定利润率的一个常用方法是将利润建立在公司的目标投资回报率(ROI)上。

【例 6-13】 假设国枫巧克力公司的生产计划要求在一年内生产 30 000 个草莓夹心巧克力礼盒。根据图 6-8 所示的成本数据,这个生产计划将产生的成本信息见表 6-20。

表 6-20 国枫巧克力公司草莓夹心巧克力礼盒成本信息

成本	金额(元)
变动成本	
变动生产成本	900 000
变动销管费用	1 200 000
变动成本合计	2 100 000
固定成本	
固定生产成本	600 000
固定销管费用	1 800 000
固定成本合计	2 400 000
总成本	4 500 000

假设这一年投资在草莓夹心巧克力礼盒产品上的平均资本额为 6 000 000 元。如果国枫巧克力公司的目标投资报酬率是 15%,那么该产品定价中的完全成本加成率和变动成本加成率应如何确定?

根据投资额和投资报酬率,该产品所需的年利润计算公式为

$$平均投资资本额 \times 目标投资报酬率 = 目标利润$$
$$6\ 000\ 000 \times 15\% = 900\ 000 \text{(元)}$$

国枫巧克力公司在新产品生产线上获得 900 000 元利润所需的成本加成率取决于所使用的成本加成公式。下面将分别计算出其完全成本加成率和变动成本加成率。

(1)完全成本加成率 草莓夹心巧克力礼盒的总成本是 150 元/盒(如图 6-8 所示)。要想在 30 000 盒的年销售量中获得 900 000 元的利润,每盒要赚到 30(900 000/30 000)元的利润。这就意味着在 150 元/盒的总成本之上,有 20% 的完全成本加成率。

$$20\% = \frac{150 + 30}{150} \times 100\% - 100\%$$

或,

$$完全成本加成率 = \frac{目标利润}{销售量 \times 单位完全成本}$$

$$20\% = \frac{900\ 000}{30\ 000 \times 150} \times 100\%$$

(2) 变动成本加成率　草莓夹心巧克力礼盒的变动成本是 70 元/盒（如图 6-8 所示）。适用于变动成本的加成率应足以支付 900 000 元的年利润和 2 400 000 元的固定成本总额，则变动成本加成率的计算公式为

$$变动成本加成率 = \frac{目标利润 + 固定成本}{销售量 \times 单位变动成本}$$

$$157.14\% = \frac{900\,000 + 2\,400\,000}{30\,000 \times 70} \times 100\%$$

为达到目标投资报酬率，计算成本加成定价法中成本加成率的一般公式如下：

$$成本加成率 = \frac{目标利润 + 产品或服务数量 \times 加成基础之外的其他成本}{产品或服务数量 \times 成本加成基础}$$

5. 成本加成定价模型的评价

通过讨论经济学定价模型和成本加成定价模型可以发现，虽然这些方法所涉及的技术不同，但这些方法是相互补充的。在制定价格时，管理者不能忽视市场，也不能忽视成本。成本加成定价法在确定价格的过程中建立起一个起点，因而在实践中被广泛使用。成本加成定价公式很简单，因此容易应用和推广，不需要高层管理人员频繁介入。设想一个拥有数百种产品或服务的公司，应用成本加成定价法才有可能从容地更新现有产品价格，更轻松地确定新产品的初始价格。

制定价格的管理者应明白，最终价格必须涵盖所有成本和正常的利润率。完全成本加成定价法或总成本加成定价法的优点是使管理者的注意力集中在覆盖总成本上。变动成本加成定价法的优点是不会掩盖有关成本性态的重要信息。

成本加成定价模型建立了一个设定价格的起点。然后，价格制定者应权衡市场条件、竞争对手可能采取的行动以及商业环境等其他问题。因此，有效的价格制定需要市场因素和成本意识的不断相互作用。

6.2.4　产品寿命周期与价格策略

选择适当的方法进行产品价格的市场调研和产品成本的估计固然重要，但有时还应结合产品所处的不同寿命阶段，采用不同的价格策略予以调整和修正，才能最终确定价格，从而保证企业销售目标的实现。

1. 产品寿命周期及其测定方法

产品寿命周期是指某种产品从投入市场开始直到退出市场为止的整个过程。产品寿命周期一般可以分为投入期、成长期、成熟期和衰退期四个阶段，如图 6-9 所示。

在不同寿命阶段，产品的质量、成本、

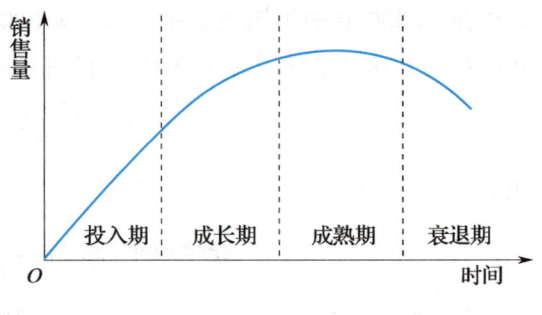

图 6-9　产品寿命周期

销售量、竞争情况及需求者的评价等都存在差异，对价格的确定会产生不同的影响，因而应采用不同的价格策略，使价格能够准确反映价值和供求关系，从而增强产品的竞争力，使企业获得最佳经济效益。

产品寿命周期的确定比较困难，通常可以采用绘图法和销售增长率测定法进行预测。

绘图法是将某产品的历史销售量资料按时间先后顺序逐一在直角坐标系中标点，然后连点成线，得出到绘图时为止的寿命周期曲线。尽管该曲线只是整个寿命周期曲线中的某一段，但已经可以根据曲线的趋势粗略判断该产品在寿命周期中所处的阶段。

销售增长率测定法是利用销售增长率判断产品在寿命周期中所处阶段的一种方法。产品寿命周期不同阶段的基本区别在于各阶段销售增长率的变化不同。在投入期，销售量增长缓慢，销售增长率较小；在成长期，销售量急剧上升，销售增长率较大；在成熟期，销售量增长趋缓，销售增长率较小；而在衰退期，销售量开始减少，销售增长率出现负数。因此，通过计算比较销售增长率的大小，即可粗略判断产品所处的寿命阶段。销售增长率的计算公式为

$$销售增长率 = \frac{销售量的增加量}{销售时期的增长数} = \frac{\Delta Q}{\Delta t}$$

一般而言，当 $0 < 销售增长率 < 0.1$ 时，产品处于投入期或成熟期；当销售增长率 $\geqslant 0.1$ 时，产品处于成长期；当销售增长率 < 0 时，产品处于衰退期。

2. 产品寿命周期的阶段价格策略

不同阶段的价格策略应根据各阶段的特征灵活确定。下面简单介绍不同阶段的基本特征和所采用的一般价格策略。

（1）**投入期的价格策略** 作为刚刚投入市场的新产品，虽然具有一定的技术经济优势，甚至还可能是独家生产经营，但由于产品结构和工艺尚未定型，质量不太稳定，大批生产的能力也未形成，加上消费者（或用户）对新产品缺乏了解和信任，因而销路有待打开，产品开发是否成功还没有把握。

针对上述特征，企业为尽快打开局面，可采取以下价格策略：

1) 撇脂策略。即在投入期，以较高的价格投放新产品，以后待市场扩大，产品趋于成长或成熟阶段，再把价格逐步降低。这种策略能保证产品在试销初期获得巨额利润，并可保障新产品在销售方面无法预知的成本得到补偿。但正因为试销初期的巨额利润，会迅速引来竞争，高价不能持久。因此，这是一种短期性的定价策略，多适用于初期没有竞争对手或替代商品，在短期内居垄断地位而且容易开辟市场的新产品。

2) 渗透策略 即在投入期，以较低价格投放新产品，其目的在于尽快打开销路，占据更大的市场份额。待产品有效占领市场后，再逐步提价。这种策略尽管在试销初期获利不多，使企业投资回收速度放慢，但它能有效地排除其他企业的竞争，便于在市场上建立长期的领先地位，能持久地为企业带来日益增长的经济效益，故是一种着眼于长远利益的定价策略。

（2）成长期的价格策略　产品经过投入期的试销和改进，技术日趋成熟，质量也基本稳定，逐渐形成销售高峰，产品进入成长期。在成长期内，由于广告宣传等促销作用，产品已为消费者所熟悉，并在竞争中占有较大优势，市场需求量扩大，利润也开始迅速增长。

成长期是产品开发的关键时期，企业一方面应该努力稳定和适当提高产品的质量，扩大生产能力；另一方面应在保证市场供应，维持、扩大市场占有率的情况下，通过采取目标价格策略，修正预测值，确定最优价格。具体做法是使该阶段的目标利润率高于整个寿命期的平均利润率，这样不仅可以使产品的成长期成为企业获利最多的时期，而且企业也有了降价促销的后续手段，从而在销售困难时期可以以多补少，使整个寿命期内的产品利润最大化。

（3）成熟期的价格策略　产品进入成熟期，市场需求量接近饱和，销售增长率逐渐下降。本阶段的最大特点就是随着大量竞争者进入市场，竞争日益激烈。

为了延长产品的成熟期，提高产品开发的经济效益，企业一方面应该继续加强广告宣传和用户服务工作，在维持老用户的同时，努力开发新用户；另一方面，则应努力加强内部管理，降低产品成本，为今后采用竞争价格策略创造条件，以维持原有的市场占有率。

竞争价格策略应因竞争者的情况而异。对于竞争条件差的对手，可以采用低价倾销的方法，在价格政策允许的范围内，挤走竞争者或趁机扩大己方市场占有率；对于竞争条件强的对手可以采用"你提我也提，你降我也降"的跟随策略，努力维持原有市场占有率；对于竞争条件相当的对手，为了避免竞争可能形成的两败俱伤的局面，可以采用非价格竞争的办法，即在维修、供应备品备件、代培人员等方面提供更优越的条件，以维持原有的市场占有率。

采用竞争价格策略，确定降价幅度时，必须注意三点：①降价幅度应考虑产品的价格弹性，凡价格弹性大的产品降价幅度应该小些，价格弹性小的产品，降价幅度应该大些；②降价幅度应能引起消费者的注意，如果同时辅以各种宣传措施，效果将更好；③降价幅度不能太大，必须保证产品盈利，并消除降价幅度过大造成的不良影响。

（4）衰退期的价格策略　新技术的出现预示着品质更优越、性能更卓著的新产品将替代市场上原有的老产品，于是原有产品进入衰退期。衰退期产品的特点是，由于消费者的购买转向新产品，原有产品销售增长率和利润急剧下降，甚至出现负增长的情况，市场需求逐渐缩小。

对处于衰退期的产品，企业应积极转移产品市场，努力在新地区开拓对该产品的需求，并努力开发新产品，创造新的需求。此外，企业还应配合不同的价格策略，充分发挥原有产品的创利潜力：①维持价格策略。即对该种产品不做较大幅度的降价，而基本维持原有价格水平，以保持该产品在消费者心目中的地位。当然也应辅之以其他手段，如数量折扣、金额折扣、馈赠礼品等，以尽量延长产品寿命期。②变动成本策略。即以单位变动成本作为最低价格，防止产品销售量减少，从而以该产品提供的边际贡献来弥补一部分固定成本，为整个企业盈利增加做出贡献。

6.2.5 目标成本法

在成本加成定价模型的介绍中，产品定价是一个由内而外的过程，即先在企业内部确定产品的成本，然后选择一个合适的价格对外销售。但越来越多的管理者采取了相反的方法，即使用目标成本法进行定价，具体流程如图 6-10 所示。首先，通过市场调研确定消费者对新产品的质量与功能要求，以及他们愿意为该产品支付的价格，此价格即作为该产品的目标售价；其次，用目标售价减去合理的目标利润确定该产品的目标成本；再次，研究新产品开发的可行性，确定公司能否以目标成本生产出顾客需要的产品；最后，当新产品通过可行性分析后，公司即以该目标成本作为标准要求，实施价值工程，实现目标成本。如果预计成本高于目标成本时，就需要修订产品设计方案。如不能实现目标成本，就应果断放弃。

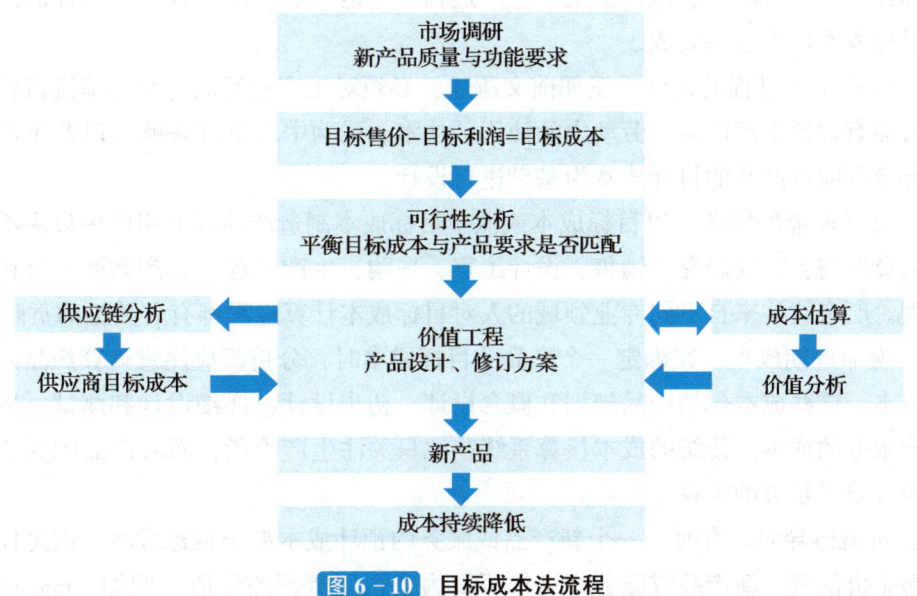

图 6-10 目标成本法流程

由此可见，目标成本法是以功能分析为核心，用最低的成本来实现产品或作业应具备的必要功能的一项有组织的活动。通过功能分析，引导产品设计的改进、材料选定的变化或者工艺方法的改进，在满足产品必要功能的前提下，降低成本，保证目标成本的实现，进而保证目标利润的实现。

目标成本法是管理层对公司成本和利润进行战略管理的重要工具。通过确保产品的设计能够以足够低的成本进行生产，使其价格具有竞争力，实现并保持企业的产品或服务在市场上具备可持续的竞争性。一般而言，在应用目标成本法的过程中，应注意七个关键原则：

（1）成本计算的价格导向 目标成本法是通过确定产品在市场上可以销售的价格来确

定目标成本的。从这个目标价格中减去目标利润率，就得到了目标成本，也就是说，产品应以何种成本生产。这种简单但具有战略意义的关系可以用以下公式表示：

$$目标成本 = 目标售价 - 目标利润$$

请注意，在目标成本法中，首先确定价格，然后再确定目标产品成本。这与传统的成本加成定价法中产品成本和销售价格的确定顺序相反。

（2）专注于客户　要想在目标成本法的运用中取得成功，管理层应倾听公司客户的意见。他们想要什么产品？哪些功能是重要的？他们愿意为一定水平的产品质量支付多少钱？

管理层需要积极地寻求客户的反馈，然后设计出满足客户需求的产品，并以客户愿意支付的价格出售。简而言之，目标成本计算方法是由市场驱动的。

（3）专注于产品设计　产品的设计工程，是目标成本法的一个关键环节。工程师应从头开始设计一个产品，使其能够以目标成本进行生产。这种设计活动包括指定要使用的原材料和部件，以及劳动力、机械加工和生产过程的其他要素。简而言之，设计的产品必须能够在目标成本以内制造完成。

（4）注重生产过程的设计　正如前文所述，必须对生产过程的每个环节进行检查，以确保尽可能有效地生产产品。劳动力的使用、技术、采购中的全球采购，以及生产过程的每一个环节都应以产品的目标成本为基础进行设计。

（5）交叉职能的团队　以目标成本或低于目标成本制造产品需要组织中许多不同职能部门的人员参与：市场研究、销售、设计工程、采购、生产工程、生产调度、材料处理和成本管理。所有这些来自不同专业领域的人对目标成本计算过程都有着关键的贡献。

（6）寿命周期成本　在确定一个产品的目标成本时，分析师应注意计算产品的所有生命周期成本。这些成本包括产品规划和概念设计、初步设计、详细设计和测试、生产、分销和客户服务的成本。传统的成本核算系统往往只关注生产阶段，而对产品的其他生命周期成本没有给予足够的重视。

（7）价值链导向　有时，一个新产品或服务的预计成本高于目标成本，但是仔细观察公司的整个价值链，新产品或服务的增加可以为公司创造新的价值。例如，mm 巧克力公司在店面里安置了巧克力自动贩卖机并提供自取服务，这虽然没有节约销售费用并且增加了设备的投入和折旧，但是鲜艳有趣的自取装置为公司吸引了大量的顾客。

6.2.6　其他定价策略

1. 心理价格策略

心理价格策略主要是零售企业针对顾客消费心理而采取的定价策略。常用的方法主要有以下几种：

（1）尾数定价　消费者购物时，对价格数字往往有这样一种心理倾向，即偏重于价格的整数，而忽视价格的零数。例如，当一件商品标价为 0.95 元时，消费者会在心理上认为其价格只是以角和分来计量，因而比较便宜；当标价在 1 元时，消费者则会认为计量单位以元计算，因而比较昂贵。其实两种标价之差仅为 0.05 元，而消费者却会认为两种标价之间的差别很大。这种在购物时对价格数字的心理倾向，会引导消费者的购物行为，从而导致商品需求的变动。尾数定价法正是利用了消费者的这种心理，采取非整数的定价形式，以达到引起消费者的购买欲望、增加销售量的目的。以这种方法制定的价格，其尾数以 8、9 为多，这样既能给消费者一个价格较低的印象，又能使消费者认为企业定价认真准确，从而产生一种信任感。这种方法虽然具有较强的吸引力，但也存在一定的局限性，一般只适用于价值较小、销售量大、销售面广、购买次数多的中低档日用消费品。对于高档商品则不宜采用。

（2）整数定价　　与尾数定价法相反，整数定价法是以整数为商品定价的一种方法。消费者购物时，特别是在选购耐用消费品或高档商品时，看重的往往是其质量。在他们看来，价格越高，说明质量越好，安全保险系数越大，"一分钱一分货"的观念根深蒂固。因此，为高档商品或耐用消费品定价时，宜采用整数定价，给消费者一种质量好、可靠性强的印象，从而刺激其购买欲望。

（3）声望定价　　一般来说，有名望的商店出售的商品，其价格要比一般商店中同类商品高，名牌商品价格要比非名牌商品价格高。这是因为这类商店或商品在消费者心目中已经有了良好的形象，能使消费者产生信任感。这种以商店或商品的声望来为商品定价的方法就是声望定价法。由于声望定价商品的购买者，多是以商品显示其身份和地位，以商品的品牌以及价格炫耀其"豪华"为目的的，因而企业往往采用整数高位定价，以满足消费者的心理需要。

（4）心理折扣定价　　心理折扣是利用消费者求廉务实的心理特点而采取的降价促销措施。当一种商品的牌号、性能不为广大消费者所熟悉与了解，其市场的接受程度较低时，采用心理折扣价格，即标明原价后再打折扣，向消费者宣传"原价×××元的商品，现以××元出售"时，会给消费者留下物美价廉的印象，从而吸引消费者登门，扩大商品的销量。这种方法对不太知名、市场接受程度较低或销路不太好的商品比较有效。

（5）习惯性定价　　习惯性定价法是商品进入寿命成熟期时的一种心理定价法。市场上，一种商品由于销售已久，消费者经过使用以后，凭经验和感觉会对该种商品的质量、使用性能等情况与其他类似代用品做比较，做出主观评定，形成一种心理上乐于接受的习惯价格。对于这类商品，任何生产者要想进入市场，如果不具备特殊优势的话，都应依照消费者的习惯价格定价。因为如果偏离习惯价格，消费者的心理倾向便会促使其减少购买量。

2. 折扣定价策略

折扣定价策略是指在一定条件下，以降低商品的销售价格来刺激消费者，从而达到扩大商品销售量目的的定价策略。具体方式有以下几种：

（1）数量折扣　　这是一种按购买者购买数量的多少所给予的价格折扣。购买者购买数量越多，则折扣越大，反之则越小。它鼓励购买者大量或集中地向本企业购买。数量折扣又可分为累计与非累计数量折扣两种。非累计数量折扣，是规定一次购买某种商品达到一定数量时，给予折扣优惠。其目的是在鼓励购买者大量购买的同时，便于企业安排大批量生产和销售，节约生产和销售费用。累计数量折扣，是规定购买者在一定时期内，购买商品如果达到一定数量或金额，可按总量大小给予不同的折扣。这样做的目的一是鼓励购买者经常向本企业采购，成为稳定的长期客户；二是便于企业进行销售预测，制订企业生产经营计划。

（2）现金折扣　这是一种按购买者付款期限长短所给予的价格折扣，其目的在于鼓励购买者尽早偿付货款，以加速资金周转。

（3）交易折扣　这是一种按各类中间商在商品流通过程中负担职能的大小所给予的价格折扣。其实质是卖方对买方提供商业服务所给予的报酬。交易折扣的多少随行业与产品的不同而不同。对同一行业或同一品种的产品，则又要看中间商所承担的责任多少而定。一般，给予批发商的折扣较多，给予零售商的折扣较少。

（4）季节性折扣　季节性折扣是对购买者在商品淡季购买所给予的价格折扣。这样做既能鼓励购买者提早采购，减轻企业的仓储压力，又能加速企业资金周转，充分发挥企业的生产能力。

3. 综合定价策略

很多企业经常生产或经营两种以上彼此关联的商品，企业在对其中某一种商品定价时，需要考虑到与它关联的相关商品，只有将它们作为一个整体加以综合考虑，才能保证企业取得最大的利益。

综合定价策略就是针对相关商品所采取的一种定价策略。它是根据相关商品在市场竞争中的不同情况，使各种商品价格有高有低，既能适应市场竞争的需要，又能促进商品的销售。相关产品的定价主要有以下三种情况：

（1）为具有互补关系的相关商品定价　互补关系的相关商品，是指其使用价值的实现互为前提条件的两种或两种以上的商品。例如，钢笔与墨水，录音机与录音带，照相机与胶卷等。这些商品的使用价值只有配套使用时才能实现，失去一方，另一方的使用价值就难以实现。为这类相关商品定价，可有意识地降低其中部分相关商品的价格，一般是降低购买次数少或需求弹性较大的商品的价格，而抬高另一相关商品的价格，从而达到提高整体利润的目的。例如，美国派克公司生产的派克钢笔便宜而且耐用，当你购买了这样一支钢笔时，无形中你就成了价格高昂的派克墨水的长期顾客了，派克公司便可从你长期不断的消费中获利。另外，便宜的照相机与高价的胶卷、廉价的整车与昂贵的配件等，都是比较典型的定价实例。

（2）为具有配套关系的相关商品定价　具有配套关系的相关商品，是指其使用价值既可单独发生作用，又可与另一种商品配合发挥作用的商品。例如，西服套装中的上衣和裤子，既可单独穿用，又可搭配穿用。为这类相关商品定价，可实行单件高价，配套优惠的策略。例如,购买一件西服上衣,按原价出售,如果购买西服套装,则可按原价八折出售,或是免费赠送一件配套的衬衣。这样做既可节约流通费用,又可扩大销量,总体上有利于提高经济效益。

(3) 销售商品与服务维修的定价　　如果企业为了方便客户使用,解除客户购物的后顾之忧,可以把产品价格定得高些,而把修理服务费定得低些,如果企业是为了鼓励客户积极购买产品,加速产品更新换代,则应把新产品价格定得低些,而把修理服务费定得高些。

思考题

1. 短期经营决策需要考虑哪些因素?如何理解相关业务量与相关收入和相关成本之间的关系?

2. 在制定战略规划时,我国有很多企业都把芯片研发列为重点攻关项目。请从多个角度思考,自制或外购决策在经营实践中除了成本,通常还需要考虑哪些方面的问题?

3. 结合所学思考,亏损产品一定要停产吗?请分不同情景展开讨论。

4. 在联合产品应否深加工的决策中,经分配的联合加工成本是否相关?为什么?

5. 尽管并不恰当,为什么有一些管理者在决策时仍然会倾向于考虑沉没成本?

6. 一位银行行长说:"我们银行服务的价格由金融服务市场决定,成本无关紧要。"请谈谈你对这句话的看法。

7. 如何确定成本加成率?保本价格与特殊订货能接受的最低价格有什么不同?

8. 请解读下面这句话:"价格制定通常需要在市场力量和对成本的考虑之间取得平衡。"

9. 为什么说以客户为中心是目标成本法的关键?

10. 管理会计人员在企业的定价决策中应该发挥什么作用?

参考文献

[1] HILTON, PLATT. Managerial accounting: creating value in a dynamic business environment [M]. NY: Mcgraw-hill education, 2019.

[2] 郑爱华,谢梅. 管理会计 [M]. 2 版. 北京:机械工业出版社,2020.

[3] 孙茂竹,文光伟,杨万贵. 管理会计学 [M]. 7 版. 北京:中国人民大学出版社,2016:105 – 193.

视频课程

6.1.1　生产决策 (1)

6.1.2　生产决策 (2)
——特殊订货是否接受?

6.2　定价决策
——产品应该如何定价?

第7章　长期投资决策

课程思政

导入案例

2023年3月月初,淄博烧烤"刷爆"各大社交平台。淄博客流激增,接力曹县成为"顶流网红"。

"刚创下的纪录,马上就被打破了。"3月以来,山东淄博火车站周末发送旅客量连创3年来单日新高。美团数据显示,淄博火车票搜索增幅位居全国第一,五一假期首日"北京南—淄博"火车票开售1分钟即售罄。另外,淄博市商务局数据显示,自2023年3月份以来,全市1 288家烧烤经营业户日均接待13.58万人次,有些小店一天的营业额就能达到十五六万元。截至4月10日,淄博五一住宿预订量较2019年上涨800%,增幅位居山东第一。

烧烤天南地北都有,为何淄博烧烤能走红?"一个小小的烧烤,透过它,看到的是淄博整个城市管理者的用心和活力。"当地政府部门不断优化营商环境、为商家提供优质便捷服务,从吃住行游购等方面给消费者营造了诚信、便捷、舒心的环境。为迎八方来客,淄博政府仅用72小时就修好了通往八大局的道路,同时增加观光车、打通景点通道、增开"淄博烧烤专列",通过一系列措施来接住这火爆的流量,方便游客打卡。受到烧烤影响,淄博地区政信信托认购紧俏,排队预约甚至抢购成为常态。

淄博市政府的这些决策涉及多个时期的现金流,在做出这种多期决策时使用的决策工具被称为贴现现金流分析,因为它考虑到了不同时间段内发生的现金流的差异。由于淄博市政府不是一个追求利润的企业,所得税在该市面临的决策中不起作用。

所得税在淄博市政府的各项决策中,几乎没有发挥任何作用,但在企业投资活动中情况有所不同。君悦超市是一家来自山东临沂的本土超市,在近几年永辉超市亏损严重,大润发被阿里收购,沃尔玛频繁关店的背景下,它却实现逆势增长,从众巨头手中抢到了巨大的市场份额。这个县城出身的零售百货连锁店也面临着一些涉及多期现金流的重大决策。作为一家追求利润的企业,其管理层在进行投资决策时,就应将税收考虑在内。

摘自:田国垒. 一串烧烤带火一座城,淄博给城市经营带来哪些启示?[EB/OL]. [2023-10-11].

组织的管理者会定期面临影响数年内现金流的重大决策,如购置机器、车辆、建筑物或土地等就是这种决策的典型。相对于经营决策而言,投资决策面对的是长期资产的取得问题,涉及的资金支出数额通常较大,并且一般还具有风险大、周期长、不可逆转等特征。因此对于组织的生存与发展,长期投资决策往往会产生重大影响,长期投资决策也就成为管理会计的重要研究内容之一。

本章将阐述如何在已有信息基础上做出分析以实现最好的长期投资决策。

7.1 现金流贴现分析

7.1.1 长期投资决策的分类

一般而言,管理者会面临两种类型的长期投资决策,接受或拒绝的投资决策和资本限额投资决策。

(1) 接受或拒绝的投资决策 接受或拒绝的投资决策,又称独立方案决策,在长期投资决策中是指管理者必须决定他们是否应该接受一个特定的长期投资项目。在这样的决策中,项目所需的资金是足够可用或容易筹集的,而管理层必须决定该项目是否值得投资。

【例 7-1】齐州市政府目前正在考虑购买一台街道智能无人清扫车。据估算,老式街道清扫车还能维持五年,新的清扫车也将能够使用五年,采购成本为 240 000 元。但是新型清扫车为智能化设备,无须进行人工操作,每年将节约人工费用 60 000 元。齐州市政府应该如何决策呢?

齐州市政府的财政预算中有可用的资金,目前面临着是否更换该市主要街道的老式街道清扫车的决策。在这个决策问题中,需要测算新的街道清扫车所节省的成本是否能证明这项开支是合理的。这个问题就属于接受或拒绝的投资决策,即独立方案投资决策。

(2) 资本限额投资决策 资本限额投资决策是指,管理者必须决定,在几个有价值的项目中采纳哪一个或几个,才能最好地利用有限的资金,互斥方案决策和最优组合决策均属于这种类型。

【例 7-2】假设齐州市最近希望进行行政成本削减计划以减少行政开支,并通过了一项市政债券发行,使市政府能够筹集 1.5 亿元,为成本削减计划提供资金。目前有三个成本削减计划,每个计划都将在未来五年内大幅削减行政费用。然而,该市只有 1.5 亿元的投资资本可以负担其中两个项目。主管部门的决策问题是选择哪些项目来进行。

在这个例子中,齐州市政府需要在三个成本削减计划中做出选择,这个决策属于典型的资本限额投资决策。

无论是独立方案投资决策,还是资本限额投资决策,长期投资决策时管理者需要关注特定的项目或方案。对齐州市来说,购买新的街道清扫车是否是最好的选择?哪些降低成本的项目能给城市带来最大的好处?一所大学是否应该购买一台新的实验设备?一家制造公司是否应该购买一套计算机集成制造系统？随着时间的推移，当管理者对各种具体的计划和项目进行决策时，组织作为一个整体就变成了其个别投资、活动、计划和项目的总和。组织在任何特定年份的表现都是该年所有项目的综合结果。

对于特定的长期投资决策项目或者方案，管理者应该怎样评估呢？下面将通过案例来说明，管理会计师是如何通过数据分析向决策者提供长期投资决策建议。

7.1.2 现金流贴现分析的常用方法

在【例7-1】中，假设管理者估计，新、旧街道清扫车都能够使用五年，一台新的智能无人清扫车购置成本为240 000元，购置后每年节约运营成本60 000元。因此新的智能无人清扫车使用寿命内将节约300 000（5×60 000）元。由于300 000元超过240 000元，管理者可能会得出结论，应该购买新型智能无人清扫车。然而，这种分析是有缺陷的，因为它没有考虑到资金的时间价值。240 000元的采购成本现在就会发生，但成本的节省是在5年内分摊的。把发生在不同时间点的现金流加在一起与现在时间点发生的现金流进行比较是个错误。

正确的方法是在考虑现金流时间价值的基础上，使用现金流贴现分析。有两种广泛使用的现金流贴现分析方法：净现值法和内部收益率法。

1. 净现值法

净现值（Net Present Value，NPV）是指在整个项目周期内各年净现金流量按一定的折现率计算的现值之和。它反映投资项目的收益能力，其计算公式为

$$NPV = \sum_{t=0}^{n} \frac{NCF_t}{(1+k)^t} - \sum_{t=0}^{n} \frac{I_t}{(1+k)^t}$$

式中，NCF_t 表示第 t 期净现金流量（投资额除外）；I_t 表示第 t 期投资额；k 表示贴现率，项目的资金成本率或必要投资报酬率；n 表示项目计算期（项目建设期和经营期之和）。

净现值法的决策规则是，当 NPV>0 时，说明该项目的投资收益率不仅达到了所要求的投资报酬率或资金成本水平，而且还有超额收益现值，方案可行；当 NPV=0 时，说明该项目的投资收益率恰好达到所要求的投资报酬率或资金成本水平，方案可行；当 NPV<0 时，说明该项目投资收益率没有达到所要求的投资报酬率或资金成本水平，应该拒绝。在多方案比较选择时，应选择 NPV>0 的可行方案。

【例7-3】运用例7-1中的数据，计算购买街道智能无人清扫车方案的净现值。净现值分析可以参照以下四个步骤进行：

第一步，绘制时间轴，估算拟议投资每一年的现金流；

第二步，利用折现率计算每个现金流的现值。该折现率通常被称为资金成本率或最低投资报酬率；

第三步，计算净现值，即现金流的现值之和；

第四步，如果净现值（NPV）等于或大于零，就接受该投资建议，否则就拒绝。

齐州市智能无人清扫车项目净现值计算如图 7-1 所示。

```
                      时间轴
                       0        1        2        3        4        5
第一步    购置成本   −240 000
         年成本节约额          60 000   60 000   60 000   60 000   60 000

                              60 000 (P/A,10%,5)=60 000×3.790 8=227 448
第二步    现值
                    −240 000                                       227 448

第三步    净现值                      −12 552

第四步    拒绝方案
```

图 7-1 齐州市智能无人清扫车项目净现值计算

在第二步中，管理者使用了 10% 的贴现率。请注意，在第一年至第五年中，每年节省的费用为 60 000 元。因此，这部分现金流形成了一项为期 5 年的 60 000 元年金。管理者使用年金贴现系数来计算五年成本节约的现值。

$$NPV = 60\,000 \times (P/A, 10\%, 5) - 240\,000$$
$$= 60\,000 \times 3.7908 - 240\,000$$
$$= -12\,552 \text{（元）}$$

净现值分析表明，齐州市不应该购买智能无人清扫车。成本节省的现值低于新设备的购置成本。

净现值法的优点是考虑了货币时间价值，能准确反映出一项投资方案给组织带来增值或减值的数额大小。但 NPV 指标是绝对额指标，对不同投资规模的效益比较模糊。而且也没法揭示投资方案可能达到的实际投资收益率。

2. 内部收益率法

分析长期投资决策的另一种现金流贴现方法是内部收益率法。内部收益率（Internal Rate of Return，IRR）又称内含报酬率，是指能够使方案未来净现值为零的贴现率或现金流入量现值与现金流出量现值相等时的折现率。它反映了投资项目自身所能达到的真实收益率。净现值法和现值指数法只能考查项目的投资收益率是否达到所要求的必要报酬率，不能揭示项目自身所能达到的具体收益率是多少，内部收益率法弥补了这一缺点。IRR 的计算公式为

$$NPV = \sum_{t=0}^{n} \frac{NCF_t}{(1+IRR)^t} - \sum_{t=0}^{n} \frac{I_t}{(1+IRR)^t} = 0$$

求解内部收益率:

1)估计一个贴现率,并按此贴现率计算 NPV,如果 NPV>0,说明预估的贴现率偏低,应提高贴现率测试;如果 NPV<0,说明所估贴现率偏高,应降低贴现率测试。经过逐步测算,找到 NPV 由正到负且最接近零的两个贴现率。

2)用插值法计算出 NPV=0 时的贴现率,即为该方案的内部收益率。

$$\begin{pmatrix} i_1 & NPV_1 > 0 \\ IRR & NPV = 0 \\ i_2 & NPV_2 < 0 \end{pmatrix} \frac{i_1 - IRR}{i_1 - i_2} = \frac{NPV_1 - 0}{NPV_1 - NPV_2}$$

如果每期现金流入量相等,且投资额仅在项目初始投资时发生,则 IRR 等于年金复利现值系数,这是求解内部收益率的特殊情况,即

初始投资额 = 每年相等的净现金流入量 × 年金复利现值系数

则

IRR = 初始投资额/每年相等的净现金流入量

【例 7-4】沿用例 7-1 资料,计算购买智能无人清扫车这一投资的内部收益率。

内部收益率分析可以参照以下三个步骤进行:

第一步,运用图表梳理拟议投资的每一年的现金流,这将与根据净现值法编制的现金流量示意图相同(如图 7-1 所示);

第二步,计算拟议投资的内部收益率(IRR)。这是通过寻找一个能使拟投资的净现值为零的贴现率来实现的;

第三步,如果内部收益率等于或大于资金成本率(或最低期望报酬率),接受投资建议。否则,拒绝它。

假设该市获得投资资金的成本率为 10%,该项长期投资的净现值为负,那么这项投资的内部收益率会高于还是低于 10% 呢?如果你能够直觉地思考这个问题,可以发现,净现值分析中使用的贴现率越高,所有未来现金的现值就越低。因此,需要低于 10% 的贴现率才能将新的无人清扫车的净现值由负值提升至零。

运用逐步测试法寻找令净现值改变符号时的相邻折现率:

$NPV(10\%) = 6\,000 \times (P/A, 10\%, 5) - 240\,000 = 6\,000 \times 3.790\,8 - 240\,000 = -12\,552$

$NPV(9\%) = 6\,000 \times (P/A, 9\%, 5) - 240\,000 = 6\,000 \times 3.889\,7 - 240\,000 = -6\,618$

$NPV(8\%) = 6\,000 \times (P/A, 8\%, 5) - 240\,000 = 6\,000 \times 3.992\,7 - 240\,000 = -438$

$NPV(7\%) = 6\,000 \times (P/A, 7\%, 5) - 240\,000 = 6\,000 \times 4.100\,2 - 240\,000 = 6\,012$

运用插值法求 IRR,计算公式为

$$\frac{7\% - IRR}{7\% - 8\%} = \frac{6\,012 - 0}{6\,012 - (-438)}$$

则有

$$IRR = 7.93\% < 10\%$$

可见,这一投资项目的内部收益率低于基准折现率,应该拒绝。

内部收益率法的优点是反映了投资项目自身的、内生的、不受外部条件影响的收益水平。为了使该投资项目被接受,预期的未来收益应足以使购买者收回投资,并获得等于或大于获取资本成本的投资回报。可以用齐州市的智能无人清扫车项目来举例说明,该项目投资额回收计算见表7–1。

表7–1 齐州市智能无人清扫车项目投资额回收计算 (单位:元)

项目	第1年	第2年	第3年	第4年	第5年
(1) 年初未回收投资额	240 000	199 032	154 815	107 092	55 584
(2) 年成本节约额	60 000	60 000	60 000	60 000	60 000
(3) 未回收投资额应计收益 [(1)×7.93%]	19 032	15 783	12 277	8 492	4 408
(4) 投资额当年回收 [(2)-(3)]	40 968	44 217	47 723	51 508	55 592
(5) 年末未回收投资额 [(1)-(4)]	199 032	154 815	107 092	55 584	-8①

① -8元为小数位误差,如果提高计算精度,此项应该为零。

表7–1从收回投资和赚取投资回报的角度考查了该投资方案的现金流。以表7–1中的第1年一栏为例:智能无人清扫车的购置成本是240 000元,这是第一年开始时未收回的投资。第1年的运营成本节省了60 000元。由于该项目的内部收益率为7.93%,它在第一年必须赚取19 032(240 000×7.93%)元。因此,60 000元的成本节约中的19 032元是未收回的投资的回报。这样就剩下40 968(60 000-19 032)元作为第一年的投资回收。从年初未收回的投资中减去第1年收回的投资,到年底未收回的投资额为199 032(240 000-40 968)元。以此类推,第五年年末未回收投资额应该为零。

7.1.3　现金流贴现分析中需要考虑的一些重要问题

1. 基本假设

正如任何决策模型一样,现金流贴现分析是基于一定假设的。在长期投资决策中,净现值和内部收益率等现金流贴现分析的方法均基于以下假设:

1) 在净现值法和内部收益率法中计算现金流现值的时候,除初始投资外,其他所有的现金流都被视为在年底发生。例如,齐州市购买新的街道清扫车之后,每年节省的60 000元的运营成本实际上会在各年年内均匀产生。如果在模型中反映所有现金流的确切时间,额外的计算不仅会使投资分析变得相当复杂,而且会令信息成本大幅增加。一般来说,年底现金流假设所带来的误差在实践中是可以接受的。

2) 现金流贴现分析将与投资项目相关的现金流视为已知和确定的。尽管在不确定情况下的长期投资决策的方法已经被开发出来,但在实践中并没有被广泛使用。大多数决策者认为,改进决策虽然有一定好处,但是过于复杂。因此,可以通过在现金流贴现分析中调整风险水平，从而部分考虑到现金流的不确定性。

3）净现值法和内部收益率法都假定每个现金流入都能立即再投资于另一个项目，并为组织赚取回报。在净现值法中，每个现金流入都被假定以计算项目净现值时相同的最低期望报酬率进行再投资，即组织的资金成本率。在内部收益率法中，每个现金流入都被假设以项目内部收益率进行再投资。这种假定具有较大的主观性，缺乏客观的经济依据。基于上述再投资假设，当项目方案的现金流量的正负符号出现多次改变时，内部收益率可能出现多重解，使人无法据以判别其真实的内部收益率究竟是多少，为这一指标的实际应用带来一定的困难。

4）现金流贴现分析假设存在一个完美的资本市场。这意味着企业随时可以以最低期望报酬率或者资金成本率的利率借入或贷出资金。

虽然在实践中这四个假设很少被满足，但是现金流贴现分析提供了一种有效的、广泛使用的投资分析方法。当然，如果额外的信息和分析成本是值得的，使用更复杂的模型去改进投资决策的分析方法也未尝不可。

2. 折现率

折现率的选择是财务领域的一个复杂问题。折现率通常由管理层根据投资的机会成本来确定，也就是组织在同等风险的最佳备选方案中可以获得的回报率水平。一般来说，一个项目的风险越大，折现率就越高。

在长期投资决策中，投资决策应与融资决策分开。是否投资于一个项目的决定应首先使用折现现金流的方法，运用基于机会成本的折现率来进行决策。如果一个项目被接受，那么就应该单独分析该项目融资的最佳方式。

因此，资本成本成为影响折现率的重要因素。

组织如何获得投资资本？对于非营利组织，如省、市、地方政府以及慈善组织，可通过发行债券或从金融机构借款来获得资本。在这种情况下，资本成本是为债务支付的利息。

以盈利为目的的企业通过借款、发行股票或使用投资资金来资助资本项目。在大多数情况下，长期投资是由所有这些来源提供资金的。那么资本成本应该是由从这些来源获得资金的成本组合而成的。

非营利性和营利性组织的另一个资金来源是投资基金，如大学的捐赠基金。在这种情况下，将资金用于长期投资的成本是放弃的原始投资的利率。假设一所大学的捐赠基金以10%的利率赚取利息。如果大学用这些资金的一部分来购买新的实验室设备，资本成本就是不再从捐赠基金中获得的10%的利息。

3. 长期资产折旧

当购买一项长期资产时，其购置成本通过折旧费用分配到资产寿命的各个时间段。然而，在前述现金流贴现分析中，并没有包括任何折旧费。其原因在于，NPV 和 IRR 方法都关注现金流，而定期产生的折旧费用不是现金流。

【例7-5】假设齐州市使用直线法对资产进行折旧。如果该市以240 000元的价格购买了新的街道清扫车，且清扫车无残值，各期折旧费用应如何计算？折旧是否会影响现金流呢？

齐州市街道清扫车的购置成本与折旧如图7-2所示。

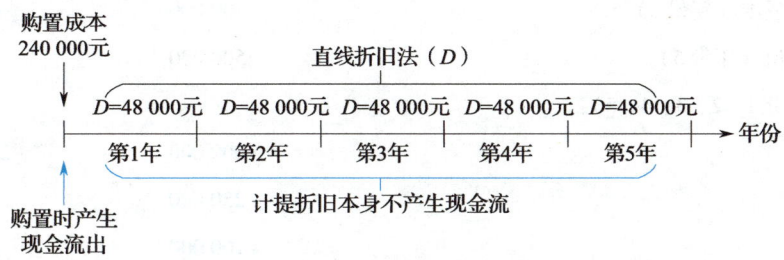

图7-2 齐州市街道清扫车的购置成本与折旧

图7-2中唯一的现金流是为购买街道清扫车而产生的240 000元现金流出。48 000元的年折旧费用不属于现金流。因此，在我们的投资分析中，购置成本被记录为现金流，但每年的折旧费用却不是。

需要注意，折旧费用在营利性组织和非营利性组织中的影响是不同的。不妨思考一下，假设购买街道清扫车的是一个追求利润的企业，而不是齐州市政府，这是否会改变街道清扫车年折旧费的处理呢？

在营利性企业中，折旧费用仍然不是现金流，但是折旧费用可以进行所得税税前抵扣。缴纳所得税税款是现金流出，由于新购置固定资产存续期内折旧费用会导致应税所得额减少，因而造成了应交税款的减少。这是一种合法的现金流入，应该纳入投资分析中。由于非营利组织不支付所得税，因此在当前的分析中折旧是不相关的。本章后续将详细介绍资产折旧的税收影响。

7.1.4 现金流贴现法选优

在现金流贴现分析方法和概念的基础上，进一步学习如何运用这些工具进行长期投资项目的选优。

【例7-6】齐州市使用的城市管理系统已经过时了，计划购买一套数字化城市管理系统，并通过政信信托资助。现有集中式和分布式两个数字化城市管理系统，两个系统在满足城市需求的能力和使用的便利性方面是相当的。集中式系统由一台大型计算机主机和分布在全市各办公室的远程终端和打印机组成。分布式系统包括一台小型主机，几台远程终端，以及十几台个人电脑。这些电脑将与小型主机联网、协同运作。每个系统都将持续服务五年。齐州市决定使用12%的折现率进行分析。齐州市数字化城市管理系统采购方案见表7-2。

表7-2 齐州市数字化城市管理系统采购方案

项　　目	集中式版本	分布式版本
（1）旧系统残值（年份0）	250 000	250 000
（2）新系统硬件购置成本（年份0）	-4 000 000	-3 000 000
（3）新系统软件购置成本（年份0）	-400 000	-750 000
（4）系统升级成本（年份3）	-400 000	-600 000
（5）新系统残值（年份5）	500 000	300 000
运营成本（年份1、2、3、4、5）：		
（6）人工费用	-3 000 000	-2 200 000
（7）维护费用	-250 000	-100 000
（8）其他	-100 000	-50 000
（9）数据链接服务（年份1、2、3、4、5）	-200 000	-200 000
（10）来自分时租赁客户的收入（年份1、2、3、4、5）	200 000	—

在表7-2中，第（9）项是数据链接服务的年成本，这项服务使齐州市能够参加一个全国性的数字化城市管理平台，使各城市能够交流有关城市数字化转型的信息。第（10）项是齐州市从另外两个机构获得的租金收入，这两个客户同意付费以获得共享该系统部分功能的权限。

为对两个方案进行现金流贴现分析，需要对表7-2中的现金流数据进行检查以免遗漏。表7-2中的第（1）项和第（9）项在两个备选方案之间没有区别。无论购买哪个版本的数字化城市管理系统，旧系统现在可以以250 000元的价格出售。同时，无论购买哪个版本的系统，数据链接服务每年将花费200 000元。因此，如果净现值分析的唯一目的是确定哪一个版本系统的成本最低，那么第（1）项和第（9）项就可以忽略不计，因为它们会对两个方案的净现值产生同等影响。

（1）分别计算法　两个备选方案的净现值分析见图7-3，在分析中包括每个版本系统的所有相关现金流。然后，集中式版本和分布式版本系统的净现值进行比较。

由于分布式版本方案的成本净现值较低，因此管理者将推荐分布式版本的方案。像齐州市城市管理系统选择这样的决策，其目标是选择成本最低的方案，被称为最低成本决策。与其说是最大化现金流入减去现金流出的净现值，不如说是最小化将要发生的成本的净现值。

（2）差量分析法　两个备选方案差量成本的净现值分析如图7-4所示，在分析中使用了差量分析法，即将两个版本方案下每个相关项目的成本差异纳入分析。例如，新系统硬件购置成本显示为1 000 000元。这是集中式版本超过分布式版本的数额。

要素	第0年	第1年	第2年	第3年	第4年	第5年
集中式版本						
(2) 新系统硬件购置成本	−4 000 000					
(3) 新系统软件购置成本	−400 000					
(4) 系统升级成本				−400 000		
(5) 新系统残值						500 000
(6) (7) (8) 运营成本		−3 350 000	−3 350 000	−3 350 000	−3 350 000	−3 350 000
(10) 来自分时租赁客户的收入		200 000	200 000	200 000	200 000	200 000
现金流合计	−4 400 000	−3 150 000	−3 150 000	−3 550 000	−3 150 000	−2 650 000
复利现值系数 (P/A, 12%, n)	1	0.892 9	0.797 2	0.711 8	0.635 5	0.567 4
现值	−4 400 000	−2 812 635	−2 511 180	−2 526 890	−2 001 825	−1 503 610
净现值 (NPV)				−15 756 140		
分布式版式						
(2) 新系统硬件购置成本	−3 000 000					
(3) 新系统软件购置成本	−750 000					
(4) 系统升级成本				−600 000		
(5) 新系统残值						300 000
(6) (7) (8) 运营成本		−2 350 000	−2 350 000	−2 350 000	−2 350 000	−2 350 000
(10) 来自分时租赁客户的收入		—	—	—	—	—
现金流合计	−3 750 000	−2 350 000	−2 350 000	−2 950 000	−2 350 000	−2 050 000
复利现值系数 (P/A, 12%, n)	1	0.892 9	0.797 2	0.711 8	0.635 5	0.567 4
现值	−3 750 000	−2 098 315	−1 873 420	−2 099 810	−1 493 425	−1 163 170
净现值 (NPV)				−12 478 140		
净现值差额 (ΔNPV)				−3 278 000		

图 7-3 齐州市数字化城市管理系统采购方案净现值分析（分别计算法）

要素	第0年	第1年	第2年	第3年	第4年	第5年
差量分析：（集中式版本−分布式版本）						
(2) 新系统硬件购置成本	−1 000 000					
(3) 新系统软件购置成本	350 000					
(4) 系统升级成本				200 000		
(5) 新系统残值						200 000
(6) (7) (8) 运营成本		−1 000 000	−1 000 000	−1 000 000	−1 000 000	−1 000 000
(10) 来自分时租赁客户的收入		200 000	200 000	200 000	200 000	200 000
现金流合计	−650 000	−800 000	−800 000	−600 000	−800 000	−600 000
复利现值系数 (P/A, 12%, n)	1	0.892 9	0.797 2	0.711 8	0.635 5	0.567 4
现值	−650 000	−714 320	−637 760	−427 080	−508 400	−340 440
差量成本的净现值 (NPV)				−3 278 000		

图 7-4 齐州市数字化城市管理系统采购方案净现值分析（差量分析法）

这个分析的结果是，集中式版本成本的净现值比分布式版本成本的净现值多出 3 278 000元。请注意，这与图 7-3 底部显示的净现值差额是一样的。

分别计算法和差量分析法总是能得出相同的结论，不妨根据个人偏好在这两种方法之间进行选择。

7.2 所得税对长期投资决策的影响

当企业获得利润时，通常要支付相应的企业所得税。在长期投资决策分析中，有很多与决策相关的现金流会影响企业的利润，同时也在影响企业的所得税。下面的公式显示了利润表中计算利润所需的四个项目：

$$利润 = (收入 - 成本) + (利得 - 损失)$$

长期投资方案的现金流如果影响到这个等式中的项目，一般都会影响到公司的所得税支付。由于所得税支付是现金流的一部分，因此在任何现金流贴现分析中都应将其考虑在内。在某些情况下，在长期投资决策中所得税甚至起到了主导作用。

7.2.1 税后现金流

税后现金流是在考虑到所有税收影响后的预期现金流。对于一个追求利润的企业来说，投资项目中各项内容都必须仔细检查，以确定其潜在的税收影响，进而确定投资项目相关的税后现金流。现结合例7-7，进行具体说明。

【例7-7】新时代公司在齐州市经营超市业务，公司按照所得税法要求缴纳25%的企业所得税⊖。因此，如果公司的净利润是1 000 000元，它支付的所得税应该为250 000元。

1. 现金收入

假设新时代公司正在考虑增加购买一辆配送商品的货车。销售经理估计，一辆新货车将使公司的年销售收入增加1 000 000元，且所有的销售收入将在当年以现金形式收款。新时代公司每年增加的销售收入将导致采购成本增加600 000元，且所有的采购将在当年以现金形式支付。

因此，如果不考虑税收影响，由销售增长带来的净现金流入是每年400 000（1 000 000 - 600 000）元。如果考虑税收影响，税后净现金流入只有每年300 000元。

$$增量收入（现金流入） - 增量成本（现金流出） = 400\ 000（元）$$
$$增量所得税（现金流出） = 400\ 000 \times 25\% = 100\ 000（元）$$
$$税后净现金流入 = 400\ 000 - 100\ 000 = 300\ 000（元）$$

计算增量销售的税后现金流入的公式如下：

$$(销售收入 - 销售成本) \times (1 - 所得税税率) = 税后净现金流入$$
$$(1\ 000\ 000 - 600\ 000) \times (1 - 25\%) = 300\ 000（元）$$

⊖ 根据《中华人民共和国企业所得税法》（2018年第二次修正）第四条，企业所得税的税率为25%。

2. 付现成本

假设新时代公司正在考虑为购置的配送货车额外雇用一位兼职员工,其薪酬和附带福利将达到80 000元/年。如下面的计算所示,公司的增量现金流出只有60 000元。

$$付现成本(现金流出)=80\,000(元)$$
$$所得税减少(现金流出减少)=80\,000\times25\%=20\,000(元)$$
$$税后净现金流出=60\,000(元)$$

虽然雇员报酬的年增量是80 000元,但这一费用是可以税前抵扣的。因此,该公司的所得税支付将减少20 000元,支付额外雇佣员工薪酬的税后现金流出为60 000元。

计算增量费用支出的税后现金流出的公式为

$$付现成本\times(1-所得税税率)=税后净现金流出$$
$$80\,000\times(1-25\%)=60\,000(元)$$

3. 非付现成本

并不是所有的成本都代表现金流出,最常见的非付现成本是折旧费用。

【例7-8】新时代公司正在考虑购买一辆配送商品的货车,成本300 000元,且无残值。假设采用直线折旧法,试分析购置成本及折旧对现金流的影响。

如果采用直线折旧法,这辆货车将按图7-5进行折旧。

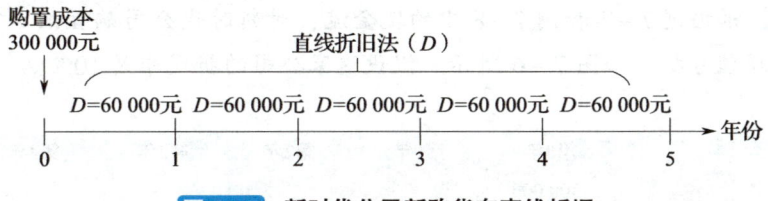

图7-5 新时代公司新购货车直线折旧

图7-5中唯一出现的现金流是在0时间点购置货车时支付的300 000元。接下来的五年中,每年的折旧费用并不是现金流。然而,折旧是利润表上的一项成本,它减少了公司的收入。例如,第1年的60 000元折旧费用将使新时代公司的利润减少60 000元。因此,该公司第1年缴纳的所得税将减少15 000(60 000×25%)元。

购置固定资产后,由于相关的年度折旧费用的增加,使所得税费用减少。减少的额度相当于所得税税率乘以折旧额,这种情况被称为折旧的税盾效应。

总而言之,折旧是一种非付现成本。虽然折旧本身不是现金流,但它确实通过折旧的税盾效应减少了企业的现金流出。

$$折旧或其他非付现成本\times所得税税率=缴纳所得税时现金流出的减少额$$
$$\underbrace{60\,000}_{\text{非现金流}}\times25\%=\underbrace{15\,000}_{\text{现金流}}(元)$$

表7-3显示了如果新时代公司购置了这辆货车,在折旧期限内各年折旧带来的税盾效应。

表7-3 新时代公司购置配送货车后折旧的税盾效应 （单位：元）

年份	折旧费用	所得税税率	税盾效应
1	60 000	25%	15 000
2	60 000	25%	15 000
3	60 000	25%	15 000
4	60 000	25%	15 000
5	60 000	25%	15 000

构成折旧税盾效应的现金流发生在五个不同的年份。因此，在现金流贴现分析中，我们仍然应对这些现金流进行折现，以确保长期投资决策中净现值的准确性。

4. 不在利润表上的现金流

与收入、成本费用相关的现金流不同，有些现金流不在利润表上出现。它们不是收入、支出、收益或损失。这种现金流的一个常见例子是购买资产。

如果新时代公司购买了配送货车，300 000元的购买成本是现金流出，但不是费用。购买只是用一种资产（现金）换取另一种资产（货车）。与货车购买相关的费用是通过资产整个折旧期内的折旧费用来确认的。因此，购买资产时所产生的现金流并不影响收入，也没有直接的税收后果。

5. 净现值分析

【例7-9】根据例7-7和例7-8中的现金流，对新时代公司购置配送货车的长期投资方案进行净现值分析，如图7-6所示。假设这家公司的折现率是10%。

（单位：元）

要素	第0年	第1年	第2年	第3年	第4年	第5年
购置货车	−300 000					
购置货车产生的增量现金流入 (1 000 000−600 000)×(1−25%)		300 000	300 000	300 000	300 000	300 000
购置货车产生的增量现金流出 80 000×(1−25%)		−60 000	−60 000	−60 000	−60 000	−60 000
购置货车产生折旧的税盾效应 60 000×25%		15 000	15 000	15 000	15 000	15 000
现金流合计	−300 000	255 000	255 000	255 000	255 000	255 000
复利现值系数 (P/F, 10%, n)	1	0.909 1	0.826 4	0.751 3	0.683 0	0.620 9
现值 (PV)	−300 000	231 821	210 732	191 582	174 165	158 330
净现值 (NPV)				666 629		

图7-6 新时代公司购置配送货车的净现值分析

经分析由于净现值是正数，所以该公司应该购买货车。

7.2.2 加速折旧法

货币的时间价值是现金流贴现分析的核心概念之一。比如净现值分析的时候，要对每项现金流进行折现以找到其现值,并检查合计数,即净现值(NPV)。由于货币具有时间价值,企业在税法允许的范围内尽早进行税收减免是有利的。

2014年,国家税务总局发布了《关于固定资产加速折旧税收政策有关问题的公告》(国家税务总局公告2014年第64号),规定2014年1月1日后对所有行业企业新购进的专门用于研发的仪器、设备,单位价值不超过100万元的,允许一次性计入当期成本费用在计算应纳税所得额时扣除,不再分年度计算折旧;单位价值超过100万元的,可缩短折旧年限或采取加速折旧的方法。2018年,财政部、税务总局发布了《关于设备 器具扣除有关企业所得税政策的通知》(财税〔2018〕54号),规定企业在2018年1月1日至2023年12月31日期间新购进的设备、器具,单位价值不超过500万元的,允许一次性计入当期成本费用在计算应纳税所得额时扣除,不再分年度计算折旧;单位价值超过500万元的,仍按企业所得税法实施条例,《财政部 国家税务总局关于完善固定资产加速折旧企业所得税政策的通知》(财税〔2014〕75号),《关于进一步完善固定资产加速折旧企业所得税政策的通知》(财税〔2015〕106号)等相关规定执行。

可见,根据我国财政部和国家税务总局会修改所得税法的具体规定,所得税法通常允许一些重点领域、行业、规模的企业选择缩短折旧年限或采取加速折旧的办法。虽然政策随时间进行一定的调整,但是主要政策规则对企业的影响具有相似性。现结合双倍余额递减法、年数总和法和缩短折旧年限的政策举例说明。

【例7-10】 新时代公司以10 000元的价格购买了一台办公电脑。该设备的使用寿命为四年,没有残值。分别使用直线折旧法、双倍余额递减法、年数总和法和缩短折旧年限(两年)等方法分析其折旧的税盾效应,见表7-4。

表7-4 新时代公司办公电脑不同折旧方法下税盾效应分析

年份	双倍余额递减法[1]		年数总和法[2]		直线折旧法		缩短折旧年限至两年[3]		复利现值系数 ($i=10\%$)
	折旧费用	税盾效应	折旧费用	税盾效应	折旧费用	税盾效应	折旧费用	税盾效应	
1	5 000	1 250	4 000	1 000	2 500	625	5 000	1 250	0.909 1
2	2 500	625	3 000	750	2 500	625	5 000	1 250	0.826 4
3	1 250	312.5	2 000	500	2 500	625	0	0	0.751 3
4	1 250	312.5	1 000	250	2 500	625	0	0	0.683 0
税盾效应的现值		2 101		2 075		1 981		2 169	

① 双倍余额递减法,是在固定资产使用年限的初期年份中,采用年限平均法折旧率的两倍作为折旧率,对资产期初净值进行逐年递减折旧,以加速资产价值的摊销,在固定资产使用年限的最后两年改用年限平均法,将固定资产的账面净值在这两年内进行平均分摊。

② 年数总和法,是指用固定资产原值减去预计残值后的净额,乘以一个逐年递减的分数(称为折旧率),计算折旧额的一种加速折旧的方法。其中折旧率的分子代表固定资产尚可使用的年数,逐年递减,分母是使用年数的逐年数字之和。

③ 缩短折旧年限法,最低折旧年限不得低于企业所得税法实施条例第六十条规定的折旧年限的60%。其中,除国务院财政、税务主管部门另有规定外,电子设备固定资产计算折旧的最低年限为三年。

表 7-4 显示了不同加速折旧方法下的各年折旧费用、各年折旧的税盾效应和税盾效应的现值。请注意，与直线法相比，双倍余额递减法、年数总和法和缩短折旧年限法都会产生更大的折旧税盾效应现值。因此，在税法允许的情况下，企业通常希望能够在纳税时缩短折旧年限或采用加速折旧法。现行税法不要求企业在享受加速折旧优惠政策时，也在会计上采取同样的处理方法。因此，管理层在编制财务报表时可以使用直线折旧法，但在报税的时候仍然可以使用加速折旧法。

7.2.3 固定资产处置的收益和损失

当企业出售一项固定资产时，往往会有处置收益或损失。由于收益和损失属于利润表中项目，变动时一般会影响到企业的所得税。长期投资决策经常涉及资产的处置，分析相关收益和损失的税收影响可能是此类决策的一项重要内容。

固定资产的账面价值等于该资产的购置成本减去该资产的累计折旧。当一项资产以高于其当前账面价值的价格出售时，将产生处置收益；当一项资产以低于其当前账面价值的价格出售时，将产生处置损失。

【例 7-11】假设新时代公司拥有一台叉车，它的成本是 100 000 元，目前有 60 000 元的累计折旧，则叉车的账面价值为

$$账面价值 = 购置成本 - 累计折旧$$
$$40\,000 = 100\,000 - 60\,000$$

请分别在以下情景中讨论在所得税影响下资产处置的现金流。

情景一：处置收益。

假设新时代公司以 50 000 元的价格出售了叉车。出售的收益是 10 000（50 000 - 40 000）元。如果新时代公司的所得税税率为 25%，那么在出售时将会出现以下现金流：

现金流入：资产处置价款	50 000 元
现金流出：因处置收益产生的所得税增量	2 500（10 000 × 25%）元
净现金流：	47 500（50 000 - 2 500）元

尽管新时代公司以 50 000 元的价格出售了叉车，但该公司的净现金收益只有 47 500 元。公司将不得不为 10 000 元的收益额外支付 2 500 元的所得税。

情景二：处置损失。

现在假设新时代公司以 25 000 元的价格出售了叉车。出售的损失是 15 000（25 000 - 40 000）元。如果新时代公司的所得税税率是 25%，那么在出售时将会出现以下现金流：

现金流入：资产处置价款	25 000 元
减少的现金流出：因处置损失而节约的所得税	3 750（15 000 × 25%）元
净现金流：	28 750（25 000 + 3 750）元

虽然新时代公司的叉车只卖了 25 000 元，但公司从这次销售中获得的总现金流入是 28 750 元，多出来的 3 750 元是由于处置损失而节约的所得税支出。

7.2.4 营运资金垫支

在一些长期投资方案中,需要额外垫支营运资金。营运资金的定义是流动资产超过流动负债的部分,通常会因为支持一个项目所需的应收账款和存货余额增加而增加。这种营运资金运用应该包括在现金流贴现分析中,那么营运资金的垫支是否受到所得税的影响呢?

【例7-12】 假设齐州市政府向新时代公司提供了一份合作合同,销售纪念该市烧烤节的文化T恤衫和官方纪念品。该合同涵盖了未来三年时间内相关产品的销售特许权。与该合作合同相关的现金流见表7-5。

表7-5 新时代公司烧烤节官方纪念品特许经营合同相关数据

项目	金额
T恤衫和纪念品销售收入(元/年)	250 000
T恤衫和纪念品销售成本(元/年)	-120 000
合同管理费(元/年)	-30 000
营运资金垫支(第1年年初)	-20 000
营运资金收回(第3年年末)	20 000
所得税税率	25%
折现率	10%

请注意,在这三年期间,销售建议将需要20 000元的额外营运资金。营运资金的增加主要是由于商品库存的余额增加。为新时代公司就此项合同进行现金流贴现分析,分析结果见表7-6。

表7-6 新时代公司烧烤节官方纪念品特许经营合同的现金流贴现分析 (单位:元)

营运资金的垫支与收回	金额
营运资金垫支(第0年)	-20 000
营运资金收回(第3年)	20 000
复利现值系数(P/F, 10%, 3)	0.751 3
营运资金收回的现值	15 026
年收入与成本	
销售收入(第1、2、3年)	250 000
销售成本(第1、2、3年)	-120 000
合同管理费	-30 000
税前利润	100 000
所得税税率	25%
税后利润	75 000
年金现值系数(P/A, 10%, 3)	2.489 6
3年税后利润现值	186 720
合同净现值(NPV)	181 746

请注意，时间为 0 时垫支的营运资金 20 000 元是现金流出。由于营运资金要到第 3 年年底才会收回，收回时 20 000 元的流入应该使用复利现值系数折现。总体来看，这一份特许经营合同有一个正的净现值 181 746 元，所以它应该被接受。在这个例子中，可以看出所得税政策并没有对营运资金现金流及其贴现产生直接影响。但是政府可能会实施某些税收优惠政策，以鼓励特定行业或项目的发展，这些政策可能会减轻企业的税负，从而对企业的现金流产生积极影响，进而影响其营运资金的需求。

表 7-6 中的分析所使用的表述样式与之前的（图 7-6）不同，该表没有按年份分别在每一列列出项目的现金流，而是计算了与决策相关的每个项目的现值。然后将一次性现金流（流动资金的垫支与收回、设备购置价款等）与其他年金性现金流（销售收入、销售成本、合同管理费）的现值相加，以确定净现值。这种表述样式与之前逐年列示方法原理一致，结论相同，可根据个人偏好进行样式的选择。

7.2.5 所得税对长期投资决策影响的综合算例

到目前为止，本节已经分析了企业作为营利性组织进行长期投资决策时需要考虑的所有重要因素。下面用一个综合算例来巩固对概念的理解。

【例 7-13】新时代公司正在考虑为其在齐州市商业中心的超市安装无人收银系统。新的无人收银系统将包括每个收银台的新收银机。此外，新的无人收银系统将接入一个最新的人脸识别系统以便顾客进行无码支付。新系统将更快、更准确，并将最大限度地减少旧收银系统经常无法识别产品条码的烦恼。新系统的优点包括结账过程的准确性，自动更新计算机的库存记录，以及收集有关顾客购买模式和趋势的数据的能力。新时代公司收银系统更新决策基础数据见表 7-7。

表 7-7　新时代公司收银系统更新决策基础数据　　　　　　　　（单位：元）

旧收银系统	数据
剩余使用年限（注意：第 2 年年末需升级）	5 年
预计系统升级支出（第 2 年）	50 000
账面价值（折旧已经完全计提）	0
当前变现价值（第 0 年）	11 000
5 年后变现价值	0
新收银系统	数据
使用寿命	5 年
折旧方法	年数总和法
购置成本	155 000
软件升级费用（第 3 年）	20 000
变现价值（第 5 年）	5 000
一次性安装费用（第 0 年）	10 000
一次性为商品标记标签的费用（第 0 年）	15 000

(续)

年度数据	数据
运营成本的年度节约额	60 000
收银系统运维的年度费用	24 000
市场数据分析的年度费用	20 000
使用新系统后年度销售增加额扣除销售成本后的净值	200 000
折现率	10%
所得税税率	25%

表7-7中显示，旧设备已经完全折旧了，然而，如果在第2年进行大修，其使用寿命还可以延长到第5年；新设备的预期使用寿命也是5年。假设税法允许其按照年数总和法进行加速折旧。

无人收银系统将减少两位收银员的岗位，并每年节约60 000元运营成本。为确保收银系统运行准确、顺畅，每年需额外支付24 000元运维费用。同时，新系统提供额外的增值服务，如需对市场数据进行分析每年将花费20 000元，但预计每年销售额扣除销售成本的净值将增加200 000元。

收银系统的净现值分析如图7-7所示。两个方案的每个现金流的现值都分别计算并汇总，从而得到两个方案各自的净现值。

项目	时间	金额	所得税影响	税后现金流	贴现系数	贴现率	现金流现值
购置新收银系统							
(1) 购置成本	0	155 000	无	-155 000	—	1.000 0	-155 000
(2) 一次性培训与安装费用	0	10 000	(1-25%)	-7 500	—	1.000 0	-7 500
(3) 标签费用	0	15 000	(1-25%)	-11 250	—	1.000 0	-11 250
(4) 出售旧设备的收益	0	11 000	(1-25%)	8 250	—	1.000 0	8 250
(5) 软件升级费用	3	20 000	(1-25%)	-15 000	(P/F,10%,3)	0.751 3	-11 270
(6) 变现价值	5	5 000	无	5 000	(P/F,10%,5)	0.564 5	2 823
(7) 折旧的税盾效应							
年份 购置成本-残值	折旧率	折旧费用					
1　　150 000	33%	50 000	25%	12 500	(P/F,10%,1)	0.909 1	11 364
2　　150 000	27%	40 000	25%	10 000	(P/F,10%,2)	0.826 4	8 264
3　　150 000	20%	30 000	25%	7 500	(P/F,10%,3)	0.751 3	5 635
4　　150 000	13%	20 000	25%	5 000	(P/F,10%,4)	0.683 0	3 415
5　　150 000	7%	10 000	25%	2 500	(P/F,10%,5)	0.620 9	1 552
合计	100%	150 000					
年度现金流（第1年~第5年）							
(8) 运营成本的年度节约额		60 000					
(9) 收银系统运维的年度费用		-24 000					
(10) 市场数据分析的年度费用		-20 000					
(11) 使用新系统后年度销售增加额扣除销售成本后的		200 000					
净值年金总额		216 000	(1-25%)	162 000	(P/A,10%,5)	3.790 8	614 110
(12) 净现值							470 392
继续使用旧系统							
(13) 大修支出	2	50 000	(1-25%)	-37 500	(P/F,10%,2)	0.826 4	-30 990
(14) 净现值							-30 990

图7-7 新时代公司收银系统更新决策净现值分析

图7-7中的（1）记录了新收银设备的购置成本。这个现金流出没有税收影响，因为它发生时间在第0年，所以也不需要贴现。

(2)、(3) 这些一次性的现金流需要重新培训管理人员、安装系统和重新标记商品以适应新的条码阅读器。由于这些支出属于新时代公司成本费用的增加，考虑所得税影响时，应该乘以75%（1－25%）。

(4) 由于旧收银系统的当前账面价值为0，所以有11 000元的出售收益，纳税后形成现金流入8 250（11 000×75%）元。

(5) 第3年需要对新收银系统的软件进行一次升级，产生费用20 000元，考虑所得税影响时，应该乘以75%（1－25%）。

(6) 新收银系统预计残值为5 000元，可以在第5年以5 000元价格出售，由于不影响盈亏，这笔现金流不受所得税影响。

(7) 新收银系统折旧的税盾效应是使用年数总和法计算的。每年的折旧扣除额不是现金流，但折旧费用的增加会导致所得税的减少。

(8)、(9)、(10)、(11) 这些项目是第1～第5年每年都有的现金流，这些现金流量合计金额为216 000元。因为这里每项现金流都将出现在损益表中，因此需要乘以75%。然后再用年金折现系数（P/A, 10%, 5）进行折现。

(12) 上面各项税后现金流的现值合计，得到新收银系统的净现值是470 392元。

(13) 与继续使用旧收银系统方案有关的唯一现金流是第2年50 000元的大修支出。这将是一项费用，所以乘以75%，然后对税后现金流进行折现。

(14) 继续使用旧收银系统方案的净现值是－30 990元。

分析表明，新无人收银系统的净现值为470 392元，超过了旧收银系统的净现值：－30 990元，新时代公司应该为超市选用新系统。

7.2.6 长期投资项目排序

假设一家公司有几个潜在的投资机会，所有这些长期投资项目的净现值都为正。如果一个长期投资项目有正的净现值，这意味着该项目预计回报水平超过了公司的资金成本（或最低期望报酬水平）。在这种情况下，每个净现值为正的项目都应该被接受。尽管这一论点在理论上是正确的，但在实践中决策者经常试图对净现值为正的投资项目进行排序，然后选择排名较高的长期投资项目。

如果使用的贴现率能准确反映公司投资长期项目资金的机会成本，那么任何净现值为正的项目所获得的回报都是值得的。对长期投资项目排序的一个可能解释是稀缺资源的有限供应，比如管理人才。因此，一种长期投资决策接受与否，不仅要考虑投资资金，还要考虑其他资源的限制。管理者可能会觉得，没有足够的精力去关注所有的项目。那么，解决方案就是在净现值为正的项目中进行取舍，这意味着要进行排序。

不幸的是，目前还没有完全有效的方法来对具有正净现值的独立投资项目进行排序。

【例7－14】假设新时代公司的管理人员面临以下两个投资项目：

项目A：在齐州市会展中心开一家礼品店。新时代公司的管理层认为这个方案的收益只会持续六年。六年之后，公司的竞争对手将进驻会展中心，新时代公司的产品届时将不再有竞争力。

项目 B：在齐州市机场开设一个小型礼品店。根据与市政府签订的合同，机场的礼品特许权将属于新时代公司，为期 10 年。相关预期现金流见表 7-8，折现率为 10%，请通过现金流贴现法对比分析两个项目，说明长期投资项目排序问题。

表 7-8　新时代公司礼品店投资项目预期现金流一览表　　　　　　（单位：元）

年份	项目 A	项目 B
0	−44 221	−92 250
1	12 000	17 000
2	12 000	17 000
3	12 000	17 000
4	12 000	17 000
5	12 000	17 000
6	12 000	17 000
7	—	17 000
8	—	17 000
9	—	17 000
10	—	17 000

根据项目 A、项目 B 的各期现金流和折现率，分别计算净现值与内部收益率：

$$NPV(A) = -44\,221 + 12\,000 \times (P/A, 10\%, 6) = 8\,042.6\ (元)$$

$$NPV(B) = -92\,250 + 17\,000 \times (P/A, 10\%, 10) = 12\,208.2\ (元)$$

$$IRR(A) = 16\%$$

$$IRR(B) = 13\%$$

两个项目净现值均为正。然而，假设由于管理人员的时间和精力有限，新时代公司的管理层决定只投资其中一个。哪一个方案的排序应该更优先呢？这是一个很难回答的问题。项目 B 的净现值较高，但它也需要更多的初始投资。项目 A 内部收益率更高，然而项目 A16% 的回报率只适用于前 6 年。如果管理层接受了项目 A，那么在第 7 年到第 10 年将会发生什么呢？这些放在会展中心的设施和设备是否会闲置？还是可以将它们用于其他用途而获利？这些问题在上面的分析中都没有得到答案。

净现值和内部收益率的分析方法对这两个提案产生不同排名的主要原因是，这些项目有不同的寿命。如果不对项目 A 在第 7~第 10 年的情况做出假设，NPV 和 IRR 方法无法对这两个方案进行合理的排名。

对于这个例子中提出的问题，理论上唯一正确的答案是，两个项目都是可取的，都应该被接受。每个项目都表现出正的净现值和大于折现率（10%）的内部收益率。

在对投资建议进行排名时，还可以采用的一个标准是现值指数（Profitability Index，PI），是指投资方案未来的现金净流入量的现值同初始投资额的现值之比，它反映每 1 元投资可以获得的现金流入量的现值，这种方法克服了净现值法不易比较规模差异的缺陷，PI 的计算公式为：

$$PI = \sum_{t=0}^{n} \frac{NCF_t}{(1+k)^t} \Big/ \sum_{t=0}^{n} \frac{I_t}{(1+k)^t}$$

现值指数法的决策规则是，当 PI≥1 时，说明该项目的投资收益率达到或超过所要求的投资报酬率或资金成本水平，方案可行；否则不可行。在多方案比较选择时，应选择 PI 大的可行方案。

新时代公司的两个投资项目的现值指数计算如下：

$$PI(A) = \frac{12\,000 \times (P/A, 10\%, 6)}{44\,221} = 1.18$$

$$PI(B) = \frac{17\,000 \times (P/A, 10\%, 10)}{92\,250} = 1.13$$

尽管项目 A 的净现值比项目 B 低，但项目 A 表现出更高的盈利性。项目 A 的现值指数较高，是因为它的初始投资比项目 B 低得多。不幸的是，现值指数法也存在着与净现值法或内部收益率法相同的缺点。两个项目的现值指数都大于1，这仅仅反映了它们的净现值为正。因此，两个项目都是可取的。这两个项目不同的寿命期使现值指数无法显示出理论上正确的项目排名。项目 A 和 B 的相对可取性仅仅取决于如果项目 A 被选中，在第 7～第 10 年将发生什么。

总之，对净现值为正的投资项目进行排名的问题还没有得到满意的解决。如果要在净现值为正的长期投资项目中进行取舍，那么很可能需要根据主观标准进行排序。

7.3 长期投资决策的其他方法

如本章第 1 节和第 2 节所述，长期投资决策最好的方法是现金流贴现分析，即使用净现值法和内部收益率法。但是有时候，管理者也会使用其他方法，或者结合其他方法进行长期投资决策。

本节将介绍其中的投资回收期和会计收益率两种方法。

7.3.1 投资回收期法

投资回收期（Payback Period，PP），是指收回方案的初始投资额所需的时间长度。投资回收期越短，则该项投资在未来时期的风险越小。

如果项目投产后每年税后现金净流量相等，则投资回收期的计算公式为

$$投资回收期 = \frac{初始投资额}{年税后现金净流量}$$

如果项目投产后每年营业现金净流量不等,则可通过编制累计净现金流量表计算投资回收期,其计算公式为

$$投资回收期 = \frac{累计净现金流量}{出现正值年份数} - 1 + \frac{|上年累计净现金流量|}{该年份净现金流量}$$

在长期投资决策中,当投资回收期小于或等于该项目规定的基准投资回收期年限时,说明项目的总投资能在规定的时间内全部收回,该方案是可行的;反之则不可行。在多方案的比较选择中,选择投资回收期较小的可行方案。

【例 7-15】 假设新时代公司正在考虑为其仓库购买一个新的传送系统。正在考虑的两种替代方案的预计现金流见表 7-9。

表 7-9 新时代公司仓库传送系统项目预计现金流一览表 (单位:元)

传送系统	初始投资	税后现金净流量(第 1~7 年)	税后现金净流量(残值处置)
Ⅰ	180 000	36 000	0
Ⅱ	240 000	40 000	120 000

每种传送系统的投资回收期计算如下:

$$PP(Ⅰ) = 180\,000/36\,000 = 5\ (年)$$
$$PP(Ⅱ) = 240\,000/40\,000 = 6\ (年)$$

根据投资回收期法的评价方法,系统Ⅰ比系统Ⅱ更值得投资。系统Ⅰ将在五年内"收回"它的初始投资,而系统Ⅱ则需要六年时间。然而,这个结论过于简单,因为它忽略了与系统Ⅱ相关的大量残值。事实上,系统Ⅰ的净现值是负的,而系统Ⅱ的净现值是正的。

$$NPV(Ⅰ) = -180\,000 + 36\,000 \times (P/A, 10\%, 7) = -4\,738\ (元)$$
$$NPV(Ⅱ) = -240\,000 + 40\,000 \times (P/A, 10\%, 7) + 120\,000 \times (P/F, 10\%, 7)$$
$$= 16\,320\ (元)$$

净现值分析表明,只有系统Ⅱ能产生足以支付公司资金成本的现金流。投资回收期法让人觉得系统Ⅰ似乎更快"收回"其初始投资,但该方法没有考虑资金的时间价值。

投资回收期法的另一个缺点是,它没有考虑投资项目在投资回收期之后的盈利能力。假设新时代公司的管理层对其仓库传送系统有第三个选择。系统Ⅲ需要 200 000 元的初始投资,在第 1 年和第 2 年将产生 100 000 元的税后净现金流入。因此,系统Ⅲ的投资回收期为两年,计算公式为

$$PP(Ⅲ) = 200\,000/100\,000 = 2\ (年)$$

倘若严格遵守投资回收期法的规则,系统Ⅲ将排在系统Ⅰ和Ⅱ之上,因为其投资回收期较短。然而,假设系统Ⅲ的使用寿命只有两年,而且两年后没有残值。如果不考虑资金的时间价值,系统Ⅲ确实将在两年内"收回"它的初始投资,但是系统Ⅲ在第 2 年之后没有提供进一步的回报。尽管系统Ⅲ的投资回收期很短,但它并不是一个理想的投资方案。实际上,系统Ⅲ的净现值为负,计算公式为

$$NPV(Ⅲ) = -200\,000 + 100\,000 \times (P/A, 10\%, 2) = -26\,450 （元）$$

如果一个投资项目表现出不均匀的现金流，前面提供的简单的投资回收公式将不起作用。相反，税后现金流必须逐年累积，直到累积的金额等于最初的投资额。

【例 7–16】假设新时代公司正在考虑为其在齐州市商业中心的超市扩大停车场地。管理层预计，增加的停车位最初会带来更大的销售额。然而，由于竞争对手的反应，这种效果将逐渐减弱。新时代公司停车场扩建项目现金流见表 7–10。

表 7–10　新时代公司停车场扩建项目现金流　　　　　　　　　　（单位：元）

年份	现金流类型	现金流出	现金流入
0	初始投资	-4 000 000	
1	税后现金净流量		750 000
2	税后现金净流量		700 000
3	税后现金净流量		650 000
4	税后现金净流量		600 000
5	税后现金净流量		550 000
5	重新铺设停车场路面	-80 000	
6	税后现金净流量		500 000
7	税后现金净流量		500 000
8	税后现金净流量		500 000
9	税后现金净流量		500 000
10	税后现金净流量		500 000

预计的税后净现金流见表 7–11，这个建设项目的投资回收期应该如何计算？

表 7–11　新时代公司停车场扩建项目累计税后净现金流　　　　　（单位：元）

年份	现金流类型	现金流出	现金流入	累计税后现金净流量
0	初始投资	-4 000 000		-4 000 000
1	税后现金净流量		750 000	-3 250 000
2	税后现金净流量		700 000	-2 550 000
3	税后现金净流量		650 000	-1 900 000
4	税后现金净流量		600 000	-1 300 000
5	税后现金净流量		550 000	-830 000
5	重新铺设停车场路面	-80 000		-830 000
6	税后现金净流量		500 000	-330 000
7	税后现金净流量		500 000	170 000
8	税后现金净流量		500 000	670 000
9	税后现金净流量		500 000	1 170 000
10	税后现金净流量		500 000	1 670 000

表7-11计算了该项目各年累计税后现金净流量，这个数值在第7年由负转正，该建设项目的投资回收期计算公式为

$$PP = 7 - 1 + \frac{|-330\,000|}{500\,000} = 6.66 \text{（年）}$$

因此，该项目投资回收期为6.66年。

投资回收期法在实践中被广泛使用，原因在于两点。第一，投资回收期法提供了一个简便的筛选投资项目的工具。如果一个项目不符合投资回收期的最低标准，管理层很可能会拒绝该项目，而不考虑预测到未来很长时间的潜在大量现金流。第二，一个新创公司可能会遇到现金短缺的问题。对于这样的公司来说，选择能够迅速收回初始投资的投资项目是至关重要的。一个缺乏现金的公司无法等待投资回收期长的项目的巨大回报。投资回收期法的缺点是没有考虑资金的时间价值，而且这种方法也不考虑项目在投资回收期之后的现金流。

因此，明智的做法是不要仅仅应用投资回收期法，应该结合现金流贴现分析进行决策。

7.3.2 会计收益率法

会计收益率法（Average Rate of Return on Investment，ARR）是指一项投资方案的年平均净利与初始投资额之比。会计收益率法关注的是一个项目所带来的增量会计利润，其计算公式为

$$\text{会计收益率} = \frac{\text{年均增量利润}}{\text{初始投资}}$$

$$= \frac{\text{年均增量收入} - \text{年均增量成本（包括折旧与所得税）}}{\text{初始投资}}$$

长期投资决策中的现金流贴现分析着重于现金流，并包含了资金的时间价值，而会计收益是基于权责发生制，而非收付实现制的概念，它强调收入在销售期间被确认，不一定是收到现金时；费用在发生期间被确认，不一定是支付现金时。

在方案的采纳与否决策中，当会计收益率达到或超过该项目预期要求的平均收益率时，表明该项目的收益能力达到要求的水平，该方案是可行的，否则不可行。在多方案的比较选择中，应选择会计收益率较高的可行方案。

【例7-17】假设新时代公司的管理层考虑为开设在居民区的若干超市网点统一安装低温展示柜，用于推进公司的生鲜业务。设备的成本为200万元，没有残值，假设可采用双倍余额法计提折旧。管理层对低温展示柜项目相关的收入与成本的预测见表7-12。

表7-12 新时代公司超市低温展示柜项目相关收入与成本预测 （单位：元）

年份	销售收入	销售成本	运营费用
1	1 200 000	600 000	150 000
2	1 180 000	590 000	150 000
3	1 160 000	580 000	150 000
4	1 140 000	570 000	150 000
5	1 120 000	560 000	150 000
6	1 100 000	550 000	150 000
7	1 100 000	550 000	150 000
8	1 100 000	550 000	150 000
9	1 100 000	550 000	150 000
10	1 100 000	550 000	150 000

那么，该项投资应如何计算会计收益率？

该项目各年利润的计算见表7-13，其中折旧费用采用了双倍余额递减法，折旧期限为10年，残值为0。

表7-13 新时代公司超市低温展示柜项目利润计算 （单位：元）

年份	销售收入	销售成本	运营费用	折旧费	税前利润	所得税	税后利润	现金净流量
0	—	—	—	—	—	—	—	-2 000 000
1	1 200 000	600 000	150 000	400 000	50 000	12 500	37 500	437 500
2	1 180 000	590 000	150 000	320 000	120 000	30 000	90 000	410 000
3	1 160 000	580 000	150 000	256 000	174 000	43 500	130 500	386 500
4	1 140 000	570 000	150 000	204 800	215 200	53 800	161 400	366 200
5	1 120 000	560 000	150 000	163 840	246 160	61 540	184 620	348 460
6	1 100 000	550 000	150 000	131 072	268 928	67 232	201 696	332 768
7	1 100 000	550 000	150 000	104 858	295 142	73 786	221 357	326 214
8	1 100 000	550 000	150 000	83 886	316 114	79 028	237 085	320 972
9	1 100 000	550 000	150 000	167 772	232 228	58 057	174 171	341 943
10	1 100 000	550 000	150 000	167 772	232 228	58 057	174 171	341 943
合计				2 000 000			1 612 500	

假设所得税税率为25%，在该项目10年的使用期内，预计税后利润合计为1 612 500元。因此，年均利润为161 250元，会计收益率为8.06%，计算公式为

$$ARR = \frac{161\ 250}{2\ 000\ 000} = 8.06\%$$

表7-13的最右一列为各期现金净流量，假设折现率为10%，可以计算该项目的净现

值（NPV）为 275 264 元。同时，该项目的内部收益率约为 13.31%。也就是说，如果用 13.31% 的折现率来计算现金流的现值，得到的净现值接近于 0。需要注意的是，这个项目的会计收益率为 8.06%，低于其 13.31% 的内部收益率。

由于会计收益率的公式中，分子为整个项目周期的平均利润，有的决策者会选择用项目的平均投资额作为分母来计算会计收益率，将该公式修改为

$$会计收益率_{平均投资额} = \frac{年均增量利润}{平均投资}$$

其中，平均投资是指项目生命周期内的平均会计账面价值。

该项目在每年年初的账面价值表 7-14。

表 7-14　新时代公司超市低温展示柜项目账面价值　　　　　　　　（单位：元）

年份	年初账面价值	折旧	年末账面价值	当年平均账面价值
1	2 000 000	400 000	1 600 000	1 800 000
2	1 600 000	320 000	1 280 000	1 440 000
3	1 280 000	256 000	1 024 000	1 152 000
4	1 024 000	204 800	819 200	921 600
5	819 200	163 840	655 360	737 280
6	655 360	131 072	524 288	589 824
7	524 288	104 858	419 430	471 859
8	419 430	83 886	335 544	377 487
9	335 544	167 772	167 772	251 658
10	167 772	167 772	—	83 886
平均值				782 559

表 7-14 的最右边一栏为金额的平均值，也就是 782 559 元。因此，使用平均投资额作为分母计算的该项目修正后的会计收益率，约为 20.61%，其计算公式为

$$ARR_{平均投资额} = \frac{161\ 250}{782\ 559} = 20.61\%$$

请注意，这个修正后的会计收益率比项目的内部收益率高得多，作为一个一般的经验法则，将观察到以下关系。

$$会计收益率_{初始投资额} < 内部收益率 < 会计收益率_{平均投资额}$$

在实践中，会计收益率法被使用的原因可能在于这种方法与财务报表保持一致，也是基于权责发生制，是一种简便易用的筛选长期投资项目的方法。但是，会计收益率法并不考虑资金的时间价值，这一点与投资回收期法相似。

思考题

1. 名句"一寸光阴一寸金",语出唐代诗人王贞白的《白鹿洞二首》之一,请结合长期投资决策内容谈谈你对这句话的理解。
2. 与短期决策相比,长期决策需要考虑的因素有何不同?
3. 现金流贴现分析的基本假设有哪些?有哪些常用的现金流贴现分析方法?
4. 净现值法和内部收益率法判别长期投资决策项目是否接受的标准是什么?
5. 相比于内部收益率法,净现值法有哪些优点?
6. 所得税对于长期投资项目的现金流有哪些影响?什么是折旧的税盾效应?
7. 在长期投资决策选优或者排序中,为什么使用净现值法和内部收益率法可能会有不同的结果?
8. 对长期投资决策进行事后审计有必要吗?为什么?
9. 什么是投资回收期?这个指标有什么不足?为何在长期投资决策中这仍然是一个常见的指标?
10. 在通货膨胀的国家和地区,进行长期投资决策应该注意哪些问题?

参考文献

[1] HILTON,PLATT. Managerial accounting:creating value in a dynamic business environment(12th)[M]. NY:Mcgraw-hill education,2019.
[2] 孙茂竹.文光伟.杨万贵.管理会计学[M].7版.北京:中国人民大学出版社,2016:227-275.
[3] 温素彬.管理会计[M].3版.北京:机械工业出版社,2019:314-335.

视频课程

7.1 长期投资决策概述　　7.2 长期投资决策方案的对比与选优　　7.3 长期投资决策的敏感性分析　　7.4 长期投资决策需要考虑的其他问题

第8章 预算管理

课程思政

08

导入案例

近年来，中央企业认真贯彻落实党中央、国务院决策部署，高度重视财务管理工作，持续优化管理手段，不断创新管理模式，积极应用先进管理工具，财务报告、全面预算、资金管理、财务信息化、财务内控、财会队伍建设等工作取得显著成效，前瞻性、有效性稳步增强，规范化、标准化明显提高，有力支撑了中央企业的持续健康发展。同时也要看到，部分中央企业集团化财务管控建设不到位、财务管理功能发挥不充分、财务管理手段落后于技术进步，与新时期中央企业高质量发展目标不匹配、不适应。为推动中央企业进一步提升财务管理能力水平，加快建设世界一流财务管理体系，国资委从总体要求、着力推动四个变革、重点强化五项职能、持续完善五大体系和做好组织实施五个方面提出意见。其中，"持续完善五大体系"中的第一个体系为——完善纵横贯通的全面预算管理体系。具体内容如下：

完善覆盖全部管理链条、全部企业和预算单元，跨部门协同、多方联动的全面预算组织体系、管理体系和制度体系，实现财务预算与业务、投资、薪酬等预算的有机融合。建立高效的资源配置机制，实现全面预算与企业战略、中长期发展规划紧密衔接。完善预算编制模型，优化预算指标体系，科学测算资本性支出预算，持续优化经营性支出预算，搭建匹配企业战略的中长期财务预测模型。统筹兼顾当期效益和中长期资本积累，以财务承受能力作为业务预算和投资预算的边界和红线。加强预算执行跟踪、监测、分析，及时纠偏。按照"无预算不开支、无预算不投资"原则，严控预算外经济行为。强化预算执行结果考核评价，增强刚性约束，实现闭环管理。

摘自：国务院国有资产监督管理委员会. 关于中央企业加快建设世界一流财务管理体系的指导意见（国资发财评规〔2022〕23号）[EB/OL]. (2023-06-23). [2022-03-02].

8.1 预算的概念

"凡事预则立，不预则废"。企业想以有限的资源取得尽可能多的经济效益，就必须编制全面预算。预算是企业在未来某一特定期间的经营活动中对资源获取、配置计划的量化显示。美国管理学家戴维·奥特利（David Otley）曾指出，全面预算是为数不多能将企业的现金流、实物流、信息流、人力流等相整合的管理控制方法之一。在20世纪20年代，预算最初在通用、杜邦、西门子等西方大型企业中产生，用以控制成本、管理现金流，成为企业量化管理的重要工具。近年来，全面预算已深入企业的销售、生产、供应、财务等各个环节，成为一种有效的管理手段，为提高企业的盈利能力和创新能力发挥了重要的作用。

8.1.1 预算的含义和作用

1. 预算的含义

预算是企业为实现既定的组织目标，经过预测与决策，将企业未来某一期间内的销售、生产经营、成本耗费、现金流量反映成全面综合的财务表述的管理方法。简言之，预算就是决策目标的具体化。经过预测分析和决策分析，全面预算将企业的总体目标进一步细分为各个方面的具体指标。企业的各个部门为了实现这些目标应相互配合、相互协调。通过全面预算，便于使各个部门甚至每个员工明确自己的责任，也使员工的工作业绩有了具体、可衡量的评价标准。

2. 预算的作用

企业为何需要做预算？在企业实践中，有很多企业家和经理人都错误地理解了全面预算的角色，给预算工作赋予了不切实际的期望值，最终导致预算执行过程中产生巨大的心理落差。不但没有发挥全面预算的作用，还会产生负面影响。预算的作用体现在预算管理对象的全方位、预算对其他手段的全面运用，以及企业所有部门、人员等全员参与，主要体现在以下几个方面：

（1）明确各部门目标　　预算的本质是希望对未来有前瞻性的预测，是掌控未来的手段，它可以帮助领导决策。预算的其他作用都是在此作用上慢慢衍生出来的。预算作为一种计划，规定了企业一定时期内企业内部各部门的具体工作目标和任务。全面预算通过将总体目标不断细分，使各个部门了解各自经济活动与企业经营目标之间的关系，将企业内部原本相对独立的各个部门联系起来，最大限度地减少了企业各部门因为本位主义而影响组织目标实现的现象。

（2）协调部门工作　　预算的编制将各部门的工作进行统筹规划，使各部门形成一个有机整体。各部门为了组织的总体利益自觉调整自身的工作目标，相互支撑、相互协调，减少企业因内部矛盾而产生的不必要的成本。例如，生产部门提出购买设备、增加某种产品的生产，财务部门可能会因为资金融通上的困难而难以满足他们的需求，销售部门则认为新生产出来的产品不符合市场需求，销路不畅。因此企业应正确处理整体与局部、局部与局部各要素之间的关系，使之充分发挥各自的职能和作用。

（3）控制日常活动　　预算是企业控制日常经济活动的依据，也是衡量各项经济活动合理性的尺度。在预算执行过程中，各职能部门的经济活动应经常与预算进行比较和分析，及时提供实际偏离预算的差异额并分析其原因，采取有效措施，确保目标的完成。

（4）考核工作业绩　　预算不仅是控制企业日常经营活动的依据，也是考核各部门工作的尺度。全面预算是根据本期的具体情况编制的，因而用来考核各部门的工作是最有说服力的。在生产经营过程中，把实际同预算进行对比，考核和分析实际成本同预算之间的差异，有助于促进各有关方面及时采取有效措施，消除薄弱环节，同时建立工作业绩的奖惩制度，形成正向激励，从而促进企业总体目标的实现。

（5）促进精细化管理　预算的编制是建立在定额的基础上，如人员、物料消耗定额等。要求定额合理，并随定额条件的变化而修正。预算的编制要求及时准确地传递多方信息，可以促进信息管理的发展。

8.1.2　预算与战略

传统预算通常与短期财务目标相联系。例如，内部组织机构只重视自身预算目标的实现而不能很好地支持企业整体预算目标。因此，传统预算因与企业战略的脱节而饱受诟病。在绝大多数企业中，预算与长期战略基本没有联系，管理者的注意力多集中于短期细节。亨利·明茨伯格（Henry Mintzberg）认为，对计划制订的学者来说，这是一种需要纠正的认识误区，他指出，行动计划制订与预算制定在结构和内容上的连接最薄弱。一项研究表明，60%的组织没有把预算和战略联系起来。它们的预算和业绩评价过程与战略计划过程是独立运行的。

从战略管理上来说，预算制定与企业战略相结合。战略是为实现企业使命或长远目标而确定的整体行动规划，而全面预算管理作为一种系统化、战略化、人本化理念为一体的管理模式可以作为战略目标实现的后盾。全面预算通过将组织的战略目标转化为中长期预算目标，进而再细化为短期预算总目标，把短期总目标分解为各职能部门的具体预算目标。战略目标、计划与预算目标的关系如图 8-1 所示。全面预算明确了各职能部门的具体目标，有助于组织与员工的沟通，使所有员工都了解本部门的经济活动与整个企业经营目标之间的关系，明确自己的工作应达到的水平，有利于动员每个员工想方设法从各自的角度去完成企业的战略目标。缺少预算做支撑，企业战略的操作性会大大减弱，而没有战略做引导的预算同样缺乏目标性。具体来说，预算和战略的关系体现在：战略为预算指明方向；预算目标可以解读并修正战略；预算编制可以细化战略实施方案；预算动态管理可以落实战略。

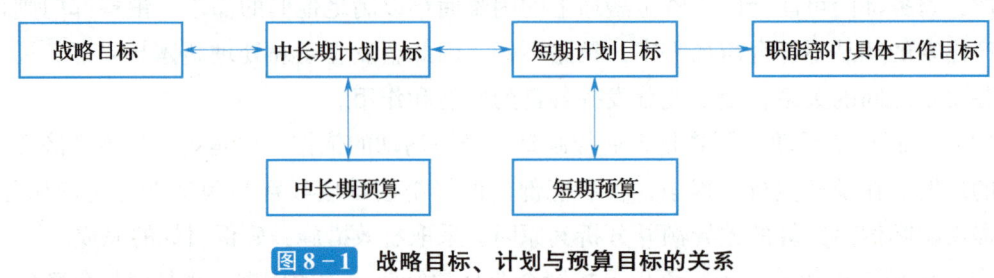

图 8-1　战略目标、计划与预算目标的关系

企业的全面预算是以战略为出发点，以销售预算为主导，并特别重视生产经营活动对企业财务状况的影响。而战略规划的最初目的是任务的分解，如销售计划、资金计划等。而预算是在此基础上通过合理的资源配置，制定各项详细的预算，如销售预算、成本预

算、收入预算等。

8.1.3 预算管理的主要内容

全面预算是由一系列预算构成的体系,各预算之间相互联系,是一个有机联系的主体。全面预算通常包括经营预算、专门决策预算和财务预算三个部分。

(1) 经营预算 经营预算是规划和控制企业日常生产经营活动的预算。主要包括:销售预算、生产预算、直接材料预算、直接人工预算、制造费用预算、产品成本预算、销售及管理费用预算等。

(2) 专门决策预算 专门决策预算是指企业为不经常发生的长期投资项目或一次性专门业务所编制的预算,它可分为两类:资本支出预算和一次性专门业务预算,包括用于长期投资的预算、股利分配预算、筹资预算等。专门决策预算直接反映相关决策的结果,是实际中选择方案的进一步规划。

(3) 财务预算 财务预算是指企业在计划期间内有关现金收支、财务状况和经营成果的预算。主要包括现金预算、预计财务报表(预计利润表和预计资产负债表)等。财务预算作为全面预算的最后环节,可以从价值方面总括反映专门决策预算和业务预算的结果,亦称总预算,其他预算相应称为辅预算或分预算。

8.1.4 预算的编制过程

企业一般是按照以销定产的经营思路编制全面预算,所以销售预算是全面预算的起点,然后根据销售预算和期末存货预算编制生产预算,再根据生产预算编制直接材料预算、直接人工预算、制造费用预算、产品成本预算,再编制销售及管理费用预算、专门决策预算,最后编制财务预算。全面预算项目的关系如图8-2所示。

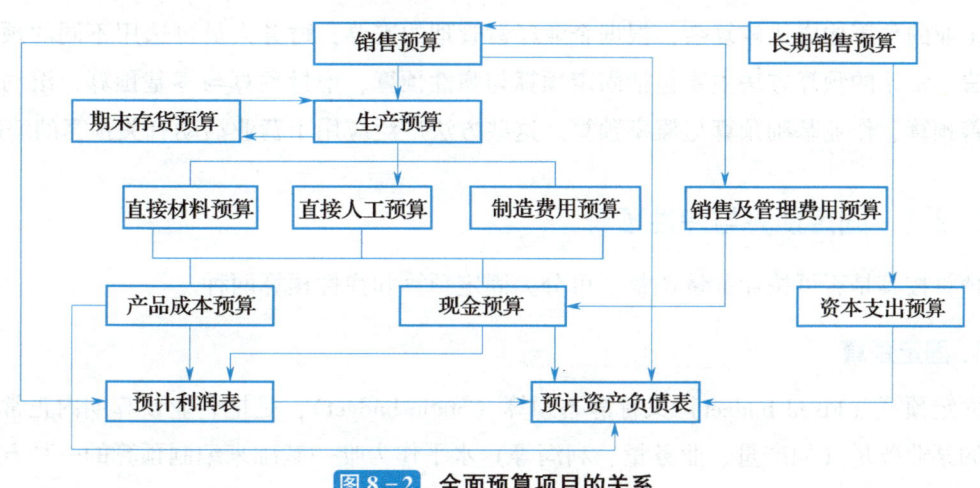

图8-2 全面预算项目的关系

8.1.5 预算的分类

1. 按涉及的内容分为总预算和专门预算

总预算是指资产负债表预算和利润表预算，反映企业总体预算情况，是各种专门预算的综合。专门预算是指其他反映企业某一经济活动的预算。

2. 按涉及的业务活动领域分为经营预算、专门决策预算和财务预算

经营预算是指与企业日常经营活动相关的预算，包括销售预算、生产预算、直接材料预算、直接人工预算、制造费用预算、销售及管理费用预算等。专门决策预算是指企业预算期内不经常发生的，需要根据特定决策临时编制的一次性预算。财务预算是反映企业预算期内预计财务状况、经营成果以及现金收支等价值指标的各种预算的总称，具体包括现金预算、预计利润表、预计资产负债表和预计现金流量表等内容，是全面预算体系的最后环节。

3. 按涉及的时间分为长期预算和短期预算

长期预算主要是指一年以上的预算，如购置大型设备或改扩建、新建厂房等的长期投资预算，按年度划分的长期资金收支预算等。长期预算是一种规划性质的预算，虽然数字可以不用过于精细，但编制的好坏，将影响一个企业的长期战略目标是否能够如期实现。短期预算就是指全面预算，又称总预算，是关于企业在一定时期内（一般不超过一年或一个经营周期）经营、财务等方面的总体预算。短期预算是一种执行预算，数据要求尽可能具体化，便于控制和执行。

8.2 预算的编制方法

企业的预算构成比较复杂，根据企业经营管理的需要，财务人员可选用不同的预算编制方法。常见的预算方法主要包括固定预算与弹性预算、增量预算与零基预算、滚动预算与改善预算、作业基础预算与概率预算。这些方法广泛应用于营业活动有关预算的编制。

8.2.1 固定预算与弹性预算

预算按其是否可按业务量调整，可分为固定预算和弹性预算两种。

1. 固定预算

固定预算（Fixed budget）又称静态预算（Static budget），是把企业预算期内正常的可实现的某业务量（如产量、业务量、利润等）水平作为唯一基础来编制预算的一种方法。

只有当预计业务量与实际业务量一致（或甚小误差）时，以固定预算法编制预算比较

合适。当实际业务量与编制预算业务量发生较大误差时,实际数脱离预算数的差异包括了因业务量增减变化产生的差异而失去了可比性。所以,固定预算一般适用于考核非营利组织或业务量水平较为稳定的企业。

固定预算只按某一确定的业务量水平为基础预计其相应的金额,而不考虑预算期内业务量水平可能发生的变动。将实际结果与按预算期内所确定的某一业务量水平预算数进行比较分析,并据以进行业绩评价、考核。

【例 8–1】进化公司的单位产品消耗为:直接材料 50 元,直接人工 60 元,变动制造费用 10 元,固定制造费用总额 50 000 万元。以该公司第四季度的预计生产量和预计单位生产成本为例,比较固定预算成本与实际成本见表 8–1。

表 8–1 进化公司 2023 年第四季度固定预算成本与实际成本的比较表

项目	实际成本①	固定预算成本②	差异③=①−②
生产量(万件)	3 20	297	23
直接材料(万元)	15 700	14 850	850
直接人工(万元)	19 000	17 820	1 180
变动制造费用(万元)	3 200	2 970	230
固定制造费用(万元)	5 200	5 000	200
产品成本(万元)	43 100	40 640	2 460

从上表可以看出,将实际生产数量 3 200 千件的成本与预计生产量 2 970 千件的成本做对比,可以很清楚地反映企业成本的控制情况。从表中可知,每一项目的实际成本都大于预算成本,产生不利差异为 2 460 万元,这实际上主要是由于生产量增加所导致的。

由此可以看出,固定预算有明显的不足。在市场变化快、差异较大时,实际发生的业务量与预算所依据的固定业务量会产生差异,因而不便于将实际成本与预算成本进行比较,不利于控制经济活动,难以评价企业的业绩。

2. 弹性预算

弹性预算(Flexible budget)亦称变动预算,是在成本性态的基础上,依据业务量、成本和利润之间的联动关系,按照预算期内可预见的多种生产经营或业务量水平分别确定相应数据而编制的预算的方法。弹性预算和固定预算相比,它可以适用变化的市场情况,在不同的业务量下都可以较为有效地用来控制和考核各种经济活动,所以适用于业务量水平经常变动的企业。由于未来业务量的变动会影响到成本费用利润等各个方面,因此,弹性预算从理论上说适用于全面预算中与业务量有关的各种预算,但实务中主要用于编制弹性成本预算和弹性利润预算。

按照与特定业务量水平编制的固定预算法相比,其基本特征是:它按预算内某一相关范围内的可预见的多种业务活动水平确定不同的预算额,也可按实际业务活动水平调整其预算额;将实际指标与实际业务量相应的预算额进行对比,并据以进行业绩评价、考核。

弹性预算的编制步骤为:

1) 确定某一相关范围,预计在未来期间内业务量水平将在这一相关范围内的变动情况。弹性预算的业务量范围,应视企业或部门的业务量变化情况而定。一般来说,可定在正常生产能力的 70%~110%,或以历史上最高业务量或最低业务量为其上下限。弹性预算法编制预算的准确性取决于成本形态分析的可靠性。

2) 选择业务量的计量单位。要选用一个最能代表本部门生产经营活动水平的业务量计量单位。如以手工操作为主的车间,就应选用人工工时;制造单一产品或零件部门,可选用实物数量;修理部门可以选用直接修理工时等。

3) 按照成本性态分析的方法,将企业的成本分为固定成本和变动成本两大类,并确定成本函数($y = a + bx$)。

4) 确定预算期内各业务量水平的预算额。

弹性预算法分为公式法和列表法两种具体方法。

1) 公式法。公式法是运用总成本性态模型,测算预算期成本费用数额,并编制成本费用预算的方法。根据成本性态,成本与业务量之间的数量关系可以表示为

$$y = a + bx$$

式中,y 表示某项预算从成本总额;a 表示该项成本中的预算固定成本;b 表示该项成本中的预算单位变动成本;x 表示预计业务量。

【例 8-2】假设进化公司制造费用中修理费用与修理工时密切相关。经测算,预算期修理费用中固定修理费用为 400 万元,单位工时变动修理费用为 1 万元;预计预算期内的修理工时为 1 500h。采用公式法,测算预算期的修理费用总额为:400 + 1 500 × 1 = 1 900(万元)。

任何成本都可以用 $y = a + bx$ 来近似表示,所以只要在预算中列示固定预算成本和单位变动成本,便可以计算任意业务量成本。

2) 列表法。列表法是在预计业务量范围内将业务量分为若干个水平,按不同业务量水平编制。

【例 8-3】进化公司 2023 年第四季度预计可以生产 300 万件左右产品,单位产品消耗为:直接材料 50 元,直接人工 60 元,变动制造费用 10 元。固定制造费用总额为 5 000 万元。进化公司充分考虑到预算期内产量发生变化的可能,分别编制出 210 万件、240 万件、270 万件、300 万件和 330 万件时的弹性成本预算表,见表 8-2。

表 8-2 进化公司 2023 年第四季度弹性成本预算表

项目	预计弹性生产量下的生产成本				
预计生产量（万件）	210	240	270	300	330
直接材料（万元）	10 500	12 000	13 500	15 000	16 500
直接人工（万元）	1 260	1 440	1 620	1 800	1 980
变动制造费用（万元）	2 100	2 400	2 700	3 000	3 300
固定制造费用（万元）	5 000	5 000	5 000	5 000	5 000
产品成本（万元）	18 860	20 840	22 820	24 800	16 780

表 8-2 中列示了五种生产量水平的成本预算数据。这样，无论实际产量到达何种水平，都有适合的一套数据来发挥控制作用。

列表法的优点是不管实际业务量多少，不必经过计算即可找到与业务量相近的预算成本；混合成本中的阶梯成本和曲线成本，可按总成本性态模型计算填列，不必用数学方法修正为近似的直线成本。但是，运用列表法编制预算，在评价和考核实际成本时，往往需要使用插补法来计算实际业务量的预算成本，工作量较大。

8.2.2 增量预算与零基预算

预算按其编制是否以基期水平为基础分为增量预算和零基预算。

1. 增量预算

增量预算（Incremental Budget）又称调整预算法，就是在基期预算执行结果的基础上，结合预算期的情况，加以适当的调整来编制预算的方法。这种预算方法比较简便，它以基期的水平为基础，实际上是以承认现实的基本合理性作为出发点，容易造成预算的不足，导致资源浪费，适用于比较稳定的企业预算的编制。

在增量预算法下，预算编制企业常常在上一年预算的基础上，增加一定的比例来编制新的预算，以此来争取资金。这不仅使预算缺乏科学的基础，也会使一些不合理的支出继续存在。增量预算法并没有认真评价所提供的服务水平及效率，因而，助长了浪费和低效。

2. 零基预算

零基预算（Zero-base budget）又称零底预算，全称为以零为基础编制的计划和预算。它的主要特点是在编制预算时，预算期内任何一个费用项目的开支数，不从往年的实际出发，而是以零为基础，从根本上考虑各开支项目的必要性、合理性和实际需要量来编制的一种预算。

零基预算的编制步骤为:

1) 划分基层预算单位,确定预算期内可能发生的费用项目和金额。

2) 对每一个可以增减费用额的项目进行"费用—效益分析",权衡得失,按费用效益率排出优先顺序。

3) 将预算期内的可动用资金在各费用项目间分配。分配时应首先满足那些必须支出的项目,然后再将剩余资金按费用贡献率的顺序进行分配。

【例 8-4】假定进化公司按照零基预算方法编制管理费用预算,在预算期内可用于管理费用的资金为 1 800 万元。经管理部门全体职工的反复讨论,确定以下费用项目和费用金额。房屋租金 600 万元;培训费 500 万元;差旅费 150 万元;业务招待费 250 万元;办公费 300 万元。在上述费用项目中,房屋租金、培训费、办公费是必须足额支出的项目,共支出费用总额 1 400 万元,剩余资金 400 万元根据效益费用比率在差旅费和业务招待费中分配。差旅费和业务招待费的效益费用分析见表 8-3。

表 8-3 差旅费和业务招待费的效益费用分析

项目	费用(万元)	效益(万元)	效益费用比率(%)
差旅费	150	900	600
业务招待费	250	600	240

$$差旅费分配资金 = \frac{400}{900+600} \times 900 = 240(万元)$$

$$业务招待费可分配资金 = 400 - 240 = 160(万元)$$

零基预算由于冲破了传统预算方法框架的限制,以零为起点,观察分析一切费用开支的合理性和必要性,使企业可以有效地利用资源,帮助管理人员提高投入产出意识,还可以激励各基层单位参与预算编制的积极性和主动性。

然而,由于一切支出均以零为起点进行分析研究,因而编制预算的工作量较大,而且对各费用项目的效益率进行计算缺乏客观依据,容易引起部门间的矛盾。因此,一个合理的编制方法是:每三年至五年编制一次零基预算,以后几年内再做适当调整,这样既减少了工作量,又能适当控制费用,以减少浪费和低效。

8.2.3 滚动预算与改善预算

1. 滚动预算

滚动预算(Rolling Budget)又称永续预算或连续预算,是指在预算编制时,将预算期脱离会计期,随着预算执行的不断延伸补充预算,使预算期永远保持为一个固定期间的一种预算编制方法。和一般预算相比,滚动就是在每季度末编制以后四个季度的预算,或在每月末都编制以后 12 个月的预算，使预算的执行者永远处在预算期的第一个阶段。

滚动预算按照滚动的时间单位分为逐月滚动、逐季滚动和混合滚动。

（1）逐月滚动　逐月滚动方式是指在预算编制过程中，以月份为预算的编制和滚动单位，每个月调整一次预算的方法。如在 2023 年 1 月至 12 月的预算执行过程中，需要在 1 月末根据当月预算的执行情况，修订 2 月至 12 月的预算，同时补充 2024 年 1 月份的预算；到 2 月月末可根据当月预算的执行情况，修订 3 月至 2024 年 1 月的预算，同时补充 2024 年 2 月份的预算；以此类推。逐月滚动方式编制的预算比较精确，但工作量比较大，具体编制方法如图 8-3 所示。

图 8-3　逐月滚动预算编制方法

（2）逐季滚动　逐季滚动方式是指在预算编制过程中，以季度为预算的编制和滚动单位，每个季度调整一次预算的方法，其具体操作与逐月滚动预算编制方法相同，如图 8-4 所示。相较于逐月滚动预算，逐季滚动预算的工作量较小，但精确度较差。

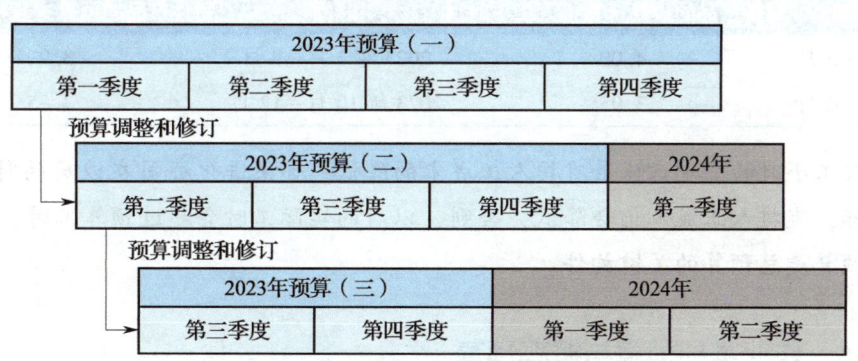

图 8-4　逐季滚动预算编制方法

（3）混合滚动　混合滚动方式是指在预算编制过程中，同时以月份和季度作为预算编制以及滚动单位的方法，如图 8-5 所示。由于进行长期预算不准确，按季度编制的滚动预算通常是对头一个季度的预算按月进行编制，对后三个季度的编制按季编制。即近期的预算资料尽可能详细些，远期的预算资料笼统些。这样可以避免无效劳动，简化预算的编制工作。

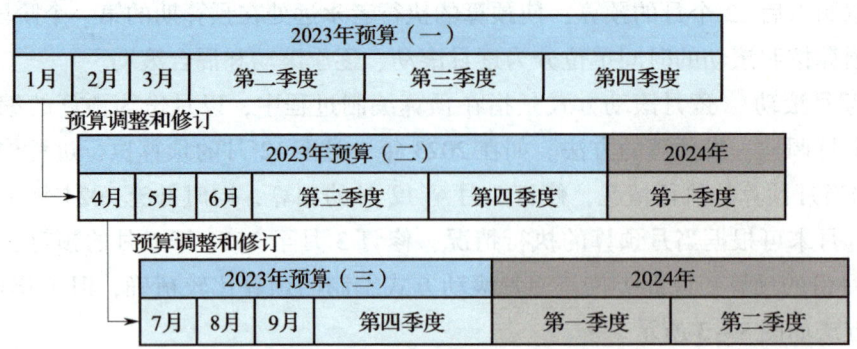

图 8-5 混合滚动预算编制方法

综上所述,滚动预算较传统的定期预算具有以下优点:① 可以保持预算的连续性与完整性,使有关人员始终保持对未来 12 个月甚至更长远的生产经营活动作全盘规划,能从动态的预算中把握企业的未来;② 可以根据前期预算的执行结果,结合各种新的变化信息,不断调整或修订预算,从而使预算与实际情况更相适应,有利于充分发挥预算的指导和控制作用。

2. 改善预算

改善预算(Kaizen Budgeting)法是将预算期内的持续改善纳入预算的考虑范围内。

【例 8-5】进化公司 2023 年直接人工小时的改善预算见表 8-4。

表 8-4 直接人工小时的改善预算表

时间	每件产品的预算(直接人工小时)	时间	每件产品的预算(直接人工小时)
2023 年 1 月—3 月	4.00	2023 年 7 月—9 月	3.90
2023 年 4 月—6 月	3.95	2023 年 10 月—12 月	3.85

直接人工小时的减少意味着直接人工成本的降低。如果进化公司在以后的时间内持续改进的目标,直接人工成本仍会降低,否则,以后的实际工时会超过预算工时。

改善预算是总预算的关键构件。

8.2.4 作业基础预算与概率预算

1. 作业基础预算

作业基础预算(The Activity-Based Budget,ABB)也称作业预算,是以作业管理为基础,以企业价值增值为目的的一种预算管理方法。它是在作业分析和业务流程改进的基础上,结合企业战略目标和据此预测的作业量,确定企业各个部门的作业发生成本,并运用该信息在预算中规定每一项作业所允许的资源耗费量,实施有效的控制、绩效评价和考核。

作业基础预算的编制步骤为：
1) 确定作业基础预算的编制起点。
2) 划分和识别主要作业，并确定作业动因和作业消耗比率。
3) 通过产品需求量和作业消耗比率计算作业需求量。
4) 分析作业的资源动因，确定资源消耗比率。
5) 通过作业需求量和资源消耗比率计算资源需求量。
6) 将预测的资源需求量与预计的资源单价相乘计算相关资源成本。

作业基础预算模型根据产出消耗作业，作业消耗资源的原理。在预测产出量的基础上，预测产出消耗的作业量，由此预测资源的消耗量。然后将作业的消耗量与资源对比，从而不断地调整资源供应量，寻找资源的经营平衡，达到资源的优化配置。相较于传统预算，其核算更精细和准确。同时，在作业基础预算下，通过战略目标细化，将战略分解到"作业"层次，而不仅仅是资源层次，可以使每一名员工都更清楚自己所面对的作业层面的战略目标。以预算形式表现的战略计划能激发企业员工的主动性，确保企业战略目标的实现。

2. 概率预算

概率预算（Probabilistic Budget）是为了反映企业在实际经营过程中各指定指标可能发生的变化而编制的预算。在企业的经营活动中，由于内外部环境的影响，其单位变动成本和固定成本经常发生变动，其销售额的估计也存在着不确定性。这时就需要根据客观条件，对有关变量做一些近似的估计，估计它们可能变动的范围及出现在各个变动范围的概率，再通过加权平均计算有关变量在预期内的期望值，使其所得的结果更符合未来的客观实际情况，从而更好地发挥预算的计划和控制作用。

概率预算编制的具体做法如下：
1) 在预测分析的基础上，估计各相关因素的可能值及其出现的概率。
2) 计算联合概率，即各相关因素的概率之积。
3) 根据弹性预算提供的预算指标以及与之对应的联合概率计算出预算对象的期望值，即概率预算下的预算结果。

【例 8-6】 进化公司 2023 年度预算的基本资料见表 8-5。

表 8-5 进化公司 2023 年度概率预算的基本资料

销售量		销售单价（元）	单位变动成本		固定成本（万元）
数量（万件）	概率		金额（元）	概率	
900	0.3	80	50	0.2	10 000
			55	0.5	
			60	0.3	

(续)

销售量		销售单价（元）	单位变动成本		固定成本（万元）
数量（万件）	概率		金额（元）	概率	
1 000	0.6	80	50	0.3	11 000
			55	0.4	
			60	0.3	
1 100	0.1	80	50	0.3	12 000
			55	0.5	
			60	0.2	

根据上述资料采用概率预算计算利润的期望值，见表 8-6。经计算，税前利润的概率预算为 13 620 万元。

表 8-6 利润期望值计算

组合	销售量（万件）	单位变动成本（元）	单位变动成本概率	固定成本（万元）	利润（万元）	联合概率	利润期望值（万元）
1	900	50	0.2	10 000	17 000	0.06	1 020
2	900	55	0.5	10 000	12 500	0.15	1 875
3	900	60	0.3	10 000	8 000	0.09	720
4	1 000	50	0.3	11 000	19 000	0.18	3 420
5	1 000	55	0.4	11 000	14 000	0.24	3 360
6	1 000	60	0.3	11 000	9 000	0.18	1 620
7	1 100	50	0.3	12 000	21 000	0.03	630
8	1 100	55	0.5	12 000	15 500	0.05	775
9	1 100	60	0.2	12 000	10 000	0.02	200
合计						1.00	13 620

企业可针对其自身业务的特点，根据实际情况选择使用零基预算法或增量预算法，或对某一部分预算内容选择性使用或结合使用。例如，企业在运行平稳时多采用增量预算法，但当企业遇有重大的内外变化的时候使用零基预算法；企业在某些部门如销售市场、研发、生产使用零基预算法，而其他部门如采购、行政、人事使用增量预算法。

8.3 预算的编制内容

8.3.1 预算编制的基础

（1）各项预测决策的结果　企业的销售预测、产品售价的预测、单位变动成本和固定成本的预测等是企业编制全面经营预算的基础。

（2）预编本年度的资产负债表　编制预算需要以本年度资产负债表为基础，而本年度的资产负债表在下年度预算时还未编制，所以要预编本年度的资产负债表。

（3）各项标准用量和标准价格　标准用量是指直接材料用量、直接人工标准耗用工时等。标准价格主要包括直接材料标准价格、直接人工标准工资率、各项变动制造费用及销售管理费用标准分配率、固定制造费用及销售管理费用标准支出额。这些标准是考虑企业在预算期内的技术水平和管理水平的依据。

（4）其他相关资料　包括各季度的销售所得金额占当季销售额的比率、材料采购支出金额占采购额的比率、产成品存货数量占下季度销售量的比率和材料存货占下季度生产用量的比率。

8.3.2　经营预算的编制

在市场竞争的环境下，企业需要预测市场需求，以销定产。因此，企业预算管理为生产和运营配置资源时，同样需要以销定产。以制造业为例，企业经营预算的编制顺序通常是先编制销售预算、再依次编制生产预算、直接材料预算、直接人工预算、制造费用预算、产品成本预算、销售及管理费用预算等，最后编制预计利润表。

1. 销售预算

销售预算预测企业销售产品或提供劳务所取得的收入，它是根据营销经理们所做出的销售预测来编制的。它不仅是全面预算的开始，而且是编制其他预算的前提。

销售预算的主要内容包括销售量、销售单价和销售收入。销售预算确定了预计销售量和单位售价后，就可以计算预计销售收入，即

$$预计销售收入 = 预计销售量 \times 销售单价$$

【例8–7】进化公司预计2024年销售产品900万件，其中前三个季度销量均为200万件，第四季度销量为300万件，销售单价为180元。每季的产品销售当季收到的货款占70%，其余30%下季收讫。2023年年末的应收账款余额为1亿元。该公司的销售预算见表8–7，预计现金收入见表8–8。

表8–7　进化公司2024年销售预算

摘要	第一季度	第二季度	第三季度	第四季度	合计
预计销售量（万件）	200	200	200	300	900
销售单价（元）	180	180	180	180	
预计销售总额（万元）	36 000	36 000	36 000	54 000	162 000

表8-8 进化公司2024年预计现金收入 （单位：万元）

摘要	第一季度	第二季度	第三季度	第四季度	合计
上年应收账款收回	10 000				10 000
收回第一季度销售收入	25 200	10 800			36 000
收回第二季度销售收入		25 200	10 800		36 000
收回第三季度销售收入			25 200	10 800	36 000
收回第四季度销售收入				37 800	37 800
现金收入总额	35 200	36 000	36 000	48 600	155 800

从预计现金收入表的编制过程中可以看出，第一季度收回的上年度的应收账款1亿元是根据资产负债表的应收账款项目的期初余额列示的；第四季度货款的30%，即1.62亿元表现为应收账款的期末余额，在年末预计资产负债表上列示。

如果企业制造的产品不止一种，那么每种产品都重复进行以上计算，得出的各种产品的销售额再加总，算出总销售额，但这样做会造成销售预算过于繁杂，而且也没有必要将那些销量小、销售额低的产品都反映在预算里。通常的做法是只列示全年及各季的销售总额，同时将几种主要产品的销售量和销售价格分别编制销售预算附表，作为销售预算的附件。

2. 生产预算

生产预算是为了规划预期生产规模而由生产部门参照销售预算量编制。生产预算是根据预计的销售量和预期的期初、期末产成品存货量，按产品分别编制的，其计算方法为

预计生产量 = 预计销售量 + 预计期末存货量 – 预计期初存货量

在编制生产预算时，如果没有期初期末存货，生产量等于销售量。若企业制造的产品超过一种，则生产预算要分产品编制。从分析可以看出，每季的期末存货都成为下季的期初存货。产成品的期初、期末存货之所以要作为生产预算的一个必要组成部分，是因为可以避免不必要的成本。如果存货过多，会形成资金积压，如果存货过少，又会影响到下一季度销售活动的正常进行。这两种情况的出现，都会对公司的生产经营带来不利的影响。

【例8-8】依前例，假定进化公司每季度末的产成品存货为下一季度销售量的5%，第四季度预计产成品期末存货为12万件。预算年度第一季度的期初存货为8万件。上一季度末的期末存货即本季度的期初存货。根据表8-7的预计销售量和有关存货的期初期末资料，可编制其生产预算，见表8-9。

表8-9 进化公司2024年度生产预算 （单位：万件）

摘要	第一季度	第二季度	第三季度	第四季度	合计
预计销售量（见表8-7）	200	200	200	300	900
加：期末存货	10	10	15	12	12
预计需要量合计	210	210	215	312	912
减：期初存货	8	10	10	15	8
预计生产量	202	200	205	297	904

年度生产预算编制完成以后，还应根据企业的生产进度，按月排出生产进度，以确定预算期生产任务的具体完成计划。

3. 直接材料预算

直接材料预算是为了规划预算期内直接材料采购金额的一种预算。直接材料、直接人工、制造费用各项预算都要依据生产预算中的预计生产量来编制的，同时需要考虑期初、期末存货的影响，其计算方法为

预算直接材料采购量 = 预计生产量 × 单位产品材料耗用量 + 预期期末材料存货 − 预计期初材料存货

企业需要充足的材料用于当期生产和作为材料的预期期末库存，以避免材料的供应不足。如果制造产品所需材料超过一种，那么计划表格要按材料种类分别编制，然后将各种材料的成本汇总，得出直接材料总成本。

在编制直接材料预算的同时，一般还应编制材料的预计现金支出表，用于编制现金预算。该表根据采购部门预期从供应商那里取得的信用条件来编制。任一期的预计现金支出数包括上期购料将于本期支付的现金和本期购料应由本期支付的现金。

【例 8 − 9】依前例，设单位产品的材料用量是 10kg，单价 5 元。季末预计的材料存货占次季生产需要量的 5%，年末预计的材料存货为 102 万 kg，年初预计的材料存货为 90 万 kg。各季预计的期初存货即上季末预计的期末存货。

假定季度的材料采购额中 60% 应于当期支付现金，其余 40% 可于下季度支付现金。本预算期的应付账款期初余额为 6 000 万元。

根据生产量和预计期末存货量可以编制出进化公司 2024 年度直接材料预算，见表 8 − 10；根据付款额的支付情况，可以编制进化公司 2024 年度预计现金支出，见表 8 − 11。

表 8 − 10　进化公司 2024 年度直接材料预算

摘要	第一季度	第二季度	第三季度	第四季度	合计
预计生产量（表 8 − 9）（万件）①	202	200	205	297	904
单位产品材料用量（kg）②	10	10	10	10	10
生产需要量（万 kg）③ = ① × ②	2 020	2 000	2 050	2 970	9 040
加：预计期末材料存货（万 kg）④	100	102.5	148.5	102	102
预计需要量合计（万 kg）⑤ = ③ + ④	2 120	2 102.5	2 198.5	3 072	9 142
减：预计期初材料存货（万 kg）⑥	90	100	102.5	148.5	90
预计材料采购量（万 kg）⑦ = ⑤ − ⑥	2 030	2 002.5	2 096	2 923.5	9 052
单价（元/kg）⑧	5	5	5	5	5
预计材料采购额（万元）⑨ = ⑦ × ⑧	10 150	10 012.5	10 480	14 617.5	45 260

表 8-11 进化公司 2024 年度预计现金支出 （单位：万元）

摘要	第一季度	第二季度	第三季度	第四季度	合计
支付上年应付账款	6 000				6 000
支付第一季度货款	6 090	4 060			10 150
支付第二季度货款		6 007.5	4 005		10 012.5
支付第三季度货款			6 288	4 192	10 480
支付第四季度货款				8 770.5	8 770.5
现金支出总额	12 090	10 067.5	10 293	12 962.5	45 413

从预计现金支出表的编制过程可以看出，第一季度支付的上年度的应付账款 6 000 万元是根据资产负债表中该项目的期初余额列示的；第四季度购货款的 40%，即 5 847 万元为应付账款的期末余额，在年末预计资产负债表上列示。

4. 直接人工预算

直接人工预算是为直接生产工人的人工耗费编制的预算，用来规划预算期内各种工种的消耗水平和人工成本。编制直接人工预算的主要依据是预算期生产量、直接人工标准耗用量和标准工资率。

计算方法为

直接人工成本 = 预计生产量 × 单位产品直接人工小时 × 单位工时工资率

【例 8-10】依前例，设生产单位产品需 0.5 个直接人工小时，工资率为 120 元/h。根据生产量和单位产品耗用人工小时可以编制出直接人工预算，见表 8-12。

表 8-12 进化公司 2024 年度人工预算

摘要	第一季度	第二季度	第三季度	第四季度	合计
预计生产量（万件）（表 8-9）①	202	200	205	297	904
单位产品直接人工（h）②	0.5	0.5	0.5	0.5	0.5
直接人工总工时（万h）③=①×②	101	100	102.5	148.5	452
小时工资率（h）④	120	120	120	120	120
人工总成本（万元）⑤=③×④	12 120	12 000	12 300	17 820	54 240

5. 制造费用预算

编制制造费用预算需要将制造费用划分为变动性制造费用和固定性制造费用两部分。固定制造费用预算按基期资料编制或采用零基预算方法编制，变动性制造费用预算可以根据预计生产量和预计的变动制造费用分配率来计算。

制造费用中大部分需要在当期用现金支付，但也有一部分以前季度支付的费用在本期的摊销不需要支付现金，固定资产折旧也不需要支付现金。为了便于下一步编制现金预算，在编制制造费用预算的同时，还要编制预计现金支出表。

【例8-11】依前例，假设进化公司的变动制造费用分配率为20元/h。固定性制造费用的预算为每季度5 000万元，其中折旧为2 000万元。根据这些资料和直接人工预算中的预计直接人工小时以及变动性制造费用分配率，编制制造费用预算表。假定除折旧以外的其他制造费用都以现金支付，同时编制预计现金支出表，见表8-13。

表8-13 进化公司2024年度制造费用预算及预计现金支出表

摘要	第一季度	第二季度	第三季度	第四季度	合计
直接人工总工时（万h）①	101	100	102.5	148.5	452
变动制造费用分配率（元/h）②	20	20	20	20	20
预计变动制造费用（万元）③＝①×②	2 020	2 000	2 050	2 970	9 040
预计固定制造费用（万元）④	5 000	5 000	5 000	5 000	20 000
制造费用合计（万元）⑤＝③＋④	7 020	7 000	7 050	7 970	29 040
减：折旧（万元）⑥	2 000	2 000	2 000	2 000	8 000
预计现金支出合计（万元）⑦＝⑤－⑥	5 020	5 000	5 050	5 970	21 040

6. 产品成本预算

产品成本预算，是销售预算、生产预算、直接材料预算、直接人工预算、制造费用预算的汇总。在此基础上计算出产品单位成本，期末产成品成本以及本期产品销售成本，从而编制产品成本预算表。

【例8-12】依前例，在进化公司直接材料、直接人工、制造费用预算的基础上，编制公司产品成本预算表，见表8-14。

表8-14 进化公司2024年度产品成本预算表

成本项目	价格标准	用量标准	单位成本	本期生产成本（904万件）	期末存货成本（12万件）	本期销售成本（900万件）
直接材料（表8-10）	5	10kg	50	45 200	600	45 000
直接人工（表8-12）	120	0.5h	60	54 240	720	54 000
变动制造费用（表8-13）	20	0.5h	10	9 040	120	9 000
单位变动成本			120	108 480	1 440	108 000
加：固定制造费用（表8-13）			22.12①	20 000	265.4	19 908
产品成本			142.12	128 480	1 705.4	127 908②

① 固定制造费用分配率约为22.12（20 000/904）元/h。
② 根据预计资产负债表中期初产成品80件成本为1 133.4万元，可计算得出本期销售成本为127 908（1 133.4＋128 480－1 705.4）万元。

7. 销售及管理费用预算

销售和管理费用预算包括预算期内有关销售产品和日常行政管理活动中所产生的各种费用项目。销售和管理费用预算的编制方法与制造费用编制方法相类似，也是按成本性态划分为固定费用和变动费用两部分，固定费用通常包括广告费、管理人员工资、保险费和办公费等；变动费用包括销售佣金以及销售人员工资等。

【例 8-13】依前例，假定变动的销售和管理费用与销售量相关，销售和管理费用的变动费率为每件 5 元，固定的销售和管理费用每季度都是 1 500 万元。假定这些费用全部以现金支付，预计现金支出与销售和管理费用额相等，则其预算表和预计现金支出见表 8-15。

表 8-15　进化公司 2024 年度销售与管理费用预算表及预计现金支出表

摘要	第一季度	第二季度	第三季度	第四季度	合计
预计销售量（万件）（表 8-7）①	200	200	200	300	900
单位变动费用率（元/件）②	5	5	5	5	5
变动费用总额（万元）③ = ①×②	1 000	1 000	1 000	1 500	4 500
固定费用（万元）④	1 500	1 500	1 500	1 500	6 000
销售与管理费用合计（万元）⑤ = ③+④	2 500	2 500	2 500	3 000	10 500
预计现金支出（万元）⑥ = ⑤	2 500	2 500	2 500	3 000	105 00

8. 预计利润表

预计利润表反映预算期内的经营成果，是经营预算中的一张关键表，它提供未来一段时间内某组织的盈利能力估计。编制预计利润表的主要依据是销售预算、产品成本预算、销售及管理费用预算、专门决策预算等有关资料。预计利润表上的税后收益与税后目标利润相比较，如有差距，应进行单一项目或进行综合性的调整，以达到目标利润的要求，实现企业的短期经营目标。预计收益表通常按年编制，为了管理上的特殊需要，也可以按季度编制。

【例 8-14】依前例，进化公司根据以上预算表编制 2024 年度的预计利润表，见表 8-16。

表 8-16　进化公司 2024 年度预计利润表　　　　　　　　　　（单位：万元）

摘要	第一季度	第二季度	第三季度	第四季度	合计
一、营业收入（表 8-7）	36 000	36 000	36 000	54 000	162 000
减：营业成本（表 8-14）	28 424	28 424	28 424	42 636	127 908
销售及管理费用（表 8-15）	2 500	2 500	2 500	3 000	10 500
财务费用（表 8-18）			250		250
二、税前利润	5 076	5 076	4 826	8 364	23 342
减：所得税费用（表 8-18）	1 500	1 500	1 500	1 500	6 000
三、税后净利润	3 576	3 576	3 326	6 864	17 342

8.3.3 专门决策预算的编制

专门决策预算包括资本支出预算和一次性专门业务预算两类。

1. 资本支出预算的编制

资本支出预算是为购置固定资产、无形资产等长期决策活动而编制的预算。由生产部门提出，经审核批准后，作为编制预算的依据。由于长期投资决策的时间跨度大，资本支出预算的编制仅仅列示本预算年度内购置固定资产、无形资产等项现金支出。对于长期投资决策在其他年份的现金流入和流出量在其他年度的预算中进行反映。

【例8-15】假定根据长期投资决策的结果，进化公司预算年度的资本性支出为10 500万元。其中第二季度支出10 000万元，第四季度支出500万元，则本例的资本支出预算见表8-17。

表8-17　进化公司2024年度资本支出预算表　　　　　　　　　　（单位：万元）

摘要	第一季度	第二季度	第三季度	第四季度	合计
购置设备一台		10 000			10 000
购买专利				500	500
预计现金支出		10 000		500	10 500

2. 一次性专门业务预算的编制

企业为保证经营业务、资本性支出对资金的需求，应经常保持一定的现金数量，以支付各项费用和偿还到期债务。但要确保合理的现金持有量，尽量避免资金闲置或由于资金短缺而影响正常的经营活动。因此，财务部门在资金筹措、归还贷款、发放股利和缴纳税金等问题上要进行专门决策。

【例8-16】进化公司财务部门根据资本支出预算的编制，第一季度偿还短期借款4 170万元，第二季度从银行借入款项5 000万元，预计在第三季度偿还全部借款5 000万元和利息250万元。另外，预计预算期间每季度末预付所得税1 500万元，全年6 000万元。根据上述资料，进化公司编制的一次性专门业务预算表，见表8-18。

表8-18　进化公司2024年度一次性专门业务预算表　　　　　　（单位：万元）

摘要	第一季度	第二季度	第三季度	第四季度	合计
借入资金		5 000			5 000
归还借款	4 170		5 000		9 170
支付利息			250		250
预付所得税	1 500	1 500	1 500	1 500	6 000
预计现金收入合计		5 000			5 000
预计现金支出合计	5 670	1 500	6 750	1 500	15 420

8.3.4 财务预算的编制

1. 现金预算的编制

现金预算是以经营预算和专门决策预算为编制依据的，是用来反映预算期内由于经营和资本支出等原因而引起的一切现金收支及其结果的预算。现金预算一般由现金收入、现金支出、现金多余和不足以及资金的筹集与运用等四个部分组成。

1）现金收入。包括期初现金余额和当期预计现金收入。通常，现金收入的主要来源是产品销售，其他现金收入（如投资利息）、收回的应收账款、票据贴现等也列入该部分。

2）现金支出。是指预算期的所有预计现金支出，包括原材料、人工、制造费用和管理费用各项预算中的支出。上缴所得税、股利、支付利润以及资本性支出的有关费用等也包括在内。

3）现金多余与不足。是指现金支出与现金收入之间的差额，根据现金余缺情况可采用适当的融资方式来调剂余缺。

4）资金筹集与运用。根据预算期内现金收支的差额和企业有关资金管理的各项政策，确定筹集和运用资金的数额。如果现金不足，可向银行取得借款或以其他方式筹措资金，并预计还本付息的期限与金额。如果现金多余，除了可用于偿还借款外，还可用于购买作为短期投资的有价证券。

【例 8-17】承前例，假定进化公司现金年初余额为 7 200 万元，每季度末的现金期末余额是下季度的现金期初余额，该公司 2024 年度现金预算表见表 8-19。

表 8-19 进化公司 2024 年度现金预算表　　　　　　　　　　（单位：万元）

项目	第一季度	第二季度	第三季度	第四季度	合计
一、期初现金余额	7 200	5 000	4 932.5	4 039.5	7 200
加：现金收入（表 8-8）	35 200	36 000	36 000	48 600	155 800
二、可供使用现金总额	42 400	41 000	40 932.5	52 639.5	163 000
减：现金支出					
直接材料（表 8-11）	12 090	10 067.5	10 293	12 962.5	45 413
直接人工（表 8-12）	12 120	12 000	12 300	17 820	54 240
制造费用（表 8-13）	5 020	5 000	5 050	5 970	21 040
销售及管理费用（表 8-15）	2 500	2 500	2 500	3 000	10 500
所得税（表 8-18）	1 500	1 500	1 500	1 500	6 000
资本支出（表 8-17）		10 000		500	10 500
现金支付总额	33 230	41 067.5	31 643	41 752.5	147 693
三、收支相抵现金余缺	9 170	−67.5	9 289.5	10 887	15 307
加：银行借款（表 8-18）		5 000			5 000
减：偿还借款（表 8-18）	4 170		5 000		9 170
支付利息（表 8-18）			250		250
四、期末现金余额	5 000	4 932.5	4 039.5	10 887	10 887

2. 预计资产负债表的编制

预计资产负债表是以期初资产负债表为基础，根据销售、生产等预算的有关数据进行调整的，是企业预算期末财务状况的总括性预算。

预计资产负债表提供预计资产、负债和所有者权益的有关信息，据此，管理层可以确定期末营运资本（流动资产与流动负债的差额）对计划中的运营来说是否充足；管理层利用预计报表来评价预期企业业绩，并采取适当的改进措施。

【例 8-18】 承前例，根据期初的资产负债表和本期相关预算资料，编制该公司预计资产负债表，见表 8-20。

表 8-20 进化公司预计资产负债表
2024 年 12 月 31 日 （单位：万元）

项目	年初数[1]	预计年末数	项目	年初数	预计年末数
资产			负债及所有者权益		
现金	7 200	10 887[2]	短期借款	4 170	0[9]
应收账款	10 000	16 200[3]	应付账款	6 000	5 847[10]
原材料	450	510[4]	流动负债合计	10 100	5 847
产成品	1 133.44	1 705.44[5]	所有者权益		
流动资产合计	18 783.44	29 302.44	普通股	14 000	14 000
固定资产	20 000	30 000[6]	留存收益	6 613.44	23 955.44[11]
减：累计折旧	8 000	16 000[7]	所有者权益合计	20 613.44	37 955.44
固定资产净值	12 000	14 000			
无形资产		500[8]			
资产合计	30 783.44	43 802.44	负债和所有者权益合计	30 783.44	43 802.44

① 年初数根据期初资产负债表数据编制。
② 见表 8-19 第四季度末的余额。
③ 表 8-16 中第四季度销售收入 54 000 万元的 30%（即 16 200 万元）。
④ 表 8-10 中期末材料存货 102 万 kg 乘以材料单价 5 元而得。
⑤ 见表 8-14。
⑥ 年初数 20 000 万元加上本期购置设备 10 000 万元，见表 8-17。
⑦ 年初数累计折旧 8 000 万元加上本年度计提折旧 8 000 万元，见表 8-13。
⑧ 本期购置无形资产 500 万元，见表 8-17。
⑨ 年初数 4 170 万元减去本期偿还借款数 4 170 万元，见表 8-18。
⑩ 表 8-10 第四季度材料采购额 14 617.5 万元的 40%（即 5 847 万元）。
⑪ 年初的留存收益加上本期的净利润 17 342 万元，见表 8-16。

8.3.5 预算编制的程序

企业编制预算，是一项工作量大、涉及面广、时间性强与操作复杂的工作。为保证预算编制的有序进行,一般要在企业内部专设一个预算委员会负责和监督预算编制工作。全面预算的编制涉及各个部门,所以只有预算执行人员参与预算的编制,才能使预算成为他们自愿努力完成的目标。因此,预算编制一般应按照五个程序进行,具体如图 8-6 所示。

(1) 下达目标　由预算委员会根据企业的发展战略和对预算期经济形势的初步预测,在决策的基础上,拟定下一年度企业预算目标,包括营业目标、成本费用目标、利润目标和现金流量目标,并确定预算编制的政策,提前三个月将目标分解下达执行单位。

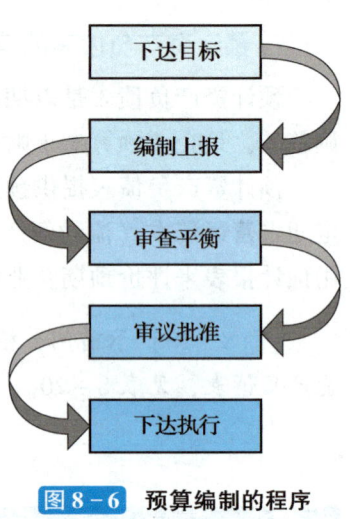

图 8-6　预算编制的程序

(2) 编制上报　各预算执行单位按照企业预算委员会下达的预算目标和政策,结合自身特点以及预测的执行条件,提出详细的本单位预算方案,并提前两个半月上报本单位预算草案。

(3) 审查平衡　企业财务管理部门对各预算执行单位上报的预算方案进行审查、汇总,提出综合平衡建议,约两个月报送预算委员会。在审查、平衡过程中,预算委员会应当进行充分协调,对发现的问题提出初步调整意见,并提前一个半月反馈给有关预算执行单位予以修正。

(4) 审议批准　企业财务管理部门在有关预算执行单位修正调整的基础上,编制出企业预算方案,上报财务预算委员会讨论。对于不符合企业发展战略或者预算目标的事项,企业预算委员会应当责成有关预算执行单位进一步修订、调整。在讨论、调整的基础上,企业财务管理部门正式编制企业年度预算草案,并提前一个月提交董事会或经理办公会审议批准。

(5) 下达执行　企业财务管理部门对董事会或经理办公会审议批准的年度总预算,一般在次年三月月底以前,分解成一系列的指标体系,由预算委员会逐级下达各预算执行单位执行。

8.4　预算执行分析考评与编制的行为影响

8.4.1　预算执行分析与考评

1. 预算分析

各预算单位应当严格落实企业下达的预算指标,从横向到纵向落实到内部各部门、各单位、各环节和各岗位,形成全方位的预算执行责任体系。

为了把预算落到实处,企业首先应当严格把控预算内的资金拨付,按照授权审批程序执行;预算外的项目支出,按预算管理制度规范支付程序;无合同、无凭证、无手续的项目支出，不予支付。其次应当严格执行销售、生产和成本费用预算，努力完成利润指标。生产经营过程中对实际成本进行监控，一旦发现实际成本大幅度偏离预算，企业有关部门应及时查明原因，提出解决办法。

建立预算报告制度。对于预算执行中发现的偏差较大的重大项目，企业财务管理部门、预算委员会应当责成有关预算执行单位查找原因，提出改进经营管理的措施和建议。强化现金流量的预算管理，按时组织预算资金的收入，严格控制预算资金的支付，调节资金收付平衡，控制支付风险。企业财务管理部门应当利用财务报表监控预算的执行情况，及时向预算执行单位、企业预算委员会、董事会或经理办公会提供财务预算的执行进度、执行差异及其对企业预算目标的影响等财务信息，促进企业完成预算目标。

企业正式下达执行的预算，一般不予调整。预算执行单位在执行中由于市场环境经营条件、政策法规等发生重大变化，致使预算的编制基础不成立，或者将导致预算执行结果产生重大偏差的，可以调整预算。

对于预算执行单位做出的预算调整事项一般应遵循以下要求：

1）预算调整事项不能偏离企业发展战略。

2）预算调整方案应当在经济上能够实现最优化。

3）预算调整方案重点应当放在预算执行中的重要的、非正常的、不符合常规的关键性差异方面。

开展预算执行分析，企业管理部门及各预算执行单位应当充分收集有关财务和非财务等方面的信息资料，根据不同情况分别采用不同的分析方法，如比率分析、比较分析等，从定量与定性两个层面充分反映预算执行单位的现状、发展趋势及其存在的潜力。针对预算的执行偏差，企业财务管理部门及各预算执行单位应当充分、客观地分析产生的原因，提出相应的解决办法，提交董事会研究决定。企业预算委员会应当定期组织预算审计，可以采用全面审计或者抽样审计，也可组织不定期的专项审计。通过纠正预算执行中存在的问题，充分发挥审计的监督作用。审计工作结束后，应当形成审计报告，作为预算调整、改进内部经营管理和财务考核的一项重要参考。

2. 预算考评

预算年度终了，预算委员会应当向董事会或者经理办公会报告预算执行情况，并依据预算完成情况和预算审计情况对预算执行单位进行考评。

预算的考评有两层含义：评价制度和奖惩制度。预算考评的主要目的在于通过沟通、激励和控制，推动责任单位和员工的行为表现共同朝着企业整体目标前进。

预算的考评包括期中预算考评和期末预算考评。期中预算考评是指预算执行过程中依照企业全面预算内容的实际执行情况和预算指标进行考核、比较，发现及分析造成差异的原因，为企业生产经营者的纠偏和事中控制提供依据。期末预算考评是指在预算期末对各项预算执行主体的预算情况进行分析评价。大多数企业目前以期末考评为主，多以成本费用、利润和投资报酬率的考核为主。

全面预算的考评工作应当遵循以下原则：

1）目标性原则。预算考核的目的是为了更好地实现企业战略和预算目标，将目标落实到各责任主体确保更好地实现整体目标。要避免出现只顾局部利益而不顾整体利益的现象，保证企业各级预算体系的一致性，共同实现企业整体战略目标。

2）时效性原则。企业在实践中可以根据企业的生产经营要求、内外部环境选择合理周期，如年度考评、季度考评、月度考评等。需避免当期预算延迟到下期考评的情况。

3）合理性原则。考评需秉承公平、公正、公开的原则，使各预算主体的风险和收益相匹配、权利和义务相对应，做到责、权、利统一。

4）分级考评原则。为了考评科学、合理和有效地进行，考评需针对不同层次的责任主体所拥有的权利和承担的责任来进行，分级考评的考评者为每级主体所属的上级部门。

5）例外原则。在预算管理中，需要关注宏观经济的变化、自然灾害等例外情况。这些因素不受企业控制，一旦受到这些因素的影响，企业应该及时修正预算，考评需按修正后的预算指标进行。

企业应当建立预算分析制度，由预算委员会定期召开预算执行分析会议，全面掌握预算的执行情况，研究、解决预算执行中存在的问题，纠正预算的执行偏差。

8.4.2 预算编制的行为影响

全面预算是用来帮助管理人员规划和控制各项经济活动的重要工具。它是由人编制并且最终由人来执行。整个预算的编制过程和执行过程都包含着人的行为因素。可见，预算具有显著的行为效应。这种效应是积极的还是消极的，在很大限度上取决于预算的运用方式。

1. 预算松弛

预算松弛是指最终确定的预算水平与最优预算水平之间的差异，这一差异是普遍存在于预算编制过程中的。差异的积累可能对整个预算管理制度的有效性产生直接影响。有学者对 100 家大型企业的预算执行过程进行调查，结果显示绝大多数企业存在着不同程度的预算松弛问题。

（1）预算松弛的成因

1）信息不对称。信息不对称包括上下级之间信息不对称、同级部门之间的信息不对称两个方面。一般来说，底层管理者往往掌握更加全面的本部门情况，对于影响预算编制的信息也比高层管理者了解更多。在个人利益的驱动下，底层管理者往往利用自身信息上的优势，故意高估支出、低估收入或业绩能力，导致预算松弛的产生，这种松弛带来的直接结果是制定者能更加轻松地完成预算，从而在成果分配时获取更多的利益，更好地体现自己在工作中的能力。尽管高层管理者总是希望尽可能地了解底层的运营情况，但由于决策时间的稀缺、专业化程度不够高、信息渠道不够通畅等诸多因素的约束，几乎不可能突破底层管理者甚至底层部门集体构建的信息壁垒。

2）预算制定制度缺陷。参与型预算制度是在预算制定过程中由高层管理者和底层管理者协商完成预算目标的制度，由底层管理者提供预算草案，双方根据预算草案进行协商，最后的预算目标是双方协商的结果，这种类似"讨价还价"的制度，很难不使底层管理者在草案中提出一个"高价"，以保证其在协商中的优势。

3）激励模式缺陷。这往往是造成预算松弛的最大原因。在现代企业的考评机制中，企业管理中业绩评价的引入使得管理者的奖金与部门指标挂钩，预算指标由管理者参与制订，又用来考核管理者自身，这样经理为了获得更好的绩效考核，产生了预算松弛。显然，预算的执行者会根据自己能够完成的真实业绩，通过制定比实际业绩低的预算目标，实现自己能够超额完成预算目标的假象，这为预算松弛的发生提供了强大的动力。

4）争夺有限的资源。企业制定预算，往往是为了更有效地分配企业内部资源。企业的资源分配是以预算为基础的，更多的资源可以使预算标准更加容易达到。于是，部门之间会出现对企业整体资源的抢占。当超过预算以后，争取更多资源往往需要多层审批，且会给上级留下不好的印象，影响部门的"形象"，这其中的周折势必会影响部门正常的运营。企业为了占有尽可能多的稀缺资源便在编制预算时制造预算松弛，夸大资源的需求量。这样可以更容易达到预算标准，也可以避免因超支带来的不便。

5）规避风险。预算是根据现在及历史的情况，对未来运行情况的合理预测，未来业务运营面临的风险具有不确定性，内部环境或者外部环境可能发生极大的变化，这样的变化会使不同性质的部门遭到不同的影响，有的部门实际业绩水平大大超过预算目标，为了规避风险。底层管理者通过制造预算松弛来应对风险造成的负面影响。

（2）预算松弛的防范措施　企业的整体战略目标为预算的制定提供了方向，各部门根据现有的运营水平，对未来的运营情况进行预测，提供预算所需的指标。鉴于企业预算松弛普遍存在于预算管理之中，影响预算管理效果，因此对于预算松弛的治理十分重要。

1）加强信息交流与沟通。管理层应多渠道地向员工宣传企业战略、企业远景和企业文化，并对员工进行专业培训和道德教育，使员工的个人目标、部门目标与企业目标保持一致。这样才能较好地消除本位主义对预算编制的消极影响。同时建立以战略目标为导向的全面预算管理，将企业战略完全融入全面预算管理中，由上至下地贯彻企业的战略思想。

2）替代评价标准。预算的评价标准职能是产生预算松弛的主要诱因之一。在这种情况下，可以考虑在业绩评价及激励方案中采用其他的标准替代预算标准。这些标准通常包括实际的业绩水平、行业的平均水平或先进水平以及企业内部其他人员的水平。这样一方面可以使企业控制得以有效进行，另一方面可以减少预算松弛问题，使预算的其他职能得以充分发挥，促使企业的预算管理逐步走入良性的轨道。待条件成熟后，再考虑预算标准的采用。

3）确定合理的考评和奖励机制。真实引导型激励方案是解决预算松弛问题的最主要途径之一，其最大的特点在于一方面激励人们努力创造业绩，另一方面又激励人们提供真实的预测、预算数据，防止预算松弛。它的基本原则是预算执行只有在提供真实的预算数据的情况下才能实现激励报酬最大化。

4）增强预算透明度。企业还需要建立科学化的工作流程以及高效率的组织机构，以加强部门之间的沟通和交流，提高企业内部管理的透明化，这样可以缓解因为信息不对称造成预算松弛。预算过程的透明是指预算制定过程中要符合实际的业务流程，预算管理的透明度是指在管理过程中人员之间的关系要公平融洽。在预算考核的体系中，要根据企业的战略发展，将预算目标逐级拆分，每个级次的责任人，每一岗位的责任人对自己的预算负责，最终以具有关键性的预算目标作为考核标准。

5）强化内部审计监督执行力。从管理组织角度讲，内部审计部门要在预算管理中发挥作用，必须加入预算管理组织体系中。预算管理组织体系一般包括三个层次：预算管理决策层、预算管理职能部门和预算管理责任部门。预算管理决策层由最高决策委员会与相应的咨询机构组成，其主要职责之一是对全面预算进行总体性审核与全局性把握。为有效发挥内部审计的咨询、评价、服务等职能，内部审计部门应全过程参与预算管理活动。内部审计部门不仅要对预算管理的过程予以审查，还要对预测数据、预算数据予以审查，必要的时候可以聘请相关的领域专家，比如注册会计师协助内部审计工作，加大对制造预算松弛部门的审计监督，使他们不会"有机可乘"。

2. 目标一致

传统的以目标利润为导向的预算管理着眼于近期的内部规划和行动，忽略了对企业外部环境和内部条件的分析，制定的预算目标往往与企业的战略目标脱节，有时甚至与战略目标背道而驰，容易引起片面追求短期利润目标和经济效益的短视行为。因此，为了更好地将预算编制和企业战略目标相结合，企业应建立以战略目标为导向的全面预算管理体系。建立以战略目标为导向的全面预算管理体系的关键在于将企业战略完全融入全面预算管理中，由上至下地贯彻企业的战略思想。

预算是战略执行和战略目标实现的保障和手段。预算编制的过程是企业与市场环境的沟通过程，是企业日常经营管理与发展战略相链接的综合性管理手段。预算将战略规划转化为行为计划，企业通过对年度预算目标的完成来逐步实现战略目标。如果仅有战略发展目标，而没有长期资源分配方案和预算方案，那么，战略发展目标就如同空中楼阁，缺乏坚实的现实基础。

具体做法是在编制预算的过程中逐一分解战略目标，先由管理者确定企业战略，对企业战略进行分解，形成企业年度预算目标；然后，在各部门充分协商的基础上确立各部门的战略目标和预算目标；最后，部门目标分解为每一位员工的责任目标，使每位员工在了解企业整体战略的基础上明确自己的工作任务。在预算执行过程中，通过对预算指标的分析，管理者能够及时掌握企业信息，以便于对战略发展目标进行及时调整和控制。

总之，战略和预算是紧密联系的。战略是预算的基础，预算不能偏离战略的方向，缺乏战略指引的预算是没有灵魂的预算,难以提升企业的核心竞争力和企业价值。战略目标的实现又依赖于预算的执行,预算支持和修正战略,没有预算支持的战略是不具操作性的空洞的战略。

思考题

1. 企业的全面预算由哪些预算组成?
2. 经营预算包括哪些主要内容?为什么说销售预算是编制关键?
3. 一个企业只能选择一种预算方法吗?请结合不同类型的企业进行思考。
4. 预算编制的方法有哪些?请举例说明。

参考文献

[1] 财政部会计资格评价中心. 财务管理 [M]. 北京:经济科学出版社,2018.
[2] 郑爱华,谢梅. 管理会计 [M]. 2版. 北京:机械工业出版社,2020.
[3] 孙茂竹,支晓强,戴璐. 管理会计学 [M]. 7版. 北京:中国人民大学出版社,2016.
[4] 余绪缨,汪一凡. 管理会计学 [M]. 3版. 北京:中国人民大学出版社,2010.
[5] 王永刚,张秀清,胡慧玲. 管理会计 [M]. 北京:机械工业出版社,2013.
[6] 陈兴述,李勇,陈祥碧. 管理会计 [M]. 2版. 北京:高等教育出版社,2019.
[7] 温素彬. 管理会计 [M]. 3版. 北京:机械工业出版社,2019.
[8] 李守武. 管理会计工具与案例:战略与预算管理 [M]. 北京:中国财政经济出版社,2018.
[9] 吕长江. 预算实务 [M]. 上海:上海财经大学出版社,2017.
[10] 周国海. 全面预算管理与实务 [M]. 北京:经济科学出版社,2017.

视频课程

8.1 预算管理概述

8.2.1 全面预算的
编制原理(1)

8.2.2 全面预算的
编制原理(2)

8.3.1 预算的编制
方法(1)

8.3.2 预算的编制
方法(2)

第9章 标准成本控制

课程思政

导入案例

重庆长江电工的"五因素"标准成本编制法

重庆长江电工工业集团有限公司（以下简称长江电工），是一家具有百年历史的国有兵工企业，作为机械加工制造类企业，成本领先战略是长江电工持续发展的基础和必然选择，在实践中，长江电工结合自身管理现实，探索总结出标准成本"五因素"编制法，创新使用工艺定额逐步修正，编制科学、可靠、先进的标准成本，有力促进了全面预算、成本领先战略等一系列管理工具的深入实施。标准成本"五因素"编制法所需要考虑的五项重要因素分别为：

（1）工艺进步因素　长江电工每年坚持对制造工艺技术改进加大研发投资，同时投资新设备并投入使用，小型技术改革等带来的自动化水平提升促使工艺技术水平不断进步，工艺进步自然促进材料消耗和能源消耗的下降及劳动效率的提升。长江电工在每年编制标准成本时，结合工艺技术的进步情况对原材料消耗定额、能源消耗定额和工时定额等做出修正。

（2）历史成本因素　生产线的瓶颈制约或制造组织安排的不均衡性会导致实际制造耗费大于定额数据，这一差异可以通过历史成本数据反映出来。对于已批量投产一段时间的成熟产品，长江电工在编制标准成本时参考过去生产该产品的历史平均成本数据，尤其是消耗量数据对定额进行适度修正。

（3）年度预算因素　成本的高低会受到整个企业资源分配的影响，对资源配置最权威的依据则是年度预算。长江电工在编制标准成本时参照年度预算对各项定额，尤其是制造费用定额中的部分项目进行修正调整，从而使得费用标准更加符合年度生产实际。

（4）规模变动因素　对于某些依据较小产量规模制定定额的产品，比如新投产产品或原来销量不佳产品等，当市场变动或订单增加导致产量规模发生大幅度变化时，其制造过程中所用的各种原材料的利用率和劳动效率等会相应上升，长江电工在制定标准成本时会依据实际情况对相应定额做出适当修正。

（5）产能变动因素　生产能力的变动会导致诸如折旧、生产一线管理人员工资等固定成本的单位摊销额发生变化，长江电工在制定费用标准和单位人工成本标准时会根据产能的变动对费用定额和工时定额进行修正。

通过五个因素的调整，可以编制比定额成本更为精细、更贴近工艺和管理实际且具有一定先进指导意义的标准成本。

摘自：李守武．管理会计案例［M］．北京：中国财政经济出版社，2016．

9.1 成本控制概述

企业经营的主要目的在于盈利，影响企业利润的因素主要来自销售收入、销售成本及各项费用。在激烈的市场竞争环境下，开源节流是企业谋求生存和发展所必须努力的方向。开源就是尽可能提高产品销售价格或增加销售量，但由于市场不确定因素的影响，这两种方法往往实现困难，相对而言，节流，即降低或控制成本就变得相当重要。

企业的经营目标确定之后，就要围绕经营目标组织实施成本控制，对企业的各项经营活动予以监督。成本涉及企业经营的各个方面，因此成本控制是企业整个经营活动中不可缺少的重要组成部分。

9.1.1 成本控制的意义

1. 成本控制的含义

成本控制（Cost Control）有广义和狭义之分。狭义的成本控制主要是指对生产阶段产品成本的控制，即运用一定的方法对产品生产过程中构成产品成本的一切耗费进行科学严格的计算、限制和监督，将各项实际耗费限制在预先确定的预算、计划或标准的范围内，并通过分析造成实际脱离计划或标准的原因，积极采取对策，以实现全面降低成本目标的一种会计管理行为或工作。狭义的成本控制比较看重对日常生产阶段产品成本的限制。

广义的成本控制则强调对企业生产经营的各个方面、各个环节以及各个阶段的所有成本的控制。它不仅要控制产品生产阶段的成本，而且要控制产品的设计试制阶段的成本和销售及售后服务阶段的成本；不仅要控制产品成本，而且要控制产品成本以外的成本，如质量成本和使用寿命周期成本；不仅要加强日常的反馈性成本控制，而且要做好事前的前馈性成本控制。

显然广义的成本控制在空间上渗透到企业的方方面面，在时间上贯穿了企业生产经营的全过程，它与成本预测、成本决策、成本规划、成本考核共同构成了现代成本管理的完整系统。

2. 成本控制的作用

（1）成本控制是企业增加盈利的根本途径 利润最大化是企业的目的之一，也是社会经济发展的动力之一。在收入不变的情况下，降低成本能增加利润；在收入增加的情况下，降低成本能使利润更快地增长；在收入下降的情况下，降低成本能抑制利润的下降。

（2）成本控制是抵抗内外部压力、求得生存的重要保障 降低成本能提高企业产品的价格竞争能力；降低成本可以提高安全边际率，使企业在经济萎缩时继续生存下去；提高售价会引起经销商和供应商相应的提价要求和增加流转税负担，而降低成本可以避免这类外部压力。

(3) 成本控制是企业发展的基础　降低成本可以降低售价以扩大销售,扩大销售可以稳定经营基础,有利于企业进一步提高产品质量,创新产品,以求新的发展。

9.1.2　成本控制的分类

成本控制可按不同的标准进行分类,常见的分类如下:

(1) 按控制的原理分类　成本控制按其控制的原理可分为前馈性成本控制、防护性成本控制和反馈性成本控制三种类型。

前馈性成本控制是指利用控制理论中的前馈控制原理对事前的产品设计、试制阶段所进行的成本控制;防护性成本控制是一种辅助控制形式,也称制度控制,它是通过企业内部制定的规章制度来约束成本的支出,预防偏差和浪费的发生,它与前馈性成本控制都属于事前的成本控制;反馈性成本控制则是指利用反馈原理进行的日常或事后的成本控制。

(2) 按控制的手段分类　成本控制按其控制的手段可分为绝对成本控制和相对成本控制两种类型。

绝对成本控制侧重于节流,主要着眼于节约各项支出,杜绝浪费;相对成本控制是开源与节流并重,除采取节约措施外,还要根据本量利分析的原理,充分利用生产能量,以达到相对降低成本的目的。

(3) 按控制的对象分类　成本控制按其控制的对象可分为产品成本控制和质量成本控制两类。

产品成本控制是指生产产品全过程的控制;质量成本控制是指质量管理与成本管理的有机结合,通过确定最优质量成本而达到控制成本的目的。

(4) 按控制的时间分类　成本控制按其时间特征可分为事前成本控制、事中成本控制和事后成本控制三种类型。

事前成本控制是指在产品投产前的设计、试制阶段,对影响成本的各有关因素进行的事前规划、审核与监督,同时建立健全各项成本的管理制度,以达到防患于未然的目的;事中成本控制是指在产品的生产过程中,从投料起对成本的形成和偏离成本目标的差异进行的日常控制;事后成本控制是指在产品成本形成之后的综合分析与考核。狭义的成本控制只包括事前成本控制和事中成本控制。

(5) 按控制的时期分类　成本控制按其控制的时期可分为运营期成本控制和使用寿命周期成本控制。

运营期成本控制侧重控制本企业运营期内的成本;使用寿命周期成本控制则从用户的角度出发,力图实现对取得成本和使用成本的双重控制。

9.1.3　成本控制系统的组成

一个企业的成本控制系统包括组织系统、信息系统、考核制度和奖励制度等内容。

（1）组织系统　组织是人们为了一个共同目标而开展活动的一种方式。组织系统也称组织结构，描述的是组织的框架结构。企业的成本控制系统应该与企业的组织结构相适应，将企业预算分由若干预算小组编制完成，每个小组的预算代表一个部门或者车间的财务计划，同时也明确了各个部门的权限和职责，这些代表企业各个部门的小组也被称为责任中心。

企业成本控制的组织系统是由各种责任中心组成的，这些责任中心按其所负责和控制范围的不同，可分为成本中心、利润中心和投资中心。成本中心是指只能对成本或费用负责的责任中心，如企业的车间；利润中心是指既能控制成本又能控制收入的责任中心，如企业的分厂、分部；投资中心是指既对成本、收入和利润负责，又对资金及其利用效益负责的责任中心，如企业总部或企业集团。

（2）信息系统　信息系统也称为责任会计系统，它是企业会计系统的一部分，负责计量、传送和报告成本控制使用的信息。责任会计系统主要包括编制责任预算、核算预算的执行情况、分析评价和报告业绩几个部分。

（3）考核制度　考核制度是指通过制定一系列业绩考核评价指标、业绩考核标准的计量方法、预算种类等内容，对企业成本控制的效果进行考核和评价。考核制度是成本控制系统发挥作用的重要因素。

（4）奖励制度　奖励制度是针对考核结果实施的奖励或惩罚制度。适当的奖惩，有利于调动有关人员的积极性，也是维持成本控制系统长期有效运行的重要因素。奖励有货币奖励和非货币奖励两种形式。非货币奖励包括表扬等内容。

9.1.4　成本控制的原则

1. 全面控制原则

全面控制，即全员控制、全过程控制和全方位控制。具体含义如下：

（1）全员控制　是指企业应充分调动每个部门和每名员工控制成本、关心成本的积极性和主动性，做到上下结合，专业控制与群众控制相结合，加强员工成本意识，做到人人承担成本控制的任务，人人有控制指标，建立成本否决制。这是能否实现对成本全面控制的关键。

（2）全过程控制　是指以产品寿命周期成本形成的全过程为控制领域，从产品投产前的设计阶段开始，对试制阶段、生产阶段、销售阶段直至产品售后阶段的所有阶段全部进行成本控制。

（3）全方位控制　是指在实施成本控制的过程中，正确地处理好降低产品成本与增加产品种类以及提高产品质量的关系，以市场需求为导向，坚决杜绝产品单调、品种单一的现象，更不允许通过以次充好、以假乱真、欺骗消费者和不正当竞争手段来达到压缩成本的目的。

2. 经济效益原则

经济效益原则也可以称为"成本—效益"原则，是指因推行成本控制而发生的成本不应该超过因缺乏控制而丧失的收益。具体有以下三层含义：

1）厉行节约，成本控制首先要求尽可能地降低成本支出。
2）广开财路，充分利用企业现有的资源，实现生产要素的最佳配置。
3）核算信息成本，将进行成本控制所必须支付的代价限制在最经济的限度内。因为进行成本控制必须依赖一定的信息，按照信息理论，任何信息的取得均需要花费代价，只有当成本控制取得的效益大于其代价时，成本控制才是必要的、可行的。

3. 目标管理及责任落实原则

目标管理是指企业管理部门以既定的目标作为管理人力、物力、财力和各项重要经济指标的基础。进行成本控制必须与目标管理经济责任制的建立与健全配套衔接，事先将成本管理目标层层分解，明确规定有关方面或个人应承担的成本控制责任义务，并赋予其相应的权利，使成本控制的目标和相应的管理措施能够落到实处，成为考核的依据。

4. 因地制宜原则

因地制宜原则也可称为具体问题具体分析原则，是指成本控制系统必须个别设计，适合特定企业、部门、岗位和成本项目的实际情况，不可完全照搬别人的做法。

适合特定企业的特点，是指对大型企业、中小型企业或新企业、发展快和相对稳定的企业、不同行业的企业，以及同一企业不同发展阶段，管理重点、组织管理风格、成本控制方法和奖励形式都应当有区别。例如，新建企业的管理重点是销售和制造，而不是成本；正常营业后管理重点是经营效率，要开始控制费用并建立成本标准；扩大规模后管理重点为扩大市场，要建立利润中心和正式的业绩报告系统；规模庞大的老企业管理的重点是组织的巩固，需要周密的计划和建立投资中心。适用于所有企业的成本控制模式是不存在的。

5. 例外管理原则

例外管理原则是指在日常实施全面控制的同时，有选择地分配人力、物力和财力，抓住那些重要的、不正常的、不符合常规的关键性成本差异（即例外）。采取例外管理原则的好处在于：一方面可以通过分析实际脱离标准的原因来达到日常成本控制的目的，另一方面可以检验标准本身是否先进适宜。

在实务中，确定"例外"的标准通常可考虑以下几个因素：

（1）重要性 例外的标准首先要体现重要性原则的要求，它是根据成本差异金额的大小来决定的。一般来说，只有数额较大的差异才应给予足够的重视。这里金额的大小通常以成本差异占标准或预算的百分比来表示，如有的企业将差异率在5%以上的差异作为例外处理。

（2）一贯性　如果有些成本差异虽未达到重要性标准，但却一贯在控制线的上下限附近徘徊，则也应引起管理人员的足够重视。因为这种情况可能是由于原标准已过时失效或成本控制不严造成的。

（3）可控性　凡属管理人员无法控制的成本项目，即使差异达到重要性标准，也不应视为例外，否则会损伤责任人的积极性。

（4）特殊性　凡对企业的长期获利能力有重要影响的成本项目，即使其差异没达到重要标准，也应视为例外，需查明原因。

9.1.5　成本控制的程序

成本控制的程序是指实施成本控制需要依次经过的步骤，通常包括以下内容：

1）确定成本控制的目标或标准。成本控制目标或标准是衡量成本及其每一项目应该达到的要求，是企业进行成本分析和评价的重要依据。如果没有目标或标准，也就无法进行成本控制。在实际工作中，成本控制的标准应根据成本形成的阶段和内容不同具体确定。

2）分解落实控制的目标。通过成本目标的层层分解，将其具体落实到岗位、个人身上，通过责、权、利的有机结合，充分调动全体员工成本控制的积极性和创造性。

3）计算并分析成本差异。通过实际成本与一定的成本控制标准比较，进行成本控制的信息反馈，掌握成本发生的实际情况，及时揭示偏差，以便确定成本的节约与浪费，分析成本超支或节约的原因，确定责任归属。

4）进行考核评价。通过对成本责任部门的考核与评价，奖优罚劣，促进成本责任部门不断改进工作，实现降低成本的目标。同时，通过考核评价，发现目前成本控制中存在的问题，改进现行成本控制制度及措施，以有效地进行成本控制。

9.2　标准成本控制系统概述

标准成本控制系统，即标准成本制度（Standard Cost System），也称标准成本会计，是指围绕标准成本的相关指标而设计的，将成本的前馈控制、反馈控制及核算功能有机结合而形成的一种成本控制系统。它具有事前估算成本、事中及事后计算与分析成本，以及揭露矛盾的功能。

9.2.1　标准成本控制系统的产生

20世纪20年代以来，西方发达国家在成本计算与成本控制的结合以及满足预测和决策的需要上，取得了不少的成就。标准成本控制系统的产生和发展就是其中之一。它的产生与1903年弗雷德里克·泰罗（Frederick Winslow Taylor）发表的《工厂管理》一书有着密切的联系。该书中提出产品的标准操作程序及时间定额,成为标准成本控制系统产生的基础。1904 年美国效率工程师哈尔顿·爱墨森(H. Emeson)首先在美国铁道公司应用标准成本法。由于他不是会计师,因此,没有提出标准成本的会计账务处理方法。1911 年美国会计师卡特·哈里逊(C. Charter Harrison)第一次设计出一套完整的标准成本制度。他在 1918 年发表一系列文章,其中曾介绍一套分析成本差异的公式,并对账户、分类账及成本分析单叙述得十分详细。从此标准成本会计就脱离实验阶段而进入实施阶段,以后逐渐完善和广泛推广。

9.2.2 标准成本控制系统的内容

标准成本控制系统,是企业在生产经营过程中将实际成本与标准成本进行定期比较,揭示成本差异,并按照例外管理原则分析成本差异发生的原因,及时向管理层反馈,并就重大的差异事项及时采取措施纠正,从而达到成本控制目标的一种成本控制系统。其具体内容包括标准成本的制定、成本差异的计算与分析、成本差异的处理三个部分。

1)标准成本的制定。根据已经达到的生产技术水平,通过精密的调查、分析和技术测定,科学地为每一个成本项目制定标准支出。

2)成本差异的计算与分析。通过记录当期发生的实际成本,根据成本项目的标准开支数和当期实际业务量,计算当期产品的标准成本,并将实际成本与标准成本进行比较,确定各成本项目的差异及产品成本的总差异,分析差异形成的原因,明确经济责任。

3)成本差异的处理。对各成本项目的差异及产品成本的总差异,按照一定的原则和程序进行账务处理,并总结经验教训,进一步明确降低成本的措施,为后期加强成本控制与管理打下基础。

标准成本控制系统的业务流程如图 9-1 所示。

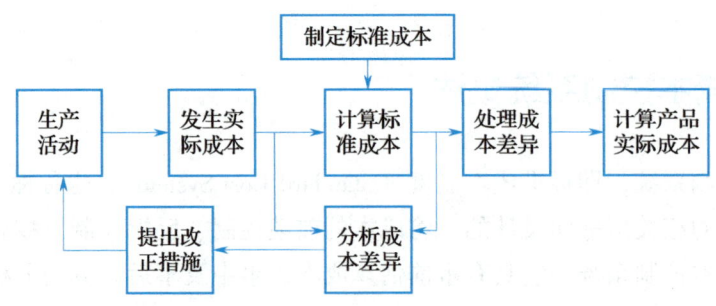

图 9-1 标准成本控制系统的业务流程

由图 9-1 可知,标准成本控制系统并不单纯是一种成本计算方法,它不仅是会计信息系统的一个分支,而且是成本控制系统的一个分支。作为一种成本计算方法,它可以把成本差异计入标准成本,以确定产品的实际成本;作为一种成本控制方法,它可以将实际成本与标准成本比较后得到成本差异,并对成本差异进行分析与处理以有效控制成本。因此,就成本控制而言,标准成本及成本差异是比实际成本更为重要和有用的管理信息。

9.2.3 标准成本控制系统的特点和作用

1. 标准成本控制系统的特点

标准成本控制系统的核心是按标准成本记录和反映产品成本的形成过程和结果,并借以实现对成本的控制。标准成本控制系统具有以下特点:

1)标准成本控制系统只计算各种产品的标准成本,不计算各种产品的实际成本。"生产成本""库存商品""自制半成品"等账户的借贷方,均按标准成本入账。

2)实际成本与标准成本发生的各种差异,分别设置各种差异账户进行归集,以便对成本进行日常控制和考核。常用的差异账户有:"材料数量差异""材料价格差异""人工效率差异""人工工资率差异""变动制造费用效率差异""变动制造费用耗费差异""固定制造费用产量差异""固定制造费用预算差异"等。这些账户借方反映的都是超支差异,贷方反映的都是节约差异。期末,应将各成本差异的余额予以结清。

3)标准成本控制系统并不是一种单独的成本计算方法,它可与任何一种成本会计模式和计算方法相结合。它可以与完全成本法结合使用,可以与变动成本法结合使用,也可以与作业成本法结合使用;它可以与分批法相结合,也可以与分步法相结合。标准成本控制系统将制造费用分成固定部分和变动部分,分别揭示其差异,便于根据成本的可控性和不可控性,明确差异的责任,寻找降低成本的途径。

2. 标准成本控制系统的作用

标准成本控制系统在西方工业企业中得到广泛应用。国外多年来的实践表明,企业实行标准成本控制系统的作用主要有以下几方面:

1)有利于成本控制。它通过事前制定的成本标准,对各种资源消耗和各项费用开支规定数量界限。可以事前限制各种消耗和费用的发生;在成本形成过程中,按成本标准控制支出,随时揭示节约还是超支,及时发现问题,采取改进措施,纠正偏差,以达到降低成本的目的;产品成本形成之后、通过实际成本与标准成本的比较,揭示成本差异,并分析差异原因,为未来降低成本指明方向。

2)为价格决策和投标议价提供依据。标准成本消除了经营管理过程中由于低效率或浪费以及偶然性因素对成本的影响,从而避免了由于实际成本波动而造成价格波动的后果,因此,标准成本比会计期间结束后求得的实际成本当作计价基础更为符合客观真实情况。

3)有利于简化成本核算工作。一套完整的标准成本控制系统通常伴有生产操作的标准化,这样就不需要对许多领料单和工作时间卡予以分类和汇总,因为标准数额已经计入汇总成本单,在生产通知单完工时,只需为差异额在标准工作单上做出分录。另外,在标准成本控制系统中,标准成本和差异分别列示,材料、在产品、产成品和产品销售成本都可以按标准成本入账,成本差异数额较小时,可作为期间费用处理,这样就使核算工作量大为减少，既可以及时提供成本资料，又可以使会计人员从繁重的核算工作中解脱出来。

4）便于企业编制预算和进行预算控制。事实上，标准成本本身就是单位成本预算。例如，在编制直接人工成本预算时，首先要确定每生产一件产品所需耗费的工时数以及每小时的工资率，然后用它乘以预算的产品产量，就可以确定总人工成本预算数。

5）有利于增强员工的成本意识。标准成本控制系统要求在基层管理者参加之下，用科学的方法制定成本标准，作为员工工作努力的目标和业绩评估的尺度，这对促使广大员工关心成本计算，增强成本意识，努力完成预定目标具有积极的推动作用。

6）有利于正确评价工作业绩。在标准成本控制系统中，以标准成本作为评估业绩的尺度，由于标准成本通常是指在正常生产条件下制造产品应有的成本额，因此，以本期实际成本与标准成本相比较，能正确评价企业的工作质量。另外，采用标准成本控制系统有利于责任会计的推行。在实行责任会计制度下，各成本中心之间的半成品内部转移价的确定，以标准成本为依据，可以避免各成本中心的责任成本受外界因素的影响，从而有利于正确评价它们的业绩。

9.2.4 实施标准成本控制系统的基本条件

把标准成本纳入正常的成本计算系统，同实际成本计算相对比，需要具备一些基本的前提条件，否则标准成本计算就难以名副其实，不能达到标准成本计算的应有作用。标准成本控制系统实施的基本条件主要有以下几点：

（1）产品设计及生产过程的标准化　采用标准成本控制系统，仅对成本计算对象的产品成本给予标准是不够的，因为产品生产过程中使用的零部件、半成品耗用的材料、使用的设备以及工艺操作方法如果不能标准化，就无法进行标准成本的累积，因而也就不能制定合理的成本标准。要确定零部件、半成品等成本要素的标准就必须建立作业流程和工艺规程的标准化，从而确定它们同成本要素之间的数量关系。

（2）完备的成本管理系统　前已指出标准成本控制系统的重要目的在于成本的控制，如果只有标准成本计算而没有相应的成本管理系统，那么标准成本计算将有名无实。因此，同标准成本计算相适应，应确立成本管理的责任体系，成立专门的机构负责标准成本的制定、差异的原因分析、工作成果的评价以及标准成本的修订等。同时，根据生产过程的特点，建立成本责任中心，明确管理者在成本上的责任及权限范围，通过标准成本计算和工作成果的评价考核，对成本进行全面的控制。

（3）全员成本参与意识的提高　采用标准成本控制系统对成本进行全面控制，以达到降低成本、提高经济效益的目的，归根到底要依靠人们在生产经营活动中的积极性。标准成本控制系统本身并不能降低成本，能否降低成本取决于管理者和实践者对标准成本控制的态度和参与程度。因此提高全员的成本意识，取得他们对标准成本控制系统的支持，使之积极参与成本管理，是实现标准成本控制目的的重要方面。

9.3 标准成本的制定

9.3.1 标准成本的含义

标准成本是在充分调查、分析和技术测定的基础上，根据企业现已达到的技术水平所确定的企业在有效经营条件下生产某种产品所应当发生的成本。它是目标成本的一种，可以作为控制成本开支、评价实际成本、衡量成本控制业绩的依据。

准确地讲，标准成本有两种含义：

一种是指"单位产品的标准成本"，亦称"成本标准"，是一个单位的概念，是根据单位产品的标准消耗量和标准单价计算出来的，其计算公式为

$$单位产品标准成本 = 单位产品标准消耗量 \times 标准单价$$

另一种是指"实际产量的标准成本"，是一个总量的概念，它是根据实际产量和单位产品的标准成本计算出来的，其计算公式为

$$实际产量的标准成本 = 实际产量 \times 单位产品标准成本$$

9.3.2 标准成本的分类

标准成本的种类很多，按其制定的基础不同，可分为理想标准成本、正常标准成本和现实标准成本三种。

（1）理想标准成本　它是在现有技术、设备和经营管理达到最优状态下的目标成本水平。"最优状态"是指在资源无浪费、设备无故障、产品无废品、工时全有效、生产能力达到充分利用的前提下，以最少的耗用量、最低的费用水平生产出最大的产出量。在该生产水平下制定的标准成本是最理想的，也是最难实现的。虽然这种目标成本可以激励员工努力工作，但由于条件苛刻，在实际工作中，通过努力难以做到，以此为目标，可能会适得其反。

（2）正常标准成本　它是以正常的技术、设备和经营管理水平为基础制定的目标成本。"正常"是指在考虑了设备可能发生的故障、意外或计划停工等一切不利的因素后的技术、设备和经营管理水平，是企业过去较长时间内所达到的平均水平，是经过努力可以达到的。但该标准成本只是根据过去经验估计的，不能反映目前的实际水平，用它来评价各个时期的业绩，往往不符合实际，达不到有效成本控制的目的。

（3）现实标准成本　它是在正常标准成本基础上考虑到目前的实际情况而制定的目标成本。它是根据合理的耗用量、合理的费用耗费水平和合理的生产能力利用程度制定的切合实际情况的一种标准成本。这种标准成本是通过努力能够达到、切实可行的标准成本。标准成本制度下的标准成本通常是指这种标准成本。

9.3.3 标准成本的制定

标准成本制度的关键是标准成本的制定。标准成本是成本控制的目标和衡量实际成本的依据，所以标准成本的制定要遵循科学性、客观性、正常性和稳定性等原则。所谓科学性和客观性，就是要对实际情况进行调查，根据客观实际，用科学的方法进行制定。所谓正常性，就是标准成本要按正常条件制定，不考虑不能预测的异常变动。所谓稳定性，就是标准成本一经制定，不应随意变动，应保持其相对的稳定性。

1. 标准成本的制定方法

标准成本一般是由会计部门会同采购部门、技术部门和其他有关的经营管理部门，在对企业生产经营的具体条件进行分析、研究和技术测定的基础上采用科学的方法共同制定的。标准成本的制定方法很多，常见的方法有：工程技术测算法、历史成本推测法和预测法。

1）工程技术测算法。工程技术测算法是指根据企业的机器设备、生产技术的先进程度，对产品生产过程中的投入产出比例进行估计而计算出的标准成本。

2）历史成本推测法。历史成本推测法是将企业过去发生的历史数据当作未来产品的标准成本的方法。一般是根据企业前几个月或一年的原材料、人工费用和制造费用等的实际发生数计算平均数。这种方法的基本假设是原材料的市场价格、工程技术、工资水平等企业的内外因素变化很小或基本保持不变，若现实环境中这些因素发生的变化较大，那么利用这种方法制定的标准成本与实际就会相差甚远。

3）预测法。预测法是指在制定产品标准成本时，不仅应考虑当前的生产条件，还应适当考虑未来企业内外部因素变化对标准成本的影响。这是由于企业在生产过程中的许多因素都会随着时间的变化而不断变化，如机器设备的更新、生产工艺的改进、工人技能和工资水平的提高等；此外，市场物价水平和汇率的变化也会影响企业的成本水平。

2. 标准成本的制定

产品标准成本的制定通常按成本项目进行，可分为直接材料标准成本的制定、直接人工标准成本的制定和制造费用标准成本的制定。

（1）直接材料标准成本的制定　直接材料标准成本的制定包括直接材料用量标准的制定和直接材料价格标准的制定。

直接材料用量标准是指在现有的生产技术条件下，生产单位产品所需要的材料数量，即材料的消耗定额。直接材料用料标准通常应根据企业产品的设计、生产工艺状况，并结合企业的经营管理水平，考虑降低材料消耗的可能等条件制定的。企业应为产品耗费不同的直接材料分别制定标准耗用量。

直接材料价格标准是指采购部门根据产品的市价，结合最佳采购批量和最佳运输方式等其他影响价格的因素预先确定各种材料的单价，包括买价和运杂费等。

根据直接材料用量标准和直接材料价格标准就可以确定直接材料标准成本，其计算公式为

$$直接材料标准成本 = 直接材料用量标准 \times 直接材料价格标准$$

（2）直接人工标准成本的制定　直接人工标准成本的制定包括直接人工的工时标准制定和工资率标准制定。

工时标准是指在现有的生产技术条件下，生产单位产品所需要的时间。这里的工时既可以是生产工时，也可以是机器工时。但在制定工时标准时，应考虑生产间歇和正常停工所用的时间。如果有的企业生产工艺比较复杂，可先制定零件的工时标准，再制定部件及产品的工时标准。

在不同的工资制度下，工资率标准表现形式不同。在计件工资下，工资率标准就是在现有的生产技术水平下，生产单位产品所支付的计件单价；在计时工资下，工资率标准就是单位工时工资率标准，其计算公式为

$$工资率标准 = 标准工资总额 / 标准总工时$$

根据工时标准和小时工资率标准就可以确定产品的直接人工标准成本，其计算公式为

$$直接人工标准成本 = 工时标准 \times 工资率标准$$

（3）制造费用标准成本的制定　制造费用标准成本可分为变动制造费用标准成本和固定制造费用标准成本。

1）变动制造费用标准成本。变动制造费用标准成本的制定与直接人工标准成本的制定类似，除了工时标准的制定外，还包括变动制造费用标准分配率的制定，其计算公式为

$$变动制造费用标准分配率 = 变动制造费用预算总额 / 标准总工时$$

变动制造费用预算总额可采用弹性预算的方式按不同的生产活动水平分别确定。据此，可确定变动制造费用标准成本的计算公式

$$变动制造费用标准成本 = 工时标准 \times 变动制造费用标准分配率$$

2）固定制造费用标准成本。固定制造费用标准成本的制定与变动制造费用标准成本的制定基本相同，只不过固定制造费用预算总额只能是预计某一生产水平下的费用总额，一旦计划确定不能随生产量的变动而任意变动，其计算公式为

$$固定制造费用标准分配率 = 固定制造费用预算总额 / 标准总工时$$

$$固定制造费用标准成本 = 工时标准 \times 固定制造费用标准分配率$$

（4）单位产品标准成本的计算　在按成本项目制定出标准成本后，就可计算单位产品的标准成本。单位产品标准成本的计算通常以填制"标准成本卡"的形式进行。单位产品标准成本卡的格式见表9-1。

表 9-1 单位产品标准成本卡

产品：甲　　　　　　　　　　　　　　　　　　　　　　　　标准制定日期：　　年　　月　　日

成本项目		用量标准	价格标准	单位标准成本
直接材料	A	6kg	30元/kg	180元
	B	3kg	50元/kg	150元
	小计	—	—	330元
直接人工		0.5h	70元/h	35元
变动制造费用		0.5h	40元/h	20元
固定制造费用		0.5h	30元/h	15元
单位标准成本		—	—	400元

3. 成本业绩的计量

成本业绩计量也可以称为标准成本的核算，是用数量形式来反映标准成本实际完成的进度或结果，是成本比较分析的前提，是实现成本控制的最基本环节。从另一个角度看，成本业绩计量就是计算成本责任中心的产品或服务的实际成本。换句话说，为了编制财务报告所计算的产品的实际成本完全可以用来当作成本业绩的计量。但是，我国很多企业将为编制财务报告的成本计算和标准成本核算（或成本业绩计量）设计成两个相互独立的系统，原因如下：

1）标准成本核算的对象是成本中心的负责人，目的在于确认成本的实际与标准之间是否有差异，用于保证成本中心的负责人向着完成成本标准的方向而努力。

2）以编制财务报告为目的的成本核算，对象是产品，目的在于确定产品的实际总成本和实际单位成本，用于资产计价和确定损益。

以编制财务报告为目的的成本核算将企业当成一个整体，而标准成本核算要深入到企业内部结构，重点核算成本中心。

两种体系并存不仅浪费资源，而且给成本管理工作特别是发挥财务部门在成本管理中的主导作用带来许多不便。我们完全可以建立一个统一的体系，同时实现两个目标。因为：

1）成本中心的责任成本和财务报告中的财务成本归根结底都是产品成本，都是为生产这些产品所耗费的直接材料、直接人工和制造费用，也就是说，从信息的角度看，责任成本与财务成本是同源的。

2）在以编制财务报告为目的成本计算中的成本库或成本归集中心，与成本控制中的成本中心本来就是同一个东西，或者略加调整就变成同一个东西。

3）在账户设计上略加调整，即在在制品以及有关的费用项目下按部门设置明细账户，即可兼顾核算企业整体和核算企业内部结构。

总而言之，设置单一系统不仅可行，而且使用者在学习财务会计之后也不会有应用方面的困难。企业成本核算单一系统的基本思路如图 9-2 所示。

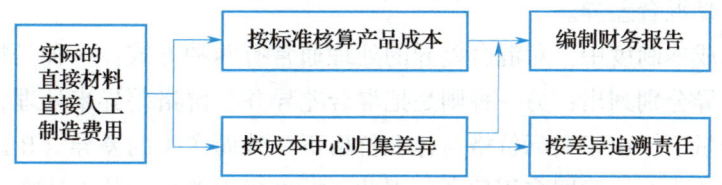

图 9-2　企业成本核算单一系统的基本思路

从图 9-2 可以看出,当实际的直接材料、直接人工和制造费用发生时,均按标准成本计算产品成本,同时将差异分离出来,按成本中心归集。到会计期末,再依据各成本中心归集的成本差异追溯各成本中心负责人的责任,同时用按成本中心归集的差异调整按标准核算的成本,计算产品的实际成本,最后编制财务报告。

9.4 标准成本差异的计算和分析

9.4.1 标准成本差异计算和分析的一般原理

标准成本差异是指产品的实际成本与标准成本之间的差额。如果该差额为正,是逆差,为不利差异,说明企业实际成本大于标准成本;如果该差额为负,是顺差,为有利差异,说明企业实际成本小于标准成本。企业对标准成本差异分析的目的就是发现问题,找出差异形成的原因和责任,进而采取相应的措施,消除不利差异,发展有利差异,实现对成本的有效控制,降低成本,提高企业经济效益。

如前所述,各成本项目的标准成本是数量与价格两个因素相乘计算的,标准成本差异的分析也同样应从数量和价格两个因素入手进行分析。

设:Q 表示标准数量,$Q+\Delta Q$ 表示实际数量,P 表示标准价格,$P+\Delta P$ 表示实际价格。

则:实际成本 $=(Q+\Delta Q)(P+\Delta P)$

标准成本 $=QP$

标准成本差异 $=$ 实际成本 $-$ 标准成本 $=(Q+\Delta Q)(P+\Delta P)-QP$

$=P\Delta Q + Q\Delta P + \Delta Q\Delta P$

上式可用图示表示,能更为明了,成本差异计算如图 9-3 所示。可以看出,标准成本差异有三个部分:$P\Delta Q$(A 区域)是实际数量与标准数量不一致而产生的差异,是纯数量差异。$Q\Delta P$(B 区域)是实际价格与标准价格不一致而产生的差异,是纯价格差异。$\Delta Q\Delta P$(C 区域)是实际数量与标准数量的差异同实际价格与标准价格的差异结合一起

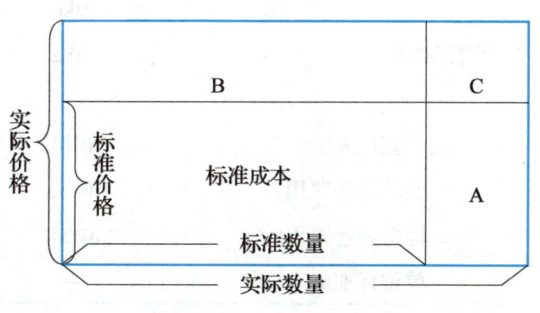

图 9-3　成本差异计算图

而产生的差异，是混合差异。

在西方标准成本制度中，对混合差异的处理通常有两种方式：一种是把数量差异、价格差异、混合差异分别列出；另一种则是把混合差异并至价格差异来处理，这样价格差异则表示在实际产量下，由于实际价格与标准价格不一致而产生的差异（B 区域 + C 区域），更利于成本控制的需要，我国多用后者。因此，标准成本差异的基本计算公式如下：

$$数量差异 = (Q + \Delta Q - Q)P = P\Delta Q$$

$$价格差异 = (Q + \Delta Q)(P + \Delta P - P) = Q\Delta P + \Delta Q\Delta P = (Q + \Delta Q)\Delta P$$

标准成本差异包括数量差异和价格差异。确定数量差异时，在标准价格基础上计算，反映的是仅仅由数量变化所引起的成本差异；确定价格差异时，是在实际数量的基础上计算的，反映的是在实际数量下，仅仅由价格变化所引起的成本差异。

9.4.2　直接材料标准成本差异的计算和分析

直接材料标准成本差异是指直接材料实际成本与其标准成本的差异，它包括材料数量差异和材料价格差异两部分。直接材料成本差异、材料数量差异和价格差异的计算公式如下：

$$直接材料成本差异 = \sum (实际用量 \times 实际价格) - \sum (标准用量 \times 标准价格)$$

$$材料数量差异 = (实际用量 - 标准用量) \times 标准价格$$

$$材料价格差异 = (实际价格 - 标准价格) \times 实际用量$$

计算结果如果是正数，表示超支，即逆差，为不利差异；如果为负数，则表示节约，即顺差，为有利差异。

【例 9 – 1】 银驰轴承有限公司 2023 年 8 月份 SW 锻坯加热部件的实际产量为 16 万件，各成本项目的用量及价格标准见表 9 – 2。其中，A 材料消耗定额为 9kg，每单位的标准价格为 30 元，实际价格为 30.50 元，B 材料消耗定额为 3kg，每单位的标准价格为 60 元，实际价格为 59.50 元。实际耗用 A 材料 160 万 kg，B 材料 47.50 万 kg。

表 9 – 2　单位产品标准成本卡

产品：SW 锻坯加热部件　　　　　　　　　　　标准制定日期：　　年　　月　　日

成本项目		用量标准	价格标准	单位标准成本
直接材料	A	9kg	30 元/kg	270 元
	B	3kg	60 元/kg	180 元
	小计	—	—	450 元
直接人工		0.5h	70 元/h	35 元
变动制造费用		0.5h	45 元/h	22.5 元
固定制造费用		0.5h	60 元/h	30 元
单位标准成本		—	—	537.5 元

其直接材料标准成本差异计算如下：
直接材料的实际成本 = 160×30.50+47.5×59.50 = 7 706.25（万元）
直接材料的标准成本 = 16×9×30+16×3×60 = 7 200（万元）
直接材料成本差异 = 7 706.25 - 7 200 = 506.25（万元）
其中：
A 材料数量差异 =（160 - 16×9）×30 = 480（万元）
B 材料数量差异 =（47.50 - 16×3）×60 = -30（万元）
A 材料价格差异 =（30.50 - 30）×160 = 80（万元）
B 材料价格差异 =（59.50 - 60）×47.50 = -23.75（万元）
合计：506.25（万元）

上述计算结果说明，银驰轴承有限公司 SW 锻坯加热部件直接材料成本超支 506.25 万元，其中 A 材料数量差异超支 480 万元，材料价格差异超支 80 万元，两者都为逆差，是不利差异，应分别由生产单位和采购部门进一步寻找原因，落实责任，并提出改进意见；B 材料数量差异节约 30 万元，材料价格差异节约 23.75 万元，两者都为顺差，是有利差异，同样应分别由生产单位和采购部门进一步寻找原因，积累经验。

影响材料数量差异的因素很多，如操作疏忽造成废品或废料增加、工人用料不精心、工人操作技术进步而节省材料、新工人上岗造成多用料、机器或工具不适用造成用料增加等。有时多用料并非生产部门的责任，如购入材料质量低劣、规格不符合要求也会使材料用量加大；又如工艺变更、新产品投产、检验过严等也会出现数量差异。因此，要进行具体分析才能明确责任。

材料价格差异除价格本身的波动外，可能还会由于采购批量、采购地点、交货方式、数量折扣等因素引起，一般应由采购部门负责。对于其他因素，应根据具体情况做进一步的分析。如应生产上的要求，对某项材料进行小批量的紧急订货，由于加急运输形成的不利差异，应由生产部门负责而不应由采购部门负责。

除以上两种差异外，如果企业生产一种产品同时按照一定比例混合使用几种主要材料，并且实际混合比例与预定比例不同，也会产生差异，这种差异称为材料结构差异，也就是耗用几种材料品种结构变动所引起的差异。如果实际混合材料投入后的产出量与预定混合材料投入后的产出量不同，也会产生差异，这种差异称为材料产出差异。在这种情况下，材料价格差异仍可按前述方法计算，材料数量差异则应进一步区分为结构差异和产出差异，以利于正确找出差异原因和确定差异责任。这两种差异分别用公式可表示为

材料结构差异 = $\sum$（实际用量 × 标准价格）- $\sum$（实际用量 × 预定混合价格）

材料产出差异 = $\sum$（预定产出数量 - 实际产出数量）× 单位产品预定混合价格

【例 9-2】承前例，银驰轴承有限公司 SW 锻坯加热部件生产同时耗用 A、B 两种材料，单位产品标准配方资料见表 9-3。

表 9-3　单位产品标准配方资料

材料名称	预定混合用量/kg	价格标准（元/kg）	标准成本（元/件）	预定混合价格（元/kg）
A	9	30	270	
B	3	60	180	
合计	12		450	37.5

预计每 12kg 的混合材料可生产出 SW 锻坯加热部件 1 件，本月份实际耗用 A 材料 160 万 kg，B 材料 47.5 万 kg，生产出 SW 锻坯加热部件 16 万件。

根据上述资料计算材料的结构差异、产出差异和价格差异如下：

直接材料数量差异 = A 材料数量差异 + B 材料数量差异
$$= (160 - 16 \times 9) \times 30 + (47.5 - 16 \times 3) \times 60$$
$$= 450（万元）$$

其中：

材料结构差异 $= \sum$（实际用量 × 标准价格）$- \sum$（实际用量 × 预定混合价格）
$$= (160 \times 30 + 47.5 \times 60) - (160 + 47.5) \times 37.5$$
$$= -131.25（万元）$$

材料产出差异 $= \sum$（预定产出数量 - 实际产出数量）× 单位产品预定混合价格
$$= [(160 + 47.5)/12 \times 1 - 16] \times 450$$
$$= 581.25（万元）$$

合计：450（万元）

直接材料价格差异同前。

9.4.3　直接人工标准成本差异的计算和分析

直接人工成本差异包括直接人工效率差异和直接人工工资率差异。直接人工效率差异是因实际耗用工时脱离标准而导致的成本差异，是实际工时和标准工时之间的差额与标准工资率的乘积，它等同于直接材料的数量差异。直接人工工资率差异是每小时实际工资率和标准工资率之间的差额与实际工时之间的乘积，它等同于直接材料的价格差异。

一般来说，直接人工效率差异应由生产单位负责，因为其差异通常可能是由于材料或零件传递方法不当、工人技术不熟练、工作环境不良、使用工人的工种不符要求、工人经验不足、工人劳动情绪不佳、新工人上岗太多、机器或工具选用不当或故障较多、作业计划安排不当、产量太少无法发挥批量节约优势等与生产活动相关的原因造成。但也不是绝对的，如材料质量不好，也会影响生产效率。

直接人工工资率差异一般应由主管人事的部门负责，它通常与人事变动、工资制度和工资级别的调整有关；但如果是非生产工时造成的差异，如停工待料时间的工资、开会时间的工资等，仍由生产单位负责，直接人工的效率差异和工资率差异的计算公式为

直接人工效率差异 =（实际工时 – 标准工时）× 标准工资率

直接人工工资率差异 =（实际工资率 – 标准工资率）× 实际工时

计算结果为正，表示超支，是逆差，为不利差异；计算结果为负，表示节约，是顺差，为有利差异。

【例 9–3】承前例，产品的直接人工标准工时为 0.5h/件，标准工资率为 70 元/h。实际耗用的工时为 7 万 h，实际工资率为 80 元/h，则标准成本差异计算如下：

直接人工标准成本差异 = 7×80 – 16×0.5×70 = 0（万元）

其中：

直接人工效率差异 =（7 – 16×0.5）×70 = –70（万元）

直接人工工资率差异 =（80 – 70）×7 = 70（万元）

该例中，虽然总的标准成本差异为零，但是其中直接人工效率差异为节约 70 万元，而直接人工工资率差异为超支 70 万元，也应查明原因，明确责任。

同理，与直接材料一样，也可进行人工结构差异分析，便于深入分析差异原因，分清责任。

9.4.4 变动制造费用标准成本差异的计算和分析

变动制造费用标准成本差异包括变动制造费用效率差异和变动制造费用耗费差异。变动制造费用效率差异是因实际耗用工时脱离标准工时而导致的成本差异，它相当于直接材料的数量差异，它是实际工时和标准工时之间的差额与标准费用分配率之间的乘积。变动制造费用耗费差异是因变动制造费用实际耗费脱离标准而导致的成本差异，它相当于直接材料的价格差异，它是实际费用分配率和标准费用分配率之间的差额与实际工时之间的乘积。其公式表示如下：

变动制造费用效率差异 =（实际工时 – 标准工时）× 标准费用分配率

变动制造费用耗费差异 =（实际费用分配率 – 标准费用分配率）× 实际工时

计算结果为正，表示超支，是逆差，为不利差异；计算结果为负，表示节约，是顺差，为有利差异。

【例 9–4】承前例，银驰轴承有限公司 2023 年 8 月份 SW 锻坯加热部件实际发生的变动制造费用为 420 万元，标准制造费用分配率为 45 元/h，则变动制造费用成本差异计算如下：

变动制造费用标准成本差异 = 420 – 16×0.5×45 = 60（万元）

其中：

变动制造费用效率差异 =（7 – 16×0.5）×45 = –45（万元）

变动制造费用耗费差异 =（420÷7 – 45）×7 = 105（万元）

引起变动性制造费用不利差异的原因可能是多方面的，如构成变动性制造费用的各要素价格的上涨，如间接材料价格的上涨，动力费用价格上涨等；或者是间接材料和人工的使用浪费，动力和设备使用的浪费等。变动制造费用效率差异是同变动费用的分配基础联系在一起的，所以变动性制造费用分配基础的选择非常重要，通常负责控制分配基础水平的部门应对变动性制造费用的效率差异承担责任。在本例中，它是同直接人工效率联系在一起的。

9.4.5　固定制造费用标准成本差异的计算和分析

由于固定制造费用相对固定，一般不随产量的变动而变动，产量的变动只会影响单位固定制造费用，这就是说，实际产量与设计生产能力规定的产量或计划产量的差异会对产品应负担的固定制造费用产生影响。所以，固定制造费用标准成本差异的分析方法与其他费用成本差异的分析方法有所不同。

固定制造费用成本差异一般包括固定制造费用产量差异和固定制造费用预算差异两部分。固定制造费用产量差异也称除数差异，是指在固定制造费用预算不变的情况下，由于实际产量和计划产量不同而造成的差异，其差异的原因与现有生产能力的利用程度有关。固定制造费用预算差异是指实际固定制造费用与预算固定制造费用的差异。固定制造费用产量差异和固定制造费用预算差异（也称耗费差异）的计算公式为

$$\text{固定制造费用产量差异} = \text{固定制造费用预算} - \left(\text{实际产量} \times \text{单位产品标准费用分配率}\right)$$

$$\text{固定制造费用预算差异} = \text{固定制造费用实际数} - \text{固定制造费用预算数}$$

计算结果正数为超支，负数为节约。

也可以将上述产量差异进一步分解为能力差异和效率差异，其计算公式为

$$\text{固定制造费用能力差异} = \left(\text{计划产量标准工时} - \text{实际产量实际工时}\right) \times \text{标准费用分配率}$$

$$\text{固定制造费用效率差异} = \left(\text{实际产量实际工时} - \text{实际产量标准工时}\right) \times \text{标准费用分配率}$$

这样对固定制造费用标准成本差异的分析就有两差异分析法和三差异分析法两种方法。

【例 9–5】承前例，银驰轴承有限公司 2023 年 8 月份 SW 锻坯加热部件计划产量为 17 万件，实际固定制造费用为 560 万元，标准费用分配率为 60 元/件。其固定制造费用标准成本差异计算如下：

$$\text{固定制造费用成本差异} = 560 - 16 \times 0.5 \times 60 = 80 \text{（万元）}$$

（1）用两差异分析法分析如下：

$$\text{固定制造费用产量差异} = 17 \times 0.5 \times 60 - 16 \times 0.5 \times 60 = 30 \text{（万元）}$$

$$\text{固定制造费用预算差异} = 560 - 17 \times 0.5 \times 60 = 50 \text{（万元）}$$

（2）用三差异分析法分析如下：

固定制造费用能力差异 =（17×0.5 – 160×70/160）×60 = 90（万元）

固定制造费用效率差异 =（16×70/16 – 16×0.5）×60 = –60（万元）

固定制造费用预算差异 = 560 – 17×0.5×60 = 50（万元）

造成固定性制造费用成本差异的原因比较复杂。严格地说，企业高层经理人员、计划部门、生产部门、财务部门、设备管理部门、市场部门、职工教育部门等都可能负有一定的责任，涉及面很广，需要从全企业的角度考虑，综合加以解决。

造成固定性制造费用预算差异的原因可能有：①管理人员的增减；②管理人员工资及相应职工福利费的调整；③税率的变动；④折旧方法的改变；⑤维修费开支加大；⑥职工培训费的增减；⑦租赁费、保险费的调整；⑧各项公共事业费的增加。预算差异的责任应由有关的责任部门负责。例如，固定资产折旧费用发生变化应由财务部门负责，修理费用的开支变化应由设备维修部门负责；其他有关费用可根据实际情况确定责任归属。有些费用（如水电费调价等）属不可控因素，不应由某个部门来承担责任。

造成固定性制造费用能力差异的原因可能有：①订货增减；②产品定价调整；③原设计生产能力过剩，市场容纳不下；④原材料、燃料、动力供应不足；⑤产品结构调整；⑥机械设备故障频繁，停工修理增多；⑦人员技术水平有限，不能充分发挥设备能力。能力差异是由于现有生产能力未充分利用而造成的差异，难以简单地确定责任的归属。为分清各部门应负的责任，应根据实际情况加以分析，分别由计划部门、生产部门、采购部门、销售部门等承担相应的责任。

9.5 标准成本控制系统中的成本核算与成本业绩报告

9.5.1 标准成本控制系统中的成本核算

1. 成本核算程序

标准成本控制系统中的成本核算可结合一定的成本核算方法按如下基本程序进行：

1）为各成本计算对象按成本项目制定标准成本。

2）按成本对象设库存商品成本明细账。根据上月成本明细账，填入月初在产品成本。

3）编制各成本费用分配表，分别反映其标准成本和实际成本，并列出其差异。

4）将标准成本计入库存商品成本明细账，结转完工产品的标准成本。

5）计算、分析各种成本差异，每月末根据各成本差异科目的余额编制成本差异汇总表，将各种成本差异余额转入"主营业务成本"或"本年利润"明细账，计入当月损益。

2. 账户设置

在标准成本控制系统中，需要加设如下标准成本差异科目："直接材料数量差异"

"直接材料价格差异""直接人工效率差异""直接人工工资率差异""变动制造费用效率差异""变动制造费用耗费差异""固定制造费用产量差异""固定制造费用预算差异"。如果固定制造费用标准成本差异采用三差异分析法，其中"固定制造费用产量差异"科目可改设"固定制造费用能力差异"和"固定制造费用效率差异"两个科目。

这些成本差异科目的借方登记超支差异，贷方登记节约差异和差异转销额（超支用蓝字，节约用红字）。

3. 账务处理程序

（1）登记各项标准成本账户　对于日常发生的各项实际成本，都应当将其分离为标准成本和成本差异两部分，并以标准成本分别登记"原材料""生产成本""库存商品""主营业务成本"等各有关成本账户。

（2）登记各项成本差异账户　对于实际成本脱离标准成本而形成的各项成本差异，应当按照其不同的类别，分别登记各有关的成本差异账户。对超支差异应借记有关差异账户，节约差异则贷记相应账户。为了便于考核，各成本差异账户还可以按照其责任部门设置有关的明细账，分别记录各部门的各项成本差异数额。

（3）期末处理各项成本差异　各差异账户的累计发生额，反映本期成本控制业绩。在月末或年末，对成本差异进行处理的方法有以下两种：

1）结转本期损益法。结转本期损益法是指将本期发生的各项成本差异全部计入损益，由本期收入补偿，视同于销售成本的一种成本差异处理方法。这种方法的理论基础是：本期差异应体现本期成本控制的业绩，要在本期利润上予以反映。其优点是比较简单，使当期经营成果与成本控制的业绩直接挂钩，但当标准成本过于陈旧或实际成本水平波动幅度过大时，就会因差异额过高而导致当期利润失实，同时会使存货成本水平失真。西方应用标准成本控制系统的企业多数采用此种方法。

2）调整销货成本与存货成本法。按照这种方法，在会计期末将成本差异按比例分配至销货成本和存货。采用这种方法的依据是税法和会计原则均要求以实际成本反映存货成本和销货成本。本期发生的成本差异，应由存货和销货成本共同负担。当然，这样进行差异分配计算会增加一些工作量，而且将这些费用计入存货成本也不一定合理。例如，生产能力闲置差异是一种损失，并不能在未来换取收益，作为资产计入存货成本明显不合理，不如作为期间费用在当期参加损益汇总。

成本差异处理的方法选择要考虑许多因素，包括差异的类型（材料、人工，或制造费用）、差异的大小、差异的原因、差异的时间（如季节性变动引起的非常性差异）等。因此，可以对各种成本差异采用不同的处理方法，如材料价格差异多采用调整销货成本与存货成本法，闲置能量差异多采用结转本期损益法，其他差异则可视具体企业情况而定。值得强调的是，差异处理的方法要保持历史的一致性，以便使成本数据保持可比性，并防止信息使用人产生误解。

下面以结转本期损益法为例，介绍标准成本控制系统中的账务处理流程，如图9-4所示。

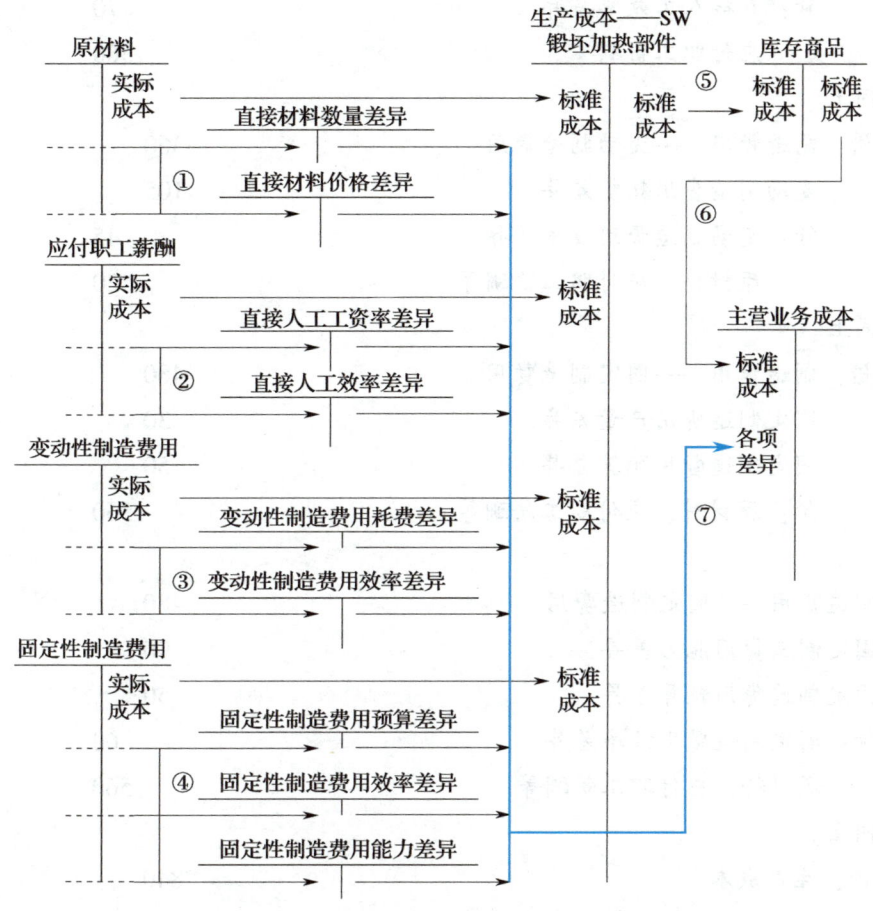

图 9-4 标准成本控制系统中的账务处理流程图

4. 账务处理实例

【例 9-6】 前例,对银驰轴承有限公司 2023 年 8 月份 SW 锻坯加热部件的各种成本差异进行归集并编制会计分录如下(单位:万元):

(1) 借:生产成本——SW 锻坯加热部件　　　　　　7 200
　　　　直接材料数量差异　　　　　　　　　　　　450
　　　　直接材料价格差异　　　　　　　　　　　　56.25
　　　贷:原材料　　　　　　　　　　　　　　　　7 706.25

记入"生产成本"科目借方的是直接材料的标准成本,记入"原材料"科目贷方的是原材料的实际成本。因为直接材料数量差异和价格差异都是超支差异,所以记入两差异账户的借方。如果企业的材料成本差异单独核算,该笔分录只记录直接材料数量差异,那么,原材料则应记录计划成本。

(2) 借:生产成本——SW 锻坯加热部件　　　　　　560
　　　　直接人工工资率差异　　　　　　　　　　　70

贷：直接人工效率差异　　　　　　　　　　　　　　70
　　　　　应付职工薪酬　　　　　　　　　　　　　　　560
原理同上。
(3) 借：制造费用——变动制造费用　　　　　　　　　360
　　　　变动制造费用耗费差异　　　　　　　　　　　105
　　　贷：变动制造费用效率差异　　　　　　　　　　　45
　　　　　原材料、应付职工薪酬等　　　　　　　　　420
原理同上。
(4) 借：制造费用——固定制造费用　　　　　　　　　480
　　　　固定制造费用产量差异　　　　　　　　　　　 30
　　　　固定制造费用预算差异　　　　　　　　　　　 50
　　　贷：原材料、应付职工薪酬等　　　　　　　　　560
或
　借：制造费用——固定制造费用　　　　　　　　　　480
　　　固定制造费用能力差异　　　　　　　　　　　　 90
　　　固定制造费用预算差异　　　　　　　　　　　　 50
　　贷：固定制造费用效率差异　　　　　　　　　　　 60
　　　　原材料、应付职工薪酬等　　　　　　　　　　560
原理同上。
(5) 借：生产成本　　　　　　　　　　　　　　　　　840
　　　贷：制造费用——变动制造费用　　　　　　　　360
　　　　　制造费用——固定制造费　　　　　　　　　480
(6) 假设8月份生产的SW锻坯加热部件全部完工，编制会计分录如下：
借：库存商品　　　　　　　　　　　　　　　　　　8 600
　　贷：生产成本　　　　　　　　　　　　　　　　8 600
(7) 将全部标准成本差异转入本月"主营业务成本"账户，编制会计分录如下：
借：主营业务成本　　　　　　　　　　　　　　　 646.25
　　贷：直接材料数量差异　　　　　　　　　　　　　450
　　　　直接材料价格差异　　　　　　　　　　　　56.25
　　　　直接人工工资率差异　　　　　　　　　　　　 70
　　　　直接人工效率差异　　　　　　　　　　　　(70)
　　　　变动制造费用耗费差异　　　　　　　　　　　105
　　　　变动制造费用效率差异　　　　　　　　　　(45)
　　　　固定制造费用产量差异　　　　　　　　　　　 30
　　　　固定制造费用预算差异　　　　　　　　　　　 50

通过这项结转分录，8月月末各成本差异科目均无余额。将成本差异科目的余额全部转入"主营业务成本"科目，虽然核算上比较简单，但如果差异较大，就会对当月的利润影响较大，并且会影响在产品和产成品计价的准确性。如果差异额较大，可以将其按标准成本的比例在当月在产品、库存商品和销售商品之间进行分配。

9.5.2 成本业绩报告

从标准成本管理系统可以看到：成本控制是一个循环的过程，从上级经理为成本中心经理制定成本标准开始，经过若干环节之后，借助于成本业绩报告又回到上级经理那里，成本业绩报告的重要性是不言而喻的，通俗地说，制定成本标准就是上级经理为成本中心经理"派活"，而成本业绩报告则是成本中心经理对上级经理"派的活"完成情况的一种正式"交代"。

成本业绩报告，又称为成本反馈报告，反映成本中心对成本标准完成的进度或结果，它的基本用途就是将上级经理与成本中心的经营活动连接起来，为上级经理了解和控制成本中心的经营活动提供了一个强有力的手段，也是分析各部门成本差异和责任并进行相应的成本奖惩的依据。另外，成本业绩报告也可以抄送被考核的成本中心，它会强化成本中心经理自我约束的意识。

成本业绩报告一般要符合下列要求：

1）在内容上应该说明差异、差异的原因和责任以及纠正差异的建议性措施。因此，比较完备的成本业绩报告应该包括两个文件：①表格反映的差异；②有关情况的分析（如差异原因和责任的分析）。

2）具有经常、简洁的特点，并对上级经理决策有用。按照考核的时间间隔编制成本业绩报告，并严格区分成本业绩报告和财务报告，报告中的内容要是上级经理控制成本中心所需要的。

3）成本业绩报告既反映一个成本中心的成本标准的完成情况，也反映在企业组织框架中各成本中心之间的联系。换句话说，既有一个成本中心的报告，也有反映所有成本中心的报告。

【例9-7】承前例，根据银驰轴承有限公司2023年8月份锻坯加热车间的实际生产情况编制该车间的成本业绩报告，见表9-4。

表9-4 银驰轴承有限公司锻坯加热车间生产成本业绩报告

2023年8月　　　　　　　　　　　　　　　　　　　　（单位：万元）

项目	标准	实际	差异	差异率
直接材料	7 200	7 706.25	506.25	7.03%
直接人工	560	560	0	0.00%
变动制造费用	360	420	60	16.67%
固定制造费用	480	560	80	16.67%
合计	8 600	9 246.25	646.25	7.51%

由表9-4描述的成本中心业绩报告，"标准""实际""差异""差异率"四列数据反映了成本控制的理念，也就是通过差异来控制成本，遵循例外原则管理。例外就是差异，但是这些差异还需要另外予以说明，以便将差异分析的成果报告给上级经理。此外，现实经济生活中的企业都是层级组织，而每个层级又由若干单位组成，那么如何设计成本业绩报告以反映这种情况呢？一个示意性的成本业绩报告格式见表9-5。

表9-5 成本业绩报告格式   （单位：万元）

说明	责任中心	预算	实际	差异
公司总经理：汇总公司的全部数据。由于报告中给出差异数据，如果有必要的话，总经理可以向下查找，以确定工作重点	技术部	…	…	…
	市场部	…	…	…
	供应链管理部	…	…	…
	生产部	27 000	29 800	2 800
	品质部	…	…	…
	综合管理部	…	…	…
	人力资源部	…	…	…
	财务部	…	…	…
	合计	59 000	63 700	4 700
	责任中心	预算	实际	差异
生产部经理：汇总所有生产部门的业绩，并向上级报告	锻造部	12 000	13 800	1 800
	车加工部	…	…	…
	磨加工部	…	…	…
	供电部	…	…	…
	维修部	…	…	…
	包装部	…	…	…
	合计	27 000	29 800	2 800
	责任中心	预算	实际	差异
锻造部部长：汇总所有生产车间的业绩，并向上级报告	锻坯加热车间	4 700	5 100	400
	辊锻备坯车间	…	…	…
	模锻成形车间	…	…	…
	切边车间	…	…	…
	冲孔车间	…	…	…
	合计	12 000	13 800	1 800
	变动成本	预算	实际	差异
锻坯加热车间主任：汇总锻坯加热车间变动成本业绩，并向上级报告	直接材料	…	…	…
	直接人工	…	…	…
	变动制造费用	…	…	…
	合计	4 700	5 100	400

表 9-5 中的预算就是标准，该表数据与表 9-4 的四列数据都是用来表现标准、实际和差异这样一种适合控制需要的数据结构。必须注意的是，表 9-5 的根本用途是表现与企业组织结构和层级完全一致的成本中心的结构，从而可以推导出一个具有严格数量勾稽关系的表格体系。生产部经理控制着锻造、车加工、磨加工、供电、维修和包装六个部门；而其中的锻造部部长又控制着锻坯加热、辊锻备坯、模锻成形、切边和冲孔五个车间；锻坯加热车间主任直接控制直接材料、直接人工和变动制造费用。实际上，其他经理如技术部、市场部等也有自己控制的部分，其他部长也有自己控制的部门，其他车间当然也有自己控制的料工费。如果全部展开，表格体系随之建立起来。

9.6 现实制造环境对标准成本控制系统的影响

全球竞争的加剧，适时生产方法和弹性制造系统的引入、持续工序改进的目标以及对产品质量的强调正剧烈地改变着制造环境。这些变化对标准成本控制系统的应用和革新产生着重要影响。

9.6.1 现实制造环境对标准成本控制系统提出的质疑

下面列出了在当前发达的制造背景下标准成本控制系统的几个缺点：

1）标准成本计算累积的差异水平太集中，得出结果时间太长，这样所提供的信息就没有什么价值了。有些管理会计人员认为，传统标准成本计算的方法与成本管理方法和作业管理的思想不相符。生产过程包括许多作业活动，而这些作业活动会产生成本。通过关注引发成本的作业，消除无增值的作业以及不断提高有附加值作业的绩效，将促使成本最小化、利润最大化。当前所需要做的是直接关注管理人员想提高作业的绩效及其计量尺度。如产品质量、加工时间和交货绩效。

2）传统成本差异太笼统，以至于它们不与具体产品生产线、生产批别或柔性制造系统（FMS）单位联系。差异太笼统这个特点使得经理难于查找产生差异的原因。

3）传统标准成本法过于偏重直接人工的成本与效率，而如今，直接人工的成本与效率正迅速地成为生产中相对不那么重要的因素了。

4）成功地运用标准成本计算的一个最重要的条件就是生产工序要稳定。然而，柔性制造系统（FMS）的引入降低了这种稳定性，该系统要求同一生产线不断转换生产多种产品。

5）较短的产品寿命期意味着标准仅在短期时间内适用。当引入新产品时，必须制定新的标准。

6）传统标准成本不足以涵盖绩效的各个重要方面。例如，直接材料标准价格没有包括所有者的所有权成本。除了购买价格和运输成本外，所有权成本还包括订货、支付支票、规划交货、接收订单、检验、处理和入库以及交货不及时或不准确交货导致的产品线中断等成本。

7）传统标准成本法倾向于过多关注成本最小化，而不是提高产品或客户服务质量。事实上标准成本法在准时制生产方式（JIT）和 FMS 环境中可能会引发功能障碍。例如，为了避免材料价格差异，就会以最低价格购买一定质量的材料，这可能导致选择交货能力与 JIT 要求不一致的供应商。

8）自动化制造过程更倾向于与满足生产要求相一致。结果，脱离标准的差异势必非常小或不存在。

9.6.2 改进标准成本控制系统的措施

由于这些质疑，一些高度自动化的制造商降低了标准成本控制在企业控制系统中的地位。然而，大多数制造商即使在采用先进的制造方法后，仍在一定程度上使用标准成本控制系统。此类企业在使用标准成本控制系统时做了以下改进，以反映新制造环境的各种特点。

1）降低人工标准和差异的重要性。随着直接人工在新制造环境中的地位不断下降，用于控制人工成本的标准和差异的重要性也在下降。传统标准成本法对直接人工效率差异的偏重应让位于对生产过程中更重要投入的差异的关注。机器工时、材料和制造费用、产品质量以及制造循环次数作为管理控制的目标更具有重要性。

2）对材料和间接费用成本提高重视。随着人工重要性的降低，材料和间接费用成本更加重要。控制材料成本和质量与通过成本动因分析控制间接费用成本，成为成本管理系统（CMS）的重点。

3）关注成本动因。确定生产成本产生的因素在 CMS 中显得更为重要。机器工时、部件数、工程变化单和生产批次等成本动因，成为 CMS 和作业成本法的焦点。

4）转换成本结构。先进的制造系统要求大量的生产设备费用支出。这使得成本结构由可变成本转为固定成本。间接费用成本变得特别重要。

5）追求高质量和零缺陷。全面质量控制（TQC）计划致力于使原材料和产成品都达到非常高的质量水平，该计划经常和 JIT 方法一起使用，其结果之一是材料价格差异、材料数量差异和返工成本都非常低。

6）降低无增值成本。CMS 的一项重要目标是消除无增值成本。随着这些成本的减少或消除，标准应不断调整，以提供便于成本控制的准确的基准。

7）适应产品寿命期的调整。随着产品寿命期的缩短，应经常调整标准。

8）应用实时信息系统。计算机集成制造系统（CIM）使得管理会计人员能在生产开始时收集经营数据，并向管理部门报告以实时为基础的相关绩效尺度。这样经理能更迅速地消除不利差异的诱因。

9）引入经营控制的非财务尺度。传统的管理会计人员关注预算成本差异等绩效的财务尺度。财务尺度仍然非常重要，但非财务尺度能让财务绩效的作用发挥得更好。在新制造环境中，经营尺度正应用于控制生产过程的关键部分。

10）采用基准法。基准法（benchmarking）是一种广泛用于控制成本和改进经营效率的方法，它是对完成一项任务最有效方法的持续研究。通过将现存方法和业绩水平与其他组织的同类指标或同组织的其他分部的同类指标比较来完成。例如，医院通常以诊断相关团体的病人护理成本为基准，与其他医院的同类成本相比较。

思考题

1. 什么是成本控制？成本控制有哪些作用？成本控制该如何进行分类？
2. 成本控制系统由哪些部分构成？
3. 成本控制应遵循哪些原则？成本控制的程序是什么？
4. 标准成本控制系统主要有哪些内容？
5. 标准成本系统有什么特点？它的主要作用是什么？
6. 企业要实施标准成本控制系统应具备哪些基本条件？
7. 什么是标准成本？标准成本如何分类？
8. 直接材料、直接人工、变动制造费用和固定制造费用的标准成本如何制定？
9. 如何进行直接材料、直接人工、变动制造费用和固定制造费用成本差异分析？
10. 如何用图示表达各种成本差异？
11. 标准成本法的账务处理有何特点？
12. 什么是成本业绩报告？如何编制成本业绩报告？
13. 现实制造环境对标准成本控制系统产生了哪些影响？如何进行改进？

参考文献

[1] 李守武. 管理会计案例 [M]. 北京：中国财政经济出版社，2016.
[2] 希尔顿. 管理会计学：在动态商业环境中创造价值 [M]. 杜美杰，陈宋生，译. 北京：机械工业出版社，2009.
[3] 吴大军. 管理会计 [M]. 5版. 大连：东北财经大学出版社，2018.
[4] 达塔，拉詹. 管理会计：决策制定与业绩激励 [M]. 王立彦，等译. 北京：中国人民大学出版社，2015.
[5] 孙茂竹. 管理会计学 [M]. 北京：中国人民大学出版社，2018.
[6] 诺布尔斯，马蒂森，马楚姆拉. 亨格瑞会计学：管理会计分册 [M]. 张永冀，译. 北京：机械工业出版社，2017.
[7] 杨洁. 管理会计 [M]. 2版. 北京：清华大学出版社，2015.
[8] 杨文杰. 管理会计 [M]. 2版. 北京：清华大学出版社，2015.
[9] 于增彪. 管理会计 [M]. 北京：清华大学出版社，2014.
[10] 郑爱华，谢梅. 管理会计 [M]. 2版. 北京：机械工业出版社，2020.

视频课程

9.1 标准成本控制系统概述

9.2 标准成本的制定

9.3.1 标准成本差异的计算和分析(1)

9.3.2 标准成本差异的计算和分析(2)

第10章 责任会计

课程思政

导入案例

Xilinx 公司诉美国税务局案——转移定价问题的法律之争

国际税法在转移定价问题上的公平交易法与全球公式法之争，已经进行了相当长的一段时间。2009 年，美国法院关于 Xilinx 公司及其分公司诉美国税务局案的判决结果，在世界范围内，特别是在北美与欧洲，引起了轩然大波。

Xilinx 公司是全球领先的可编程逻辑方案的供应商，在世界各地有若干分公司。公司把在 1998 年—1999 年期间的一部分研发成本分摊给爱尔兰受控公司，可是在向爱尔兰公司的研发人员派发股份期权时，却把这部分成本费用全部在美国总公司扣除，而没有在爱尔兰公司做任何扣除。爱尔兰的公司所得税税率比美国低许多，因此，这样做降低了公司的全球总税负。

此案的中心法律问题是，跨国公司如何在位于各国的受控公司之间分摊成本与收益，并且以此作为在各国纳税的税基，以及以此作为公司的全球总税负。

这是一个转移定价问题。美国有关转让定价问题的税收法规要求，所有的所得和扣除必须根据公平交易原则（the arm's length principle）在相关企业之间进行分摊。Xilinx 公司认为，非联属企业不应分摊。在 2005 年税务法院进行的一审判决认为，Xilinx 公司这样做没有违法，因此没有再交税款和相应罚款的义务，Xilinx 公司一审胜诉，美国国家税务局败诉。可是，在二审中，上诉法院推翻了 2005 年税务法院的判决，判 Xilinx 公司败诉，美国税务局胜诉。审判和判决中关键的法律问题在于：审判庭三位法官中的两位，Stephen Reinhardt 和 Raymond Fisher 认为，美国税法第 1.482－7（d）所规定的成本计算方法与美国税法 1.482－1 规定的公平交易标准不协调。法庭认定，由于 1.482－7（d）的规定比 1.482－1（b）(1) 更特定、更具体，由此这一规定优先适用。这样一来，公平交易原则实际上被规避了。

摘自：那力. 转移定价问题的公平交易法与全球公式法之争：美国法院一个新近判决引起的轩然大波 [J]. 现代财经：天津财经大学学报，2011（8）：108－114.

10.1 分权管理与责任会计制度

10.1.1 分权管理

直到 20 世纪中期，很多公司都以集权制、等级制的形式来进行组织。集权制（Centralization）是一种权力集中在高层，低层管理者几乎没有决策自由的组织形式。苏联是高度集权制结构的一个典型例子，它在 20 世纪 90 年代初解体。现在，更多的企业采用分权管理,所谓分权管理是指企业高层管理当局将一定的经营管理决策权下放到有关的下属单位,各下属单位就本部门生产经营活动的成果向上级管理部门负责的一种组织形式。

1. 分权管理的优势

分权管理相对于集权管理至少有两方面的明显优势:

(1) 有利于专项职能分工和管理专业化,提高企业的应变能力　在高度集中的管理模式下,生产经营活动的诸多管理决策权限都集中在较高层,使得高层管理的内容庞杂,工作量大,难以对所决策的每一事项进行详细的调查研究,容易导致管理决策效率低下,管理工作责任难以明确。而分权管理则把一定的管理权限下放到运用该权力进行专项决策和管理的职能部门,各部门对自身的情况和周围的环境了解得更加全面而详细,进行管理决策时所拥有的资料也更加真实、具体,管理工作的专门化程度比集权管理要高得多,能够有效地适应市场环境的变化。

(2) 有利于高层管理者关注重点问题　高层管理部门通常在高层的重大决策方面比中层管理部门更具优势,如果他们的时间都花费在日常经营决策上,就会分散他们的精力,从而忽略重要的战略决策。通过分权管理,能够使高层管理人员将有限的时间和精力放在企业最重要的战略决策上,从而可以保证企业始终有一个明确的发展目标。

(3) 有利于调动各职能部门人员的积极性　放权是与负责联系在一起的,各专门机构具有了一定的管理权限,同时也应担负相应的工作责任。分权以前,集权管理的权限与责任都统一在企业管理的高层,权利得不到有效使用,责任也就不分明。当权限下放后,责任主体和其所担负责任的内容也就更加明确。责任机制对激励和督促各责任主体的人员积极努力地工作,充分发挥责任单位和个人的积极性、主动性、创造性是十分有效的。工作责任对责任主体的每一个人员而言,既是工作上的压力,也是创造工作业绩的强大动力。

2. 分权管理的代价

尽管分权管理有许多优势,但是较高程度集权管理的支持者指出,分权管理也需要公司付出许多代价,具体如下:

(1) 导致次优决策　在分权管理下,最高管理层将某些决策控制权下放给下属单位,但是如果下属单位的管理者不具备必要的技能或能力来承担职责,则会使整个企业的状况变差。即使下属单位管理者足够熟练,次优决策也可能在某项决策能为下属单位带来益处,但不足以抵消整个企业付出的代价或遭受的损失时发生。次优决策最可能发生在各下属单位之间存在高度依赖性时,比如,一个下属单位的最终产品是另一个下属单位的直接材料或由另一个下属单位负责销售。举个例子,假定由于新的流行游戏的发布,日本电子游戏商 Nintendo 的营销团队收到来自澳大利亚的 Wii 控制台的额外订单,但是以成本作为评价标准的生产经理可能不愿意安排这个紧急订单,因为这会影响生产计划,进而提高生产成本。然而，从企业整体角度看，不供应控制台也是一个问题，因为澳大利亚的客户愿意支付溢价，而且当前的供应也会刺激未来对其他 Nintendo 游戏的订购。

（2）导致下属单位管理者专注于本身局部利益，而非公司的整体利益 某个下属单位的管理者可能把公司其他部门的管理者视同外来的竞争对手，这就导致管理者认为下属单位的相对业绩比公司整体目标更加重要。因此，管理者不愿意援助面临紧急事件的其他部门或者与它们共享信息。比如，丰田的日本分部不与其美国、亚洲和欧洲分部共享关于工程问题的信息或缺陷报告，丰田宣布它们会改变这种不正常的行为。

（3）导致产出重复 如果企业的下属单位从事相同的业务，它们的内部竞争可能导致在外部市场的失败，因为各部门可能发现通过模仿组织内部的成功产品抢走其他部门的市场份额比从外部其他公司抢走市场份额更容易。最后，这会导致顾客的混乱和各部门独特优势的丧失。

（4）导致经济活动重复进行 尽管下属单位在不同的市场上经营，公司的一些下属单位可能分别承担相同的作业。在一个高度分权管理的公司中，每个下属单位可能存在员工职能重叠的现象，如人力资源和信息技术。对于这些职能而言，采用集权管理将有助于组织的团结、精简，可以减少某些冗余的作业。例如，瑞士的能源和自动化技术的全球领先者 ABB 集团就是一个分权化组织，但它将涉及多个业务部门的资源决策（如管道输送和安装、工程和建造服务）集权化，成本节约的效果显著。通过集权管理，下属单位之间分享诸如信息技术和人力资源等服务变得流行起来，因为这比各单位独自购买服务节约 30%~40% 的成本。

3. 分权管理的利弊比较

要选择一种能执行公司战略的组织结构形式，高层管理者必须比较分权管理的利弊，这种比较通常是分职能进行的。针对美国和欧洲公司的调查统计显示，实行分权管理的下属单位最常做的决策是有关货源供应、产品组合和产品广告等。在这些领域，下属单位的管理者可以根据当地的信息更快地做出决策。而下属单位最不常做的决策是有关长期融资方式和渠道选择等。在这些方面，公司的管理者知道更多关于不同市场中融资条款的信息，能够获取最好的条件。所得税集权化战略可以使组织权衡和管理下属亏损单位与盈利单位的收入。一般而言，当公司面临不稳定的环境，对所从事的工作需要掌握详细的当地情况，且下属单位之间很少存在相互依赖关系时，采用分权管理的优势更显著。

10.1.2 经济责任制

为了充分调动各责任中心的积极性，对各责任中心的工作绩效有一个客观评价，以促进责任中心的每个员工都朝着共同的目标认真努力工作，在赋予责任中心一定的管理权限、规定其所独立担负工作责任的同时，还必须制定一定的工作标准和考核评价制度，定期对各责任中心的工作情况进行考核。根据考核情况，评价责任中心工作绩效，并按考核评价制度中确定的奖惩方案对各责任中心进行经济奖惩和行政奖罚。在企业中实行的这种将各独立责任主体的责、权、利三者有机结合起来，以调动各责任主体的积极性，实现最优工作绩效的经济责任管理制度被称为"经济责任制"。

在任何社会经济制度下，经济责任制都可视为改善企业经营管理，提高经济效益的基本方法。经济责任制的形式多种多样，但无论怎样的经济责任制，都体现为以下两方面的基本原则和内容。

（1）责权利相结合　责权利相结合是经济责任制的核心内容，具体地说就是明确各责任单位的工作职责，按各责任单位完成工作责任的需要赋予其相应的管理和决策权限，根据对其工作绩效的考核结果，做出合理评价，并给予相应的经济奖励或惩罚。在贯彻经济责任制的过程中，首要的工作就是明确职责。责任就是压力，是调动责任主体积极性最有效的促进力；管理权力是经济责任制得以贯彻执行的权力保证，也是责任单位担负起工作责任的条件；经济利益则是促使人们积极完成工作责任的内在动力。责、权、利三者的关系被人们表述为：明确责任、以责定权、尽责定利。这一表述，全面而又准确地概括了经济责任制的基本原理和核心内容。

（2）个人所得与工作绩效相联系　责任主体最基本的组成单位是每一个负有具体责任的个人。对个人最为有力的激励机制是物质利益，所以经济责任制要尽可能地实行责任分解和权力下放，并将经济考核具体到责任单位中的每一个人，对每一个人都能客观公正地进行考核评价，实行奖罚分明的奖惩制度，使每个职工得到的经济利益与其工作绩效直接挂钩，工作成绩越好，经济收益越大，工作责任完成不好或造成损失的，要受到经济惩罚，使每个人的积极性、主动性、创造性在经济利益的促进之下最大限度地发挥出来。个人活力的增强，必将使得责任单位乃至整个企业活力提高，达到实现最优工作绩效的目标。

实行经济责任制，企业需要将会计方法与管理方法相结合，对企业内部各责任中心的经济活动进行规划和控制，对其工作绩效进行计量、评价和考核。由此形成的一套完善的、系统的管理会计专门方法就称为责任会计。可见，企业内部建立责任会计制度，是贯彻经济责任制的要求。

10.1.3　责任会计制度

责任会计是管理会计的一个子系统，是在分权管理条件下，为适应经济责任制的要求，在企业内部建立若干责任中心，并对它们的经营活动进行规划、考核和业绩评价的一整套信息系统和控制系统。

1. 责任会计的基本内容

（1）划分责任中心　实行责任会计，企业应根据自身生产经营管理的特点，以现行组织机构为基础，将企业内部凡独立承担某项工作责任，能够授予其相应权力，并能进行明确考核、评价的各职能部门和责任单位划分为若干相互独立的责任中心。

（2）确定权责范围　企业内部凡被划定为责任中心的部门和单位，都应拥有履行其工作责任所必需的管理决策权限，同时担负与权力相当的工作责任，所以必须明确各责任中心的权责范围，这是责任会计制度成功实施的关键。

责任会计划分权责范围的基本做法是将企业的总体经营目标逐级分解到不同层次、不同种类的责任中心，以此作为各责任中心的责任目标，并编制各责任中心的责任预算，确定责任中心在成本费用、收入、利润、投资收益等责任目标要素方面的具体数额，同时分析决定各责任中心为完成其工作责任所应拥有的决策管理权力，将这些必需的权力授予各责任中心。

（3）建立责任会计信息系统　建立责任会计信息系统，是责任会计的核心内容。各责任中心应按责任会计所规定的工作内容，设置对经济活动进行记录和反映的会计账户和会计报表，对责任中心的经济活动所产生的信息，进行会计记录和整理加工。责任会计应提供各责任中心责任完成情况的会计信息，所提供的信息应该有其反映重点，能够全面真实地反映责任中心的工作责任完成情况及与责任预算之间的差异，通过定期编制责任中心的责任业绩报告，使企业管理部门的决策建立在详细、真实和具有针对性的责任会计信息之上。

（4）绩效考评和奖惩　根据责任会计信息系统所提供的责任会计信息资料中的责任目标，可以考核评价各责任中心工作绩效的优劣，按照其绩效优劣和经营成果的大小给予相应的奖惩，总结经验，及时发现问题，激励员工积极向上，提高整个企业的工作绩效。

2. 责任会计的作用

责任会计是管理会计的重要组成部分，对提高企业的经营管理水平具有十分重要的作用，具体来说表现在以下几方面：

（1）有利于充分发挥分权管理和企业内部经济责任制的效果　随着经济的发展，企业组织的规模越来越大，生产经营活动越来越分散，所处环境越来越复杂，这就要求企业高层下放决策权，实行分权管理，对整个企业"分而治之"，以提高经营的效率，提高决策的灵活性和及时性。传统的集权管理越来越行不通了。在分权管理的情况下，企业的各下属单位都被赋予一定的决策权。企业为了促使各下属单位有效行使其决策权，保证各下属单位的经营目标和企业的总目标一致，就必须建立有效的经济责任制度。经济责任制要求企业根据具体情况，确定各下属单位和各类人员的经济责任，并赋予相应的决策权，同时把各下属单位和各类人员的经营业绩同其经济利益挂钩,做到功过分明,奖惩有据,以激励全体员工的工作积极性和主动性。

责任会计正是为了配合这种以责权利结合为核心的经济责任制而建立起来的。实行责任会计以后,把各责任单位的目标和任务,通过以数量形式编制的责任预算具体地反映出来,可使各下属单位和各类人员目标明确、责任清晰。同时,通过以各责任单位(而不是以产品)为主体的会计核算,全面系统地反映各责任单位的工作业绩和经营成果,对各责任单位进行科学、有效的考核。

(2)有利于保证企业经营目标的一致性 保证企业经营目标的一致性,使企业的整体目标和各责任单位的具体目标保持高度一致,是企业经营管理的基本要求。但是,由于各下属单位和各类人员客观上都存在各自的需要和经济利益,各责任单位的具体目标和企业的整体目标并不会自动一致,要保证企业经营目标的一致性,就必须进行必要的制度设计。在分权管理的条件下,建立企业内部的经济责任制是解决经营目标一致性的重要手段。责任会计通过编制责任预算,为各下属单位和各类人员制定出具体的经营目标,并使这些具体的经营目标和企业总目标保持一致。同时,通过制定各种奖罚措施,把各项具体经营目标的完成情况和经济利益挂钩,使各责任单位的具体目标和企业的整体目标保持高度一致,使各责任单位的各项活动都自觉地服务于企业总体目标。

3. 责任会计的基本原则

责任会计在实施时应遵循以下原则:

(1)责权利相结合原则 责权利相结合原则,要求责任会计必须将责任中心的责任与其权利相结合。具体来说,责任会计要为每个责任中心规定应完成的任务,并赋予与责任范围相对应的权利,同时制定相应的业绩评价标准和奖惩措施。只有这样,各责任单位才会有压力、活力和动力。

(2)整体利益最大化原则 整体利益最大化原则,就是要求各责任中心目标的实现有助于企业总体目标的实现,使两者的目标保持一致。建立责任会计的目的是有效地促进各责任中心为实现企业总体目标而努力。而由于各责任中心有不同的职责,甚至存在利益上的冲突,所以在制定预算和考核标准时应防止局部利益损害企业总体利益的情况。

(3)可控性原则 可控性原则,是指为责任中心规定的责任必须是责任中心在其职权范围内可以控制的。贯彻可控性原则,首先要分清平级责任中心之间的责任界限,即平级的其他责任中心的责任不能由本责任中心负担;其次要分清上下级责任中心之间的责任界限,即不能让下级责任中心承担上级责任中心的责任,而上级责任中心却应向其上级责任中心承担下属责任中心的责任,任何一个责任中心对其下属责任中心的责任都有间接可控性。

(4)反馈性原则 反馈性原则,是指各责任中心要及时记录其经济活动,及时将责任预算与执行情况进行对比分析,以便及时发现问题,迅速采取有效措施加以控制,达到强化管理的目的。贯彻反馈性原则,首先要求责任会计建立一套科学的信息跟踪和报告系统，保证及时、准确而有效地反映各责任单位的经济活动和经营业绩。其次，要求责任会计建立一套反应迅速的控制系统和决策系统，以加强控制，及时调整并做出恰当的决策。

（5）重要性原则　重要性原则也称例外管理原则，就是要求各责任中心对其生产经营过程中发生的重点差异进行分析、控制。重点差异有两层含义：①对实现企业总体预算、责任中心责任预算或对社会效益有实质性影响的差异。这类差异不论其数额大小，都应重点进行分析和控制，如国家下达的指令性计划或供销合同完成情况等。②数额较大的差异。通过对这类差异的分析、控制，能够花费较少的精力解决较大的问题，达到事半功倍的效果。重点差异包括不利差异和有利差异。不论是不利差异还是有利差异，只要是重点差异，均应深入分析其产生的原因。

（6）及时性原则　责任会计功能的发挥在很大限度上取决于信息反馈的及时性。要求责任会计一方面要迅速对各责任单位的经营情况进行反映，并迅速做出考核评价，同时还要把有关信息及时反馈给责任者，并迅速做出相应的调整和决策。

10.2　责任中心的分类及评价指标

10.2.1　责任中心的概念及特征

责任中心是指拥有一定的管理权限，同时也担负相应的工作责任的一个责任主体，或责任单位。凡是拥有一定管理权限，并独立担负相应工作责任的责任主体，我们都可将其视为一个责任中心。所以责任中心不是以职能部门或责任单位大小而划分，而是以其可确定独立责任的范围而划分。大至企业的一个职能部门，乃至一个分厂、事业部，小至生产线上的一个班组，乃至负有专项独立责任的职工个人，都可作为一个责任中心。

作为责任中心的内部单位通常应具备以下特征：

1）责任中心必须是一个责权利结合的实体，这意味着每个责任中心都要对一定的财务指标承担相应的责任。

2）责任中心具有相对独立的经营业务和财务活动，能独立承担经济责任，这是责任中心得以存在的前提。

3）责任中心能够使用有关的会计指标来衡量经营业绩。

10.2.2　责任中心的分类及评价指标

在企业中，按照责任主体所负担责任的内容及范围，可将责任中心划分为成本中心、利润中心和投资中心三类。

1. 成本中心

（1）成本中心的含义　一个责任中心，如果不形成或者不考核其收入，而着重考核其所发生的成本和费用，这类中心称为成本中心。成本中心要对企业的成本或费用承担责任。任何发生成本的责任领域，都可以确定为成本中心。在一个企业中负责生产的生产部门、劳务供应部门以及车间管理部门等都可成为成本中心，因此，成本中心可能大小不一，上至工厂一级，下至车间、班组，甚至个人都有可能成为成本中心。小的成本中心共同组成一个较大的成本中心，而几个较大的成本中心共同组成本企业的成本中心；这样不同的成本中心既相互独立，又从上至下逐级控制，最终共同完成企业成本中心成本控制的任务。大的成本中心可以是一个分公司、分厂，小的成本中心可以是车间、工段、班组。

成本中心又可分为标准成本中心和费用中心两种类型。标准成本中心要求生产的产品稳定而明确，并且已经知道单位产品所需要的投入量的责任中心。标准成本中心的典型代表是制造业工厂、车间、工段、班组等。费用中心适用于那些产出物不能用财务指标来衡量，或者投入与产出之间没有密切关系的单位。一般而言，企业的行政管理部门，如会计、人事、劳资、计划等部门属于费用中心。

成本中心所计量的成本指标是各中心的责任成本，而不是传统的产品成本。

(2) 责任成本　对于成本中心，责任会计核算的内容主要是责任成本。所谓责任成本，就是以具体的责任单位（部门、单位或个人）为对象，以其承担的责任为范围所归集的成本，也就是特定责任中心的全部可控成本。

责任成本不同于变动成本，也不同于财务会计中的产品成本。其不同点在于：

1) 核算目的不同，核算责任成本的目的是控制成本。

2) 成本计算对象不同，责任成本以责任中心为成本计算对象。

3) 成本的范围不同，责任成本计算的范围是各责任中心的可控成本。

4) 共同费用在成本对象间分摊的原则不同。责任成本按可控原则把成本归属于不同的责任中心，谁能控制谁负责，不仅可控的变动间接费用要分配给责任中心，可控的固定间接费用也要分配给责任中心。

(3) 可控成本和不可控成本　可控性是责任会计的一个重要原则。责任会计在对责任中心的各种成本进行核算时，必须首先根据可控性原则对全部成本进行分析。在责任会计看来，各责任中心所发生的成本应区分为可控成本和不可控成本两类。

可控成本是指在特定时期内，特定责任中心能够直接控制其发生的成本。可见，可控成本总是针对特定责任中心来说的。一项成本是否是可控成本，可依据以下三项条件进行判断：

1) 假如某责任中心通过其自主行为能有效地影响一项成本的数额，那么该中心就要对这项成本负责。

2) 假如某责任中心有权决定是否使用某种资产或劳务，它就应对使用这些资产或劳务的成本负责。

3) 某管理人员虽然不直接决定某项成本，但是上级要求他参与有关事项，从而对该项成本的支出施加了重要影响，则他对该成本也要承担责任。

凡不能同时符合上述三个条件的，即为不可控成本。一个责任中心的各项可控成本之和，即构成该中心的责任成本。

在责任会计中，有关可控成本项目能否纳入会计核算，还必须同时符合以下三个要求：

1) 成本可以事先确定。责任中心可以事先确定将要发生哪些成本耗费。
2) 成本可以准确计量。责任中心能及时准确地计量所发生的成本耗费。
3) 成本可以控制调节。责任中心有办法控制和调节成本的发生。

可控成本与不可控成本是相对而言的。某项成本对某一个责任中心而言是不可控成本，而对另一个责任中心而言则可能是可控成本，例如，存货的采购成本，对于生产部门而言是不可控成本，但对供应部门来说，则是可控成本。某项成本对低层的责任中心而言是不可控成本，但在较高层的责任中心则可能为可控成本，例如，制造费用中的固定部分对生产班组虽属于不可控成本，但对制造车间来说则是可控的。某些成本在短时期内是不可控的，但在较长时期内又成为可控的了，例如，固定资产折旧费和摊销的长期租赁费，从已开始计提折旧和已开始摊销的会计期间看，是企业不可控的费用，但从购置和租入资产时的较长时期看，则又是可控的。另外，某些成本是否可控，要视其分配方法而定，例如，维修、供水、供电、内部运输等企业内部产品和劳务提供部门的成本，如果按规定的固定比例分配给受益部门，就属于各受益部门的不可控成本；如果按各受益部门的耗用数量（如维修工时、用水量、用电量、运输量等）分摊，则属于受益部门的可控成本。由此可见，成本的可控性总是与一定的条件相联系而确定的，不能脱离有关的具体条件抽象地谈论哪项成本是可控的，哪项成本是不可控的。

(4) 责任成本和产品成本的比较 传统的产品成本与责任会计的责任成本既有联系又有区别。

两者的区别表现在：①成本计算和归集的方式不同，产品成本采取的是"谁受益，谁承担"的成本归集方法，由受益产品负担所发生的成本，责任成本采取的是"谁负责，谁承担"的成本归集方法，由责任中心负担其责任范围内的可控成本，各项可控成本之和即构成该责任中心的责任成本。②计算对象不同，产品成本以企业产品为计算对象，而责任成本以责任中心为计算对象。③计算与考核的目的不同，产品成本反映和监督产品成本计划的完成情况，是实行经济核算的需要，责任成本反映和考核责任预算的执行情况，是贯彻经济责任制的重要手段。④计算方法不同，产品成本计算不区分可控成本与不可控成本，而责任成本计算是可控成本的集合。

两者的联系是，在一定时期内，企业产品总成本与责任成本的总和是相等的，因为责任成本与产品成本反映的都是生产过程中所发生的耗费。

(5) 成本中心的考核指标 标准成本中心的考核指标，是既定产品质量和数量条件下的标准成本。标准成本中心不对生产能力的利用程度负责，而只对既定产量的投入量承担责任。因为标准成本中心不需要做出价格决策、产量决策或产品结构决策，这些决策由上级管理部门做出，或授权给销货单位做出。标准成本中心的设备和技术决策，通常由职能管理部门做出，而不是由成本中心的管理人员自己决定。值得强调的是，标准成本中心必须按规定的质量、时间标准和计划来进行生产，在保证产品质量和数量的前提下考核其成本，这个要求是"硬性"的，很少有变化余地。

通常使用费用预算来考核评价费用中心的成本控制业绩。决定费用中心预算水平有赖于了解情况的专业人员的判断。上级主管人员应信任费用中心的经理，并与他们密切配合，通过协商确定适当的预算水平。在考核预算完成情况时，要利用有经验的专业人员对该费用中心的工作质量和服务水平做出有根据的判断，才能对费用中心的控制业绩做出客观评价。

2. 利润中心

（1）利润中心的含义　利润中心，是指既要对成本负责又要对收入负责，同时能够控制生产和销售，但没有责任或没有权力决定该中心资产投资水平的一类责任中心。

通常，利润中心被看成是一个可以用利润衡量其一定时期业绩的组织单位。但是，并不是可以计量利润的组织单位都是真正意义上的利润中心，也不是必须创造现实营业利润的组织才算利润中心。从根本目的上看，利润中心是指管理人员有权对其供货的来源和市场的选择进行决策的单位。

责任会计中的利润中心有两种类型，一种是自然的利润中心，另一种是人为的利润中心。

自然的利润中心是指能够在外界市场上销售其产品或提供劳务，获得销售收入和利润的责任中心，自然利润中心的收入主要包括当期的产品销售收入、加工收入、其他业务收入。自然利润中心的利润是企业利润总额的组成部分，自然利润中心的利润发生增减变动，企业利润总额也会随之发生相应的变动。

人为的利润中心是指那些并不对外销售其产品或提供劳务以取得实际销售收入，而是为了加强内部经济责任管理，利用内部结算价格对其提供的半成品或劳务进行计价结算，并考核其内部利润的责任中心。实际上，大多数成本中心都可以转化为人为的利润中心，因为只需要为它们各自的产品（半成品）或劳务制定一个合理的内部转移结算价格，便可计算出其内部销售收入，内部销售收入扣除该中心的责任成本，即可得出内部销售利润。当然，人为利润中心的利润不是企业从市场销售中获得的已实现的利润，而是企业内部各责任中心互相提供产品或劳务，按照内部结算价格结转时视同内部销售而形成的利润，是没有真正实现的利润。

企业建立利润中心，其主要目的是通过授予必要的经营自主权和确立利润这一综合性指标来推动和促进利润中心扩大销售、节约成本，努力实现自己的利润目标，使企业有限的资金得到最有效的利用。

（2）利润中心的考核指标　对利润中心考核的指标主要是利润，其次还包括非财务指标，如生产率、市场地位、产品质量、职工态度、社会责任、短期目标和长期目标的平衡等。

在评价利润中心业绩时，有四种评价指标可供选择，即边际贡献、可控边际贡献、部门边际贡献和税前部门利润。

【例 10-1】 东方公司 A 部门的基本经营数据和利润表分别见表 10-1 和表 10-2。

表 10-1　A 部门的基本经营数据　　　　　　　　　　　　　　　（单位：万元）

项目	金额
部门销售收入	4 500
已销商品变动成本和变动销售费用	2 800
部门可控固定间接费用	260
部门不可控固定间接费用	350
分配的公司管理费用	330

表 10-2　A 部门的利润表　　　　　　　　　　　　　　　　　　（单位：万元）

项目	金额
收入	4 500
变动成本	2 800
（1）边际贡献	1 700
可控固定成本	260
（2）可控边际贡献	1 440
不可控固定成本	350
（3）部门边际贡献	1 090
公司管理费用	330
（4）部门税前利润	760

根据表 10-2，以边际贡献 1 700 万元作为业绩评价依据不够全面。A 部门经理至少可以控制一些固定成本，并且在固定成本和变动成本的划分上有一定的选择余地。以边际贡献为评价依据，可能导致部门经理尽可能多支出固定成本以减少变动成本支出，尽管这样做并不能降低总成本。因此，业绩评价时至少应包括可控制的固定成本。

以可控边际贡献 1 440 万元作为业绩评价依据可能是最好的，它反映了 A 部门经理在其权限和控制范围内有效使用资源的能力。部门经理可以控制收入、变动成本和部分固定成本，因而可以对可控边际贡献承担责任。

以部门边际贡献 1 090 万元作为业绩评价依据，可能更适合评价该部门对企业利润和公司管理费用的贡献，而不适合对部门经理的评价。如果要决定该部门的取舍，部门边际贡献是具有重要意义的信息。如果要评价部门经理的业绩，由于不可控固定成本是最高管理层投资决策的结果，现在的部门经理已很难改变，超出其控制范围，因此不应纳入考评体系。

以税前部门利润760万元作为业绩评价的依据通常是不合适的，公司的管理费用是部门经理无法控制的成本，因此，由于分配公司管理费用而引起部门利润的不利变化，不能由部门经理负责。不仅如此，分配给各部门的管理费用的计算方法常常是不固定的，部门本身的活动和分配的管理费用高低并无因果关系，普遍采用的销售百分比、资产百分比、工资百分比等，会使其他部门分配基数的变化影响本部门分配管理费用的数额。许多企业把所有的总部管理费用分配给下属部门，其目的是提醒部门经理注意各部门提供的边际贡献必须能够抵补总部的管理费用，否则企业作为一个整体就不会盈利。其实，通过给每个部门建立一个期望能达到的可控边际贡献标准，可以更好地达到上述目的。这样，部门经理可集中精力增加收入并降低可控制成本，而不必在不可控的公司管理费用上花费精力。

3. 投资中心

（1）投资中心的含义　企业中某些分散经营的下属单位或部门，其经理所拥有的自主权不仅包括制定价格、确定产品和生产方法等短期经营决策权，而且还包括投资规模和投资类型等投资决策权，像这样的单位或部门称为投资中心。投资中心是比利润中心更高一层的责任中心，适用于企业内部管理权限和业务规模较大的部门，如事业部、分公司、分厂等。

投资中心的责任权限既包括产品生产、销售自主权，还包括独立地运用其所掌握的资金进行长期投资决策的权力。作为一个投资中心，其成本、收入、利润、资金都是可控的，因此考核投资中心的工作绩效时，不仅要考核其成本、收入、利润，而且要将所获利润与所占用的资金进行对比，考核资金的运用效果。

投资中心因为要对投资效果负责，所以必须拥有充分的决策权，包括在其可运用资金额度内的投资决策权，不到紧要关头，或遇到关系到公司全局的重大事项，公司管理当局不宜进行干涉。为了明确划分各投资中心的责任界限，计算其经济效益和投资效果，对于各投资中心相互之间现金、存货等资产的转移，应该实行有偿使用，计息清偿；对各投资中心共同发生的成本应该按照适当的标准进行分配；各项经济资源都应明确归属于一定的投资中心。只有这样，才符合责任会计的要求，才能对各投资中心进行全面有效的考核评价。

（2）投资中心的考核指标　投资中心的经理不仅能控制成本和收入，而且能控制其所占用的资产。因此，对投资中心的考核不仅要衡量其利润，而且要衡量其资产，并把利润与其所占用的资产联系起来。

投资中心的考核指标主要有投资利润率、剩余收益、现金回收率、剩余现金流量等。

1）投资利润率。投资利润率又称投资报酬率、净资产利润率，是投资中心所获得的利润与投资额之间的比率。它反映投资中心运用"公司产权"供应的每1元资产对整体利润贡献的大小，或投资中心对所有者权益的贡献程度，其计算公式为

$$投资利润率 = \frac{经营利润}{经营资产}$$

式中经营利润通常是指息税前利润（EBIT），经营资产通常是指期初与期末资产的平均值。

为了合理分析影响投资利润率的影响因素，投资利润率这一指标，还可以进一步展开

$$投资利润率 = \frac{经营利润}{销售额} \times \frac{销售额}{经营资产}$$

$$= 销售利润率 \times 资产周转率$$

由上述公式得出，提高投资利润率的途径不仅在于降低成本、增加盈利、降低经营资产的平均占用，而且还在于资产的周转速度及销售获利能力。

投资利润率作为广泛采用的评价投资中心业绩的指标，其主要优点是促使管理者像控制费用一样控制资产占用或投资额的多少，综合反映一个投资中心全部经营成果。主要表现在：①投资利润率能反映投资中心的综合盈利能力，该指标的高低与收入、成本、投资额和周转能力有关；②投资利润率具有横向可比性，即在剔除了因投资额不同而导致利润差异等的不可比因素的基础上，将各投资中心的投入与产出进行比较；③投资利润率可以促使经理人员科学地进行投资决策，优化资源配置；④投资利润率可以正确引导投资中心的经营管理行为，使其行为长期化。

但是，投资利润率这一指标也有其局限性：①世界性的通货膨胀使计算的投资利润率无法真正揭示投资中心的实际经营能力；②投资利润率往往会使投资中心仅注重本中心的投资效率，而使其近期目标与整个企业的长远目标相背离；③投资利润率的计算与资本支出预算所用的现金流量分析方法不一致，不便于投资项目建成投产后与原定目标的比较；④由于一些共同费用无法为投资中心所控制，投资利润率的计量不全是投资中心所能控制的。

2）剩余收益。剩余收益是指投资中心获得的利润扣减其最低投资收益后的余额。其计算公式为

剩余收益 = 利润 − 投资额 × 规定或预期的最低投资报酬率

= 息税前利润 − 总资产占用额 × 规定或预期的总资产息税前利润率

"规定或预期的最低投资报酬率"和"规定或预期的总资产息税前利润率"通常是指企业为保证其生产经营正常、持续进行所必须达到的最低报酬水平。投资中心的投资额（或资产占用额）乘以规定或预期的最低报酬率即为最低投资收益，或者投资于该项目的机会成本。

剩余收益指标具有两个特点：①体现投入产出关系；②避免本位主义。即单纯追求投资中心的投资利润而放弃一些对整个企业有利可图的投资项目。

【例10-2】东胜集团下设A、B两个投资中心。A投资中心的投资额为200万元，投资利润率为10%；B投资中心的投资额为300万元，投资利润率为15%。东胜集团要求的平均投资利润率为10%。东胜集团决定投资500万元。若投向A投资中心，每年增加利润65万元；若投向B投资中心，每年增加利润70万元。A、B两个投资中心追加投资前后的剩余收益比较见表10-3。

表10-3 各投资中心追加投资前后的剩余收益比较　　　　　　　　　　（单位：万元）

项目		投资额	投资利润率	剩余收益
追加投资前	A 投资中心	200	10%	200×10% - 200×10% = 0
	B 投资中心	300	15%	300×15% - 300×10% = 15
	合计	500	13%①	500×13% - 500×10% = 15
向A投资中心追加投资500万元	A 投资中心	700	12.14%②	700×12.14% - 700×10% = 15
	B 投资中心	300	15%	300×15% - 300×10% = 15
	合计	1000	13%③	1000×13% - 1000×10% = 30
向B投资中心追加投资500万元	A 投资中心	200	10%	0
	B 投资中心	800	14.375%④	800×14.375% - 800×10% = 35
	合计	1000	13.5%⑤	35

① [(200×10% + 300×15%) ÷ 500] ×100% = 13%
② (200×10% + 65) ÷ (200 + 500) = 12.14%
③ (700×12.14% + 300×15%) ÷ (700 + 300) = 13%
④ (300×15% + 70) ÷ (300 + 500) = 14.375%
⑤ [(200×10% + 800×14.375%) ÷ (200 + 800)] = 13.5%

由表10-3可知，以"投资利润率"作为考核指标，在接受追加投资方案时，若向A投资中心追加投资，其利润率由10%提高到了12.14%，若向B投资中心追加投资，其投资利润率由15%下降到了14.375%。因此A投资中心愿意接受投资方案，而B投资中心则不愿意。然而，若B投资中心接受投资的话，东胜集团整体获利能力增强。在以"剩余收益"作为考核指标时，A投资中心的剩余收益由原来的0增加到15万元，B投资中心则由15万元增加到35万元，由于各投资中心的剩余收益都有不同程度的增加，显然无论是A投资中心还是B投资中心，都愿意追加投资。然而事实上，对于东胜集团而言，将500万元投资于B投资中心将获利更多。

如果从东胜集团的角度进行评价就会发现，在对A投资中心追加投资时，东胜集团总体投资利润率没有变化，而剩余收益由15万元上升到30万元，因此，"投资利润率"和"剩余收益"两个指标对A投资中心投资业绩的评价结果会不同；在对B投资中心追加投资时，东胜集团总体投资利润率由13%上升到13.5%，剩余收益由15万元上升到35万元，"投资利润率"和"剩余收益"两个指标的评价结果一致。所以，以剩余收益作为评价指标可以保持各投资中心获利目标与集团总的获利目标达成一致。

相对于投资利润率指标，剩余收益指标的主要缺点是不便于规模不同的投资中心之间的分析比较。

3) 现金回收率。本书在第7章长期投资决策中强调了现金流量分析，并指出了以利润为项目评价主要指标的局限性。

以现金流量为基础的业绩评价指标是现金回收率和剩余现金流量。

$$现金回收率 = \frac{营业现金流量}{总资产}$$

式中,营业现金流量为年现金收入与现金支出的差额;总资产是部门资产的历史成本平均值。

【例 10-3】 假设 M 公司 A 部门的营业现金流量为 900 万元,资产的历史成本平均值为 5 000 万元,则该部门的现金回收率为

$$现金回收率 = \frac{900}{5\ 000} = 18\%$$

如果各年的现金流量相同,则现金回收率为回收期的倒数。对于长期资产来说。例如,寿命在 15 年以上的资产,现金回收率近似于内含报酬率,即接近实际的投资报酬率。因此,这个指标可以检验投资评估指标的实际执行结果,减少为争取投资而夸大项目获利水平的现象。

尽管在计算现金回收率时未遵循权责发生制,但实际经验表明企业的现金回收率相当稳定,并且从长期来看与净利率相关程度很高,因而可以作为业绩评价的标准。

由于现金回收率是一个相对数指标,也会引起部门经理投资决策的次优化,出现与投资报酬率类似的缺点。

4)剩余现金流量。

为了克服现金回收率的缺点,可以同时使用剩余现金流量来评价部门业绩

$$剩余现金流量 = 经营现金流入 - 部门资产 \times 资金成本率$$

【例 10-4】 沿用例 10-3 的资料,假设 M 公司 A 部门的资金成本率为 12%,则该部门的剩余现金流量为

$$剩余现金流量 = 900 - 5\ 000 \times 12\% = 300(万元)$$

4. 各类责任中心之间的关系

成本中心、利润中心和投资中心彼此并非孤立存在,每个责任中心都要承担相应的经营责任。最基层的成本中心就其经营的可控成本向上层成本中心负责;上层成本中心就其本身的可控成本和下层转来的责任成本一并向利润中心负责;利润中心就其本身的经营收入、成本(含下层转来的成本)和利润(或边际贡献)向投资中心负责;投资中心最终就其经管的投资利润率和剩余收益向总经理和董事会负责。

总之,企业各种类型和层次的责任中心形成一个"连锁责任"网络,促使每个责任中心为保证经营目标一致而协调运转。三种类型责任中心的比较见表 10-4。

表 10 – 4　三种类型责任中心的比较

责任中心	实际应用范围	权利	考核范围	考核办法	组织形式
成本中心	最广	最小（可控成本的控制权）	可控的成本、费用	只以货币形式计量投入，不以货币形式计量产出	一般不是法人
利润中心	比较窄（较高层次，具有独立收入，并具有经营决策权的中心）	较高（生产经营决策权）	成本、费用、收入、利润	不进行投入产出的比较	可以是法人，也可以不是法人
投资中心	最小（最高层次，具有投资决策权的中心）	最高（投资决策权）	成本、费用、收入、利润、投资效率	进行投入产出比较	一般是法人

10.3　责任预算与业绩报告

10.3.1　责任预算及其编制

1. 责任预算的含义

责任预算（Responsibility Budget）是以责任中心为主体，以其可控的成本、收入、利润和投资等为对象所编制的预算。

编制责任预算可以明确各责任中心的责任，并与企业的总预算保持一致，以确保企业目标的实现。责任预算既为各责任中心提供了努力的目标和方向，也为控制和考核各责任中心提供了依据。在企业实践中，责任预算是企业总预算的补充和具体化，只有将各责任中心的责任预算与企业的总预算有机地融为一体，才能较好地达到责任预算的效果。

2. 责任预算的指标构成

责任预算由各种责任指标组成，这些指标可分为主要责任指标和其他责任指标。

主要责任指标是指特定责任中心必须保证实现，并能够反映各种不同类型责任中心之间的责任和相应区别的责任指标。本章第二节所涉及的有关责任中心的各项考核指标都属于主要指标的范畴。

其他责任指标是根据企业其他总奋斗目标分解而得到的或为保证主要责任指标完成而确定的责任指标，这些指标包括劳动生产率、设备完好率、出勤率、材料消耗率以及职工培训等内容。

3. 责任预算的编制程序

责任预算有两种编制程序，即自上而下的编制程序和自下而上的编制程序。

（1）自上而下的编制程序　这种编制程序是以责任中心为主体，将企业总预算目标自上而下地在各责任中心之间层层分解，进而形成各责任中心责任预算的一种常用程序。

这种程序的优点在于可以使整个企业在编制各部门责任预算时，实现一元化领导，便于统一指挥和调度；其不足之处在于可能会限制基层责任中心发挥其积极性和创造性。

（2）由下而上的编制程序　这种编制程序是由各责任中心自行列示各自的预算指标并层层汇总，最后由企业专门机构或人员进行汇总和协调，进而编制出企业总预算的一种程序。

这种程序的优点在于便于充分调动和发挥各基层责任中心的积极性；其不足之处在于由于各责任中心往往只注意本中心的具体情况或多从自身利益角度考虑，容易造成彼此协调上的困难，互相支持少，以致冲击企业的总体目标，层层汇总的工作量比较大，协调的难度大，可能影响预算质量和编制时效。

4. 不同经营管理方式下责任预算编制程序的选择

责任预算的编制程序与企业组织机构设置和经营管理方式有着密切关系。在集权管理制度下，企业通常采用自上而下的预算编制方式；在分权管理制度下，企业往往采用自下而上的预算编制方式。

在集权组织结构形式下，首先要按照责任中心的层次，从上至下把公司总预算（或全面预算）逐层向下分解，形成各责任中心的责任预算；然后建立责任预算执行情况的跟踪系统，记录预算执行的实际情况，并定期由下至上把责任预算的实际执行数据逐层汇总，直到高层的利润中心或最高层的投资中心。

在分权组织结构形式下，首先也应按责任中心的层次，将公司总预算（或全面预算）从最高层向最底层逐级分解，形成各责任单位的责任预算。然后建立责任预算的跟踪系统，记录预算实际执行情况，并定期从最基层责任中心把责任成本的实际数，以及销售收入的实际数，通过编制业绩报告逐层向上汇总，一直达到最高的投资中心。

随着预算数据的逐级分解，预算的责任中心的层次越来越低，预算目标越来越具体。这意味着公司总预算被真正落实到责任单位或个人，使预算的实现有了可靠的组织保障，也意味着公司总预算被分解到了具体的项目上，使预算的实现有了客观的依据。

5. 责任预算的编制

【例10-5】东方公司采用分权组织结构，下属安达和凯佳两个分公司。东方公司组织结构如图10-1所示。该公司成本中心发生的成本费用均为可控成本。东方公司编制的总公司和安达分公司2023年度的责任预算（简略形式）见表10-5至表10-8。

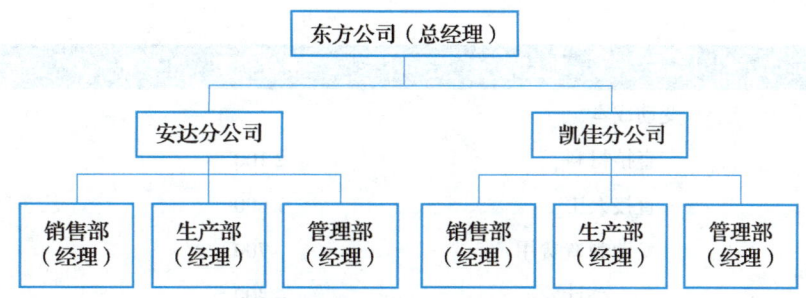

图 10-1 东方公司组织结构

表 10-5 东方公司 2023 年度责任预算　　　　　　　　　　（单位：万元）

责任中心类型	项目	责任预算	责任人
利润中心	安达分公司营业利润	7 800	安达分公司经理
利润中心	凯佳分公司营业利润	6 300	凯佳分公司经理
	合计	14 100	东方公司总经理

表 10-6 安达分公司 2023 年度责任预算　　　　　　　　　（单位：万元）

责任中心类型	项目	责任预算	责任人
成本中心	销售部可控成本	1 450	销售部经理
	生产部可控成本	10 500	生产部经理
	管理部可控成本	1 550	管理部经理
	合计	13 500	安达分公司经理
利润中心	销售部收入	21 300	安达分公司经理
	营业利润	7 800	安达分公司经理

表 10-7 安达分公司生产部 2023 年度责任预算　　　　　　（单位：万元）

成本中心	项目	责任预算	责任人
甲车间	变动成本		
	直接材料	2 300	
	直接人工	1 800	甲车间负责人
	变动制造费用	900	
	小计	5 000	
	固定成本		
	固定制造费用	600	
	成本合计	5 600	

(续)

成本中心	项目	责任预算	责任人
乙车间	变动成本		
	直接材料	2 100	
	直接人工	1 600	乙车间负责人
	变动制造费用	700	
	小计	4 400	
	固定成本		
	固定制造费用	300	
	成本合计	4 700	
生产部	生产部其他费用	200	生产部经理
	成本费用总计	10 500	生产部经理

表 10–8　安达分公司管理部和销售部 2023 年度责任预算　　　　　（单位：万元）

成本中心	项目	责任预算	责任人
管理部	资产折旧	400	
	办公费	300	
	保险费	250	管理部经理
	工资费用	600	
	合计	1 550	
销售部	资产折旧	350	
	办公费	280	
	广告费	270	销售部经理
	工资费用	550	
	合计	1 450	
	成本费用总计	3 000	

上述各表的预算数据之间存在着以下勾稽关系：

表 10–6 中的营业利润 7 800 万元与表 10–5 中安达分公司营业利润相等；表 10–7 中的成本费用总计 10 500 万元等于该表中两个成本中心的责任成本与生产部其他费用之和；表 10–8 中的成本费用总计 3 000 万元等于该表中两个成本中心的责任成本之和。

10.3.2　业绩报告及其编制

1. 业绩报告的含义

责任会计以责任预算为基础，通过对责任预算的执行情况的系统反映，确认实际完成情况同预算目标的差异，并对各责任中心的工作业绩进行考核与评价。责任中心的业绩考核和评价通过编制业绩报告来完成。

业绩报告（Performance Report）也称责任报告、绩效报告，是指根据责任会计记录编制的反映责任预算实际执行情况，揭示责任预算与实际执行差异的内部会计报告。

2. 业绩报告与责任预算的关系

业绩报告是对各责任中心责任预算执行情况的系统概括和总结。根据业绩报告，可进一步对责任预算执行差异的原因和责任进行具体分析，以充分发挥反馈作用，以使上层责任中心和本责任中心对有关生产经营活动实行有效控制和调节，促使各责任中心根据自身特点，卓有成效地开展有关活动以实现责任预算。

业绩报告与责任预算的关系如图 10-2 所示。

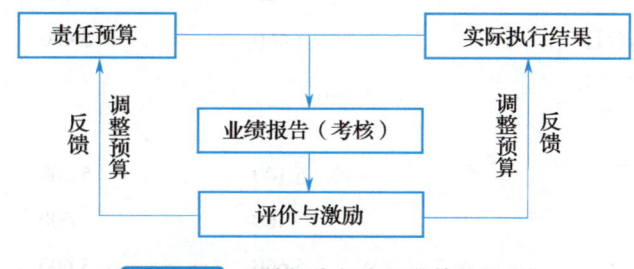

图 10-2　业绩报告与责任预算的关系

3. 业绩报告的形式与侧重点

业绩报告主要有报表、数据分析和文字说明等几种形式。将责任预算、实际执行结果及其差异用报表予以列示是责任报告的基本形式。在揭示差异时，还必须对重大差异予以定量分析和定性分析。其中，定量分析旨在确定差异的发生程度，定性分析旨在分析差异产生的原因，并根据这些原因提出改进建议。在现实工作中，往往将报表、数据分析和文字说明等几种形式结合起来使用。

在企业的不同管理层次上，业绩报告的侧重点应有所不同。最低层次的责任中心业绩报告应当最详细，随着层次的提高，业绩报告的内容应以更为概括的形式来表现。这一点与责任预算的由上至下分解过程不同，责任预算是由总括到具体，业绩报告是由具体到总括。业绩报告应能突出产生差异的重要影响因素，为此应遵循"例外管理原则"，突出重点，使报告的使用者能把注意力集中到少数严重脱离预算的因素或项目上来。

4. 业绩报告的编制

责任中心是逐级设置的，业绩报告也必须逐级编制，但通常只采用自下而上的程序逐级编报。

【例 10-6】仍用例 10-5 东方公司的资料。根据 2023 年度责任预算的实际执行情况，东方公司编制的安达分公司和总公司该年度的部分业绩报告（简略形式）见表 10-9 至表 10-11。

表10-9 安达分公司成本中心2023年度业绩报告（部分）　　（单位：万元）

项目	实际	预算	差异
安达分公司甲车间			
变动成本			
直接材料	2 400	2 300	100
直接人工	1 900	1 800	100
变动制造费用	800	900	−100
变动成本合计	5 100	5 000	100
固定成本			
固定制造费用	560	600	−40
成本合计	5 660	5 600	60
安达分公司生产部可控成本			
甲车间			
变动成本	5 100	5 000	100
固定成本	560	600	−40
小计	5 660	5 600	60
乙车间			
变动成本	4 600	4 400	200
固定成本	290	300	−10
小计	4 890	4 700	190
生产部其他费用	200	200	0
可控成本合计	10 750	10 500	250
安达分公司可控成本			
销售部	1 550	1 450	100
生产部	10 750	10 500	250
管理部	1 450	1 550	−100
总计	13 750	13 500	250

表10-10 安达分公司利润中心2023年度业绩报告　　（单位：万元）

项目	实际	预算	差异
安达分公司销售收入	22 300	21 300	1 000
安达分公司变动成本			
甲车间	5 100	5 000	100
乙车间	4 600	4 400	200
小计	9 700	9 400	300

(续)

项目	实际	预算	差异
安达分公司边际贡献总额	12 600	11 900	700
安达分公司固定成本			
生产部			
甲车间	560	600	−40
乙车间	290	300	−10
生产部其他费用	200	200	0
小计	1 050	1 100	−50
销售部	1 550	1 450	100
管理部	1 450	1 550	−100
小计	4 050	4 100	−50
安达分公司利润	8 550	7 800	750
东方公司利润			
安达分公司利润	8 550	7 800	750
凯佳分公司利润	6 530	6 300	230
合计	15 080	14 100	980

表 10−11　东方公司投资中心 2023 年度业绩报告　　　　（单位：万元）

项目	实际	预算	差异
安达分公司利润	8 550	7 800	750
凯佳分公司利润	6 530	6 300	230
小计	15 080	14 100	980
东方公司所得税（30%）	4 524	4 230	294
合计	10 556	9 870	686
净资产平均占用额①	47 280	49 350	−2 070
投资利润率	25%	20%	5%
行业平均最低收益率	18%	15%	3%
剩余收益	3 309	2 467.5	842.1

① 净资产平均占用额根据预计资产负债表和实际资产负债表所有者权益年初年末平均后求得。

10.4　内部转移价格

企业内部各责任单位在生产经营活动中既相互联系又相互独立地开展各自的活动，各责任中心在经营中常相互提供产品或劳务。为正确评价企业内部各责任中心的经营业绩，明确区分各自的经营责任，使各责任中心的业绩评价与考核建立在客观而可比的基础上，调动各责任中心的积极性，必须根据各责任中心业务活动的具体特点，制定具有充分经济依据的内部转移价格。

10.4.1 部转移价格的含义

内部转移价格是指企业内部各责任中心之间相互提供中间产品或劳务时进行结算的价格标准。企业内部各责任单位在生产经营活动中，既相互联系又相互独立地开展各自的活动，各责任中心之间经常相互提供产品或劳务。为正确评价企业内部各个责任中心的经营业绩，明确区分各自的经济责任，使各责任中心的业绩评价与考核建立在客观且可比的基础上，从而有利于调动各责任中心的积极性，必须根据各责任中心业务活动的具体特点，制定具有充分经济依据的内部转移价格。

10.4.2 内部转移价格的作用

内部转移价格的作用包括以下五点。

1）内部转移价格确定了中间产品转移和劳务供应过程中受益方应负担的成本和供应方应获得的收入。它有利于管理当局明确划分各责任中心的责任，充分调动各责任中心的工作积极性。

2）内部转移价格可以防止中间产品转移带来部门之间责任转嫁。例如，工厂的生产车间之间交换中间产品，若由于前一工序加工质量不佳、规格不符合要求而发生了损失，则这些损失应转给前一工序负担。

3）内部转移价格促使管理当局对各责任中心的业绩评价与考核能建立在客观可比的基础上，它提供了反映责任中心业绩的内部利润数，也便于具体经济效益的计算和分配。

4）内部转移价格促使管理人员根据责任会计信息正确地进行经营、投资决策，能使企业资源得到最佳利用，企业整体达到最好的经济效果。

5）内部转移价格为制定新产品价格和今后调整产成品的销售价格提供了参考。

10.4.3 内部转移价格的制定原则

制定内部转移价格在理论上应同时满足以下三个标准：①能为经营业绩的评价提供合理的基准；②能激励基层责任人更好地经营；③能促进分权单位与企业整体之间目标的一致性。但实际可能存在矛盾，一组适合评价责任单位经营业绩的转移价格可能是违反企业整体利益的；一组能提供正确激励的转移价格，可能长期对企业的成功有重大贡献，但责任单位的业绩报告中会出现亏损。因此，制定内部转移价格还应坚持以下五点原则：

（1）决策性原则 在不同的生产技术组织及管理条件下，各责任中心可能被赋予不同的权限，内部结算价格应促使责任中心在自己的权限范围内做出符合本责任中心的经营决策。例如，责任中心可以根据不同的产品转移价格为本部门带来的收益水平进行决策，确定是向下道工序的责任中心供货，还是向上道工序的责任中心购货。

（2）公平性原则　内部转移价格必须是中间产品转移过程中的购、销双方均感到公平合理的价格，这样才能调动双方的积极性。产品在若干个责任中心之间连续加工，中间产品的转移价格必须保证各责任中心的所得与其付出相符；否则，就可能导致错误决策，还会打击责任中心的生产积极性。

值得注意的是，没有一种适合各种使用目的的最佳内部转移价格。既可以说任何一种方法是合理的，又可以说任何一种方法都是不合理的。所以在同一企业组织里，内部转移价格的政策会因不同种类的产品和劳务而多样化。

（3）整体效益最大化原则　整体效益最大化原则是责任会计的一般原则，也是制定企业内部价格的具体原则。各责任中心实行单独核算以后，不可避免地都要追求本中心的最大经济利益，因而总会要求把内部转移价格定得对自己有利。但是，某个局部单位的最大利益，不一定就能带来整个企业的最大利益，甚至还会妨碍整体的最大利益。因此，制定企业内部转移价格要从企业全局出发，使之有助于实现企业的最大效益。常常看到，企业内部各责任中心乃至责任者的忙闲程度、苦乐程度、责任大小等并不均衡。有的单位任务繁重，人手紧张，责任很大；有的单位任务较轻，人员富余，工作清闲。为了保证责、权、利统一，合理配置内部资源，就应把内部价格作为一种联系利益、明确责任的手段，围绕提高企业整体经济效益的目标，相对提高有助于加强重要环节和部位工作的内部转移价格，引导劳动力和劳动量的合理流动和分布。

（4）突出重点与简便易行相结合原则　企业制定内部转移价格的具体对象往往成千上万，对每一具体对象的价格要经过细致、全面的考虑和严格确定，在当前还不易做到。这就需要根据具体对象的重要程度来定价。对于那些品种比重虽小，但价高量大，耗用频繁的具体对象，应该细致、全面地考虑，从严定价。对于那些品种比重虽大，但价低量小，不常耗用的具体对象，可以从简定价，不必烦琐计算。

（5）相对稳定，定期调整原则　制定企业内部转移价格，有利于划清不同责任中心之间的经济责任和简化成本核算工作。即便是根据产品对象来划分生产组织，也不可能完全割断责任中心之间的生产联系，何况供、产、销三个环节往往还分属于不同的责任中心。如果不对原材料、零配件、半成品、劳务和产成品制定统一的内部转移价格并保持相对稳定，责任中心的成本和效益就会相互影响。如生产责任中心节约材料、减少物耗的成绩，会被供应责任中心不断上升的采购成本所淹没或干扰，后续工序责任中心很难确定上升或下降是谁的责任，同时也不能及时计算当期成本。制定企业内部转移价格，可以把影响不同责任中心成本升降的不可控的价格因素加以剔除，同时各责任中心的成本中心的成本核算工作无须相互等待，各自根据预先制定的价格和实际耗用的各种实物量或工作量，便可及时算出当期成本。正因如此，内部转移价格，尤其成本中心和人为利润中心之间的内部转移价格，是一种计划价格，如果调整频繁，将会失去其原有的功效，等于变相地按实际价格进行核算，责任中心之间的责任将很难分清。但是，如果长期不调整，又将给企业带来两个方面的不利影响：一方面，价格脱离价值，不能做到等价交换、按劳分配和有效的调节内部资源配置；另一方面，形成较大的价格差异，影响成本信息的准确程度。所以，必须定期对企业内部转移价格进行调整，调整工作可以在平时进行，但调整之后的内部转移价格必须在新一轮考核期开始实行。

10.4.4 内部转移价格的类型

1. 市场价格

以市场价格作为内部转移价格的方法，是假定企业内部各部门都在独立自主的基础上，他们可以自由决定从外界和内部进行购销。同时，产品有竞争市场，这些产品之间只有极其微小的差别，而且有一个客观的市场价格可供利用。其理论基础是：对于独立的企业单位进行评价，就看它们在市场上买卖的获利能力。以市场为基础制定内部转移价格，没有必要考虑消除市场价格带来的竞争压力。以正常的市场价格作为内部转移价格有一个显著的优点，就是供需双方的部门都能按照市场价格卖出和买进他们所供的、所需的产品。供需双方的部门经理在相互交易时，同外部人员一样进行交易。从公司的角度来看，只要供应一方是按生产能力提供产品，也可将其视为在市场上进行交易。另外，一个公司的两个责任中心相互交易，不管市场上是否存在同样的货物，内部进行买卖具有质量、交货期等易于控制的条件，同时具有可以节约谈判成本等优点。因此，如果公司管理当局为了全公司的整体利益，应当鼓励进行内部交易。其基本原则是：除非责任中心有充分理由说明外部交易更为有利，否则各责任中心之间应尽可能进行内部交易。具体表现为：

1) "购买"的责任单位可以同外界购入相比较。如果内部单位要价高于市价，则可以舍内求外，而不必为此支付更多的代价。

2) 对"销售"的责任单位也应如此，使其不可能从内部单位获得比外界销售更多的收入。

必须注意的是，"购买"部门向外界购入时，将会使企业的部分生产能力闲置，但同时又从向外界购入得到一定的益处。此时，就应将其向外界购买所得到的收益与企业生产能力闲置而受到的损失进行比较。如果前者能抵补后者，则允许进行外界购入。否则，次优方案必须服从最优方案。

直接以市场价格作为内部转移价格的主要困难在于：从市场价格来讲，部门间提供的中间产品常常很难确定他们的市价；市场价格往往变动较大，或市场价格没有代表性。从业绩评价来讲，以市场价格为内部价格将对"销售"部门有利，因为产品由企业内部供应，可以节省许多销售、商业信用方面的费用，这方面所节约的费用将全部表现为"销售"单位的工作成果，"购买"单位得不到任何好处，因而会引起他们的不满。

另外，在进行产品部件由企业自制或外购以及是否淘汰某一产品的决策时，以市场价格作为转移价格几乎完全无用。因为，从企业整体的观点来看，这些决策应以边际成本和差异成本方法来制定。尽管以市场价格为内部转移价格还有这样或那样的缺点，但由于以市场价格为转移价格适合利润中心和投资中心,且有利于每一部门的业绩评价,故当产品有外界市场,"购""销"双方可以自由对内、对外销售产品的情况下,以市场价格作为转移价格仍不失为一种有效的方法。

2. 以"成本"作为内部转移价格

以"成本"作为内部转移价格即以中间产品的成本作为内部转移价格的方法,是一种比较简单的价格制定方法。成本的概念有很多种,如实际成本、标准成本、变动成本等,使用不同的成本概念可以制定不同的内部转移价格,也会对责任中心的行为产生不同的影响。

(1)实际成本法 实际成本法是以中间产品生产时实际发生的生产成本作为其内部转移价格。实际成本的资料是在企业成本核算的过程中自然产生的,具有现成可用的特点,不需要为制定内部转移价格增加任何费用。实际成本法具有一定的客观性,使用起来比较方便,但这种方法把卖方的成本全部转移给买方,对卖方降低成本缺乏激励作用。对买方来说,卖方的成本无论高低都会全部转移给买方,它会因此承担自己所不能控制的成本,这不易使各责任中心的责任划分清楚,给责任中心的考核工作带来困难。

(2)标准成本法 标准成本法即以各中间产品的标准成本作为其内部转移价格的方法。标准成本作为内部转移价格的优点在于标准成本本身是一个比较合理的指标。标准成本一般是根据一个先进的而且是可及的标准制定的,所以标准成本易被各方所接受,而且实际成本和标准成本之间的差异可以揭示成本控制中的不足,加强对成本的控制。

在管理工作做得比较好的企业中,各种产品的材料、人工、制造费用的标准成本资料比较健全,能够容易地计算出各中间产品的标准成本,这样就比较容易制定内部转移价格,也减少了进行内部转移价格核算的成本。

在使用标准成本法时,要制定以下三类内部转移价格:

1)制定原材料、辅助材料、燃料等外购物品的内部转移价格,即

$$材料内部转移价格 = 购买价格 + 运输费用 + 其他费用$$

2)制定零件、半成品、产成品的内部转移价格,即

$$产品内部转移价格 = 标准材料成本 + 标准人工成本 + 标准制造费用$$

3)制定企业内部劳务的内部转移价格,可以参照外界各类劳务价格进行调整。

采用标准成本作为内部转移价格也不是完美无缺的。对于利润中心和投资中心来说,直接以标准成本作为内部转移价格是不适宜的。因为这样做,将使产品(半成品)的供应单位得不到任何利润。如果依据利润大小对其工作成果进行评价,显然是不公平的。所以这种方法只适用于成本中心。而且,由于标准成本既包括了产品的变动成本,又包括了产品的固定成本,所以这种内部转移价格不利于责任中心进行经营决策。

(3)变动成本法 变动成本法是以变动成本作为内部转移价格的方法。变动成本同样有实际成本和标准成本之分,由于实际成本的局限性较大,这里主要介绍以标准成本的变

动成本为基础制定内部转移价格的方法。企业在核算和管理方面应做一些具体工作。

1) 各种产品的成本必须严格区分为变动成本和固定成本两类，一些半变动费用也需要设法分解，然后分别归集汇总。

2) 设置一个费用限额来控制责任中心固定成本的发生，在报告期末实际发生的固定成本与各产品变动成本总和构成该中心产品的总成本。责任中心内部利润的计算公式为

责任中心内部利润 $= \sum$（各产品内部转移价格 - 各产品变动成本）- 实际发生的固定成本

3) 企业按上述内部利润即按边际贡献总额与固定成本超支数之差来考核责任中心的经营成果。

4) 企业按变动成本对产品进行计价及编制利润和成本报表。

使用变动成本法存在的问题有：

1) 变动成本资料对短期决策项目来说，其产品的成本应是完全成本，成本补偿应是各自的完全补偿，所以必须使用完全成本资料。

2) 许多企业生产经营中的半变动费用很多，很难按产品分解为变动部分和固定部分，若成本性态分析得不正确，将会直接影响变动成本的使用效果。

3) 使用变动成本法会引起存货计价和利润计算等问题，故此方法目前还未被财税部门所接受。企业若使用此方法，除用变动成本分析考核和编表外，还需按全部成本计算税利和编制报表，加重了核算的工作量。

(4) 实际成本加成法　它是以产品（半成品）或劳务的实际成本为基础加计一定比例的合理利润作为内部转移价格的方法。

成本加成的基础可以有多种，在制定内部转移价格时，若加成的基础是产品的全部成本，则买方会在计算利润时占便宜，而卖方会吃亏。由于买入的产品成本中包含了前面责任中心转来的全部成本，使得利润进行若干次的重复计算，加工次序越靠后的责任中心获得的不相关的利润越多。所以，应按各责任中心、分厂转来的加工成本计算，即加成的基础不包括由前一责任中心转来的成本，只包括其本身发生的料、工、费，这样就可以避免重复计算利润。

决定了加成基础后，就要制定合理的成本加成率。制定成本加成率有两种方法：一种是使用成本利润率；另一种是使用资金利润率。

这两种方法各有优缺点：成本利润率体现了耗用资金与利润之间的关系，但如果以此作为成本加成率计算转移价格，会导致耗料多、配件多的责任中心利润高，处于加工次序后面的责任中心利润高，使得利润分配不合理，不利于节约材料；而资金利润率反映了资金占用与利润之间的关系，但在实际工作中计算资金占用金额很难。

(5) 标准成本加成法　它是以产品（半成品）或劳务的标准成本加计一定的合理利润作为计价基础。它的优点是能分清相关责任中心的责任，但确定加成利润率时，带有一定的主观性。

1）按综合成本利润率确定利润，计算公式为

$$内部转移价格 = 标准成本 + 标准成本 \times 综合成本利润率$$
$$= 标准成本 \times (1 + 综合成本利润率)$$
$$综合成本利润率 = \frac{企业预计内部分配利润总额}{标准成本总额} \times 100\%$$

按综合成本利润率确定利润，优点是计算简便，适用于各责任中心的人均标准成本比较接近的企业；缺点是不适用于各责任中心人均标准成本差异较大的企业。因为这样定价，对生产用料多、材料价格高的责任中心有利，甚至不经努力便可获得较高利润；对于生产用料少、材料价格低的责任中心不利，经加倍努力也不能获得较高利润。

2）按工资成本利润率确定利润，计算公式为

$$内部转移价格 = 标准成本 + 工资成本 \times 工资成本利润率$$
$$工资成本利润率 = \frac{企业预计内部分配利润总额}{标准工资总额}$$

这种方法不仅计算简便，而且还可以克服按综合成本利润率计算利润的缺陷。但是，这种方法的运用必须以原有职工工资分配比较合理为前提，原有结构不合理，这种方法也不合理。

3）按分项成本利润率确定利润，计算公式为

$$内部转移价格 = 直接材料 \times (1 + 材料成本利润率) + 直接人工标准成本$$
$$\times (1 + 工资成本利润率) + 制造费用 \times (1 + 制造费用利润率)$$
$$材料成本利润率 = \frac{完成材料用量标准应得利润}{直接材料标准成本总额} \times 100\%$$
$$工资成本利润率 = \frac{完成工时用量标准应得利润}{直接人工标准成本总额} \times 100\%$$
$$制造费用利润率 = \frac{完成制造费用标准应得利润}{制造费用标准成本总额} \times 100\%$$

如果有"其他直接费用"，可并入"制造费用"计算。

$$\begin{matrix}企业预计内部\\分配利润总额\end{matrix} = \begin{matrix}完成材料用量\\标准应得利润\end{matrix} + \begin{matrix}完成工时用量\\标准应得利润\end{matrix} + \begin{matrix}完成制造费用\\标准应得利润\end{matrix}$$

一般来说，工资成本利润率较高，材料成本利润率较低。企业可以根据具体情况分别确定各成本项目的利润率，使各责任中心耗费同样劳动，取得大致相同的利润。这种方法的优点是企业可以利用价格杠杆调节各责任中心之间的利润水平，贯彻按劳分配的原则，有利于调动各责任中心的积极性。其缺点是对利润的计算和价格的确定比较繁杂，各成本项目的利润率高低受主观因素影响较大。

3. 协商价格

买卖双方共同协调，确定一个双方均可以接受的中间产品转移价格，即协商价格。

协商价格的制定通常是以一定价格作为基础，通过双方的协调，进而得出双方均满意的价格。作为协调基础的是成本、成本加成和外部市场三个方面。如果不在一定的基础上进行协调，双方将在谈判上花费很多时间精力，制定的价格也不尽合理。

成功协调内部转移价格依赖的条件有：

（1）最好应存在一个外部市场　如果根本没有可能从外部取得或向外部销售中间产品，就会使一方处于垄断的地位，这样得出的协商价格往往是不尽合理的，协商价格受谈判人员的实力和技术影响很大，使得善于谈判的一方占便宜，而不善于谈判的一方吃亏。

（2）管理层必须进行干预　协商价格不仅对协商双方的经营决策有影响，还会对企业整体的利益发生影响。如果协商双方只顾及自己的利益，而不顾全局的利益，会给企业的计划和管理造成不利影响。所以，管理当局应对协商做有效的引导和控制。另外，对于双方不能自行解决的争论，允许管理当局做出仲裁，对内部转移价格做出公平、合理的选择。

由于协商价格的制定涉及两个或两个以上责任中心的经济利益，可能耗费过多的时间和精力，责任中心往往过度注重于谈判的结果，忽视了对成本和费用的控制。协商价格制定的过程中还可能导致部门之间的矛盾，不利于企业整体工作的协调。这就需要上级主管部门做出仲裁和协调，以保证整体效益的最大化。一般来说，企业各部分之间转移的中间产品不多，且各部分自主权较大时，可考虑采用协商价格定价法。

4. 双重价格

双重价格就是针对责任中心各方面分别采用不同的内部转移价格所制定的价格。如对产品（半成品）的供应方，可按协商的市场价格计价；对使用方则按照供应方的产品（半成品）的单位变动成本计价。其差额由会计最终调整，之所以采用双重价格是因为内部转移价格主要是为了对企业内部各责任中心的业绩进行评价、考核，故各相关责任中心所采用的价格并不需要完全一致，可分别选用对责任中心最有利的价格为计价依据。双重价格有以下几种形式：

（1）按标准成本与市价双重定价　采取这种方法时，各责任中心之间相互提供的材料、半成品、劳务、产成品一律按标准成本定价，以反映各责任中心在生产过程中的实际耗费（量差因素影响），便于分清彼此的经济责任，及时进行成本核算。同时，为了加强协作，鼓励优先考虑向企业内部其他责任中心出售产品或劳务，对拥有外销权的责任中心的半成品、产成品或劳务，按市价定价，以保证其利润的完整，并以此作为考核业绩的依据。

（2）按标准成本与成本加成双重定价　采取这种方式时，企业内部各责任中心之间相互提供产品与劳务一律按标准成本定价，以反映各责任中心在生产过程中的实际耗费，便于企业及时进行会计核算，编制及上报会计报表。与此同时，用含一定利润的内部转移价格进行第二种核算，以确定各责任中心的责任利润，将其作为评价考核的依据。

（3）按市价与变动成本双重定价　采取这种方式，对于售出方出售的产品和劳务，按市场价格定价，以利于考核其经营业绩。对于购入方购入的产品和劳务，按变动成本定价，以利于其做出正确的经营决策。

此外，双重定价还有其他结合方式，如售出方按最高市价定价，购入方按最低市价定价；售出方按完全成本定价，购入方按变动成本定价等。

采用双重定价方式，能较好地满足购销双方在不同方面的管理需要，有利于排除各种不可控的客观因素影响，充分调动各责任中心的积极性。采用这类方式，其缺点是核算较为复杂，工作量也较大。

采用双重价格的前提条件是：内部转移的产品或劳务有外部市场，供应方有剩余生产能力，而且其单位变动成本要低于市场，特别是当采用单一的内部转移价格不能达到激励各责任中心的有效经营和保证责任中心与整个企业的经营目标达成一致时，应采用双重价格。

10.4.5　跨国转移价格

跨国转移价格是指跨国公司内部，母公司与子公司、子公司与子公司间约定的出口和采购商品、劳务和技术时所规定的价格。跨国公司在产品与劳务的内部转移价格制定中会受到许多客观环境因素的影响，因此比单纯国内经营的企业更为复杂、风险更大。跨国公司转移价格政策是跨国公司的一项重要经营策略，它一方面是跨国公司组织与管理内部市场、实施资源配置的必要工具，另一方面又是跨国公司利用国际税收差异及其他政策差异，追求全球利润最大化的一种手段。

1. 跨国转移价格的主要功能

跨国公司制定并使用转移价格是为其全球竞争战略服务的，实现全球经济效益的最优化是使用转移价格的根本出发点。除了被用于合理报告分部业绩，为绩效评估提供依据之外，制定国际转移价格的主要目标和功能通常还包括以下几个方面：

（1）避税　跨国公司凭借其跨国生产和销售的优势，利用所在国的不同税率水平、"避税港"的优惠及区域性关税同盟等有关法律法规，通过转移价格来避税。

1）规避跨国公司所得税。当前各国家和地区的所得税税制差别很大，即使按比例征收也相距甚远。因此，跨国公司能够利用中间产品的转移价格，将企业利润从所得税率较高的国家转移到较低的国家，以减少企业所得税。一些跨国公司通过对"避税港"的利用，来达到最大限度避税的目的。目前国际上的避税港一般有三种类型：①无税港，如百慕大群岛、巴哈马、瓦努阿图、开曼群岛等，在这些地方免征任何所得税；②低税港，其所得税率低于国际平均所得税率水平，如列支敦士登、英属维尔京群岛、荷属安的列斯群岛，我国的香港、澳门等亦属此类低税区；③特惠港，在国内税法的基础上采取特别的税收优惠措施，如爱尔兰的香农、菲律宾的巴丹、新加坡的裕廊、我国的沿海地区和一些经济开发区等都属于这种类型。在这些避税港，通常政府管制较为宽松，公司的资金调拨和利润分配有相当的自由。因此，跨国公司纷纷在避税港设立象征性的分支机构，以便有计划地利用转移价格将各子公司的利润调拨到避税港，以逃避东道国的重税。此外，如果某一跨国公司在某国的一个子公司遭到损失，而该东道国又没有对外资企业实行税收抵免政策，或者虽然实行税收抵免政策，但是有一定的有效期限（如加拿大规定为两年），跨国公司就可以利用转移价格将其他子公司的利润转移到这个遭受损失的子公司账户上，从而减轻其他子公司的所得税负担，这也是一种运用转移价格减少总公司税收的情况，以增加跨国公司的整体收益。

2）规避关税。由于跨国公司的内部交易通常发生在不同国家，甚至不同经济区域间，所以，频繁的内部贸易使跨国公司需要负担高额的关税。跨国公司通常将中间产品出售给设立在税率较低国家的分公司，从而达到减轻税负的目的。对于从价计征的关税，跨国公司通过以低的转移价格发货，降低子公司的进口贸易额，从而减少应缴纳的关税。然而，不难看出，跨国公司运用转移价格逃避关税与所得税所形成的效应恰好相反，少缴纳进口关税就得多缴纳所得税。因此，跨国公司在制定转移价格时应权衡利弊，妥善决策。随WTO（GATT）规则的推行，各国、各经济区域间的关税正逐渐降低，因而跨国公司在确定高盈利业务的所在位置时，将更多地考虑其周边市场的潜力，税收优势就变得不那么重要，关税对跨国公司全球经营的影响也越来越小。

(2) 调节利润　跨国公司会根据子公司海外经营的需要，对其账面利润进行调整。主要有两种情况：首先，公司在东道国谋求建立良好的形象从而获得融资和信用方面的好处时，会通过转移价格增加海外子公司的利润水平，建立良好的财务形象；其次，与上述情况相反，当海外子公司业绩突出以致引起行业和地区性关注并导致重新谈判时，或者由于经营业绩突出而导致在合资公司中的投资比例超过期望并且分红过多时，跨国公司会通过转移价格压低海外子公司利润水平，甚至人为制造账面亏损。

(3) 控制市场　跨国公司母公司以较低的转移价格向其子公司提供原材料等资源，可以降低子公司的成本，增强其竞争力，有利于子公司打入并控制东道国市场。转移价格是跨国公司获得竞争优势的"制胜法宝"。跨国公司在海外新建子公司时，可以凭借整个公司体系的资金等实力，运用转移价格为新设立的子公司供应价格低廉的原材料、产品和劳务，还可以高价买进子公司产品，帮助子公司迅速打开局面，树立良好信誉，站稳脚跟；当跨国公司的某个海外市场竞争异常激烈时，总公司以转移低价，不惜血本，维持低价倾销，集中财力、物力支持在那里开拓市场的子公司，直至把对手击垮，最终独占市场。此外，跨国公司在投资领域利润大但市场空间有限的情况下，还可以通过转移价格调节利润率，减少进入者。

(4) 降低风险　为了回避东道国宏观环境波动给企业带来的损失，跨国公司倾向将资金转移到政治、经济环境更为稳定的国家和地区，转移价格是降低风险的有效方式之一。一是能够回避外汇风险和通货膨胀风险。由于转移价格与汇率波动相对独立，所以跨国公司能够利用转移价格回避外汇风险和通货膨胀风险。通常跨国公司内部贸易完全由公司独立确定，所以可以根据外汇的实际波动选择预付或者后付。二是避免政治风险。对东道国宏观环境不稳定的子公司，可以通过转移价格将其利润提前回笼。三是应对价格管制和市场管制风险。为维护市场稳定、消费者权益以及保护民族企业，东道国会制定严格的管制政策。转移价格可以让跨国公司富有弹性地调节成本，应对东道国的规制性外资政策。

总的来说，20世纪90年代以前，由于世界上各国家和地区的税收制度差别较大，避税是跨国公司在全球范围使用转移价格的主要动机。但是，随着经济一体化程度的加深，国家、地区间税率差别不再明显，并且由于各个国家对于转移价格的监管日趋严格，利用转移价格获得赋税好处的隐性成本在逐渐加大，所以，非税务动机成为国际转移价格广泛使用的主要原因。除了前面提到的国际转移价格常常被用来调节利润、控制市场、降低风险之外，跨国公司还利用转移价格来减轻配额限制，减少管理摩擦，独占或多得合营企业利润等。

2. 国际上对转移价格的管理措施

很明显，各国税务机关对跨国公司的避税动机不会视而不见，会采取各种措施来规范公司的国际转移价格政策，并加强对转移价格违法的处罚。为了解决国际转移价格下的避税问题，经济合作与发展组织（OECD）于1995年颁发了一份重要文件，简称OECD转让定价指南。该指南侧重于转移价格调整的规范，认为当跨国公司自行制定的转让价格明显存在关联交易的，有调整利润、转移税收等倾向存在时，东道国税务机关可以根据正常交易原则、最优法原则和可比性原则调整转移定价。

转移价格调整的目的是使关联企业间的交易与非关联企业间的交易一致，也就是说，关联企业间的交易应当与市场正常交易定价相同。因此，调整转移价格首先要贯彻正常交易原则。现实中的交易种类多种多样，交易的环境复杂多变，交易条件形形色色，如何确定一项关联交易是否符合正常交易标准，可以采用多个不同的方法，每一个方法的适应性和准确性不同，这就要求选择其中能最精确反映正常交易标准的方法，这就是最优法原则。不管采用何种方法，要判断关联企业间交易的定价是否符合正常交易原则，要找出具有可比性的非关联方交易作为参照，这就要求在实施转移价格调整时必须进行可比性分析，遵循可比性原则。OECD转让定价指南对各国规范转移定价的法律法规提供了很好的基础。

长期以来，对转移价格的规范主要是事后调整。但是这种方法会使税收收入不稳定，易引起争议和征纳双方的矛盾，税务处理也缺乏确定性。纳税的滞后性会影响企业的经营决策，调查处理时间过长，也会消耗征纳双方大量人力和物力等。目前，对其的做法正在由事后调整向事先确认转换。其中，以预先定价为代表，即纳税人事先将其和境外关联企业之间内部交易与财务收支往来所涉及定价方法向税务机关申请报告，经税务机关审定认可后，作为计征税收的会计核算依据，避免了事后纳税对定价的调整。这样不仅简化了转移价格的税务处理，又解决了事后调整的困境。同时，西方国家还加强了对转移价格违法的处罚。例如，美国从 1996 年起，因转移价格调整而增加应税所得净额 500 万美元以上者，或已达到业务总收入额的 10% 者，按其调整的应税所得额罚款 20%；调增应税所得净额满 2000 万美元以上者，或已达到业务总收入额的 20% 者，按其调增应税所得额罚款 40%。纳税人如认为处罚不当必须承担举证责任，其中包括有关年度的所有经济因素所涉及的资料及税法规定的各种报表资料。法国也自 1996 年 4 月起授权税务机关加强对转移价格的审核，发现通过转移价格转移利润避税的，责成跨国公司限期举证来说明交易企业之间的关系、定价的方法和理由及境外公司有关交易所在国的税收待遇，据以核定应税所得额。对逾期不报者，税务机关有权按已掌握的资料调整补税，并可处以 50000 法郎罚款。除此之外，有些国家降低外资企业纳税标准，通常低于跨国公司母国税率，这样一则可以减少或避免跨国公司利用税率差异操纵转移价格，二则也有利于吸引外资。

3. 制定跨国转移价格应考虑的因素

在制定跨国转移价格政策时需要综合考虑公司外部因素和内部因素。

（1）外部因素　外部因素主要是指经济因素和政治因素。经济因素包括东道国政府的税收法规、外汇与金融管制、通货膨胀、子公司所在行业的竞争状况等；政治因素表现为东道国政府的政治稳定性、政策连续性、法律法规的完善程度等。

（2）内部因素　从企业内部来看，跨国转移价格首先应满足企业整体战略和经营目标的要求。按照波特的战略思想，企业经营应充分考虑企业所处的经营环境。从跨国经营的角度来看，在跨国经营的不同阶段，企业所面临的经营环境不同，由此制定的战略重点也不同。在跨国经营前期，跨国公司以发展海外投资，提高跨国企业市场效率，以及处理好与东道国政府的关系为主要战略目标；进入跨国经营后期，海外子公司发展已达到相当程度，其战略目标应从全球战略出发，统筹安排生产、销售，实行全面的国际化分工协作，并在全球范围内进行大规模的投资、筹资活动，开展国际避税，以获取企业整体利益的最大化。显然，处在不同发展阶段，企业的跨国转移价格策略选择是有差异的。其次，应考虑企业的业务关联度、管理集权与分权程度。业务关联度低、分权程度高的企业多采用市场价格作为跨国转移价格；业务关联度高、集权程度高的企业对跨国转移价格则更多以成本为基础协商定价。最后，应考虑企业业绩的评估体制。跨国转移定价直接改变了企业内部的资金流向和内部各企业的盈利水平，因而可以成为利益再分配的手段，所以企业内部许多人对管理转移价格有兴趣。跨国转移价格政策必须关注如何协调其与各企业业绩评估的冲突，此外，保持跨国转移价格政策的相对稳定性也是企业必须注意的问题。频繁变更跨国转移价格政策必然导致频繁的税务审计和高昂的应对成本，以及企业声誉及其与东道国政府关系的受损。从企业内部来看，跨国转移价格政策的频繁变更也意味着内部各企业之间反复地谈判和争论，随之而来的是高额的交易成本和企业经营的无效率。

总之，跨国转移价格政策应围绕企业战略目标的达成，综合考虑短期利益与长期利益，在企业战略目标、东道国法律法规和税收利益之间寻找平衡，并尽量保持稳定。

4. 跨国转移价格的制定方法

为了确定关联企业之间的商业或金融关系中施加的条件是否符合公平交易原则，OECD 发布的《跨国企业和税务机关管理转让定价指南》（2022）把转移价格的制定方法分为传统交易方法和交易利润法两类。传统交易方法包括可比非受控价格法、转售价格法和成本加成法；交易利润法有交易利润分割法和交易净利润法。

（1）传统交易方法　传统交易方法是将跨国公司内部交易与市场上相同或类似交易进行对比，以外部市场或其他跨国公司内部交易价格为基础，根据企业的具体目标稍加调整来确定转移价格。跨国公司在使用该方法的时候，不对转移价格做硬性规定，子公司可以独立参与东道国市场竞争，有利于调动和发挥其积极性。同时，由于使用该方法确定转移价格时，跨国公司采用的调整比例往往只是在所参考价格的基础上扣除外部市场不完全的成本，这符合东道国有关外资以及公平竞争的一般性规定，能够避免政策性干预产生的成本。但由于现实中独立交易价格获得困难，所以转移价格的确定通常会被扭曲。具体来说有以下三种确定方法：

1）可比非受控价格法（Comparable Uncontrolled Price Method，CUPM）。在 CUPM 中，跨国公司以独立交易价格为基准确定企业的转移价格。在参照交易对象与企业内部交易对象相同或差别不大的条件下，该方法是符合独立核算原则的最为可靠的定价方法。在实务中，该方法是跨国公司常用的转移定价方法。

2）转售价格法（Resale Price Method，RPM）。跨国公司为了更好地参与东道国市场竞争，以外部可比交易的转售毛利水平为基础确定中间产品的转移价格。确定过程是：子公司在竞争性外部市场中，按照公平独立核算原则确定中间产品对外转售的价格，从而确定转售过程的毛利水平，然后将毛利水平按企业目标进行调整后的利润水平与中间产品成本加总得到转移价格。

3）成本加成法（Cost Plus Method，CPM）。CPM 将不同子公司作为完全独立的利润中心对待。该方法确定的时候完全按照自由竞争市场规则处理，把中间产品的直接成本、间接成本以及沉没成本全部纳入转移价格，然后按照外部可比市场中的平均利润率进行加成，由于 CPM 确定转移价格的基础是中间产品的成本，相对易于控制，所以在确定集团内部供应商正常利润的时候被广泛采用。特别地，澳大利亚的跨国公司在采用 CPM 的时候，通常以边际成本为基础确定，将不同国家市场波动引起的成本计入其中。

（2）交易利润法　交易利润法是跨国公司根据竞争需要，以自身成本或者利润为基础确定的转移定价。通常，用此类方法的转移价格由跨国公司母公司统一制定，更有利于跨国公司对其全球范围的经营活动进行协调和控制。另外，外部市场或者其他公司的内部交易价格对跨国公司而言，仅作为其内部成本和利润的辅助性参考，所以跨国公司在具体定价上更为明确。但是，企业制定过高或者过低的转移价格，不利于子公司的独立核算，同时可能会引发东道国政府的规制甚至惩罚。具体来说，基于利润的转移定价有以下确定方法：

1) 交易利润分割法（Transactional Profit Split Method，TPSM）。在 TPSM 中，根据集权定价机制以及最终产品利润最大化的原则确定中间产品的转移价格。跨国公司通过最终产品市场获得利润，转移价格是实现利润过程中的过渡工具，所以转移价格可以根据最终产品市场的竞争状况任意调整。确定的过程是：跨国公司首先确定最终产品市场上可能获得的最大利润，然后按照各中间产品组成最终产品的比例确定各子公司的利润分配，最后在分配的利润基础上确定中间产品的转移价格。这种方法充分体现了跨国公司在资源整合与运营控制方面的能力，有利于提高其在国际市场中的整体优势。同时，该方法也是理论上转移价格的最优确定方法。

2) 交易净利润法（Transactional Net Margin Method，TNMM）。TNMM 是指跨国公司通过确定中间产品交易的净利润水平，然后得到转移价格的方法。其基本原则是在联合定价机制的约束下，确定各分公司的期望利润水平，然后加上中间产品的成本得到转移价格。为保证最终产品市场上的竞争力，跨国公司依据外部市场可比交易净利润率对企业内部转移价格进行调整，目的在于发挥跨国公司的管理控制优势，并保障海外子公司的运营活力。

10.4.6 内部转移价格的应用

【例 10-7】 Horizon 石油公司有两个下属分公司，分别为运输分公司和精炼分公司，这两个分公司均为利润中心。运输分公司从墨西哥马塔莫罗斯购买原油并将其运送到得克萨斯州的休斯敦，精炼分公司则将原油加工成汽油。为简化起见，假设汽油是休斯敦精炼厂唯一可出售的产品，生产 1 桶汽油需要 2 桶原油。

假设运输分公司和精炼分公司的"变动成本"分别随着运送的原油桶数和生产的汽油桶数呈正比例变化。运输分公司的"每单位固定成本"是根据预算年度固定成本总额和运送的原油产量来计算的，精炼分公司的"每单位固定成本"则是根据年度预算固定成本总额和生产的汽油产量来计算的。Horizon 石油公司所有的非美国交易成本和收入使用市场汇率进行折算，并采用美元进行报告。

运输分公司已获得从马塔莫罗斯地区的油田购买原油的权利，并与这些油田签订了一份合同，合同规定以 72 美元/桶的价格购得原油，然后将它们运送到休斯敦，最后将其"卖给"精炼分公司，运输分公司从马塔莫罗斯的油田到休斯敦的输油管每天可以承运 40 000 桶原油。

精炼分公司已经达到其生产能力，每天加工 30 000 桶原油，平均每天用掉从 Horizon 运输分公司运来的 10 000 桶原油和向其他产油商购买的 20 000 桶原油（85 美元/桶）。精炼分公司以每桶 190 美元的价格对外出售汽油。

Horizon 石油公司各分公司单位产品的固定成本、变动成本以及购买原油、销售汽油的外部市价如图 10-3 所示。图中缺乏的是从运输分公司到精炼分公司的实际转移价格。这个转移价格随其确定方法的不同而改变。考虑下面三种不同的转移定价方法。

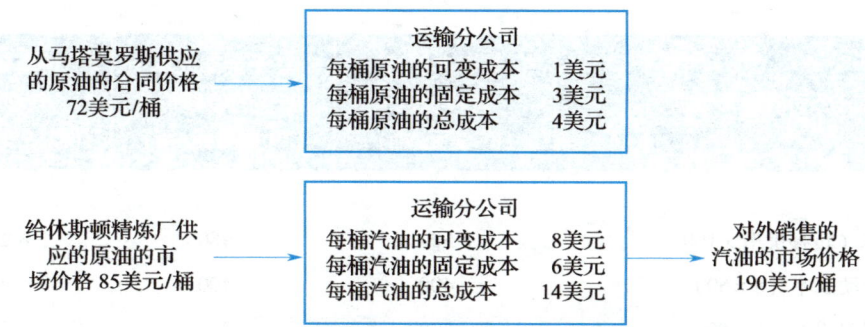

图 10-3 Horizon 石油公司的经营数据

下面考虑三种不同的转移定价方法：

1) 基于休斯敦竞争市场市价的转移价格，即可比非受控价格法确定每桶 85 美元。

2) 基于全部成本 105% 的转移价格，即根据交易净利润法确定的价格。全部成本是指原油的购进成本加上运输分公司自身的变动成本与固定成本之和，转移价格为 79.80 [1.05×(72+1+3)] 美元。

3) 协商确定的转移价格，为每桶原油 82.50 美元，这个价格介于前两者之间。

根据三种不同方法计算的各分公司每 100 桶原油的营业利润见表 10-12，计算时假设采用不同的方法确定的转移价格在一定范围内不会影响各分公司管理层的决策行为，从而改变表中数据的关系。可见，转移价格为卖方带来了收入，为买方增加了相应的成本，而将所有分公司的经营成果合并时，收入和成本就全部抵销了。

表 10-12 不同转移定价方法下 Horizon 石油公司每 100 桶原油各分公司的营业利润

（单位：美元）

各分公司的经营数据	基于市价的转移价格（85 美元/桶）	基于全部成本 105% 的转移价格（79.8 美元/桶）	协商确定的转移价格（82.5 美元/桶）
运输分公司（转移原油 100 桶）			
收入（转移价格×100）	8 500	7 980	8 250
成本			
原油采购成本（72×100）	7 200	7 200	7 200
分公司变动成本（1×100）	100	100	100
分公司固定成本（3×100）	300	300	300
分公司总成本	7 600	7 600	7 600
运输分公司营业利润	900	380	650
精炼分公司（销售汽油 50 桶）			
收入（190×50）	9 500	9 500	9 500

(续)

各分公司的经营数据	基于市价的转移价格（85 美元/桶）	基于全部成本105%的转移价格（79.8 美元/桶）	协商确定的转移价格（82.5 美元/桶）
成本			
转移成本（转移价格×100）	8 500	7 980	8 250
分公司变动成本（8×50）	400	400	400
分公司固定成本（6×50）	300	300	300
分公司总成本	9 200	8 680	8 950
精炼分公司营业利润	300	820	550
两分公司营业利润合计	1 200	1 200	1 200

另外，在不考虑内部转移价格的情况下，Horizon 石油公司从购买 100 桶原油、运输直到精炼出 50 桶汽油的全过程，获取的营业利润也为 1 200 美元，计算过程如下：

营业利润 = 收入 − 原油购买成本 − 运输分公司成本 − 精炼分公司成本
= (190×50) − (72×100)
− (4×100) − (14×50)
= 9 500 − 7 200 − 400 − 700
= 1 200(美元)

进一步注意到在所有方法中，把两个部门的营业利润加起来就是 Horizon 石油公司的总利润。现在保持总营业利润不变，集中考虑不同的转移定价方法对 Horizon 石油公司各分公司营业利润的影响。

根据表 10−12，在采用基于市价的转移价格时，运输分公司的营业利润比采用基于全部成本的 105% 作为转移价格时多 520(900−380) 美元。若转移价格基于全部成本的 105% 来确定，精炼分公司的营业利润就比采用基于市价的转移价格时多 520(820−300) 美元。如果运输分公司的经营目标是使其营业利润最大化，那么它可能偏向于选择基于市价的转移价格；相反，精炼分公司可能偏向于选择基于全部成本的 105% 的转移价格以最大化其营业利润。两个分公司协商的 82.50 美元的转移价格介于基于全部成本的 105% 和基于市价的转移价格之间。协商转移价格将 1 200 美元的营业利润分为两份（运输分公司 650 美元，精炼分公司 550 美元）。据此分析，各分公司的管理层会非常关注转移价格，因为这直接决定了自己所负责部门的经营业绩，特别是那些收入或晋升直接与其经营的部门的营业利润密切挂钩的管理者。为了分散下属部门管理层对自身部门业绩的过分关注，许多公司依据下属部门和全公司的营业利润对各部门管理层进行奖励。

【例 10−8】沿用例 10−7 的资料，分析 Horizon 石油公司的跨国转移价格与税收。假设位于墨西哥的运输分公司根据墨西哥的法律要缴纳 30% 的所得税，而精炼分公司根据美国法律适用20%的所得税税率。对于 Horizon 石油公司而言，选择以全部成本的105%来确定内部转移价格将会最小化其全部所得税支出，因为该方法使其在墨西哥的所得税支出最小化，而墨西哥的税率高于美国。Horizon 石油公司跨国转移价格分析见表10-13。

表10-13 Horizon 石油公司跨国转移价格分析　　　　　　　　（单位：美元）

转移定价方法	100 桶原油的营业利润			100 桶原油应缴纳的所得税		
	运输分公司（墨西哥）(1)	精炼分公司（美国）(2)	合计 (3)=(1)+(2)	运输分公司（墨西哥）(4)=0.3×(2)	精炼分公司（美国）(5)=0.2×(1)	合计 (6)=(4)+(5)
市价	900	300	1 200	270	60	330
全部成本的105%	380	820	1 200	114	164	278
协商价格	650	550	1 200	195	110	305

考虑税收因素为制定转移价格带来了一些新问题，有时可能会与转移定价的其他目标发生冲突。假设在休斯敦的原油市场是完全竞争的，在这种情况下，选用市价来制定转移价格将可以使 Horizon 石油公司更好地评价各分公司的盈利能力。但是从税收的角度来看，这种方法交税多。为了使所得税最小化，Horizon 石油公司应该选用全部成本的105%作为转移价格。但是，美国和墨西哥的税法都对这样的选择有所限制。尤其是墨西哥的税务当局完全可以发现 Horizon 石油公司的避税动机及其在墨西哥少申报的利润，它们很可能会采取一些方法来防止该公司通过不合理的转移定价把利润转移到精炼分公司。

10.4.7　运用内部转移价格进行内部结算和责任结转

实行责任会计，必须分别考核各责任中心的经营业绩，为了分清各责任中心的经济责任，以控制和考核其业绩，需要对各责任中心之间的所有业务往来，包括互相提供产品或劳务，按照合理的内部转移价格进行内部结算和责任结转，这是实行责任会计的基本要求。

1. 内部结算

企业内部各责任中心之间发生的经济往来，需要按照一定的结算方式进行内部结算。从控制的观点出发，各种内部结算方式的主要作用是以正规化的信息传递手段，及时向发生业务往来的双方和有关管理部门传递有关业务的反馈信息，从而帮助控制过程顺利进行。按照内部对象不同，通常采用以下的结算方式：

（1）内部支票结算方式　内部支票结算方式是指当企业发生业务往来时，由付款单位以签发内部银行支票的方式，通知内部银行从其账户中支付款项的结算方式。它分为签发、收受和转账三个环节。签发就是由付款单位根据有关原始凭证或业务活动证明签发内部银行支票，直接交付收款单位；收受就是收款单位经审核无误后接受付款单位的支票；

转账就是银行根据收款单位送达的内部银行支票进行划拨转账，将款项由付款单位的存款账户转入收款单位的存款账户。

采用这种结算方式能够使发生业务联系的双方及时结清款项，避免由于产品质量、价格等原因在结算过程中发生纠纷，影响责任中心正常的资金运转；企业管理当局可以通过内部银行等机构及时了解业务的执行情况，从而发现问题和解决问题；能够在货币资金集中在企业总部的条件下，以价值形式鲜明地反映内部各责任中心经济活动的来龙去脉，使责任单位有货币收支的真实感，从而利用价值规律的作用，加强企业内部的管理控制。

（2）转账通知单结算方式　转账通知单结算方式是指收款单位向付款单位提供产品或劳务后，签发转账通知单，并附有关原始凭证，通知企业内部结算中心将转账通知单转给付款单位，发生业务往来的双方和企业结算中心则根据转账通知单分别记账的一种结算方式。

这种结算方式适用于经常性的、质量与价格都较稳定的内部往来业务，如辅助生产车间向基本生产车间供汽、供水、供电等业务。采用这种结算方式手续简便，能及时反映经济业务的内部计价结算，但由于转账结算单是单向传递，结算双方不直接见面，各付款单位对结算业务的质量、数量、价格等发生异议时，就要往返交涉，耽误时间，且比较麻烦。

（3）内部货币结算方式　内部货币结算方式是指企业内部各责任单位之间的往来结算业务以及向企业内部独立核算的责任单位拨付资金和经费，都运用企业发行的、限于企业内部流通的货币，如资金本票、流通券、资金券等直接进行结算的结算方式。

采用这种结算方式较内部银行支票结算方式更直观，更加形象化，更有真实感，能强化各责任中心的价值观念、核算观念、经济责任观念。但内部货币的携带、保管和清点不甚方便，特别是在内部结算业务量多、金额大的大型企业中运用可能容易发生差错。因此，一般情况下，小额零星往来业务可以用内部货币结算，大宗业务以内部银行支票结算。

2. 责任结转

责任结转是指在生产经营过程中，对于因不同原因造成的各种经济损失，由承担损失的责任中心对实际发生或发现损失的责任中心进行赔偿的账务处理过程。

责任结转的目的是划清各责任中心的成本责任，使不应承担损失的责任中心在经济上得到合理补偿。进行责任结转的依据是各种准确的原始记录和合理的费用定额。在合理计算出损失金额后，应编制责任成本转账表，作为责任结转的依据。

责任结转的方式有直接的货币结算方式和内部银行转账的方式。前者是以内部货币直接支付给损失方，后者只是在内部银行所设立的账户之间划转。

各责任中心在内部结算和责任结转过程中，有时因意见不一致而发生一些责、权、利不协调的纠纷，为此，企业应建立内部仲裁机构，从企业整体利益出发来对这些纠纷做出裁决，以保证各责任中心正常、合理行使权力，保证其权益不受侵犯。

思考题

1. 分权管理有哪些优势和劣势?
2. 什么是经济责任制?经济责任制有哪些原则?
3. 分权管理与责任会计有什么关系?
4. 什么是责任会计制度?责任会计制度包括哪些基本内容?
5. 责任会计有什么作用?建立责任会计制度应遵循哪些基本原则?
6. 什么是责任中心?责任中心有几种形式?它们之间的关系如何?
7. 各类责任中心的考核指标有哪些?
8. 为什么说将剩余收益作为考核评价投资中心业绩的标准,可以使部门的目标与整个企业的目标趋于一致?
9. 责任成本有什么特点?产品成本、责任成本与可控成本之间有什么关系?
10. 什么是责任预算?如何编制责任预算?
11. 什么是业绩报告?业绩报告如何编制?
12. 为什么要制定内部转移价格?制定内部转移价格应遵循哪些原则?
13. 内部转移价格有哪几种?它们的适用范围和适用条件是什么?
14. 制定跨国转移价格应考虑哪些因素?

参考文献

[1] 亨格瑞,达塔尔,福斯持,等. 成本与管理会计 [M]. 王立彦,刘应文,罗炜,译. 北京:中国人民大学出版社,2010.

[2] 安东尼,戈文达拉扬. 管理控制系统 [M]. 刘霄仑,朱晓辉,译. 北京:人民邮电出版社,2010.

[3] 乐艳芬. 成本管理会计 [M]. 3版. 上海:复旦大学出版社,2014.

[4] 那力. 转移定价问题的公平交易法与全球公式法之争:美国法院一个新近判决引起的轩然大波 [J]. 现代财经:天津财经大学学报,2011,31(8):108-114.

[5] 吴大军,牛彦秀. 管理会计 [M]. 3版. 大连:东北财经大学出版社,2013.

[6] 达塔,拉詹. 管理会计:决策制定与业绩激励 [M]. 王立彦,译. 北京:中国人民大学出版社,2015.

[7] 杨洁. 管理会计 [M]. 2版. 北京:清华大学出版社,2015.

[8] 张绪军,杨桂兰. 管理会计学 [M]. 2版. 复旦大学出版社,2020.

[9] 郑爱华,谢梅. 管理会计 [M]. 2版. 北京:机械工业出版社,2020.

视频课程

10.1 责任会计概述

10.2.1 责任中心的分类及评价指标（1）

10.2.2 责任中心的分类及评价指标（2）

10.3 责任预算与业绩报告

10.4 内部转移价格

第11章 业绩评价与管理层激励

课程思政

> **导入案例**
>
> 基于经济增加值的中国石油天然气集团公司绩效评价应用
>
> 　　国务院国资委第二次修订的《中央企业负责人经营业绩考核暂行办法》从2010年1月起正式施行。根据国资委正式在中央企业全面推行经济增加值（Economic Value Added，EVA）考核的精神，中国石油天然气集团公司基于自身实际情况，在原有绩效评价体系基础上，将EVA及其相关指标纳入高级管理人员绩效合同，按规定程序和方法，对完成情况进行考核激励。EVA考核遵循六个原则。①突出主业。对非主业收益和主业收益在EVA计算时有所区别。②风险控制。引导加强EVA关键驱动因素分析研究，通过降低资产负债率，减少存货占用和应收账款等，控制经营风险，提升经济效益。③可持续发展。鼓励增加研发、结构调整、员工培训等有利于长期发展的支出，引导持续改善和提升价值创造能力。④分类考核。根据单位性质、主营业务和资产经管水平等不同特点，分类确定EVA重大调整事项和资本成本率。⑤适用可操作。EVA计算办法和考核方式应简单明了，易于理解、计算和操作。⑥压力传递。EVA考核压力要逐级传递，使价值创造理念和资本成本意识深入各单位及其基层组织。
>
> 摘自：杜阳. 基于经济增加值的中央企业集团绩效评价应用研究［J］. 财务与会计，2014（1）：32－33.

11.1　业绩评价概述

　　业绩评价是组织管理控制系统的重要构成部分，美国"科学管理之父"泰勒自1891年创立科学管理理论后，有关企业绩效（业绩）管理与绩效（业绩）评价理论和方法的探索研究一直是经济管理学科讨论的热点之一。一百多年来，国外经济学者和管理专家从不同角度对这一领域进行了较为系统的研究与探索，并且取得了许多有影响的研究成果，推动了企业绩效管理和绩效评价的实践应用与推广。尤其是在20世纪80年代以后，企业绩效管理和绩效评价在西方国家开始流行，得到了较为深入的实践探讨和推广应用。自20世纪90年代以来，国内的学者和专家也开始重视企业绩效管理和绩效评价问题研究，一些管理部门和研究机构也进行了许多非常有益的探索。

11.1.1　业绩评价的概念

　　业绩评价是指运用数理统计和运筹学的方法，通过建立综合评价指标体系，对照相应的评价标准，定量分析与定性分析相结合，对企业一定经营期间的盈利能力、资产质量、债务风险以及经营增长等方面的经营业绩和努力程度进行的综合评判。科学地评价企业业绩不但可以为出资人行使经营者的选择权提供重要依据，可以有效地加强对企业经营者的监管和约束，为有效激励企业经营者提供可靠依据，还可以为政府有关部门、债权人、企业职工等利益相关方提供有效的信息支持。

11.1.2 业绩评价的理论基础

业绩评价是现代企业管理方法的新发展，在实践中必须遵从经济活动的一般经济规律，因此，业绩评价体系的建立和完善与基本经济理论的发展有着必然的联系，这种联系体现在经济理论为业绩评价体系的建立提供理论支持及方法论的引导，特别是利益相关者理论、战略管理理论、现代系统理论及权变理论的产生，大大拓展了人们开展业绩评价研究的视野，使业绩评价体系逐步趋于完整、系统，评价方法和评价体系建设更加科学完善，更有利于为现代企业管理实践服务。

1. 委托代理理论

委托代理理论认为，随着现代企业规模的进一步扩大，由资本所有者完全独立控制企业的经营活动越来越受到所有者所具有的精力、专业知识、时间、组织协调能力等方面的限制。当所有者不能在进行风险决策的同时又圆满地完成日常经营管理活动时，就会委托专业经理人员去执行监控企业的职能，这就产生了委托代理关系，也随之伴生了委托代理问题。根据杰森和迈克林的定义，委托代理关系是指这样的一种明显或隐含的契约，依据它，一个或多个行为主体指定雇佣另一些行为主体为其提供服务，与此同时授予后者一定的决策权利，并根据其提供服务的数量和质量支付相应的报酬。这种关系实质上是一种非对称信息条件下所结成的契约关系。由于经营者和所有者之间激励不相容、信息不对称、责任不对等以及合同的不完全，"内部人控制现象"不可避免地要出现，从而产生"道德风险"和"逆向选择"问题。

为了最大限度地降低代理成本，规避"道德风险"和"逆向选择"问题，提高所有者的资本回报，取得更大的资本收益，所有者必须设计一套激励约束机制来规范经营者的行为，使经营者为所有者的目标而行动。业绩评价作为重要的激励约束手段，通过客观、准确地评价经营者的业绩，以给予经营者恰当、准确的肯定，并根据经营者所创造的绩效水平进行激励或奖惩，调动经营者的积极性和创造性，实现经营者目标与所有者目标的最大一致性。由此，作为现代企业管理方法之一的公司业绩评价便应运而生。通过实施业绩评价，一是让代理人成为剩余权益的全部或部分所有者，从而消除或部分消除委托人和代理人之间的界限，使两者不再对立；二是通过设计制定一个委托代理合同或运用某种手段，给代理人提供必要的刺激和动力，使两者的目标一致。

2. 利益相关者理论

利益相关者概念的提出是在 20 世纪 60 年代。20 世纪 80 年代，美国经济学家弗里曼在进行了详细的研究后给利益相关者下的定义是：能够影响一个组织目标的实现或者能够被组织实现目标过程影响的人。这个定义提出了一个普遍的利益相关者概念，不仅将影响企业目标的个人和群体视为利益相关者，同时还将企业目标实现过程中受影响的个人和群体也看作利益相关者，正式将社区、政府、环境保护主义者等实体纳入利益相关者管理的研究范畴，大大扩展了利益相关者的内涵。现在，企业利益相关者理论比较一致地认为，企业的本质是利益相关者的契约集合体，利益相关者是所有那些在公司真正有某种形式的投资并且处于风险之中的人，企业利益相关者包括股东、经营者、员工、债权人、顾客、供应商、竞争者、国家等。由于契约的不完备性使得利益相关者共同拥有企业的剩余索取权和剩余控制权，进而共同拥有企业的所有权。对所有权的拥有是利益相关者参与公司治理的基础，也是利益相关者权益得到应有保护的理论依据。

利益相关者理论的诞生对现代企业管理产生巨大影响。一是管理目标由原来单一的为股东利益最大化服务，发展为为所有利益相关者的目标利益服务，企业创造利润大小不再是衡量企业价值的唯一指标，而其他利益相关者的利益要求同等重要。二是企业绩效由原来的财务绩效，即利润指标考核，转变为企业整体价值考核，即企业是否实现了价值最大化，企业所有利益相关者得到价值补偿或资本增值。三是企业的发展目标转变为战略管理，利益相关者理论提出各利益主体共同发展、共同追求利益最大化的要求，为实现这一要求，企业必须实施战略发展，将所有者的目标与其他利益主体的目标相结合，将企业的眼前利益与长远利益相结合。将企业的经营策略与发展战略相结合，并付诸企业的管理实际，实现以企业价值最大化的战略发展目标。

3. 战略管理理论

企业战略管理是随着产业革命和经济的发展而逐渐形成的。战略管理是一个包括战略规划（或计划）和战略实施（包括评价和控制）的过程。战略规划是企业的长期发展方向，是为实现企业的战略目标而进行的规划。战略实施则是为企业战略目标服务的阶段性战术目标的执行，是企业战略目标或长期奋斗目标的阶段性实现。

按照企业战略管理要求构建企业业绩评价体系，应把握以下几个方面：一是业绩评价体系总体目标必须有利于企业长期发展规划的实现，体系设计要为企业的长期竞争优势形成，引导企业树立长远发展思想服务。二是指标体系的设计要有全局观念，突出企业整体利益，区分影响整体利益和局部利益的因素异同，加强对影响整体利益的不可控因素的预测，把财务指标和非财务指标结合起来，把定性指标和定量指标有机统一起来。三是指标体系的设计要有环境适应性，战略总是面向未来的，未来总是充满风险的，企业面向未来的经营活动决策是外向型决策，指标体系的设计要体现外向型决策的要求，把业绩评价与战略管理有机统一起来。传统的财务评价方法是由成本和财务模式驱动的，主要为企业的事后管理提供相关信息，并且易导致企业的短期行为，显然已经远不能适应现代企业的管理要求，即战略经营管理要求把企业业绩评价的重心从事后评价转到为实现企业战略经营目标服务，逐步把业绩评价工作纳入战略管理的全过程，业绩评价指标体系应有助于企业战略目标的战术转换和具体执行。

4. 系统管理理论

系统是指由若干要素以一定结构形式联结构成的具有某种功能的有机整体。系统论是研究系统的一般模式、结构和规律的理论，是具有逻辑和数学性质的一门新兴科学。系统论的核心思想是系统的整体观念。任何系统都是一个有机的整体，它不是各个部分的机械组合或简单相加，系统的整体功能是各要素在孤立状态下所没有的性质。系统中各要素不是孤立存在的，每个要素在系统中都处于一定的位置，起着特定的作用。要素之间相互关联，形成一个不可分割的整体。

企业业绩评价体系是由若干个要素组成的庞大系统，实施业绩评价必须有若干个要素做保证。评价体系中包括评价指标、评价标准、评价方法三个核心要求，以及评价目标、评价内容、评价主体、评价客体等基本要素，在评价体系运作过程中，各要素又是一个个独立的子系统，承担各自独立的功能；而对评价体系而言，各子系统又是相互依存，互相作用，共同发挥作用的单个要素。因此，系统管理理论对如何建立科学规范的业绩评价体系具有重要意义，有助于人们从完整、系统、全面的角度去分析和研究业绩评价。

5. 权变管理理论

权变理论是现代管理中的一个重要理论，权变者，权而变也，即根据环境条件的不同而有所变化，通俗地说即管理模式没有最好的，一切都要根据具体情况而定。权变管理理论认为，管理方式和技术要随企业内外环境而变化，它们之间有一种函数关系，但不一定是因果关系。这种函数关系可以解释为，如果发生或存在某种环境情况，就要采取相应的管理思想、管理方式。显然，作为因变量的管理思想，管理方法和技术应随环境自变量的变化而变化，以便更有效地实现组织目标，在一般情况下，环境是自变量，管理思想和管理方式是因变量，但有时也有相反的情况。

企业业绩评价是伴随市场经济的发展完善而产生的一种新的企业管理制度，具有明显的时代性和创新性，是一门不断发展和创新的科学，权变理论为业绩评价的发展完善提供了指导，业绩评价作为企业管理的一个重要组成部分，其建立、发展与完善必须始终坚持权变管理观念。根据权变管理理论,实践中不存在一成不变的、普遍适用的和最好的业绩评价指标体系。各企业应随机制宜,根据自己的特点要求设计业绩评价指标体系,这里值得注意的是,权变理论提倡的随机制宜,并不等于否定在同类企业中存在较通用的评价企业绩效基本状况的指标体系,因为同类企业在经营上具有许多共同的特征。

6. 激励理论

激励理论是关于激励的基本规律、原理、机制及方法的概括和总结,是激励在管理活动中发挥其功能的理论基础。西方许多管理学者和心理学家分别从不同角度研究探索,提出了多种激励理论。

1)需要激励模式。认为人的需要是多方面、多层次的,当低层次的需要满足后,会转而追求高层次的需要。此模式以美国心理学家马斯洛的需求层次论和赫茨伯格的双因素理论影响最为广泛。

2)动机目标激励模式。这一模式的理论基础源于美国心理学家弗鲁姆提出的期望理论。弗鲁姆认为,当人们预期到某一行为能给个人带来既定结果且这种结果对个体具有吸引力时,个人才会采取这一特定行为,用公式表达为

$$激励力 = 期望值 \times 效价$$

3)权衡激励模式。这一模式的理论基础源于美国管理学家亚当斯提出的公平理论。亚当斯认为,员工更为关注的不是报酬的绝对值大小,而是报酬的分配是否公平合理,以及自己是否受到公平的对待。

4)强化激励模式,该模式依据的是美国心理学家斯金纳创立的强化理论,斯金纳认为,当有意识地对某一行为进行肯定强化时,可促进这一行为重复出现,对某种行为进行否定强化时,可修正或阻止这种行为的重复出现。

激励理论为企业业绩评价体系的应用给予了重要的理论支持,在业绩评价体系的构建中,无论是设计评价指标,还是选择评价标准,都要遵循激励理论所研究的模式来发挥业绩评价在企业管理活动中的激励导向作用,有针对性地构建评价系统,有目标地实行激励,切实通过激励约束机制的建立促进企业实现价值最大化目标。

11.1.3 业绩评价体系的构成要素

1. 业绩评价体系的构成

企业的业绩评价体系可以分为两个层次的内容:一是企业整体层次的业绩评价,按对象的不同分为企业业绩评价和管理者业绩评价;二是企业内部各层级、各子公司、各经营单位的业绩评价,按对象的不同分为分部业绩评价和员工业绩评价。

无论是哪个层次的业绩评价体系都由以下几个要素构成,即评价主体(评价者)、评价客体(评价对象)、评价目标、评价指标体系(评价指标、评价标准、评价方法)以及相关的激励机制。评价主体是业绩评价的行为主体,可以是特定的组织机构,也可以是自

然人；评价客体是评价的行为对象，是根据不同的需要和目的确定的；评价目标是评价的立足点和目的地；评价指标体系是评价系统的核心部分，其中评价指标是对评价客体实施评价的重要依据，评价标准是评价的参照系，评价方法是具体实施评价的技术规范；激励机制是评价行为的延伸和反馈，有利于评价客体行为的改善。

业绩评价体系各构成部分之间的关系如图 11-1 所示。评价主体依据一定的评价目标，通过一定的评价指标体系进行业绩评价，形成评价结论，并通过一定的激励机制来影响评价客体的行为，使之更好地为满足评价主体的评价目标工作。

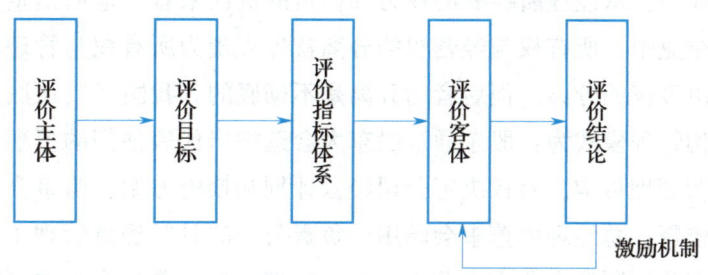

图 11-1 业绩评价体系构成

各个层次的业绩评价体系要素都有各自的特点，其中评价指标体系的构建和激励机制的选择是业绩评价体系的两个核心要素。

2. 业绩评价主体

业绩评价主体是业绩评价的组织者和实施者。从管理会计角度讲，业绩评价主体分为两个层次：一是企业所有者对企业最高管理层进行的业绩评价，此时业绩评价主体是企业的所有者；二是企业上级管理层对下级管理层的业绩评价，此时业绩评价主体是企业上级管理层。

作为第一层次业绩评价主体的企业所有者，是依据产权关系为基础的委托代理关系对企业最高管理层进行业绩评价。在典型的股份有限公司中，所有者仅保留重要的表决权，而把大部分决策权委托给他们的代表——董事会，对管理者的业绩评价和奖惩措施的制定都由董事会来完成。董事会广泛地参与企业的内部治理，对股东财产负有经营管理责任，其最大的职责是企业财产的保值增值，同时还要维护其他利益相关者的利益，它们不仅与企业利益相关，而且具有参与监督的动机，也有参与监督评价的能力。

作为第二层次业绩评价主体的企业上级管理层，是依据管理权关系为基础的委托代理关系对企业下级管理层进行业绩评价。这一层次的关系比第一层次的关系要复杂得多，是管理会计确定内部责任单位，进行业绩评价的重点。

在上述委托代理链条中，每一环成为管理者业绩评价的主体都有不足之处，但是利益产生第一推动力，只有与企业利益相关的当事人才会关心企业的经营状况和经营行为。所以，在选择评价主体的时候，应该注意以下三个基本原则：① 评价主体必须与企业的利益相关；②评价主体的选择应便于降低代理成本；③要有监督的动机和能力。

3. 业绩评价客体

业绩评价客体即业绩评价的对象。由于业绩评价分为两个层次，因此评价客体自然也就分为最高管理层和下级管理层。

那么谁能作为企业最高管理层的代表呢？企业经营权有两个层次的含义：①对企业生产经营活动的管理权；②对企业的生产、销售、分配等方面的大政方针的决策权。在实行经理负责制的企业中，从经理所拥有的权力和担负的责任来看，他们是企业最高管理层的代表。在股份制企业中，所有权与经营权的分离首先表现为所有权与管理权的分离，其次表现为所有权与决策权的分离。但后者的分离是不彻底的。我国《公司法》规定，股份有限公司的组织结构管理模式为：股东通过股东大会选举出代表他们的董事会和监事会；董事会是公司的经营管理机构，有权决定公司经营计划和投资方案；监事会对董事会和经理人员的行为进行监督；总经理由董事会聘用，负责公司的日常经营管理工作。可见，企业经理拥有的权力在公司制的企业中由董事会与总经理分享。董事会是主要的管理者，经理层是分享管理者角色的管理者。

下级管理层自然是指企业管理组织结构中的各个层次，例如，纵向组织结构中的子公司、分厂、车间、工段、班组等，横向组织结构中的供应、生产、销售等职能部门和计划、财务、人事等管理部门。当然，下级管理层未必一定服从企业管理组织结构的要求，如按可控性划分责任单位、按成本动因划分作业单位等。可以说，作为评价客体的下级管理层应该根据管理的要求来设置。

4. 业绩评价目标

业绩评价目标是解决为什么进行业绩评价的问题。目标代表着一个组织努力追求的一些未来预期，即一种预期的业绩，从当前业绩衡量的结果评价企业目标的实现情况。

管理者业绩评价的目标应该是管理者的能力、水平和为实现企业目标所做的贡献，但在实践中，这个目标的可操作性较差。

管理者业绩评价的目标应该由企业目标决定，然而按照企业理论的说法，企业是个契约关系网，其主要当事人是股东、职工和债权人等。从股东角度看，企业的目标可能是股东财富最大化；从企业职工的角度看，企业的目标应该是自身福利的最大化；从债权人的角度看，企业的目标应该是利润最大化。企业的目标可以从多个方面加以描述：股东财富最大化、投资收益率最大化、职工工资增长最大化、利润最大化等，这说明企业目标是多样的，企业不可能同时追求上述多个目标，因此，企业只能达到多种目标之间的协调。对于企业相关利益主体的不同目标的折中，可以用实现企业的长期稳定发展、企业总价值的最大化来表述。企业的长期稳定发展和总价值的不断增长是企业的经营目标，企业的各利益集团都可以借此来实现它们的最终目标。长期稳定发展包含以下几个方面：①为股东提供回报；②关心企业职工利益，创造优美和谐的工作环境；③关心客户的利益，在新产品的研制和开发上有较高投入，不断推出新产品来满足客户要求；④保持对债权人的按期偿付，不拖欠；⑤关心社区建设，注重社会贡献。企业的管理者也有其自身所追求的目标，他们追求自身效用的最大化，这主要包括两个方面，即货币收入和非货币方面的利益。非货币方面的利益包括政治地位和社会地位等。将企业目标与管理者目标相比，可以发现，企业与管理者对经济利益的追求，这是一致的方面。但也有不一致的方面，管理者对个人经济利益的追求可能导致其在追求企业目标时的差异性，另外，管理者也有非经济利益方面的追求。而企业实际追求的目标是由管理者确定的，隐含在管理者的管理行为中。对管理者进行业绩评价的目标是衡量管理者实现企业目标的程度。正因为管理者的目标函数与企业目标不完全一致，对管理者进行业绩评价才有其必要性。

11.1.4 业绩评价体系的设计

1. 业绩评价体系设计的原则

企业在进行业绩评价体系的设计时，应遵循以下原则：

（1）目标一致原则　企业经营的目的是实现其战略目标，因此业绩评价的第一项原则是评价体系与企业战略目标应保持一致或正相关。有效的业绩评价体系，其评价指标应是企业战略目标实施计划的分解，只要评价指标完成的好，就能保证战略目标计划的实现。从制度经济学角度讲，在存在交易费用的情况下，不同的制度安排将导致效率不同的资源配置，业绩评价指标本质上是企业内部的一种制度安排，因此必须考虑它是否能引导评价客体做出与企业目标相符的决策，从而实现企业资源的合理有效配置。

（2）沟通原则　企业业绩评价最好能用被评价者依据规定制定的标准及方法，先行自我评价，然后再与评价者进行相互沟通。这样，可使评价者不能忽略和抹杀被评价者的贡献，从而得知其未能顾及的方面，而被评价者亦可因此获悉自身表现及差距，并据以改进。这种充分的双向沟通方式，使评价控制系统更能为组织成员所理解和接受，从而保证业绩评价工作顺利进行。

（3）激励原则　一般而言，报酬是业绩的函数，以报酬作为激励方式之一，是现代企业中不可缺少的有效管理工具。因此，业绩评价体系的设计应充分体现其激励作用，充分调动评价客体的积极性，评价标准既要考虑战略发展的需要，也要保证评价客体通过自身努力能够达到。

（4）客观公正原则　运用业绩评价体系对企业实施评价，必须保持客观公正，否则就会导致评价结论的使用者做出错误的决策，企业及其各类人员也难以受到激励。因此，在合理设计指标体系、科学选取评价方法的同时，要制定统一的评价标准和规范评价操作程序。在进行评价时，应尽量以可验证的事实及资料作为评价的依据，使业绩评价能做到客观公正。另外，还需要第三者或专家的参与，以其独立的立场和专业能力加以判断，科学、合理地度量绩效，从而保证业绩评价工作不受人为因素的影响，避免因主观、成见及不胜任等产生判断偏差。

（5）比较原则　企业业绩的优劣，必须通过将既定评价标准与企业实际运行结果、同业水准等进行比较才能得出结论。因此，在评价业绩时，应有一定的基准资料与企业实际经营结果产生的数据加以比较分析才有意义。

（6）成本效益原则　业绩评价是一个耗用成本的过程，这其中包含了大量时间和精力的耗费，也包括评价结果所具有的经济效用，而人们真正能够有效利用的评价成果是有一定界限的，超过了这个界限，人们就会感到信息过量，从而限制了决策的有效性。因此，企业建立业绩评价体系，在考虑评价信息产生效益的同时，不能忽略获取信息所付出的代价。

（7）可控原则　奖惩之前，应首先确定责任的归属。在确认责任时，应先明确该责任是否在当事人的权责范围内，并且是否为当事人可控制事项。在评定业绩时应尽量剔除其他部门或个人行为的影响，使业绩评价工作公平合理。

（8）实用性原则　评价体系的设计要尽量做到简化、实用、易操作。如果评价操作复杂，不但难以广泛使用，而且容易出现操作失误。为确保评价操作的准确性，提高工作效率和便于推广使用，应简化指标设计和评价程序，并尽可能充分地利用现代处理技术配置设计评价操作软件，缩短从获取数据到形成评价结果的时间。

2. 业绩评价体系的管理责任承担结构

虽然绩效评价应当以结果为重，但这并不意味着对过程的忽视。绩效评价体系的中心目标应当是帮助企业顺利地开展业务，它应当能够向业务流程中各个环节的责任人表明何时必须采取纠正措施，而不仅仅是由高级经理评价所取得的成绩。在传统的职能分工组织中，没有专门的职能部门能够对一个完整的价值实现程序负责，各部门往往也是孤立地设计自己的评价体系，因而没有办法测评整个企业的价值增值程序。目前，人们关于企业业务流程的关注越来越多，为了评价流程的效率和效果，促进业务流程的顺利开展，必须设计相应的业绩评价体系，这一评价体系的基础就是对业务流程中各关键点责任的明确。有些企业基于流程设计，创造出一个能为整个价值实现过程负责的组织——团队。从这个意义上说，业绩评价体系的设计与业务流程的设计在相互影响中向前发展。

3. 业绩评价体系的实施步骤

业绩评价体系绝不仅是一项简单的评价工作，而是一个包括战略开发、预算制定、绩效测量、绩效检查和激励性报酬在内的系统实施流程。业绩评价体系的实施步骤如图11-2所示。

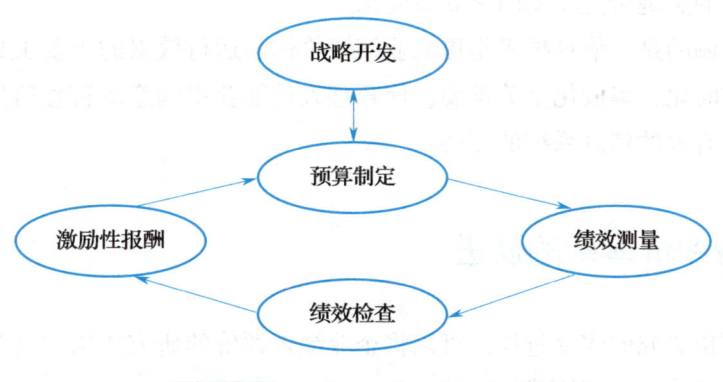

图 11－2　业绩评价体系的实施步骤

（1）战略开发　业绩评价首先是为了测量战略目标和行动计划完成的情况，因此作为业绩评价计划起点的必然是战略的开发，它建立在彻底理解以取得竞争优势为目标的价值驱动因素的基础上。在战略开发程序中，不仅应当计算追求的未来财务成果，而且应当强调对价值创造活动做具体的计划；不仅应当向内看，注重内部的改善和提高，而且应当考虑到环境发展，重视与竞争对手的相对优势的变化情况。

（2）预算制定　这一程序将战略目标细化为具体经济业务和过程的目标，并通过预算的形式分配资源。制定预算必须考虑经营环境的易变性，通过弹性预算、滚动预算等形式将变化纳入预算范围，从而使预算具有更强的可操作性，能够成为衡量业绩的标准。

（3）绩效测量　这一程序及时收集、处理和归集与业绩有关的数据和信息，为有效执行后续子程序奠定基础。信息的相关性、可靠性、及时性都影响业绩评价的效果。造成绩效测量无法顺利进行的原因之一是人们对于经济业务所产生的信息无法产生一致的认识，因此收集的信息应当能够体现经济业务发生的轨迹，并按照责任归属进行归集和汇总，以避免在测量时发生不必要的争执。

（4）绩效检查　这一程序及时检查实际业绩与目标的差距，并进行必要的预测，以确保及时采取更正性和预防性的行动，保证公司向着预期目标前进。

在信息技术尚未充分发展时，绩效检查是定期进行的，不但浪费时间，还不能充分关注绩效问题和困难。同时，预测通常依据经验等进行，缺乏科学的方法和技术支持，因此预测很难作为采取预防性行动的基础。随着技术的发展和人们对于预测和业绩评价质量要求的提高，差异分析可以及时进行，时效性提高，预测也可以通过科学的模型和高速的数据处理为基础开展，可靠性得到提高。这样的绩效检查能够更好地实现控制的作用。

（5）激励性报酬　在前四个环节中，任意环节的工作缺乏有效性，激励性报酬程序都不能够对人们的行为形成正确的引导。但是，如果前面四个环节的工作都做好了，这一程序没有能够提供相应的报酬或者惩罚措施，将会降低人们达到战略目标和行动计划的积极性。通过一种报酬和福利相结合的平衡政策，激励性报酬计划可以把具体的运营行动和影响战略目标实现的关键价值驱动因素联系起来。

最后应当强调的是，信息技术是提高业绩评价体系运行效果的重要工具，它对于实现信息透明化、实时化、集成化至关重要，使管理人员能获得满意的管理信息。有效的业绩评价体系离不开有效的信息系统的支持。

11.2 业绩评价体系的演进

根据业绩评价研究的演变过程，可以将企业绩效评价的研究成果归纳为三种模式，即成本模式、财务模式和平衡模式。

11.2.1 业绩评价的成本模式

成本模式是指业绩评价以成本核算和成本控制为主。这一阶段又可划分为三个阶段：总成本控制阶段、成本分类控制阶段、标准成本控制阶段。总成本控制阶段的主要特征是成本分析和控制以事后分析和控制为主，主要体现为单纯的总成本降低，成本核算较为简单，成本分析和控制较为笼统。成本分类控制阶段的主要特征是，随着生产力水平的进一步提高，单纯地降低总成本的方法已经不能适应生产经营的要求，需要对成本进行进一步的分类，成本核算开始划分直接成本和间接成本，并按照直接成本和间接成本对成本进行分类分析和分类控制，但这一阶段的成本分析和控制仍然以事后的成本分析和控制为主。标准成本控制阶段的主要特征是开始重视事前预测和事中控制，建立标准成本制度，成本分类和成本核算更加科学。实施标准成本制度，事前进行成本预测和成本规划，制定标准成本，事中进行成本控制，事后进行成本差异分析与处理。

11.2.2 业绩评价的财务模式

财务模式是指以财务指标为主的业绩评价体系。根据评价指标的计算方法，财务模式可进一步分为以利润为核心的财务模式和以经济增加值（Economic Value Added，EVA）为核心的财务模式。

1. 以利润为核心的财务模式

早期的财务指标仅仅表现为成本指标，进入 20 世纪后，随着所有权与经营权的进一步分离，财务指标的范围从单一的成本指标扩大到了包括偿债性指标、收益性指标和经营性指标在内的更大范围。比如：

1) 亚历山大·沃尔在《信用晴雨表研究》和《财务报表比率分析》中提出的流动比率、净资产/负债、资产/固定资产、销售成本/存货、销售额/应收账款、销售额/固定资产、销售额/净资产等七项指标。

2）杜邦公司提出的以投资报酬率为核心的杜邦财务系统。

3）20世纪80年代美国管理会计委员会提出的净收益、每股盈余、现金流量、投资报酬率、剩余收益、市场价值、经济收益、调整通货膨胀后的业绩等八项指标。在这些指标中，投资报酬率被认为是使用最为频繁的财务绩效指标。

财务指标作为企业业绩评价的工具，其最大优点在于操作性和可考核性强，没有重复计算，一定程度上能够反映企业为投资者创造的增值，并且在计算过程中执行统一的会计准则，不同企业之间具有较强的可比性。但是，由于会计准则从谨慎性的角度来反映投资者的要求，并且按照历史成本原则进行资产计量，是一种保守的评价模式，不利于评价企业的战略价值；同时，由于财务指标的生成以会计准则为基础，会计操纵会使会计核算的结果偏离真实情况；另外，以会计利润为基础的财务指标，仅仅考虑企业生产经营所发生的制造成本，未考虑企业使用资本的资本成本，无法反映企业为投资者创造的真正财富。

以利润为核心的财务模式的特点是：①综合考虑成本和收益；②以利润作为业绩评价的主要指标；③未考虑企业的资本成本；④以投资者利益为业绩评价的价值取向。

2. 以经济增加值为核心的财务模式

针对传统的利润指标未考虑资本成本的缺陷，斯腾思特咨询公司于1991年正式提出了经济增加值（EVA）绩效评价系统。EVA是在利润的基础上，进一步考虑资本成本，经过一系列调整后的财务指标，用于衡量企业生产经营的增加价值，其目的在于促使企业经营者以股东价值最大化作为行为准则，谋求企业战略目标的实现。

与传统的利润指标相比，EVA评价系统的主要优点在于考虑了资本成本，从而在以下几个方面表现出相对的优越性：①EVA是在会计利润的基础上进行相关调整后的结果，一定程度上降低了由于会计操纵引起的经营绩效扭曲现象，是一种比会计利润更准确地测定管理者经营绩效的指标和方法；②EVA将股东利益和经理业绩紧密联系在一起，避免了所有者与经营者之间的讨价还价，克服了经营者的利润粉饰行为；③EVA综合考虑了企业生产经营的制造成本和资本成本，对企业增值的反映更加彻底。

但是，EVA仍然存在较大的缺陷，主要表现为：

1）EVA是总量指标，只能反映企业创造价值的规模，无法衡量企业创造价值的水平。

2）与其他利润指标一样，EVA也是事后核算的静态指标，强调短期成果，容易产生短期经营行为，不利于科技创新和长期发展。

3）EVA仍然是会计估计值，它的准确性依赖于会计信息披露的一整套制度。

4）在计算EVA的过程中，如果对财务数据进行多项调整，一方面导致了EVA计算的复杂性，另一方面也容易产生EVA计算的随意性。

5）EVA的计算是以有效市场假设为基础的，而事实上资本市场并非是完全有效的，资本市场的有效性问题会极大地影响EVA的正确计算。

6）资本成本的计算缺乏准确性。目前并没有一种能够准确计算资本成本的成熟方法，当前更多地运用资本资产定价模型（CAPM）来计算资本成本，但是，资本资产定价模型也是以有效资本市场假设为基础的。

7）EVA 系统仍然是以投资者为核心利益主体的绩效评价体系，不利于保护其他利益相关者的利益，不利于调动其他利益相关者的积极性，也不利于按照可持续发展的要求引导企业履行相应的生态责任和社会责任。

EVA 评价系统的特点是：①综合考虑成本和收益；②不仅考虑产品的制造成本，而且考虑企业的资本成本；③以 EVA 为绩效评价的主要指标；④以投资者利益为绩效评价的价值取向。

11.2.3 业绩评价的平衡模式

20 世纪 80 年代后，全球竞争日益激烈，市场瞬息万变，如何使业绩评价适应新的环境成为业绩评价研究的新课题。面对新经济环境的挑战，业绩评价研究领域出现了一系列新的观点和方法，比较明显的特征是，非财务指标开始纳入企业绩效评价体系之中，逐渐形成了财务绩效和非财务绩效相结合的业绩评价模式。其中的典型代表有戴维·帕门特提出的关键绩效指标（Key Performance Indicator，KPI）、卡普兰和诺顿提出的平衡计分卡（Balanced Score Card，BSC）和尼利的绩效棱柱模型（Performance Prism，PP）和其他一些基于利益相关者理论的业绩评价体系。

（1）关键绩效指标法　它是指基于企业战略目标，通过建立关键绩效指标体系将价值创造活动与战略规划目标有效联系，并据此进行绩效管理的方法。关键绩效指标，是对企业绩效产生关键影响力的指标，是通过对企业战略目标、关键成果领域的绩效特征分析，识别和提炼出的最能有效驱动企业价值创造的指标。关键绩效指标法可单独使用，也可与经济增加值法、平衡计分卡等其他方法结合使用。

关键绩效指标法的主要优点：①使企业业绩评价与战略目标密切相关，有利于战略目标的实现；②通过识别的价值创造模式把握关键价值驱动因素，能够更有效地实现企业价值增值目标；③评价指标数量相对较少，易于理解和使用，实施成本相对较低，有利于推广实施。关键绩效指标法的主要缺点是：关键绩效指标的选取需要透彻理解企业价值创造的模式和战略目标，有效识别核心业务流程和关键价值驱动因素，指标体系设计不当将导致错误的价值导向或管理缺失。

（2）平衡计分卡　由卡普兰和诺顿提出的平衡计分卡包括四个维度，即财务、顾客、内部业务、创新和学习。财务方面用来反映企业组织如何满足股东的需要；顾客方面用来反映企业组织如何满足顾客的需要；内部业务方面用来反映企业组织是否较好地完成其核心工作；创新和学习方面用来反映企业改进与创新的能力。四个维度之间密切相关，形成了一个较为完整的业绩评价体系。

平衡计分卡成功地弥补了传统业绩评价只看重财务指标和短期目标的缺陷，将长期因素与短期因素、财务因素与非财务因素、外部因素与内部因素等多方面有机地结合起来，对企业业绩评价的创新起到了非常积极的促进作用。但是，平衡计分卡也并非完美无缺。首先，平衡计分卡仅仅考虑到股东、员工和顾客的利益，没有考虑债权人、政府、社会公众等其他重要利益相关者的利益；其次，平衡计分卡所提出的一些非财务层面指标面临着难以量化的问题；最后，平衡计分卡没有考虑时间因素，各维度的指标都是在静态的时间截面上选取的，无法厘清何种因素从动态上对财务结果发生影响。

（3）绩效棱柱模型　绩效棱柱模型是英国克兰费尔德大学（Cranfield University）管理学院的安迪·尼利等教授和安德森咨询公司（Andersen Consulting）的合作研究成果。他们经过长期的研究，针对传统的业绩评价体系都过分强调股东利益的缺点，以及平衡计分卡只考虑股东、员工与顾客三大利益相关者的不足，提出了绩效棱柱模型。绩效棱柱模型的基本寓意为日光经过三棱镜的折射显示出七彩颜色，而企业经营环境经过绩效三棱镜的"折射"则反映出各类利益相关者的要求，企业可以据此开展管理并对结果进行评价。

绩效棱柱模型的主要优点是：坚持主要利益相关者价值取向，使主要利益相关者与企业紧密联系，有利于实现企业与主要利益相关者的共赢，为企业可持续发展创造良好的内外部环境。绩效棱柱模型的主要缺点是：涉及多个主要利益相关者，对每个主要利益相关者都要从五个构面建立指标体系，指标选取复杂，部分指标较难量化，对企业信息系统和管理水平有较高要求，实施难度大、门槛高。

（4）其他基于利益相关者理论的业绩评价体系　除了绩效棱柱模型以外，国外学者还提出许多基于利益相关者理论的业绩评价体系。美国学者索南菲尔德从外部利益相关者的利益出发，从社会责任和社会敏感性两个方面设计问卷，提出了企业绩效的外部利益相关者评价模式，问卷要求利益相关者对企业的社会责任和社会敏感性进行综合评价。克拉克森从企业、雇员、股东、消费者、供应商、公众利益相关者等方面，借鉴瓦提克和柯克兰描述企业社会绩效的四个术语建立了评价企业社会绩效的 RDAP 模式，这四个术语是："对抗型"（Reactive）、"防御型"（Defensive）、"适应型"（Accommodative）和"预见型"（Proactive）。达文波特以伍德的公司社会绩效模型和弗里曼的利益相关者框架为基础，从企业伦理行为、利益相关者责任、环境责任三个方面，按照"企业公民身份"的要求，对企业绩效进行了评价。西尔吉提出了"利益相关者关系质量"的概念，将利益相关者分为内部利益相关者（Internal Stakeholders）、外部利益相关者（External Stakeholders）和末端利益相关者（Distal Stakeholders），建立了基于上述三种利益相关者关系质量的业绩评价体系。

综上所述，可以将业绩评价的研究成果进行归纳，业绩评价体系的分类见表 11-1。

表 11-1 业绩评价体系的分类

业绩评价的模式		主要内容或主要指标
财务模式	成本模式	总成本、单位成本、标准成本、成本差异
	以利润为基础	收入、成本、利润、净利润
	以 EVA 为基础	EVA、MVA[①]
平衡模式	关键绩效指标	驱动企业价值创造的关键指标
	平衡计分卡	财务、顾客、内部业务流程、创新和学习
	绩效棱柱模型	利益相关者满意、利益相关者贡献、战略、流程、能力
	外部利益相关者评价模式	社会责任、社会敏感性
	RDAP 模式	企业、雇员、股东、消费者、供应商、公众利益相关者
	企业公民身份模式	企业伦理行为、利益相关者责任、环境责任
	利益相关者关系质量模式	内部利益相关者、外部利益相关者、末端利益相关者

① 市场增加值（market value added），市场增加值是一家上市公司的股票市场价值与这家公司的股票与债务调整后的账面价值之间的差额。在理论上，MVA 等于未来 EVA 的折现值，也就是说 MVA 是市场对公司获取未来 EVA 能力的预期反映。

11.3 经济增加值法

11.3.1 经济增加值法的含义与应用环境

1. 经济增加值法的含义

经济增加值法，是指以经济增加值为核心，建立绩效指标体系，引导企业注重价值创造，并据此进行绩效管理的方法。经济增加值，是指税后净营业利润扣除全部投入资本的成本后的剩余收益。经济增加值及其改善值是全面评价经营者有效使用资本和为企业创造价值的重要指标。经济增加值为正，表明经营者在为企业创造价值；经济增加值为负，表明经营者在损毁企业价值。

经济增加值法较少单独应用，一般与关键绩效指标法、平衡计分卡等其他方法结合使用。企业应用经济增加值法进行绩效管理的对象，可为企业及其所属单位（部门）（可单独计算经济增加值）和高级管理人员。

经济增加值法指标体系通常包括经济增加值、经济增加值改善值、经济增加值回报率、资本周转率、产量、销量、单位生产成本等。应用经济增加值法建立的绩效评价体系，应赋予经济增加值指标较高的权重。

2. 经济增加值法的应用环境

在应用经济增加值法之前，企业应营造良好的应用环境：

1) 企业应用经济增加值法，应树立价值管理理念，明确以价值创造为中心的战略目标，建立以经济增加值为核心的价值管理体系，使价值管理成为企业的核心管理制度。

2）企业应综合考虑宏观环境、行业特点和企业的实际情况，通过价值创造模式的识别，确定关键价值驱动因素，构建以经济增加值为核心的指标体系。

3）企业应建立清晰的资本资产管理责任体系，确定不同被评价对象的资本资产管理责任。

4）企业应建立健全会计核算体系，确保会计数据真实可靠、内容完整，并及时获取与经济增加值计算相关的会计数据。

5）企业应加强融资管理，关注筹资来源与渠道，及时获取债务资本成本、股权资本成本等相关信息，合理确定资本成本。

6）企业应加强投资管理，把能否增加价值作为新增投资项目决策的主要评判标准，以保持持续的价值创造能力。

11.3.2 经济增加值法的应用程序

企业应用经济增加值法，一般按照制订以经济增加值指标为核心的绩效计划、制订激励计划、执行绩效计划与激励计划、实施绩效评价与激励、编制绩效评价与激励管理报告等程序进行。

绩效计划是企业开展业绩评价工作的行动方案，包括构建指标体系、分配指标权重、确定业绩绩效目标值、选择计分方法和评价周期、拟定业绩绩效责任书等。构建经济增加值指标体系，一般按照以下程序进行：

（1）制定企业级经济增加值指标体系　首先应结合行业竞争优势、组织结构、业务特点、会计政策等情况，确定企业级经济增加值指标的计算公式、调整项目、资本成本等，并围绕经济增加值的关键驱动因素，制定企业的经济增加值指标体系。

（2）制定所属单位（部门）级经济增加值指标体系　根据企业级经济增加值指标体系，结合所属单位（部门）所处行业、业务特点、资产规模等因素，在充分沟通的基础上，设定所属单位（部门）级经济增加值指标的计算公式、调整项目、资本成本等，并围绕所属单位（部门）经济增加值的关键驱动因素，细化制定所属单位（部门）的经济增加值指标体系。

（3）制定高级管理人员的经济增加值指标体系　根据企业级、所属单位（部门）级经济增加值指标体系，结合高级管理人员的岗位职责，制定高级管理人员的经济增加值指标体系。

11.3.3 经济增加值及其相关指标的计算

1. 经济增加值的计算

经济增加值，是指税后净营业利润扣除全部投入资本的成本后的剩余收益，其计算

公式为

$$\text{经济增加值} = \text{税后净营业利润} - \text{平均资本占用} \times \text{加权平均资本成本}$$

式中：税后净营业利润衡量的是企业的经营盈利情况，它等于会计上的税后净利润加上利息支出等会计调整项目后得到的税后利润。

平均资本占用反映的是企业持续投入的各种债务资本和股权资本，它是所有投资者投入企业经营的全部资本，包括债务资本和股权资本。其中债务资本包括融资活动产生的各类有息负债，不包括经营活动产生的无息流动负债。股权资本中包含少数股东权益。资本占用除根据经济业务实质相应调整资产减值损失、递延所得税等，还可根据管理需要调整研发支出、在建工程等项目，引导企业注重长期价值创造。

加权平均资本成本反映的是企业各种资本的平均成本率，它是债务资本成本和股权资本成本的加权平均，反映了投资者所要求的必要报酬率。加权平均资本成本的计算公式为

$$K_{WACC} = K_D \frac{DC}{TC}(1-T) + K_S \frac{EC}{TC}$$

式中，TC 代表资本占用；EC 代表股权资本；DC 代表债务资本；T 代表所得税税率；K_{WACC} 代表加权平均资本成本；K_D 代表债务资本成本；K_S 代表股权资本成本。

债务资本成本是企业实际支付给债权人的税前利率，反映的是企业在资本市场中债务融资的成本率。如果企业存在不同利率的融资来源，债务资本成本应使用加权平均值。

股权资本成本是在不同风险下，所有者对投资者要求的最低回报率。通常根据资本资产定价模型确定，计算公式为

$$K_S = R_f + \beta(R_m - R_f)$$

式中：R_f 为无风险收益率；R_m 为市场预期回报率；$R_m - R_f$ 为市场风险溢价；β 为企业股票相对于整个市场的风险指数。

上市企业的 β 值，可采用回归分析法或单独使用最小二乘法等方法测算确定，也可以直接采用证券机构等提供或发布的 β 值；非上市企业的 β 值，可采用类比法，参考同类上市企业的 β 值确定。

企业级加权平均资本成本确定后，应结合行业情况、不同所属单位（部门）的特点，通过计算（能单独计算的）或指定（不能单独计算的）的方式确定所属单位（部门）的资本成本。

通常情况下，企业对所属单位（部门）所投入资本即股权资本的成本率是相同的，为简化资本成本的计算，所属单位（部门）的加权平均资本成本一般与企业保持一致。

2. 经济增加值计算时的会计调整项目

计算经济增加值时，需要进行相应的会计项目调整，以消除财务报表中不能准确反映企业价值创造的部分。会计调整项目的选择应遵循价值导向性、重要性、可控性、可操作性与行业可比性等原则，根据企业实际情况确定。常用的调整项目有：

1) 研究开发费、大型广告费等一次性支出但收益期较长的费用，应予以资本化处理，

不计入当期费用。

2）反映付息债务成本的利息支出，不作为期间费用扣除，计算税后净营业利润时扣除所得税影响后予以加回。

3）营业外收入、营业外支出具有偶发性，将当期发生的营业外收支从税后净营业利润中扣除。

4）将当期减值损失扣除所得税影响后予以加回，并在计算资本占用时相应调整资产减值准备发生额。

5）递延税金不反映实际支付的税款情况，将递延所得税资产及递延所得税负债变动影响的企业所得税从税后净营业利润中扣除，相应调整资本占用。

6）其他非经常性损益调整项目，如股权转让收益等。

3. 经济增加值目标值的计算

经济增加值目标值根据经济增加值基准值（EVA 基准值）和期望的经济增加值改善值（期望的 ΔEVA）确定。

$$EVA\ 目标值 = EVA\ 基准值 + 期望的\ \Delta EVA$$

企业在确定 EVA 基准值和期望的 ΔEVA 值时，要充分考虑企业规模、发展阶段、行业特点等因素。其中，EVA 基准值可参照上年实际完成值、上年实际完成值与目标值的平均值、近几年（比如前三年）实际完成值的平均值等确定。期望的 ΔEVA 值，根据企业战略目标、年度生产经营计划、年度预算安排、投资者期望等因素，结合价值创造能力改善等要求综合确定。

11.3.4 经济增加值法的激励计划

经济增加值法的激励计划按激励形式可分为薪酬激励计划、能力开发激励计划、职业发展激励计划和其他激励计划。应用经济增加值法建立的激励体系，应以经济增加值的改善值为基础。

1）薪酬激励计划主要包括目标奖金、奖金库和基于经济增加值的股票期权。

①目标奖金。目标奖金是达到经济增加值目标值所获得的奖金，只对经济增加值增量部分实施奖励。

②奖金库。奖金库是基于对企业经济增加值长期增长目标实施的奖励。企业设立专门的账号管理奖金，将以经济增加值为基准计算的奖金额存入专门账户中，以递延收益的形式发放。

③股票期权。根据经济增加值确定股票期权的行权价格和数量，行权价格每年以相当于企业资本成本的比例上升，授予数量由当年所获得的奖金确定。

2）能力开发激励计划主要包括对员工知识、技能等方面的提升计划。

3）职业发展激励计划主要是对员工职业发展做出的规划。

4）其他激励计划包括良好的工作环境、晋升与降职、表扬与批评等。

11.4 关键绩效指标法

11.4.1 关键绩效指标法的定义

关键绩效指标法，是指为确保公司战略目标实现，在目标管理这一基础上，通过对企业成功的关键因素的提取，再层层分解和量化，建立由企业级、部门级和岗位级组成的关键绩效指标体系，以获得个体对工作贡献度的评价依据的一种常用考核方法。其理论基础是帕累托原则，即八成的工作内容都是由两成的核心工作来决定的，所以，在对企业发展规划进行细分的决策工作中，必须着重两成的核心活动领域，分析和衡量，再从中分解出关键绩效指标。关键绩效指标法的核心是把企业的绩效指标与战略目标有机结合，且在绩效评估过程中，仅仅评估同企业发展规划联系最紧密的绩效参数。关键绩效指标所衡量的内容取决于企业的战略规划，是企业战略计划对不同部门和各个岗位的工作绩效要求的具体体现。其指标构成包括财务绩效目标和非财务绩效目标，不仅看重企业在短时间内的经济效益，还看重工作人员在长时间内的发展。

11.4.2 关键绩效指标法的特点

作为出现较早，使用较多的一种绩效考核方法，关键绩效指标法各项内容和流程发展较为成熟，与其他绩效考核方法相比有其独有的特点。

（1）系统性　关键绩效指标法是通过将企业战略目标与绩效考核指标相衔接，通过对企业整体战略的分解，将每位普通员工的工作实效与所属部门和企业的宏观战略目标相联系，使关键绩效指标体系能够联系企业发展实际适应企业的整体发展。需要注意的是，关键绩效指标只是针对关键工作的评估和管理，并非包含所有职位工作职责内容。在具体实践中，企业管理层的工作任务与普通员工相比更为复杂，在选择关键绩效指标时，按所列出指标对企业战略目标的影响程度排序，只选取那些对企业整体战略目标的实现影响最大的维度。

（2）绩效可控性　企业经营的好坏不仅取决于外部行业竞争环境，也取决于企业内部管理活动成效，可以说企业的经营成果是由内部因素和外部因素两者综合作用所决定的。内部因素是可控制因素，所以更为关键。企业在选取关键绩效指标时，应尽量剔除来自外部环境的影响，重点反映员工对工作职责范围的直接可控领域。以市场部门为例，销售量与行业市场份额这两个标准都是衡量市场部运营的要素，市场总规模则是难以控制的变量，而销售量等于市场总规模与该企业产品市场所占据的份额的乘积。从这个角度出发，相对来看，产品市场占有量这一指标更直观和直接地反映了企业市场部门的工作表现，是工作表现的关键组成部分，因此，这一参数可以作为企业市场部门的关键绩效参数。

（3）认可度高　关键绩效指标的选择与确定既不是由管理层按照管理需要强制进行的，也不是由各个部门或个人自行制定的，它是由组织上下级共同协商完成的。在制定各部门和各岗位的关键绩效指标时，要召集相应部门全体员工开会研究探讨，让大家明确考核目标，从自身工作职责出发，剔除考核难度大、成本高、可操作性差等不良指标，通过面对面沟通的方式达成共识，充分体现了管理人员和一般员工双方的意愿。可以说，关键绩效指标是组织上级和员工对于企业工作绩效要求所达成一致的认识，这就能最大限度上减轻绩效评估和管理在具体实践中由工作人员带来的人为妨碍，为后期绩效考核的顺利实施带来了便利，保证考核结果得到组织上下的一致认可。

11.4.3　关键绩效指标制定的原则

企业在确定关键绩效指标的过程中，需要按照 SMART 准则进行，SMART 是五个英文单词的首字母。

（1）S 代表具体（Specific）　S 具体指的是绩效指标不能模棱两可，要有确定、具体的工作指标，让大家能够准确理解。

（2）M 代表可度量（Measurable）　M 具体指的是评估和管理的绩效指标是可以量化的，同时，可以从一些验证方法中获得的数据来证明该绩效指标是切实可行的。

（3）A 代表可达成（Attainable）　指标选取要考虑其操作性，要尽量避免选取考核成本高、考核难度大或者过于简单的指标。

（4）R 代表有相关性（Relevant）　绩效指标必须是层层相关的，且最终都要与企业战略目标密切联系，否则就不是关键指标。

（5）T 代表有时限（Time-bound）　T 具体指的是绩效目标需要在一定时间内完成，关注完成绩效目标的时间要求。

11.4.4　关键绩效指标的分类和建立程序

1. 关键绩效指标的分类

企业的关键绩效指标一般可分为结果类和动因类两类。结果类指标是反映企业绩效的价值指标，主要包括投资回报率、净资产收益率、经济增加值、息税前利润、自由现金流等综合指标；动因类指标是反映企业价值关键驱动因素的指标，主要包括资本性支出、单位生产成本、产量、销量、客户满意度、员工满意度等。关键绩效指标应含义明确、可度量、与战略目标高度相关。指标的数量不宜过多，每一层级的关键绩效指标一般不超过 10 个。

2. 关键绩效指标权重的确立原则

关键绩效指标的权重分配应以企业战略目标为导向，要能反映被评价对象对企业价值贡献的程度，以及各指标之间的重要性水平。单项关键绩效指标权重一般设定在5%～30%之间，对特别重要的指标可适当提高权重。对特别关键、影响企业整体价值的指标可设立"一票否决"制度，即如果某项关键绩效指标未完成，无论其他指标是否完成，均视为未完成绩效目标。

3. 关键绩效指标目标值的确定依据

企业确定关键绩效指标的目标值，一般参考以下标准：

1）依据国家有关部门或权威机构发布的行业标准或参考竞争对手标准。

2）参照企业内部标准，包括企业战略目标、年度生产经营计划目标、年度预算目标、历年指标水平等。

3）不能按前两项方法确定的，可根据企业历史经验值确定。

关键绩效指标的目标值确定后，应规定因内外部环境发生重大变化、自然灾害等不可抗力因素对绩效完成结果产生重大影响时，对目标值进行调整的办法和程序。一般情况下，由被评价对象或评价主体测算确定影响额度，向相应的绩效管理工作机构提出调整申请，报薪酬与考核委员会或类似机构审批。

4. 构建关键绩效指标体系的程序

建立关键绩效指标体系一般应采取以下程序：

1）制定企业级关键绩效指标。企业应根据战略目标，结合价值创造模式，综合考虑内外部环境等因素，设定企业级关键绩效指标。

2）制定所属单位（部门）级关键绩效指标。根据企业级关键绩效指标，结合所属单位（部门）关键业务流程，按照上下结合、分级编制、逐级分解的程序，在沟通反馈的基础上，设定所属单位（部门）级关键绩效指标。

3）制定岗位（员工）级关键绩效指标。根据所属单位（部门）级关键绩效指标，结合员工岗位职责和关键工作价值贡献，设定岗位（员工）级关键绩效指标。

11.4.5 关键绩效指标体系的建立方法

建立关键绩效指标的方法多种多样，具体有外部导向法、关键成功因素法和策略目标分解法等。外部导向法也称标杆基准法，是以行业中的龙头企业为标杆，通过不断向其靠拢，从而提高企业的业绩；关键成功因素法，就是在企业多年的经营基础上，进行重点领域的分析；策略目标分解法，则是对企业进行全面和深入的分析，进一步建立综合性的考核指标。其中，以关键成功因素分析法最为常见。

关键成功因素分析法是以企业的宏观战略和长远发展目标为基础，通过提炼企业成功的关键要素并实施有效监督，经过逐级分解，并合理量化，建立企业关键绩效指标评价体系的方法。它的首要任务是归纳企业成功的关键维度。通过关键成功因素分析法建立关键绩效指标体系有如下几个步骤：

（1）确定公司宏观战略目标　它包括在具体行业领域中的地位、实力、市场占有量等。确定的长期发展规划是企业关键绩效指标机制的有效前提。

（2）确定关键绩效领域　关键绩效领域是指对实施企业战略规划有极大影响的变量，是关键绩效指标选择的重要来源，往往会因行业的不同而有差异。

（3）利用鱼骨图分析法确定企业的成功要素　明确各个要素所需的条件，再全面分解和细化各项指标，确定关键绩效指标要素并简要描述，明确要素的考评方向，最终确定关键绩效指标。初期确定的关键绩效指标往往比较多，按照有效性、可操作、易量化等原则进行分析和筛选，确定最终的关键绩效指标体系。

【例 11 – 1】　常州公交建立 KPI 体系的实践。

常州公交全面导入卓越绩效管理模式，通过开展对标管理等方式来建立 KPI 体系。根据常州公交的使命、愿景、核心价值观、战略和战略目标，企业把创造社会效益放在首要位置。在尽可能做到科学、规范、精细、系统化和被考责任人可控原则下，全面设计了关键绩效指标测量体系，明确了指标统计的管理部门和被考核部门，以及测量评价的频次。具体做法见表 11 – 2：

表 11 – 2　关键绩效指标测量体系

指标分类	序号	指标名称	单位	评价周期	评价（测量部门）	相关方
顾客与市场	1	乘客满意度	%	年	营运发展部	乘客 社会
	2	乘客投诉率	次/百万人次	月		
	3	客运总量	万人次	月		
	4	运营线路条数	条	月		
财务	5	客运总收入	万元	月	财务部	股东
	6	利润	万元	月		
	7	千车公里运营成本	元/千车公里	月		
资源	8	运营车辆数	辆	月	机务技术部	供应商
	9	员工满意度	%	年	工会	员工
	10	人均收入增长率	%	年	人力资源部	
	11	员工流失率	%	年		
	12	人均培训时长	学时/年	年		
	13	科技研发投入	万元	年	财务部	股东

(续)

指标分类	序号	指标名称	单位	评价周期	评价（测量部门）	相关方
过程	14	运量里程差率	%	月	营运发展部	社会
	15	总行驶里程	万公里	月	营运发展部	社会
	16	完好车率	%	月	机务技术部	供应商
	17	行车事故责任率	次/百万公里	月	安全保卫部	社会
	18	正点率	%	月	营运发展部	乘客
	19	行车违章率	次/万公里	月	营运发展部	社会
领导与社会责任	20	站点覆盖率	%	年	机务技术部	乘客
	21	新能源车占比	%	年	机务技术部	供应商
	22	重大伤亡事故	次	月	安全保卫部	社会
	23	车辆车厢整洁合格率	%	月	监察审计部	乘客
	24	公益活动时长	小时	年	团委	社会

（1）导入卓越绩效管理模式　常州公交在常州市公共服务类行业中率先导入卓越绩效管理模式，结合《卓越绩效评价准则》和《卓越绩效评价准则实施指南》，对企业相关管理过程进行了全面梳理与总结，通过内部头脑风暴与请教外部专家，建立了顾客和市场指标、财务指标、资源指标、过程指标和社会责任指标。

（2）导入对标管理模式　常州公交积极开展企业对标管理，按照"建标、立标、对标、达标、创标"的对标管理思路，采用"走出去、引进来"的方式，外出学习考察了北京、天津、济南、郑州、哈尔滨等城市的公交企业，对标杆企业绩效数据进行收集、整理、分析，了解标杆企业在企业管理、运营服务、车辆管理、安全保障、信息化建设等方面的情况，学习对方先进的管理方法，通过标杆对比，梳理了如何建立符合企业自身实际的 KPI 体系。

（3）KPI 体系的监测　常州公交人力资源部负责对 KPI 进行监测，实施过程中请各职能部门和业务板块参与，共同评价企业管理情况和实施效果。监测的主要内容有：

1）KPI 整体监测。通过对 24 个 KPI 完成情况的监测，了解企业整体运营水平。每年年初在企业经营规划的基础上制定本年度的 KPI 绩效指标值，并将指标目标层层分解为企业、部门和岗位的绩效指标。

2）各职能部门监测。采取组织检查、部门抽查等不同方式，利用 ERP、OA 等信息系统工具对关键绩效指标进行动态监测，获得关键成功因素信息并进行分析，形成总结和分析报告。

3）业务条线监测。主要是通过对企业关键成功因素信息、关键绩效指标数据进行收集和动态对标，并对实施情况进行系统性分析，结合企业内外部环境变化，提出调整企业关键绩效指标方案或调整企业战略规划、年度方针目标和长短期计划方案，提交企业领导层决策。

4) 企业领导层监测。对各职能部门提出的调整方案，结合运营情况进行分析研究，确定企业关键绩效指标和战略规划、年度方针目标和长短期计划是否调整和如何调整。

5) 绩效预测。对关键绩效指标按照收集数据、选择方法、目标对比、定期分析、预测结果等步骤，分析对比竞争对手、标杆的数据，不断提高公司管理目标实施的效果，提高企业竞争能力。

(4) KPI 的改进

1) 乘客满意度。乘客满意度是常州公交顾客与市场 KPI 大类中最能体现企业服务质量的指标。企业立足于乘客出行习惯变动、季节变化、市政发展等情况，积极主动持续优化、调整线网，做到便捷出行，让乘客满意。根据细分市场需求，开通大站快线、定制公交、毗邻公交、微循环线路等，满足乘客的多元出行需求。近年来，企业先后创新引入市民乘车、候车舒适度、驾驶员服务态度等新评价指标，对乘客满意度评价体系进行完善，取得了乘客的好评，乘客满意度持续提升。

2) 员工满意度。员工满意度是直接体现常州公交全体员工对工作各方面满足与否的态度和情绪反映的 KPI 指标。企业从 2008 年开始，通过员工满意度调查来评价员工对企业的满意程度。主要从个人收入、个人权益、个人发展、企业氛围、企业管理、企业管理人员、企业发展共七个方面的关键因素进行评价；同时，通过系统分析，对员工满意度进行量化评分，发现需改进项。同时每年对企业所有领导干部开展民主测评，了解职工满意程度。近年来，企业对诸如工作餐、活动开展等评价指标和方式进行了改进。影响员工满意度和积极性的因素和企业在员工满意度评价方面的改进措施分别见表 11-3 和表 11-4。

表 11-3　影响员工满意度和积极性的因素

序号	关键指标	主要因素	影响主要对象
1	个人收入	工资收入、各类福利、激励机制等	基层员工
2	个人权益	个人社保、企业执行劳动法规、工作餐质量等	
3	个人发展	企业选人用人机制、职业生涯发展、培训制度、活动竞赛等	全体员工
4	企业氛围	企业氛围、沟通交流、团队协作等	管理人员
5	企业管理	企业章程制度、制度合理性、人性化管理等	
6	企业管理人员	管理人员廉洁自律、执行力、为职工服务意识、专业水平等	基层员工
7	企业发展	企业社会形象、企业精神认同、文化建设、企业归属感等	全体员工

表 11 –4　企业在员工满意度评价方面的改进措施

序号	需改进项目	改进措施
1	工作餐	与合作商及时沟通，完善工作餐管理制度，提高饭菜质量，按照规定时间为一线员工配送
2	活动开展	创新活动方式，倾向一线基层，扩大参与面
3	人才培养	完善人才培养机制，提供多层次、多类别成长平台，制定科学的职业生涯发展规划

思考题：

（1）常州公交 KPI 体系成功实践的配套措施有哪些？

（2）常州公交 KPI 体系的成功实践对其他城市公交有什么启示？

11.5　平衡计分卡

11.5.1　平衡计分卡的定义与应用环境

1. 平衡计分卡的定义

平衡计分卡是指基于企业战略，从财务、客户、内部业务流程、学习与成长四个维度，将战略目标逐层分解转化为具体的、相互平衡的绩效指标体系，并据此进行绩效管理的方法。平衡计分卡通常与战略地图等其他工具结合使用，适用于战略目标明确、管理制度比较完善、管理水平相对较高的企业，其应用对象可以是企业、所属单位（部门）和员工。

2. 平衡计分卡的应用环境

1）企业应用平衡计分卡工具方法，应有明确的愿景和战略。平衡计分卡应以战略目标为核心，全面描述、衡量和管理战略目标，将战略目标转化为可操作的行动。

2）平衡计分卡可能涉及组织和流程变革，具有创新精神、变革精神的企业文化有助于成功实施平衡计分卡。

3）企业应对组织结构和职能进行梳理，消除不同组织职能间的壁垒，实现良好的组织协同，既包括企业内部各级单位（部门）之间的横向与纵向协同，也包括与投资者、客户、供应商等外部利益相关者之间的协同。

4）企业应注重员工学习与成长能力的提升，以更好地实现平衡计分卡的财务、客户、内部业务流程目标，使战略目标贯彻到每一名员工的日常工作中。

5）平衡计分卡的实施是一项复杂的系统工程。企业一般需要建立由战略管理、人力资源管理、财务管理和外部专家等组成的团队，为平衡计分卡的实施提供机制保障。

6）企业应建立高效集成的信息系统，实现绩效管理与预算管理、财务管理、生产经营等系统的紧密结合，为平衡计分卡的实施提供信息支持。

11.5.2 平衡计分卡的应用程序

企业应用平衡计分卡工具，一般按照制定战略地图、制订以平衡计分卡为核心的绩效计划、制订激励计划、制定战略性行动方案、执行绩效计划与激励计划、实施绩效评价与激励、编制绩效评价与激励管理报告等程序进行。以下选取一些重点程序进行介绍。

1. 制定战略地图

企业首先应制定战略地图，即基于企业愿景与战略，将战略目标及其因果关系、价值创造路径以图示的形式直观、明确、清晰地呈现出来。战略地图基于战略主题构建，战略主题反映企业价值创造的关键业务流程，每个战略主题包括相互关联的 1～2 个目标。企业可应用平衡计分卡的四维度划分绘制战略地图，以图形方式展示企业的战略目标及实现战略目标的关键路径。具体绘制程序如下：

1）确立战略地图的总体主题。总体主题是对企业整体战略目标的描述，应清晰表达企业愿景和战略目标，并与财务维度的战略主题和关键绩效指标（KPI）对接。

2）根据企业的需要，确定四维度的名称。把确定的四维度战略主题对应画入各自战略地图内，每一主题可以通过若干 KPI 进行描述。

3）将各个战略主题和 KPI 用路径线链接，形成战略主题和 KPI 相连的战略地图。在绘制过程中，企业应将战略总目标（财务维度）、客户价值定位（客户维度）、内部业务流程主题（内部流程维度）和学习与成长维度与战略 KPI 链接，形成战略地图。

企业所属的各责任中心的战略主题、KPI 相应的战略举措、资源配置等信息一般无法全部绘制到一张图上，一般采用绘制对应关系表或另外绘制下一层级责任中心的战略地图等方式来展现其战略因果关系。

2. 制订以平衡计分卡为核心的绩效计划

战略地图制定完成后，应以平衡计分卡为核心制订绩效计划。绩效计划是企业开展绩效评价工作的行动方案，包括构建指标体系、分配指标权重、确定绩效目标值、选择计分方法和评价周期、签订绩效责任书等一系列管理活动。制订绩效计划通常从企业级开始，层层分解到所属单位（部门），最终落实到具体岗位和员工。

（1）指标体系的构建　平衡计分卡指标体系的构建应围绕战略地图，针对财务、客户、内部业务流程和学习与成长四个维度的战略目标，确定相应的评价指标。构建平衡计分卡指标体系的一般程序如下：

1）制定企业级指标体系。根据企业层面的战略地图，为每个战略主题的目标设定指标，每个目标至少应有 1 个指标。

2）制定所属单位（部门）级指标体系。依据企业级战略地图和指标体系，制定所属单位（部门）的战略地图，确定相应的指标体系，协同各所属单位（部门）的行动与战略目标保持一致。

3）制定岗位（员工）级指标体系。根据企业、所属单位（部门）级指标体系，按照岗位职责逐级形成岗位（员工）级指标体系。

平衡计分卡指标体系构建时，应注重短期目标与长期目标的平衡、财务指标与非财务指标的平衡、结果性指标与动因性指标的平衡、企业内部利益与外部利益的平衡。平衡计分卡每个维度的指标通常为4~7个，指标总数量一般不超过25个。

构建平衡计分卡指标体系时，企业应以财务维度为核心，其他维度的指标都与核心维度的一个或多个指标相联系。通过梳理核心维度目标的实现过程，确定每个维度的关键驱动因素，结合战略主题，选取关键绩效指标。

财务维度以财务术语描述了战略目标的有形成果。企业常用的财务维度指标有投资资本回报率、净资产收益率、经济增加值、息税前利润、自由现金流、资产负债率、总资产周转率等。

客户维度界定了目标客户的价值主张。企业常用的客户维度指标有市场份额、客户满意度、客户获得率、客户保持率、客户获利率、战略客户数量等。

内部业务流程维度确定了对战略目标产生影响的关键流程。企业常用的内部流程维度指标有交货及时率、生产负荷率、产品合格率、存货周转率、单位生产成本等。

学习与成长维度确定了对战略最重要的无形资产。企业常用的学习与成长维度指标有员工保持率、员工生产率、培训计划完成率、员工满意度等。

企业可根据实际情况建立通用类指标库，不同层级单位和部门结合不同的战略定位、业务特点选择适合的指标体系。

（2）指标权重的分配　平衡计分卡指标的权重分配应以战略目标为导向，反映被评价对象对企业战略目标贡献或支持的程度，以及各指标之间的重要性水平。

企业绩效指标权重一般设定在5%~30%，对特别重要的指标可适当提高权重。对特别关键、影响企业整体价值的指标可设立"一票否决"制度，即如果某项绩效指标未完成，无论其他指标是否完成，均视为未完成绩效目标。

（3）绩效目标值的确定　平衡计分卡绩效目标值应根据战略地图的因果关系分别设置。首先确定战略主题的目标值，其次确定主题内的目标值，然后基于平衡计分卡评价指标与战略目标的对应关系，为每个评价指标设定目标值，通常设计3~5年的目标值。

平衡计分卡绩效目标值确定后，应规定因内外部环境发生重大变化、自然灾害等不可抗力因素对绩效完成结果产生重大影响时，对目标值进行调整的办法和程序。一般情况下，由被评价对象或评价主体测算确定影响程度，向相应的绩效管理工作机构提出调整申请，报薪酬与考核委员会或类似机构审批。

3. 制定战略性行动方案

在绩效计划与激励计划的执行过程中，企业应按照纵向一致、横向协调的原则，持续推进组织协同,将协同作为一个重要的流程进行管理,使企业和员工的目标、职责与行动保持一致,创造协同效应。企业应持续深入地开展流程管理,及时识别存在问题的关键流程,根据需要对流程进行优化完善,必要时进行流程再造,将流程改进计划与战略目标相协同。

绩效计划与激励计划制订后,企业应在战略主题的基础上,制定战略性行动方案,实现短期行动计划与长期战略目标的协同。战略性行动方案的制定主要包括以下内容:

1) 选择战略性行动方案。制定每个战略主题的多个行动方案,并从中区分、排序和选择最优的战略性行动方案。

2) 提供战略性资金。建立战略性支出的预算,为战略性行动方案提供资金支持。

3) 建立责任制。明确战略性行动方案的执行责任方,定期回顾战略性行动方案的执行进程和效果。

【例 11-2】 平衡计分卡在青山公司的应用。

为了贯彻集团公司战略,青山公司运用平衡计分卡原理来确定公司战略、规划,取得了较好的管理效果。具体做法如下:

青山公司从公司、部门、班组和岗位四个层级,按战略制定、战略地图、计分卡、KPI、行动计划五个业务线编制平衡计分卡。

(1) 战略地图 战略地图是平衡计分卡的起点,它从财务、客户、内部流程、学习与成长四个维度将战略目标在一张纸上呈现出来,反映了战略目标之间自下而上的逻辑关系,清晰展示出公司或部门未来几年"做什么""怎么做""做到什么程度"的内容。

以公司层面战略地图编制方法为典型进行描述。输入战略愿景、企业使命及最新战略规划,分别编制财务、客户、内部流程、学习与成长四个维度的战略目标,汇总形成公司战略地图,体现系统性、逻辑性及公司特色。

1) 财务维度战略目标最直观的理解就是企业"做什么赚钱""怎么赚钱""赚多少钱",企业所有的改善最终都将通过财务目标体现。就青山公司而言,就是要通过"规模效益、结构效益、管理效益"同步发力,确保企业的持续健康发展。

2) 客户维度战略目标最直观的理解就是为支撑上述财务维度战略目标,应有什么样的市场表现及结果,应提供什么样的产品与服务,思考在研发质量、制造质量、技术服务、市场响应及客户盈利能力管理等方面"做什么""怎么做""做到什么程度"。

3) 内部流程维度战略目标最直观的理解就是要支撑上述财务维度及客户维度战略目标,必须"做哪些事,怎么做这些事,形成什么样的能力"。重点关注企业面临的发展瓶颈问题,主要从市场掌控、新品研发、质量保证、成本控制、管理创新五大核心能力方面制定内部流程维度战略目标。

4) 对学习与成长维度战略目标最直观的理解就是上述三个维度战略目标必须依靠"人"来实现,重点关注组织绩效提升、团队能力建设、人才队伍建设及领先文化建设等,描述了企业"文化、组织、团队、人才"等无形资产在战略中的作用。

汇总以上各个维度的战略目标,明确战略目标之间的因果关系,青山公司形成了完整的公司级战略地图,如图 11-3 所示。

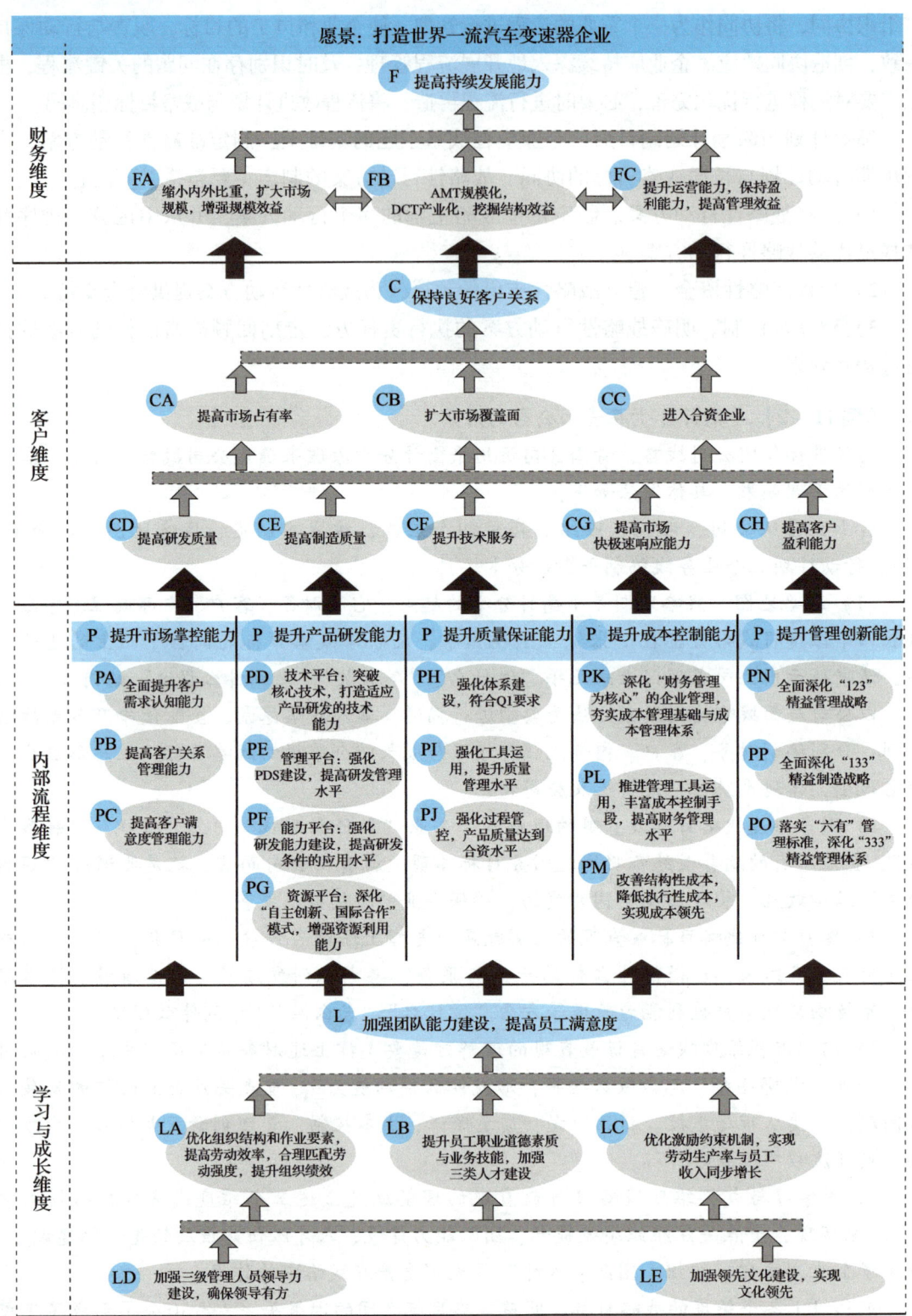

图 11-3　青山公司公司级战略地图

(2) 平衡计分卡　青山公司平衡计分卡的实施步骤如下：

1) 定义战略目标。每一个战略目标确定后，需对战略目标进行精简定义，使战略目标涵盖的内容和意义更加具体明确，为衡量指标和行动方案的制定提供指引。战略目标定义主要包含的内容有：对目标的概要解释（是什么）；实现目标途径的简要解释（怎么做）；目标实现程度的说明（做到什么程度）；本目标支撑哪一层面的哪些战略目标。

2) 确定衡量指标。衡量指标主要用来检验战略目标是否实现，衡量指标的表现形式可以是比率、绝对值、指数、百分比、名次排序、评分等级等；指标的选择要可量化、数据易收集、可层层分解并能驱动期望的行为。

青山公司衡量指标的确定流程如下：

第一步，列举指标，即通过头脑风暴的方式，尽可能全面地列举出可以衡量战略目标的指标。

第二步，筛选指标，主要考虑以下方面：①关键性，是否能够有效衡量战略目标，是否驱动所期望的行为？②衡量性，是否具备数据基础？测量结果是否可测量？测量成本是否低？③管控性，不易被被考核人操纵、便于管控。④聚焦性，各战略目标都要争取只设定一个结果指标，每个战略目标如果不止一个衡量指标可以选用，则选用最能传达此战略目标意义的一个指标。

第三步，确定指标，即将指标汇集，建立与战略目标的对应关系，并标明指标类型。衡量指标设置模板见表11-5。

表11-5　衡量指标设置模板

角度	战略目标	衡量指标	指标类型
财务	缩小内外比重，扩大市场规模，增强规模效益	变速器销量	绝对值型
		营业收入	绝对值型
		内外市场比重	比率型
	…	…	…
客户	提高市场占有率	市场占有率（微车/轿车/自变）	百分比、比率型
	进入合资车企	在合资车企的供货量	绝对值型
	…	…	…
内部流程	提升产品质量保证能力	千台车维修频次	周期频率型
	…	…	…
学习与成长	提高员工满意度	企业文化认同度	指数型
	…	…	…

3) 定义衡量指标和目标值。衡量指标确定后，需对每一个指标进行定义，衡量指标必须包括评价周期、计算公式、指标负责人、目标值、数据来源等因素。衡量指标定义模板见表11-6。

表 11-6 衡量指标定义模板

战略目标		强化过程质量管控,降低零公里故障率和售后千台车维修频次,降低质量损失	
序号		M1	M2
衡量指标		千台车维修频次(R/1000)	零公里故障率(0PPM)
衡量指标定义/计算公式		90天内出现的故障数/规定时间段内装配的零件数×1000	内外部质量损失总额/主营业收入×1000
指标数据来源		主机厂	主机厂
评价周期		月	月
衡量单位		‰	PPM
2022年—2024年目标值	2022年	微车:6 轿车:3	160PPM
	2023年	微车:4 轿车:2	120PPM
	2024年	微车:2 轿车:1	100PPM
指标责任单位		品质管理部	品质管理部
指标责任人		部门负责人	部门负责人
备注			

4)编制行动方案。行动方案是平衡计分卡的核心内容之一,战略目标、衡量指标、行动方案三者形成跟踪企业绩效的统一体。行动方案必须形成里程碑计划,并且有预算的配备;对于没有设立指标的战略目标,一定要设立行动方案;行动方案在计分卡上仅仅体现为一个项目名称,必须制订详细计划。其编制流程如下:

第一步,列举行动方案,即通过头脑风暴的方式,依据战略目标和衡量指标,尽可能全面地列举出实现这些目标和指标的行动举措。

第二步,筛选行动方案,主要考虑:①重要性,即抓住公司经营的薄弱环节和紧迫的工作,抓住最能突破的关键事项;②关键性,即对战略目标的提高和实现起到最大化的作用,且预期对目标达成和指标提升产生明显效果;③非常规性,即选择非日常工作类、具备项目特征的行动项,对于没有设立指标的战略目标,一定要设立行动方案。

第三步,确定行动方案,将行动方案汇集,建立与战略目标、衡量指标的对应关系。

具体行动方案确定后,为确保可执行性,需要对每一个行动方案进行定义,包括方案的负责人、参与人、开始日期、结束日期、预期收益与影响以及具体的里程碑等。行动方案定义模板见表11-7。

表 11-7 行动方案定义模板

序号	K2
行动方案名称	加强资产分析
行动方案具体描述	建立资产管理常态化运行机制,加强资产基础数据的收集与统计,定期开展资产分析,为公司资产管理提出建设性改进建议

(续)

支持战略目标及指标名称	F2（M3、M4）
行动方案责任人	××
行动方案牵头部门	财务会计部
参与/支持部门	公司各单位
行动方案开始日期	2022 年 3 月 1 日
行动方案结束日期	2024 年 12 月 31 日
具体行动计划 （里程碑日期及描述）	2022 年 6 月建立资产月度盘存、月度分析例会等日常管理机制； 2013 年 8 月修订资产管理相关制度； 2022 年 12 月开展资产专题分析，形成资产分析报告； 2023 年 1、4、7、10 月按季度开展资产专题分析； 2024 年 1、4、7、10 月按季度开展资产专题分析
所需资源概要	办公费
预期的收益与影响	资产结构优化

（3）公司平衡计分卡逻辑体系　根据公司及部门战略地图、平衡计分卡、行动计划，结合公司年度 KPI 指标及 GS 重点工作，分解建立部门（班组）KPI、GS 体系，有效运用 KTM、QTM、OPEN 三张表进行管理，实现月度滚动预算、业务预算与战略预算的有效衔接，从而确保战略落地。青山公司平衡计分卡的逻辑关系如图 11-4 所示。

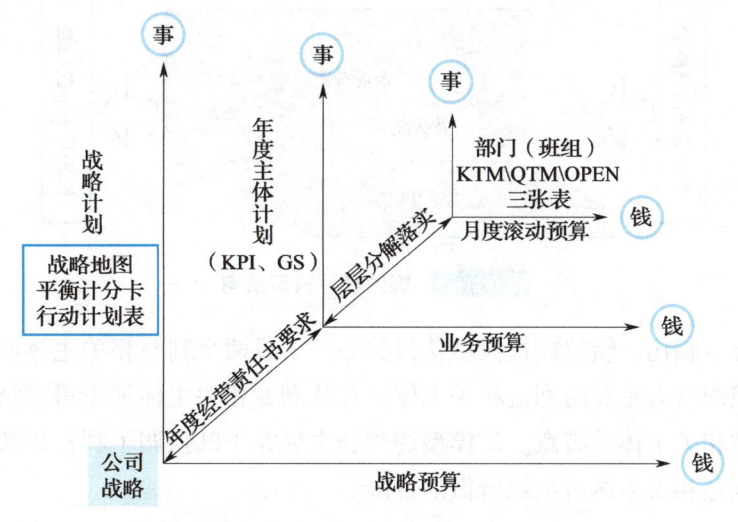

图 11-4　青山公司平衡计分卡的逻辑关系

思考题：青山公司在平衡计分卡的应用方面是否存在不足？如果有，体现在哪些地方？

11.6 绩效棱柱模型

11.6.1 绩效棱柱模型的含义与应用环境

1. 绩效棱柱模型的含义

绩效棱柱模型是指从企业利益相关者角度出发，以让利益相关者满意为出发点，利益相关者贡献为落脚点，以企业战略、业务流程、组织能力为手段，用棱柱的五个构面构建三维绩效评价体系，并据此进行绩效管理的方法。

1）利益相关者满意：企业关键的利益相关主体是谁？他们需要从这里得到什么？
2）企业战略：为了满足利益相关主体的需要，企业应该采取怎样的策略？
3）业务流程：企业需要怎样的关键业务流程来实现组织战略？
4）组织能力：企业需要具备怎样的能力才能开展和改善组织业务流程？
5）利益相关者贡献：为了培育和发展组织能力，企业需要利益相关主体做出怎样的贡献？

利益相关者，是指有能力影响企业或者被企业所影响的人或者组织，通常包括股东、债权人、员工、客户、供应商、监管机构等。绩效棱柱模型适用于管理制度比较完善，业务流程比较规范，管理水平相对较高的大中型企业，其应用对象可以是企业和企业各级所属单位（部门）。绩效棱柱模型结构如图11-5所示。

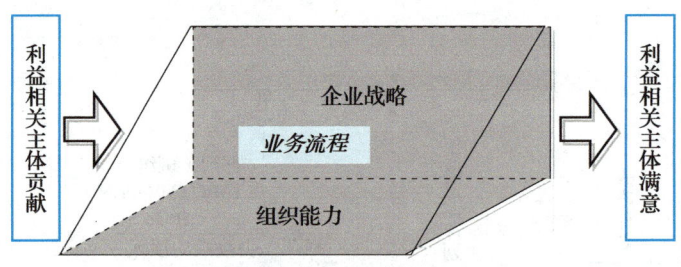

图11-5 绩效棱柱模型结构

与平衡计分卡相比，绩效棱柱模型从只关心一个或两个利益相关主体的观念中转变过来，逐步关心组织所有重要的利益相关主体，在从利益相关主体那里得到贡献的同时，还关注是否让利益相关主体的满意。该模型的创新之处在于既强调了利益相关主体价值的取向，又测量了利益相关主体对组织所做的贡献。

2. 绩效棱柱模型的应用环境

企业在应用绩效棱柱模型之前，应营造良好的应用环境：

1）企业应坚持主要利益相关者价值取向，建立有效的内外部沟通协调机制，与利益相关者建立良好的互动关系。

2）企业应根据主要利益相关者的需求制定战略，优化关键流程，提升组织能力，在满足主要利益相关者需求的基础上分享其做出的贡献。

3）企业应用绩效棱柱模型工具方法，一般需要建立由负责战略、人力资源、财务、客户和供应商等有关部门及外部专家等组成的项目团队。

4）企业应对人力资源管理、客户关系管理、供应商关系管理、财务管理等系统进行集成，为绩效棱柱模型的实施提供信息支持。

11.6.2 绩效棱柱模型的应用程序

企业在应用绩效棱柱模型时，一般按照明确主要利益相关者、绘制利益相关者地图、优化战略和业务流程以及提升能力、制订以绩效棱柱模型为核心的绩效计划等程序进行。

1. 明确主要利益相关者

企业应结合自身的经营环境、行业特点、发展阶段、商业模式、业务特点等因素界定利益相关者范围，进一步运用态势分析法、德尔菲法等方法确定绩效棱柱模型的主要利益相关者。

2. 绘制利益相关者地图

企业应根据确定的主要利益相关者，绘制基于绩效棱柱模型的利益相关者地图。利益相关者地图是以让利益相关者满意为出发点，按照企业战略、业务流程、组织能力依次展开，并以利益相关者贡献为落脚点的平面展开图。利益相关者地图可将绩效棱柱模型五个构面以图示形式直观、明确、清晰地呈现出来。

3. 优化战略和业务流程以及提升能力

绘制利益相关者地图后，企业应及时查找现有的战略、业务流程和组织能力在满足主要利益相关者满意方面存在的不足和差距，进一步优化战略和业务流程，提升组织能力，制定行动方案并有效实施。

4. 制订以绩效棱柱模型为核心的绩效计划

绘制利益相关者地图后，企业还应以绩效棱柱模型为核心制订绩效计划。绩效计划是企业开展绩效评价工作的行动方案，包括构建指标体系、分配指标权重、确定绩效目标值、选择计分方法和评价周期、签订绩效责任书等一系列管理活动。

（1）构建指标体系　企业应围绕利益相关者地图，构建绩效棱柱模型指标体系。指标体系的构建应坚持系统性、相关性、可操作性、成本效益原则。各项指标应简单明了，易于理解和使用。主要内容如下：

1）制定企业级指标体系。根据企业层面的利益相关者地图，分别设计出各个构面的绩效评价指标。

2）制定所属单位（部门）级指标体系。根据企业级利益相关者地图和指标体系，绘制所属单位（部门）级利益相关者地图，制定相应的指标体系。

绩效棱柱模型指标体系通常包括以下内容：

1）利益相关者满意评价指标：与投资者（包括股东和债权人，下同）相关的指标有总资产报酬率、净资产收益率、派息率、资产负债率、流动比率等；与员工相关的指标有员工满意度、工资收入增长率、人均工资等；与客户相关的指标有客户满意度、客户投诉率等；与供应商相关的指标有逾期付款次数等；与监管机构相关的指标有社会贡献率、资本保值增值率等。

2）企业战略评价指标：与投资者相关的指标有可持续增长率、资本结构、研发投入比率等；与员工相关的指标有员工职业规划、员工福利计划等；与客户相关的指标有品牌意识、客户增长率等；与供应商相关的指标有供应商关系质量等；与监管机构相关的指标有政策法规认知度、企业的环保意识等。

3）业务流程评价指标：与投资者相关的指标有标准化流程比率、内部控制有效性等；与员工相关的指标有员工培训有效性、培训费用支出率等；与客户相关的指标有产品合格率、准时交货率等；与供应商相关的指标有采购合同履约率、供应商的稳定性等；与监管机构相关的指标有环保投入率、罚款与销售比率等。

4）组织能力评价指标：与投资者相关的指标有总资产周转率、管理水平评分等；与员工相关的指标有员工专业技术水平、人力资源管理水平等；与客户相关的指标有售后服务水平、市场管理水平等；与供应商相关的指标有采购折扣率水平、供应链管理水平等；与监管机构相关的指标有节能减排达标率等。

5）利益相关者贡献评价指标：与投资者相关的指标有融资成本率等；与员工相关的指标有员工生产率、员工保持率等；与客户相关的指标有客户忠诚度、客户毛利水平等；与供应商相关的指标有供应商产品质量水平、按时交货率等；与监管机构相关的指标有当地政府支持度、税收优惠程度等。

（2）分配指标权重　企业分配绩效棱柱模型指标权重，应以主要利益相关者价值为导向，反映所属各单位或部门、岗位对主要利益相关者价值贡献或支持的程度，以及各指标之间的重要性水平。首先，根据重要性水平分别对主要利益相关者分配权重，权重之和为100%；然后，对不同主要利益相关者五个构面分别设置权重，权重之和为100%；单项指标权重一般设定在5%~30%，对特别重要的指标可适当提高权重。

（3）确定绩效目标值　企业设定绩效棱柱模型的绩效目标值，应根据利益相关者地图的因果关系，以让利益相关者满意指标目标值为出发点，逐步分解得到企业战略、业务流程、组织能力的各项指标目标值，最终实现利益相关者贡献的目标值。各目标值应符合企业实际，具有可实现性和挑战性，使被评价对象经过努力可以达到。

绩效棱柱模型绩效目标值确定后，因内外部环境发生重大变化、自然灾害等不可抗力因素对绩效完成结果产生重大影响时，企业应规定对目标值进行调整的办法和程序。一般情况下,由被评价对象或评价主体测算确定影响额度,向相应的绩效管理工作机构提出调整申请,报薪酬与考核委员会或类似机构审批。

【例 11-3】 绩效棱柱模型在城市经营绩效管理中的应用。

当绩效棱柱模型被应用到城市经营中时,五个相关主题,即利益相关者满意、组织战略、业务流程、组织能力和利益相关者贡献等各方面内容,就自然与城市经营的内容和特点密切相关。虽然城市经营的对象也不外乎是资源和产品(或服务),但与企业经营相比,已经不是一般的资源和产品,而是城市土地、城市基础设施、城市生态环境、文物古迹和旅游资源等有形资产以及依附其上的名称、形象、知名度和城市特色文化等无形资产。

(1)利益相关者满意 就城市经营而言,首先要来确定利益相关者主要包括哪些。由于城市经营是一项庞大的系统工程,需要城市各级政府、各类企业(包括中介组织),全体市民共同努力。因此,政府部门、各类企业以及社会公众都是城市经营的主体,同时也构成了城市经营的利益相关者。

(2)组织战略 在城市经营系统中,需要明确为满足上述利益相关者的需求所要采取的战略,以保证分配给利益相关者的价值最大化。为此可以采取 SWOT 等分析方法。城市经营的 SWOT 分析是将城市视为以市场为导向的超大型综合企业,将城市的未来发展视为有市场潜力的产品,通过对城市进行 SWOT 分析以明确城市的战略定位,确定城市经营的目标与对策,通过本地的基础设施的建设和政策措施的实施,创造资本和高素质人才集聚的环境,促进产业群的形成,刺激地区经济的成长和繁荣,最终提高城市竞争力。

(3)业务流程 业务流程是指能够提高城市经营运转效率的环节,它们是关于做什么、在什么地方做、什么时候做以及如何执行的蓝图。城市经营主体一般从四个方面来考虑其业务流程:开发产品和服务、产生需求、满足需求、设计和管理。这些分类中有各种各样的子流程,每个子流程的作用都不能忽视。

(4)组织能力 政府组织能力并不是狭义上的核心组织竞争力,而是更加宽泛的城市组织发展能力。不仅包括那些关键的、与其他竞争者相比具有优越性的政府组织能力,也包括那些与竞争者一样完善或者欠缺的能力。由于政府组织能力对每一具体的职能活动表现出高度的相关性,并且根植于城市经营职能活动中,这样城市政府组织能力就包含了面向内部经济视角和面向外部社会服务两个层面的内容。

经济视角层面围绕制度建设、城市规划、政府职能转变、促进就业、降低行政成本、城市基础设施建设等几个影响要素来确定城市政府的内部组织能力;社会服务层面考察城市政府的运行结果,主要包括利益相关者的满意度,尤其是企业满意、公众满意、社会安全、人才引进、信息建设、招商引资等几个影响要素。基于利益相关主体的城市政府组织能力分解模型如图 11-6 所示。

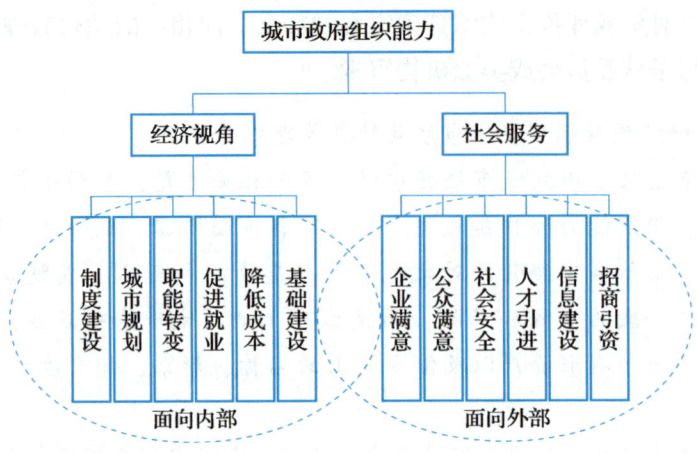

图 11-6 基于利益相关主体的城市政府组织能力分解模型

（5）利益相关者贡献　为了培育和发展城市政府的组织能力，最终整个系统又回归到利益相关者的贡献价值上来。政府是主导、监督、协调与推动者，政府在整个经营活动中起主导作用，它是市场发展的培育和推进者，是市场成熟期的监督者。各类企业、社会组织是行动者，通过政府的引导和对市场的培育，积极参与城市经营实践项目，逐渐成为城市建设和发展中的重要力量。公众是结果的检验者，所有的城市经营活动的最终结果都表现在城市的空间形态和精神面貌上，而公众对城市的发展与变化有最直接的感受，他们最有资格对城市经营活动的结果进行检验。

这五个层面的循环过程构成了城市经营绩效管理应用框架体系，如图 11-7 所示。

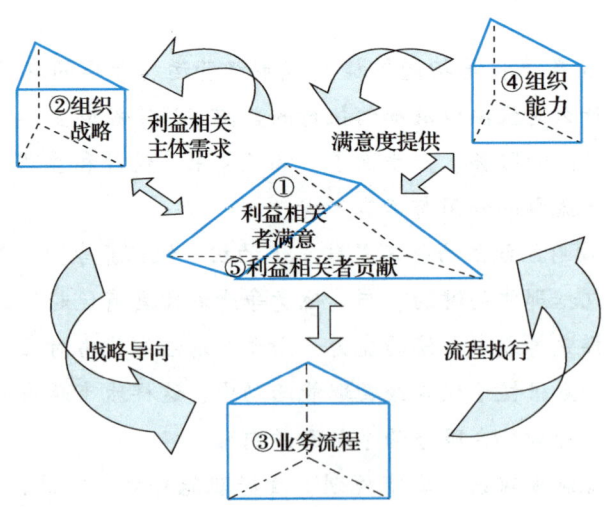

图 11-7 城市经营绩效管理应用框架体系

思考题：

(1) 在绩效棱柱模型的应用中，如何确定利益相关者？
(2) 怎样利用绩效棱柱模型进行城市经营绩效管理？

11.7 管理层激励

11.7.1 道德风险与设计激励机制的必要性

现代企业制度所具有的所有权与经营权两权分离的特点，使得企业的经理人与所有者各得其所，形成了一种比较明确的社会分工，促进了社会与经济的发展。公司法人治理结构为实现公司内部治理提供了相互制衡的组织机构，但公司治理问题的产生表明，由于代理问题的存在，合约不完备和信息不对称所引发的不确定性使得委托人的代理成本与风险问题不可能通过合约解决。

科托维茨给道德风险下的定义是：从事经济活动的人最大限度地提升自身效用时做出不利于他人的行动。形成道德风险的最主要原因是委托人和代理人所掌握的信息不对称。一方面，代理人的某些行为是隐蔽的，很难被委托人察觉和提防，在委托—代理契约中难以对未来事项面面俱到。代理人可能拥有独家信息，包括"隐蔽行动"和"隐蔽信息"。前者包括不能为他人准确观察和预测到的行动，因此，对这类行动订立合同是不可能的；后者则包括代理人对事态的性质有不够全面的信息，但这些信息足以导致他们采取恰当的行动，而委托人不能完全察觉到。另一方面，委托人所掌握的某些信息只以自己占有的为限。由于委托人和代理人之间的信息不对称，有关当事人之间的风险分担会引致道德风险问题。

在委托—代理关系中，风险承担人是委托人，风险规避者是代理人。在公司治理结构中，代理人按照委托合同的要求从事经济活动，是公司经济活动的直接行为人。如何保证代理人的行为既在委托人的监督范围内，又不会因超出合同而损害委托人的利益，这就需要寻求缓解道德风险的有效方法。如何有效地设计代理人与委托人之间的契约关系，使得代理成本与风险达到最小，现代公司内部治理机制为解决公司治理问题提供了三种有效的机制：激励机制、监督机制与决策机制。即通过这三种机制促使代理人（经营者）努力工作，降低代理成本，避免偷懒、机会主义等道德风险行为，而激励机制正是降低公司代理成本的一种有效方法。

11.7.2 企业激励机制的主要内容

如果说监督或约束是事后纠正，那么激励则是事先预防。激励的核心是使经营者将对个人效用最大化的追求转化为对公司利润最大化的追求。有效的激励机制应该包括以下几方面内容。

（1）薪酬激励机制　一般而言，对经营者的薪酬激励由固定薪金、奖金、股票与股票期权、退休金计划等构成。其中，固定薪金的优点在于它是稳定可靠的收入，没有风险，起到基本的保障作用，但缺乏足够的灵活性和高强度的刺激性。奖金与其经营业绩密切相关,对于经营者来说有一定的风险,也有较强的激励作用,但容易引发经理人员的短视行为。

股票期权激励允许经营者在一定时期内,以接受期权时的价格购买股票,如果股票价格上涨,经营者收益就会增加,这种激励机制在激励经营者的长期性行为时作用很大,但风险更大,因为时间越长,经营者面临的不确定因素就越多。退休金计划则有助于激励经营者的薪期行为,以解除其后顾之忧。经营者的薪酬结构确定的理论基础在于激励与风险分担的最优替代。

短期薪酬激励与长期薪酬激励各有优缺点,具体见表 11-8。最优薪酬激励机制的设计与选择应根据公司情况和行业特点进行最优组合。

表 11-8 短期薪酬激励与长期薪酬激励的优缺点比较

项目	短期薪酬激励	长期薪酬激励
优点	1. 直观、可预见性强 2. 立即奖励 3. 易于控制、风险相对较小	1. 激励长期业绩 2. 与股东利益相连 3. 代理人可以获得较高收入
缺点	1. 个人目标与公司目标不挂钩 2. 导致短期行为严重 3. 不利于企业长远发展	1. 风险相对较高 2. 股票价格波动大,不可预测 3. 与相对业绩不挂钩

(2) 剩余支配权与经营控制权激励机制　剩余支配权激励机制表现为向经营者大幅转让剩余支配权。对剩余支配权的分配,即如何在股东和经营者之间分配事后剩余或利润。如果一个契约能实现剩余最大化或效率最大化,那么这样的契约无疑是一种最优的选择。公司得到的剩余越接近企业家开创性的努力,则激励效果越好。如果一个企业没有或只有很少的剩余权契约,这种最大化效率一般不会产生,因为它忽视了对产生和创造剩余的直接承担者的激励。

与此同时,经营控制权对经营者产生激励。经营控制权使得经营者具有职位特权,享受职位消费,给经营者带来正规报酬激励以外的物质利益满足。因为经营者的效用除了货币物品外,还有非货币物品。非货币物品是指那些通常不以货币进行买卖,但能与以货币买卖的物品一样可以给消费者带来效用的在职消费项目,如豪华的办公室、合意的员工等。

(3) 声誉或荣誉激励机制　在公司治理中,除了物质激励以外,还有精神激励。企业的高层经营者一般非常注重自己长期职业生涯的声誉。一方面,良好的职业声誉是声誉或荣誉激励,使经营者获得社会的声誉,从而产生成就感和心理满足。声誉、荣誉及地位是激励经营者努力工作的重要因素。另一方面,声誉、荣誉及地位意味着未来的货币收入。经营者追求货币收入最大化是一种长期的行为,现期货币收入和声誉之间有着替代关系,经营者过去工作的良好声誉可能使他获得较高的现期或未来收入,较差的声誉则可能使他获得较低的未来收入。

（4）聘用与解雇激励机制　虽然货币支付是资本拥有者用来对经营者行为进行激励的主要手段，但并非唯一手段。资本所有者还拥有一个重要手段，就是对经营人选的决定权。聘用和解雇对经营者行为的激励是通过经理市场的竞争实现的。资本所有者可以比较自由地对经理人进行选择。已经被聘用的经理不仅要面对外部经理市场的竞争，而且要面对公司内部下级的竞争，这种竞争使已被聘用的经理面临被解雇的潜在威胁。聘用和解雇对经理人行为的激励作用通过经理人自身声誉而实现。声誉是经理被聘用或解雇的重要条件，经营者对声誉越重视，聘用和解雇作为激励手段的作用就越大。

11.7.3　高管薪酬激励

企业激励机制的核心是如何确定高管薪酬，以使企业能够将两权分离带来的代理问题降到最低。薪酬制度设计得当，则能够有效降低股东与管理层之间的委托—代理成本，激励管理层努力工作，提高公司价值，增加股东财富；反之，如果薪酬制度设计不当，则可能导致对管理层激励失效，进而引发管理层为追求自身利益而牺牲股东利益，最终进一步激化股东与管理层之间的矛盾。

围绕高管薪酬有很多理论和观点，但是总体而言，对其影响最大也是最深刻的当属委托—代理理论。它对高管薪酬的设计有三个最主要的启示：首先，高管人员的薪酬应与企业业绩挂钩；其次，这一联系应随着企业经营环境风险的增大而减弱；最后，在外界相关信息可利用的情况下应该引入相对业绩评估。

1. 高管薪酬的绩效基础

激励机制、业绩评价与企业治理有着密切的联系，在不同的企业治理模式下，激励机制与业绩评价都受其牵动，表现出不同的特点。企业治理模式的演变主要体现在治理主体的演变上，其内涵变化也决定了激励机制主体与业绩评价主体的变化。

（1）股东至上模式下高管的业绩评价基础　股东至上模式的企业治理遵循的是"资本雇佣劳动"的逻辑，认为物质资本的提供者——股东——完全拥有企业所有权，企业所有权在委托—代理关系中指的是对企业的剩余索取权和剩余控制权，是由于契约的不完备性产生的。剩余索取权是指对企业收入扣除固定的合同支付后的余额的要求权，剩余控制权则是指合同中没有特别规定的活动的决策权。"股东至上"这种观点在工业经济时代是比较合适的，因为在工业经济时代，股东提供的物质资本具有相对稀缺性和专用性，人力资本对企业财富的创造、经济的发展及社会贡献的作用不太明显，专用性也相对较弱。这就使得物质资本所有者在企业权利博弈中处于有利的地位，而同为物质资本提供者的债权人让渡的又仅仅是财务资源有限时间的使用权，因此，股东便当仁不让地成为企业所有者。在股东至上的模式下，企业治理的中心是调整股东与经营者的关系，企业治理的主体是股东，客体是经营者，治理目标是股东财富最大化。相应地，激励机制的主体、客体及其目标要与企业治理保持一致，激励方式早期以短期薪酬为主，随着资本市场的发展，已转变为短期薪酬与长期薪酬相结合的方式。以股东财富最大化为导向的业绩评价主要是衡量经营者是否为股东的财富增值，关系到经营者的奖惩、职位升降等问题。能体现出股东财富增值程度的评价指标主要是经调整后的经济增加值（EVA）。

采用 EVA 作为业绩评价的标准，有利于激励经营者在获得利润增长的同时注重投入资本的经济增加值，有利于促使经营者在发展业务时更注重实效，更注重投资者长远的利益。

（2）共同治理模式下的业绩评价 共同治理模式下的企业治理遵循的是"剩余索取权应由利益相关者掌握"的逻辑，认为企业是利益相关者相互之间缔约的"契约网"。在共同治理的模式下，企业不仅要重视股东的利益，而且要重视其他利益相关者对经营者的监控。具体来说，在董事会中要有股东以外的利益相关者代表（如债权人代表、员工代表等），以发挥利益相关者的作用，企业治理的主体是利益相关者，客体是经营者，治理目标是利益相关者价值最大化。

以利益相关者价值最大化为导向的业绩评价指标是在传统财务性指标的基础上进行补充的，即以非财务指标来补充财务评价指标的不足，典型代表是平衡计分卡。该业绩评价系统将财务指标与非财务指标相结合，弥补了传统财务指标的不足，通过引导企业不仅要关注财务方面，还要关注客户、内部经营过程，以及学习与成长等方面来创造未来的价值，成为企业长期战略的基础。

平衡计分卡清楚地表明了长期的企业价值和业绩驱动因素的关系，它所包含的业绩衡量指标兼顾了影响业绩的长期与短期的因素、财务与非财务的因素、外部与内部的因素等多个方面，能够多角度地为企业提供信息。当代表各部门的业绩评价指标好转时，可以理解为企业实际上就在实现利益相关者的利益，比如，客户满意度的提高就意味着客户得到的服务质量水平的提高，员工满意度的提高也就意味着员工的利益得到了相应的改善和保障。由此看来，可以这样来理解：平衡计分卡通过满足利益相关者的相关利益来实现企业价值的最大化，在实现企业价值的同时不仅关注了股东财富，也考虑了部分利益相关者（客户、供应商、员工）的作用及财富。平衡计分卡是共同治理模式下一种有效的业绩评价体系。

2. 高管薪酬的类型

支付企业高管薪酬的方式有多种。首先，是他们的基本年薪，包括养老金分担额和津贴；其次，高管人员还会领取一笔根据会计指标确定的奖金；再次，高管人员一般还会按照长期激励计划领取额外的奖励，如股票期权、经理人持股；最后，企业还会以其他方式向高管支付薪酬，如在职消费等。

（1）基本年薪和奖金 企业 CEO 的基本年薪一般按标杆管理法（Benchmarking Method）确定，即比照其他企业 CEO 的薪酬水平确定。如果薪酬水平位于 50% 分位以下，被认为是低于市场标准；位于 50%～75% 分位，则被认为是竞争性的标准。由于 CEO 总是要求拿到有竞争力的薪酬，因此他们的基本年薪不断提升。有趣的是，相关学者的研究发现，高管基本年薪的多少，更多地取决于企业的特性，而非 CEO 本人的情况，前者如企业所属的产业及规模，后者如高管的年龄、经验等。企业越大，工资越高。标杆管理法同样适用于津贴和期权计划。

高管还会在每年年终领取一笔现金奖励，数额多少取决于企业上一年度的经营业绩。企业业绩一般以每股收益（EPS）和息税前利润（EBIT）为标准。常用的指标还有经济增加值（EVA），即利润与资本成本之差。这一概念可以用来衡量企业在使用不同成本的资本时，给企业带来的增加值。但是，不论是采用息税前利润标准还是经济增加值指标，高管只有满足了最低的业绩标准，才能领到奖金。企业的业绩越好，奖金也越高。

然而，用会计利润来衡量企业业绩，有若干潜在问题。首先，为了提高会计利润，高管会放弃能给企业带来未来而非当前利润的需要高投入的研发项目。其次，会计利润可被操纵。最后，奖金计划年年变。如果企业某一年的业绩未达标，高管就会把当年的利润延期。这样，在制订来年的奖金计划时，人们对企业业绩的期望值便会降低，高管拿奖金的机会反而会增多。总之，当使用会计利润来衡量企业业绩时，高管更关注的是如何操纵企业的短期利润，而非提高企业的长期利润和增加股东财富。

（2）股票期权　股票期权是一种重要的金融衍生证券，又称股票选择权，是指买卖双方按约定价格在特定时间买进或卖出一定数量的某种股票的权利。股票期权交易是一种权利的单方面有偿让渡。股票期权的买方以支付一定数量的期权费为代价来拥有这种权利，但并不承担买进或卖出股票的义务；期权的卖方则在收取了一定数量的期权费后，在一定期限内必须无条件服从买方的选择并履行约定的承诺。这种约定的价格被称作行权价（Exercise Price）。因此，如果企业股票市价高于行权价，这两者之差就是高管的收益。比如，企业授予高管股票期权当日的股票市价为 25 美元，行权价便为 25 美元。若干年后，如果股价涨到 50 美元，持有者便可获利 100%；相反，如果股价跌破 25 美元，期权也就失去了行权价值。

股票期权具有明显的优势：①该制度与企业的利益更趋于一致，从而降低了企业的代理成本；②克服了经营者的短视心态，在这样的制度下，可以让经营者分享企业的预期收益，突破只分享当期利益的局限性，经营者的利益可以在企业今后的发展中逐步实现，从而有利于经理人及员工更加专注于提高企业的效益。因此，人们认为，股票期权可以将经营者的目标与股东的目标统一起来，并有助于克服因所有权和经营权分离而产生的一系列代理问题。

尽管股票期权形式的激励薪酬呈现出迅猛增长之势，但几乎没有直接证据表明，股票期权正在发挥积极的作用。也就是说，企业及股票市场的表现会在高管得到股票期权后更上一层楼吗？平均股价会上涨吗？对于这些问题，金融领域的经济学家至少研究了多年，结论却不尽相同。一些研究表明，股权激励和企业业绩呈正相关关系。但另有研究发现，在控制了企业的其他监督机制之后，两者并无联系。几乎没有直接的证据表明，企业可以通过股票期权激励的方式获得更高的投资回报率。

股票期权的一个突出优点是既能激励经营者，又可以实现股东目标。但它还存在一个严重的问题：将股票期权与企业的股票价格联系起来虽然有助于协调经营者与股东的利益，但是经营者对股价仅有部分的影响力；股价一方面要受公司业绩水平的影响，另一方面也要受到其他许多不可控因素的影响，特别是经济状况的影响。经济繁荣时，股价普遍上扬，即使管理不善的企业也会获利丰厚；相反，当经济疲软或投资者信心不足时，股市会随之下跌，即使是组织管理水平出类拔萃的企业，也会面临股价下挫的窘境。在这种情况下，经营者本应受到嘉奖，但由于股市低迷，股价低于行权价，他们实际上得不到这笔奖金。

（3）经理人持股　企业给予达到一定绩效标准的经理人一定的股份，使其成为投资者。通常情况下，企业会规定经理人所持股份的限售期，来避免经理人的短期行为。经理人持股的方式可以使经营者与投资者的利益一致，一定程度上解决了代理问题。

（4）在职消费　企业通常还会以其他方式向高管支付薪酬，如在职消费。公开透明的在职消费是一种薪酬激励方式，它激励高管努力工作从而维持或提高其在职消费水平。现在常用的方式包括：企业为经营人员支付理财费、豪华汽车使用费、私人旅游费等其他名目的费用等。

3. 高管薪酬的现实困境

近年来，高管薪酬制度的弊端及其引致的激励实效问题日益突出。一方面，作为制定高管薪酬的董事会薪酬委员会流于形式，高管薪酬失控的现象日益增多；另一方面，天价高薪对高管形成的激励并不显著，企业治理机制没有得到应有的提升。新制度甚至产生了许多扭曲激励，一些企业高管为了增进私利，做出伪造账目、虚报业绩、隐瞒信息、选择市场透明度较低的项目和战略等行为。这些都对传统的"薪酬制度可以有效降低代理成本"这一理论提出了挑战。

（1）高管的高薪酬不一定带来企业的高业绩　理论上讲，设计科学的与业绩挂钩的薪酬制度有利于激励高管努力工作，但在现实中，对高管提供的许多薪酬安排与企业的业绩并没有太大关系，一些天价高管薪酬引发了社会各界的争议。在研究高管薪酬与公司业绩之间的关系时，必须要考虑高管可能承担的不良业绩成本。薪酬和业绩的相关程度不仅取决于高管因良好业绩获得多少奖励，还取决于因不良业绩受到多少"惩罚"。但是，多数企业的薪酬合同都保证，即使在经营失败的时候高管也能获得优厚的待遇。并且当高管因业绩不良而被辞退时，董事会通常会提供高额的奖赏性离职补偿，这大大降低了高管失败的成本，不利于高管薪酬激励效果的发挥。

（2）董事会与高管进行的薪酬谈判很难做到公平交易　首先，董事有各种各样的经济动机支持或接受有利于企业高管的薪酬安排。有证据显示，CEO 通过向董事个人提供特殊津贴或连任承诺可以有效地买通董事。已有的研究发现，在 CEO 薪酬较高的公司，其董事薪酬也较高。其次，除了经济诱因和连任欲望以外，各种社会和文化因素（私人友谊、忠诚、和谐相处等）也促使董事批准有利于高管的薪酬安排。从同僚之情和团队精神来看，除非在发生危机等特殊情况下，董事会成员与CEO之间一般能做到和谐相处，避免直接冲突与对抗，因此对于高管薪酬的制定，董事们即使心存异议，也往往会投出赞成票。

（3）市场对高管薪酬的约束非常有限　尽管经理人市场、企业控制权市场、资本市场和商品市场等市场力量的存在会对高管薪酬具有一定的约束力，但这种约束依然不能防止高管薪酬偏离公平交易。以控制权市场为例，被收购的风险很难抑制高管提高自己的薪酬；假设企业市值200亿美元，高管们试图增加其薪酬，薪酬增加的现值为2亿美元。由于高管加薪，导致企业价值降低了1%。显然，提高薪酬的代价是降低了企业价值，增加了企业被收购的风险。但是实际上，企业因为市值降低1%而被收购的可能性很小，高管加薪带来的直接收益远远超过预期成本，控制权市场对高管薪酬的约束是十分有限的。如何根据企业的具体情况设计合理、有效的高管薪酬体系，仍然是一个值得深入讨论的理论和实务问题。

思考题

1. 什么是业绩评价？业绩评价的理论基础是什么？
2. 业绩评价体系有哪些构成要素？
3. 如何理解业绩评价体系的设计原则？
4. 业绩评价体系的实施步骤是什么？
5. 企业的业绩评价体系经历了哪些演变过程？
6. 经济增加值（EVA）为什么成为当今最重要的绩效评价指标之一？不同行业和不同企业在运用EVA进行业绩评价时是否应该区别对待？
7. 关键绩效指标法（KPI）具有哪些特点？关键绩效指标的制定原则有哪些？如何建立适合企业的关键绩效指标体系？
8. 企业应用平衡计分卡应该遵循哪些一般性程序？
9. 什么是绩效棱柱模型？绩效棱柱模型指标体系通常包括哪些内容？
10. 企业为什么要实施管理层激励？
11. 公司激励机制主要包括哪些内容？

参考文献

[1] 中华人民共和国财政部. 管理会计应用指引第101号：战略地图 [EB/OL]. (2017-10-17) [2023-06-24]. http://kjs.mof.gov.cn/zhengcefabu/201710/t20171018_2727363.htm.

[2] 中华人民共和国财政部. 管理会计应用指引第601号：关键绩效指标法 [EB/OL]. (2017-10-17). [2023-06-24]. http://www.glkjpt.com/uploadfile/2021/0506/20210506043647230.pdf.

[3] 中华人民共和国财政部. 管理会计应用指引第602号：经济增加值法 [EB/OL]. (2017-10-17). [2023-06-24]. http://www.glkjpt.com/uploadfile/2021/0506/20210506043751605.pdf.

［4］中华人民共和国财政部. 管理会计应用指引第 603 号：平衡计分卡［EB/OL］.（2017 - 10 - 17）.［2023 - 06 - 24］. http://www.glkjpt.com/uploadfile/2021/0506/20210506043927974.pdf.

［5］中华人民共和国财政部. 管理会计应用指引第 604 号：绩效棱柱模型［EB/OL］.（2018 - 08 - 28）.［2023 - 06 - 24］. http://kjs.mof.gov.cn/zhengcefabu/201808/P020180828399304765364.pdf.

［6］林莉，孔祥忠，叶虹麟，等. 平衡计分卡在青山公司的应用［J］. 财务与会计，2015（2）：29 - 33.

［7］常伟，张道宏，李建. 利益相关主体分析：绩效棱柱模型在城市经营绩效管理中的应用［J］. 城市发展研究，2008（1）：68 - 72，76.

［8］杜阳. 基于经济增加值的中央企业集团绩效评价应用研究［J］. 财务与会计，2014（1）：32 - 33.

［9］顾银宽，张红侠，洪昌文，等. 管理会计［M］. 北京：清华大学出版社，2012.

［10］刘运国. 高级管理会计理论与实务［M］. 北京：中国人民大学出版社，2013.

［11］陆庆平. 企业绩效评价新论：基于利益相关者视角的研究［D］. 大连：东北财经大学，2006.

［12］穆林娟. 管理会计决策与控制模拟［M］. 北京：经济科学出版社，2008.

［13］孙茂竹. 管理会计学［M］. 北京：中国人民大学出版社，2018.

［14］王珍. 基于 KPI 的 A 企业绩效考核改进研究［D］. 江西财经大学，2018.

［15］温素彬. 管理会计：理论、模型、案例［M］. 北京：机械工业出版社，2014.

［16］袁杏娣. 公交企业建立 KPI 体系的实践与启示：以常州公交为例［J］. 城市公共交通，2018（1）：16 - 19.

第12章 战略管理会计

课程思政

> **导入案例**

阿里巴巴与腾讯的崛起与竞逐

从表面上看，阿里巴巴和腾讯似乎有很多相似之处。它们都是科技巨头，在现代数字经济中占据着举足轻重的地位。两家公司都与大量企业和小型公司合作，提供各种技术解决方案，并在争夺云计算、金融科技等新兴市场方面展现了强大的竞争力。然而，尽管两家公司面临着相似的市场挑战和机遇，它们的发展路径却截然不同。

阿里巴巴成立于1999年，最初专注于B2B电子商务平台。在电商迅猛发展的背景下，阿里巴巴迅速扩展其业务版图，2003年推出了B2C平台淘宝，并在2008年推出了天猫。截至2019年，淘宝和天猫的商品交易总额达到6.6万亿元人民币，成为全球最大的在线零售平台之一。

随着市场的不断演变和技术的飞速进步，阿里巴巴不断调整其战略，重点放在技术创新和生态系统的构建上。2016年，阿里巴巴以约650亿元人民币收购了外卖平台饿了么，用于提升其本地生活服务能力。同年，阿里巴巴首次收购Lazada，扩展其国际业务，并多次向Lazada注资，截至2024年5月，注资总金额约为57.09亿美元，巩固了其在东南亚市场的领导地位。

自2017年起，阿里巴巴提出新零售概念，通过收购银泰商业和投资盒马鲜生，将线上线下融合的新零售理念落地，极大地提升了用户体验和销售额。2022年，阿里巴巴的总收入达到8 530.62亿元人民币，同比增长19%。其中，中国零售业务的收入为2 609.55亿元人民币，同比增长43%，对总收入的贡献显著。同时，阿里云作为阿里巴巴云计算战略的一部分，从2020年到2023年持续增长，2023年阿里云的收入达820亿元人民币，占阿里巴巴总收入的11.5%，市场份额位居全球第三。

这些数据充分显示了阿里巴巴通过新零售战略和跨境电商扩展所取得的显著成效，进一步巩固了其在全球市场的竞争力和市场地位。

相比之下，腾讯成立于1998年，最初以即时通讯软件QQ起家，2011年推出的微信迅速成为全球用户最多的社交平台之一。腾讯的核心战略始终围绕社交生态和互联网增值服务扩展。自2014年推出微信支付以来，腾讯通过理财通等产品进一步拓展了其金融科技业务。到2022年，微信支付用户已突破12亿，成为移动支付市场的领导者。

腾讯还通过战略投资和并购扩展其影响力，包括2014年入股京东和2015年入股美团，在电商和本地生活服务领域增强了存在感。2016年，腾讯以86亿美元收购了芬兰游戏公司Supercell，在移动游戏市场扩大其份额。微信的生态系统建设，使腾讯在社交媒体和移动支付领域取得了巨大的成功。2023年，腾讯的年收入为6 090亿元人民币，同比增长 10%，其中金融科技和企业服务收入为 2 037.6 亿元人民币，同比增长 15%；游戏收入为 1 799 亿元人民币，同比增长 5.4%。

通过比较阿里巴巴和腾讯的战略管理，可以看出两家公司展现了不同的路径选择。阿里巴巴专注于构建以电商为核心的生态系统，通过云计算和新零售扩展其业务边界。腾讯则以社交为核心，通过金融科技和广泛的投资布局实现多元化发展。

综上所述，阿里巴巴和腾讯分别通过对外部环境和内部资源的分析，优化了企业的战略选择和运营效率，形成了各自独特的战略路径，在其所选择的领域中取得了卓越的成就。尽管拥有不同的战略模式，两家公司都实现了在全球市场上的巨大成功。

我们面临的是大（大数据）、智（智能化）、移（移动互联网）、云（云计算）的新时代，管理技术、生产技术和信息技术突飞猛进，市场竞争日趋激烈，战略管理和技术日益受到瞩目。现代管理会计与战略管理理论相融合形成战略管理会计，服务于企业战略管理，这不仅代表了现代管理会计发展的趋势，也为未来管理会计的发展指明了方向。

12.1 战略管理会计与战略成本管理

12.1.1 战略管理概述

1. 战略与战略管理的含义

（1）战略的含义　战略是指企业总体性长远规划。企业战略具有以下特征：①在范围上，战略是对企业全局的总体谋划；②在时间上，战略是对企业未来的长期谋划；③在依据上，战略是在对企业外部环境和内部环境深入分析和准确判断的基础上形成的；④在重要程度上，战略对企业具有决定性的影响；⑤在本质上，战略的精髓在于创造和变革，在于创造和维持企业的竞争优势。

（2）战略管理的含义　1972 年，美国学者安索夫（Ansoff）首先提出战略管理（Strategic Management，SM）这一概念，他在《从战略计划走向战略管理》一书中将战略管理定义为：企业的高层领导为了保证企业持续经营和不断发展，根据对企业内部条件和外部环境的分析，对企业的全部生产经营活动进行的根本性和长远性的谋划和指导。即：战略管理是以企业战略为对象的管理活动，是对战略筹划直至实施全过程的管理。它是企业面对瞬息万变和竞争激烈的环境，为谋求自身生存和不断发展所进行的总体和长远性规划及其实施。

现代理论及实务界将战略管理进一步描述为：

1）战略管理追求的目标是建立企业的核心竞争力。一旦企业取得核心竞争力，将获得持久的竞争优势，从而获取超额回报，而这种优势是难以被模仿的。即使被模仿，其模仿成本也是巨大的。

2）战略管理所面临的最大挑战是环境的变化，因此要求企业具有较强的战略灵活性，而战略灵活性的取得是与整个战略管理过程相关的。

3）战略管理过程是战略管理的核心，主要包括战略投入和战略行动两个部分：在战略投入阶段，企业应平衡"以外部环境为基础"和"以自身资源为基础"的两种战略思想，才有可能获取战略的核心竞争力和超额回报；在战略行动阶段，战略的形成及其表述、执行、补充不是相互割裂的两个部分，而是相互交融、互为促进的。

2. 战略管理的基本体系

企业的战略管理一般分为公司层战略、经营层战略及职能层战略三个层次。

（1）公司层战略　公司层战略是对企业整体所从事的业务范围的确定，它的制定是依据企业总体战略目标，并着重于从企业生产经营的全局出发，且考虑企业总体员工的利益。具体来说，公司层战略主要包括：企业如何进入具有发展前景的产业，企业的经营种类及业务范围，企业的宗旨和目标，各经营单位人力和物质资源的合理配置和流动，提高企业整体投资利润率的方法与途径，提高投资报酬率（ROI）的方法与途径等内容。

（2）经营层战略　经营层战略，是各经营单位为保持其在产业内的竞争地位而制定的战略。在现代企业中，各经营单位在生产经营上具有一定的独立性，所以，它们一般具有自行制定其经营战略的权力，这使得各经营单位构成了一个个"战略经营单位"，但由于它们都是企业中的一部分，所以，它们在制定各自的战略管理策略时，应遵循企业总体战略的指导，着重于改善其产品在所属产业细分市场中的竞争地位。其战略的选择应与企业和产业的形式相适应，为促进企业总体战略目标的实现而努力。

（3）职能层战略　职能层战略，是对各经营单位内的各职能部门的日常经营活动的战略制定。在现代企业中，一部分人力和物质资源、分工协作履行情况、专业职能设置等通常由各经营单位中的职能部门掌握。所以，职能层战略的确定应在高层次战略方针的指导下，侧重于资源的利用，人力、物力资源潜能的挖掘，专业职能的设置、分配等方面，做到人尽其才、物尽其用，以促进公司层战略目标的实现。

公司层战略、经营层战略及职能层战略三者之间存在着密切的联系。公司层战略是企业的最根本目标，对企业的发展具有根本的指导作用。经营层战略和职能层战略，是实现公司层战略的基础和保证，它们在遵循"目标一致"的原则下，即遵循公司层战略的指导，具体指导各经营单位和经营单位内部的各职能部门的各项经营活动。

企业战略管理层次如图12-1所示。

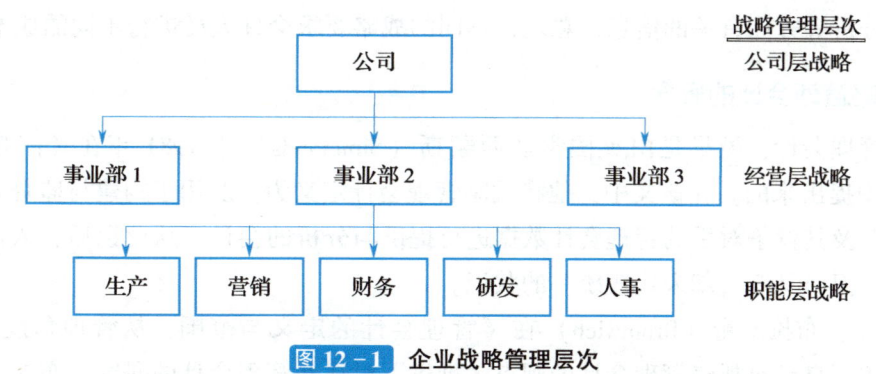

图 12-1 企业战略管理层次

3. 战略管理基本步骤

企业的战略从对企业内外部的环境分析入手,确定企业战略的宗旨、目标,制订战略计划、政策,实施战略、进行战略控制和评价,并在必要时进行战略调整。企业战略管理过程模型如图 12-2 所示。

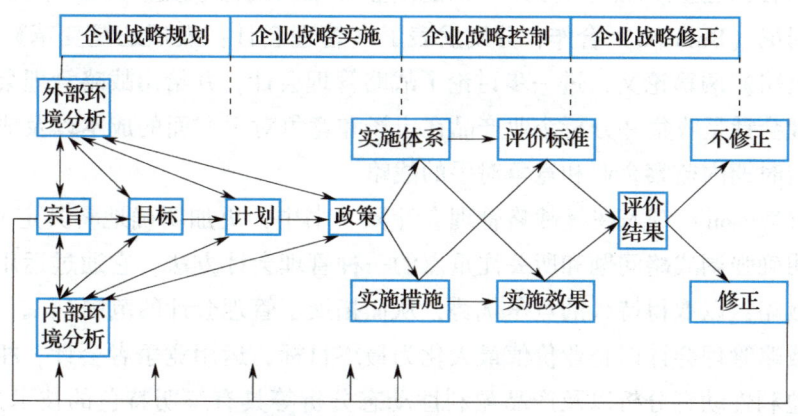

图 12-2 企业战略管理过程模型

12.1.2 战略管理会计的含义与特征

为了最终达成战略目标,获取核心竞争力和超额回报,企业必须研究自身所处的内部环境,即企业拥有的资源和能力,还要研究企业的外部环境,即政策、法律、市场竞争者、供应商、客户、政府等,并及时传递环境变化的信息。战略管理会计正是为了满足这种内外部性因素和长期性信息的需求而产生的,其产生和发展与战略管理理论的发展与完善密不可分。

战略管理会计是适应战略管理的需要而形成的,它必须服务于企业的战略选择。例如:与要保持产品优势的企业相比,保持其成本优势的企业则需要更详细的产品成本信息以便选择生产技术或分析顾客的盈利能力;相反,与要保持成本优势的企业相比,一个采用产品优势战略的企业则需要更多的与新产品发明、设计时间周期、研究和开发费用以及营销成本分析等方面有关的信息；总之，不同的战略要求会计人员进行不同的成本分析。

1. 战略管理会计的概念

战略管理会计，最早是由英国学者西蒙斯（Simmonds）于 1981 年在《战略管理会计》一文中提出来的。在该文中，他将战略管理会计定义为：对用于构建与监督企业战略的有关企业及其竞争对手的管理会计数据进行提供与分析的会计。从此以后，人们沿用了这一名称，但对其定义却未达成统一的共识。

1988 年，布拉米奇（Bromwich）在《管理会计的定义与范围：从管理角度的认识》一文中阐述了自己对战略管理会计的观点，推进了对战略管理会计的研究。布拉米奇认定战略管理会计是管理会计的发展，是未来处在高级管理岗位的管理会计人员所必须掌握的。与西蒙斯相比，布拉米奇更进一步地认为，战略管理会计不仅仅要收集企业竞争对手的信息，而且更应该：①研究与竞争对手相比企业自身的竞争优势和创造价值的过程；②研究企业产品或劳务在其生命周期中所能实现的、客户所需求的"价值"，以及从企业长期决策周期看，这些产品及劳务的营销能给企业带来的总收益。1989 年和 1994 年，布拉米奇和比姆尼（Bhimani）合作，分别发表了《管理会计：发展还是变革》和《管理会计：发展的道路》两篇论文，进一步讨论了战略管理会计，并给出战略管理会计的如下定义：战略管理会计是收集并分析企业产品在市场和竞争对手方面的成本以及成本结构的信息，并在一定时期内监察企业和竞争对手的战略。

威尔逊（Wilson）等人在《战略管理会计》一书中，更加明确地将其定义为："战略管理会计是明确强调战略问题和所关注重点的一种管理会计方法。它通过运用财务信息来发展卓越的战略，以取得持久的竞争优势，从而拓展了管理会计的范围"。

总之，战略管理会计以企业价值最大化为最终目标，运用竞争者会计、相对成本动态分析、顾客盈利性动态分析以及产品盈利性动态分析等具有鲜明特色的技术方法和手段，提供有关企业产品劳务市场、竞争者成本资源与成本结构等财务信息，并进行深入分析，以监视各个期间企业及竞争者的战略。它能够从战略高度正确评价企业经营业绩的是非、得失与功过等，从而确立企业在国际市场竞争中的战略优势地位。

从学科层次系统来看，战略管理会计是管理会计的一个分支。它提供和分析与企业战略有关的管理会计数据。战略管理会计是一个比较宽的概念，它包括战略成本计算、战略成本管理、业绩计量与分析、企业的产品市场、竞争者的成本和成本结构、监视一定期间内企业及其竞争者的战略在市场上的表现等内容；可见，只有管理会计发展到战略管理会计阶段，才能为企业的战略管理提供相应的信息支持。

2. 战略管理会计的内涵和特征

应企业内外部环境剧烈变化的要求，并在战略管理理论发展的基础上产生的战略管理会计（SMA），是近年来兴起的一门新的会计学分支，是企业战略管理理论与管理会计相结合的产物。一般认为，战略管理会计是用以协助领导层从战略的高度进行分析、思考，提供具有战略性的外向型信息及与战略相关的企业内部相关信息，帮助管理者制定竞争战略，实施战略规划，以促进企业的良性循环和不断发展。具体来说，战略管理会计一般具有以下特征：

（1）战略管理会计具有明显的外向性　战略管理会计的外向性表现在两方面。一方面管理会计信息收集与加工涉及面的扩大及控制视角的扩展，如战略决策分析要考虑到顾客需求和竞争者信息，成本控制要扩展到产品的整个生命周期，而且在标准制定、业绩评价中也要考虑到同行业的平均或先进水平等。从这方面说，市场观念使管理会计的视角由企业内部拓展到企业外部。另一方面，管理会计必须改变传统分析中诸多的静态假设，在变动的外部环境条件下进行各项决策分析。例如，上述战略成本分析中的价值链分析，要讨论企业与供应商及顾客之间的关系，考虑上、下游相关企业的兼并问题，而不是以企业现有的经营格局为前提。产品定价决策要面向市场，首先考虑的不是生产成本，而是市场（顾客）为特定产品的功能所愿意支付的价格等。战略管理会计所具有的开放性，缩小了管理会计模型和实际环境之间的差距，增强了管理会计信息的相关性和准确性。

（2）战略管理会计具有结果控制与过程控制相结合的特征　战略管理强调战略目标的合理确定，并从企业管理的各个环节和各个方面来保证其最终实现。这种整体观念有利于增强企业内部的协调运作，增强内部组织间的目标一致，减少内部职能失调。这就要求管理会计的控制不能仅仅停留于对结果的分析，而是要通过过程控制将企业生产经营的各个环节都和企业整体目标相联系，以过程的控制实现对结果的影响和保证预期结果的实现。这些年发展起来的作业成本法、生命周期成本法将分析的视角由结果追溯到与产品价值相关的各个环节，撬开了在传统的管理会计分析中视为"黑箱"的生产经营过程，充分体现了战略管理会计将结果控制与过程控制相结合的特征。这一发展趋势使管理会计系统更多地融入企业的生产经营活动全过程，具有更多的非财务性质。因此，不仅要求管理会计人员和技术、生产、管理各领域的人员密切配合，而且对管理会计人员的知识结构有了更高的要求。

（3）战略管理会计是一种全面性、综合性的风险管理　战略管理会计既重视主要生产经营活动，也重视辅助活动；既重视生产制造，也重视其他价值链活动；既重视现有的经营范围内的活动，也重视各种可能的活动。因此，战略管理会计应高瞻远瞩地把握各种潜在的机会，消除客户、供应商等过分集中而产生的风险，以及由于流动性差导致的风险，等等，以便管理层从战略的角度最大限度地增加企业的盈利能力和价值创造能力。

（4）战略管理会计更加注重会计信息的相关性和及时性　会计信息的相关性是指，企业所提供的会计信息必须与决策者的决策相关。会计信息的相关性成为保证会计信息质量的首要因素。企业所处的竞争环境充满风险和不确定性，迫使信息使用者更需要与企业未来相关的会计信息，即对那些相对不太可靠但又相关的信息，只要在披露信息的同时披露其计量方法和假设即可，这样，信息使用者可据此评价信息风险，调整其战略决策。同时，随着高新技术的发展，以及适时生产管理系统、零存货管理系统、全面质量管理等先进的管理观念和技术的广泛运用，企业迫切需要战略管理会计提供实时信息，而计算机技术、高新技术的迅猛发展则为此解决了技术上的难题，实现了信息的及时传递。

（5）战略管理会计改进了评价企业业绩的尺度　战略管理会计对企业效益的评价尺度，从狭隘的财务效益转向全方位的综合性效益，经营成果计算的重点也从利润计算向增值计算转变。知识和人才成为未来企业竞争的核心，并且智力和技术投资也成为企业基本的投资方向。这种评价尺度是微观效益和宏观效益、短期效益和长期效益、经济效益和社会效益的有机统一，能够对企业的全面发展做出衡量和肯定。同时，随着智力投资的扩大和知识创新步伐的加快，物化劳动的转移价值所占的比重越来低，而由高智力的员工所拥有的专利权等无形资产所创造的价值增值大幅增长，所占比重越来越大。这样，企业计算经营成果的重点应从计算利润转向计算价值增值，并通过编制专门的增值表加以系统反映。

12.1.3　战略管理会计的基本内容

从战略管理会计的发展过程和特点来看，战略管理会计的体系内容是围绕着战略管理展开的，主要包括以下五个方面的内容：

（1）制定战略目标　战略管理会计首先要协助企业管理者制定战略目标。企业的战略目标可以分为三个层次：公司总体战略目标、经营竞争战略目标、品牌战略目标。

公司总体战略目标主要是确定经营方向和业务范围方面的目标；经营竞争战略目标主要研究的是产品和服务在市场上竞争的目标问题；品牌战略目标所要明确的是在实施经营竞争战略的过程中，当产品具有很强的同质性、消费者面对纷繁复杂的产品信息无法做出正确的选择时，企业应该主要依靠品牌战略定位来确立竞争优势。战略管理会计要从企业外部与内部收集各种信息，提出各种可行的战略目标，供企业管理者决策。

（2）战略管理会计信息系统　战略管理会计信息系统是指收集、加工和提供战略管理信息资料的技术与方法体系。战略管理会计作为战略管理的决策支持系统，面对的是复杂多变的外部环境和大量半结构化、非结构化的战略决策问题，因而它所需要的信息来源、数量、特征和加工处理都与传统的管理会计有着明显的不同，需要重新对原有的管理会计信息系统进行设计和改进，战略管理会计信息系统的设计必须符合以下要求：①有助于战略决策；②能消除信息沟通隔阂，通告决策用户参与程度；③能够及时提供与特定战略决策相关的信息；④应变能力强。

战略管理会计信息系统提供的信息主要包括：有关企业基本情况的说明信息；对企业分析、预测以及与竞争对手进行比较的信息；客户方面的信息；对竞争对手的分析、评价及发展趋势进行预测的信息；政府政策、市场情况、国际形势及可能影响企业发展方面的信息；企业自愿披露的其他信息等。战略管理会计信息的来源除了企业内部的财务部门外，还包括市场、技术、人事等部门，以及企业外部的政府机关、金融机构、中介顾问、大众媒体等。

（3）战略成本管理　成本管理是企业管理中的一个重要组成部分。在成本管理中导入战略管理思想，实现战略意义上的功能拓展，便形成了战略成本管理。在战略思想指导下，战略成本管理关注成本管理的战略环境、战略规划、战略实施和战略绩效，可表达为"不同战略选择下如何组织成本管理"。成本管理服务于企业战略的开发和实施，实质上就是成本管理会计信息贯穿于战略管理循环，成本分析与成本信息置身于战略管理的广泛空间，与影响战略的相关要素结合在一起，通过从战略高度对企业成本机构和成本行为的全面了解、控制与改善，寻求长久的竞争优势。战略成本管理与传统成本管理相比存在很大区别，具体见表12-1。

表 12-1　战略成本管理与传统成本管理的区别

区别	传统成本管理	战略成本管理
目标不同	以降低成本为目标/局部性/具体性	以企业战略为目标/全局性/竞争性
范围不同	较狭窄（考虑近期的成本效益原则）	较长远（考虑长期的战略效益）
时间不同	短期的（每月、每季、每年）	长期的（产品生命周期）
效果不同	暂时性/直接性	长期性/间接性
对象不同	表层/直接成本动因	深层次/表现在质量、时间、服务、技术创新等方面的动因
概念不同	仅指产品的短期成本	质量成本、责任成本、作业成本等
重点不同	重视成本结果信息/事后信息	重视成本过程信息/实时信息
概念不同	注重内部成本管理，较少联系宏观政策、外部竞争对手、环境资源等进行分析，难以超越会计主体的范围	注重外部环境，分析企业的市场定位，提供预警信息，及时调整企业竞争战略。可超越会计主体的范围

战略成本管理的基本框架是成本驱动因素，运用价值链分析工具，明确成本管理在企业战略中的功能定位。价值链分析、战略定位分析、成本动因分析构成了战略成本管理的基本内容。价值链分析主要是从原材料供应商起，一直到最终产品消费者之间一系列相关作业的整合，是从战略层面上分析如何控制成本的有效方法。战略定位分析是帮助企业在市场上选择竞争武器以对抗竞争对手的工具。企业要对自己所处的内外部环境进行周密的调查分析，在此基础上，进行行业、市场和产品方面的定位分析，再确定以怎样的竞争战略来保证企业在既定的产品、市场和行业中站稳脚跟，击败对手，以获取竞争优势。成本动因是指导致成本发生的因素。从价值的角度来看，每一个创造价值的活动都有一组独特的成本动因，它用来解释每一个创造价值活动的成本。作业影响动因，而动因影响成本。

（4）战略投资决策　传统的管理会计采用项目的净现值或者内部收益率等指标作为评价投资项目是否可行的标准，然而，这些传统的评价方法存在如下问题：首先，与项目相关的成本或收益难以界定。传统管理会计成本或收益是可以量化的，并且可以用货币表示，但战略管理会计的观点认为有些成本或收益是不能量化或者不能用货币表示的。战略管理会计将成本和收益分为三类：①可以直接用货币表示的；②可以换算为货币表示的；③不能用货币表示的。因此，传统管理会计只考虑第一种成本是不全面的。其次，传统管理会计没有考虑项目是否与公司的整体战略相吻合。例如，一家公司应客户要求，为了短期效益生产了一批质量较低的产品，尽管接受这个订单在经济上是可行的，但却可能影响公司在顾客心目中注重质量的形象，从而降低企业的竞争优势。这实际上也是接受该项目的一种成本，只是这种成本不能量化或货币化。再次，传统管理会计没有充分考虑风险在项目执行中的影响。在项目的执行过程中存在各种风险，尽管净现值法在使用时考虑了市场风险因素，但风险不仅仅在市场环节中出现，而是贯穿项目执行的全过程。因此，按照战略管理会计的要求，投资评价需要突破上述传统管理会计的不足，发展更为有效的决策工具。

（5）战略绩效评价　战略绩效评价是战略管理会计的重要组成部分。从战略管理的角度来看，绩效评价是连接战略目标和日常经营活动的桥梁。良好的绩效评价体系可以将企业的战略目标具体化，并且有效地引导管理者的行为。

战略绩效评价是指结合企业的战略，采用财务性与非财务性指标结合的方法来动态地衡量战略目标的完成程度，并及时提供反馈信息的过程。战略绩效指标应当具有以下基本特征：①全面体现企业的长远利益；②集中反映与战略决策紧密相关的内外部因素；③重视企业内部跨部门合作的特点；④综合运用不同层次的绩效指标；⑤充分利用企业内外部的各种绩效指标；⑥绩效的可控性；⑦将战略绩效指标的执行贯穿于计划过程和评价过程。战略绩效计量与评估需要在财务指标与非财务指标之间求得平衡，它既要能肯定内部绩效的改进，又要借助外部标准衡量企业的竞争能力；既要比较战略的执行结果与最初目标是否相同，又要评价取得这一结果的业务过程。

平衡计分卡和标杆法是用于战略绩效评价的有效方法。平衡计分卡从财务、顾客、内部业务以及创新和学习四个方面来进行绩效评价，而标杆法则是从企业个体的外部寻找绩优企业作为标准，评价本企业的产品、服务或工艺的质量，以便发现差距，并持续、系统地加以改进。

12.2 战略定位分析

20世纪90年代以来，随着经济全球化进程的加快，企业经营环境剧烈变化。从外部环境看，技术创新加剧，市场竞争日益激烈，顾客需求呈现多样化趋势；从内部环境看，员工素质普遍提高，自我发展意识增强，组织趋向扁平化，这些变化给企业带来前所未有的挑战。一个企业能否在这种极具挑战的市场竞争中，选择恰当的竞争战略成为企业成功的必要前提。战略定位分析就是对企业的内外部环境进行分析，帮助企业选择适合自己的公司战略。

12.2.1 战略定位的含义

定位原本是市场营销学中的一个概念，最早出现在 1972 年艾·里斯（AL Ries）和杰克·特劳特（Jack Trout）联合发表在美国《广告时代》上的文章《定位时代》。文章发表后，产品定位、市场定位、品牌定位、文化定位相继成为企业经营的热点问题。从战略角度研究定位问题的代表人物是美国哈佛商学院的迈克尔·波特（Michael E. Porter）。20 世纪 80 年代，以波特为代表的定位学派（positioning school）曾经是企业战略理论的主流观点（Henry Mintzberg and Joseph Lampel, 1999）。波特在理论界和企业界的研究与实践基础上，提出分析产业结构和竞争对手的理论与方法，形成了著名的定位学派。波特认为，战略定位（strategic positioning）是企业竞争战略的核心内容，形成竞争战略的实质就是要在企业与其环境之间建立联系。尽管企业环境的范围广泛，包含社会的、政治的、经济的、历史的、文化的因素，但企业环境最为关键的部分就是企业投入竞争的一个或几个产业，产业结构强烈地影响着市场竞争规则的建立以及企业竞争战略的选择。因此，一个企业的战略目标就在于使企业在产业内部获得最佳位置，并通过影响和作用于各种市场竞争力量来保护这一位置。

1991 年，迈克尔·E. 波特深入阐述了战略定位之于企业竞争制胜的重要性。他认为，企业战略的目标是使企业获得成功，成功与否取决于企业是否有一个有价值的相对竞争地位，而有价值的相对竞争地位来源于企业相对于竞争对手的持续竞争优势，竞争优势有成本优势和特色优势两种基本类型，选择何种优势类型是企业战略定位的一个重要内容。另外，企业竞争优势必然要涉及竞争范围（包括产品、顾客、区域等），因此，竞争范围的选择也就成为企业战略定位的一个重要内容。企业在追求几种优势类型或不同竞争范围的时候，通常可能存在逻辑上的冲突，因而战略定位就成为企业竞争战略的核心内容。1996 年，波特针对理论界和企业界存在的关于战略定位的种种认识误区做了深刻的分析，进一步丰富和发展了企业战略定位的理论与方法。他明确指出，战略定位的目的首先在于创造一个独特的、有价值的、涉及不同系列经营活动的地位，从本质上讲，战略定位就是选择与竞争对手不同的经营活动或以不同的方式完成类似的经营活动等。在同一产业中，战略定位（是指相对于竞争对手的战略和结构上的差异），往往是企业持续竞争优势和超额利润回报的重要来源。

企业的战略定位是有层次性的。对于企业来说，组织的任务和目标是战略定位的前提和基础。所谓组织的任务，就是指导一切行为活动以达到的最为基本的目标。组织的目标是一种明确的、可以计量的目标。根据组织的任务，企业管理者可以确立一系列的经营目标。例如，一家服装制造公司，其任务就是供应优质的男女衬衫，以赚取利润。这家公司的目标就可能包括：赚取相当于其平均总资产 10% 的年利润；维持每年发放每股 2 元的普通股股利；进一步提高在顾客心目中超过平均质量水平和服务水平的良好企业信誉；为本区域内的居民提供稳定的就业机会，并且能达到环保标准等。一般来说，企业的任务和目标应高度概括、通俗并简单明了,几个成功企业的任务和目标见表 12-2。在企业的组织任务和目标的指引下,企业进行战略定位的首要任务就是确定"从事什么行业",即产业选择的问题,而业务、产品与品牌的定位问题,则应该是企业在确定具体要从事的业务之后再去考虑的事情。

表 12-2 企业的任务和目标

企业名称	组织任务和目标
顺丰控股	提供高效、可靠的快递物流服务。通过自购飞机和高铁资源,提升跨城和跨省快递的速度和灵活性,实现最快四小时送达
中粮集团	成为全球领先的农粮企业。提供高效的农产品资源配置,满足国内外市场需求,特别是大豆、玉米和小麦等重要农产品的供应
中国工商银行	提供全面的银行和金融服务。通过创新和高效的管理,成为全球领先的银行机构,支持经济发展和客户需求
中国南方电网	提供稳定和可持续的电力供应。通过跨境电力贸易和绿色能源发展,促进区域和全球能源的可持续发展
比亚迪	成为全球领先的新能源汽车制造商。通过技术创新和环保理念,推动电动汽车的普及和可持续交通的发展
Alphabet Inc.(Google)	组织全球信息,使其普遍可访问并有用。通过技术和创新提供信息访问,提升全球人们的生活质量
Microsoft	赋能地球上的每一个人和每一个组织实现更多。提供创新的技术和服务,帮助个人和组织实现其最大潜力
Apple Inc.	通过创新的硬件、软件和服务,为客户带来最佳用户体验。制造世界上最好的产品,并让世界变得更美好
Meta Platforms(Facebook)	赋予人们建立社区的力量,使世界更加紧密联系在一起。通过社交网络和市场平台,促进用户和企业的连接和成长
JPMorgan Chase & Co.	成为世界上最好的金融服务公司。通过卓越的客户服务、诚信和责任感,推动经济增长和社会繁荣

12.2.2 战略定位分析方法

准确地判断企业所面临的竞争环境,是企业确定战略定位的关键,其中包括宏观层面的政治、法律和经济等环境,市场层面的行业发展状况、供应商和销售商的议价能力、竞争者的优势以及企业自身的核心竞争力、内部所具有的优势与劣势等。因此,战略定位方法就是通过对于战略环境的调查分析,使企业明确其自身在竞争市场中所拥有的机会、面临的威胁和企业本身的优势和劣势,以此来确定企业的竞争战略。战略定位分析的方法主要有行业吸引力分析模型、SWOT 分析法和波士顿矩阵法。

1. 行业吸引力分析模型

行业吸引力分析模型是美国著名管理大师、哈佛大学商学院著名教授迈克尔·E.波特提出的,如图 12-3 所示。在行业吸引力分析模型中,影响行业吸引力的因素包括外部环境力量和行业内部力量。外部环境力量包括政府管制、社会环境、科技环境、全球化以及经济形势。首先要考虑哪些环境因素对企业未来发展具有重大影响,然后把这些因素分别按政治、经济、社会、技术和全球化五个方面进行分类,并分析它们对企业发展的中长期影响,从而正确定位企业所要采取的竞争战略;而行业溢价(投资收益与资本成本间的差额)则是由五种行业内部竞争力量所决定的,两个来自于纵向的竞争(买方的议价能力和卖方的议价能力),另外三个来自于横向的竞争力量(替代产品的威胁、原有同业公司的竞争和新进入者的威胁)。上述的内外部影响因素相互作用,共同决定了在某一时点、某一行业的吸引力。行业吸引力代表了该行业的价值创造潜力。行业价值创造潜力对企业价值创造有巨大影响,处于上升行业的企业,创造更大价值的概率就大,即使在该行业中经营一般,也会由于该行业的上升而获益。相反,如果处在一个下降的行业,创造较大价值的概率就小,要创造与上升行业中相同的价值,必须付出更多努力。另外,要想提高公司价值创造的潜力,还得关注公司在所处行业中的竞争地位。只有占领一个恰当的竞争地位,才能轻松面对来自客户、供应商、替代产品以及同业公司的负面影响。

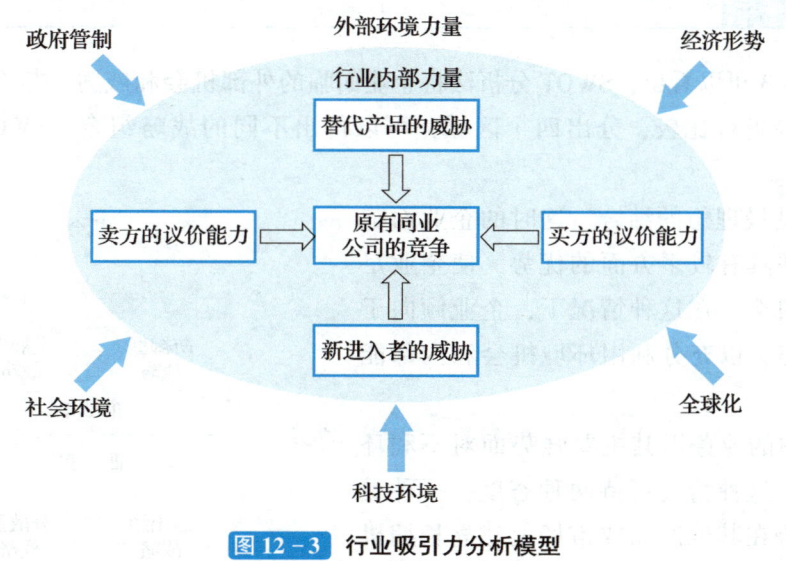

图 12-3 行业吸引力分析模型

2. SWOT 分析法

任何企业在制定战略方案之前,总要对企业内部和外部的环境进行全面认真的分析,既要搞清自身的优势与劣势,又要充分认识到其所处外部环境给企业带来的机会与威胁。上述分析就是 SWOT 分析法,它将企业相对于竞争对手的优势(Strength)、劣势(Weakness)、与经营环境中的机会(Opportunity)、威胁(Threat)相结合,使企业在战管理过程中通过运用其自身优势去实现外部环境所给予的机会。SWOT 分析矩阵见表 12-3。

表 12-3 SWOT 分析矩阵

	优势（Strength）	劣势（Weakness）
内部环境	产权技术 产品创新 良好的财务 高素质的管理人员 公认的行业领先者 …	设备老化 产品线范围太长 营销能力较弱 成本高 企业形象一般 …
外部环境	机会（Opportunity） 纵向一体化 市场增长迅速 能争取到新的用户 有可能进入新的市场 可以增加互补产品 …	威胁（Threat） 竞争压力增大 政府政策不力 用户的需求正在转移 新一代产品已经上市 …

从表 12-3 可以看出，SWOT 分析法将企业面临的外部机会和威胁、与企业内部具有的优势和劣势进行比较，分出四个区域，可以得出不同的战略组合。SWOT 分析图如图 12-4 所示。

区域 I 是最理想的结合。这时的企业面临许多机会，并具有较多方面的优势，使企业足以利用外部机会。在这种情况下，企业倾向于采取发展战略，以充分利用环境机会和内部能力优势。

区域 IV 中的业务以其主要强势面对不利环境。企业面对这种情况可持两种态度：一种是利用现有强势在其他产品或市场上建立长期机会，这是具有其他发展机会的企业常采取的态度，我国一些企业采取的"人无我有，人有我优，人优我廉，人廉我走"的战略同样反映了这个思想；另一种是以企业的优势克服环境设立的障碍。整合和多样化就是实现克服环境威胁所常采取的战略。不过，企业只有在优势表现得十分突出，企业实力较强，特别是企业的财力很强时才适合采取与环境直接正面斗

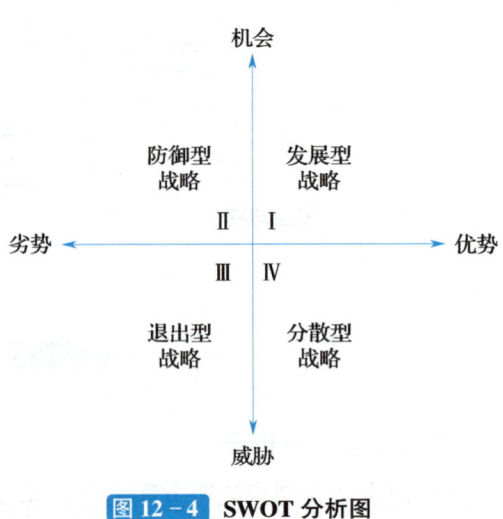

图 12-4 SWOT 分析图

争的态度，因为如果失败，企业将受到更大的伤害。

区域Ⅱ内的业务具有较大的市场机会，同时内部弱势也较明显。这些业务的战略重点应放在减少内部弱势，同时有效地利用市场机会上。

区域Ⅲ是最不理想的形势。处于该区域中的企业在相对弱势处恰恰面临着大量的环境威胁。在这种情况下，企业最好采取减少或是改变产品或市场的战略。

使用SWOT分析法时，各战略因素均应从动态的角度去理解。对企业自身的优势与劣势绝不能用凝固的眼光去对待，而应充分发挥企业领导和广大员工的积极能动作用，不断采取有效措施增强企业整体的竞争优势；企业外部的机会与威胁，企业应洞察先机，以其自身的竞争优势不失时机地抓住机会，出奇制胜，同时凝聚力量抗击外部威胁。

3. 波士顿矩阵法

世界著名的管理咨询公司——波士顿咨询集团公司按照产品的市场相对份额及市场成长率两个指标，将产品分为四种不同类型。市场相对份额指标用于反映产品在市场上的竞争优势及其盈利能力，而市场成长率指标则用来反映该产品市场的发展前景是否广阔。按照波士顿矩阵分类法，不同产品可分为野猫、明星、金牛、瘦狗四种类型。波士顿产品矩阵如图12-5所示。

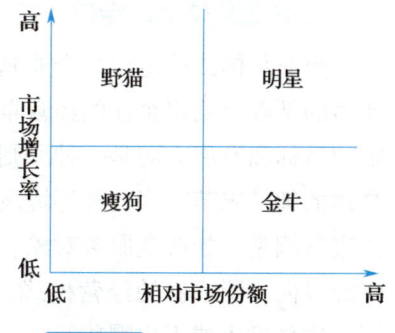

图12-5 波士顿产品矩阵

对于不同类型的产品，企业可选择的经营战略有很大差异：

1) 野猫类产品是在具有高成长性市场中企业产品所占份额比较低的产品，企业对这类产品所采用的战略目标是扩大企业产品的市场份额。为此，企业需要大量的资金投入，以跟上快速发展的市场，并与强劲的竞争对手展开竞争。在这种情况下，成本管理战略应该有长远的观点，要根据市场发展前景，竞争对手的状况确定企业产品规模、技术装备水平等；另外，由于产品处在市场拓展阶段，企业可能需要较高的生产成本，在成本管理过程中要对这种需要给予充分的满足。

2) 明星类产品是在高增长率市场上已成为市场领导者的产品。企业对这类产品所采取的战略是固守战略，以期将产品培养成金牛类产品。在这种情况下的成本控制要考虑如何采取长期的成本抑减措施控制产品成本，如何在产品市场的开发拓展过程中既控制成本又不降低产品地位等问题。

3) 金牛类产品是相对市场份额开始趋于稳定的产品。对于这类产品而言，企业应从规模经济和较高的边际利润中得到收益，企业采取的战略是收获战略，企业的目标是尽可能地获取现金回报，尽可能减少追加投入；在这种情况下，企业采取的成本管理战略应该是快速的成本抑减战略，一切可以降低成本的短期措施都将被采用，不需要过多地考虑长期的相对成本地位。不需要成本降低的长期措施，要尽可能压缩各种成本和费用，以最大限度地增加企业现金回报。

4)瘦狗类产品是低增长率市场中低市场份额的产品。企业对这类产品采取的战略通常是撤退战略,即退出该产品市场;在这种情况下的成本控制过程中,一切成本费用都应压缩到最低需要的水平,避免生产和销售产品最低需要成本以外的一切开支。

12.2.3 战略定位分析的框架

企业在确定其组织任务以及与此相适应的组织目标的基础上就可以对自己的战略进行战略定位。菲利普·科特勒(Philip Kotler)认为,定位就是对企业的产品进行设计,从而使其在目标顾客心目中占有一个独特的、有价值的位置的行动。"市场如战场,竞争如战争"。从总体战略定位到经营竞争战略定位,再到品牌战略定位,其竞争的激烈程度是依次加强的。下文,将从企业总体战略定位、企业经营竞争战略定位以及企业品牌战略定位三个方面探讨企业战略定位分析的一般框架。

1. 企业总体战略定位

企业总体战略定位是企业基于长远发展的需要,在综合分析外部环境机遇与内部资源能力的基础上确定企业的经营重心,规划企业的总体行动,追求企业的总体效果。它所确定的目标和发展方向是一种原则性和总体性的规定,是对企业未来的总体谋划,不纠缠于具体的细枝末节。当内外环境发生重大变化时,企业会在慎重思考的基础上对总体战略定位进行调整,如改变服务对象,或者从原来的行业转变到新的行业,以及转变企业原来的资源投向,形成新的经营模式。说得具体一点,就是企业在企业理念与市场定位的指引下,选择进入或退出哪些行业,专业化还是多元化,而这将最终决定企业的边界。

组织任务决定了企业追求什么,市场定位则表明了企业所面对的市场机遇,但是企业在决定进入某一些行业时,还必须考虑一个问题,即自身拥有的资源是否可以把握这一机遇。资源基础论(Resource-Based View)认为,企业的资源包括三个方面:有形资产、无形资产和组织能力。有形资产包括房地产、生产设施、原材料等;无形资产包括声望、品牌、文化、技术知识、专利、商标,以及日积月累的知识和经验;组织能力则是企业资产、人员与组织投入产出过程的复杂结合。这样,在企业理念不变的前提下,企业依据市场需求以及自身资源就可以做出进入或退出某一些行业,专业化还是多元化的决策。综上所述,企业总体战略定位主要是进行行业的选择,并在组织规模不断扩张的过程中确定一个合适的边界。

2. 企业经营竞争战略定位

企业经营竞争战略定位是指企业的某一战略业务单元(SBU)在其所进入的行业或细分行业内确立其市场地位和发展态势,主要解决如何在市场上与竞争对手展开竞争、资源如何分配等问题,其关键点在于如何获取"相对竞争优势"。由此看来,经营竞争战略定位,即我们通常所说的竞争战略定位。竞争战略定位所针对的是与自己处于同一行业或细分行业的竞争对手,如果没有竞争对手,企业也就不需要竞争战略。因此,竞争战略定位的唯一目的就是使 SBU 能够尽可能高效地获得相对竞争对手的持续优势。克劳塞维茨（Carl von Clausewitz）在他的名著《战争论》中指出，最理想、最安全的策略是"在各方面都强"。但是，这种情况无论对军队还是对企业而言都是极其罕见的。因此，克劳塞维茨又提出了在军事战争与商业竞争中最为常用的策略：在"关键点"集中力量。由此看来，我们无须处处都比竞争对手强，我们不需要绝对实力，只需要相对实力。企业内部的劣势或低效率在一定时期内总是可以容忍的，但是相对于竞争对手的状况恶化则可能危及企业的生存。

许多专家学者提出了各自的竞争战略，例如，大前研一（1982）提出了获取竞争优势的四种基本战略：①基于关键成功要素的经营战略；②基于相对优势的经营战略；③基于积极进取的经营战略；④基于战略自由度的经营战略。

MIT 斯隆管理学院的阿诺尔多·海克斯则依据国际上近来兴起的复杂科学理论以及对上百家公司的研究提出了获取竞争优势的三种战略：①最佳产品战略；②顾客解决方案战略；③系统锁入战略。

最为著名的三种竞争战略是由迈克尔·波特提出的，即成本领先战略、差异化战略和聚焦战略。这三种竞争战略是相互联系的。成本领先战略保证了利润，体现了效率；差异化战略保证了市场份额，使企业在成本方面的高效率转化为高效益；聚焦战略强化了低成本与差异化的优势。

（1）成本领先战略　成本领先战略也称为低成本战略，是指企业通过提供比竞争对手成本更低的产品和服务来获得比竞争对手利润多竞争战略。成本领先者通过降低产品的成本，能够在较低的价格下维持适当的利润，进而通过价格战，挤垮竞争对手。这种战略常常在广泛的产业内谋求竞争优势，成本领先者通常拥有相当大的市场份额，尽量避免局部市场，使用低价格占有较广的市场，当大多数企业试图为降低成本而努力时，成本领先者可完全将精力放在产品推广上，从而在市场上取得有利的成本和价格优势。

成本领先战略是三种竞争战略中最明确的一种，其主题是如何使企业成本低于竞争对手。在激烈的市场竞争中，如果企业能够创造和维持全面的成本领先地位，那么它只要将价格控制在产业的平均水平或接近平均的水平，就可以获取优于平均水平的经营绩效。与竞争对手的价位相比，成本领先者的低成本地位将转化为高效益。成本优势的战略性价值取决于其持久性，如果企业成本优势的来源对于竞争对手来说是难以复制或模仿的，其持久性就会存在。企业可以通过控制成本动因和重构价值链这两种方法来获取成本优势。

实行低成本战略必须避免一种倾向，即降低产品成本的同时可能会降低产品的需求，原因是减少了产品的功能。只有在消费者认为企业的产品和服务与竞争对手的相同（至少差不多）且竞争对手的价格更高时，成本领先战略才能奏效。

（2）差异化战略　差异化战略又称别具一格战略，是指通过产品研究开发，力求就客户广泛重视的方面在产业内独树一帜、别具一格，或在成本差距难以进一步扩大的情况下，生产比竞争对手功能更多、质量更优、服务更好的产品，以获得竞争优势的竞争战略。简而言之，就是要标新立异、提供与众不同的产品或服务，满足顾客的特殊要求。如果一个企业能够提供给顾客某种具有独特性的东西，那么它就具备有别于其竞争对手的经营差异，经营差异化减少了竞争，保证了其市场份额，使企业可以得到价格溢价。因此，差异化战略是获得超常收益的战略，可有效抵御五种竞争力量带来的风险。

实行差异化战略必须避免一种倾向，即可能试图降低产品成本而忽视产品的宣传和研发的投入。通常实行差异化战略的企业为使消费者认识到产品或服务的独特性，必须进行能够持续的、大规模的产品宣传，否则差异化战略的作用就会降低。如果企业的产品或服务在消费者心目中的独特性不再重要时，低成本竞争对手的产品对消费者的吸引力就会加大。另外，企业产品或服务的独特性具有一定的暂时性，因而需要不断地研发投入、持续地进行创新方可维持差异化战略。

（3）聚焦战略　聚焦战略是指企业选择特定细分市场实施成本领先战略或差异化战略，即为特定的地区或特定的购买者群体提供产品和服务，获取成本或差异化竞争优势的竞争战略。前两种战略，即成本领先战略和差异化战略是面向全行业，在整个行业的范围内进行活动，而聚焦战略是企业集中有限的资源以更高的效率、更好的效果为特定的顾客或市场区域服务，从而超过服务于更广阔范围的竞争对手。聚焦战略有两种形式，成本领先聚焦战略与差异领先聚焦战略，前者寻求在目标市场上的成本优势，而后者追求目标市场上的差异优势。

实行聚焦战略需要注意的问题是，企业所处的特定市场可能会由于行业技术的改变或消费者消费倾向的变化，优势突然消失。如一个对高级咖啡有专长的企业，当消费者的口味转向别的饮料时，该企业的生意就比较难做。因此，采用该战略时，要求企业必须密切关注市场消费者的动态，适时调整产品的生产以满足消费者的消费需求，从而不断积累竞争优势。

企业可通过比较、借鉴来选择和制定适合自身发展的竞争战略。三种竞争战略比较见表12-4。

表12-4　三种竞争战略比较

战略名称	成本领先战略	差异化战略	聚焦战略
战略目标	整个产业范围	整个产业范围	狭窄的市场
竞争优势	整个产品市场中的低成本	独特的产品或服务	特定市场中的低成本或差异化或兼而有之
产品品种	产品品种多	产品品种有限	产品可能多或有限
生产	在保证产品质量和基本性能的基础上尽可能做到低成本	力求创新生产出差异化产品	生产出满足特定市场需要的产品
营销	低价格	价格较高	根据特定市场的情况灵活定价

3. 企业品牌战略定位

当产品具有很强的同质性时，消费者面对纷繁复杂的产品信息往往无法做出正确的选择，此时企业应该主要依靠品牌战略定位来确立竞争优势。例如，日本彩色胶卷行业中富士公司与樱花公司的竞争就说明了这一点。樱花公司在20世纪50年代处于市场领先地位，但后来富士公司却不断超越它并最终占领了市场。考察结果表明，问题不是出在产品质量上，而是出于其名称上，樱花这一名称使人联想到模糊、略带桃红色的图像，而富士这个名字则让人自然地想起富士山上的蓝天和白雪。百事可乐在挑战可口可乐霸主地位的时候，也主要是从包装、设计、广告宣传等品牌传播领域进行战略进攻的。

定位理论创始人艾·里斯和杰克·特劳特认为，定位从产品开始，可以是一件商品、一项服务、一家公司、一个机构，甚至是一个人，但定位并不是要对产品做什么事，定位是对未来的潜在顾客心智所下的功夫。而在当今社会，树立形象、建立品牌则是在顾客心智中进行定位的最好方法。因此，品牌战略定位的最终目标是在顾客心智中树立起良好的品牌形象，这个品牌形象既包括企业形象，也包括产品形象。

综上所述，总体战略定位是在整个商业活动空间中为企业自身进行定位，即选择企业要进入或退出的行业，是进行专业化还是多元化经营，或者在专业化的基础上进行多元化；经营战略定位是在所进入的行业或细分行业中为企业的SBU确定位置，以便更好地与竞争对手展开竞争；品牌战略定位则是在目标市场消费者的心目中为企业的产品寻找一个独一无二的位置，以实现企业的销售目标。从对抗的角度看，总体战略定位在于挑战企业自身，其他企业能做的事情，本企业能否做得更好，其他企业做不了的事情，本企业能否做；经营战略定位在于挑战竞争对手，与竞争对手相比，或者以不同的方式做同样的事情，或者直接做不同的事情；品牌战略定位则在于挑战消费者，对于挑剔的消费者以及庞杂的产品信息，如何让自己的产品信息深深地印在消费者的大脑中。

12.3 战略管理会计主要方法

12.3.1 价值链分析

（一）价值链的概念

价值链（Value Chain）的概念是由美国学者迈克尔·波特（Michael E. Poter）于1985年在其所著《竞争优势》中提出的。波特认为，"每一个企业都是在设计、生产、销售、发送和辅助其产品的过程中进行种种活动的集合体。所有这些活动可以用一个价值链来表明"。价值链分析是战略成本管理的核心方法。

企业的价值创造是通过一系列活动构成的，这些活动可分为基本活动和辅助活动两类，基本活动包括内部后勤、生产作业、外部后勤、市场和销售、服务等；而辅助活动则包括采购、技术开发、人力资源管理和企业基础设施等。这些互不相同但又相互关联的生产经营活动,构成了一个创造价值的动态过程,即价值链。

波特价值链如图12-6所示。

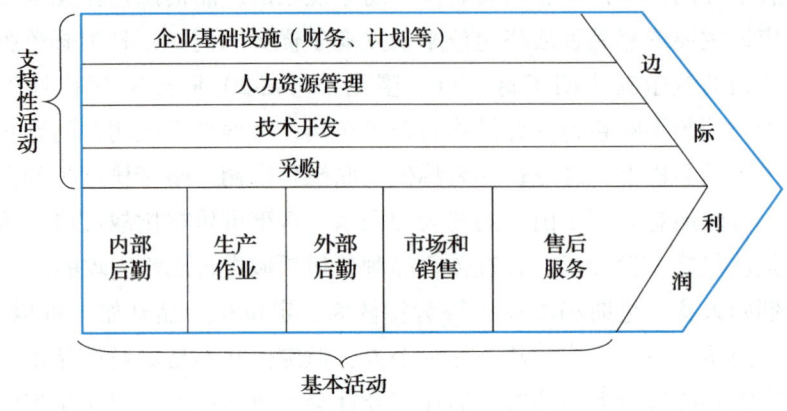

图12-6 波特价值链

价值链实际上就是企业为了生产有价值的产品或劳务,并将其销售给顾客而发生的一系列创造价值的活动。在这一过程中涉及资金流、信息流、商流、物流、服务流等,价值链与五大流之间的相互关系如图12-7所示。

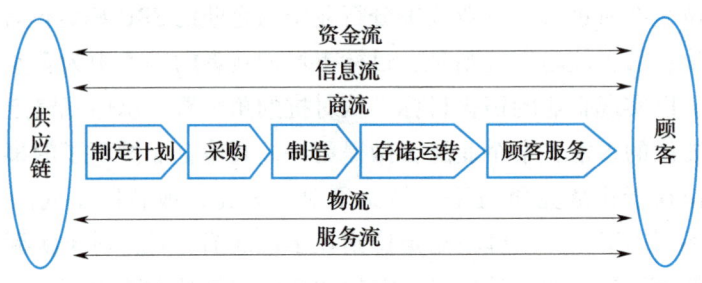

图12-7 价值链与五大流之间的相互关系

(二)价值链分析的内容

价值链在经济活动中无处不在,上下游关联的企业与企业之间存在行业价值链,企业内部各业务单元之间也存在着价值链联结。价值链上的每一项价值活动都会对企业产品成本及产品差异化方面在产业中所处相对地位产生重要影响。

价值链分析就是要从战略上对行业价值链进行分析,以了解企业在行业价值链中所处的位置;从企业内部分析以了解自身的价值链;从竞争对手的价值链分析以了解对手的价值链,从而做到知己知彼。因此,应从不同层面进行价值链的研究。价值链分析包括以下内容:

1. 产业价值链分析

产业价值链分析是指整个产业的纵向整体分析。它是从一个更高、更广阔的角度,对整个产业所属企业的竞争地位和相应的分化、组合等问题进行的战略分析。即从产业最初的原料开发开始，经过若干个不同产品的生产环节，直到最终产品被用户消费结束的完整过程。

对产业价值链进行分析，可以帮助企业明确自己在产业价值链中的位置，帮助它们分析、利用上、下游价值链的各种可能性，从而实现最佳阶段的产业价值链。

企业与上游供应商之间的连接主要是因为供应商的产品设计特性、服务、质量保证程度、产品运送程序等均会影响企业的成本结构。

企业与下游间的连接关系也会影响其成本结构，例如，下游通路的仓储位置、产品技术处理，将影响企业本身的对外后勤与包装成本。

例如，新能源汽车产业的价值链涵盖了从原材料供应到二手车商的整个过程，如图12-8所示，每个环节的价值活动对整个产业链的成本结构和竞争地位都有着重要影响。

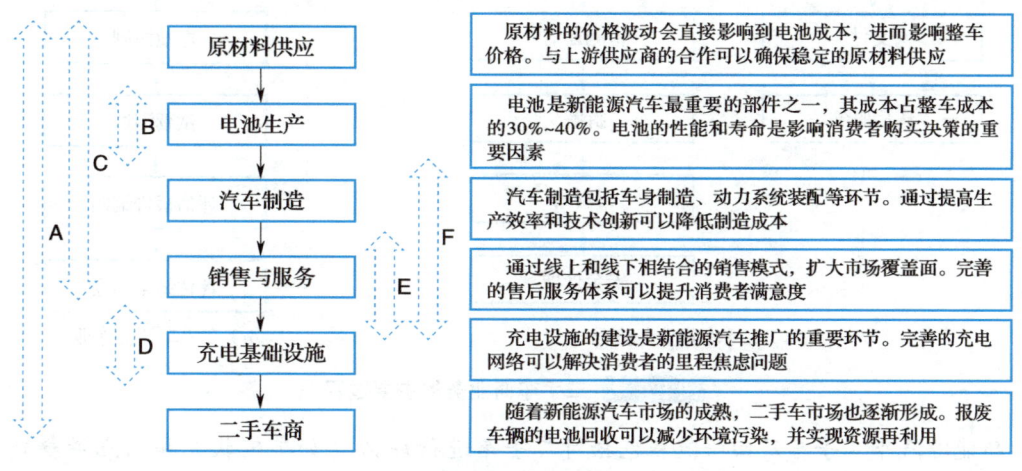

图 12-8 行业价值链

图12-8中，新能源汽车产业价值链包括六个主要环节，每个环节都有其独特的价值链特点，而每个环节又都是产业价值链中的一部分。每个企业都处于产业价值链中的某一个或几个环节上，构成了产业价值链中的一个个小分子。例如，汽车制造企业需要审视与外部的联系，与原材料供应和电池生产商的合作有助于降低成本。若与上游原材料供应商的合作关系能够使整车制造企业减少总成本，企业就能降低售价，以提高或保持其竞争地位。

2. 企业内部价值链分析

企业内部价值链是由企业内部为客户创造有价值产品或服务的一连串"价值活动"所构成的，这些"价值活动"之间是相互联系的。

进行企业价值链分析首先要找出企业内部最基本的价值链，然后把这个最基本的价值链分解为一个个单独的价值作业，最后再分别分析各作业成本在总成本中所占的比例、增长趋势、各作业的成本习性及与其竞争对手进行该作业的差异。

【例 12-1】以新能源汽车产业中的二手商为例,为了更好地了解处于价值链中的企业是如何创造价值和发生成本的,管理层应进一步将价值链按流程分解,并收集为达到共同目的的相关作业。图 12-9 描述了二手车商业务的主要过程,其中,图 12-9a) 描述了二手车商业务流程,图 12-9b) 描述了二手车评估这一流程被进一步分解的各项作业。

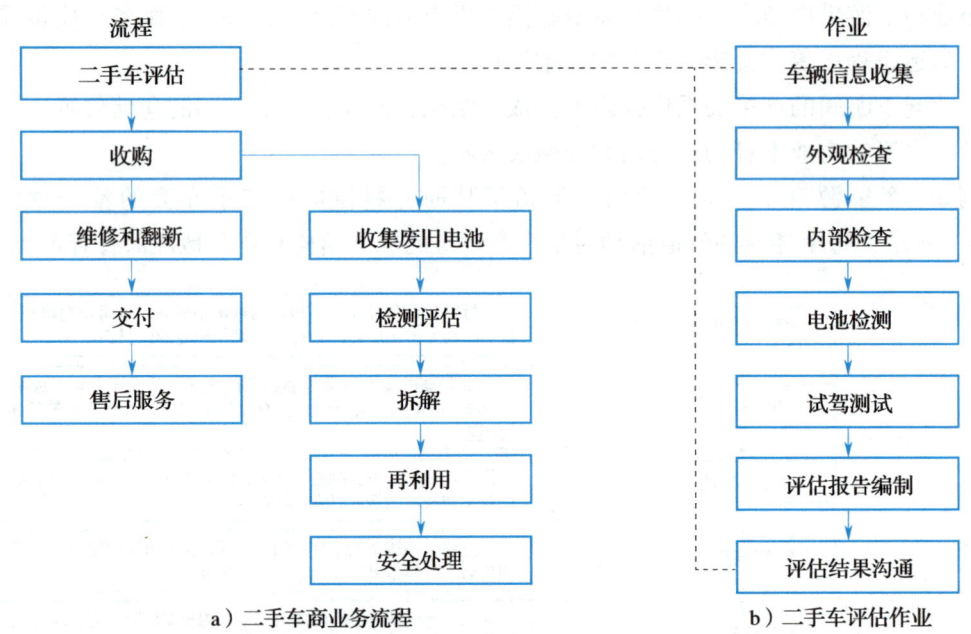

a) 二手车商业务流程　　　　　　　　b) 二手车评估作业

图 12-9　二手车商业务的主要过程

新能源汽车二手车及回收流程包括对二手车进行评估（如车辆状况和电池寿命）,与车主协商完成收购交易,对车辆进行维修和翻新,通过线上或线下渠道销售,确保顺利交付并提供售后服务。此外,还包括从二手车和报废车辆中收集废旧电池,检测评估其剩余价值,拆解有价值的材料进行再利用,并对不可再利用的部分进行安全处理。

把流程进一步分解为各项作业,有助于管理者把这些作业分为增值作业和不增值作业,然后制定消除不增值作业的战略。对于二手车商而言,车辆信息收集、外观检查和电池检测是直接为客户创造价值的增值作业,而内部检查工作则是不增值作业。因此,可采取协调与最优化方式降低成本。所谓协调是指作业间的相互配合良好,信息充分沟通,使整体的作业效率提高,该目标的达成有赖于有形的信息系统与无形的人力素质、合作能力、企业文化。成本优化则是指通过工作流程的重整、工作质量的提高,进而降低成本。

可见,通过对企业内部价值链的分析,可以帮助管理层对企业内部作业有一个较清晰的认识,有利于管理层重组和创新企业价值链,最大限度地消灭不增值作业,降低作业成本,增强企业竞争力。

3. 竞争对手价值链分析

行业中往往存在生产同一或相似产品的竞争者,他们或者与企业处于同一价值链环节，或者跨越价值链的几个环节。对其进行价值链分析，就是要通过对竞争对手的价值链进行调查、分析和模拟，测算出竞争对手的成本，从而与之进行比较，最终制定出战胜对手的竞争战略。即分析企业与竞争对手的差异是源自战略上的差异、还是各自所处的不同环境，或是企业内部结构、技术、管理等一系列的原因，进而从消除劣势，保持优势入手，制定在竞争中战胜对手的战略。

【例12-2】廉价航空公司与传统航空公司的价值链分析。

廉价航空公司与传统航空公司的作业链比较，如图12-10所示。

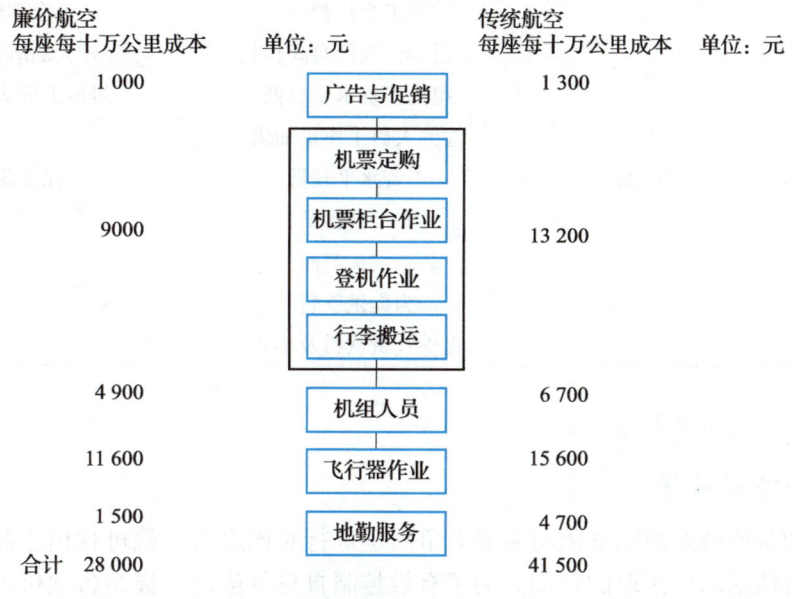

图12-10 作业链比较

两公司根据价值链所做的成本分析，隐含着廉价航空公司采取的是低成本战略，而传统航空公司采取的是优质优价服务战略，具体见表12-5。

表12-5 廉价航空公司与传统航空公司价值链分析所含的战略意义

价值要素	传统航空的单位成本−廉价航空的单位成本（元）	战略差异	
		廉价航空	传统航空
广告与促销	300	大力促销低价热门航线	大力促销完整服务航线
机票订购	4 200	未设订票办公室	在各地设订票办公室
		未设个别电脑订座系统	设个别电脑订座系统
		未售连线机票	
		费率种类较少	
		先到先定位	完整服务

（续）

价值要素	传统航空的单位成本－廉价航空的单位成本（元）	战略差异	
		廉价航空	传统航空
		行李搬运收费	行李搬运免费
		未连线运送行李	
机组人员成本	1 800	二手飞机	新飞机
飞机作业成本	4 000	高密度作业	
		非工会驾驶员	工会驾驶员
		组员少，飞行时间较长	较大的航空组员
		组员工资水平较低	组员工资水平较高
		地勤人员工作量加倍	
地勤服务成本	3 200	工资水平较低	完整服务
		非工会会员	
		未设头等舱	
		为提供就餐	
		提供收费饮料及小吃	

（三）获得竞争优势

1. 有效控制价值链

将企业的价值链及成本动因与主要竞争对手进行对比之后，就可找出控制企业自身价值链中有关价值活动应采取的行动。为了有效控制自身价值链，提高各项价值活动的资产报酬率，企业应该从以下三方面入手：

1）在不降低价值（收入）的前提下降低价值活动成本。
2）在不提高成本的前提下提高价值（收入）。
3）在不降低价值和不提高成本前提下减少各项价值活动所占用的资产。

2. 重构价值链

在不断控制企业自身价值链，使之优于竞争对手价值链的同时，企业还要努力重新定义价值链，以便获得更显著的竞争优势。能否取得并维持竞争优势主要取决于企业如何根据竞争对手价值链情况来不断塑造企业自己的价值链。

12.3.2 战略成本动因分析

（一）成本动因的概念及种类

1. 成本动因的概念

成本动因即导致成本发生的原因。它是成本结构构成的决定性因素，企业在进行各项价值链活动时会产生各种成本，成本与经济活动间的关系可用成本习性来描述，而影响成本习性的因素即为成本动因。从战略的角度看，成本动因可分为两类，一是战术意义上的成本动因，二是战略意义的成本动因。

战术意义上的成本动因是指与作业相联系的成本动因，如生产批数、订单数量、产品产量、机器工时等。这些动因主要涉及当前经营过程中影响企业产品成本的有关因素。其意义在于一方面借助作业成本法为企业提供更为准确的成本信息，另一方面为企业改善作业、优化管理、降低成本发挥重要作用。

战略意义的成本动因是指与价值链中的价值活动相联系的成本动因，如企业的规模、员工的责任感等。每项价值活动具有相应的成本动因，这些成本动因能解释各竞争者之间该价值活动的成本差异。因此，每项价值活动具有相应的竞争优势来源。

2. 战略成本动因的种类

根据瑞利（Riley）的观点，战略成本动因可以分为两大类，一是结构性（Structure Cost Driver）成本动因，二是执行性（Executional Cost Driver）成本动因。

（1）结构性成本动因 结构性成本动因是与企业的战略定位和经济结构密切相关的成本因素，是决定企业基础经济结构的成本动因。不同的战略选择会导致企业选择不同的生产经营方式，进而形成截然不同的成本动因。

影响结构性成本动因的决策并非是经常制定的，而一旦这种决策制定后，企业就要受到行为过程的束缚，且这种行为过程是难以改变的。结构性成本动因主要包括：

1）规模（Scale）。它可以通过企业在生产和研究开发等方面投入资金量的多少来反映。如果企业规模适度，则有利于成本降低，形成经济规模；如果企业规模过大，扩张过度，则会导致成本的上升，产生规模不经济。

2）范围（Scope）。范围是指企业进行纵向合并的程度，即企业跨越产业价值链的长度。如果业务范围扩张适度，可降低成本，带来整合效益；相反，如果业务范围扩张过度，则会使成本提高，效益下滑。而企业的横向合并则更多地与规模相关。

3）经验（Experience）。经验即经验积累，它是指生产单位产品所需时间随着工人熟练程度的不断加强而逐渐减少的现象。通常工人经验积累程度越高，操作也就越熟练，单位产品成本就会呈下降趋势。这就是所说的学习曲线或称经验曲线效应。一般学习效应在企业初建时尤为明显，成熟企业的学习效应相对来说不够明显；价格敏感性强的企业，学习效应显著，它可带动需求，增大产量，进而降低成本。

4）技术（Technology）。技术是指企业价值链的每一环节中运用的处理技术，它反映企业生产工艺技术的水平和能力。通常先进的技术和技术水平会使成本降低，但开发与应用技术以付出较高的成本为代价且存在被淘汰的风险，因此实际应用中，应在技术革新成本与所获利益之间进行权衡并做出正确的决策。

5）复杂性（Diversity）。复杂性是指企业能够向顾客提供多宽范围的系列产品或服务。

6）厂址（Location）。厂址是指厂址的选择与确定。企业所处地理位置的好坏对企业的影响是多方面的，既有直接影响也有间接影响：如果企业所处地理位置优越，则需为此付出较高的成本代价，但这可能有利于企业扩大销售量，这种影响有可能导致企业成本的降低；否则，就会得出相反的结论，因此，企业在选择厂址时应在成本和利益之间做出权衡。

以图 12-9 中的二手车商为例，可能的结构性成本动因包括：

- 任务和目标的确定——决定进入二手车销售和回收行业。明确企业的核心业务是二手车评估、收购、维修和翻新、销售以及废旧电池的回收和处理等。
- 商店地理位置的确定——选择二手车商的地理位置。是否设在交通便利、客流量大的地方，如城市中心或者主要交通干道旁，以吸引更多的顾客和增加销售量。
- 商店规模的确定——确定二手车商的规模，包括展厅和维修车间的大小和数量。规模适中的展厅和车间有助于有效管理库存和运营成本。规模过大会增加不必要的固定成本。
- 经营范围——确定二手车商的业务范围。是否仅专注于二手车销售，还是同时提供维修服务、车辆翻新、零部件销售以及废旧电池回收等多种服务。扩展业务范围可以带来更多收入，但也可能增加管理和运营的复杂性和成本。
- 采用的技术—— 在二手车评估、维修和翻新，以及销售过程中采用先进的技术和设备。例如，使用先进的车辆检测设备、翻新工具以及销售管理系统。这些技术可以提高工作效率，降低人工成本和操作错误。
- 复杂性——提供服务的种类和复杂性。二手车商是否提供多种品牌和车型的销售和维修服务，还是专注于特定品牌和车型。提供更多种类的服务可以满足更多客户的需求，但也会增加管理和运营的复杂性和成本。

综上所述，结构性成本动因具有以下特点：

第一，这些因素的形成需要较长时间，而且一经确定往往很难变动，因此对企业成本的影响将是持久的和深远的。

第二，这些因素往往发生在生产开始之前，其支出属资本性支出，构成了以后生产产品的约束成本。因此必须慎重行事，在支出前进行充分评估与分析。

第三，这些因素既决定了企业的产品成本，也会对企业的产品质量、人力资源、财务、生产经营等方面产生极其重要的影响、并最终决定企业的竞争态势。

(2) 执行性成本动因　执行性成本动因是在企业按照所选择的战略定位和经济结构进行生产经营的过程中成功地控制成本所应考虑的因素，是决定企业作业程序的成本动因，也是决定企业成本水平的重要因素。

影响执行性成本动因的决策是在影响结构性成本动因决策的范围内进行的。例如，在一家企业内，在制定企业执行性成本动因之前，就已经制定了关于广场、设备以及地理位置的决策。执行性成本动因主要包括：

1) 员工责任感（参与感）。员工责任感是指员工对参与持续改善的责任感。在企业的生产经营过程中，员工的责任感与企业成本的高低密切相关，企业要降低成本必须调动全体员工的积极性，否则员工的消极反应将是成本上升的重要因素。

2) 全面质量管理。它是指员工对参与持续改善的责任感。实际中，质量与成本密不可分，二者既对立又统一。企业应在质量与成本之间权衡，从而实现质量成本最优、企业效益最大的目的。

3) 生产能力的利用。它是指在既定工厂建设规模选择的前提下，工人能力、机器能力以及管理能力是否得到充分发挥，各能力之间的组合是否最优。企业生产经营过程中，各种能力的利用程度越高越好，这样有助于成本的降低。

4) 工厂布局的效率。它是指按照目前的标准该布局效率如何，从成本的角度考虑，是否存在不合理之处。

5) 产品设计。它是指设计出的产品工艺的复杂性和可接受性。复杂性是指产品工艺的设计是否合理；可接受性是指所设计的产品是否容易操作并掌握，这些都与成本直接相连。

6) 关系。它是指企业与供应商和客户之间的关系。企业作业分析应拓展到供应商和客户，可以将供应商和客户视为企业作业的一个组成部分。

仍以图12-9中的二手车商为例，可能的执行性成本动因包括：

- 布局的有效性——二手车商店内外的布局设计，包括车辆展示区、维修车间、办公区等的布置。合理的布局可以减少车辆搬运和中转的时间和成本，提高工作效率。例如，车辆展示区应靠近入口，维修车间应靠近储备零件的仓库。
- 产品的结构——二手车商提供的服务结构和产品类型。包括二手车的种类（不同品牌、不同车型）和服务内容（基本保养、深度维修、车辆翻新等）。合理的服务和产品结构可以提高运营效率，降低成本。
- 利用价值链的联系——开发与供应商和顾客的合作伙伴关系。与优质的车辆供应商和零配件供应商建立长期合作关系，可以获得更好的采购条件和价格；与客户保持良好关系，可以提高客户满意度和回头率，增加销售机会。
- 与员工的关系——给予员工决策权和参与企业的持续改进。员工的积极参与和高责任感有助于提高工作效率，减少操作失误，从而降低成本。例如，让评估师参与车辆评估标准的制定，让维修技师提出翻新工艺的改进建议。
- 对全面质量管理的态度——重视全面质量管理，不断改进服务质量和工艺流程，以满足客户需求。高质量的管理可以减少返工和维修次数，降低质量成本，提高客户满意度。

综上所述，执行性成本动因具有以下特点：

第一，与结构性成本动因相比，执行性成本动因属于中观成本动因，即这些成本动因是在结构性成本动因决定以后才成立的成本动因。

第二，这些成本动因多属非量化的成本动因，因此在分析的过程中进行定量分析较为困难，必须设法予以量化。

第三，这些成本动因因企业而异。即不同的企业有不同的执行性成本动因，并无固定的因素。

第四，执行性成本动因的形成与改变均需要较长时间。所以企业在分析的过程中应挖掘潜力，尽量找出可能的成本动因，从多个角度探索降低成本的途径。

对于执行性成本动因而言总是越多越好。例如，员工的责任感越强，企业的成本越低。这与结构性成本动因有本质的差别，例如，对规模而言，并非规模越大，产品成本越低。每种产业都有各自的适度规模，规模过大会产生规模不经济。

显然，结构性成本动因与企业的战略定位密切相关，通过结构性成本动因分析，有助于企业做出横向规模和纵向规模的战略决策；而分析执行性成本动因则有助于企业加强内部成本管理，可以确保战略目标的实现。

在进行成本动因分析过程中，并非所有成本动因始终具有相同的重要性，在每种特定情况下某些动因很可能非常重要。例如，结构性成本动因与企业所选择的竞争战略密切相关。如果企业选择了低成本战略，则达到规模经济和具备先进的技术水平是企业能否顺利实现战略目标的关键成本动因。如果企业选择的是差异化战略，那么"多样性"往往就会成为企业的主要成本动因。

（二）利用战略成本动因来获取竞争优势

1. 对于各项结构性成本动因做出合理选择

对于各有关结构性成本动因，企业必须做出合理的选择方能为企业获取成本优势奠定良好基础。为此，企业应做到如下几点：

（1）通过适度投资规模来降低成本　企业投资规模的大小，直接影响企业成本的高低。投资规模过大会引起生产能力利用不足，加大企业的固定成本；投资规模过小，则不会产生规模经济，各种成本都会相应增长。为此，在投资前，必须进行产业调查，尽可能趋于最佳投资点。此外，当企业现有规模没有达到规模经济水平时，企业可以通过重组来调整企业规模。通过企业的横向兼并，实现企业的规模扩张，从而使企业规模得到优化。

（2）选择企业适宜的纵向经营范围　以造纸业为例，企业既可以建造一个纸浆厂，该厂只需购入木料加工成纸浆出售给造纸厂即可；如图 12-8 中的 B 企业；也可以买下一个林木农场并自行建设造纸厂，从木材的生产、采伐开始，自行加工纸浆及造纸，并进而建立一家卡纸印刷厂、销售分支机构等，即把从原材料到产品销售的环节全部纳入企业生产经营体系中，如图 12-8 中的 C 企业。企业可以在产业价值链分析的基础上，通过兼并其原料供应商或兼并客户达到调整企业纵向经营范围的目的，选择适宜的纵向整合程度。

企业在各个不同的生产步骤可能会遇到不同的竞争对手。在这些竞争对手中，有的竞争对手经营范围较广，其生产过程覆盖了几乎整个产业的各个生产步骤，如图 12-8 中的 A 企业；而有的竞争对手经营范围较窄，其经营领域仅涉及该产业中的某一个生产步骤，如图 12-8 中的 D 企业。对于造纸过程而言，如果经营范围（即纵向整合程度）是主要的成本动因，则 D 企业将会处于明显的不利竞争地位，而 A 企业将会处于极为有利的竞争地位。由于每个企业既是产业价值链中某个环节的买方又是某个环节的卖方，计算每个生产步骤的利润及资产报酬率有助于理解在该生产步骤中的买方与卖方之间的相对力量强弱。例如，比较 E 企业与 F 企业的报酬率将有助于理解饮料产销的讨价还价能力，此时，F 企业是供应商，而 E 企业是买方。这种方式的比较可以帮助企业获得与供应商及与客户之间的联系，以便降低成本或提高产品差别化。

（3）通过积累经验不断降低成本　根据经验曲线可知，随着时间的推移，学习和经验对成本降低有影响，累计产量的增加是降低成本的有效途径。如果企业能够在市场上维持较高占有率，则会取得较低的成本，于是能够进一步扩大市场占有率，从而又可进一步降低成本，形成良性循环。

（4）重视提高企业技术水平

（5）合理化企业产品多样化程度　品种适当多样化有利于提高企业产品的差异化程度或占有更广泛的产品细分市场，但是产品过分多样化会增加单位产品成本，从而在成本方面处于较为不利地位。

2. 强化各项执行性成本动因

执行性成本动因的强化是取得成本优势的重要途径，为此企业应从以下方面入手：

（1）引导员工参与管理，增强员工责任感　通常情况下，企业在持续改善管理过程中经常受到阻碍，原因是员工不清楚哪些事该做，哪些事不该做。因此造成很多误解和工作延误。让员工积极参与管理，不仅能使员工更了解管理层的意图，还能调动职工工作的积极性，从而使工作完成得更出色。

（2）大力推进全面质量管理　全面质量管理是出自长期、持续地降低成本的考虑，是在原材料采购、加工工序乃至产品售后服务等方面的强化。质量水平的高低一方面会影响到企业向客户提供产品的价值高低，同时也会直接影响到产品成本水平。在产品生产过程中，如果产品质量水平过低，就会发生许多不必要的成本，如原材料损失、人工成本的无谓消耗等。

（3）充分利用现有的生产能力　对于许多企业来讲，产品的市场需求具有一定的季节性。当产品销售处于淡季时，企业的生产能力往往难以得到高效利用。因此，实现均衡生产是提高现有生产能力的关键。为此，企业可以通过以下几种措施更加充分地利用现有生产能力：在销售淡季增加促销力度；为产品寻求淡季使用途径；将企业的产品线向销售受季节性影响较弱的产品拓展；选择需求更为稳定的客户并建立持久的合作关系；将市场需求波动较大的细分市场留给竞争对手等。

（4）工厂布局合理化　各种价值活动之间，以及他们与供应商、客户之间的地理位置，通常对企业经营效率有重要影响。工厂布局合理化能为企业获得竞争优势奠定良好基础。

（5）产品设计合理化　产品设计是否合理化是获取成本优势的重要措施。改善产品设计的途径有很多，例如：减少每个产品中的零部件的数量，增加不同品种间零部件的通用性，降低零部件加工难度等。

（6）加强与供应商及客户之间的纵向合作　通过这种纵向合作，能使企业的经营顺利进行。

思考题

1. 战略管理会计是如何产生的？
2. 与传统管理会计相比，战略管理会计在哪些方面取得了突破？
3. 战略管理会计研究的内容有哪些？
4. 结构性成本动因与操作性成本动因有什么不同？

参考文献

[1] 郑爱华，谢梅. 管理会计 [M]. 2版. 北京：机械工业出版社，2020.
[2] 温素彬. 管理会计：理论·模型·案例 [M]. 北京：机械工业出版社，2018.

第13章 价值链成本管理

课程思政

导入案例

任正非在 2019 年 4 月 13 日接受 CNBC 采访时，评价苹果公司："乔布斯的伟大不是创立了一个苹果，而是开创了一个时代，这个时代是移动互联网时代""苹果是一个伟大的公司，它的伟大在于始终把市场带着做大，而不是做小。苹果打着'伞'，卖的产品价格高，提供的性能好，市场空间很大，让很多其他厂家生存。"

任正非通过苹果的表现，也在反思华为过去在电信领域的做法。"我们过去走的路是有错误的，我们是基于成本来确定销售价格。华为的成本比较低，一是因为技术上进步速度比较快，把商品做得成本比较低。另外，我们引进了西方管理，运作成本也比较低，这种情况下，我们的价格定低了，给西方公司造成了生存困难。我们已经在反思这一点了。"

任正非接受采访时称，现在华为把商品销售价格提起来了，大家也觉得华为贵了，会给其他公司留下空间。并声称华为多赚出的钱，不打算分给员工，也不打算分给股东，而是打算分给大学，分给科学家，去搞研究，去探索未来。这个未来可能跟我们密切相关，也可能跟我们没有关系。

摘自：任正非接受 CNBC 采访纪要［EB/OL］．［2023－10－12］．https：//tech.ifeng.com/c/8A7C8LpiLWM.

当今企业不再是经济环境中孤立的个体，而是身处于整个产业的生态圈，这要求企业在思考自身发展的同时考虑上下游的利益相关者，做协同竞争。华为基于价值链成本管理的思维，利用价格的激励来协调价值链上下游之间的关系，通过利润再分享的机制实现联盟整体利益的最大化，进而实现企业价值的提升。

13.1　价值链成本管理概述

随着科学技术的进步，社会需求的不断变化，市场竞争的加剧，企业管理不再是将一个企业分而治之，而是将企业看作一个为最终满足顾客需求而设计的一系列有密切联系的能够创造价值的价值活动集合。例如，在产品设计、原材料采购、产品生产、产品销售及售后服务等价值活动之间，彼此形成一个起始于企业供应商，经过企业内部价值链各环节，完成于销售商，形成一个由此及彼、由内而外的价值链。在企业的各种价值活动之间，前面一项价值活动为后面的一项价值活动提供服务，后面一项价值活动是前面一项价值活动的顾客，彼此形成的一个有机整体，所以现代企业处于一个以顾客为中心的价值链中。

一个企业要创造和保持竞争优势，就必须理解整个价值链，将企业的竞争转变为价值链的竞争。

成本管理是企业的永恒话题，通过企业内外的网络关系、供应链的重构、谋求价值链的协同效应是实现战略成本管理的新理念。提高客户价值以创造可持续竞争优势是通过审慎的战略选择实现的。在这一过程中，成本信息发挥着关键性的作用，而成本信息发挥作用需要通过战略成本管理的过程来实现。

13.1.1 价值链成本和价值链成本管理

1. 价值链成本和价值链成本管理的含义

（1）价值链成本的含义　国内外现有的研究对价值链成本概念的认识不尽相同。一般来说，价值链成本就是为了支持价值链上各项活动的有效开展而发生的各种资源耗费，包括产品研发投入、生产制造过程的各种耗费、建立销售渠道和开展售后服务的开支以及上下游关系建立与维护等的支出。价值链成本既包含了由作业活动消耗资源所发生的成本，也包含了价值链企业间的关系管理成本。

（2）价值链成本管理的含义　价值链成本管理是企业战略管理的重要内容，是以成本管理为抓手，以价值链优化为导向，以价值创造为核心，是一种关注企业远景规划和发展目标的成本管理工具。它能够使企业从战略高度管理成本，将成本控制落实于企业价值链的各个节点，为获取长期竞争优势提供有效保证。

价值链成本管理以客户价值最大化为管理目标，以价值链联盟核心企业为中心，将价值链上下游各环节点的作业流程和成本分别管理和控制，获取价值链长期竞争优势，以实现价值链整体的价值增值。

价值链成本管理先按照"链"的特征改进其业务流程，再将流程分解细化为具体作业并依据作业流程对成本进行分析，若某一作业流程成本消耗过高，则需完善原有作业流程的路径和环节，最终形成整个战略联盟价值链条上的最优流程。因此，价值链成本管理注重"链"的思维模式，通过一套完整而科学的业务流程，确定企业整个生命周期中各环节的价值和成本，从整体上寻求降低成本的有效途径，促进整个战略联盟的效益最优化。

2. 价值链成本管理的意义

当今企业身处于强信息化的时代，日新月异的经济环境推动着企业不断变革进步。企业在日常经营中与它的利益相关者之间有着日益密切的互动与合作，彼此相互依存，形成产业生态圈。因此，行业竞争也不再仅仅是企业个体间独立的对抗，而演变成企业价值链范畴内的协同竞争，企业对自身发展的思考需要包含上下游的利益相关者，不能只是一味降低企业内部的生产成本，更要立足全局关注价值链上的成本管理，通过与上下游的主体相互配合协同在企业生产活动的每一环节创造出更大的价值，从而确保企业在全产业链的竞争中保持优势。

（1）提高公司整体的效益　基于价值链的企业成本管理方法可以帮助企业高效分辨内部各项成本投入产出比的高低，从而避免低效率的成本投入活动，提高成本的利用率，进而提高公司的效益。

（2）帮助企业拓展其成本控制和管理的思路　企业可以和上游的供应商之间协商实现准时供货，根据企业各种产品的销售情况进行货物的搭配，从而有效降低货物的采购和库存成本。另外，企业也可以和下游的零售商进行沟通，根据产品在市场上的反应，有针对性地实施产品的生产，从而帮助企业拓展其成本控制和管理的思路。

（3）优化企业的价值链结构　企业可以通过价值链分析制定科学的业务整合策略，优化企业的价值链结构，从而实现降低企业成本、提高企业盈利水平的目的。企业可以通过纵向整合，沿着企业原来的价值链进行前后整合，利用联合作业的经济性，帮助企业降低成本。此外，企业也可以根据需要进行业务的横向整合，扩大业务范围，从而帮助企业得到最佳成本效益比和成本优势。

（4）分析竞争对手的价值链结构　价值链成本管理可以帮助企业分析竞争对手的价值链结构，从而发现自身价值链的优势和劣势，制定合适的战略措施，在市场竞争中取得优势。

13.1.2　价值链成本管理与传统成本管理的区别

（一）现实成本管理的环境变迁

随着科学技术日新月异的变化以及大量应用于企业实践，现在的社会环境、科技环境等与过去发生了翻天覆地的变化，主要表现在：

1. 社会环境的变化

（1）社会需求的变化　随着社会的发展，人民的生活水平不断提高，人们可自由支配的收入也大大增加，这对消费提出了越来越高的要求，从而消费者的行为也变得更加理性，更加成熟，要求获得多样化、能体现个性的标新立异的产品。这种社会需求的重大的变化，要求现代企业的生产要具有高度的灵活反应能力，也就是能迅速向顾客提供他们所需的量少、质高、多样化的产品；与此相适应，现代企业要想在国际市场谋得一席之地，其传统的大批量单一化生产方式正在向小批量多样化生产方式转变。

（2）卖方市场向买方市场的变化　卖方市场向买方市场的转变使企业间的竞争愈加激烈。企业为了生存，激发消费者的购买欲望，不断向市场提供新产品，而这些产品又很快被更新型、独特的产品所取代。产品的生命周期越来越短，有些产品还没有达到成熟期就开始退出市场，企业由传统的以产定销转向以销定产的生产方式。在企业的经营管理上，从原来单纯的降低成本向低成本、高质量和快速交货、完善售后服务的方向发展。

（3）经济全球化　经济全球化，使企业所面对的市场更加广阔，与此同时，企业也要面对更多的竞争对手。企业之间的竞争也更加激烈。企业为了追求价值最大化的目标，不被市场所淘汰，只能运用比其他企业更加适合本企业、更加有效的管理方法进行企业的经营和管理。

2. 技术环境的变化

随着 5G 时代的到来，人工智能、大数据、互联网＋等新技术，尤其是信息技术的发展，现代企业不断把高新技术应用到生产中去借以提高企业生产的信息化程度，形成一定的计算机网络处理体系，为成本管理提供了信息管理的平台，达到了信息的及时提供，消除了信息的滞后性。现代企业借助高新技术的力量，通过弹性灵活的生产方式，达到了产品生产的高效率和灵活性，从而促进了企业劳动生产率和经济效益的提高。使得企业基本活动中的信息传递技术，对供应商的了解程度提高，更加关注买方需求，强调服务和产品质量，使企业成本管理从只关注生产成本向关注价值链的成本管理转变，同时使得企业采用价值链成本管理的难度降低，提高成本管理的精确化、信息化、智能化。

以上两方面的现实变化，迫使传统成本管理向成本管理的深度和广度发展。

（二）传统成本管理的弊端

1. 传统成本控制与管理的范围存在的问题

（1）只注重核算产品生产过程的成本，而忽视对产品管理过程的成本核算　传统成本控制只注重核算产品生产过程的成本，而忽视对产品管理过程的成本核算，由此引起在管理上注重与生产有关的作业成本管理，而忽视与生产无关的作业成本控制与管理。对于企业来讲，企业成本由生产成本和非生产成本两部分构成，实际上，随着科学技术的进步，企业生产过程和生产组织发生了重大变革，产品由生产作业引起的成本比重大大下降了，由非生产作业引起的成本却大大上升。这样利用传统的成本控制与管理，企业成本下降的空间将大大缩小。

（2）只注重投产后成本控制与管理，忽视投产前产品开发和设计成本控制与管理　传统成本控制只注重投产后的成本控制与管理，忽视投产前产品开发和设计成本控制与管理，产品投产后，降低各种作业消耗，提高生产效益当然是降低成本的一种途径。但是如果产品设计本身不合理，存在过剩功能，不能利用相对稀缺的经济要素，那么，必然造成产品先天的成本缺陷，给投产后的成本控制与管理带来困难。

（3）只注重考核成本本身水平的高低，忽视成本效益水平的高低　原材料、劳动力等资源投入生产的目的在于生产出的产品，评价这种投入的效果，传统成本管理往往把成本的升降作为评价成本控制与管理水平的唯一标准，但事实上并非如此，例如，同样的产品，所处的生命周期不同，其采用的工艺有差异，其成本的稳定程度和下降空间也有差异。因此，降低成本当然是企业成本控制与管理的一个重要方面，但它绝不是评价企业成本控制与管理的唯一标准。企业成本控制与管理的目标应该是通过不断改进产品和工艺的设计，提高企业完成产品的效率和质量水平，从企业整体角度出发消除浪费，降低资源消耗，寻求最有利的产品和相应的投资方向，以促进企业生产经营整个价值链的水平不断提高。

2. 传统成本控制与管理信息提供存在的问题

（1）成本信息失真　传统的成本核算方法歪曲了产品的成本信息。表现为传统的成本核算主要放在生产过程的成本核算,而不注重与产品生产有关的供应过程及销售过程的成本核算,而实际上随着企业环境的变化,有些企业由后两者有关的作业引起的成本远远超过产品的生产过程本身所引起的成本,因此传统的成本核算方法所提供的企业成本信息的有用性大大下降。传统的成本核算方法将一个或几个成本动因作为间接费用的分配基础,这种观点过度简化了成本发生的原因,无法真正反映产品成本的发生的原因,计算出的产品成本也不精确。在现代企业里,由于间接费用占产品总成本的比重日趋增大,产品品种日趋多样化,如果采用在产品品种很少或间接费用数额不大的情况下才适用的做法,将引起成本信息失真,不利于企业成本的控制与管理,也不利于企业管理决策。

(2) 成本信息不全面　传统的企业成本控制与管理更注重事中和事后的成本控制与管理,而不注重事前的控制与管理,没有挖掘成本产生的根源,这样就不能深挖企业成本降低的潜力,从深度和广度上实现企业成本的有效控制与管理。

3. 价值链成本管理与传统成本管理的区别

基于上述分析,将价值链成本管理与传统成本管理的不同进行汇总,结果见表 13 – 1。

表 13 – 1　价值链成本管理与传统成本管理的不同

对比项	传统成本管理	价值链成本管理
管理核心目标	成本水平的降低;管理者关注于执行性成本管理和价值链的生产环节,以降低成本、提高效率为单一目标	通过成本管理增强核心竞争力;着眼于企业的战略愿景和规划,通过战略手段对价值链各项环节进行成本管理,以达到形成企业长期竞争优势、提升企业整体价值的最终目的
管理方式	生产主导	需求主导或价值流程主导
对象	以生产为主的制造成本	考虑供应商和客户的关系成本;从研发、设计、采购、生产、销售到服务各领域支出;将成本管理对象扩大为产品的整个生命周期
管理空间范围	单一企业的经济活动	跨组织的经济活动
成本控制原理	通过控制责任中心产品成本,实现成本降低	利用供应商价值链、客户价值链、企业内部价值链,确定成本驱动因素,创造竞争优势
成本动因	以数量为基础的单一成本动因分析	多动因分析,结构性成本动因和执行性成本动因

13.1.3　价值链成本管理的基本内容

(一) 不同层次的价值链成本管理

按照不同的控制层次,价值链成本可以分为:战略层面价值链成本、管理控制层面价值链成本和作业层面价值链成本,三者的比较分析见表 13 – 2。战略层面的价值链成本管理以价值链管理和战略成本管理理论为基础,通过构建价值链反映价值链成本结构、控制价值链成本驱动因素,对价值链成本整体进行分析与管理,并与竞争对手价值链成本进行比较,找到核心竞争力之所在,以达到获得持久成本优势的目的。管理控制层面的价值链成本管理是基于价值链战略,采用某种价值链成本管理工具,对价值链各环节的成本进行计划、控制和评价,反映价值链增值和成本消耗过程,并通过追溯成本动因实现成本节约和价值增值。作业层面价值链成本管理是根据目标对价值链具体作业的成本管理,是属于执行层的成本管理,主要通过优化作业流程、技术创新、管理创新等实现资源节约和交易费用的节约。

表 13–2 不同层次的价值链成本管理比较分析

内容	战略层面 价值链成本管理	管理控制层面 价值链成本管理	作业层面 价值链成本管理
目标	成本优势和核心竞争力的获得与保持	对价值链各节点进行成本控制以实现成本目标	具体流程、作业目标的实现
成本属性	战略成本	战术成本	作业成本
主要涉及的成本概念	战略成本、质量成本、产品生命周期成本、环境成本	目标成本、作业成本、责任成本等	作业成本、可控成本等
成本指标	财务指标为主	财务指标为主	大量的非财务指标和财务指标

(二)三维价值链成本管理

企业价值链分为内部价值链和外部价值链,且外部价值链包括横向价值链和纵向价值链。这就意味着企业处于三维之中,纵向一体化、横向一体化和企业内部时间维度中。企业价值链成本管理由内部价值链成本管理和外部价值链成本管理构成⊖。

1. 内部价值链成本管理(时间维度)

在内部价值链分析过程中,通过收集成本信息,优化成本构成,从价值链中分解出增值业务,结合企业战略发展目标,细化为每一增值环节的成本管理的具体目标,从而明确成本管理的重点,针对这些重点环节进行效率分析,找出驱动因素并加以控制,不断寻找提高成本利用效率的途径,确保战略的有效实施。

⊖ 温素彬,张海琳. 管理会计工具及应用案例:价值链成本管理及应用 [J]. 会计之友,2016 (24):132–136.

2. 外部价值链成本管理

（1）横向价值链分析（空间维度）　横向价值链是针对企业的竞争对手来说的，它的意义在于知己知彼百战不殆，只有通过分析与自己有同等竞争地位的企业的成本状况，才能更好地改进自身管理。了解竞争对手采取的成本战略，首先要从战略层面理性分析企业所面临的竞争环境，如果彼此采取的是相近战略则分析对方的成本管理的优劣势，细化到各环节的成本水平，取其精华弥补自身不足，根据自身企业的运营特点降低成本；或者转变思路，在保持同等成本的基础上为消费者提供更具有差异化的产品进行差异化竞争；或者在经过一系列调查分析之后，选择改变企业的发展策略避免继续陷入低成本的恶性竞争之中。

（2）纵向价值链分析（战略维度）　企业的发展不仅是由竞争对手决定的，更依赖于整个价值链的每一个主体，打造一个健康的产业生态圈。通过纵向分析可以帮助企业了解行业内供应商、物流商行情，从而选择适合企业经营的合作方；可以帮助企业明确自己在行业价值链中的定位，根据竞争地位来匹配经营策略、选择目标市场、针对客群进行精准营销、确定分销商。通过分析上下游现状可以帮助企业思考是否需要进行纵向一体化，找到纵向增值业务，进行纵向优化降低成本。

综上所述，基于价值链的成本管理是一种三维的管理模式，分为时间维度、空间维度和战略维度。基于价值链的成本管理框架如图 13 – 1 所示。

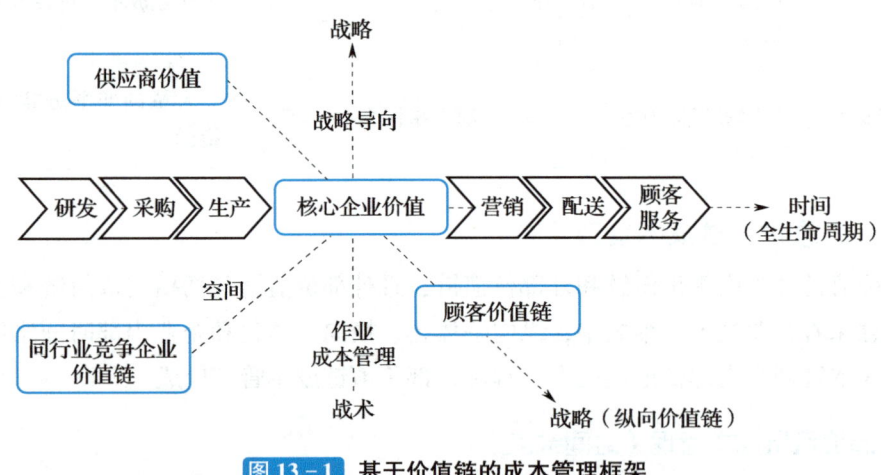

图 13 – 1　基于价值链的成本管理框架

13.2　价值链成本管理方法——产品生命周期成本

价值链成本管理是对价值链中的所有成本进行分析和控制的方法。价值链成本管理的方法很多，但基本思想都是充分利用价值链产生的协同效应、信息共享，实现价值链成本的最优。

13.2.1 产品生命周期的基本概念

生命周期（Life Circle）是指从事物的产生至消亡的整个过程。一般来说，产品生命周期的概念可以从下面三个方面来考虑：

（1）生产观 生产观是指从创意到生产出来到停止生产。这一概念是对产品的生产者而言的，其空间范围仅限于企业内部。以示区别，可以称之为产品生产生命周期。一个产品在生产企业里，总要经过创意过程，即首先有了生产某种产品的愿望并付诸实施，再依次经过研究与开发、设计、试制、小批生产、大批生产直至停止生产的整个过程。

（2）市场观 市场观是指产品从进入市场到退出市场。这一概念是对某一产品在市场上存续的期间而言的。某种产品从其进入市场到从市场上退出，要经历一个时间跨度，这一时间跨度就是产品的市场生命周期。这一期间是站在市场的角度来认识的。它针对某一种产品而言，并非是指某特定企业的产品。如某一型号的计算机，从其最初打入市场到最终退出市场的整个期间，如果该型号的产品已经在市场上存在，而某一厂家开始生产这一产品并投放市场，则并不是产品市场生命周期的开始。产品市场生命周期可以划分为导入期、成长期、成熟期、衰退期。

（3）可消费周期观 可消费周期观念是指从购入到报废的整个过程。这一概念是只从产品的购入经过使用磨损至报废的时期。它是站在顾客（购买者）的角度来看的，通常是指耐用消费品，如家用电器、生产用的设备等固定资产。这一概念对企业同样适用，因为企业既是生产者，也是消费者，如设备全面管理中的使用寿命（包括物理寿命和经济寿命）。对消费者而言，产品在此期间发生的成本包括购置费、安装调试费、维护修理费、维持产品使用状态发生的其他使用费（如水、电费等）。产品的生产生命周期是根据市场的需求即市场生命周期决定的，而生产产品的质量、成本（往往决定价格）又在一定程度上影响市场上的需求与存续时间。产品的使用寿命周期与产品的生产周期密切相关。研制先进、设计精妙、制作完善的产品不仅寿命适当，发挥效益高，而且使用成本低。

以上分析表明，产品生命周期的三种不同观点对商品和服务的生产厂商来说都非常重要，每一种观念都不能忽视。其中，市场观与产品生产周期内的销售模式的性质有关，它是一种收入导向的观点。生产观则强调研发、设计、生产、销售等所必需的内部作业，是为了支持企业的销售目标，这种销售支持同时需要资源支出，因此，可将产品生命周期的生产观视为一种成本导向的观点。可消费周期观涉及产品性能和价格，这个价格不仅包括顾客的购买价格，还包括购后成本，生产商必须关注顾客所实现的价值和顾客放弃的价值，因此，可消费周期观是一种以顾客价值为导向的观点。三种观点各阶段之间的关系见表 13–3。

表 13-3 产品生命周期不同观点的关系

内容	引进阶段	成长阶段	成熟阶段	衰退阶段
市场观生命周期				
销售额	低	快速增长	缓慢增长、到达顶峰	逐渐减少
生产观生命周期				
费用：				
产品研发	高	中	中	低
生产研发	中	高	中	低
厂房设备	从低到中	高	中	低
广告	从中到高	高	中	低
服务	低	中	高	低
可消费周期观生命周期				
顾客价值：				
顾客类型	创新者	大众市场	大众市场、产品差异化	落伍者
性能敏感性	高	高	高	中
价格敏感性	低	中	高	中
竞争	没有	逐渐增加	高	低
企业总体盈利能力				
利润	微利或亏损	高峰水平	中到高	低

13.2.2　产品生命周期成本的构成

通常经营管理实务中所说的生命周期是从产品的市场角度而言的，即指该产品从进入市场到退出市场的循环过程。然而，就每件产品从形成到消亡的历程而言，它的经历则是从产品策划、开发设计、生产制造到消费者使用、维修保养、废弃处置这样一种循环。从这一点上来说，生命周期概念涵盖了生产者的视角和消费者或者说顾客的视角。另外，从社会视角来看，如果把整个社会作为一个广义的消费者，在环境保护等方面也对产品成本提出了要求，如废弃处置成本等。

鉴于整个产品成本的生命周期可以区分为与生产者相关和与消费者使用相关两个主要阶段，因此，产品全生命周期成本的构成相应地可分为两个主要部分，即"生产成本"与"消费成本"。其中，"生产成本"包括设计成本、供应成本、制造成本和销售成本；而"消费成本"则包括顾客的维修成本、使用成本和回收报废成本。

1. 生产成本

从生产者的角度来看，产品的全生命周期包括从产品策划、设计开发、生产制造到物流配送和销售一系列过程。生产成本包括设计成本、供应成本、制造成本、销售成本。

(1) 设计成本　它包括可行性研究、市场调查、图纸设计、产品试验、修改设计、准备技术说明书等所花费的费用。从产品的生命周期看，传统成本法只注重投产后的成本管理，忽视投产前产品开发和设计阶段的成本管理。产品成本控制的重点内容历来是直接材料与直接人工。实际上在成本发生之前，大部分成本便已经被锁定。产品实体成本的形成过程是在生产阶段，但决定产品成本的主要不是生产阶段，而是产品的开发设计阶段。一旦设计方案确定，很难再改变成本发生的数额。研究表明，对于多数产品而言，产品成本的65%在产品设计阶段就已经确定了，20%的成本在产品生产过程中形成，另外15%的成本才是生产管理所能控制的。在产品开发过程中修改错误的成本也会随着开发过程的推进发生巨大的变化。有资料表明，如果在设计阶段修改一个错误需要花费1 000元的话，在设计检验阶段，这个数字会扩大10倍；在流程规划阶段，则上升至100倍；而在试产阶段这个数字又会较流程规划阶段扩大10倍。产品一旦投入生产，降低成本的潜力就不大。由于设计本身就决定了产品成本的65%，因此通过改进设计来降低产品成本是最有效的途径。

(2) 供应成本　传统的采购费用等供应成本是直接计入产品成本的，这样无法对采购部门进行有效管理。为降低成本，采购部门往往只是一味地选择价格低的供应商，而忽视供应商提供材料的质量、可靠性及送货的及时性等，从而损害了整个企业的竞争力。而产品生命周期成本管理则不仅考虑采购价格，同时考虑到采购的原材料的质量、可靠性和送货的及时性等多种因素，对所采购的材料成本在全面成本的概念基础上进行评估，从各方面综合考虑选择合适的供应商。这样使成本管理的外延向前延伸至供应商。计算出供应成本后可以按照作业成本法将该成本转入产品成本，产品设计者则可以在考虑供应成本的各成本驱动因素的基础上对产品做出合理的设计和改进。

(3) 制造成本和销售成本　制造成本包括材料、人工成本、半成品运输、存放以及装配、调试、检验、废品、修复等各种费用。制造成本管理是传统成本管理的重心，它采用预测成本、成本计算、成本分析等方法进行成本控制，在生产过程的成本控制方面得到了充分的发展。但现代成本管理的主题不是控制，而是创新，在于优化资源组合，适度增加成本，营造有利的竞争空间。销售成本包括产品包装、运输、储存、物流以及广告等费用。

2. 消费成本

产品全生命周期延长到消费者阶段是以产品的空间位置发生转移为标志的，即产品由生产者交付给顾客，自此以后成本的负担者由生产者转变为消费者。在传统的以卖方为主的历史条件下，生产者对消费者的成本一般是不予考虑的。随着市场经济的发展，买方市场主导地位逐渐确立，企业争夺客户的竞争日趋白热化，原本由消费者负担的成本也不得不纳入生产者的考虑范围之内，而且这已成为市场营销战略的重要组成部分。现代市场经济条件下的成本管理目标应该定位为：在生产成本和消费成本两者之间做出科学的权衡，以便产品全生命周期成本总额最低。显然，消费成本已成为一个不可或缺的因素。

（1）维修成本　它是指在使用期限内，为维护设备进行修理或更换零件所需花费的费用。如果所设计的机器设备是自己使用，或在给使用一方的合同中有提供维修的保证，则它是机器设备总成本的一部分，如果合同中不承担维修任务，则是使用消耗费用的一部分。

（2）使用成本　它是指消费者购入产品后需要支付的人力消耗、动力消耗、产品担保以及维修保养等的费用。售后服务是产品市场竞争的要素之一，传统成本管理并不重视这方面，但在营销方面早就把售后服务作为促销手段，即以增加成本的手段支持市场竞争。在现代市场竞争中，顾客消费过程的各种情况也是产品竞争力的一部分，为了确保售后产品的维护，许多企业以产品担保金的形式作为成本的组成部分。生命周期成本不仅包括生产者发生的成本，而且要把消费者购入产品后发生的使用成本、废弃成本等也包括在内。企业为了取得竞争优势，要满足顾客在质量、价格、交货期等方面的要求，力求顾客的使用成本尽可能低，可以把包括消费者成本在内的生命周期成本视为必达目标来加以实现。

需要指出的是，售后服务并不一定等于支出，有的企业把售后服务视作创收的手段，以优质的服务承担担保责任的义务，从而赢得消费者的信任并进一步提供担保范围和担保期以外的有偿服务，以此获得收益。生产商对自己产品的消费服务比之社会服务有天然的优势，如技术、配件等。

（3）回收报废成本　它是产品报废处理和再生的费用。由于对环境的日益重视，有关专家认为，应将企业为保护环境而发生的各项支出的环境成本考虑进来，以更全面地反映其生命周期成本。其理由如下：

1）环境成本发生额大且呈现不断上升的趋势。由于人们对环保的日益重视，政府环境立法对企业约束力的增强，公众对环境质量的要求标准越来越高，使得企业的环境支出费用呈现不断上升的趋势。

2）严格的环境保护法的事实已经引入了严格的环境标准，对于污染空气、土壤和地下水的罚款得到加强。往往在产品和工艺设计阶段，环境成本就被锁定了。要避免这些环境成本的负债，企业就必须设计产品、工艺和程序以阻止和降低整个生命周期的污染。

3）环境成本的发生时点不均衡。环境支出不像其他成本项目，如直接材料那样均衡地发生在产品生产过程中，它往往具有突发性或一次性，如违反环境法律需要付出的罚款和环保设施的投资等。

4）环境成本的潜在成本剧增。环境活动有其特殊性，企业当期生产经营活动对环境的破坏可能并不明显，但这并不表明企业不负担任何环境成本。因为企业对环境的破坏终究要付出这样或那样的代价，并且代价有越来越大的趋势。

产品生命周期成本法打破了财务会计中的会计期间的概念，以产品整个寿命周期作为成本核算的期间。由于产品市场生命周期具有不确定性，一般仍应分年进行预算的编制及成本、收入的计算。产品生命周期成本法也不受会计准则的约束，不要求采用制造成本法计算成本，而基本上采用完全成本法的成本概念。因此，产品生命周期成本不仅包括制造成本还包括采购成本、销售成本、管理费用等。

13.2.3 产品生命周期成本法的特点

产品生命周期成本是指发生在产品生命周期内的所有成本。西方管理会计教材把产品生命周期称为"摇篮到坟墓"（Cradle to Grave）和"子宫到坟墓"（Womb to Tomb）。前者是指市场生命周期，后者是指从市场生命周期向前扩展到研究与开发、设计与试制的过程。按后一种划分方法具体可以把产品生命周期划分为：开发期、导入期、成长期、成熟期、下降期和终结期。也有其他划分方法把开发期和导入期合称为投入期，把下降期与终结期合称为衰退期。就企业所消耗的资源而言，产品在其整个生命周期中，发生的所有成本可划分为：研发成本、产品设计成本、产品制造成本、营销和分销成本、顾客服务成本。

由此可见，产品生命周期成本提供了一种长期的视角，因为它考虑了产品或服务整个生命周期的成本。产品生命周期成本分布如图 13-2 所示。产品生命周期的总成本通常划分为三个组成部分——上游成本、制造成本和下游成本。

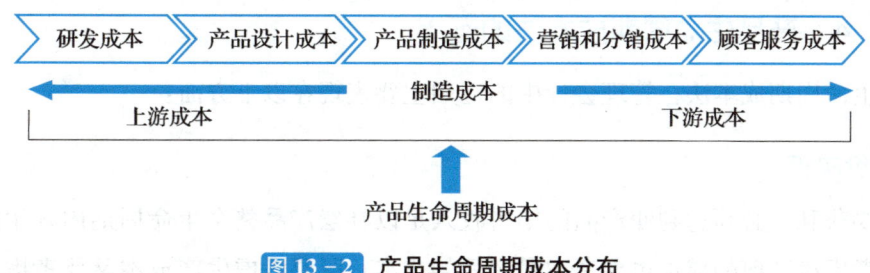

图 13-2 产品生命周期成本分布

产品生命周期成本法主要有以下几方面的特点：

（1）以产品作为成本归集的对象 归集整个生命周期内的成本有利于管理者其了解不同生命周期阶段的成本分布情况，有利于其了解每种产品在其生命周期的早期阶段发生的成本在其总成本中所占的比例。产品生命周期的开工前阶段成本如图 13-3 所示。当曲线从原点引出的时候，那些构想阶段的创意就会最终以产品形式出现在市场上。到设计阶段完成的时候，已有 85% 的成本锁定于产品中了，这表明以后的任何成本管理问题都会严重受制于产品本身的设计特征，可能影响企业取得可持续性的竞争优势。

（2）可以综观与每种产品相关的所有收入和费用 在许多会计系统里，制造成本是十分明确的。然而，产品生产前的成本（研发成本、设计成本）以及生产完工后的成本（如顾客服务成本）往往并未与每件产品相联系。

（3）强调了企业一些功能性成本项目之间的相互关系 例如，对于那些削减其研发成本和设计成本的企业来说，这样做可能会导致以后生命周期年度内顾客服务成本的增加；

那些成本的上升是因为成本未能满足其允诺的质量表现水平，这些在以日历年度为期间的收益表中被隐藏的业务功能性成本得以在生命周期收入与成本报表中反映出来。

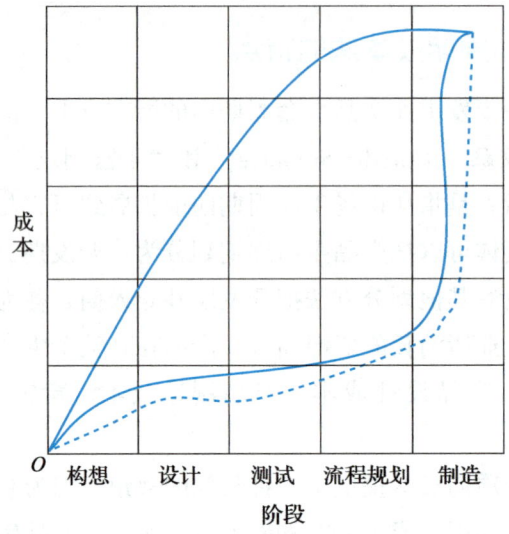

图 13-3 产品生命周期的开工前阶段成本（此图为立体图形）

13.2.4 产品生命周期成本法的运用

产品生命周期成本法在管理会计中的运用主要表现在以下方面：

1. 定价决策

产品要获利，必须达到使产品的销售收入足以补偿产品整个生命周期内发生的所有成本。既要考虑投产前的成本也要考虑投产后的成本；既要考虑生产成本又要考虑销售成本和售后服务的成本。因此，这里所使用的成本概念不再是制造成本概念，而是全部成本概念。另外，定价决策要考虑对处于不同市场生命周期内产品，采取不同的定价策略。产品在其市场生命周期内销售与费用和利润之间的关系如图 13-4 和图 13-5 所示。

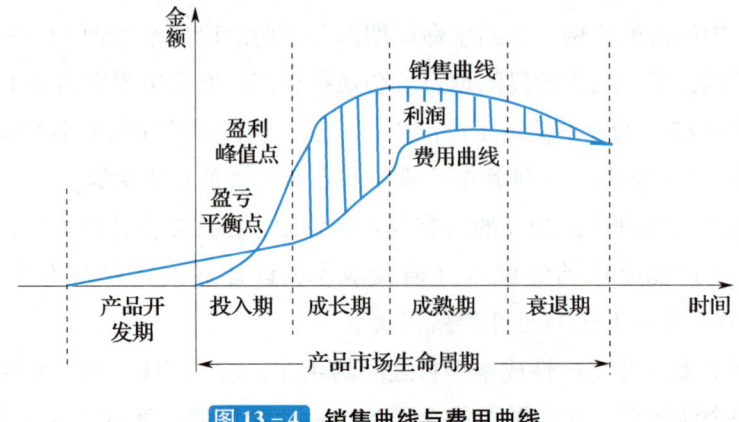

图 13-4 销售曲线与费用曲线

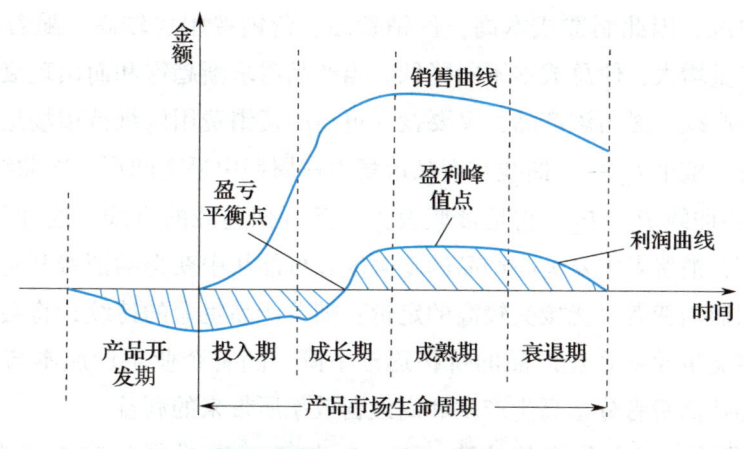

图 13-5 销售曲线与利润曲线

产品市场生命周期图中同时反映了销售变化与利润变化。采用两种表示法：一是产品的销售曲线和费用曲线；二是产品的销售曲线与利润曲线。需要说明的两点是：

(1) 盈亏平衡点　盈亏平衡点是该产品为企业盈利的起点，图 13-5 是以同期销量计算，而不是按单位产品计算，因而更有指导意义。盈亏平衡点的位置通常在产品生命周期的投入阶段后期，往往预示着成长期将临。

(2) 盈利峰值点　根据市场学家分析表明，最大盈利点，即盈利峰值点往往出现在成长期与成熟期的交界处附近，或者出现在 S 型生命周期曲线的第一拐点附近。这意味着盈利峰值点不一定在销量最大的成熟期，反而当销量仍然继续增长时，产品利润已经下降。

按照西里奇（Robert D. Hisrich）的研究，一项新产品在生命周期内的成本与价格的一般规律可以用产品成本与价格曲线表示，如图 13-6 所示。

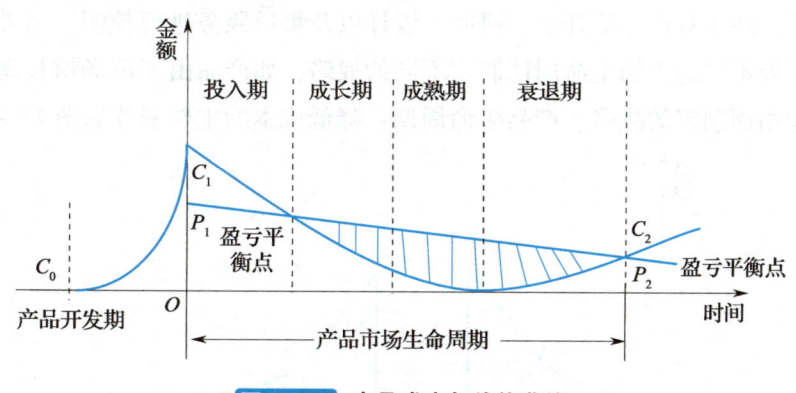

图 13-6 产品成本与价格曲线

1) 产品成本曲线（C_0—C_1—C_2）。它表示单位产品从开发过程至占领市场过程中成本的变化情况。在产品开发过程中（C_0—C_1），随着开发过程的进行，企业投入的资金、人力和物力都会不断增加，单位产品成本随之而增加，一般呈二次曲线递增态势。

新产品投入市场初期，企业处于试制或小批量生产阶段，可能还缺乏生产和管理经验，工人尚不熟练，因此制造成本高；促销费用、营销费用也较高。随着产品被市场接受，销量增加产量增大，使总成本不断降低。当产品需求渐趋饱和而出现衰退迹象时，如果企业尚未从生产线上撤出该产品，又要投入更高的营销费用以维持市场地位，此时产品成本又开始上升，整个 C_1—C_2 曲线在产品市场生命周期中呈现凹形二次曲线态势。

2）产品价格曲线 P_1—P_2。它是被假设为一条近似递减的直线。这种假设的根据是，新产品上市初期，消费者主要关心产品的新鲜度和可能从中获得的消费利益，加之缺乏价格的可比性，因而消费者可能接受较高的定价；随着产品生命的持续，将会有越来越多的竞争产品，价格竞争导致企业产品的价格逐渐下降；随着企业生产成本与营销成本的降低，企业有可能让消费者分享高生产率和高经营效率所带来的利益。

3）盈亏平衡点。按单位产品核算，C_1—C_2 与 P_1—P_2 曲线的交点即为盈亏平衡点。前一个平衡点出现在投入期的后期或成长期之初，具体位置与产品和行业特征关系较紧密。前一个平衡点是产品盈利的开始，后一个平衡点是产品盈利的结束。

2. 新产品开发决策

新产品的开发要考虑新产品的市场前景，因此要在充分的市场调查基础上做出决策。新产品在具有了市场上的可销性及技术上的可行性后，接下来要考虑的就是经济上的可行性。经济上的可行性仍需以整个市场生命周期的收入补偿成本，并取得盈余，其机理同上。

3. 战略成本管理

只有达到产品整个周期的成本最低才有利于提高顾客价值。因此，企业不仅要对生产成本予以关注，还要对产品的开发、研制、设计以及售后服务进行控制。另外，企业还可以根据产品所处不同的市场生命周期制定不同的战略，如产品由于市场增长率与相对市场份额的双重作用而制定的战略。产品生命周期：降低成本的主要来源如图13-7所示。

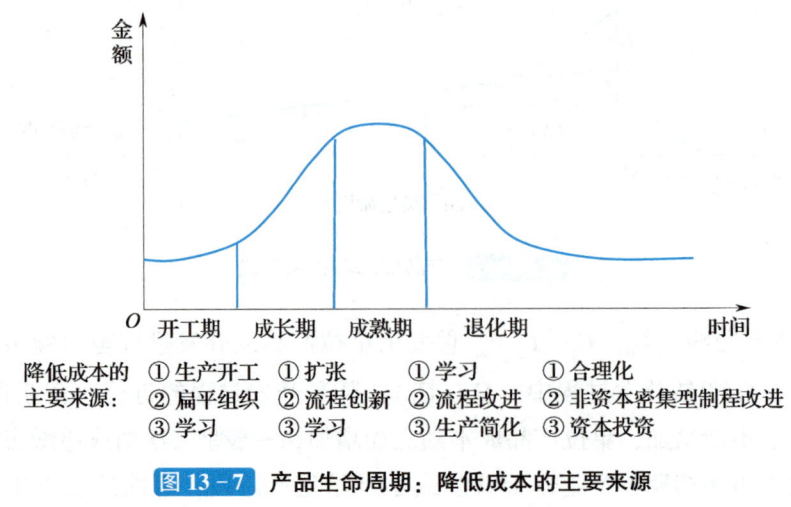

图13-7 产品生命周期：降低成本的主要来源

4. 业绩评价的需要

利用产品生命周期成本法进行业绩评价的主要思路是,从整个生命周期的获利情况来对不同的部门、人员的业绩进行考核。如产品投产前阶段,主要考核研究开发部门的业绩。产品开发部门的业绩如何,往往要等到产品市场生命周期走向成长期才能看清趋势。不能仅凭开发新产品数量或工作量进行考评。

13.3 价值链成本管理方法——目标成本法与改善成本法

13.3.1 目标成本法的基本概述

1. 目标成本法的基本概念

目标成本法(Target Costing/Cost Design)又可译为成本企划,起源于日本,是目前代表全球成本管理新思潮的一种全新的成本管理模式,按照日本成本企划特别委员会的定义,成本企划是企业在产品的策划、开发中,根据用户需求设定相应的目标,希望同时达成这些目标的综合性利润管理活动。该定义强调:①成本企划的目的是"客户满意"(customer satisfaction,CS);②其手段是综合性的,将工程方法、组织措施和会计计量融为一体;③它以成本管理的形式达成终极利润管理的目标。

目标成本法的主要特点是以市场为导向,对有独立的制造过程的产品进行利润计划和成本管理的方法。它的出发点是以大量市场调查为基础,根据客户认可的价值和竞争者的预期反应,估计出在未来某一时点市场上的目标售价,然后减去企业的目标利润,从而得到目标成本。

2. 目标成本法与标准成本法的区别

需要明确的是,目标成本和标准成本不能混为一谈。从某种意义上来说,标准成本是目标成本的一种形式,因为它也是在产品投产前由企业的设计部门制定的,在成本上要求实现的目标。然而,目标成本和标准成本还是有区别的,主要表现在以下几个方面:

(1)目标成本的制定以市场为导向 以产品在市场上具有竞争能力的售价为基础,扣除企业的利润期望值而得出企业在成本上应达到的目标。而在 20 世纪初期,由泰罗制衍生出的标准成本系统,其所处的历史时期是以买方市场为主导,产品生产出来以后不担心卖不出去的问题,因此企业可根据其内部条件制定设计标准,确定应达到的标准成本水平。由此可见,时代背景不同,企业设计部门在制定标准成本和目标成本时所遵循的设计理念也是完全不同的。

(2)降低成本的侧重点不同 从现代市场经济的客观实践看,目标成本法把降低成本的重心放在企业产品的研发、规划与设计阶段,而标准成本法则把降低成本的重心放在产品投产后的制造阶段,如图 13-8 所示。

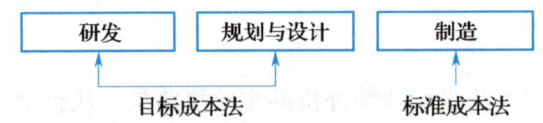

图 13-8　目标成本法与标准成本法的降低成本重心

实践证明，产品成本的大多数份额是在研发、规划与设计阶段就被决定了的，而在制造阶段通常是按既定的设计方案组织生产，对降低成本已经没有多大潜力可挖了，可见舍前取后，无异于舍本而逐末。

13.3.2　目标成本法的基本原理、实施步骤

1. 目标成本法的基本原理

从本质上看，目标成本法是一种对企业的未来利润进行战略性管理的技术。其基本做法是首先确定待开发产品的生命周期成本，然后由企业在这个成本水平上开发生产拥有特定功能和质量的并且若以预计的价格出售就有足够盈利的产品。目标成本法使得企业成本成为产品开发过程中的积极因素，而不是事后的消极结果。在日本，目标成本法已不再被看作一项独立的工作，而是整个产品开发过程中的一部分。美国管理会计学家库珀（Cooper）和斯拉莫得（S1agmulder）对运用目标成本法较为成熟的七家日本公司（包括丰田汽车公司和尼桑公司）进行了为期数月的考察，在经过高度提炼和规范之后，将目标成本法划分为三个过程，如图 13-9 所示。

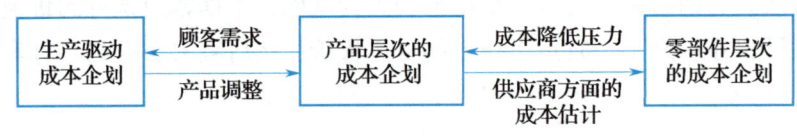

图 13-9　目标成本法的三个过程

2. 目标成本法的实施步骤

实践中，目标成本法随应用的行业、企业不同而呈现出不同的形态，如丰田汽车公司的目标成本法与日产汽车公司的目标成本法就有很大不同，但其应用一般遵循如下步骤：

1）制定目标价格。根据顾客需求进行产品设计，确定顾客对产品功能的认知价格，即目标价格。

2）测定目标成本方法。采用一定的方法，如加算法、扣除法等，确定目标成本。

3）分解目标成本。将目标成本分解，利用价值工程等方法使目标成本达成。这一步主要是改进设计以达到目标成本。产品的目标成本确定之后，可与企业目前的相关产品成本相比较，确定成本差距，而这一差距就是设计小组的成本降低目标，也是其面临的成本压力。

在第一步中，企业在进行产品设计时，主要识别顾客的需求和他对满足其需求所认可

的价格，消除那些不被顾客认可的产品功能，因为顾客是不会为其认为没有价值的产品功能而付费的。

第三步"目标成本的分解及达成"是成本企划的中心环节。在这一环节中，企业可以根据自身的特点，按照产品的功能、构成、要素或相关人员等进行目标成本的分解，然后采用一定的方法使目标成本达成，若目标成本未达成，则返回到上一步，进行目标成本的重新设定，如此反复，直至目标成本达成。在目标成本的计算方面，没有协商的余地，目标成本不能达成，产品就不能投入生产。这一环节体现了目标成本法的"目标成本设定、分解、达成、再设定、再分解、再达成……"的成本挤压特点，这也是日本企业为什么能持续地保持低成本的一个原因。质量功能分解（QFD）、价值工程（VE）、拆卸分析、工程再造、权衡法、设计评价法、成本保留法等方法是为达成目标成本而经常采用的方法，其中，价值工程是目标成本达成所采用的主要方法。质量功能分解旨在识别顾客需求，并比较分析其与设计小组计划满足的需求的差距，以支持价值工程的设计过程。价值工程是一种用来评价与改进设计方案，以提高产品价值的系统性方法。一般通过下述两种方式实现成本降低目标：其一是在保证产品功能的前提下，削减其零部件成本和制造成本；其二是通过削减不必要的产品功能来降低成本。工程再造通过对已设计的或已存在的加工过程进行再设计，以期进一步降低成本。

企业在实施成本企划时，通常要组成设计小组。设计小组由来自设计、生产、采购、市场、会计等部门的人员组成，这样可以做到优势互补。在工作中，小组内部人员不能强调部门功能，必须以将符合目标功能、目标品质和目标价格的产品投放市场为宗旨。

13.3.3 目标成本法的特点及成本的压缩方法

1. 目标成本法的特点

目标成本法体现了战略成本管理的基本思想，曾被美国《财富》杂志誉为"锋利的日本秘密武器"[1]，它是日本公司以低价与西方企业竞争、以新产品击败竞争对手的法宝。概括起来，目标成本法具有以下特点：

（1）顾客与市场导向　目标成本法以顾客认可的价格、功能、需求量等因素为出发点进行产品设计，其"价格引导的成本计算"机制令其提供的产品的适销性及竞争力更强。目标成本法中所确定的各个层次目标成本都直接或间接来源于激烈竞争的市场，按照这种目标成本进行成本控制和业绩评价明显有助于增强企业的竞争地位。

（2）源流控制思想　目标成本法抓住要害，在产品的设计阶段就考虑占产品成本80%的约束性成本[2]，将成本管理重心从生产阶段转移到设计、构思、开发、策划阶段，

---

[1] Worthy Ford S. Japan's Smart Secret Weapon. Fortune. Aug. 12, 1991.

[2] 罗伯特·S. 卡普兰，安东尼·A. 阿特金森. 高级管理会计 [M]. 2 版. 吕长江，译. 大连：东北财经大学出版社，2007.

从源头上控制成本，拓展了成本管理的空间，加大了成本管理的力度。

（3）管理工程的控制手段　账簿上的成本仅仅是生产结果的财务反映，目标成本法从工学、技术方面改进生产过程，对控制成本产生更为直接的影响。

（4）全生命周期成本　目标成本法的实施意味着成本管理的范围得以向产品的整个生命周期扩张，全生命周期成本涵盖产品从开发设计、生产、营销到消费者的使用、维修、废弃等全过程的成本，这使得成本企划视角长远、关注顾客，有助于企业持久竞争优势的形成。

（5）前馈式的成本控制　目标成本法倡导的是一种前馈式成本管理，成本控制重点的前移使管理者更注重产品开发设计阶段，着眼于成本发生的源泉，做事前的全盘分析，其特征是通过对计划的控制做预防性管理，即事先在图纸上就制定过程进行了一次预演，由此得出信息并在此基础上及时调整策略以控制产品成本，实现成本的前馈式管理。可见目标成本法已将可挖掘的成本从传统真实的生产现场转移到了设计图纸等虚拟场所，重点从业务过程的下游转移到了上游。

（6）综合性成本管理　为了能在产品整个生命周期中（包括产品的策划、开发、设计、试生产、生产营销及售后服务等）实行成本控制，目标成本法要求成立一种包括总经理、工程师、产品项目经理、车间主任、班组长、营销人员、财务经理及技术人员在内的跨部门超团队成本管理组织机构，并注重团队的合作与协调。团队的共同目标是在保证目标利润的前提下，将具有目标功能、质量、价格的产品发送给特定的顾客和顾客群体。目标成本法的基本原则是：顾客不认可的功能（如没有使用价值的功能）不能为企业带来额外收益，应当除去。

2. 目标成本法的成本压缩方法

目标成本（Target Cost）是为了获得预计市场份额所需的销售价格与期望单位利润之间的差额。售价反映了客户愿意掏钱购买的产品规格或功能（通常称为产品功能性）。如果目标成本低于现时可达到成本，那么企业管理层就必须寻找使实际成本更加接近目标成本的成本降低方法。寻找这些成本下降方法是目标成本法所面临的主要困难。

通常我们会使用以下三种成本压缩方法：

（1）反向设计法　反向设计法通过详细研究竞争者的产品结构，以期发现该产品中导致成本降低的更多设计特征。

（2）价值分析法　价值分析法试图评价顾客对各种产品功能的重视程度。如果顾客愿意为某特定功能支付的价格低于其成本，那么就应考虑去除这一功能。另一种可行的方法是找到降低提供这一功能成本的途径，如使用通用元件。

（3）流程改进法　产品生产和营销的流程同样也是降低成本的潜在源头。因此，重新设计流程以提高效率也有助于实现所需的成本降低。

反向设计法和价值分析法都关注产品的设计以达到降低成本的目的，为顾客提供价值。目标成本法模型如图 13-10 所示。

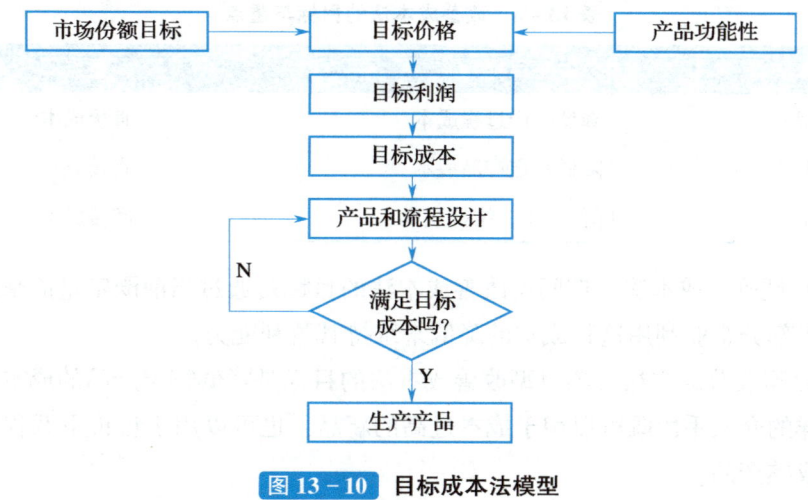

图 13-10 目标成本法模型

13.3.4 改善成本法（Kaizen 成本法）

在制造阶段，价值工程和流程再造的影响已经存在，因此，在这个环节，降低成本就要引进新的方法（如柔性制造系统）、使用新的管理技术（如经营控制、全面质量管理等）来更多地降低成本。改善（Kaizen）成本法就是指在这一阶段，通过持续不断地改进，不断研究新的方式以降低既定设计、功能的产品制造工程的成本。

Kaizen 是一个日本词汇，具有"持续不断改进"（Continuous Improvement）之意，因此 Kaizen 成本法也称改善成本法。改善成本法是通过合理化建议的实施，达到提高工作效率、保证和提高产品质量、改善工作环境和降低成本的效果，并激发企业员工的积极性创造性，推动企业的发展。改善成本法以"成本可以持续改善"为核心理念，反映了"降低成本的潜力无止境"的成本管理意识。这种成本意识是企业长期保持成本优势的基础。"目标成本计算"主要致力于在新产品的开发、设计阶段降低成本，而改善成本计算是指通过持续不断的改进致力于在现有产品的制造阶段逐步降低成本。

改善成本法将成本降低的重点放在产品生命周期的生产制造阶段，是对于目标成本法的补充。在一个设计周到的价值链成本管理项目中，目标成本法和改善成本法紧密合作，确保按足够的成本降低压力贯穿整个价值链各个企业和产品的生命周期阶段。改善成本法亦是前馈型成本管理方法，通过预期的成本降低需要来制定产品成本的降低目标，而不是成本超标后再做出反应。

改善成本法的实施方式可分为：期间型、项目型、费用型。这三种方式有不同的目标和重点[⊖]，具体见表 13-4。

⊖ 温素斌. 管理会计理论. 模型. 案例（第 3 版）. 机械工业出版社，2018.10

表 13-4　改善成本法的目标与重点

改善成本法	目标	重点
期间型	降低生产过程成本	直接成本
项目型	降低特定产品成本	直接成本
费用型	降低费用、维持成本	间接成本

(1) 期间型改善成本法　期间型改善成本法的目标是通过当前既定量值来降低生产过程的成本，大部分企业利用这种成本的降低来维持其盈利能力。

(2) 项目型改善成本法　项目型改善成本法的目标是降低特定产品的成本，以获得长期利润。这样的介入手段既可以用于成本过高的新品，也可以用于售价下调程度高于成本降低程度的成熟产品。

(3) 费用型改善成本法　费用型改善成本法旨在减少产品组合复杂性，从而降低项目的费用成本。

总体而言，期间型和项目型改善成本法侧重于直接成本控制，而费用型改善成本法是侧重间接成本控制。以上三种改善成本方法的主要不同点在于它们将购货商成本压力转移到供应商身上。在期间型改善成本法下，每个组件的售价降低了。在项目型改善成本法下，只有特别选中的一些组件的成本被降低。费用型改善成本法并不将压力转移给供应商，而是通过简化产品订单的组合复杂性来降低项目的费用成本。通过运用费用型改善成本法，购货商在降低零件组合的复杂程度的同时，亦降低了从供应商处购买的零件组合的复杂程度，从而达到成本降低的目标。

改善成本计算主要通过寻求改进现有生产程序，进一步提高其效率，来达到不断降低生产现有产品成本的目的。为此，经理人员和管理会计师必须深刻洞察生产经营的各个环节现有的进一步改进的潜力，尽可能采取有效措施，使可能转变为现实，使企业整体的生产经营经常处于不断改进的状态中。

在这里，必须明确改善成本计算与传统的标准成本计算的关系。标准成本计算，是以企业的高层领导根据企业一定期间开始时的技术经济条件所制定的成本标准为起点，直至期末再将这一期间内实际发生成本与标准成本进行比较，进行差异分析，据以采取有效措施，发展有利差异、消除不利差异，达到降低成本的目的。因而它具有明显的"间歇性"（期间性）。而改善成本计算则不然，它通过持续的、渐进式的微小改进，使产品成本的降低贯穿制造过程的始终，因而具有明显的动态性。

为了使改善成本计算能充分发挥其效率，企业必须为生产第一线的员工持续不断地提供详细的成本资料（一般采用传统标准成本计算的企业并不这样做），生产第一线的员工及时掌握各项成本瞬时的升降动态，为他们能据以随时洞察其变动的因果关系，使其能不失时机地促使制造成本的不断降低。这种从小处着手，坚持不懈地采取渐进式的改进所取得的成果，累积起来也可能是很可观的。因此改善成本计算的有效性，需要以广大员工成本意识的高涨及其在挖掘降低成本中主动性、积极性、创造性的充分发挥为条件,否则,将难以实现预期效果。

13.3.5 目标成本计算综合例解

实行目标成本法通常有五个步骤:确定目标价格,确定期望利润,用目标价格减期望利润计算目标成本,运用价值工程鉴别降低产品成本的途径,运用改善成本法和经营控法进一步降低成本。以下通过具体实例,详细阐述这五个步骤的具体运用。

【例 13-1】 M 公司是一家大型机械制造公司,该公司准备生产 A、B、C 三种不同类型的机床,机床的预计生命周期为 50 年,利用目标成本计算,通过一系列程序确定这三种机床投产的可行性。A、B、C 三种机床的综合性数据见表 13-5。

表 13-5 机床综合性数据

项目	机床 A	机床 B	机床 C
预计生命期内总产量(台)	480 000	2 300 000	1 900 000
目标平均单位售价(元)	8 600	5 100	7 600
目标平均单位利润(元)	1 400	900	1 200
目标单位成本(元)	7 200	4 200	6 400
根据现行条件的设计成本			
原材料成本(元/台)	2 900	1 800	2 700
外购配件成本(元/台)	2 400	1 500	1 900
间接成本(元/台)	3 802	2 175	3 273
合 计	9 102	5 475	7 873

根据现有资料计算可知,A、B、C 三种机床的设计成本分别为 9 102 元/台、5 475 元/台和 7 873 元/台,大于各自的目标成本 7 200 元/台、4 200 元/台和 6 400 元/台,从而使目标利润无法实现。为此,就应采取实施目标成本计算所采取的各项措施,进一步降低现行的设计成本,力求使预定的目标成本和目标利润得以实现。为此,首先要对表 13-5 中所列的间接成本做具体分析,单位层次、产品层次和综合能力维持层次的间接成本分别见表 13-6、表 13-7、表 13-8。

表 13-6 单位层次的间接成本

单位层次的间接成本					
成本项目	动因	单位动因成本(元)	动因单位		
			机床 A	机床 B	机床 C
装配	装配小时	41	6	11	3
质量保证	检测小时	33	2	6	1
再加工	人工小时	27	2	9	1
原材料整理	整理小时	15	3	5	2

(续)

"批"层次的间接成本					
成本项目	动因	单位动因成本（元）	动因单位		
			机床 A	机床 B	机床 C
搬运	搬运小时	35	6	0	20
准备	准备小时	160	7	0	11

表13－7 产品层次的间接成本

成本项目	机床 A		机床 B		机床 C	
	总成本（元）	单位成本（元）	总成本（元）	单位成本（元）	总成本（元）	单位成本（元）
工程	70 000 000	146	48 000 000	21	56 000 000	29
监督	5 800 000	12	9 000 000	4	9 000 000	5

注：单位成本＝总成本÷预计生命期内总产量，计算结果取近似整数。

表13－8 综合能力维持层次的间接成本

综合能力维持层次的间接成本					
成本项目	动因	单位动因成本（元）	动因单位		
			机床 A	机床 B	机床 C
综合性管理费用	人工小时	17	15	9	3
综合性制造费用	原材料成本	1.03	1600	1000	500

表13－8中综合能力维持层次的间接成本是指为完成预计生产各产品在它们生命周期内的总产量预计的以成本动因表现的综合能力维持成本，这表明，从长期来看，如果机床总产量有较大的变动，其综合能力及其维持成本也要做相应的调整。

对以上表13－5、表13－6、表13－7、表13－8提供的资料进行综合，可得到表13－9中各产品生命周期内预计的总设计成本、目标利润、预计利润的对比情况。

表13－9 生命周期内成本、利润测算

项目	机床 A	机床 B	机床 C
生命期内总产量	480 000	2 300 000	1 900 000
单位售价（元）	8 600	5 100	7 600
材料成本			
原材料成本（元/台）	2 900	1 800	2 700
外购配件成本（元/台）	2 400	1 500	1 900
单位层次成本			
装配（元/台）	246	451	123

(续)

项目	机床 A	机床 B	机床 C
质量保证（元/台）	66	198	33
再加工（元/台）	54	243	27
原材料整理（元/台）	45	75	30
批层次成本			
搬运（元/台）	210	0	700
准备（元/台）	1 120	0	1 760
产品层次成本			
工程（元/台）	146	21	29
监督（元/台）	12	4	5
综合能力维持层次成本			
综合性管理（元/台）	255	153	51
综合性制造费用（元/台）	1 648	1 030	515
总设计成本（元/台）	9 102	5 475	7 873
预计利润（元/台）	−502	−375	−273
目标利润（元/台）	1 400	900	1 200
预计利润与目标利润之差（元/台）	−1 902	−1 275	−1 473

从表 13−9 中可以看到，由于三种机床的设计成本高于目标成本，使预定的目标利润无法实现，因而要进一步采取措施，寻求降低现有设计成本的途径，可采取以下措施进行整改：

1. 价值工程

价值工程（Value Engineering，VE）的目的是以最低的成本去实现或创造某种产品或作业应具备的必要功能，以使该产品或作业达到最佳的价值。如果某零件的成本较高，而其功能也超过其预定的要求，说明该零件成本偏高或功能过剩，应予改进。

据此，本例中，M 公司特设置一个专门小组，实施价值工程，他们从公司的竞争对手那里购进同种类型的机床，进行解剖分析，然后以此为基础形成新的设计观念和设计方案，使新的设计方案能达到以较低的成本达到其原有的功能，并尽量消除不必要的功能。价值工程实施的结果，导致相关的成本数据发生变动，M 公司 VE 实施情况见表 13−10。

表 13−10　M 公司 VE 实施情况

改变的项目	机床 A	机床 B	机床 C
原材料成本（元/台）	2 700	1 700	2 300
外购配件成本（元/台）	2 100	1 300	1 700
装配小时（h）	4	9	2
再加工小时（h）	1	7	1

根据表 13-10 提供的变动后的数据，对该公司各产品的总设计成本重新进行计算，并使之与目标成本进行对比，VE 实施后指标测算见表 13-11。

表 13-11 VE 实施后的指标测算

项目	机床 A	机床 B	机床 C
生命期内总产量	480 000	2 300 000	1 900 000
单位售价（元）	8 600	5 100	7 600
材料成本			
原材料成本（元/台）	2 700	1 700	2 300
外购配件成本（元/台）	2 100	1 300	1 700
单位层次成本			
装配（元/台）	164	369	82
质量保证（元/台）	66	198	33
再加工（元/台）	27	189	27
原材料整理（元/台）	45	75	30
批层次成本			
搬运（元/台）	210	0	700
准备（元/台）	1 120	0	1 760
产品层次成本			
工程（元/台）	146	21	29
监督（元/台）	12	4	5
综合能力维持层次成本			
综合性管理（元/台）	255	153	51
综合性制造费用（元/台）	1 648	1 030	515
总设计成本（元/台）	8 493	5 039	7 232
预计利润（元/台）	107	61	368
目标利润（元/台）	1 400	900	1 200
预计利润与目标利润之差（元/台）	-1 293	-839	-832

表 13-11 提供的数据表明，该公司通过实施价值工程，虽使某些指标有一定的改善，但总体上仍达不到预定目标利润的要求，因而还需寻求进一步降低现有设计成本的途径，其中一种方法就是进行"功能分析"。

2. 功能分析

M 公司三种机床的功能主要体现在动能、油耗、重量和静音这几个方面。功能分析（Functional Analysis）涉及成本、功能、价值（这里指顾客在购买时愿意支付的代价），它们之间的关系表现为

$$价值 = \frac{功能}{成本}$$

上式表明,功能与成本的变动都会对顾客在购买时愿意支付的代价(即企业的销售收入)发生影响。进行功能分析旨在生产保证让顾客满意其功能的产品时,尽可能降低成本,以增进企业的经济效益。

据此,M公司的设计人员可以同相关顾客进行协商,同他们商讨在对发动机的某些功能做一定的改变时,他们能否接受;对产品功能做了一定的改变后,他们在购买时愿意支付的价格是多少;同时,测算出当产品功能改变时,对成本的影响程度。

功能分析后数据见表13-12。

表13-12 功能分析后数据

项目	机床 A	机床 B	机床 C
单位售价(元)	8 700	5 500	7 900
原材料成本(元/台)	2 500	1 400	2 000
材料整理工时(h)	2	4	1
装配工时(h)	3	7	1
工程成本(元)	50 000 000	32 000 000	38 000 000

根据以上功能分析导致的相关数据的改变,对该公司各产品的总设计成本重新进行计算,并使之与目标成本相对比,功能分析后的指标测算见表13-13。

表13-13 功能分析后的指标测算

项目	机床 A	机床 B	机床 C
生命期内总产量	480 000	2 300 000	1 900 000
单位售价(元)	8 700	5 500	7 900
材料成本			
原材料成本(元/台)	2 500	1 400	2 000
外购配件成本(元/台)	2 100	1 300	1 700
单位层次成本			
装配(元/台)	123	287	41
质量保证(元/台)	66	198	33
再加工(元/台)	27	189	27
原材料整理(元/台)	30	60	15
批层次成本			
搬运(元/台)	210	0	700
准备(元/台)	1 120	0	1 760
产品层次成本			

(续)

项目	机床A	机床B	机床C
工程(元/台)	104	14	20
监督(元/台)	12	4	5
综合能力维持层次成本			
综合性管理(元/台)	255	153	51
综合性制造费用(元/台)	1 648	1 030	515
总设计成本(元/台)	8 195	4 635	6 867
预计利润(元/台)	505	865	1 033
目标利润(元/台)	1 400	900	1 200
预计利润与目标利润之差(元/台)	-895	-35	-167

3. 流程再造

表13-13提供的数据表明,该公司通过实施功能分析,使某些指标有了一定程度的改善,但总体上仍然达不到预定目标利润的要求,因此还需另辟蹊径,进一步降低总设计成本,力求使预定的目标利润得以顺利实现。为此,必须从更深的层次上革新设计思想,从总体上对企业进行内部工程再造。因此,设计小组应着重对产品的生产过程重新进行审视,采用新的设计方式,对产品的加工和装配程序进行重新设计,同原材料和外购件的供应者联系,创建适时生产系统,重新组织生产线,废除传统的加工方式而建立"制造单元"(Manufacturing Cell)。这些改变,特别有利于清除生产中不增加价值的作业,同时也有利于提高生产中增加价值作业的效率。

M公司通过流程再造,三种机床的数据资料变动见表13-14。

表13-14 流程再造后数据

项目	机床A	机床B	机床C
装配工时(h)	2	6	2
材料整理工时(h)	1	3.5	1
检测工时(h)	1	5.5	1
再加工工时(h)	0.8	7	1
搬运工时(h)	3	0	19
准备工时(h)	3	0	10
工程成本(包括程序重设计成本)(元)	25 000 000	32 000 000	33 000 000

根据上述工程再造所实现的改变,对该公司三种机床的总设计成本进行重新计算,并使之与目标成本相比较,见表13-15。

表 13-15 设计成本变化后的指标测算

项目	机床 A	机床 B	机床 C
生命期内总产量	480 000	2 300 000	1 900 000
单位售价（元）	8 700	5 500	7 900
材料成本			
原材料成本（元/台）	2 500	1 400	2 000
外购配件成本（元/台）	2 100	1 300	1 700
单位层次成本			
装配（元/台）	82	246	82
质量保证（元/台）	33	181.5	33
再加工（元/台）	21.6	189	27
原材料整理（元/台）	15	52.5	15
批层次成本			
搬运（元/台）	105	0	665
准备（元/台）	480	0	1 600
产品层次成本			
工程（元/台）	52	14	17
监督（元/台）	12	4	5
综合能力维持层次成本			
综合性管理（元/台）	255	153	51
综合性制造费用（元/台）	1 648.0	1 030	515
总设计成本（元/台）	7 303.6	4 570	6 710
预计利润（元/台）	1 396.4	930	1 190
目标利润（元/台）	1 400	900	1 200
预计利润与目标利润之差（元/台）	-3.6	30	-10.0

表 13-15 的计算结果表明，M 公司通过流程再造，原定的利润目标基本可以实现。

13.3.6 生命周期成本、目标成本与改善成本三者的关系

生命周期成本管理强调降低成本，而不是控制成本。因此，目标成本法成为确立成本降低目标的有效工具。目标成本是为了获得预计市场份额所需的销售价格与期望单位利润之间的差额。售价反映了客户愿意掏钱购买的产品规格或功能（通常称为产品功能性）。如果目标成本低于现时可达到成本，那么公司管理层就必须寻找使实际成本更加接近目标成本的成本降低方法。目标成本法是在设计阶段建立成本降低目标，从而致力于在产品生命周期各阶段实现成本降低的综合性成本管理工具。生命周期成本、目标成本与改善成本的关系如图 13-11 所示。

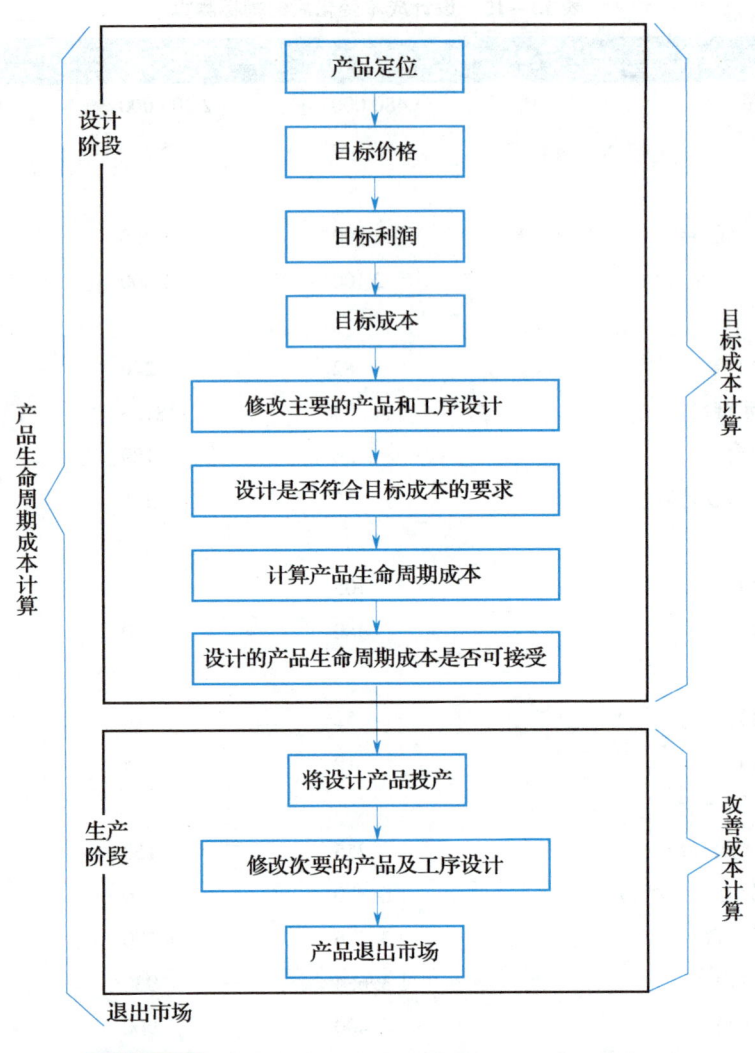

图 13-11 生命周期成本、目标成本和改善成本关系图

13.4 价值链成本管理延伸——精益会计

随着经济社会的快速发展，产品迭代的速度加快，生产方式逐渐从大批量生产过渡到小批量、定制化生产，同时智能化、互联网＋等高科技广泛应用于企业，企业运营向精益企业转型已成可能。精益企业以精益思想作为指导，以消除浪费为目，生产方式由预测推动型"推动式"向客户驱动型"拉动式"转变；旨在支持批量生产、自上而下的命令和控制以及部门最优化和预算的传统会计系统会阻碍精益企业的发展，在这种情况下，精益企业会计系统应运而生，成为现代商业环境下企业的改革趋势。

13.4.1 精益会计概述

1. 精益思想

精益思想是精益生产的核心，它包括精益生产、精益管理、精益设计和精益供应等一系列思想，其核心是以较少的人力和设备在较短的时间和较小的场地内创造出尽可能多的价值；同时也越来越接近客户，提供给他们确实需要的东西。

长期以来，大批量生产的一条基本原则便是生产量越大，单位成本越低，于是传统企业便一直通过大批量生产来努力降低成本，这造成了传统企业生产资料和仓储的浪费。而精益思想要求企业让顾客成为生产拉动者，明确每一项产品的价值流，使产品从最初的设计到完成顺利流畅，并在管理中追求精益求精和尽善尽美。精益思想要素内涵如图 13-12 所示。

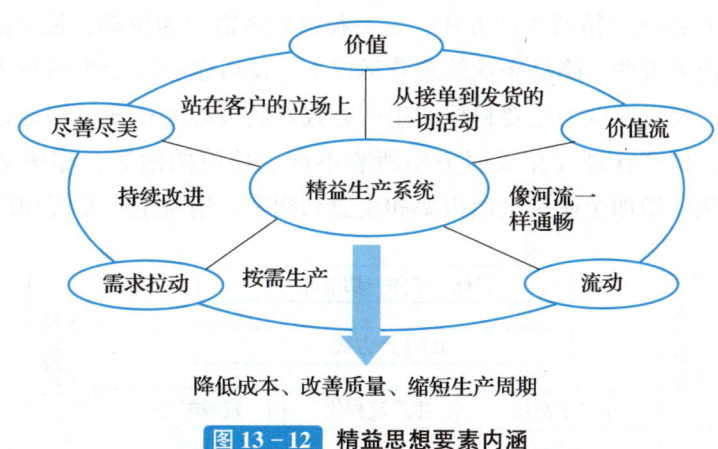

图 13-12 精益思想要素内涵

（1）价值　精益思想认为企业产品的价值只能由其是否满足最终用户的特定需求来决定。正确地确定价值就是以客户的观点来确定企业从设计到生产到交付的全过程，实现客户需求的最大满足。这种情况下，就必须把生产过程中的浪费降至最低，从而不至于使客户承担由浪费造成的额外费用。在使客户满意的同时，企业自身也降低了生产成本，这就是精益生产的价值观。

（2）价值流　价值流是指从原材料转变为成品，并给它赋予价值的全部活动，包括从供应商处购买的原材料到达企业，企业对其进行加工后转变为成品再交付客户的全过程，企业内以及企业与供应商、客户之间的信息沟通形成的信息流也是价值流的一部分。企业可以通过价值流分析来识别价值流中哪些是真正增值的活动，哪些是可以立即去掉的不增值活动，精益思想将消耗了资源而不增值的活动叫作浪费。识别价值流的目的就是发现和消灭浪费。

（3）流动　在消除了浪费的基础上，必须使价值流上被保留下来的活动流动起来，因为停滞也同样被精益思想视为浪费。精益思想强调创造价值的各个活动应该不间断地流动起来,并将企业的所有停滞归为浪费,因此精益思想是反对部门化和批量生产的,并用持续改进、JIT、单件流等方法创造价值的连续流动。

(4) 需求拉动　需求拉动就是按客户的需求进行产品的设计并生产,使客户在需要的时间得到需要的产品。在需求拉动原则下,由于生产和需求直接对应,从而大大减少了库存和在制品的数量,压缩了生产周期。而且企业一旦具备了当客户需要就能立即进行设计和生产产品的能力,就意味着可以抛开销售,直接按用户的实际要求进行生产。

(5) 尽善尽美　精益思想的尽善尽美包括三个含义:顾客满意、无差错生产和企业不断地持续改进,由于企业外部市场环境处于不断变化之中,企业内部也要不断据此做出改变,因此尽善尽美永远是一个目标,但是对尽善尽美的持续追求,将造就一个永远充满活力、不断进步的企业。

2. 精益生产

(1) 精益生产系统　精益生产方式,是一种以顾客需求为拉动,最大限度地减少企业所占用的资源、消灭浪费,降低企业管理营运成本,使得企业以最少的投入获取最佳的效益和提高对市场的反应速度为主要目标的生产方式。其核心是精简,即通过减少产品研发设计、产品制造、生产管理及相关服务中所有不产生价值的活动,缩短对客户需求的反应,提升客户价值,增加企业资金回报率和企业利润率。精益生产系统如图 13 – 13 所示。

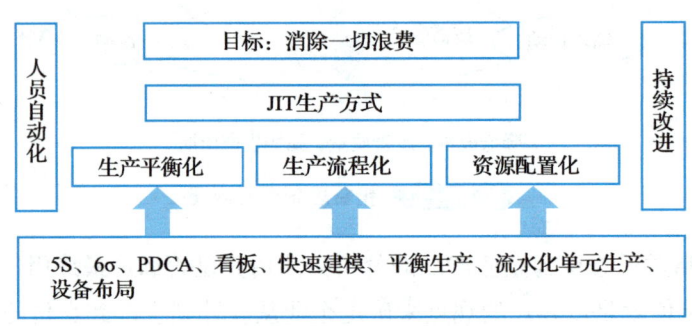

图 13 – 13　精益生产系统

该系统以自动化和准时化 (JIT) 为支柱,人员和机器的使用效率不再是最重要的指标,相反一些生产指标,如报废率、每小时产出等成为重要的效率指标。

自动化是指要让机器具备可以自己"检查工作的结果",出现异常可以自动"停止、呼叫、等待"等功能,这是一种马上解决异常(问题),不生产次品,不让次品流向后面工序的思想。为此,首先必须在所有工序确保"安全"和质量。从这个思想出发,经过不断进化,便产生了"问题的可视化""自律化""在工序中打造品质"等思想,随时可以发现问题,并不断进行改善等。准时化是指"在需要的时候,生产需要数量的需要的产品"。这样就可以用少量资金,通过"不保有库存,快速周转",参加激烈的竞争。这里的 JIT 具有"降低库存"和"缩短过程时间"两方面含义。

(2) 精益生产与传统生产方式的比较　对精益生产方式与传统生产方式做比较，具体见表 13–16。

表 13–16　精益生产与传统大批量生产方式的比较

项目	精益生产方式	传统生产方式
导向	客户需求	最大量生产
物流供应方式	"拉动式"生产	"推动式"生产
生产批量	小批量	经济生产批量
对库存的态度	追求零库存	库存保证生产正常，企业有安全感
生产成本控制	生产成本由流经瓶颈资源的速度决定，追求整体生产环节平稳高效，生产节拍合理	生产成本控制来自高自动化，高负荷设备运行，成本控制来自工资和资金支出
机床生产安排	准时化、均衡化、自动化、生产问题及时反映产品质量得以改善	只有保障单机高效负荷运行，提高单机生产效率，才能尽快收回投资
柔性生产管理	提高企业灵活性不意味生产成本增加，可通过减少生产过程时间，改变生产线设备的柔性，组织的柔性等来实现	提高企业生产灵活性必须大量购置通用设备，大量高负荷生产，提高库存，来适应市场变化，增加资本投入
生产现场管理	实现"5S"现场管理，现场只有当日在制品，物料定址定位，工位只许有当日有用物品，成品库产成品均为马上发货产品	现场在制品堆积，场地拥挤，成品库大量产成品，工作现场堆积大量工具量具
质量观	保证产品质量的绝对可靠是可行的	一定量的次品看成生产中的必然结果
对员工的态度	强调员工对生产过程的干预，尽力发挥人的主观能动性	强调管理中的严格层次关系

(3) 精益生产的目标　消除浪费就是精益生产的目标，可从以下几方面着手：

1) 零库存。通过优化零配件供应与生产的协调使生产能够迅速同步顾客需求，从而清除库存或者将库存维持在一个很低的水平，减少多生产和仓储造成的浪费。

2) 零浪费。通过实施单件流动的生产模式使各工序前后衔接，一件在制品在前工序做完，便立即转入下一工序继续加工，各工序之间也没有搬运距离，从而节约了转产工时的浪费。

3) 零转产工时。通过价值流核算法追踪价值流各环节，实施全面成本控制，从而消除价值流中所有不必要的活动，达到减少浪费的目的。

4) 零缺陷。通过实施单件流动的生产模式能够及时发现生产过程中出现的残次品，分析原因并及时采取措施避免不良产品再次出现，从而节省因残次品生产带来的浪费。

5）零机械故障。通过保证生产过程的流畅进行来避免因机械故障造成的时间浪费。
6）零灾害。通过加强生产过程中的安全保护措施来消除安全隐患，避免发生灾害。
精益生产目标如图 13-14 所示。

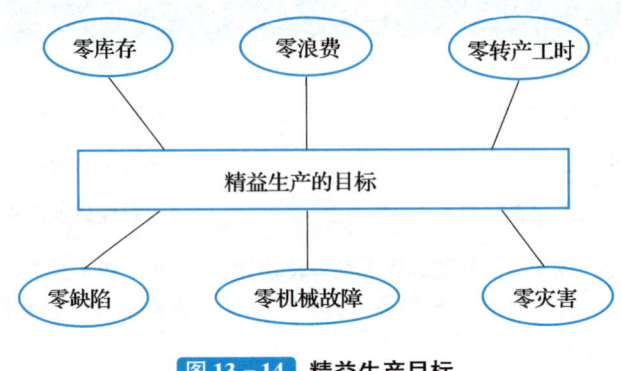

图 13-14　精益生产目标

3. 精益会计的含义

（1）价值流的含义与特点　价值流是指为创造最大客户价值而进行的设计、采购、生产、物流、客户服务等一系列必须且不可能再减少的活动集合。这些活动包括：从订货到送货的信息过程；从概念到投产的设计过程；从原材料到产品的转化过程；全生命周期的支持和服务过程。一个完整的价值流包括增值和非增值活动，如供应链成员间的沟通，物料的运输，生产计划的制订和安排以及从原材料到产品的物质转换过程等。在制造业企业，大多数价值流是订单执行价值流：从客户那里获得订单，然后将货物发给客户完成这些订单的处理。价值流结构如图 13-15 所示。

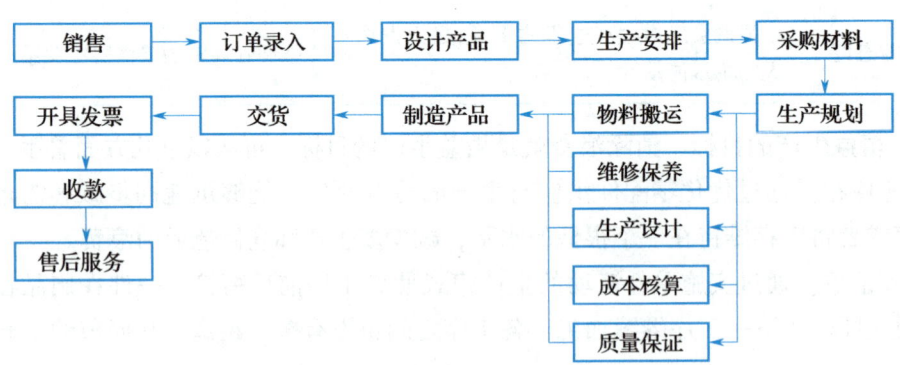

图 13-15　价值流结构

价值流一般包括订单执行价值流、客户服务价值流、新产品开发价值流、现有产品获得新客户的价值流等类型，它体现在产品流、物流、资金流、工作流和信息流中，并经过一系列增值环节，形成企业最终价值。价值流分类见表 13-17。

表 13-17 价值流的分类及主要活动

类型	价值流	主要活动
主要价值流	采购	供应商选择、合同签订、货物入岸、付款、仓储、供应商产品管理
	生产	生产、装配、包装、生产管理、质量保证
	市场营销	确立市场需求、监控市场趋势、创建广告、制造产品说明、建立和维护一个分销和特约营销网络
	服务	安装、维修、培训售后服务
支持价值流	经营管理	战略规划及控制、销售计划、财务控制、信息设备管理
	客户约定	取得业务、处理咨询、保证顾客满意
	人力资源	招聘、雇佣、培训、开发和补偿、劳工关系的处理、开发以知识为基础的技能和核心能力
	技术开发	产品研究与开发、流程研究与开发、业务方案的改善
	财务信息	投资信贷、保险、会计、现金管理
	信息	计算机基础工程、信息收集、信息加工

价值流是精益会计研究的对象，具有以下特点：

1）隐蔽性。价值流在整个供应链的运作过程中，需要有关人员去挖掘。

2）连续性。价值流是在供应链上连续不断地进行的。

3）周期性。产品有其生存周期和生命周期，产品的生产、销售随着季节不同有其周期性，体现出了价值流运作的周期性。

（2）精益会计的含义　精益会计以客户价值增值为导向，融合精益采购、精益设计、精益生产、精益物流和精益服务技术，把精益管理思想与会计思想相结合，形成了全新的会计理念——精益会计。它以价值流为对象，从采购、设计、生产和服务上全方位控制企业价值流成本，以达到企业价值流成本最优，从而使企业获得较强的竞争优势。即精益会计是以价值流为核心，以消除浪费为目的，综合运用了如JIT、约束理论方法及其他质量管理方法、价值流管理、作业管理法和目标成本法等管理方法，为精益制造企业提供了一个有效的管理框架，提升了价值流中的各环节的价值创造能力。

精益会计的含义包括以下几点：

1）在精益会计体系中，财务控制职能内置于各价值流中，能及时发现价值流中存在的问题，并迅速反馈给价值流管理者，保证价值流的持续改进和不断完善。

2）精益会计指标是以未来为导向，与传统的以历史业绩和成本削减为导向的业绩评估体系有着根本的不同。

3）在精益会计方法下，传统的年度预算也失去了意义，因为年度预算耗费很大，但是提供的信息却很少具有相关性，这与精益思想是格格不入的。

4) 精益会计下的销售、运营及财务预算更为灵活，同时能更有效地监控企业的发展状况。

4. 精益生产与精益会计的关系

（1）精益会计是伴随精益生产的产生而产生的　精益会计是一种以顾客为导向、以企业不断增值为目标的会计方法，这种会计方法与精益生产相适应。精益生产是精益管理会计产生的直接原因，相互之间是一种因果关系。

（2）精益会计能够反过来促进精益生产的发展　倘若能够合理地使用精益会计的方法指导企业的生产，将会使企业的整个精益生产体系更加合理化、规范化，最终使企业更具竞争力。因此，精益会计是完善企业精益体系的一种必然选择。

13.4.2　精益成本管理

在精益运营模式下，企业需要对顾客需求做出更加快速的反应，需要更迅速地做出决策，需要更低的成本。因此必须有新的成本管理方法来实现精益生产方式的运营目标。

1. 精益成本管理概述

（1）精益成本管理的含义　精益成本管理也就是价值流成本管理，是将精益生产原则和成本管理思想相结合的一种成本管理方式。它以满足客户价值需求为目标，在价值流管理的基础上，将精益思想融入设计、采购、生产、物流及营销等环节；从产品、工艺设计、原材料采购、生产及客户服务等全方面来控制产品成本。挖掘各个环节中非增值的部分，最大限度地消除浪费，提高资源利用率，创造更多价值；即成本分别以各价值流进行归集，利润以各价值流进行核算和报告，这样不仅有利于将价值流延伸至上游的供应商和下游的顾客，而且也可以消除浪费，提高价值流的效率，从而更好地创造价值。这里的价值流利润是指价值流在一定期间的收入扣除材料成本、人工成本和其他成本等后的余额。

精益成本管理与传统成本管理模式不同，它能够为企业制定更好的成本决策，提供行之有效的信息，有助于提高企业盈利水平，能够消除无用的交易系统和浪费，为企业节约时间，节省成本和减少浪费；能够为企业实施精益持续改进提供有用的信息，使企业得以长期有效地利用精益生产方式，促进企业长期发展。

按照精益生产的观念，产品成本随着产量和产品组合的不同而变化，制造费用以整体形式与价值流发生关系，而不与个别产品所耗劳动时间发生关系。某种产品的成本，主要取决于它在整个价值流中流动速度的快慢，特别是在价值流中的瓶颈环节流动速度的快慢。成本核算、分析和管理的重点是产品在价值流中的流动速度问题而不是资源使用、个人效率或制造费用分配的问题。因此精益会计需要采用的是价值流成本法而不是完全成本法。

（2）精益成本管理的原则　企业要实现精益化成本管理就必须遵循一定的原则。精益成本管理原则是企业推行精益成本管理必须遵循的规范和要求，精益成本管理原则超越精益生产范畴，全面覆盖企业各环节，统筹人、财、物等要素，并渗透利润分配和企业投融资等理财职能。企业所有的作业或流程都致力于为顾客创造价值才是符合精益成本管理原则的。精益成本管理原则有以下四项：

1）顾客导向原则。顾客需求是企业发展的动力源泉，企业必须在顾客需求的拉动下有效地进行产品研发、生产及销售，才能不断塑造和巩固自己的竞争优势，坚持顾客导向原则要求企业按照顾客定义企业价值，这是精益思想的出发点。企业必须对顾客的需求变化非常敏锐，并根据外部市场需求调整并优化生产及管理活动，不断满足市场的需求。

2）全面质量管理原则。坚持全面质量管理原则不仅要求企业从设计、制造、销售各环节严把质量关，对产品质量做到"零缺陷""零容忍"，坚守 6σ 原则，而且在处理成本控制与产品质量的关系时，绝不能以牺牲产品质量为代价，从企业管理的各个方面实施全方位改进，加强产品全生命周期管理，将低成本控制与企业的可持续发展有机结合。

3）价值流原则。坚持价值流原则要求企业通过高阶流程图对业务流程进行详尽的梳理和再造，因为高阶流程图可以清晰地展示企业价值流动、信息流和物流。识别末端顾客的有效需求，确定流程输出的关键质量指标，再确定企业的各项流程，并确立能达到和符合顾客需求的流程输入质量指标，从而保证流程顺畅地"流动"起来，防止停顿和中断。

4）制度保障原则。精益成本管理的推行必须有一整套完善的制度作保障，包括作业标准、各种管理规范等。否则精益成本管理难以推行，精益成果难以固化、更不能持续。坚持制度匹配原则，企业必须：①减少管理层级，使企业组织结构趋于扁平，这不仅与精益精神相匹配，而且也能提高组织效能；②制定和执行完备的作业标准体系；③建立并完善激励约束机制，充分激发员工的潜能，提高劳动生产率。

（3）精益成本管理内容 精益成本管理体系是以客户价值为导向建立的，以价值流成本作为管理对象，以价值流的持续改进和增值为目标，对价值流成本进行规划、控制和绩效评价的信息系统，也是精益企业价值管理活动的支持系统，精益成本管理体系如图 13-16 所示。

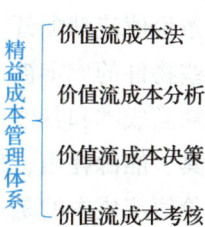

图 13-16 精益成本管理体系

2. 价值流成本法

（1）价值流成本法的含义 价值流成本法中以价值流为核算对象，成本分别按价值流进行归集，利润以各价值流进行核算和报告，这样不仅有利于将价值流延伸至上游的供应商和下游的顾客，而且也可以消除浪费，提高价值流的效率，从而更好地创造价值。这里的价值流利润是指价值流在一定期间的收入扣除材料成本、人工成本和其他成本等后的余额。

成本计算期一般为每周（半月或月）；核算内容是整个价值流中的所有耗费，而且所有成本都是直接成本，没有直接成本和间接成本之分，而价值流之外的成本则不包含在其中；成本项目一般包括生产人工成本、生产材料成本、生产支持成本、机器设备成本、经营支持成本、设备维护成本、其他价值流成本等。价值流内的所有成本都被认为是直接成本，不再有直接成本和间接成本之分。价值流成本构成如图 13-17 所示。

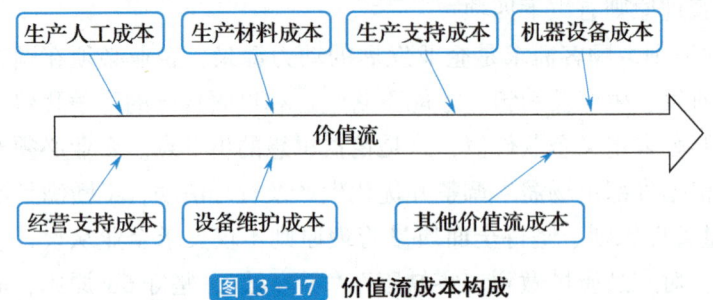

图 13-17　价值流成本构成

其中，生产人工成本包括整个价值流中所有人工成本，只要是在价值流中工作的人员，无论是从事产品生产、材料搬运、产品设计，还是进行机器维护、生产计划、营销、会计工作，其人工成本都包含在其中；生产材料成本通常是计算本周（半月、月）已销价值流中产品的材料成本，而不是处于生产过程的在产品成本，生产材料成本是指一周内为该价值流采购的原料成本之和。原料进入工厂时，它的成本便被分配给了相应的价值流。因此价值流的总原料成本是指一周内采购所耗费的所有成本之和。

为了保证这种原料成本的有效性，原材料和在产品库存一般都维持在一个较低水平，这样每周分配给价值流的原料便能立即被价值流使用，因而价值流总原料成本能比较准确地反映一周内价值流制造的产品的原料成本。

每条价值流都配备一张采购信用卡，用以购买包括支持配件和模具在内的支持性物件。这些物件的成本被称为支持成本。支持成本直接列入价值流成本或利润中心。同样，低值易耗品成本和其他日常费用也分配给价值流。支持成本包括为创造价值流而发生的备件、工具、能源耗用、日常开支等项目的成本。以上成本项目都是直接计入，唯一使用分配计入价值流成本的是对设施使用成本（如建筑物租金、维护成本等，属于其他价值流成本项目），按照其使用面积进行分配，其目的在于促进价值流团体成员努力降低价值流对空间的使用。在价值流之外的一些活动（如会计服务、推进 ISO 14000 等）的成本费用作为业务支持活动的成本，不计入价值流成本中，其目的在于为价值流管理者提供相关的、准确的、易懂的成本信息，以管理和改善所控制的价值流活动。

(2) 价值流成本法的特点

1) 价值流成本核算流程简单。在实施精益生产的过程中，用看板和其他拉动系统替代了工作通知单对生产的授权和控制，关注价值流的流动，价值流中产品流动最大化时，便会实现利润最大化。收集成本信息时，以整个价值流作为收集对象，不用收集每项生产作业或每件产品详细的实际成本，只需收集价值流总成本，并把一周的成本信息汇总起来。任何产品的成本都取决于它流经价值流的速度，尤其取决于在"瓶颈"环节的流动速度。

对于生产人工成本，无须通过追踪产品生产耗费的人工时间来收集该成本信息，主要将在价值流内工作的员工的工资和直接福利加总起来便得到价值流的生产人工成本。对于生产材料成本,一旦公司的存货水平较低并得到有效控制,价值流的原料成本便是该价值流采购的原料的成本。所有采购成本都分配至该价值流的成本中心。且低值易耗品、模具和其他成本也被分配到价值流成本中心,或者从应付账款流程中获得。

2)价值流成本法可减少成本中心。企业不必对各种成本中心进行细分,相反,各种成本信息的收集工作都是为每条价值流进行的,每条价值流的成本中心很少。

间接费用分摊的消除意味着真实的成本信息没有被不必要的成本分摊复杂化,这些不必要的成本分摊不在价值流经理的控制范围内。这保证了成本和利润信息的真实性,并且还保证了这些信息很容易被价值流员工及经理们所理解。

价值流成本法为价值流团队提供的信息涵盖了价值流的真实信息,包括产品和服务的整个物流过程和信息流过程中的所有增加价值活动和不增加价值活动;该信息及时、可靠,可用于公司的日常决策,因为该信息与订单或合同的盈利能力、自制/外购决策和产品合理化等问题相关。

(3)内部管理报告

1)价值流成本核算表。基于精益企业产品所在价值流和价值流中的耗费两大要素编制价值流成本核算表。横向是价值流成本构成项目,纵向是产品价值流向。例如,X 铣床的价值流成本核算见表 13-18。

表 13-18　X 铣床的价值流成本核算表

项目	生产材料成本	外部加工成本	生产人工成本	机器成本	其他成本	总成本
设计工程						
采购						
表面贴装						
测试						
组装						
质量保证						
装运						
会计						
维护						
客户服务						

2)价值流成本预算表。基于价值流内各项作业拆分,我们又进一步分析了影响价值流成本的动因。并建立了价值流成本预算表,见表 13-19。该表以预计成本动因量为出发点,进而对单位成本额进行预计,最后做出单元成本的预算。价值流成本的预算额与价值流成本的实际发生额之间的比较,有利于我们找出成本差异的动因,对成本实施更好的控制。

表 13-19 价值流成本预算表

价值流名称	活动	资源成本动因	预计成本动因量	预计单位成本额	单位成本预算
顾客约定	取得业务	业务笔数			
	处理咨询	处理次数			
	保证顾客满意	—			
采购	采购订单处理	处理张数			
	供应商的选择和发展	—			
生产	材料消耗	材料耗用量			
	生产设备	机器准备次数			
	机器类作业	机器工时			
	人工类作业	人工工时			
	生产指令	处理次数			
	品质检验	检测次数			
	包装	包装机器工时			
市场营销	确定市场需求	调研次数			
	监控市场趋势	—			
	创建广告	—			
	创造产品说明	说明书份数			
	维护销售网络	—			
售后服务	安装	安装次数			
	维修	维修次数			
	培训及售后服务	—			
财务	会计作业	凭证处理时间			
	其他财务事务	—			

3）价值流损益表。价值流损益表由于不必对成本项目进行细分，价值流成本法降低了成本核算的工作量，此时，以每一个价值流作为一个成本的归集中心，得出的价值流利润表中的利润就更加真实。每个价值流的当期利润等于本周（半月或月）实际发生的产品收入（按照价值流计算）减去同样按照价值流计算的材料成本、人工成本和其他成本后的余额。核算过程消除了对制造费用分配的复杂过程，简化了核算，也使价值流中的所有成员更明白其含义。其含义为

价值流利润 = 期间内价值流的销售收入 − 期间内消耗的原料和转换成本

价值流损益表的内容一般包括收入、成本、价值流利润、销售利润率（价值流利润与

收入之比)、存货等五个项目。当销售量大于生产量时,价值流中的存货量会降低,损益表则会反映出更高的利润和更低的单位成本,反之则利润下降,单位成本上升。一个部门或企业的损益表就是由部门和企业内所有的价值流损益表构成的组合。将各个价值流的利润相加后再减去管理费用就是本部门或企业的税前利润。价值流损益表见表 13–20。

表 13–20 价值流损益表

项目	金额	项目	金额
销售收入		采购部门	
原料成本		生产部门	
采购部门		销售部门	
生产部门		核算部门	
销售部门		维护成本	
核算部门		采购部门	
转换成本		生产部门	
支持成本		销售部门	
采购部门		核算部门	
生产部门		其他成本	
销售部门		采购部门	
核算部门		生产部门	
人工成本		销售部门	
采购部门		核算部门	
生产部门		价值流利润	
销售部门		销售利润率	
核算部门		存货	
机器成本			

各价值流管理者可以根据价值流损益表来改善并提高各价值流所创造的价值,不断地消除浪费并且增加各价值流利润。

3. 价值流成本分析

(1) 价值流成本分析的用途　价值流成本分析能对价值流内的生产性资源、非生产性资源以及剩余资源的数量进行正确反映,属于精益会计中一种十分有效的成本管理工具。在精益管理会计思想下,资源的使用方式与数量对价值流内的现金、信息以及原料的流程起到决定性的作用。通过价值流成本分析对这些资源问题进行有效评估,能够帮助精益管理层认清价值流中"瓶颈资源",从而运用更具盈利性与创造性的方式来管理精益制造释放的资源,为企业创造最大价值。

价值流经理应随时掌握资源利用情况，了解价值流中哪些资源是"瓶颈资源"，以及如何使用这种资源才能使企业获得最大的财务收益。价值流成本分析便能提供这种重要信息。

价值流成本分析用途见表13-21。

表13-21 价值流成本分析用途

用途	具体说明
分类统计表，每周报告一次	表明价值流作为一个整体综合使用资源的情况
分类统计表，用于展示精益改进的财务利益	表明从当前状况到未来状况资源利用的变化。此时，公司将实施某项战略以使这些变革的财务利益最大化
分类统计表，用于实施战略变革和投资	例如，当公司计划进行新的资本投资时，分类统计表用以展示价值流的资源、运营和财务状况如何变化
特征成本法	利用价值流成本分析确定价值流的"瓶颈资源"。"瓶颈资源"决定了价值流中各项因素的流动，因此决定了产品成本
目标成本法	利用价值流成本分析识别价值流中存在精益改善机会的地方，这些改善将影响价值流总成本
价值流经理	需要了解原料、信息和现金在价值流中的流动。例如，价值流经理利用价值流成本评价评估意向自制/采购决策对财务和资源产生的影响
持续改进团队	在选择改进项目时，持续改进团队需要资源利用信息。为了加快原料、信息和现金的流动，该团队必须为"瓶颈"单元提供更多的资源能力
财务控制员	为了在损益表中展示财务资源使用情况，需要利用价值流成本
精益改革的支持者	利用价值流成本分析选择精益改善项目，并确定所提议的变革的财务利益
营销人员	利用资源能力进行假设和优化分析。例如，利用价值流成本分析确定哪种产品组合将使价值流的盈利能力最大化，从而变更营销计划
销售、运营和财务规划	资源能力信息应与产量、销售量相匹配

（2）价值流成本分析步骤 价值流分析包括三步骤：定义价值流、分析资源能力以及模拟资源能力的使用。定义价值流由财务指标定义、运营指标定义和分类统计表构成；分析资源能力用于分析价值流当前状况、未来状况以及已经释放的资源能力；模拟资源能力的使用包含消除已释放的资源能力和利用已释放的资源能力扩张业务。价值流成本分析步骤如图13-18所示。

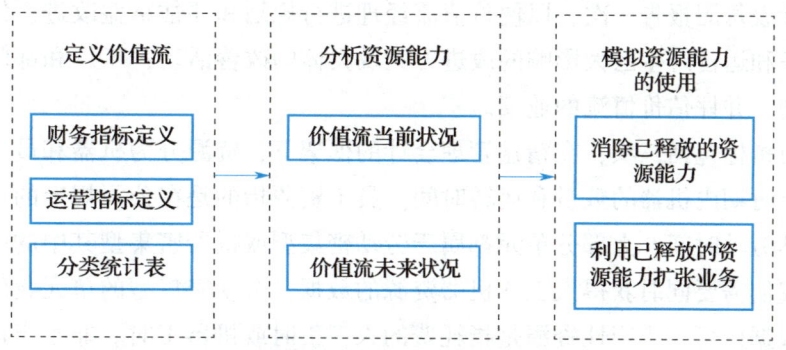

图 13–18　价值流成本分析步骤

1）定义价值流。首先把与价值流当前状况与未来状况相关的运营及财务数据填写在分类统计表上。此外，还应收集和记录与价值流相关的信息状况，并确定计算这些资源信息的分析整理框架。精益价值流分类统计表见表 13–22。

分类统计表为评价价值流运营状况和财务状况提供了一个结构化的方法。分类统计表有两个重要的目的，第一个目的是在精益初改进期作为一种规划工具，用以从企业的角度判断精益的有效性，从而明确精益改进计划的合理性以及在什么条件下这些精益改进是合理的；第二个目的是在完成这些计划的过程中起到监督作用。

表 13–22　精益价值流分类统计表

指标		当前状况	未来状况	变化	长期未来状况	与当前状况的差别
运营指标	进料到出货天数					
	首次合格率					
	按时发货率					
	占地面积					
	人均销售额					
	单位产品的平均成本					
资源能力指标	生产性资源					
	可利用资源					
	非生产性资源					
财务指标	收入					
	存货价值					
	原材料成本					
	转换成本					
	价值流利润					

分类统计表每周报告一次，以便价值流经理进行规划和评估精益改进；价值流团队策划对公司财务和运营产生巨大影响的改进方案及具体的改善活动；工厂和部门经理了解价值流改进计划，并评估价值流的业绩。

资源能力指标包括三项，在精益管理会计的框架下，资源分为机器和员工两种，机器资源是指一定时期内机器的数量和运转时间。员工资源指的是在公司规定的工作时间内工作的人数及其劳动时间，大部分单元都属于劳动密集型或机器密集型其中的一种。机器密集型的单元我们需要同时获得人工和机器资源的数据，劳动密集型的单元我们只需要知道员工资源的数据即可。生产性资源是指耗费的人工工时或机器工时。非生产性资源是指除生产性资源以外的资源，这些资源主要用于诸如等待、转换、搬运等非增值的工作，也包括采购、行政等非增值但必不可少的支持性工作。

财务指标的数据通常是财会部门和公司高级管理人员最为关心的数据。收入是指该期间内，从该价值流向外发送货物的销售收入，公司账目会对此进行记录。存货价值是指属于该价值流的存货的期末成本，即存货的账面价值。原材料成本是指期间内公司耗费的原材料的价值。对于成熟的精益公司，存货水平较低且比较稳定，该成本等于包含在期间销货成本中的原料成本。转换成本即销货成本中的转换成本。但一旦期末存货量过高，利润便立刻被虚增。收入减掉销货成本即为价值流利润。精益管理会计将利润视同于现金流，而精益改进的目标就是要改善现金流。价值流利润是指收入与销货成本之差。由于精益改进的目标是增加现金流量，所以现金流量增加是精益制造的一项重要财务收益，已发生的生产成本的支出使价值流利润基本上与当期现金流相当。

2) 资源能力分析。应对一些数据进行汇总和分类，要分析相关的工作人员，也要分析对应的机器的状况，应该分别编制员工工作情况表和机器使用情况表，除此以外还应分析价值流时间利用情况，包括价值流用于创造增值活动所耗费的时间、当前状况与未来状况下可利用的价值流的总时间、每月月末价值流可利用的时间。资源能力使用情况分析框架见表13-23。

表13-23 资源能力使用情况分析框架

价值流分析		分析员：		日期：	
		当前状况		未来状况	
流程名称	活动	生产性	非生产性	生产性	非生产性
	创造价值的总时间				
	当前/未来状况利用的总时间				
	每月未利用的总时间				
	每月可利用的总时间				

①当前状况分析。当前状况分析的首要任务是绘制企业的价值流现状图，分析研究价值流中包括设计、生产、产品搬运、库存在内的每一道工序，记录工序耗用的时间，并统

计价值流中主要流程的资源使用情况；统计主要流程的资源使用情况是为了在价值流中抓住主要环节，搜集到信息后，应及时将信息填入分析框架。其次，为了确定实施精益计划后价值流可以释放出的可利用时间，企业应分别编制员工工作情况表及其使用情况表，并将相应信息填入分析框架中。

②未来状况分析。未来状况是指实施改善计划后价值流各指标的情况，体现出改进计划的预期利益。通常情况下，时间界限为六个月（包括六个月）。

3）模拟资源能力的使用。企业管理人员对精益改进后释放出的可利用资源通常采取两种做法：一是消除这些可利用资源以不断降低生产制造成本；二是使用这些被释放出来的可利用资源进行企业扩张。

4. 价值流成本规划和决策

（1）目标成本法的应用　上一节中讲到目标成本法，在精益制造环境，二者相得益彰，突出了客户价值。目标成本法的最大用途是形成跨部门，以精益为导向的定价、营销、设计和运营策略；有效地整合贯穿了整条价值流的改进行为。

（2）特征成本法　在价值流产品组合中，有些产品具有的某些特征会使这些产品使用"瓶颈"资源的时间与"瓶颈"资源的平均使用时间不同，或者比平均使用时间高，或者比平均使用时间低。产品成本的主要决定因素便是这些产品使用价值流中"瓶颈"资源的情况。知道了产品特征如何影响"瓶颈"资源的使用后，产品成本就更贴近实际情况：消耗"瓶颈资源"越多的产品，其成本越高；消耗"瓶颈"资源越少的产品，其成本越低。

特征成本法的使用建立在这样一个假设的基础之上，即在设计价值流时，价值流设计者需要将相似产品的加工流程相同作为设计价值流时考虑的条件，在精益制造方式下，流程相似的产品归属于同一个组，属于同一条价值流。因此，财务人员只需计算整条价值流的成本。例如，某条价值流每小时生产100件A产品和200件B产品，那么A产品的转换成本就是B产品的两倍。在价值流中，产品流经瓶颈工序的速度决定了价值流的速度。产品特征在使用"瓶颈资源"时所产生的差异是特征成本法重点关注的对象。

特征成本法的计算分为七个步骤：

1）计算价值流的平均产品成本。一定时期内的价值流平均成本等于总价值流成本除以当期从该价值流销售的产品数量。这里使用的是收入，是指该期间内，从该价值流向外发送货物的销售收入，是公司账目记录销量，而不是产量。利用产量会刺激价值流囤积存货，这显然不是精益会计想看到的结果。另外还需注意的是，当期的成本应等于当期的总现金流加上当期的机器设备折旧。

2）分析可用资源能力。若单位成本在很大程度上取决于价值流的生产能力，那么，生产能力的限制决定了价值流的最大产量及所生产产品的最低成本。因此，瓶颈单元的流量完全决定了某条价值流的销量。即某条价值流的流量取决于未使用资源能力最少的单元，并且该流量决定着产品的平均成本。组织可以根据分类统计表来考察资源能力当前和未来的状况。

3）识别并找出价值流内的瓶颈工序和决定生产节拍的工序。"瓶颈"工序决定了整条价值流的生产节奏，主要是指可用资源能力最少的单元。必须优先安排其工作时间并加以优化。

4）识别产品特征在多大程度上影响"瓶颈"资源的使用。因为产品流经瓶颈工序的速度是由产品特征决定的，所以要了解产品特征如何消耗瓶颈资源，而且产品在整个价值流中的流动速度也是由产品特征决定的。

5）利用产品特征的影响计算转换成本。在确定影响"瓶颈"资源使用情况的产品特征后，需要由此计算单位转换成本。需要优化单位转换成本高的产品和单位转换成本低的产品之间的组合，因为其决定了价值流的产量。

6）计算原料成本。原料成本的计算方法有两种：一是根据最近的发票信息和物料单来计算每件产品真实的原料成本；二是创建一个样本矩阵，在这个矩阵中，原料成本与相关因素相对应。

7）识别对"瓶颈"资源的使用有重要影响的其他产品特征。

5. 价值流成本考核

精益制造和其他精益流程所需的业绩计量指标与传统的计量指标存在着明显的差异。精益生产单元必须关注满足客户需求的节拍时间、流量、标准作业的效力以及拉动式系统和单件流作业的稳定性。传统计量指标关注效率、机器利用率和间接制造费用的分摊等。由于精益制造所要实现的目标不同，因此所使用的激励指标也不同。生产单元业绩评价指标与价值流业绩指标共同构成精益管理会计的业绩评价体系。

（1）生产单元业绩评价指标　精益单元业绩计量指标比传统计量指标更为精简，这些指标直接来源于公司的精益战略，数据的整理在精益单元内进行，更加具有及时性和相关性，单元平均业绩指标见表 13 – 24。

表 13 – 24　生产单元平均业绩指标

生产单元业绩计量指标	计量的内容	精益原则
小时报告	每小时的实际生产量，与必要生产量相比较	按节拍时间进行生产
首次合格率	一次生产合格产品占总量的百分比	每次都按标准化作业进行生产
在产品/标准在产品比率	单元内的实际存货量除以预计存货量	拉动式生产，只有当看板或其他拉动系统发布了需求信息时才进行生产
设备总体效率	设备准时按质量生产产品的能力	按瓶颈设备的节拍时间进行生产

小时报告是指按小时每天予以发布的报告，它主要用于报告精益单元是否在按企业要求的生产节拍进行生产以及按这种生产节拍完成生产的能力。小时报告一般发布在单元内的白板上，列明为了满足顾客需求而需要生产的产品数量，并在每小时结束时，由工作人员记录这一小时的实际产量，以及累计记录当天和这一小时的累计短缺量，以方便价值流管理人员进行对比分析。通过小时报告，工作人员能够快速发现生产中出现的问题并迅速采取纠正措施以避免问题扩大化。

首次合格率，是对单元标准作业效率的衡量。衡量在单元产出的所有产品中，有多少比率的产品未经返工、维修、也未被报废。

在产品/标准在产品比率主要衡量的是生产单元的存货水平。它决定了拉动系统的成功与否，若生产单元内的实际存货量总是与预设的标准存货量相同，说明拉动系统运行正常。

总体设备效率是对单元内机器设备的性能进行衡量。总体设备效率指标是一种联合指标，用以追踪设备按时按质生产产品的能力。单元生产周期中的很多流程都取决于设备按照生产周期运行的能力。总体设备效率指标便对此进行追踪，并找出设备未按时按质进行生产的原因。

（2）价值流业绩指标　单元业绩计量的目标在于帮助单元团队更好地为客户提供服务。而价值流业绩计量的目标则在于持续改进价值流。价值流团队和价值流经理的主要职责就是通过持续改进价值流各工作流程来消除价值流中的浪费，从而改善价值流业绩。价值流业绩计量指标关注的是价值流团队和价值流经理认为价值流需要得到改善的地方，因此在选择价值流业绩指标时应选择能体现价值流为客户创造价值的能力以及能使价值流得到改善的指标。而且这些指标必须能够激励价值流团队改善整个价值流而非价值流中某一领域的业绩。

精益价值流业绩计量指标的目的是进行持续改进，不是评判经理人员的效力。业绩指标通常每周发布一次，每周报告一次的做法对流程控制非常重要，这也与价值流持续改进团队的工作选择相匹配。每月报告一次的做法会延误解决问题的时机，容易使流程失去控制，另外，公司不应将计量指标用于制造人们不愿意看到的价值流间的竞争。精益价值流业绩指标的目的是对价值流进行持续改进，并成为一个重要的业务控制机制，他们不仅反映价值流的运营成果，还要促进变革，每项指标的实际值远没有变革的速度和方向重要。持续改进团队对所有价值流指标的快速和持续改善负责。价值流业绩评价指标见表13-25。

表13-25　价值流业绩评价指标

价值流业绩评价指标	计量的内容	精益原则
人均销售额	以人均销售额形式表现的价值流生产力	在相同或更少的资源条件下，创造更多的价值
按时发货率	以规定的日期将货物正确地发给客户的能力	控制价值流中的所有流程

（续）

价值流业绩评价指标	计量的内容	精益原则
进料到出货天数	从接受原料到发送产成品给客户所需要的时间	加快价值流内的物流流动
首次合格率	一次通过价值流检测的产品数量与产品总量的比值，衡量价值流标准化作业的能力	每次都按标准化作业进行生产
平均产品成本	价值流总成本与发送给客户的产品数量的比值，衡量价值流标准化作业的能力	持续降低制造和销售产品的资源消耗
应收账款天数	从取得应收账款的权利到收回款项、转换为现金所需要的时间	加速价值流内的现金活动

人均销售额用以计量价值流创造的价值，即价值流生产率。价值流生产率在一定时间内稳定增长很重要，当其提高时，在相同的资源条件下，价值流就可以制造和销售更多的产品，从而提高价值流的价值。

按时发货率衡量的是有多少比率的货物被按时发给客户，同时也衡量价值流内的控制水平，如果价值流得到控制，则按时发货率会维持在一个较高的水平，如果按时发货率较低，说明工作流程没有得到有效控制，价值流没有如期履行职责。

进料到出货时间是精益组织非常重视的一个指标，是指接受原材料到发送产成品给客户所需要的时间，衡量的是原材料在价值流内流动的速度，进料到出货天数缩短意味着原材料在价值流内流动的速度加快，同时也意味着价值流中存货的水平下降。

首次合格率是指在价值流所生产的产品中，那些未经返修、维修、重复测试、重新校正或报废的产品所占的百分比即为首次合格率。为了提高价值流的首次合格率，企业必须了解价值流中的所有工序，并消除这些工序中的差异，成功引入标准作业是保证首次合格率的关键。首次合格率也可以作为衡量企业标准化作业程度的指标。

平均产品成本衡量的是精益企业持续降低价值流成本的能力。需要注意的是，平均产品成本指标仅适用于生产流程相似且产品原料也相似的价值流，有一些精益企业在生产实践中会使用平均转换成本替代平均总成本，这是因为这些精益企业考虑到价值流中各产品的生产流程虽然相似，但是原料成本并不相同，这种情况下使用平均总成本就不能准确反映各个产品的实际成本。使用计算公式为价值流总成本减去原料成本后的余额与本周或本月发给顾客的产品数量的比值的平均转换成本就更加合理。

应收账款天数是指从取得应收账款的权利到收回款项、转换为现金所需要的时间。应收账款天数可以说是精益企业最关注但同时又是最难控制的指标。因为精益企业非常重视现金的流动性，而应收账款是现金流动的重要因素。

思考题

1. 大数据、互联网+、智能制造、5G 技术的应用，对企业成本管理产生了什么影响？
2. 什么是精益生产？精益生产对会计有何影响？
3. 目标成本法是如何实现降低成本目标的？在精益制造的环境下，如何实施目标成本？
4. 什么是价值流？价值流与价值链的关系如何？

参考文献

[1] 汉森，莫温. 管理会计 [M]. 陈良华，杨敏，译. 北京：北京大学出版社，2010.

[2] 精益会计实务编写组. 精益会计实务 [M]. 北京：企业管理出版社，2014.

[3] 温素斌. 管理会计 [M]. 3 版. 北京：机械工业出版社，2019.

[4] 穆林娟，贾琦. 价值链成本管理为基础的跨组织资源整合：一个实地研究 [J]. 会计研究，2012 (5)：67-71；94.

[5] 柳计鸣. 基于精益管理会计系统的企业价值流成本管理研究 [J]. 财会通讯，2019 (4)：99-103.

[6] 穆林娟. 价值链成本管理：理论、案例与实验 [M]. 北京：经济科学出版社，2010.

[7] 谢祯. 精益会计体系下的企业成本管理研究 [D]. 天津：天津师范大学，2016.

[8] 邓璇. 基于精益管理会计系统的价值流成本管理研究 [D]. 北京：北京服装学院，2016.

[9] 姚采薇. 精益管理会计相关问题研究 [D]. 成都：西南财经大学，2012.

[10] 王满，王越. 价值链战略成本管理 [J]. 财务与会计，2015 (7)：16-18.

[11] 卞振宇. 浅谈大数据环境下企业价值链成本管理的优化：构建基于大数据的企业价值链成本管理系统 [J]. 经贸实践，2018 (6X)：249.

[12] 孙葛亮. 价值链视角下的企业战略成本管理研究 [D]. 兰州：兰州财经大学，2019.

第14章 环境管理会计

课程思政

导入案例1

锦利针织治污减排转型升级

佛山市锦利针织有限公司（以下简称锦利针织）是一家纺织企业，排放污染物包括废气和废水，排放的应税大气污染物主要为二氧化硫、氮氧化物和烟尘，排放的应税水污染物主要为化学需氧量和氨氮。

《环境保护税法》正式实施后，该公司自2019年加大对废气和废水的环保投入力度，对锅炉烟气进行脱硫脱硝改造，降低大气污染物的排放浓度，同时更换整套废水处理设备的曝气头，进一步改善废水处理效果。经过环保改造后，该企业二氧化硫的排放浓度从2018年第一季度的133.64毫克/标立方米下降为2019年第四季度的3.96毫克/标立方米，降幅达97%，氮氧化物的排放浓度从2018年第一季度的142.18毫克/标立方米下降为2019年第四季度的98.9毫克/标立方米，降幅达30%。

值得一提的是，锦利针织2019年的产量较2017年增加了905t，但缴纳的环境保护税却较2017年缴纳的排污费减少了1.5万元。该公司有关负责人表示，环境保护税政策红利的持续释放，增加了企业投入环保治理的底气，实现了经济收益和环境保护的双赢。

2018年《环境保护税法》的实施以及国务院生态环境部整合设立以来，绿色税制发挥着调节效应助力治污减排，激励企业转型升级。这对社会与企业来说既是机遇也是挑战，如何避免环保与成本双方的零和博弈，实现双赢或是共赢？

摘自：时代财经：环保税实施效果显著 绿色税制力促节能减排守护绿水青山 [EB/OL]. [2023. 10. 11]. https://guangdong.chinatax.gov.cn/gdsw/mtsd/2021-08/18/content_cafba52fcc18401b806b5-cbdb12dcc82.shtml.

导入案例2

伊利股份2022年可持续发展报告

2023年4月28日，伊利股份（简称伊利）发布2022年可持续发展报告。报告显示，2022年4月8日，"伊利集团零碳未来计划""伊利集团零碳未来计划路线图"正式发布，伊利成为中国食品行业第一家发布双碳目标及路线图的企业。伊利已在2012年实现碳达峰，将在2050年前实现全产业链碳中和，并制定了2030年、2040年、2050年三个阶段的具体任务，力争到2030年范围1+2碳排放强度较2012年降幅超过50%，碳排放总量逐年递减。伊利集团近年来环境绩效情况见表14-1。

表 14–1　伊利集团近年来环境绩效情况

指标	单位	2020 年	2021 年	2022 年
环保总投入	万元	18 943	12 270	20 391
能源消耗量	吨标准煤	435 188.67	422 842.41	418 177.74
能源消耗密度	吨标准煤/t	0.049 2	0.044 4	0.044 2
能源消耗减少	吨标准煤	23 842.11	32 787	4 664.97
温室气体排放量	万 t	201	188	179
单吨产品碳排放量	kg/t	222	185	181
严重泄露的次数	次	0	0	0

伊利搭建碳管理体系，通过系统的碳排放数据盘查和碳足迹的评估、建立碳中和量化目标，采用数字化管理手段，实现碳中和管理的全面引领。伊利依据碳盘查和产品碳足迹评估结果，开展锅炉煤改气、分布式光伏建设、绿电引入、能效提升等减碳措施，全面发力产业链协同降碳。

伊利在纯牛奶、奶粉、酸奶、冰淇淋等领域推出五款"零碳产品"。这些产品在原料获取、生产和运输以及产品生产、运输、使用和废弃阶段完成温室气体"零"排放，是蕴含绿色价值、引领绿色消费的绿色产品。

摘自：伊利股份. 2022 年可持续发展报告 [EB/OL]. [2023–10–11]. https://www.yili.com/uploads/2023–04–28/4ff86b3c–f804–45c8–8ca9–a2a608dac9c61682675368735.pdf.

14.1　环境管理会计概述

伴随着可持续发展的概念，环境管理会计（Environmental Management Accounting，EMA）成了管理会计的一个新的领域。我国经济发展进入高质量发展阶段，国家适时提出了新的发展理念。基于此，宏观层面上国家面临着如何处理好经济转型发展和环境保护的难题，微观层面上企业面临着成本控制与环境保护责任的矛盾。因此，学者们将管理会计与环境保护相结合，发展了环境管理会计这一新方向。

14.1.1　环境管理会计的产生与发展

20 世纪 50 年代，由于工业污染事件和环境污染事件法律诉讼的发生，诉讼失败导致的经济赔偿和环境恢复费用成为企业会计核算的要素。但此时企业关心的仍是经济业绩，对于环境因素对财务的影响没有得到重视。1975 年英国会计师准则委员会发布的《公司报告》中，有关公共责任问题的内容很大一部分和环境问题相关。1980年起，由于环境问题的严重性，人们在社会会计的研究中更加突出了环境会计的地位。1989年，皮尔斯在《绿色经济蓝图》中首次阐明将环境因素融入政府政策和企业经营的重要性。1991年格雷的《绿色会计》一书指出：绿色会计是一种关于人造资产和自然资产增减的会计，是最为重要的在二者之间转换的会计，并在书中着重论述了二者之间的转换问题。

20世纪90年代以后，各国政府环境管理的策略发生了改变，开始推行预防性的综合环境管理手段，强调与企业之间的合作，企业界也积极配合。在这种情况下，在企业决策中如何考虑环境因素、如何实施与环境有关的企业管理等问题逐渐为人们所重视；美国环保局（USEPA）于1995年颁布的《作为企业管理工具的环境会计入门：关键概念和术语》，提出了基本的环境会计概念，并对其内含进行了界定。在资本预算方面，USEPA还设计了全部成本评价法（TCM），对投资项目进行财务评价。2000年，USEPA还公布了其对环境绩效和财务绩效关系进行研究的结果，在《绿色股利企业环境绩效与财务绩效的关系》中，对如何通过环境战略改进企业的财务绩效进行了探讨，并提出了推行环境战略以增加企业价值的建议等。

进入21世纪后，随着世界各国及国际机构对环境会计研究的不断深入，可持续发展的概念开始引入环境会计。1996年，我国将可持续发展上升为国家战略并全面推进实施，是最早提出并实施可持续发展战略的国家之一。联合国可持续发展委员会（UNCSD）于2007年发布第三版《可持续发展指标：指南和方法学》报告，按照社会、经济、环境三个维度，确定了可持续发展指标体系，对各国开发国家可持续发展指标体系具有重要参考意义。2006年，耶鲁大学和哥伦比亚大学联合开发了《环境绩效指数》，该指数是对环境可持续指数的一个补充；我国于2014年修订了《中华人民共和国环境保护法》；伴随世界各国及国际机构对环境管理的积极实践和探索，企业对股东的财务托管责任亦随之扩展到环境责任和社会责任，环境管理会计应运而生。

14.1.2 环境管理会计的定义

环境管理会计是现代会计的新兴分支，国外利用货币工具对环境管理问题进行管理的范畴统称为环境会计，包含宏观和微观两个方面，如图14-1。1987年，世界环境与发展委员会在《我们共同的未来》报告中指出，为了实现地球的可持续发展，应当确保污染排放数量不能超过地球的承受能力，资源的开采数量不能超过资源的更新速度。构建宏观环境管理会计的最终目的是加强对环境的保护。宏观环境会计以国家整体环境活动作为核算对象，主要着眼于国民经济中与自然资源和环境有关的内容。微观环境会计的构建，有助于提供反映企业履行环境保护责任的会计信息，真实地反映企业经济活动对外部环境质量的影响程度，减少企业与外部利益方在环境信息的不对称。微观环境会计属于现代会计和报告范围，以企事业单位环境活动作为核算对象，主要着眼于反映环境问题对组织财务业绩的影响以及组织活动所造成的影响。

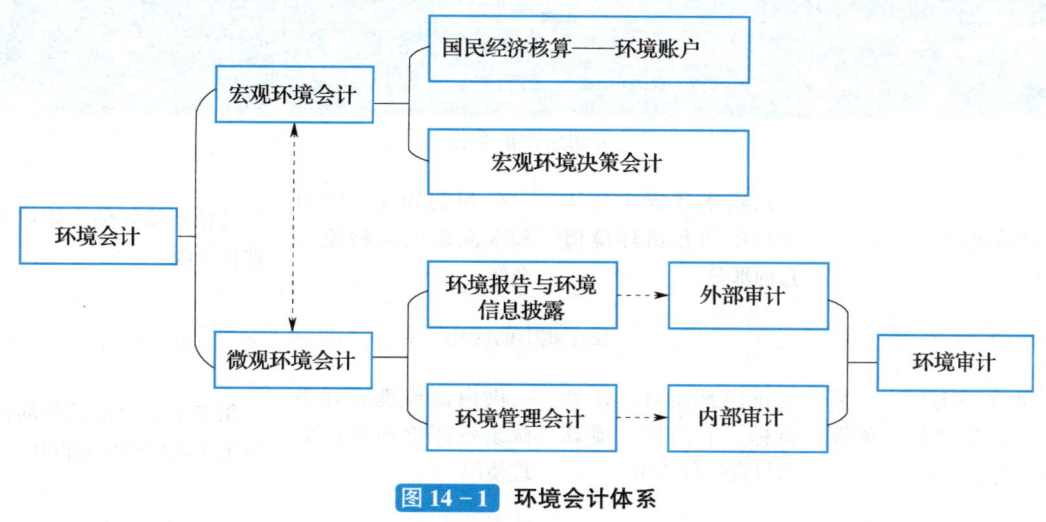

图 14-1 环境会计体系

对于环境管理会计的定义，存在着各种解释。美国环保局指出，在管理会计背景下使用环境会计概念，是将环境成本与环境业绩的信息用于企业的经营和决策中，如在成本分配、资源预算和流程、产品设计中考虑环境成本和效益。加拿大管理会计师协会在《管理会计指南》中指出，环境管理会计是对环境成本进行确认、计量和分配，将环境成本融入企业的经营决策中，并在此后将有关信息传递给公司的利益相关者的过程。国际会计师联合会在《管理会计指南》(2005)中对相关概念进行了阐述，环境管理会计是通过管理会计系统管理环境和经济表现，专门关注能源、水、原材料和废弃物流动的实物流信息和与相关成本、收入信息有关的货币流信息。联合国环境管理会计专家工作小组广义地将其定义为"为满足组织内部进行传统决策和环境决策的需要，而对实物流信息（如材料、水和能源等）、环境成本信息和其他货币信息进行确认、收集、估计，编制内部报告和利用它进行决策。"

尽管环境管理会计的定义说法不一，但总体归纳起来，环境管理会计就是在进行决策分析时，通过寻找、辨认及量化各种由于环境因素造成的收益和成本，并把它们纳入管理会计的分析中，得出兼顾经济效益和环境效益的结果，为管理层评价产品生产、减少产品对环境的影响、改善环境绩效、做出正确决策等提供准确、全面、系统的信息。其内容主要包括两个方面：环境成本控制及管理和环境绩效的评价。

联合国在对环境管理会计进行定义的同时，也提出了其内涵的框架，见表 14-2。

表 14-2　环境管理会计的内涵框架

货币单位核算			实物单位核算
传统会计	环境管理会计（EMA）		其他评估手段
	货币计量环境管理会计（MEMA）	实物计量环境管理会计（PEMA）	
公司层次的数据			
传统簿记	从账本和成本会计资料中转化出环境信息的部分	公司的物质、能力和水流动的实物流量余额	其他环境评估、计量和评价手段
在企业中的应用			
供内部统计、计算指标、节约额、预算和投资评价所用	供内部统计、计算指标、节约额、预算和投资评价所用	供内部环境管理系统绩效评价和标杆管理使用	用于企业内部其他的清洁生产项目和生态设计
外部财务报告	环境支出、投资和负债的对外披露	对外报告（环境报表、公司环境报告、可持续报告等）	向统计机构、当地政府等机构提供其他外部报告
在国民经济中的应用			
供统计机构计算国民收入	在国民收入统计计算行业的投资、年度环境成本和外部性	国家资源会计（国家、地区和部门的实物流量余额）	—

由表 14-2 可以看出，环境管理会计在以货币计量的方面和传统管理会计有着巨大的共性，而在实物计量方面则与传统管理会计存在着较大的区别。环境管理会计是管理会计与环境管理相融合形成的交叉领域。环境管理会计是管理会计在新的社会经济形势下的合理发展，主要是为内部管理的需要而确认、收集和分析信息，以帮助管理当局进行计划、控制、决策和进行业绩评价。环境管理会计所提供的信息是面向未来的，反映了环境和经济的现实。环境管理会计主要是将环境成本和环境业绩的数据用于企业的决策和经营之中。

实质上，环境管理会计是在环境问题严重、环境管理成为企业管理的一个重要构成的形势下，为促进企业的可持续性和改进生态经济效率，由管理会计与环境管理相结合而发展起来的。在环境管理战略中，管理者需要考虑与环境相关项目的投资决策、产品的定价、废物的管理、资源的利用、员工绩效的评价等方面。环境管理会计特别强调环境成本的重要性，不仅包括环境和其他成本信息，也包括诸如材料、水资源和能源等实物流量的信息。环境管理会计信息可以用于各种类型的企业管理决策，但更适用于会产生重大环境影响的管理决策。环境管理会计一方面对传统会计系统进行修正,主要以货币形式计量与环境有关的活动对企业的财务影响;另一方面则采用非财务指标反映企业的活动对环境的影响(环境绩效)、帮助企业管理者进行相关决策,从而实现环境效率和经济效率的统一,最终为实现企业经营可持续性服务。

14.1.3 环境管理会计的基本内容

环境管理会计框架如图14-2所示。图14-2包括三大部分:①输入,包括非财务数据和财务数据(主要取自环境会计系统、环境管理系统和财务会计系统);②环境管理会计核心,该核心部分对数据进行加工处理,并产生与决策相关的信息;③输出,可持续经营目标。环境管理体系是企业管理系统的一部分,企业行为的环境影响和财务影响将反映为财务和非财务数据。

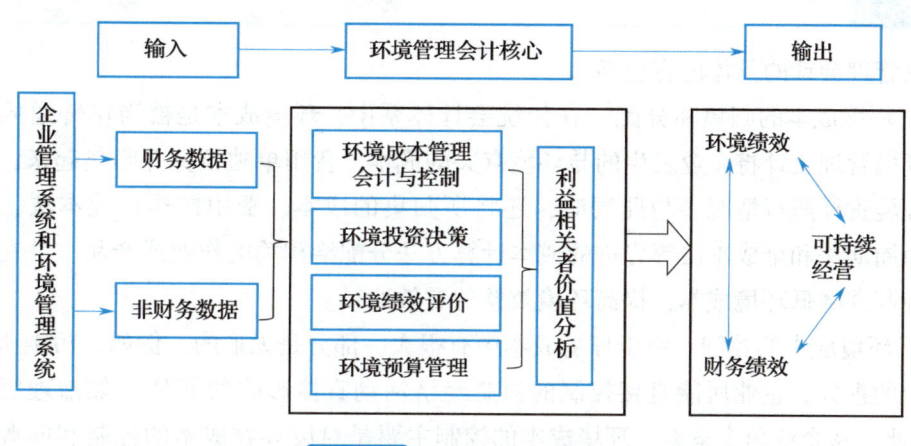

图14-2 环境管理会计框架

根据国际会计师联合会(IFAC)在《管理会计指南》中对输入—输出的界定,其明细见表14-3。

表14-3 输入—输出明细

数据类型	输入	输出
非财务数据	原材料和辅助材料	产品(包装物)
	包装物材料	副产品(包装物)
	商品材料	非产品输出
	管理用材料	固体废弃物
	水	有害废弃物
	能源	废水、空气污染物(含放射性物质、噪声等)

(续)

数据类型	输入	输出
财务数据	预防性环境管理活动成本（如：绿色采购、供应链环境管理、清洁生产、生产者社会责任履行等活动）	产品耗用资源成本（进入有形产品中的能源、材料等成本）
	与环境问题相关的研发成本（如：原材料潜在毒性研究费用、研发有效率能源产品的费用、可提升环保效率的设备改造费用）	非产品耗用资源成本（已转成废弃物、排放物的能源、材料等成本）
	与不确定性环境问题相关的成本（如：包含因环境污染造成的生产力降低成本、潜在环境负债成本）	废弃物和排放物控制成本（废弃物和排放物处理和处置成本、环境损害恢复成本、受害人补偿成本及环保法规所要求支付的控制成本）

环境管理会计的具体内容包括：

（1）环境成本的归集和分配　在传统会计体系中，环境成本是被当作普通成本核算的。但环境管理会计将企业发生的与环境有关的成本、费用单独核算并归集起来，以反映企业的环境责任履行情况。与此同时，还将所归集的成本、费用按作业成本法、总成本法、生命周期法和全成本法等先进的成本计算方法分配给相关的作业或产品，并在此基础上寻求控制并降低环境成本，提高环境效益的有效途径。

（2）环境成本的控制　由于环境成本中有很大一部分是无形的，例如，污染所造成的公众形象的损失，企业所能直接控制的只是经济活动直接影响的部分（如治理废弃物成本）。因此，从企业角度来看，环境成本的控制主要是对废弃物成本的控制和能源消耗成本的控制。通过降低能源消耗和废弃物成本，达到经济效益和社会效益的协调。

（3）环境业绩评价　环境业绩评价就是对企业在环境活动方面所取得的业绩进行评价，看是否符合企业的环境目标并采取适当的奖惩措施，使之与企业环境目标协调一致。

14.1.4　环境管理会计的作用

环境管理会计注重环境保护的同时有利于企业的可持续经营，有利于潜在环境成本的降低，有利于成本的计算和定价，有利于提高企业竞争力。环境管理会计的作用具体表现在以下几个方面：

（1）有助于企业准确地进行成本计算和产品定价　环境管理会计系统的建立，能够克服传统成本核算方法的主观性和分摊标准的单一性，将与环境相关的成本进行单独确认与计量，可以量化企业的各项经济活动对环境造成的影响。一方面，使企业更清楚地了解产品的生命周期中可能发生的环境成本，发现削减成本和改进业绩的机会，降低环境风险；另一方面，有效的环境成本信息可以保证产品成本的完整性和真实性，有助于企业更准确地进行产品定价，改善企业财务业绩。

（2）有助于企业管理当局做出正确决策　环境管理会计不仅提供了企业决策所需要的货币信息（如环境成本与收益），也提供了非货币信息（如污染物的排放量）。在环境管理会计系统的辅助下，管理层可以有效地抑制短期行为，着眼于企业的长远利益，从企业与社会双重利益的角度出发，在生态设计和清洁生产中，合理规划，科学管理，做出最优决策，同时帮助管理人员及时对企业的成本进行控制。

（3）有助于满足各方利益相关者的信息使用需求　环境管理会计将企业的财务指标和环境业绩指标相结合，更加系统地反映了企业目前的生产经营情况对环境的影响程度，有助于更加全面地满足各方利益相关者的信息使用需求。

（4）有利于塑造企业绿色形象，增加公众信誉　企业的决策只有全面考虑包含环境因素的成本、效益，才能有利于长远发展的需求，实现企业的低投入、低消耗、高产出的可持续发展。因此，可持续发展的企业必须将其目标从核心经济价值转为生态效率。追求生态经济效率的企业，不仅可以满足顾客对于绿色产品和服务的追求，还可以为员工创造良好的工作环境，以较低的代价获得资本或其他服务，促使管理者发现新的机会。

14.1.5　环境管理会计在中国的实践

我国经济已由高速增长阶段转向高质量发展阶段，这势必要求企业实现经济发展的同时强调资源的合理开发利用。2018 年 1 月 1 日起，《中华人民共和国环境保护税法》与《中华人民共和国环境保护税法实施条例》同步施行，单纯以经济价值来衡量企业的业绩已不再可行。

2018 年 9 月，中国证监会发布修订版《上市公司治理准则》，确立了环境、社会责任和公司治理（ESG）信息披露的基本框架。ESG，即 Environment、Social、Government 的简称，是指关注企业的环境、社会责任、公司治理的绩效，以此评价企业可持续发展、履行社会责任的投资理念。2019 年，证监会印发《推动提高上市公司质量三年行动方案（2022—2025）》，进一步对信息披露做出了具体要求。

中华人民共和国国家质量监督检验检疫总局[一]与中国国家标准化管理委员会于 2017 年 8 月 30 日发布《环境管理 环境绩效评价 指南》（征求意见稿）；国家市场监督管理总局、中国国家标准化管理委员会于 2021 年 3 月 9 日发布《环境管理 环境绩效评价 指南》（GB/T 24031—2021），并于 2021 年 10 月 1 日起开始实施。该标准为在组织内设计和实施环境绩效评价（EPE）提供指南。适用于任何组织，无论其类型、规模、地域和复杂程度如何。组织可根据本标准中的指南，采用自己的方法实施环境绩效评价（EPE），包括履行其符合法律和其他要求的承诺、污染预防和持续改进。

[一] 2018 年 3 月，根据国务院机构改革方案，其职能进行了整合，组建中华人民共和国国家市场监督管理总局。

2022年1月，沪深交易所修订《股票上市规则》，新增对上市公司社会责任报告披露范围的要求；2022年4月，证监会发布《上市公司投资者关系管理工作指引》，提出将上市公司的ESG信息纳入与投资者的沟通内容。这标志着上市公司ESG信息披露指引逐渐明确。

与此同时，央企国企ESG体系建设目标也在提速。2022年5月，国资委发布《提高央企控股上市公司质量工作方案》，明确提出中央企业集团公司要积极参与构建中国ESG信息披露规则、评价和投资指引，并要求央企控股上市公司在2023年前争取实现ESG专项报告披露的全覆盖。

2023年2月10日，深圳交易所（以下简称"深交所"）发布《深圳证券交易所上市公司自律监管指引第3号——行业信息披露》，本次修订结合上市公司的行业特点及发展中面临的问题，逐步提高ESG信息披露要求。上市公司应当在定期报告、临时报告、招股说明书、募集说明书、上市公告书、收购报告书等文件披露ESG信息。

2023年2月6日国家标准化管理委员会、国家发展和改革委员会、工业和信息化部、自然资源部、生态环境部、住房和城乡建设部、交通运输部、中国人民银行、中国气象局、国家能源局、国家林草局等通过《碳达峰碳中和标准体系建设指南》，提出碳达峰、碳中和标准体系包含基础通用标准、碳减排标准、碳清除标准和市场化机制标准四个一级子体系、15个二级子体系和63个三级子体系，细化了每个二级子体系下标准修订工作的重点任务。在基础通用标准领域，主要包括碳排放核算核查、低碳管理和评估、碳信息披露等标准，推动解决碳排放数据"怎么算""算得准"的问题。在碳减排标准领域，主要推动完善节能降碳、非化石能源推广利用、新型电力系统、化石能源清洁低碳利用、生产和服务过程减排、资源循环利用等标准，重点解决碳排放"怎么减"的问题。在碳清除标准领域，主要加快固碳和碳汇、碳捕集利用与封存等标准的研制，重点解决碳排放"怎么中和"的问题。在市场化机制标准领域，主要加快制定绿色金融、碳排放交易和生态产品价值等标准，推动解决碳排放可量化可交易的问题，支持充分利用市场化机制减少碳排放，实现碳中和。上述任务部署将为支撑重点行业和领域碳达峰碳中和工作提供协调、全面的标准支撑。

香港联交所于2023年4月发布的《优化环境、社会及管治框架下的气候相关信息披露（咨询文件）》以ISSB的气候相关披露准则为基础，引入新气候相关披露要求，并建议将气候相关披露由"不遵守就解释"提升为强制性披露。企业应积极制订行动计划，考虑为符合ISSB准则披露要求需要建立的控制体系、信息系统等基础设施。

中国的企业已经开启了积极响应ESG理念和双碳目标的实践，如导入案例2中，伊利股份发布的《可持续发展报告》，披露相关的环境绩效及落实双碳目标的实践。

相信未来中国的企业一定会在环境管理会计方面做出更多贡献。

14.2 环境成本管理

14.2.1 环境管理会计的基本要素

1. 环境成本

联合国国际会计和报告标准政府间专家工作组（ISAR）在《环境会计和报告的立场公告》中指出，环境成本为：本着对环境负责的原则，为管理企业活动对环境造成的影响而采取或被要求采取措施的成本，以及因企业执行环境目标和要求所付出的其他成本。联合国"改进政府在推动环境管理会计中的作用"专家组定义环境成本为：与破坏环境和环境保护有关的全部成本称为环境成本，包括外部成本和内部成本。在环境问题日益凸显的现代，我国作为世界上第二大经济体，更应该践行可持续发展的理念，环境会计的实施对于改善会环境资源以及企业长期发展有着不可小觑的作用。所以不仅要将污染纳入产品成本的核算，而且要加强环境成本的管理，这也是环境管理会计的核心问题。

关于环境成本的分类，不同国家有着不同的理解。1995年美国环境保护局将环境成本分为内部成本和外部成本，其中内部成本包括传统成本、可能隐藏成本、或有成本和形象与关系成本。日本学者将环境成本分为研发环境成本、活动管理成本、企业营运成本、上下游环境成本、社会活动环境成本、环境损害成本。德国环境管理机构于2003年编制《企业环境成本管理指南》将环境成本分为不含环境费用的产品成本、事前的环境保全预防成本、事后的环境保全成本、残余物发生成本。我国学者对环境成本的分类有以下几种观点：

（1）按功能不同分类　环境成本按照不同功能具体可分为以下几项：

1）环境污染补偿成本。它是指企业由于污染和破坏生态环境应予补偿的费用。

2）环境损失成本是指企业对生态环境污染或破坏而造成的损失以及由于环境保护需要而勒令某些企业停产或减产而造成的损失。

3）环境治理成本。它是指企业为治理被污染和破坏的环境而发生的各项支出。如环境治理设施在运行过程中提取的折旧费、治理污染材料费等。

4）环境保护维持成本。它是指为预防生态环境污染和破坏而支出的日常维持费用。

5）环境保护发展成本。它是指为进一步发展环境保护产业而投入的各项开支。表现为与环境有关的外部费用，如绿化费、环境卫生费及地方税务征收企业的植树绿化费等。

（2）按是否由企业承担分类　环境成本按照是否由企业承担分类，可分为以下两类：

1）内部环境成本。它是指应当由企业承担的环境成本，包括由于环境方面因素而引致发生并且已经明确是由企业承担和支付的费用。如当前法律体系下应有企业支付的排污费等。

2）外部环境成本。它是指由企业经济活动所导致的但不能明确计量，并由于各种原因而未由企业承担的不良循环后果。如企业排污对下游水系造成影响，产生了环境成本。

内部成本和外部成本之间的界限并不是固定的。随着环境问题压力的增大，一些政府正试图将外部成本内部化，例如，随着污染者付费原则的实施，一些外部成本将转为内部成本。

外部环境成本与内部环境成本关系如图14-3所示。

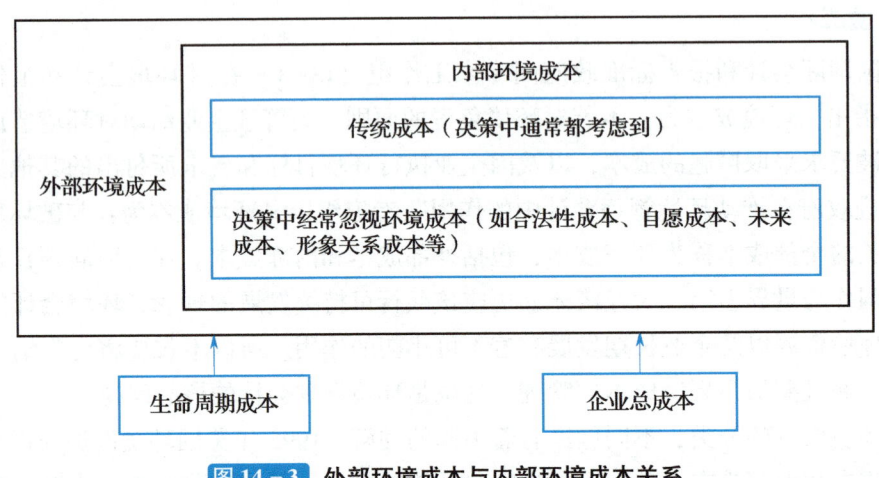

图14-3 外部环境成本与内部环境成本关系

（3）按经营和管理过程分类 从经营和管理的全过程看，可以将环境成本分为三类：

1）环境资源成本。它是指企业对稀缺的自然资源的消耗，如直接产品材料、催化剂与溶剂、运输材料、贮存材料、电力消耗、冷却与工序用水、冷藏燃料、汽油或石油消耗，等等，这些成本中大部分是企业正常生产所必需的，但是有些却可以降低甚至避免。

2）环境控制成本。它是指企业为履行环境责任而产生的成本，具体表现为资源维护、环境保护等行为发生的支出以及为防止污染、改善环境而发生的成本费用，如：日常环境保护费用、环保固定资产的购置等，一般来说，该项成本越高，表明企业主动履行环保责任的程度越高。

3）环境故障成本。它是指对环境控制失败而产生的环境问题有关的支出。如果企业在履行环保责任的程度上打了折扣，则会发生诸如资源效用降级、企业形象及商誉下降等成本，同时因污染环境而对企业产生的损失，如：对环境损害进行赔偿、由于违反环保规定而遭受的罚款等。

关于环境控制成本与故障成本的关系，一般来说，如果企业的环境控制成本较高，则企业履行的环保责任程度较高，相应的违规支出也会减少，因此环境故障成本就会较低。事实上，协调处理二者的关系有助于环境成本的管理。

2. 环境收益

环境收益特指企业进行环境保护及所有减少环境冲击活动中能够以货币计量的经济效益。在环境管理会计中，环境收益是指在一定时期内企业进行环境保护和环境治理所形成的经济利益的流入，是采取环境保护措施所得到的经济利益减去环境费用后的结果。

环境收益可依据取得方式的不同，划分为以下三类：

（1）**直接收益** 实际的工业生产中对生产投入产出比的模糊认识以及对某些高价、高污染原料的盲目使用，其直接后果是企业产生大量的废物（排放），不仅形成了对环境的污染，同时也使企业生产成本居高不下。环境管理会计对这种消耗进行计量和监控并最终将其确认为环境成本，从而降低企业生产成本，提高企业收益。如导入案例 1 中的企业，在降低了污染的同时，也增加了自身的收入，所以，排污的减少就是很大的直接生意。此外，国家对环保工作卓有成效企业的奖励也可看作企业的直接收益。

（2）**间接收益** 企业利用"三废"生产的产品及对这些产品减免税收所得收益。例如，税法规定，利用"三废"生产产品将会享受到对流转税和所得税的减免；排气量小于 1.6L 的汽车以及新能源予以税率优惠；银行等金融机构按照政策会给予环保企业较低的贷款利率等。环境管理会计使企业重视环境成本控制的同时，也使企业成功避税，享受了低息的待遇，税费的减免，客观上增加了企业的税后利润。如导入案例 1 中，锦利针织 2019 年的产量较 2017 年增加了 905t，但缴纳的环境保护税却较 2017 年缴纳的排污费减少了 1.5 万元。该公司有关负责人表示，环境保护税政策红利的持续释放，增加了企业投入环保治理的底气，实现了经济收益和环境保护的双赢。

（3）**隐性收益** 环境管理会计将环境成本纳入企业管理体系，不但可以在社会公众中建立良好的品牌形象，而且从根本上保障了消费者应享有的价值，因此其将帮助企业的产品赢得消费者的偏好，从而为企业带来巨大的潜在效益。例如，支付宝创建的蚂蚁森林，在防护沙漠种林绿化的同时提升企业形象。

14.2.2 环境成本的管理方法

企业环境成本控制是指在企业现有的约束条件下，为达到企业环境成本降低的目的，而采取的一系列有组织的活动，且企业环境成本控制的方法仍处在不断完善中。

1. 基于作业成本法的环境成本控制方法

由于传统的成本控制方法对制造费用等间接费用的分配不尽合理，为了更为准确地反映环境成本信息，在原有方法的基础上进行改进，根据环境成本与成本对象之间的因果关系，按所完成的作业归集环境成本并将其分配到产品、流程与项目，进而确定产品的成本。

按照传统会计的核算方法，环境成本通常归集在制造费用中，并采用单一的数量标准（如产量、人工工时、机器工时等）为基础分配间接费用，但在环境管理会计中，这些单一的数量标准和环境成本的相关性缺乏直接的因果关系，导致计量结果越来越偏离真实成本。还有一些环境成本分散于企业的销售和管理费用中，直接从当期损益中扣除，并没有分配到产品或流程之上，从而使不同产品或流程的不同环境影响无法显现出来。为了准确记录环境成本，必须对分散于制造费用和销售、管理费用中的环境成本进行辨认、计量。作业成本计算法很好地解决了这一问题，作业成本计算和作业管理是建立在作业分析基础上的成本核算与成本管理体系。从环境成本分配的准确性来看，作业成本法计算的成本信息比较客观、真实、准确。进行作业成本计算首先要明确计算目的，包含哪一类环境成本，其次是确定环境成本以及造成这些成本的活动，而后选择合适的成本动因，如排放量等。最后采取分步骤的作业成本计算法计算不同的产品或者流程应承担的环境成本，并以此做决策。

【例14-1】某工厂生产的A、B两种产品都要经过两个生产工序（成本中心1、2），每经过一道工序时都会排放出废物，所有这些废物在厂区的一个焚化炉中集中处理。在当前生产条件下，焚烧废物的成本为80 000元，一般性管理费用，如管理人员工资等为270 000元。目前原料的投入量为2 000kg，其中500kg作为废物排出，在焚化炉中处理，其余1 500kg形成A、B两种产品。在排出的500kg废物中，300kg是在成本中心1排出的，剩余的200kg是在成本中心2排出的。运用作业成本法确定两种产品应承担的环境成本、计算各成本中心的环境成本。

由于废物的处理成本与废物排放量有关，如果单位废物的处理成本相同，可以将废物量作为成本动因，将焚化成本分配到各个成本中心去。各个成本中心各自的成本及分配而得的焚化成本，再按一定的标准分配给两种产品。计算流程如图14-4所示。

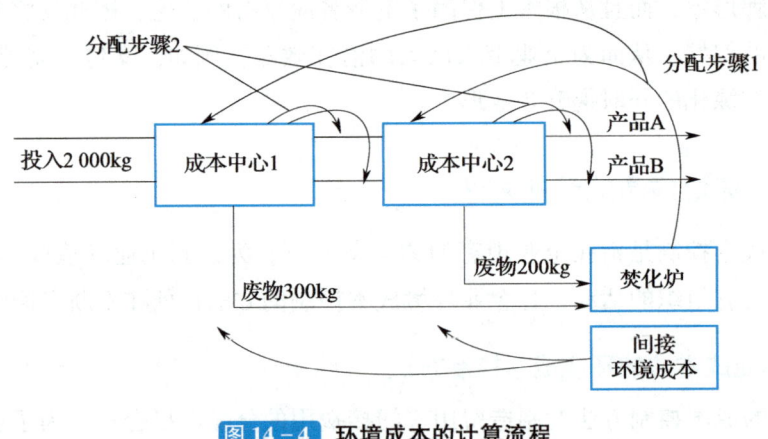

图14-4 环境成本的计算流程

分配步骤1：焚化成本80 000元根据废物的排放量分配到两个成本中心，成本中心1分配得48 000元（80 000×300÷500）；成本中心2分配得32 000元（80 000×200÷500）。

分配步骤2：各成本中心的成本按成本动因分配给A和B两种产品。

分配步骤3：与环境有关的成本不一定可直接从与污染治理的有关部门中获得。废物在经过处理之前要占用前道工序的生产设施，需要人工管理，因此，有些与环境有关的费用是隐藏在管理费用中的。要正确考察产品的环境影响，这部分成本也要进行分配，在本例中，所投入的2 000kg原料，有500kg未产生任何价值就排放出去了，这部分废物的形成过程中也耗费了采购成本、设备折旧及管理费用等。因此,有必要将管理费用中因废物而产生的部分也分配到产品上。

在第一和第二个分配步骤里,废物处理中心的环境成本已得到了分配,但实际发生的环境成本却不仅限于此,假设管理费用270 000元是变动性成本,原料的加工及废物的产量是其合理的成本动因。经过各个成本中心进行加工的原料重量分别为2 000kg和1 700kg,据此可确定应归属成本中心1的管理费用为145 946元(270 000×2 000÷3 700),归属成本中心2的管理费用为124 054元(270 000×1 700÷3 700)。对于成本中心1而言,该中心排出的废物为300kg,后序的成本中心2排出的200kg的废物也经过本中心的加工过程,占用了该中心的资源,因此,在投入的2 000kg原料中,加工废物占用了25%(500÷2 000)的资源,与其相关的间接环境成本为36 487元(145 946×25%)。同理成本中心2的间接环境成本为14 638元(124 054×11.8%)。计算结果见表14-4。按照作业成本计算法,间接环境成本为51 125元,加上直接环境成本80 000元,总的环境成本为131 125元。

表14-4　间接环境成本的分配

项目	成本中心1	成本中心2	总计
加工的原料重量/kg	2 000	1 700	3 700
占总量的百分比(%)	54	46	100
各成本中心分配的管理费用(元)	145 946	124 054	270 000
经过中心加工的废物/kg	500	200	
废物占加工的原料的百分比(%)	25	11.8	
因废物产生的管理费用(元)	36 487	14 638	51 125

通过作业成本计算,可以对环境成本进行辨认、分类,并将其归集和分配到有关的作业和成本对象上。此信息可以用于作业成本管理,对这些作业进行改进。环境作业管理将对环境产生影响的作业分为增值作业和不增值作业,对不增值的作业加以铲除、修正或替换。

2. 基于产品生命周期的环境成本控制方法

生命周期成本法(LCC)是针对产品生命周期的会计核算和控制方法。对产品或流程的设计、开发、生产、销售、使用、报废等全过程所发生的环境成本进行计算与评价,反映资源环境对企业整个价值链的影响,为价值链的取舍与整合提供科学依据。生命周期成本法是对作业成本法的补充和深化,对作业成本的分析不再局限于生产过程中所发生的环境成本,而是延伸到了产品开发、销售直至淘汰整个生命周期过程的环境成本,该方法使产品成本项目更为完整,更能满足企业管理对产品成本核算的需要。

采用这种方法,环境成本可以分为环境生产经营成本、潜在成本和受规章约束的成本。企业可以根据产品的生命周期，在产品形成的阶段分别核算上述成本，生命周期成本具体分类见表 14－5。

表 14－5　生命周期成本分类

环境生产经营成本	潜在成本	受规章约束成本
直接人工	法律咨询	排污费
直接材料	罚款	检测污染成本
能源成本	人身伤害	光化学烟雾
维护费用	复原作业	酸性沉淀物
法规遵从	经济损失	资源破坏
保险/特别税	财产损害	急性健康影响
排气（水）控制	未来市场变化	居住地变更
原材料供应	公众形象伤害	社会福利影响
废物处理/处置成本		

注：环境成本与负债性成本之间的界限可能是模糊的，环境成本可能引致负债性成本（比如水污染导致的人身伤害）。

基于生命周期的产品生态设计系统框架如图 14－5 所示，在设计中尽量进行原材料使用设计、能源和水的使用设计及可拆卸设计等。

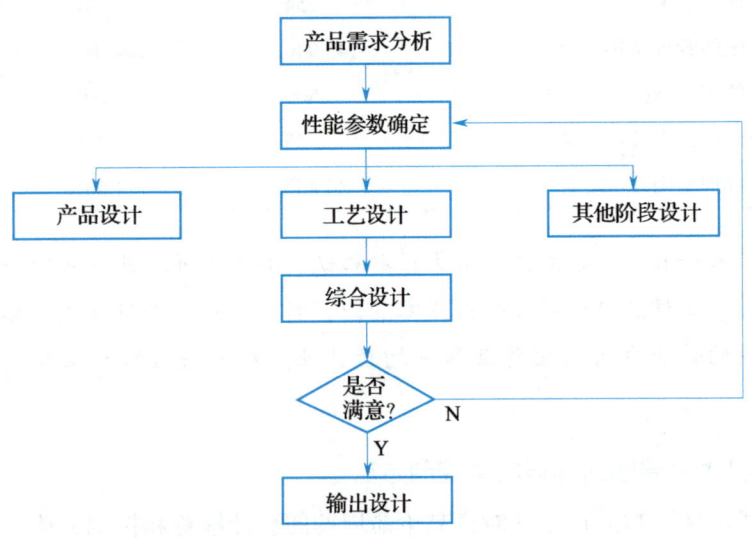

图 14－5　基于生命周期的产品生态设计系统框架

14.2.3　基于价值链的企业环境成本控制方法

企业的活动分为基本活动和支持性活动，基本活动涉及企业生产、销售、运输服务；支持性活动涉及人事、财务、计划、研究与开发、采购等，基本活动和支持性活动构成了企业的价值链。企业的价值链分为内部价值链与外部价值链，因此，价值链的企业环境成本控制方法也可分为基于内部价值链的企业环境成本控制与基于外部价值链的企业环境成本控制。

价值活动的相互联系构成了企业的内部价值链，从企业的内部价值链研究企业环境成本控制关键在于企业内部的价值活动控制。企业的整体活动按照价值链理论可以分为设计活动、采购活动、生产活动、销售活动，而环境成本是联系的纽带，表现为一种活动和环境成本量的改变影响另一种活动和环境成本量的改变。在设计活动中企业需要强调生态设计，采用目标成本法考虑资源的综合利用收益，在满足产品必要功能的前提下，降低产品生命周期成本。采购活动中要确定绿色环保材料，选择经济合理的工艺渠道。生产活动中对各方案进行成本效益分析，采取环境成本最小，经济效益最高的方案。具体来说就是培养生产活动人员的环境保护责任感和环境成本意识并建立清洁生产组织管理制度。销售环境采用绿色销售，尊重购买商的价值，从产品使用者的角度帮助企业寻找其他降低环境成本、提升企业价值的机会。

基于外部价值链的企业环境成本控制方法是指对上下游价值链环境控制成本，企业在上游价值链控制的过程中，主要是积极与上游供应企业进行战略合作，共同采取控制环境成本的有效措施。对下游价值链进行环境成本控制，最主要是进行废弃资源的回收，达到减少环境成本的目的实现战略共生。

14.2.4 基于完全成本法控制方法

完全成本计算法（Full Cost Accounting，FCA）是指将与企业的经营、产品或劳务对环境产生的影响有关的内部成本（包括所有的内部环境成本）和外部成本综合起来的方法。外部成本在当前可能不必加以确认、计量甚至无法准确地归属到某个企业，但是，应用完全成本法时，只要有可能，就要对外部成本用货币指标进行量化，不然也要提供定性的信息。将产品带给环境的未来成本（如废弃物的处理）纳入会计核算范围，并追溯分配各种产品，是一种全新的成本会计架构。完全成本计算法的功能作用如下：

1) 从远期看，可为企业发展战略提供完整的成本信息基础，让企业管理者对本企业生产经营活动的现时成本和未来成本有清醒的了解和认识，对致力于可持续发展原则的主体来说，能使管理层更好地了解自身所带来的外部影响及其后果，以及由外部主体所承担的成本，从而更好地评价可替代的策略和方法，推动可持续发展目标的实现。

2) 从近期看，可为企业产品定价及生产经营调整提供成本信息基础，从而制定出更好的环境策略。完全成本法的应用最困难的地方就是外部环境影响的确认和计量，不同类型的环境影响的确认，描述和量化以及将这些实物量表示的环境影响货币化，计量为环境成本，其方法和要求是不一样的。即使是同一类型的环境影响，其产生原因也可能不同，定量的方法也不同。对于这一步骤，主要是利用环境科学中的有关环境影响评价方法来进行。

上述四种方法可以单独使用也可以结合使用，对环境成本进行全面计算与系统管理。

14.3 环境管理会计信息披露及业绩评价

14.3.1 环境管理会计信息披露

1. 环境管理会计信息的内容

环境会计信息的披露形式多样化，既有定性的消息，也有定量的消息；既有货币信息，也有实物、技术等指标表示的非货币信息。披露方法基本延续财务会计的传统主要有文字、表格和图形。不管采用那种表达方式，企业的环境管理会计信息的内容应包含企业环境法规执行情况、采取的环保措施、自身环保监督机构的建立、企业产品生产或劳务提供过程中的"绿色"程度、企业环保经费投入和捐赠支出情况、环境质量情况以及环境治理和污染物利用情况。在实际工作中，可以以一般成本表的原理，设计企业自身的环境成本信息表（见表14-6）用以总括并分类反映一定期间内企业发生的与环境有关的支出情况。

表 14-6 企业环境成本信息表

2023 年 12 月 31 日　　　　　　　　　　　　　　　　（单位：元）

项目		本期金额	上期金额
环保治理费用	大气污染处理		
	废水污染处理		
	废物污染处理		
环境预防费用	环保设备折旧费用		
	环保技术支持		
环境补偿费	废气超标处罚费		
	职工、居民补偿费		
环境资源消耗成本	自然资源		
	生物资源		
环境损害成本	大气污染损害成本		
	土壤污染损害成本		
总计			

环境成本的信息主要针对政府部门、企业管理层、金融投资者。基于环境问题可能引发的企业财务状况和经营成果的影响，企业记录的主要环境会计信息为环境成本、环境资产、环境负债。

环境成本是指依照对环境负责的原则，为管理企业的活动对环境造成的影响而采取的或被要求采取的措施的成本，以及因企业执行环境目标和要求而付出的其他成本，包括环境污染预防成本、环境污染治理成本、废物再回收利用成本等。

环境资产是指因符合资产的确认标准而被资本化的环境成本,包括环境保护和污染治理设备、环境污染治理专利技术及非专利技术以及环境许可证等。

环境负债是指企业发生的,符合负债的确认标准,并与环境成本相关的义务,包括环境修复义务、环境罚款义务和环境赔偿义务。

2. 企业环境财务信息披露的方式

对于环境会计信息披露,一方面可以借鉴财务报告的思路,利用财务报表和报表附注来揭示环境问题引起的财务影响;另一方面可以对会计报告涵盖不了的部分单独披露;另外,也可编制专门的环境报告来提供企业的环境绩效状况。针对以上信息,企业可以采用以下披露方式:

(1) 文字叙述法 文字叙述法是最基本和简单的方法,也是披露的首选方法。企业通过文字形式对信息加以表述,可以比较详细地披露企业环境的有关信息,但量化指标的缺乏使得企业管理层难以做出决策。

(2) 图形法 由于形象且简单易懂,所以用图形反映环境管理信息可以很直观地表示出某一指标一段时间内的走势。如反映企业一段时间清理原有污染及降低污染排放量对企业损害的趋势等。

(3) 表格法 表格是最主要的信息披露方法。主要以货币量反映环境因素对企业的影响,弥补了叙述法的缺陷,该方法还辅之以非货币量形式加以反映,是一种较好的报告形式。以表格法编制的 A 公司环境报告见表 14-7。

表 14-7 A 公司环境报告

2023 年 12 月 31 日　　　　　　　　　　　　　　　　　　　　(单位:万元)

环境收益	1. 使企业产品销售增加带来的收益	8 000
	2. 废料获得的收入	2 000
	3. 给予的环保奖励	700
环境收益合计		10 700
环境成本	1. 清理企业废物发生的费用	2 500
	2. 治理污水发生的设备安装成本	1 500
	3. 减少噪声污染的成本	200
	4. 环境检测与管理成本	300
	5. 由于环境污染引起的人身赔偿费	1 200
环境成本合计		5 700
环境净收益		5 000

不同企业采取的环境信息的披露方式不尽相同，有些企业利用文字表述，有些企业利用货币指标表述。作为企业内部决策手段的环境报告，对企业的作用日益明显，它的规范依赖环境财务会计的进一步规范，依赖共同接受的专业标准的建立和财务信息的进一步量化。

14.3.2 环境业绩评价

环境业绩评价（EPE）是环境管理的主要内容，其评价重点是评估一个企业在生产经营过程中对其可持续发展能力的考察，评价结果可以提醒企业管理者及时发现企业内部的生产问题，便于企业优化与完善。

1. 主要的环境业绩评价指标

根据 ISO 14031 的环境业绩评价体系标准，环境业绩指标可以分成两类三种：环境状况指标（ECI）、环境绩效指标（EPI），环境绩效指标又包括经营绩效指标（OPI）和管理绩效指标（MPI），如图 14-6 所示。

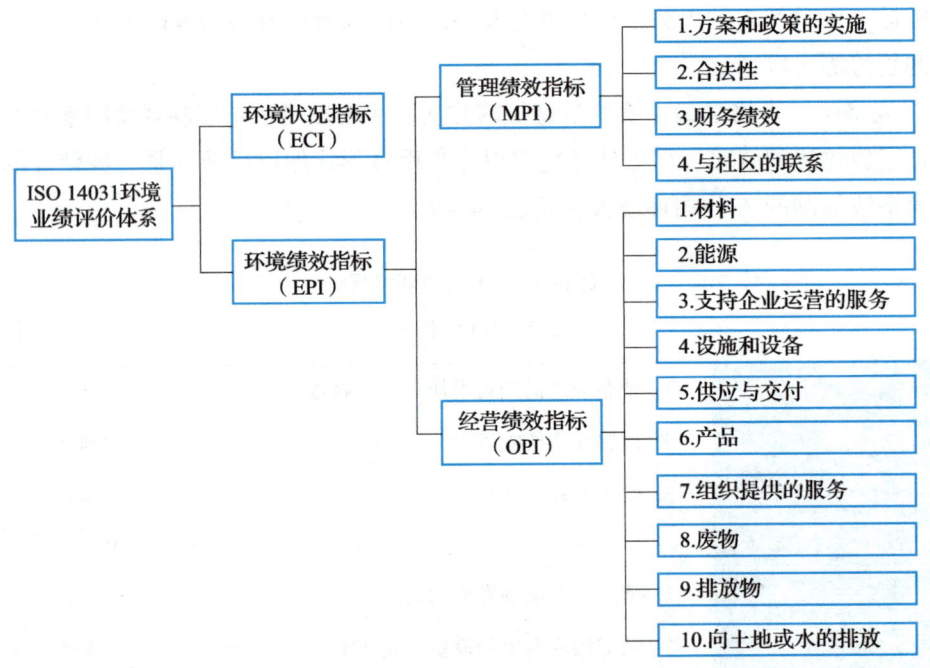

图 14-6 ISO 14031 主要环境业绩评价指标框架

环境状况指标（environmental condition indicators，ECI）主要被政府监管部门用于生态环境质量的测量与评价，常常用于环境区域污染标准的设定。直接计量环境质量，反映对某地、某区、全国性和全球性的环境状况的影响，如污水排放对生产地点附近水域的影响，排气对当地空气质量的影响等。

企业管理人员及其决策对环境治理的影响往往由环境管理指标来反映，管理绩效指标

（Management Performance Indicators，MPI）反映企业管理当局影响组织的环境业绩所做出的努力的信息，包括组织不同层次的政策、人员、计划活动和程序等。它又包括方案和政策的实施、合法性、财务绩效和与社区的联系四类，如：实施环境审计的次数、员工培训次数、违法事件次数、已获得认证的场所数等。主要包括企业方案政策的制定与执行、合法合规性、与财务绩效挂钩的指标（如环保投资成本、报酬率、收入等）和与公共社区的关系。

经营绩效指标（Operational Performance Indicators，OPI）作为环境业绩评价的基础，主要反映企业经营活动过程中的环境绩效信息，包括：材料、能源、支持企业运营的服务、设施和设备、供应与交付、产品、组织提供的服务、废物、排放物、向土地或水的排放等。即产品的输入与输出活动过程中企业行为对周边环境的影响结果，在企业中具有普遍适用性。主要环境业绩指标体系见表 14-8。

表 14-8 ISO 14031 规定的主要环境业绩指标体系

管理绩效指标（MPI）示例	
1. 方案和政策的实施 实现的目标和指标数量 实现环境目标和指标的组织单位个数 负责特定环境责任的管理人员级别 参与环境方案（如提建议、参加回收、参与清洁活动）的员工数量 接受培训的员工数与需要培训的员工数量之比 员工提出的改善环境的建议数 曾经了解过环境问题的供应商或合同商的数量 可以拆卸、再回收利用的产品数量	2. 合法性 遵守法规的程度 违法次数 处理环境事故的反应时间 解决和未解决的改进行动的次数 违法罚款支出 执行的环境审计次数
3. 财务绩效 与环境方面有关的经营性或资本性成本 环保项目的投资报酬率 通过减少消耗、预防污染和废物回收实现的节约 满足环境绩效要求或设计目标而设计的新产品或副产品带来的收入 与环保有关的研究开发资金 可能对企业环境状况产生重大影响的环境负债	4. 与社区的联系 环境绩效报告数量 为社区提供的环境教育和材料次数 为社会环保活动提供的支持
经营绩效指标（OPI）示例	
1. 材料 单位产出使用的材料数量 加工、回收和再用的材料 单位产出丢弃或再使用的包装材料 单位产出的用水量 单位产出的循环用水量 生产过程中使用的危险材料量	2. 能源 每年或每单位产出的能源用量 单位服务或顾客的能源消耗量 所用各种类型能源的数量 节能方案节约的能源量

(续)

经营绩效指标（OPI）示例	
3. 支持企业运营的服务 承包商使用的危险材料量 承包商使用的可回收可再用材料量 承包商产生的废物种类	4. 设施和设备、供应与交付 交通工具的平均油耗 生产占用的土地面积 采用了减少污染措施的交通工具数量 通过其他交通方式减少的交通次数 生产单位能源占用的土地面积
5. 产品 开发的具有较少危险属性的产品数 可回收和再使用的产品数量 废品率 产品使用寿命期	6. 组织提供的服务 每平方米使用的清洁品（清洁公司） 油料消耗（运输公司） 产品售后服务中使用的材料数量
7. 废物 每年或单位产出的废物量 特处理的废物总量 现场存储的废物量 须获得许可证处理的废物量 每年转化为可销售产品的废物量	8. 排放物 每年特定排污物的排放量 排放到空气中的废气
9. 向土地或水的排放 每年排放的特定物质 单位产品排放到水中的特定物质 单位产品排放到土地中的材料量	10. 其他排放 一定范围内测到的噪声 释放的放射物质量

2. 环境业绩评价原则

根据《环境管理 环境绩效评价 指南》（GB/T 24031—2021），用于环境业绩评价的业绩信息应当符合下列原则：

1）关联性：环境业绩信息应当与组织对环境因素的管理有关。

2）完整性：环境业绩信息应当完整，以确保所有因素都得到考虑。

3）一致性和准确性：环境业绩信息应当一致、准确，以便对过去、当前以及将来的环境业绩进行有效的比较。

4）透明性：环境业绩信息应当清晰、透明，以便预期用户能获得并理解环境业绩数据，以做出合理可信的决策。

3. 环境业绩评价过程

环境业绩评价是一个管理过程，该过程利用关键绩效参数对组织的以往及当前的环境业绩与其环境目标和指标进行比较。《环境管理 环境绩效评价 指南》（GB/T 24031—2021）指出，产生于环境业绩评价的信息可以帮助组织：①识别环境因素并确定哪些因素是重要的；②设立提升环境业绩的目标和指标，并根据这些目标和指标评价环境业绩；③识别更好地管理其环境因素的机遇；④识别环境业绩的趋势；⑤评审和改进效率和效果；⑥识别战略机遇；⑦评价组织与其所确定的环境因素相关的法律法规和其他要求的符合性或不符合性的风险；⑧在组织内部和外部报告和交流环境绩效。

组织应当针对环境业绩评价做出管理承诺，并应当将环境业绩评价作为组织常规业务职能和活动的一部分。环境业绩评价应当与组织的规模、位置、类型及其自身的需求和优先事项相适宜。就内部而言，环境业绩评价可以帮助组织实现其环境业绩目标和指标，同时还支持将其纳入环境管理体系中。环境业绩评价还可用于向外部相关方报告和交流有关组织环境业绩的信息，以证明其改进环境业绩的承诺。

环境业绩评价遵循"策划—实施—检查—改进"（PDCA）的管理模式，该循序渐进的过程步骤如下：

（1）策划准备实施环境业绩评价

1）策划环境业绩评价。

2）选择环境业绩评价参数。

（2）实施管理数据和信息

1）收集与所选参数相关的数据。

2）分析数据，并将其转化为描述组织的环境业绩的信息。

3）对照组织的环境绩效目标，评估组织的环境业绩信息。

4）报告和交流组织的环境绩效信息。

（3）检查和改进评审并改进 EPE 环境业绩评价的 PDCA 模式如图 14-7 所示。

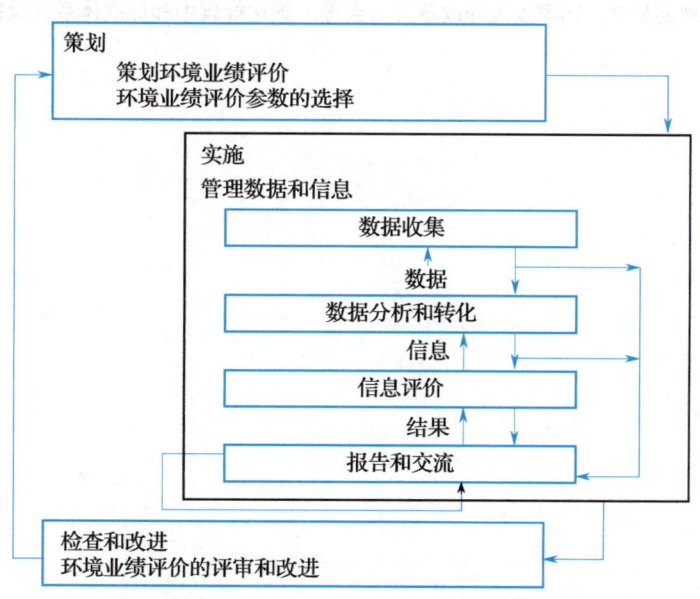

图 14-7 环境业绩评价的 PDCA 模式

思考题

1. 环境管理会计是如何产生的？其内涵是什么？有什么作用？
2. 环境成本的含义是什么？如何分类？
3. 如何进行环境业绩评价？

参考文献

[1] 冯巧根. 管理会计 [M]. 4版. 北京：中国人民大学出版社，2020.

[2] 潘煜双，徐攀. 企业环境成本控制与评价研究 [M]. 北京：科学出版社，2014.

[3] 潘飞，任立苗. 基于环境管理会计框架的物质流成本会计应用 [J]. 财务与会计，2016 (11)：51-52.

[4] 郭晓梅. 管理会计学 [M]. 北京：人民大学出版社，2019.

[5] 温素彬. 管理会计 [M]. 3版. 北京：机械工业出版社，2018.

[6] 许家林，孟凡利. 环境会计 [M]. 上海：上海财经出版社，2004.

[7] 韩沚清，韩瑞雪. 我国环境管理会计研究综述 [J]. 财会月刊，2018 (11)：119-126.

[8] 肖序，曾辉祥，李世辉. 环境管理会计"物质流—价值流—组织"三维模型研究 [J]. 会计研究，2017 (1)：15-22.

[9] 黄进. ISO 14031：2013《环境管理 环境绩效评价 指南》助力组织环境绩效评价 [J]. 标准科学，2015 (6)：67-71.

[10] 王小红，田谧，孟亚丽. 大数据时代下环境管理会计的机遇与挑战 [J]. 会计之友，2019 (1)：55-59.

[11] 国家标准化管理委员会，国家发展和改革委员会等. 碳达峰碳中和标准体系建设指南 [A]. 2021.

第15章 大数据与管理会计决策

课程思政

导入案例

美的集团利用大数据优化生产决策

2022 年，美的集团入选国家首批"数字领航"企业 30 强，并创新性地提出了"数字美的 2025"战略，受到业界、社会的广泛关注。近年来，中国家电巨头美的集团通过利用大数据技术，显著优化了其智能制造和供应链管理。美的集团作为全球领先的家电制造商，面对日益激烈的市场竞争和多变的消费者需求，积极推进智能制造转型，利用大数据实现了生产和运营的智能化和高效化。

生产效率提升——通过大数据分析，美的集团能够实时监控生产线上的每个环节，及时发现并解决生产中的瓶颈和故障，提高了生产线的整体效率。根据数据分析结果，调整生产计划，减少了设备的闲置时间和生产中的等待时间。

库存优化——通过对市场需求和销售数据的实时分析，美的集团能够准确预测各类产品的市场需求，优化库存管理。及时调整生产和补货计划，避免了因库存不足导致的销售损失和因库存过多导致的资金占用。

质量控制——利用大数据技术，美的集团对生产过程中的每个环节进行实时质量监控，发现质量问题立即处理，减少了次品率，提高了产品的整体质量水平。

供应链协同——美的集团与供应商实现了数据共享，通过大数据分析平台，供应商可以实时了解美的的生产计划和库存情况，优化生产和配送计划，提高了供应链的整体效率。

通过大数据技术的应用，美的集团不仅优化了生产管理和供应链流程，提升了整体运营效率，还增强了市场竞争力。这一成功案例表明，大数据在中国制造企业中的应用潜力巨大，对于其他企业也具有重要的借鉴意义。

15.1 大数据概述

15.1.1 大数据的产生与发展

在互联网和信息化时代，大数据无处不在，在社会生产和人们生活的诸多方面都可以看到大数据的影子，如城市公共安全监控、线上购物自动推送商品信息、扫码支付、人脸支付等。早在 2008 年，美国《Nature》杂志出版了一期关于大数据处理技术和所面临挑战的专刊，首次提出"大数据"的概念，并引起社会的广泛关注。2011 年 5 月，全球知名的咨询公司麦肯锡发表了题为"*Big data: The next frontier for innovation, competition, and productivity*"的研究报告，报告指出，大数据已经开始渗透到当今每一个行业和业务领域，成为重要的生产要素，自此之后大数据开始备受关注，并被认为标志着大数据时代的到来。

大数据一词越来越多地被提及，人们用它来描述和定义信息爆炸时代产生的海量数据，并命名与之相关的技术发展与创新。在麦肯锡公司看来，所谓大数据就是其大小超出了传统数据库软件的采集、存储、管理和分析等能力的数据集；研究机构 Gartner 认为，运用传统工具无法处理的信息，可以采用大数据完成，即大数据是需要新处理模式，才能具有更强的决策力、洞察发现力和流程优化能力来适应海量、高增长率和多样化的信息资产。一般而言，大数据是指数据庞大且结构复杂，增长速度快但价值密度低，短时间内难以用现有的软件进行数据处理的数据集。

大数据是一个较为宽泛的概念，并不存在一个较为严格的定义，不同的人在不同的时期对大数据的理解并不完全相同。一方面，随着人工智能和物联网的发展，数据信息在以几何指数的速度增长，符合大数据标准的数据集会随着时间推移和技术进步而不断增长；另一方面，对于不同行业和部门的主体，符合大数据标准的数据集也会存在差别，对于刚成立的小型企业认定的大数据标准，可能并不适用于资产规模超千亿元的大型企业。

大数据带来的海量、实时和多样的信息，有助于打破各利益主体之间的信息不对称，让各方的连接更有效率。2011 年的世界经济论坛报告指出，大数据就是新财富，价值堪比石油。发达国家纷纷将开发利用大数据作为未来重要战略之一，我国在 2015 年 8 月 31 日出台了《促进大数据发展行动纲要》，标志着我国开始着手进行大数据发展和应用的顶层设计；2021 年 3 月出台的《中华人民共和国国民经济和社会发展第十四个五年规划和 2035 年远景目标纲要》提出要"加快数字化发展，建设数字中国"，激活数据要素潜能，推进网络强国建设，加快建设数字经济、数字社会、数字政府，以数字化转型整体驱动生产方式、生活方式和治理方式变革。大数据必将成为推动未来经济转型发展的新动力，将深刻影响社会分工的组织模式，促进生产方式的集约和创新，有效提升社会生产的效率。

15.1.2 大数据的特征

虽然目前对大数据的定义尚未达成一致，但大部分专家学者认为大数据应该满足一些基本的共性特征，有代表性观点如 IBM 公司提出大规模性（Huge Volume）、高速性（High Velocity）、多样性（Huge Variety）、不确定真实性（Uncertain Veracity）和低价值密度性（Low Value Density），即大数据 5Vs 特点，如图 15-1 所示。

（1）大规模性　伴随着云计算、物联网、人工智能等信息技术的快速发展和传统产业数字化的转型，全球数据量呈现几何级增长，其容量已经从 TB（1 024 GB = 1 TB）级别上升到 PB（1 024 TB = 1 PB）、EB（1 024 PB = 1 EB）乃至 ZB（1 024 EB = 1 ZB）级别。根据 IDC 调查的研究报告，全球的数据资料存储量已经从 2012 年的 2.8ZB 迅速增加到 2020 年的 40ZB，约等于地球沙滩上所有沙粒总和的 47 倍，如果把 40ZB 全存到蓝光光碟中，光碟的重量将与 424 台尼米兹级航母相当，抑或是平均每人拥有 5 247GB 的数据量。IDC 一项新的研究表明，到 2025 年，全球数据量将跃升至 163ZB。

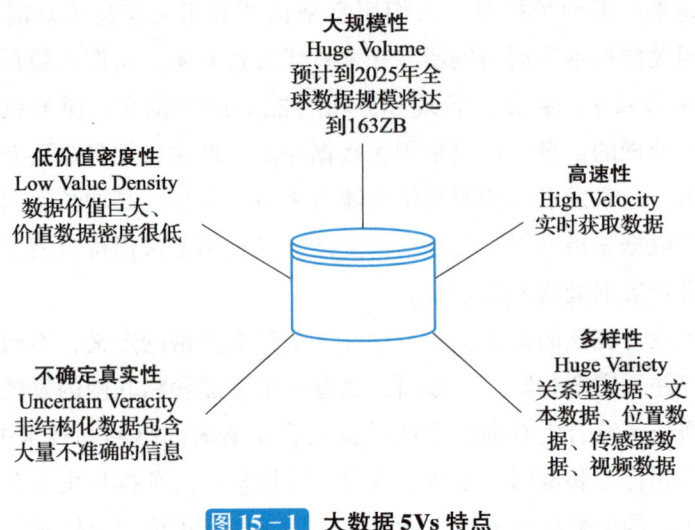

图 15-1 大数据 5Vs 特点

大规模的海量数据迫切需要智能的算法、强大的数据处理平台和新的数据处理技术。从技术上看，大数据与云计算密不可分，大数据往往无法用单台的计算机进行处理，必须采用分布式架构，其特色在于对海量数据进行分布式数据挖掘，因此，大数据依托云计算的分布式处理、分布式数据库和云存储、虚拟化技术。

（2）高速性　大数据的一个显著特征是数据生成和更新的速度非常快，这一特性直接影响到数据的大规模特性。大数据的高速性还体现在数据的处理和传输速度上，随着互联网和5G等科技的发展，对数据实时性的要求也越来越高，如司机利用百度地图查询行车路线、上市公司利用微信公众号、微博等自媒体进行信息披露，这种实时的信息交流互动可以极大地降低信息的延迟时间，将信息实时呈现给需求方。大数据对处理速度也有非常严格的要求，服务器中大量的资源都用于处理和计算数据，很多平台都需要做到实时分析。数据无时无刻不在产生，谁的速度更快，谁就拥有竞争的优势。

（3）多样性　随着信息社会智能设备、传感器等新技术的应用，数据的来源更加广泛，数据的形式日益复杂。除了传统的关系型数据外，文本数据、位置数据、传感器数据、视频数据等半结构化或非结构化数据呈现爆发式增长，使得大数据的形式更加多样性。目前应用较为广泛的是推荐系统，如淘宝、京东、今日头条等平台，都会通过对用户日志这一非结构化数据进行分析，从而进一步推荐用户喜欢的商品。另外，许多超市、便利店设置了监控摄像机，其本意是为了防范盗窃，但现在很多企业利用监控摄像机的视频这一非结构化数据，分析顾客的购买行为，美国万宝龙公司就利用监控摄像机的数据调整商品排列布局，使得销售额提升了20%以上。

（4）不确定真实性　为了能够实时获取海量数据信息，在采集数据过程中可能会掺杂很多无用的信息，尤其很多文本、图片或视频等非结构化数据，这些数据包含了大量不确定和不准确的信息，会带来很高的数据噪声，导致大数据具有不确定的真实性。基于虚假或者不准确的数据做处理不会产生任何有用价值，这就需要在数据采集和数据处理过程中保证数据的准确性和可信赖度，避免或减少基于不确定或不准确数据决策。

（5）低价值密度性　除了传统的关系型数据，大量的非传统数据同样包含了很多有价值的信息。大数据最大的价值在于通过从大量不相关的各种类型的数据中，挖掘出对未来预测分析有价值的数据，并通过机器学习方法、人工智能方法或数据挖掘等方法进行深度分析，发现新规律和新知识，并运用于农业、金融、医疗等各个领域，从而达到改善社会治理、提高生产效率、推进科学研究的效果。

然而，在现实世界所产生的海量数据中，有价值的数据比例往往很小。传统数据基本都是结构化数据，每个字段都有用，价值密度非常高。而大数据时代，越来越多数据都是半结构化和非结构化数据，例如，网站访问日志，里面大量内容都是没价值的，真正有价值的比较少，虽然数据量比以前大了很多倍，但价值密度却低了很多，这就是大数据的低价值密度性。大数据的低价值密度性就需要新的分析工具和方法，提供一系列新的视野和有用的预测，使人们了解很多以前不曾注意到的联系，掌握以前无法理解的复杂技术和社会动态。另外，大数据的低价值密度性又是相对而言的，一些数据在某个领域可能是没有价值的，但在另一领域可能极其重要。

相对于传统数据，大数据不仅表现在海量数据的大规模性上，还表现在数据的高速性、多样性、不确定真实性和低价值密度性等方面，这些特征在理解和分析大数据对企业管理会计理论与实务的影响时尤为重要。

15.1.3　大数据的分类

大数据不仅具有海量的规模，数据类型也十分丰富。根据不同的标准，大数据有不同的分类。

1. 根据数据结构分类

根据数据的结构类型，可以将数据分为结构化数据和非结构化数据。

（1）结构化数据　结构化数据又称定量数据，是能够用数据或统一的结构加以表示的信息，如数字、符号，其可以使用关系型数据库表示和存储，表现为二维形式的数据。结构化数据是高度组织和整齐格式化的数据，它是可以放入表格和电子表格中的数据类型。在项目中，当使用结构化查询语言或 SQL 时，计算机程序很容易搜索这些结构化术语。

典型的结构化数据包括姓名、性别、出生日期、银行卡号码、销售金额、电话号码、公司地址、产品名称等。结构化数据具有的明确关系，使得这些数据运用起来十分方便。

（2）非结构化数据　非结构化数据是指数据结构不规则或不完整，没有预定义的数据模型，不方便用数据库二维逻辑表呈现的数据，各种文档、图片、视频、音频等都属于非结构化数据。对于这类数据，我们一般整体用二进制的数据格式进行存储。非结构化数据本质上是结构化数据之外的一切数据。它不符合任何预定义的模型，因此它存储在非关系数据库中，并使用 NoSQL 进行查询。它可能是文本的或非文本的数据，也可能是人为的或机器生成的数据。总之，非结构化数据是字段可变的数据。

典型的非结构化数据包括文本文件、电子邮件、社交媒体、卫星图像、传感器等人为或机器生成的数据。需要指出的是，非结构化数据要比结构化数据多得多，据 IDC 的预测，结构化数据仅占到全部数据量的 20%，其余 80% 都是以文件形式存在的非结构化数据，并且每年以 60% 以上的速度在增长。不过，非结构化数据也面临数据体量大、获取和流转困难、存储成本高、数据价值密度低等挑战。

2. 根据数据产生方式分类

根据数据产生方式，可以将数据分为交易数据、交互数据和传感数据。

（1）交易数据　交易数据是指通过股票、期权、期货、电子商务等交易平台，或企业间直接交易所产生的一系列数据。由于存在信息不对称等问题，股票等金融市场并非完全有效，因此历史的交易数据仍然具有价值，通过大数据平台和有效的算法分析和预测交易数据，能够有助于企业进行更加科学的决策。

（2）交互数据　交互数据是指博客、微博、微信等社交媒体互动所产生的数据。当前，随着信息技术的不断发展，通过社交媒体发布信息愈发便捷，产生数据量愈加丰富，且主要以非结构化数据为主，使得大数据分析的重点从交易数据向交互数据发展，如京东等电商平台网站追踪用户从进入到离开网站的浏览情况，建立起企业和用户之间的一种互动联系，并通过对交互数据的分析，了解用户的个人需求，向用户推荐合适的商品，以此提升企业的销售业绩。

（3）传感数据　传感数据是指利用 GPS、RFID、视频监控等感知设备或传感设备感受、测量及传输的数据，这些感知设备或传感设备实时和动态地收集大量的时序传感数据。这些传感数据又可以分为实时状态数据和累加数据，前者表示某个时刻运行状态，如速度、功率等，后者表示一定范围内的数据累加量，如里程、热消耗等。通常情况下，传感器以一定的频率采集数据，并将数据发送至相应的数据接收端，数据接收端将收到一组或多组在时间上存在严格先后顺序的一组或多组观测值序列，即"时间序列数据"。这些时序数据精准地记录着某个具体参数的实时变化情况，并在一定的时间范围内反映该参数的发展趋势和变化规律。

3. 根据数据产生主体的分类

根据数据产生主体，可以将数据分为企业数据、机器数据和社会化数据。

（1）企业数据　企业数据主要指企业通过 ERP 等信息系统里有关企业生产、运营和管理等方面的数据。据希捷科技的一项研究预测，到 2025 年，企业存储的数据量将达到 13.6ZB，超过全球总数据量的 80%，每天都会有无数的数据被收集、交换、分析和整合。在经济领域，扮演着非常重要的角色，不仅能够帮助企业预测经济形势，还能更好地了解消费者的需求，控制产品成本，具有强大的商业价值。麦肯锡公司预计，数据将与企业的固定资产和人力资源一样,成为生产过程中的基本要素。

(2) 机器数据　机器数据是由服务器、存储、互联网及物联网中的设备或程序生成的大量结构化、非结构化的数据,包括了日志文件、各种历史记录、Web 服务器日志、手机数据、传感器数据等。在大数据中,机器数据是增长较快的一种数据,通过机器自动记录的实时数据,可以实现商业智能的价值从后知后觉转向实时分析,帮助组织能更快地了解运营及顾客数据,从而实现组织的持续创新和竞争力提升。

(3) 社会化数据　社会化数据是指利用终端设备收集、追踪与用户相关的数据信息,包括评论、视频、照片、地理位置、个人资料、社交关系等由用户在社会化媒体中产生或分享的各类信息。通过社会化数据可以更好地了解用户的需求,以此为用户提供更好的服务,增强用户体验。与传统的市场调研等静态数据相比,社会化数据具有实时性和流动性等特点,人们在社会化媒体上通过交流、购买、出售及其他日常生活活动以免费的方式提供着大量信息,这使得人们的行为和情绪的细节化测量成为可能,挖掘用户的行为习惯和喜好,从凌乱纷繁的数据背后找到更符合用户兴趣和习惯的产品和服务,并对产品和服务进行针对性地调整和优化,以此不断增加企业的价值。

15.1.4　大数据的典型应用

1. 物联网大数据应用

物联网(Internet of Things,IoT)即"万物相连的互联网",是指通过各种信息传感器、射频识别技术、全球定位系统、红外感应器、激光扫描器等各种装置与技术,实时采集任何需要监控、连接、互动的物体或过程,采集其声、光、热、电、力学、化学、生物、位置等各种需要的信息,通过各类可能的网络接入,实现物与物、物与人的泛在连接,实现对物品和过程的智能化感知、识别和管理。物联网不仅是大数据的重要来源,也是大数据应用的主要场景。物流企业和智慧城市物联网大数据的两个具体应用如下。

阿里巴巴在其物流系统中广泛应用物联网和大数据技术,通过智能化仓储和配送系统提高物流效率。阿里巴巴的智能仓库配备了大量传感器和自动化设备,实时监控仓库环境和库存情况。通过对物流数据的分析,阿里巴巴能够优化配送路径,减少运输时间和成本。2019 年,阿里巴巴的智能物流系统帮助其"双十一"购物节期间处理了超过 10 亿个订单,实现了快递包裹平均配送时间缩短至 2.6 天。通过大数据技术的应用,阿里巴巴不仅提升了物流效率,还增强了客户满意度。

智慧城市也是城市治理现代化的最新趋势,智慧城市建设重在实时感知和智慧分析。美国各大城市利用物联网技术和传感器网络采集各类城市数据,实现城市系统的实时监控和城市状况的实时感知。例如,纽约市交通部门利用全市 13 000 个交通信号灯、摄像头和传感器网络,实时感知和监控城市道路使用情况和道路交通状况,一旦出现拥堵就能立即发现,并随即调整交通信号灯,快速消除拥堵;费城市的"费城智慧区块"项目运用智能路灯采集行人和街道活动数据,帮助政府部门更好地掌握城市街道的使用情况;纽约市利用布置在城市洪灾区的传感器，实时监控洪水情况，在第一时间接收洪水警报；旧金山市交通部门利用全市 8 000 个路边停车位上的停车传感器，实时掌握停车位占用情况，并基于这些数据动态调整停车费，以保障在任何时候都有空闲车位可用。

2. 在线社交网络大数据应用

社交网络是一种在信息网络上由社会个体集合及个体之间的连接关系构成的社会性结构。社交网络的诞生使得人类使用互联网的方式从简单的信息搜索和网页浏览转向网上社会关系的构建与维护，以及基于社会关系的信息创造、交流与共享。在移动互联网时代，在线社交网络不断普及并深入人心，用户可以随时随地在网络上分享内容，由此产生了海量的用户数据，这些海量数据非常具有价值。

社交网络大数据分析是从网络结构、群体互动和信息传播三个维度，通过基于数学、信息学、社会学、管理学等多个学科的融合理论和方法，为理解人类社会中存在的各种关系提供的一种可计算的分析方法。目前，在线社交网络大数据的应用包括网络舆情分析、网络情报搜集与分析、社会化营销、政府决策支持、在线教育等方面。

微信通过大数据技术实现精准广告投放，提升广告效果和用户体验。通过对用户聊天记录、朋友圈动态等数据的分析，了解用户兴趣和需求，提供个性化的广告内容。2020年，微信广告业务收入达到 823 亿元，同比增长 32%。通过大数据技术，微信不仅提升了广告变现能力，还增强了用户对平台的依赖性。

3. 医疗健康大数据应用

医疗健康大数据是持续、高增长的复杂数据，蕴涵的信息价值也丰富多样，对其进行有效存储、处理、查询和分析，可以开发出其潜在价值。目前，大数据在公共卫生监测、健康管理等方面的应用取得了显著的成效。

大数据在公共卫生监测领域的尝试起始于谷歌流感预测，Google 流感趋势（Google Flu Trends，GFT）是谷歌于 2008 年推出的一款预测流感的工具，其基本的思想是认为流感病例数与流感关键词（如温度计、流感症状、肌肉疼痛、胸闷等）搜索量之间存在相关性。随着谷歌在 2008 年成功地预测了美国大西洋沿岸中部地区的流感疫情，大数据被越来越多的大众所认知，也得到更广泛的应用。之后其他社交媒体和网络公司如推特、维基百科也利用其平台的发布和浏览信息来预测流感等疾病的发生情况。

在健康管理方面，平安好医生利用大数据技术提供在线医疗和健康管理服务。通过对用户健康数据的实时分析，平安好医生能够提供个性化的健康建议和医疗服务。2020 年，平安好医生的注册用户数达 3.7 亿，在线咨询量超过 10 亿次。通过大数据技术，平安好医生不仅提升了医疗服务效率，还增强了用户的健康意识和管理能力。

4. 企业内部大数据应用

企业内部大数据的应用，可以在多个方面提升企业的生产效率和竞争力。具体而言，在市场方面，利用大数据关联分析，更准确地了解消费者的使用行为，挖掘新的商业模式；销售规划方面，通过大量数据的比较，优化商品价格；运营方面，提高运营效率和运营满意度，优化劳动力投入，准确预测人员配置要求，避免产能过剩，降低人员成本；供应链方面，利用大数据进行库存优化、物流优化、供应商协同等工作，可以缓和供需之间的矛盾、控制预算开支，提升服务等。

企业大数据最典型的应用是电子商务。在淘宝平台，每天有数以万计的交易进行，与此同时相应的交易时间、商品价格、购买数量会被记录，更重要的是，这些信息可以与买方和卖方的年龄、性别、地址、甚至兴趣爱好等个人特征信息相匹配。淘宝数据魔方是淘宝平台上的大数据应用方案，通过这一服务，商家可以了解淘宝平台上的行业宏观情况、自己品牌的市场状况、消费者行为情况等，并可以据此进行生产、库存决策，而与此同时，更多的消费者也能以更优惠的价格买到更心仪的宝贝。而阿里信用贷款则是阿里巴巴通过掌握的企业交易数据，借助大数据技术自动分析判定是否给予企业贷款，全程不会出现人工干预。据报道，阿里巴巴和蚂蚁科技集团股份有限公司累计发放了 8 000 多亿贷款，为超过 500 万小微企业提供了贷款服务，坏账率约 0.3% 左右，远低于商业银行。

15.2 大数据对企业管理会计决策的影响及挑战

15.2.1 传统管理会计面临的突出问题

在信息高速流通的大数据时代，传统管理会计面临着以下几个困境：

（1）管理会计数据时效性差　管理会计信息往往基于企业内部的生产经营活动，由于信息技术及成本收益的限制，现有企业数据主要以年度、半年度、季度等定期报告的形式提供，即使是供企业管理使用的内部报表往往也是按月度汇总。随着业务量的增加，汇总的工作量越来越大，加之财务部门架构越来越复杂，财务数据生成的流程和周期都越来越长，导致数据时效性越来越差。较差的数据时效性无法及时发现企业日常经营活动存在的问题，从而影响了企业管理会计决策的有效性。

（2）管理会计数据共享性低　在企业内部存在许多部门，数据往往分散在不同的职能部门和业务部门，不同部门对于数据的定义、存储和处理存在很大的差异，加之企业财务会计部门与业务等部门之间信息往来较少，各部门基于自身利益的考虑往往也不愿进行及时沟通，从而导致企业数据碎片化，出现所谓的"数据孤岛"效应，数据尤其是生产经营数据在不同部门之间的共享性较差，不利于数据的正常流转，从而影响了企业管理会计决策制定的科学性。

（3）管理会计对非财务数据关注不足　由于财务数据的时效性较差，其在反映企业财务状况、经营成果等方面存在一定的滞后性，导致企业财务数据生成时财务报告中存货、交易性金融资产、无形资产等资产的价值可能发生很大变化；另外，随着信息技术的发展和"业财融合"的深入推进，企业日常经营业务等非财务信息更容易被及时追踪和反映出来，非财务数据在企业管理中的作用日益突出。

15.2.2　大数据对管理会计的积极影响

大数据对管理会计有以下几点积极影响：

(1) 大数据有助于提升管理会计决策的效率　传统的管理会计决策主要依赖财务数据和成本数据，而财务数据和成本数据的生成往往工作量大、周期长，导致数据时效性差，影响了企业管理会计决策制定的效率。在大数据时代，借助大数据和云端先进的数据存储、处理和分析技术，企业可以更加智能化地提取财务和成本信息，充分挖掘潜在信息辅助决策，有助于为企业管理会计决策提供更加及时和准确的数据支持，提升企业管理会计决策效率。

(2) 大数据有助于打破企业内部的"数据孤岛"　由于企业传统的组织结构分工使得数据在不同部门之间流转不畅，影响了企业决策制定的科学性。随着信息技术的发展，企业内部组织结构边界在不断扩展，通用电气原 CEO 杰克·韦尔奇提出无边界管理理念，强调组织各种边界的有机性和渗透性，从而谋求企业对外部环境的变化做出敏捷且具有创造力的反应。同时，大数据为实施无边界管理理念提供了有力支撑。在大数据时代，企业业务流程、财务流程、管理流程将有机融合，使信息突破部门和专业的壁垒，打破企业内部"数据孤岛"，提高整个组织信息传递、扩散和渗透的能力。

在大数据时代，企业管理会计部门可以根据大量真实的最新业务数据进行计算、分析和预测，对业务数据进行深入的数据挖掘，此时财务数据和业务数据将融为一体，财务信息和业务信息的界限变得模糊，有助于实现财务决策信息去边界化，真正实现财务业务一体化。

(3) 大数据有助于为管理会计决策提供丰富的非财务数据支持　在工业社会时代，企业管理会计决策主要关注企业产品的成本，而对市场份额、了解用户的体验和偏好等非财务数据信息没有给予足够的重视。在大数据时代，借助丰富的海量数据资源，基于不同的产品和市场，企业可以通过大数据提取丰富的有关企业自身、客户、供应商等主体的非财务数据，实现财务信息与非财务信息的融合，有助于避免单纯依靠财务信息决策的不可控风险，使得企业管理会计的决策更加科学合理。

15.2.3　大数据时代管理会计变革

管理会计在现代企业管理中引导着以下几个方面的会计变革：

(1) 管理会计预测功能更加突出　企业经营管理的决策和对未来经济能力的预测都源于全面而准确的信息，不同于传统管理会计仅依靠财务终端得到数据支撑，大数据时代的管理会计可以从经营管理的每一个过程中获取数据和资源，进而可以更好地发挥事前预测的功能。

利用大数据技术可以更加精准地预测大型建设项目投入产出、机器设备的运行状况、预测产品市场需求，也可以评价客户信用，预测企业风险，还可以预测宏观环境的变化，制造消费等。在理论研究层面，熊婷等（2022）探索了人工智能在产品预测中的作用，以福建省厦门市某服装公司议价直营终端门店作为研究对象，构建了一个基于长短期记忆模型的智能预测模型，结果发现该模型的预测效果明显优于多元线性回归等传统模型，表明人工智能能够增强预算管理系统地决策支持功能。

借助大数据技术，管理会计能够进行更加科学有效的决策，提高对未来经营走势和发展方向的预测能力，管理会计的预测功能更加突出。

（2）管理会计分析由面向结果向面向过程转变　管理会计对企业各种经营数据的分析是为内部管理层决策服务的，因此企业不但应分析出基于结果的数据，还应分析出基于原因的数据。过去由于取数困难的限制，无法得到充足的数据去解释导致结果发生的原因。而现在利用大数据技术，可以在企业的收入、成本和风险等分析中，由传统管理会计的结果导向转变为过程导向。

在对企业收入分析中，使用线上销售模式的企业可以从顾客对产品的评价中，获取诸如产品质量、服务态度和物流及时性等各类数据，并通过对这些数据的分析来解释自身收入增加或减少的原因；对企业的风险分析中，民生银行将大数据技术应用于高端客户流失风险分析，利用逻辑回归与决策树分类技术构建了客户流失分析模型，以分析客户流失的可能性，将客户按照流失可能性从高到低进行排序，从而帮助客户经理有针对性地对客户进行服务。此外，民生银行还按流失客户的分布情况进行多类别细分，对潜在流失客户制定适当的挽留策略。

依赖于大数据时代的海量数据，管理会计由面向结果转为面向过程的变革，改变了长期以来依靠经验和事后数据的管理决策方式，更多地转向决策过程，并考察结果的驱动因素。

（3）管理会计决策中非财务指标将得到广泛使用　非财务指标是基于非财务信息的业绩衡量指标，使用非财务指标通常能够更为及时地提供企业业绩信息，更容易被非财务人员理解和使用，且有助于避免企业的短期行为。平衡计分卡目前被广泛应用于企业的战略管理、业绩评价中，但在平衡计分卡中，除了财务层面用财务指标考核外，其他各层面基本都是使用非财务指标考核。这些非财务指标能更好、更客观地反映企业战略执行的状态，也能更公正地评价企业内部组织的业绩。

然而，由于各种技术条件的限制，过去很多非财务指标很难被获取，也就无法进行分析和使用。随着 GPS、RFID、视频监控等感知和传感设备的使用，在实时和动态地收集企业采购、生产和运输等数据方面更为便捷和可行，这些非财务数据精准地记录着企业某些行为的实时变化情况，并在一定的时间范围内反映该行为的发展趋势和变化规律，从而能够为本量利等管理会计决策提供更加丰富的数据支持。

电子商务的兴起也拉进了企业与客户的距离，客户对产品和服务的感受、产品在市场上的表现等数据都很容易收集。例如，电信或银行等服务业通过电话、键盘或其他形式等设备收集客户对所提供服务的满意程度；而对于制造业，可以通过网站收集客户对产品的各种评价数据（如对产品设计、产品质量和对产品采用原料的满意程度），作为企业对产品的设计、生产和采购等部门业绩的评价指标，这些非财务数据指标在很大程度上保证了企业管理会计决策更加科学和合理。

思考题

1. 大数据的主要特征有哪些？
2. 大数据有哪些不同分类？
3. 传统管理会计面临哪些突出问题？
4. 大数据给管理会计带来哪些积极影响？
5. 大数据给管理会计带来哪些挑战？
6. 大数据时代管理会计会面临哪些变革？

参考文献

[1] 黄国良. 财务管理学 [M]. 北京：中国矿业大学出版社，2021.
[2] 吴辉，刘芳. 大数据技术对管理会计的影响 [J]. 财务与会计，2015（14）：45-47.
[3] VASARHELYI, KOGAN, TUTTLE. Big data in accounting: an overview [J]. Accounting horizons, 2015, 29（2）：381-396.
[4] 汤谷良，张守文. 大数据背景下企业财务管理的挑战与变革 [J]. 财务研究，2015（1）：59-64.
[5] 熊静，陈亚盛，许欣. 人工智能在预算预测中的应用 [J]. 管理会计研究，2022（3）：60-68.